湯炳正先生編年事輯

汤序波 撰

中华书局

图书在版编目(CIP)数据

汤炳正先生编年事辑/汤序波撰. —北京:中华书局,2021.1
ISBN 978-7-101-15017-9

Ⅰ.汤… Ⅱ.汤… Ⅲ.汤炳正(1910~1998)-年谱
Ⅳ.K825.5

中国版本图书馆 CIP 数据核字(2021)第 000505 号

书　　名　汤炳正先生编年事辑
撰　　者　汤序波
责任编辑　刘　明
出版发行　中华书局
　　　　　(北京市丰台区太平桥西里 38 号　100073)
　　　　　http://www.zhbc.com.cn
　　　　　E-mail:zhbc@zhbc.com.cn
印　　刷　北京瑞古冠中印刷厂
版　　次　2021 年 1 月北京第 1 版
　　　　　2021 年 1 月北京第 1 次印刷
规　　格　开本/850×1168 毫米　1/32
　　　　　印张 20¾　插页 5　字数 500 千字
印　　数　1-1500 册
国际书号　ISBN 978-7-101-15017-9
定　　价　86.00 元

汤炳正先生（20世纪30年代初摄于北平）

1936年秋，章氏国学讲习会部分成员摄于苏州公园。姚奠中（右三）、柏耐冬（右八）、汤炳正（右九）、李恭（右十）、孙立本（右十一）

汤炳正先生（后排右一）1988年6月在贵阳其三哥汤浩正（后排左一）家，与儿子汤世洪、儿媳张世云合影

《法言》版本紀要

《法言》一書，佳刊極尠。唐代《書鈔》《意林》等類書所引者，渠源雖古，而斷章節録，奪譌壘見。其次則蜀之天復本，字句頗多可據者，惜其原本久佚，吉光片羽，僅見於本書《音義》中耳。北宋所刊者，大氐以李軌注本為主，嘉祐及治平皆刊本，其犖犖者。及宋咸、吳祕之注成於前，司馬温公之集注繼於後，因其所據之本不佳，故訛誤亦滋多焉。南渡後《集注》本大行，幾有駕李注本而上之之勢。而書坊圖利，又有《纂圖互注》之刊，劉製麤易，益不足觀。降及有明，李注本湮沒不見，各地書坊，《集注》而外，无他刻也。且以肊校改，謬誤不一而足。幸清儒網羅舊刊，不遺餘力，嘉慶中江都秦恩復始得南宋修版治平本刻之，李注本因複大行焉。茲將所見歷代《法言》舊刊本及名人手校本之留存於今者，或傳本已佚，第見於前人著録者，畧加搜羅，約得五十種，今臚列於後，並畧考其源流。

蜀天復刊本

宋治平刊本，末附《音義》一卷，其中多引天復本。天復者，宋昭宗之紀元，廄後王建在蜀亦稱之。則天復本

（25×20＝500）

汤炳正先生手稿

錯節盤根話大椿，身經斧鑿未成痕。喜隨畫筆看郊島，笑帶詩情過劍門。枉說文章駕屈宋，更無金帛羨兒孫。如今細品人間世，回首三朝八十春。

己巳冬八十自壽

書贈

俊玉留念

湯炳正

汤炳正先生书法

汤炳正先生晚年工作照

目　录

卷二　1937—1949 年

卷三　1950—1976 年

凡　例

一、本书辑事以年、月、日为序。一月之内,无日可考者置于其可考者后;一年之中,无月可考者以“是年”领起,系于该年之末。

二、本书除先生、太炎先生以外,其他人物一般不冠以尊称和职务;重要人物首次出现,则作简要说明于正文或脚注中。

三、本书凡引史料,首先生著作及其档案材料,次先生 1950 年后所撰“自传”“交代材料”“思想汇报”“教师登记表”等,最后为他人所撰回忆文字与相关论著之涉及先生者。

四、《汤炳正书信集》出版后所发现之先生信函,悉数收入本书。凡选录先生书信,皆循撰者董理该书信集之例,一律改“您”为“你”。凡选自该书信集者,除首通以外,俱不再注明出处。同时,本书选入一些著名学者致先生书信。

五、本书视需要收入政治、经济、文化等方面文献,俾便读者了解先生治学、工作、生活的历史背景。

六、本书凡首次征引之书,具列作者名、书名、出版地、出版单位、出版时间与页码,再引则仅标书名与页码;报刊诗文之首见者,亦分别具列报/刊名、诗/文题与发表时间(期/日),再引则仅标诗/文题。

七、本书凡引史料,一律注明出处,并于书后开列“主要参考文献”,以便研究者检索。

八、史料凡有阙字或无法辨识者,皆用“□”代之,并出校说明。

卷一　1909—1936年

清宣统元年己酉(1909年)　先生出生

是岁十二月初三(1910年1月13日)丑时,适值鸡鸣,先生生于山东荣成石岛张家村,行四,属鸡,乳名润文,讳炳正,字景麟。曾祖父讳鹏轩①。祖父讳顺铭,字云亭;祖母解氏。父亲讳丕治,字显卿,晚清末科秀才;母连氏。长兄(1900—1947)乳名润吉,讳鑑正,字景明;次兄(1903—1998)乳名润书,讳棣正,字景华;三兄(1905—1992)乳名润身,讳浩正,字景之。据云亭公回忆:

> 显贵公世居登州府福山县八角口西祈雨顶下汤家村,后迁居于文登县文登营入籍。三世至我三世祖讳日升、日林公,又迁于荣成县南离城百四十里云光都十里石岛南自立小村,亦名曰汤家庄。今至我七世,恐有不知祖籍根所并何支何派,故作此以志之②。

《汤氏族谱》亦载,石岛汤姓始迁祖讳日升,其祖父讳显贵,

①"鹏轩公雄据市场,而营商业,独好儒修,出其赀以栽培子弟。"见张玉堂《某衔汤公云亭墓志铭》。"鹏轩公营业石埠,家道丰亨。"见张玉堂《从九品汤公树屏墓志铭》。皆由影件录入,影件由先生的塾师张玉堂先生的曾孙吉华世兄于2016年10月21日提供,标点符号系撰者所添。

②由影件录入,影件由吉华世兄提供,标点符号系撰者所添。

明季任把总职，驻兵文登营。日升与日林两兄弟来到有“大东胜境”之称的石岛，日林旋即去了东北，而日升则定居下来。日升曾在船工渔民聚集处开设粥店，并经营烟酒日用杂品，因诚信勤奋，重德行善，积成殷实家业。去世后安葬于张家村西河边小山坡，墓地约十余平方米，无墓碑，四角竖大石柱，周边树木环绕。此处原为张姓山冈，后为果园，因见汤氏家业兴盛①，传闻系始迁祖葬于风水龙脉所致，乃逼迫汤家迁坟，后经两姓协商，汤家以巨资将此处买下，立石柱为界。汤氏定居张家村②，历世艰辛勤奋，创家立业，建宗祠，立族规，订家训，办学堂，“以文明道德仁义礼智信、忠孝重德行善为立家之本，使后裔知书达理”，历经一百多年生生不息，至清中叶已为富甲一方之名门望族。现所知的汤家最早商号，名为“瑞和”，主要经营油坊、腌鱼等，创建于1839年③。民谚“富不过三代”，而汤氏至先生一代已富至九代④。二十世纪三十年代达到鼎盛，“石岛的房子大半都是我们汤

①按家父汤世洪的说法：“汤家当时做什么就发什么，顺得很。”另据家父回忆，小时候每年他三伯（其时三伯尚无子嗣）在除夕这天上午都要带他去始迁祖墓前祭奠。他印象中“大石柱宽一尺，高一丈”。

②到1995年底，张家村共计2159户，已是荣成市的第三大村庄（第一、第二分别是崖头村3550户、大鱼岛村2313户。最小的村庄是大水河村与北岔河崖村，均为25户）。见荣成市地方志编纂委员会编《荣成市志》，济南：齐鲁书社，1999年11月版，第76—110页。

③张峡编著《旅游胜地：石岛湾》附录《石岛主要商号历史沿革一览表》，北京：华艺出版社，2001年7月版，第245页。此说待考。编者表中前后罗列两个“瑞和”，误。在“沿革”栏说，瑞和“1929年改号瑞成，1939年又改号瑞兴”，也误。据堂叔汤世宁告诉撰者，他看到这本书，即找到张峡，说书中写我汤家多处有误（如先生“汤景麟”，误成“汤景林”）。作者称他编写此书时，因时间紧迫，没有能联系到汤家人，以致出了一些错误，表示以后如再版一定更正。

④本段及以下两段文字系据堂叔汤世宁《汤氏近支系自第七代始宗谱》《汤家大院及周边简介》与家父汤世洪的回忆综合而成，特此致谢。

家的"①。

汤家大院始建于乾隆十二年(1747)前后,坐落于张家村东北面,紧邻石岛镇,占地约十亩,由五所四合院及花园、果园、菜园并联组合,布局严谨,别具特色。墙体所用"小南砖",系汤家货船自宁波一带运回,屋顶则以海草铺葺。院内木雕、砖雕图案精美,广植名贵花木、盆景奇石、各类果树,尤以古金丝槐树与桂花树驰名当地。每值桂花盛开时节,张家村北面与石岛镇南面皆能闻其清香。汤家大院由南北两座府第组成,北府因古金丝槐树而乡里间称"槐树底",南府因大门前旗杆而俗称"旗杆底"。当门有砖刻照壁,西侧为朱柱琉璃瓦、木雕纹饰仪门,正门及东西侧门。平日由侧门出入,逢节庆或家族大事,方可开启正门。仪门内为鹅卵石拼图甬道,广植桂花、石榴、牡丹、芍药、杜鹃、翠竹等花木。正房为客屋兼书房,墙挂汤家赈灾济民获官府所赐金字匾额、历代名家字画,据传中有康熙御书"福"字。东厢房东面甬道通向后院内宅。南府大门西侧有栅栏门通向北府,俗称"北第"。汤家大院周边亦皆汤氏各房先祖在清初至民国年间所建住宅,约五十户,占东张家村一小半。汤家历经朝代兴替,世事变迁,由家及国,英烈爱国志士代有其人,如始迁祖的大父为明代抗倭将领。光绪二十年(1894),石岛东北海域爆发甲午海战。此前日寇及海盗便时来骚攘,汤家组织发动石岛商号富户,出资维修石岛及周边的两座炮台、三个烟墩(烽火台)以自御。甲午海战前夕,汤家出资发动村民加高加固张家村东头烟墩,每送一挑土发给光绪通宝一枚。光绪二十一年(1895),日寇由荣成湾登陆侵占县城,大肆抢掠,而石岛因防守严密、军民齐心协力,日寇多次试图在石岛湾登陆皆被击退,得保一方平安。清代灾年频发,每逢干旱之年,汤家便出资组

①先生长兄鑑正的大女儿汤秀荣2012年11月23日电话告诉撰者。

织在五龙山为民祈雨，饥荒之年则开仓放粮设粥棚供给灾民，为此官府曾赐牌匾表彰。建汤家大院时正逢灾年，各乡贫民饿死甚夥。而张家村东青鱼到海边产卵，多得无法游动，村民以菜篮系绳即能捞取半篮青鱼和鱼卵，即靠汤家粥棚及打捞青鱼度过荒年。

石岛在荣成南部，因“背山靠海，遍地皆石”而得名。在明代是背山临海小渔村，时称石岛一带为斥山浦，码头在王家湾西南处，至今此地仍称码头村或老石岛。到清顺治十一年（1654），石岛正式建立港口①，因海上交通的便利，各地客商蜂拥而至，货船渔船云集，石岛湾遂形成南北土特产贸易的集散地。彼时石岛街市熙熙攘攘，华灯璀璨，成为远近闻名的繁华商埠②，被誉为中国北方的“小上海”“小香港”。孙中山在《建国方略》中曾两次提到石岛，将石岛（北方最大的渔港）与上海、广州并列为中国东部三大港口。1976 年石岛成为我国北方最大的群众渔业港口。2005 年石岛撤镇设管理区，规格为副县级。

随着海运及南北贸易的发展繁荣，汤家先后创办了“瑞和”“瑞成”“瑞兴”等商号，经营南北产品贸易。后又添置“金瑞增”“金福增”“金永增”三条大货船往返于上海、宁波、福州等南方港口，自运商货。汤家商号货船也闻名享誉于沿海各港口，并在青岛、烟台、上海等地设立分号，口碑极佳③。自清代至 1945 年，

---

①张峡编著《旅游胜地：石岛湾》，第 20 页。

②荣成“至清末民初，商号发展到 438 户，从业人员 2694 人，……尤以石岛繁荣蔚然，百大街及诸坊巷店铺林立”。见荣成市地方志编纂委员会编《荣成市志》，第 451 页。

③先生曾告诉撰者：抗战初期，一天石岛来了几个宁波船商，他们口称有一笔大生意，要找“瑞和”商号的掌柜做。此时汤家商号早已改为“瑞兴”。当来者走到后厅，看到仍挂着“瑞和”那块旧匾时，遂与汤家做了那单生意。

石岛商会、航运公会及公益慈善事业等要职，皆由汤家人担任。造福地方，众口相传。

先生出生时，石岛隶属荣成县。荣成历史悠久，据《尚书·禹贡》，属“莱夷”之地。至汉，属东莱郡不夜县，《汉书·地理志》云：“有成山、日祠。”颜师古注曰：“《齐地记》云：古有日夜出，见于东莱，故莱子立此城，以不夜为名。”此系神话。其实当因地处极东，日出甚早，故得“不夜”之名。东汉时裁撤不夜县，县地或属昌阳，或属东牟。北齐天统四年（568），析牟平、观阳县地置文登县，境内全归文登县地。此后虽朝代不断更迭，隶属关系则一直未曾变动。如明初为防外患，在洪武十三年（1380）置成山、靖海两卫，兼理屯区内民事，屯区以外仍由文登县领属。直到1735年，清雍正皇帝接受大臣河东总督王士俊疏请，始分割文登县之东半别立为县，并“钦赐嘉名，始皇尝射大鱼于荣成山，山在邑境内，故命名”①。此即荣成县得名之由来。

荣成依山傍水，风光秀美，尤以成山和槎山为胜。成山，自古被誉为“太阳启升的地方”，春秋时代名“朝舞”。据清代焦循《孟子正义·梁惠王下》解释，其意当为“朝日乐舞”。齐景公曾作豪语：“吾欲观于转附、朝舞，遵海而南，放于琅邪，吾何修而可以比于先王观也？”

成山是历代帝王瞩目的游览胜地。秦始皇统一中国后，曾两次巡幸成山，并“立石颂秦德”。按考古学家苏秉琦说：“秦始皇兼并天下之后，多次东巡，所到之处往往立碑刻石，以炫耀他的至尊皇帝的地位和巩固统一大业。”②公元前219年，秦始皇第一次来荣成，眺望烟涛浩茫的海洋，见成山头礁石伸向东海，碧

---

①荣成市地方志编纂委员会编《荣成市志》，第51页。

②苏秉琦《中国文明起源新探》，北京：三联书店，2001年1月版，第155页。

海穹隆，沧海汹涌，惊为壮观，依当时天圆地方之说，以为这里就是地之极东、天之尽头。于是传旨面向大海立碑为记，碑文正面是“天尽头”，背面是“秦东门”。由于年代久远，风雨剥蚀，现在碑文字迹已漫漶不可辨识。秦始皇第二次出游成山头，是在公元前210年，时已五十余岁，一心想长生不老。听说大海中蓬莱、方丈、瀛洲三山有神仙居住，可以采摘到长生不老的仙药。乃在成山头西侧修建行宫，名为“始皇宫”，后毁于战火。当地人为纪念始皇帝亲临此地，在“始皇宫”遗址建“始皇庙”。第二位来此游览的皇帝是汉武帝，他来成山礼拜日主，建起了我国古代八祠之一的“日主祠”。当年日主祠庙宇气魄雄伟，工程浩大。现存的殿宇，虽经多次复建，但从青砖飞檐、灰瓦红柱中，仍可依稀想见昔日之雄姿。

槎山南临大海，山脉东西长约十公里。槎作“筏”字解，是联木成船之意。每到春秋季节，海雾蒸腾，槎山各顶峰常处于烟雾缭绕之中，远望宛如叶叶扁舟，浮动于茫茫大海之上。山如海上槎，故名槎山。又因槎山之石，色如铁，坚如钢，又得名“铁槎山”。山有云光八洞，洞洞称奇，各有千秋，自古有“九顶铁槎山，八宝云光洞”之称。槎山之奇丽风光，自古遐迩闻名，《寰宇记》《山东通志》等典籍都有记载。

据《文登县志》，汉代以前槎山与斥山是作为一条山脉记载的。《尔雅·释地》说：“（齐）东北之美者，有斥山之文皮焉。”元代《齐乘》作者于钦，是斥山于姓后裔。他在《齐乘》中，第一次把槎山和斥山分开。金大定年间，全真道教创始人陕西王重阳东来授徒，徒弟王玉阳（名处一），在槎山创立全真道嵛山派，著教义《云光集》，由此槎山成为我国道教发祥地之一，在道教史上有重要的位置。

清宣统二年庚戌(1910年)　先生一岁

周岁抓周①,先生“当时推开算盘,只抓纸笔”,父母见状大为欢喜,希望这个儿子将来真能与纸笔打交道,成为宣付史馆的读书人,光耀门楣②。先生晚年回忆道:“这些当然是缺乏科学根据的民间习俗,不过我的一生,确实是死抱着书本不放,而短于筹划生计。这也许是命中注定的吧。事实上推开‘算盘’只抓‘纸笔’的路子是走不通的,而我却偏偏坚持到现在。”③

石岛商会顺应”废科举,兴学校“之潮流,于1905年筹办“石岛明德小学”。学校是当地第一所有别于私塾的新型学校。是年,先生之父丕治公接任石岛商会会长(首任会长为郭丕甲)。“(他)为学校撰门联一副‘明以教我,德必有邻’”;“明德小学第一期学生仅十余名,逐年增多,到二十年代末,每期已在二百名上下,加商业班后高达二百五十余名。”“后设中学班,有学生约三百名。共办了三十六年,于1945年秋,日寇投降后由石岛抗日民主政府接管,更名为石岛高级小学,即现在的荣成第三十六中学前身。”④

---

①颜之推《颜氏家训·风操》有云:“江南风俗,儿生一期,为制新衣,盥浴装饰,男则用弓、矢、纸、笔,女则用刀、尺、针、缕,并加饮食之物及珍宝服玩,置之儿前,观其发意所取,以验贪廉愚智,名之为试儿。”

②这方面最典型的例子见于《宋史》。其《曹彬传》说,“彬始生周岁,父母以百玩之具罗于席,观其所取。彬左手持干戈,右手持俎豆,斯须取一印,他无所视”。后来曹成为宋朝第一位大将军,官至枢密使。

③先生《海滨拾趣》,收入《剑南忆旧:汤炳正自述》,太原:山西人民出版社,2000年9月版。

④汤景华《我记忆中的石岛明德小学》(后修订易名为《石岛明德小学之创办及扩建》),收入政协荣成市委员会文史资料研究委员会编《荣成文史资料》第三辑(内部资料,1991年5月印)。关于明德小学创办的时间,汤文说是1910年;而汤世宁告诉撰者据《荣成教育志》记载,明德小学创办的时间应是1905年。录以备考。

清宣统三年辛亥(1911年) 先生二岁

5月31日(农历五月初四),先生夫人慕惠贞出生。慕系荣成王连镇东慕家村人①,父为慕炳文,乃当地绅士。据老辈人回忆,慕家系当地名门右族,祖上是抗御倭寇的功臣,曾受过明王朝的封赏。到慕惠贞父亲那代,慕家在绥远与关外还有两片很大的受封飞地。惠贞行二。长兄思贤,大弟思琛,二弟思洪,三弟思九②。

先生的母亲曾对先生说:"我们石岛,那时本是'乡兵'驻地(实即清兵)。一夜之间,说是革命军来了,只要带辫子的都要砍头,大家吓得忙把辫子剪去;不久又说,'乡兵'回来了,凡剪了辫子的,抓到就杀,又吓得大家东躲西藏。你父曾为此逃到偏僻的山村去住了一年,才敢回来。""你的哥哥当时都留了一条小辫,把辫散开,也不敢出门;你那时头发还没有长起,只有一撮毛,还扎不成辫子,所以并没有受到他们那些苦。""你为此常常很自豪,好像自己比哥哥格外高明似的。"③

中华民国元年壬子(1912年) 先生三岁

8月27日,农历七月十五日这天,先生穿上新衣与虎头鞋,跟着哥哥们去街中心的天后宫观看"盂兰盆会"④,先生出门时回头对母亲说:"妈,我穿上三只眼睛的鞋,跌倒也不哭,笑当哭!""我当时虽把'两只眼睛'讲成'三只',连数的概念还弄不

①王连镇与石岛镇同属荣成县的云光都。彼时荣成共辖朝阳、温泉、云光"三都"。见《荣成市志》,第54页。东慕家村,"宋末,慕姓建村"。见《荣成市志》,第99页。

②承蒙家父汤世洪相告。

③先生《海滨拾趣》,收入《剑南忆旧》。

④"盂兰盆会"在当地是祈求天后娘娘保佑海晏河清、风调雨顺及超度海难中的亡魂。

清楚；而对前进中的颠蹶却能以笑当哭，这种人生哲学，也颇耐人寻味。”①天后宫为三进庙堂式结构，是当地居民开展民俗活动的重要场所。

中华民国二年癸丑(1913年)　先生四岁

是年，丕治公为先生开蒙，始读《三字经》《百家姓》《千字文》。

中华民国三年甲寅(1914年)　先生五岁

是年，丕治公传授《朱子治家格言》。先生对其中的一些警句，如“一粥一饭，当思来处不易；半丝半缕，恒念物力维艰”“宜未雨而绸缪，毋临渴而掘井”等，皆能朗朗上口。

中华民国四年乙卯(1915年)　先生六岁

是年，先生入石岛镇“明德小学”，读“初级班”②。老师多是经过培训的清代秀才。彼时先生“对‘国文’‘算术’一类的课，并不感兴趣”，倒是觉得绘画和音乐有趣。先生晚年分析道：“也许人类的文化意识，绘画、唱歌，跟先天的本性更为接近些；而文字书籍则是在功利意识的驱使下才出现的。”③

关于汤家的名字行辈，先生有信专门谈这个问题。

---

①先生《海滨拾趣》，收入《剑南忆旧》。

②先生《简历表》语。此《表》写于1968年底，扉页有云：“为了使革命师生了解我生平简历、事迹大概，特根据记忆写成‘简历表’，供参考审查之用。”另，1995年秋，撰者奉命去蓉城为先生整理藏书，在渊研楼意外地发现了一包先生在五十到七十年代写的“交代材料”“思想汇报”的底稿，凡二十多篇，先生即交付撰者作写传参考。这是其中的一篇，还有《我的交代与检查》《我犯错误的思想根源》《我所写的文章目录》《十七年我究竟是在为谁服务》等等。

③先生《关于“书”的故事》，收入《剑南忆旧》。

小波：

关于汤家世代取名的行辈问题，据我所知，谈一点：

(1)清代皇帝的年号是“顺治”“康熙”“雍正”“乾隆”等，我们老辈子的人名，想以此排成行辈。故我的祖父名“顺铭”，我父亲的名叫“丕治”，伯父叫“善治”。不知何时，有人嫌年号的字，有的不好听，故又跳过“康熙”，取“雍正”的“正”，这是我叫“炳正”的原因。我的下一辈，有人就叫“乾元”“乾吉”“乾顺”等。总之，未有严格的要求。

(2)我共弟兄五人，即“鑑正”“棣正”“浩正”“炳正”“均正”，这是学名，上学时才开始用，并非“乳名”(即吃乳时的名)。当时我父亲是把五个人名的偏旁，按“金”“木”“水”“火”“土”五行的次序排列的。

(3)就在我这一代，汤家的人立了个祠堂，祠堂的对联，是我的老师、有学问的贡生(张玉堂)编写的，即：

世序永昭光久远，

文明日进庆升平。

当时大家约定，就按照这个对联的字，一代一代排下去，用以取名。你父亲名“世洪”，你名“序波”，就是这样来的。不过这一切都是封建宗法社会的产物，后代到今天，不一定非遵守不可。只是告诉你一点知识而已。

(4)至于“学名”之外，又有“字”①。从古以来，“名”和“字”是有联系的②。如我们弟兄五个，“鑑正”字“景明”，

---

①《礼记·曲礼》云：“男子二十，冠而字；女子许嫁，笄而字。”即男子二十岁成人时举行冠礼，女子十五岁许嫁时举行笄礼，此时可以分别取表字。因此女子待嫁，就有“待字闺中”之说。取字的礼俗，最初应是流行于上层社会，但后来渐渐打破了界限，一般平民也多取字，相沿成习。

②班固《白虎通义》卷八《姓名》云：“或旁其名为之字者，闻名即知其字，闻字即知其名，若名赐字，子贡名鲤，字伯鱼。”名和字在用途上也有分工：名是供长辈呼唤的，字是供平辈和晚辈称呼的。

"鑑"即镜子,故取其"明";"棣正"字"景华",因《诗经》有"棠棣之华"的句子;"浩正"字"景之",因《孟子》有"浩然之气"的句子;"炳正"字"景麟",因汉代杨雄的文章,有"炳炳麟麟,岂不懿哉"的句子;"均正"字"景平",取"平均"的意思。——古代的人,也是如此。如"张飞"字"翼德",取鸟翼高飞之义;"赵云"字"子龙",取古语"云从龙,风从虎"的意思。

(5)古人,"字"之外,往往有"号"。这"号"就不一定跟"字"有关,而是每人根据自己的生活爱好、志愿、理想来取的。所以往往是年纪大些才取个"号"。如我曾刻个图章,是"山左布衣"。"山左"即"山东","布衣"是"没有做过官的老百姓",以表示我的生平。

汤炳正

(一九九二年)七月廿七日①

附张玉堂先生撰《〈汤氏家谱〉序》②如下:

《汤氏家谱》序

姓氏之学,倡自左氏。因生赐姓,胙土命氏,又以字以谥以官以邑命氏,邑亦土也。左氏所明,五者而已。迨宋郑渔仲撰《通志》,氏族一略,详分三十二类。汤氏则以商王之名为氏者也。盖谥法起于周,尧、舜、禹、汤之前,虽天子亦以名呼,后之人因以名氏。至尧曰放勋,舜曰重华,禹曰文命,汤曰天乙,皆二名也。以汤为谥者,误矣。《南史》道人汤休、唐贞元道人汤灵彻、宋州刺史汤桑,并吴人。宋汤氏

①先生《汤炳正书信集·致汤序波(二二)》,郑州:大象出版社,2010年4月版。

②由张玉堂《槎左山房文集》(烟台中华印书馆1936年)影件录入,影件由汤世宁提供。标点符号系撰者所添。

为著姓，望出中山、范阳。历元明至国朝，又有从祀文庙河南睢州之汤斌。吾山东近接江苏、直隶、河南三省者也，本原所自，迁徙无常，不可考矣。所及闻者，我始祖讳显贵公，世居登州府福山县八角口西祈雨顶下汤家村，后以武职驻文登县之文登营，遂入籍焉。传及三世讳日升、日林、日某、日某公，乃迁居荣成县南离城百四十里云光都十里石岛南，自名小村亦曰汤家庄，迄今十几世矣。代远年湮，支分派别，或如老泉所虑，亲尽无服，相视如涂人矣。为之谱以昭穆世序，因委溯源，俾知一本同气，庶情谊相联，有无相推，吉凶患难相助，而恩爱之心，油然生矣！至兄弟排行，顾亭林谓起自晋末，如德宗、德文之类；钱广伯谓袁懿达、仁达，已见东汉；严九能又云，《左传》长狄兄弟四人，侨如、简如等，此兄弟排行之始。近世同族排行，则以曲阜圣裔为尤著。今遵此自十几世某字起，共拟十四字①列左，以辨昭穆，以归画一，后世子孙绳绳当必有引之勿替者已。

是年，先生五弟生（1968年殁），乳名润武，讳均正，字景平。张玉堂给先生五兄弟各赐以字。“余兄弟五人，幼年团聚，乐事无穷。”②

中华民国五年丙辰（1916年）　先生七岁

“全年初小”③就读。

中华民国六年丁巳（1917年）　先生八岁

“全年初小”就读。

①即“世序永昭光久远，文明日进庆升平”。

②见汤棣正《〈寄同胞人〉小序》，收入《日新草堂诗稿》（未刊稿）。

③先生《简历表》语，以下凡引此《表》，不再注明。

中华民国七年戊午(1918年)　先生九岁

是年,先生转入村塾读古书。按先生说法是“父亲迫读村塾”,“我们开始读的是‘四书’《诗经》《书经》《易经》及《古文观止》《唐诗别裁集》之类,后来又读‘三礼’‘三传’等”①。塾师张国琪(1865—1932),字玉堂,号蕤生,石岛镇东王门村人。老先生系清己酉科拔贡,秀出班行,1899年春即到张家村汤家大院任教②。尝曰:“汉儒训诂,宋儒义理,无非阐发周、孔之奥旨,使学者明理达用,无愧于斯文耳。”③老先生与张俊采④、赵汉臣友善,皆为荣成一代名师。

在读书上,彼时先生就有追求“大满贯”,立下“到孔庙里去陪着吃冷猪肉”之志⑤。

中华民国八年己未(1919年)　先生十岁

“全年家塾读古书。”

玉堂老先生对学生要求极为严格,先生常常读书至深夜。“因为要背书,我每晚就在炕上摆个小桌,读到深夜。为防止瞌睡袭来,我总是把被子卷得高高的,坐在上面,稍困倦,即会滚跌下来。我一生没有卧床看书的习惯,也许就是这时养成的。”⑥

---

①先生《自述治学之经过》,载《中国文化》2016年秋季号。

②“光绪己亥春延余为训童蒙。”见张玉堂《从九品汤公树屏墓志铭》。由影件录入,影件由吉华世兄提供。

③张吉华《荣成拔贡张国琪简介》,由影件录入,影件由吉华世兄提供。

④张俊采系张政烺的族伯、塾师。张政烺小学毕业后即跟其在私塾读了三年。撰者曾购得张极业校注的《张俊采诗文集》(私家印本),内有多首写给赵汉臣、张玉堂的诗作。

⑤先生曾对撰者说过。

⑥先生《关于“书”的故事》,收入《剑南忆旧》。

先生因而受到了良好的启蒙教育。老先生据杨雄《剧秦美新》中的"炳炳麟麟,岂不懿哉"而赐字景麟。先生早年一度用过"景麟"与"汤景麟"作名字。

12月,胡适在《新青年》(7卷1号)上发表《新思潮的意义》,提出"整理国故"的口号。

中华民国九年庚申(1920年)　先生十一岁

"全年家塾读古书。"

是年,由于不满于塾师安排的学习内容,先生开始浏览家中藏书,不仅读《三国演义》《水浒传》等小说,也翻看了《天演论》《饮冰室文集》等论著。

是年,先生的二哥已到烟台谊文中学就读,每逢寒暑假,先生即"跟二哥补习英算"。

中华民国十年辛酉(1921年)　先生十二岁

"全年家塾读古书。"

中华民国十一年壬戌(1922年)　先生十三岁

"全年家塾读古书。"

是年,后来成为"两弹一星"元勋的郭永怀就读于明德小学高级班,四年后考取青岛大学附属中学的"公费生"①。

中华民国十二年癸亥(1923年)　先生十四岁

"全年家塾读古书。"

先生在五兄弟中身体比较羸弱,经常闹病,丕治公教授他一

①江山主编《家国情怀　大师风范:"两弹一星"元勋郭永怀》,合肥:中国科学技术大学出版,2016年12月版,第144页、153页。

套八段锦,先生每晚则边练功边背书。有一段时间每晚练功都要把一部《易经》默背完,才肯罢休。“一部《易经》,其中最难记忆的表示阴阳爻的‘九二’‘六三’之类的数字组合也能背得一字不错。”①

是年,先生从塾师那里得知上海几家书局的地址,如商务印书馆、中华书局、有正书局、扫叶山房、文瑞楼、启智书局。前后几年间曾向这几家书局邮购了不少书籍,约有《十三经注疏》《皇清经解》《二十四史》《百子全书》《汉魏六朝百三名家集》《古文辞类纂》等等。当然先生这么方便地购书,与当地的邮政业务发达有关系。远在清光绪二十三年(1897),石岛就成立了邮政分局,并有快递邮件等业务②。

是年,“汪荣宝③受俄国学者钢和泰《音译梵书和中国古音》一文的影响,用译音对勘法来研究汉语音韵,发表了《歌戈鱼虞模古读考》,于是在中国语言学界激起了一场辩论。这是一场音韵学研究方法的辩论,极大地推动了此后汉语音韵学的发展与现代化”④。这场大辩论(新材料使用),语言学界称为“现代学术史关于古音学的第一次大讨论”,两派代表人物分别是太炎先生和汪荣宝。先生后来在《〈成均图〉与太炎先生对音学理论的建树》⑤中针对这一问题作了明确的回答:“即使像一般拟音那

---

①先生《关于“书”的故事》,收入《剑南忆旧》。

②《荣成市志》第 443 页有云:“1917 年,按收入多少将石岛分局改为二等邮政局,并在埠柳村增设了一处邮政代办所。”

③汪荣宝(1878—1933),字衮父,号太玄,江苏吴县人,近代著名学者、外交家。汪系章门“五王”汪东之长兄。

④音韵学方法论讨论集编辑组《音韵学方法论讨论集·郭序》,北京:商务印书馆,2009 年 6 月版。

⑤收入《语言之起源》,台北:贯雅文化事业有限公司,1990 年 12 月版,第 391 页。先生关门弟子何炜 2006 年 1 月 2 日在《难提师尊》(转下页)

样，把歌、鱼二部都拟成低元音（开口），但从某些原因看，歌部应当是前舌元音 a，鱼部应当是后舌元音 ɑ，而绝不是相反。”

中华民国十三年甲子（1924 年）　先生十五岁

“全年家塾读古书。”

6 月 7 日，云亭公①去世。附录张玉堂撰写的《某衔汤公云亭墓志铭》②：

> 尝读《史记·货殖列传》称：子贡学于仲尼，退而鬻财曹鲁，遂致饶益，而得势益彰。甚哉！商之通货，与儒之以道，《周礼》并重有由也。然自贵儒贱商之说起，拘守一隅者，每凝滞于物，不能与世推移。究之未富言教，致弦诵无资，而儒风亦因之不振。荣成张家疃云亭汤顺铭君，某衔鹏轩公次子也。鹏轩公雄据市场，而营商业，独好儒修，出其赀以栽培子弟，云亭应童子军，一时称盛，乃芹宫在望，而椿树忽凋。云亭痛已名之不就，虑先业之将衰，因去儒即商，幸薪尽火传，灰烬

（接上页）中说：“汤老师在台湾出版的《语言之起源》，我看到书名就被吓住了。反正，在我们今天，没有几个人能用这样的书名，有这样的气魄和资格。先生是个极其沉稳的人，大话从来说不出，随便走哪里，都称‘君子之风’。但他有这样的气魄，出这样的书，他提出了一套跟当时流行的卡西尔的语言学完全不同的一套理论，其容态语、声感语的理论。高尔泰的学生也让我带过路，到汤老师家请教过。在我们今天，小学大家几乎濒临灭绝的时候，要研究、有根据地猜想汉语言及先民语言的诞生，已经很难很难了。”

①云亭公兄弟共三人：兄顺清，字镜海；弟顺国，字树海。张玉堂在《太学生汤公镜海墓志铭》中说镜海“去儒就商，营业蒸蒸日上”。由影件录入，影件由吉华世兄提供。

②由影件录入，影件由吉华世兄提供。《墓志铭》开头所引《史记·货殖列传》子贡小传部分文字，系意引。这是过去读书人常用的方法（根据记忆引用），故此处仍按惯例保持原貌。标点符号系撰者所添。

犹热；桴停鼓歇，音响犹轰，不数年，商业发达，踵前事而增辉，然其儒修之念，未片刻忘也。承先志延师教子。冢男嘉治既游国学，次男丕治并列邑庠，己亦纳粟入贡，援例加封某衔，以补慰乃翁生前少壮显扬之愿。迄今家道日亨，文孙林立，功成身退。适于甲子年五月初六日辞世，距生于咸丰□年□月□日，享寿七十有几。公胞弟从九品顺国公以铭幽之文属。余馆公家久，知公素，不得以不文辞，爰为之铭曰：

儒而商，商而儒，业虽判兮道无殊。资商业，修儒术，尤足蜚声而腾实。实既茂，名宜垂，是乌得不撰之以为若子若孙规！

10月22日，"曹云祥校长向胡适请教如何创办研究院，并商请他来清华担任国学研究院的导师。胡适表示：'非一流学者，不配作研究院的导师。我实在不敢当。你最好去请梁任公、王静安、章太炎三位大师，方能把研究院办好。'后来梁启超、王国维应聘。"①

是年，知道太炎先生（1869—1936）。太炎先生初名学乘，字枚叔，后易名为炳麟。因仰慕顾绛（炎武）之为人，改名绛，别号太炎。"我之得知太炎先生，是十四五岁在家乡读书之时。那时我喜欢书法，一次从上海商务印书馆邮购影印古拓《华山碑》一册，后有太炎先生跋语"，"读跋语，深佩先生言简意赅，论断精辟"②。先生出生那年，太炎先生最重要的著述《国故论衡》③在日本刊印。

中华民国十四年乙丑（1925年） 先生十六岁

"全年家塾读古书。"

---

①见孙敦恒《清华国学院纪事》，收入《清华汉学研究》（第1辑，葛兆光主编），北京：清华大学出版社，1994年11月版，第267—268页。

②先生《忆太炎先生》，收入《剑南忆旧》。

③也是以后对先生影响最大的著作之一。

麦收之前，塾师以“麦浪”为题向诸生课诗，先生有“牧童牛背稳，沧海一扁舟”之句，“大受老师奖许，并在我父亲面前夸奖。此事对我后来的有志于学，影响很大”①。

中华民国十五年丙寅（1926年） 先生十七岁

“全年家塾读古书。”

中华民国十六年丁卯（1927年） 先生十八岁

“全年家塾读古书。”

中华民国十七年戊辰（1928年） 先生十九岁

“全年家塾读古书。”

是年，先生与东慕家村的慕惠贞结婚。

是年，读同乡阎树善等编选的《书目长编》②，北平资料社出版。辑录各种古代书目一千三百余种，分为“贮藏”“史乘”“征存”“评论”四大类，每类下分若干小类，每一款目下注明卷数、编者、版本、所依据的书名等。先生开始按此“书目”购书自修。

中华民国十八年己巳（1929年） 先生二十岁

“全年家塾读古书。”

9月18日（农历八月十六），先生《简历表》有云，“八月生子”。长子世洪出生，乳名新增、松年。

在家塾，“一口气读了十年左右的‘四书五经’”，“这时我对‘四书五经’读得烂熟，而对新的科学则一无所知”③。

---

①先生《关于“书”的故事》，收入《剑南忆旧》。

②此书所收资料多取材于周贞亮、李之鼎合编的《书目举要》。

③先生《自传》（1951年10月6日写），系先生档案材料之一种。

12月25日，丕治公①去世。附录张玉堂撰写的《清例授修职佐郎附贡生汤公显卿墓志铭》②：

显卿，荣成张家疃　衔汤鹏轩公之孙，国子监祭酒云亭公之子也。自幼勤学慎修，甫弱冠，与琪共笔砚，不数年，游泮水，援例入成均。方期腾骧上路，适时势变迁，风鹤四警，云光都六里，商办团练，长之者姜君星五，显卿左右其间，不避勤劳而加以慎重，乡里幸获安堵。癸丑春，复值饿馑，厥考其从叔太学生镜海公出赀告籴，接济贫邻，显卿亦多赞襄之力；继以父殁，经商业治家事，延师教子，勤慎不少怠。际此江河日下，繁华靡丽场中，求如其人，可多得哉！今忽于己巳年阴历十一月二十五日，遘疾而逝，距生于光绪丁丑九月二十三日，享年五十有三。呜呼，痛哉！斯时也，琪再馆其家，任训蒙职，每当挑灯夜话，笑语相亲，而勤慎如故胡，为年未及耆，溘先朝露，不复与吾白首同归。吾衰老日侵，环顾同学诸友，半多凋谢，黯然神伤，君又于中途永诀，其何情以堪此耶？呜呼，痛哉！显卿讳丕治，配连氏，例封孺人，男五，鑑正、棣正、浩正、炳正、均正，业商业儒，恪守先规。孙男二，女三。今将以十二月十一日安葬先人墓侧，从弟业卿，属以铭幽之文。铭曰：

忧勤百虑，谨慎一生。生今而后，庶百畅情。伤哉显卿，惜哉显卿，吾与汝永别兮此行！

汤家商号“瑞和”，由先生祖上创办，丕治公更名“瑞成”，先

①丕治公兄弟二人，兄善治，字锡三。

②张玉堂还撰写了一首情感真挚的《挽汤显卿》的龙门对：“八年同几砚，过蒙盛馔，粗检残编，前度今来缘未了；五秩阅沧桑，莫挽狂澜，别寻净土，君先我后愧何如。”由影件录入，影件由吉华世兄提供。标点符号系撰者所添。先生在《关于“书”的故事》中称，“（张玉堂）也是我父亲的老师”。录此备考。

生长兄景明公又易名“瑞兴”，成为当地的“大商号”，生意“十分兴隆”①。

中华民国十九年庚午（1930年）　先生二十一岁

“全年家塾读古书。”

春节期间，姜家疃村的姜忠奎（1897—1945，字叔明，号星烂。叔明行三，亦五兄弟。兄伯艺、仲华，弟季范、辑五）特来张家村拜谒蒙师张玉堂。姜此时已是著名经学家②，其外祖父孙葆田（同治十三年进士）《清史稿》本传盛赞“一时学者奉为大师”。他曾两度出任《山东通志》总纂，宣统三年（1911）修成刊印，共计二百卷，六百余万言，受到学术界一致好评。孙最大声名是署合肥知县时，将横行乡里的李鸿章某侄子正法。姜忠奎1918年北京大学毕业，即被柯劭忞招入清史馆任协修，后又任徐树铮家庭教师。1926年起历任中州大学、北京大学、山东大学、北京师范大学教授，并兼任师大研究院国学部主任、研究生导师。著有《说文转注考》《纬史论微》《荀子性善证》《六书述义》等③。经张玉堂介绍，自此他二人“平生风义兼师友”。“我读村塾最后一年的春天，姜忠奎君由北京返里，曾来拜谒玉堂师，并带来他的《荀子性善证》及《张勋传》底稿等，求张师指教。此后，我跟姜

①张峡编著《旅游胜地：石岛湾》，第49页。

②二十世纪二十年代末，日本拟在北京设立“中国文化研究所”，“用优厚条件聘请中国学者参与其事”。姜忠奎名赫然列在该所“研究员”（15人）以及下设“经部”（7人）的两个名单里。事见桑兵《民国学界的老辈》，载《历史研究》2005年第6期。

③参张寿康《深切怀念爱国学者姜忠奎先生》，载《联合周报》1991年3月2日；姜厚粤《永恒的怀念——忆父母》（未刊稿）。张寿康系姜忠奎在北平时代的学生，1949年后曾任北京师范学院教授，中国修辞学会会长，中国文章学研究会会长。

竟成了‘忘年交’。我作为没有见过世面的青年,从他那里知道了不少事,如海内的学术动态及著书立说之道,等等。确实,人生除‘读书’‘背书’之外,还可以‘著书’,这观念是姜君带给我的。”①“我跟姜君交往,首先是启发我对‘著书’的向往,但也给我带来了‘著书’不易的顾虑。带着这幼稚而复杂的心情,我曾试写了一篇《老彭考》②。是因为《论语》里‘窃比于我老彭’这句话,前人讲得太杂,故萌此念。作为习作,虽受姜君的赞许,我却有自知之明,早已弃之纸篓,不复省记。”③遂生发愤著述之志。除姜家疃村的姜忠奎外,邻村大鱼岛还有一位许维遹(1900—1950,号骏斋),当时正就读于北京大学,与先生交往甚密。姜、许二人的学术事业给先生以不小的影响。他们三人所住的村子,彼此相距不过二三里,构成一个典型的三角形。耳濡目染,使先生决心走学术研究的道路。先生“对他们两人十分钦慕”,曾说:“如果说,这以前我读书的目的,不过是求多好奇;那么,这以后竟不自量力,在乡邻前辈的启迪下,开始有了从事学术研究之志。”④

7月,“(我)决定典卖田产,北上求学。这个决定,受邻村姜忠奎的影响是很大的”⑤,即只身赴北平求学。此前“大哥不准我出去读书,喊我教小学,我不去”⑥。

中华民国二十年辛未(1931年)　先生二十二岁

3月,先生开始在弘达中学补习,同学中有张政烺。

---

①先生《关于“书”的故事》,收入《剑南忆旧》。
②此文影件由吉华世兄提供。全文共1248个字,应为先生手迹。
③先生《关于“书”的故事》,收入《剑南忆旧》。
④先生《自述治学之经过》,载《中国文化》2016年秋季号。
⑤先生《自传》。
⑥先生《与大哥汤景明的关系》。

先生一面补习中学课程，一面又到各高校旁听著名教授如吴承仕、余嘉锡、马叙伦、孙人和讲课，还与张政烺等到中国大学听鲁迅“文学与武力”讲演，到北京大学听胡适“中国学术史”讲演。因对前辈学者汪荣宝的《法言疏证》(1911 年汪氏金薤琳琅斋印)不甚满意，遂潜心做杨雄《法言》的笺疏，为此常跑北京图书馆看资料。

夏①，二哥景华出任明德小学校长，同时被《申报》聘为通讯员。

“冬回家。”先生挽妻子慕惠贞之祖父四联：

> 一、大老近居东海，跂望非遥，恨旅馆羁留，旧雨未来疏问候；文孙共学北平，约归先至，知孝思感动，秋风特送及弥留。二、阅尽沧桑世界，叹涛声悲壮，山色苍凉，六十年来成大梦；留将诗礼家风，看桂子扬芬，兰孙毓秀，九重泉下慰幽魂。三、蝴蝶梦中，父到何时方醒觉；蟋蟀床下，儿惊此夕又呻吟。四、精神犹尚健，时当获稻为酒，纳禾供餐，方幸承颜常侍养；心事别无他，意在独子持家，诸孙勤学，如何撒手竟辞归。
>
> 孙婿景麟敬挽②

是年，“九一八”事变后，妻慕惠贞“以时局不靖为理由，写信催我回家。寒假后(三二年春)，仍留我在家”③。

---

①汤景华《我记忆中的石岛明德小学》云，“1931 年夏，校长王宜亭另有他就，校长由汤景华继任(本文作者)”。

②影件由吉华世兄提供。吉华跋语：“张玉堂乡塾时的学生景麟。此四条系挽慕惠贞之祖父，所以落款‘孙婿景麟敬挽’。”

③先生《汤炳正自传》(1955 年 8 月 31 日)。此传包括了四个部分：一、政治历史；二、社会关系；三、家庭情况；四、关于学历的更正及思想批判。系先生档案材料之一种。

中华民国二十一年壬申(1932年) 先生二十三岁

1月,“兄弟五个人分家,因为我立志读书,不过问田舍事,分了二十亩田,卖了一大半,持款到北京”①。兄弟分爨。据先生对撰者说,当时他所分得的财产最少②,理由是他外出读书已花去家里不少钱。晚年偶尔提及此事,仍有些伤感与隐隐露出不平之色③。

“思想苦闷,身体多病”④。“在这半年中,兄弟分了家,我又生了一场病,身体不好,心情也很消极,认为时局和家庭影响了我的学业,对自己前途,感到渺茫。这时,有一个同姓的嫂嫂说:‘念经打坐,可以消除疾病,躲避灾难。’”先生遂信佛,每天坚持念经打坐,所念佛经有《观音经》《心经》《未来经》等,当时“我认为念经可以寄托精神,打坐可以保养身体,我的目的不过如此”。“三二年秋我又继续到北京求学,……因为我有了读书的机会,前途有了希望,逃避现实的消极心情也没有了。”⑤

---

①先生《自传》。

②先生当时分到的全部家产是:一、土地。有村东的“山西坡”地二亩;“牧云庵”地二亩,又草地一片;斥山集地十亩。二、房屋。有本村房十五间;“北石硼”房三间;“沙帽顶”房三间。三、钱。先生五兄弟分家时,把他父亲原来在瑞成商号的股东分了,先生分得五百元大洋。他大哥成立瑞兴商号时,先生又把这笔钱入了股。先生说:他在北京读书时,因经济困难,将“北石硼的三间房卖掉”,五百元的“股东支用了大约一半”,供他读书与研究。见《我分家后的家庭情况》。彼处又说,“家里有田一百多亩”,“兄弟五人分了家,我分到约三十亩田。我卖了一部分田,带着钱到北京读书”。

③先生1995年11月还向撰者说起此事。

④先生《自传》。

⑤先生《汤炳正自传》。

2月4日，张玉堂去世，“汤景麟书写账文”①。附柯劭忞“拜撰”的《公祭例授修职郎己酉科选拔张玉堂文》②如下：

> 呜呼！张君积学能文，而尤笃于伦常。薄世俗之竞骛浮荣，乃歠甘抱残守阙于穷乡。倘士大夫能尽效君之所为，则异端邪说何至如今日之披狂？君家本微，世务农商。始问业于邹君西京，继受诗文之法于姜氏父子，曰延芳、少芳。钻研则寒暑无间，出入而顾视不旁。识者已觇为斯文之重器，殆不廑服其日知而月无忘，年二十五遂入邑庠。事亲课蒙，念在梓桑；及贡成均，声闻益彰。负笈从学之士，每多来自远方。而君之刻苦自励壹如童时，未尝稍怠傲于毫芒。殚精经史，泛稽骚庄。河源河道之变，悉探其始而絜纲。顾自不肯出以问世，而潜缄之于书囊。始君奉其尊人之命，与弟析产分炊，而视弟之艰难窘迫，每恻然如重病之在肝肠。凡馆谷之入，必竭尽以相扶将。弟亡之后，孤嫠数口，君咸抚之，仍使同炊而异房。迨其男既婚女既嫁，衣食能自为谋，于是又复分炊，使各自食其余庆。恩斯勤斯，十有九年如一日，非笃于天性而孝养兼粹者，其孰能当？天地寥寥，今古茫茫。瞻世变未知胡底？益念老成之凋谢而中有余伤。呜呼哀哉，尚飨！

8月，先生返京，继续在弘达中学补习功课，并常常到琉璃厂等处买书和到北京图书馆读书。

秋，太炎先生赴苏州讲学，初在吴县县立图书馆，接着又在沧浪亭，吴中俊秀翕然向风从。

是年，先生听说汪荣宝又写了一部关于《法言》的新稿，竟辗

---

①张吉华《荣成拔贡张国琪简介》语。

②文字稿由吉华世兄提供，标点符号系撰者所添。

转找到了这位高官的住宅，汪受其感动，破例将手稿的副本借给他看。这个新稿本就是翌年岁杪出版的《法言义疏》①。据罗国威说，先生曾告诉他，说自己用了几年的功夫把《法言》全书做完了，待汪的新书出来后，先生发现他们二人的研究路子多一样（撞车了），就像解数学题，过程、答案皆一样，先生遂决定剔除相同部分。

中华民国二十二年癸酉（1933年） 先生二十四岁

1月2日，钱玄同在这天日记录入1932年太炎先生在上海寓所手订的《弟子录》（计“廿二人，十九生，三死”）：黄侃、吴承仕、汪东、朱希祖、马裕藻、沈兼士、马宗芗、贺孝齐、陈同煌、钟正懋、马宗霍、马根宝、黄人望、潘承弼、徐耘刍、孙至诚，实列十五人（残缺四人）；已故三人：袁丕钧、潘大道、康宝忠。“不但周氏兄弟、季市失，□□一批不与，连龚未生、范古农、张卓身、张敬铭也不在内。甚至连景梅九、景大昭也不在内。”②

---

①这里用的是先生“不意二十二年冬，汪氏又有《法言义疏》问世”说，见《〈法言〉汪注补正》（载《制言》半月刊第4期，1935年11月1日），收《语言之起源》。另，陈仲夫在《法言义疏》的《点校说明》中称“《法言义疏》以前只有1934年一种刊本，我此番点校的就是这个本子”（北京：中华书局，1987年3月版）。窃谓此书1933年冬当印过（先生用的就是这个“刊本”，“二十二年冬”当为实录），只是陈没有见过这个“刊本”而已。本书二校时，撰者看到徐兴无为《汪荣宝〈法言注释〉残稿三种》（凤凰出版社2017年10月版）写的序言，直言陈仲夫“刊于1934年”说“误”，并据原材料推定，《法言义疏》“刊印完工之时，当在1933年10月至11月间”。此与先生“1933年冬”说正合。

②《钱玄同日记》（整理本）杨天石主编，北京：北京大学出版社，2014年8月版，第896页。此事承敏秋相告。关于这份名录的来历，日记中讲魏建功“示我以潘致顾（信）”，据张维明《顾廷龙与〈章氏弟子录〉》（载《文汇读书周报》2018年10月15日）考证，“写日记时，作者有意隐去了他俩的名字，所以旁人读来颇费猜度”：提供这份《章氏弟子录》的“潘”（太炎先生新收的弟子），即潘承弼（景郑）；而“顾”即顾廷龙，系潘“姊丈”。

1 月，张仲仁、李根源、陈石遗、金松岑等在苏州成立国学会，推张为会长，李根源、陈衍副会长。太炎先生撰成《国学会会刊宣言》①，称"深念扶微业、辅绝学之道，诚莫如学会便"，"昔范公始以名节励俗，顾先生亦举'行已有耻'为士行准。此举国所宜取法，微独苏州"，"以讨论儒术为主，取读经会隶之"。

3 月 20 日，太炎先生在致函钱玄同："苏州新收弟子约十余人，其中素有根柢者凡二三人，余即未逮，幸其志尚坚，皆可与共学者也。《弟子录》去岁已刻一纸，今春又增入数人，大氐以东京学会为首，次即陆续增入，至近岁而止。其间有学而不终与绝无成就者，今既不能尽记姓名，不妨阙略。所录约计五十人左右，然亦恐有脱失也。"②

3 月，先生考入私立民国学院新闻专修科。该"新闻专修科，创设于民国二十二年春，由该校经济系主任曾铁忱氏主持"，后相继改由吴秋尘、张友渔教授主持。"历任主任，皆能以其经验所得，予该科以不少之改善与建设"。学制两年，学分六十分，学费每学期四十五元。导师有萧恩承、张季鸾、成舍我等八人，教职员有管翼贤、林仲易、吴秋尘、萨空了、谢石麟、曾铁忱、张友渔、王文彬等 24 人。课程："政治学、经济学、社会学、军事学、现代思潮、国民外交常识、西洋近百年史、文学概论、国学概论、国际政治、时事研究、英文、日文、中国财政史、新闻学概论、新闻学史、采访学、新闻编述、社论作法、广告学、文艺版论、经济新闻、新闻文艺、速记学、画报及摄影、西报选读、比较新闻学、报馆图书馆学、报业管理、出版法规、实习指导。"课外演讲："于每周课外，敦请新闻界名流，作学术演讲。又于每学期举行茶话会一次，集报界闻人于一堂，讲演或讨论

①载《国学商兑》第 1 卷第 1 号(1933 年 6 月 1 日出版)。

②见马勇编《章太炎书信集》，石家庄：河北人民出版社，2003 年 1 月版，第 153 页。

与新文学有关系之问题。”主办事业：“由该科组织一新闻学会，专以研究新闻学术为目的。为便于实习起见，又创办《民国新闻》《新周报》《壁报》，前者每学期出一期，专载关于新闻学一类之论文，后二者每周出一张，其内容则以新闻及文艺为主。又创设民国通讯社，每晚发稿一次，俾全体同学，均能得到实习采访之机会。”校外实习：“该科学生，除自己主办各种刊物以资实习外，并在肄业最后一学期中，由校方分组派往各报馆、各通讯社实习。”本月入学的第一批“新闻专修科”学生，只有一个班，共计53人，其中女生6人①。

“我本来在家里读了十多年的古书，为什么不去考中文系而去考新闻系呢？因为我当时的一般科学基础课的水平是很差的，中文系不易考上，当时该校的新闻专修科初办，对此要求不高，所以被录取。”②“到北京民国学院，立志下苦功夫，欲在学术界有所贡献。”“星期天也从来不与同学、同乡游玩，而是一个人到北京图书馆看书。”“那时的学生爱国运动，虽然蓬蓬勃勃地发展着，而我呢，始终没有参加到他们的行列中，一直是在忙于跑北京图书馆，忙于收辑‘材料’，写什么《中国语言学家杨子云年谱》等。国家大事，好像是跟我没有任何关系！这时我的做学问的方法，是琐碎的考证，这跟胡适所提倡的‘整理国故’是有一定的关系的。”③民国学院的校址在德胜门后海北沿（鲍家街）的清醇亲王府，王府规模颇像一座小紫禁城。当时国内的大学专设新闻学科的极少，而民国学院所聘的教师，多为新闻学界的名流巨子，如张友渔、王文彬、萨空了等。先生回忆道：“例如张友渔

①《民国学院出版课：北平民国学院一览》，北辰印刷所，1934年印刷。本册影件由周敏秋小兄提供，特表感谢！

②先生《我的几点诚恳的回答》。

③先生《自传》。

先生讲‘社论撰写’，萨空了先生讲‘中国艺术史’，都是我最喜欢听的课。张先生讲课，侃侃而谈，旁若无人，针砭当局，直斥‘衮衮诸公’，令人神爽。萨先生讲课，态度严谨，恂恂如宿儒，给人以博洽之感。”①同乡姜厚璋、闫树吾等与先生同班。

先生“仍然常到各大学旁听文史教授讲课，并造访了宿儒王树枏先生”②。

7 月 3 日，“晨得检斋信，知伯已于七月一号回平了，并寄来二十二年三月所印《章门弟子录》，一看，其中竟有启明。十时访检斋”③。

中华民国二十三年甲戌（1934 年）　先生二十五岁

在民国学院读书。

“每天风雨不阻的到国立北京图书馆看书。我在学术上有了些微的收获，就是在这时打下了基础”，“我的研究中心，仍然是一些训诂考证一类的东西”④。为了读书方便，先生曾一度搬到沙滩，赁公寓而居。先生晚年回忆：“北京图书馆就等于我的大学；我的大学，就等于北京图书馆。”⑤

---

①先生《我写〈彩云曲〉的前后》，收入《剑南忆旧》。

②王树枏（1851—1936），字晋卿，晚号陶庐老人，保定新城县人，著名方志编纂学家。光绪十二年（1886），他与陈三立同年考中进士，时人以“南陈北王”并称。1914 年，赵尔巽聘王树枏为清史馆总纂。事见王京州编《河北近现代学者年谱辑要：王树枏先生年谱简编》（江合友撰），北京：国家图书馆出版社，2017 年 5 月版。

③《钱玄同日记》（整理本），杨天石主编，第 941 页。此事承敏秋相告。

④先生《自传》。

⑤先生《我写〈彩云曲〉的前后》，收入《剑南忆旧》。林语堂也说过类似的话：“其实到哪一所大学读书并没关系，最重要的是要有一个好的图书馆。”见《林语堂名著全集》第十卷，长春：东北师范大学出版社，1994 年 11 月版，第 52—53 页。

5、6月间①，太炎先生举家由上海迁至苏州，先居于侍其巷的双树草堂，后改置于锦帆路50号②；冬，因“与国学会旨趣不合，始特立章氏国学讲习会”③。

8月，太炎先生门生金震④的人生中发生了一件转折性的大事，张季鸾招其到天津《大公报》馆负责编辑评论。因“社论风波”改编“小公园”副刊，正遇先生投稿，金震编发了其多篇作品。先生游学北京时，正是“九一八”事变之后，面对黄瓦红墙、到处是历史遗迹的前朝故都，感触颇多，诗兴大发。

11月19日，《浪淘沙·纪念“九一八”》⑤发表，载天津《大

---

①据章念驰师叔说“春天举家迁往苏州”（《我的祖父章太炎》，上海：上海人民出版社，2011年4月版，第329页），再以太炎先生1934年7月20日致吴承仕信“驻苏一月有半”（见马勇编《章太炎书信集》，第368页）推断，举家迁居苏州，应在5月底6月初之间。

②据亲历者回忆：“苏州许多学者，都很高兴，相约请（太炎）先生在苏州长期讲学。先生慨然答应，一面作星期讲演，一面在自己楼房之后，建造讲堂宿舍，创办‘国学讲习会’。”“（太炎先生自说）我的讲学始于日本东京，当时就叫‘国学讲习会’，这里现有‘国学会’，应该稍有区别，所以冠以‘章氏’两字，名叫‘章氏国学讲习会’。”见诸祖耿《八十七岁自述》，载《无锡县文史资料》第4辑。

③章太炎《太炎启事》，载《制言》半月刊第12期。

④金震（1905—1991），字东雷，苏州横塘人，李根源“爱其少年英才，聘他为家庭教师”，太炎先生移居苏州，即纳其为门人，后任天津《大公报》“小公园”副刊编辑，兼任上海《国闻周刊》编辑。著有《英国文学史纲》《东庐诗钞》二书。前者由蔡元培、蒋梦麟题签，商务印书馆1937年出版；1991年收入由周谷城主编的《民国丛书》第三编，上海书店出版；2010年又收入吉林出版集团有限责任公司《民国学术丛刊》第一编出版。后者由作者1936年7月自印，2009年9月收入王伟勇主编的《民国诗集丛刊》第一编，台中文听阁图书公司出版。苏州郊区志编纂委员会编《苏州郊区志》（上海：上海社会科学院出版社，2003年6月版）有其小传。

⑤1997年上半年，先生曾对其在天津《大公报》上发表的几首诗词作品，作了少许的修订，笔者这里所引的是定稿。另，先生在北京时所发的作品皆署名“景麟”。

公报》"小公园"副刊：

故国夕阳残，
独倚阑干，
天涯蔓草不堪看。
落叶红溅亡国泪，
洒遍峰峦。

风鹤未阑珊，
几度秋寒，
不闻征鼓出边关。
又是一年空怅望，
半壁河山。

此词上距"九一八"事变，已经三年。面对东北"半壁河山"的沦陷，而不闻抗战的"征鼓"北上，先生爱国"怅望"之情，溢于言表。

12月10日，长篇七古《故宫行》发表，载天津《大公报》"小公园"副刊。今移录全诗如下，以飨读者：

河山万里势纡回，燕云深处帝阙开。
右拥太行左渤海，城郭峥嵘实壮哉。
当年宫殿遥相对，琼楼十二耀珠翠。
六宫粉黛后庭花，承欢侍宴朱颜醉。
脱簪辞辇谁复论，日高金屋海棠睡。
歌台舞榭凝管弦，梨园子弟说叫天。
声协宫羽步协度，炊金馔玉开华筵。
御园胜境甲天下，山楼水阁非人间。
画舫棹歌连三海，蓬莱咫尺万寿山。
廷陛何人忧国步，汉有吕兮唐有武。

公孤帘外仰牝鸡，可怜朝事渐龃龉。
惊天霹雳起武昌，三楚烟尘忽茫茫。
连天炮火飞灰烬，九重城阙历沧桑。
燕都从此弃如屣，六朝殿阁复栖迟。
故宫寂寞生春草，无复玉辇临丹墀。
甲戌之秋启锁钥，且随尘客探楼阁。
三殿崔巍皆依然，廊回路转渐萧索。
纱窗裂隙穿虺蜴，飞檐逶迤栖乌鹊。
乌鹊虺蜴似有知，荒秽不理造化移。
蔓草延入养心殿，霜叶飘落昭华池。
金缸华烛歌舞地，只今谁闻铜雀啼。
乾清宫内御书屋，简策狼藉谁整束。
鼯鼠白昼案上行，珊瑚架笔笔已秃。
森森古柏映绮窗，玉阶无人依旧绿。
寝殿深深连后宫，粉黛当年笑语融。
朝朝侍女焚兰麝，似有香雾尚蒙蒙。
瀛台遗恨成千古，珍妃井畔寒蛩鸣。
君不见唐虞当日理天下，万姓作息乐神化。
又不见桀纣荒嬉日优游，山河破碎成墟丘。
人间自古兴与废，浪花滚滚东逝水。

此诗描述的虽是历史遗迹故宫，但仍然流露着忧国忧民的时世感，这应当是先生这一时期诗歌创作的主流。

12月，跟北京《晨报》一王姓记者造访赛金花。事后没有写什么访问记，也没有写随笔或短评之类的文字，而是一气呵成地写下近千字的《彩云曲》①。

---

①事见先生《我写〈彩云曲〉的前后》，收入《剑南忆旧》。

是年，“发愤读《章氏丛书》，对太炎先生所知益深广。但有不少内容，我那时是看不懂的”①。

中华民国二十四年乙亥（1935年）　先生二十六岁

1月，从民国学院新闻专修科毕业。先生他们“第一届毕业生，共四十六人”，“除留学外国者三人外，余多服务于国内各新闻机关，如天津《益世报》、北平《华北日报》《实报》《北辰报》、中国通讯社、山东《新亚日报》《山东日报》等。此外如任北平创办《新建设日报》及通讯社者亦不乏人”②。先生的毕业论文，三千余字的《小型报的缺点及其改善办法》，受到导师王文彬③的激赏，推荐到当时国内唯一的新闻学学术刊物《报学季刊》④第一卷第四期（8月15日）发表，目录刊登在《大公报》上。该刊1934年10月10日创刊，由上海申时电讯社主编，其宗旨为“阐明新闻学术，促进新闻事业之发展”。在这篇论文中，先生首先指出当时小型报纸存在七个方面的缺点：一、经济短绌；二、人才缺乏；三、印刷困难；四、定价较昂。以上四则为组织方面的，以下三则为内容方面的：一、社论不正确；二、新闻太低级；三、文字多

---

①先生《忆太炎先生》，收入《剑南忆旧》。

②见《民国学院出版课：北平民国学院一览》（影件）。

③王文彬（1907—2003），陕西蒲城人。1930年毕业于上海民治新闻学院。曾任北平《华北日报》记者、编辑、采访主任，兼南京《中央日报》《武汉日报》、上海《民国日报》驻北平记者，天津《大公报》编辑、外勤课主任，桂林、重庆《大公报》发行人兼经理，重庆湘辉学院教授。1945年作为《大公报》的采访主任参加了重庆谈判的新闻报道工作。1949年后，历任重庆《大公报》《重庆日报》经理，重庆市司法局局长、交通局局长，民建中央委员。著有《采访讲话》《报人之路》等。

④“《报学季刊》是民国时期一份有影响的、重要的新闻学学术刊物，对研究民国时期的新闻历史具有不可替代的作用。”段勃《〈报学季刊〉：民国时期一份重要的新闻学学术刊物》，载《传媒观察》2010年第11期。

脱误。并有针对性地拟出五个方面的改善办法：一、扩充经费；二、罗致与养成人材；三、改善内容；四、贬低售价；五、推广到乡村去。

“在该校读书的两年中，我主要的精力是放在研究古书方面，很少去听新闻专修科的课。每周的大部时间是跑到北京图书馆去钻故纸堆，给《杨子法言》作注释。有个别老师的课讲得好，我就去听，如张友渔先生讲‘社论的写作’，我是经常去听的。”①

1月11日，《鹊桥仙·登长城感作》发表，载天津《大公报》“小公园”副刊：

龙缘峭壁，
齿峣层岫，
依旧前朝故垒。
乱山落日一登临，
多少恨奔来眼底。

喜峰古北，
咽喉天险，
争奈胡骑如织。
此生投笔愧无缘，
辜负了边关万里。

“胡骑如织”而“投笔”无缘，负疚之情，跃然纸上。这正表现了其时一个爱国知识分子的苦闷情怀。

1月16日，《彩云曲》发表，载天津《大公报》“小公园”副刊。全诗九百余字，比白居易的《长恨歌》还长，现录其小序并诗

①先生《我的补充交代》。

如下：

赵彩云，即赛金花，清末名妓也。仙槎随使，名扬海外；联军入侵，事涉邦交。今也已醒蝶梦，久矣寄迹燕都。落花入溷，伤生前薄命；焚香礼佛，忏来世尘缘。仆栖迟衡门，沉吟斗室。一事无成，虚度廿载光阴；三生有幸，得识前朝风月。偶经造访，辄深感慨；欲写绝代佳人，愧无传神妙笔。况樊老载歌于前，巴人复赓于后，自知刻鹄似鹜，难免狗尾续貂。然白头商女，既肯重诉身世；青衫司马，何妨再谱琵琶。爰就询访所及，谨缀鄙俚之词。

虎丘山下昌亭畔，绿杨一带绕曲岸。
曲岸深处有人家，小巷参差隔庭院。
中有一女字彩云，云鬓半剪梨花面。
十三向人娇解语，十四能弹金缕曲。
十五对镜学新妆，妆成欲作霓裳舞。
门前小立惯含羞，情丝一缕无觅处。
一时艳名南北传，萧家巷里花无主。
难得护花铃，那禁风和雨。
风雨先折出墙枝，千古婵娟同一律。
仓桥浜畔上画船，画船轻渡乐陶然。
檀板金樽将进酒，华灯夜侍绮罗筵。
飞絮沾泥花入溷，匆匆笑语忽经年。

苏门名士噪洪郎，凌云才思称无双。
一度相逢两倾倒，呢喃燕语玳瑁梁。
屧响长廊筑金屋，生花妙笔喜催妆。
从此江南无限春，春光一半属侯门。
珠帘暮卷西山雨，画栋朝飞南浦云。

朝朝暮暮高唐梦，只解欢笑不解颦。
忽闻玉旨来天上，重洋远渡弥烟瘴。
钗鬟有幸得相随，楼船掩映鸳鸯帐。
朦胧睡脸晕带霞，依稀翠袖花翻浪。
到来海外讵萧索，共讶美人云中落。
六幅湘裙廿四铃，粉鞋步步生莲朵。
暂向柏林筑香巢，四时花木蔚楼阁。
皇后折节相提携，蛾眉意气五云齐。
当朝拜谒俾斯麦，军门结识瓦德西。
巧擅西戎语，妙佐东国炊。
葡萄美酒日交宴，杯盘狼藉晓乌啼。

啼乌惊破仙槎梦，长风骇浪还相送。
去时山河犹依然，归来国事渐堪痛。
兵部印绶履天官，哀哉国士摧梁栋。
孽海卷狂澜，琵琶空掩泣。
金谷绿珠曾坠楼，争奈碧玉年华惜。
妆台冷落钿钗残，燕子飞去尚书第。
重扫眉黛落风尘，梦兰小字耀春申。
春申江上保康里，五陵车马看花人。
苏小门前春意闹，薛涛井畔月满樽。
花飞花落无定处，邯郸旧梦绕燕津。
北国金花张艳帜，一度缠头百万金。

炮火震如雷，联军海上来。
闾阎翻断瓦，长街飞劫灰。
车马辚辚两宫去，惊鸿谁闻万黎哀。
哀声直上彻霄汉，朝臣相顾鸟兽散。

联军统帅瓦德西，等闲识得春风面。
如何中华无男儿，红妆宛转叩马谏。
海国魑魅毒似蛇，貔貅万灶霜翄敛。
议和破裂费殷勤，挺身游说克夫人。
仗马寒蝉噤无语，满朝朱紫愧王臣。
莺声独啭三春树，樽俎折冲靖胡尘。
从此重堕繁华薮，太液芙蓉白门柳。
芙蓉零落柳絮飞，老大依人奉巾帚。
谁知花落难归根，歌残薤露复分首。
香屏梦醒色相空，故都蛰居室如斗。

斗室沉沉色似铁，携友投刺共访谒。
莓苔小院绕短墙，葡萄满架珍珠缀。
老态龙钟喜相迎，双鬓隐约昆仑雪。
宫眉犹带旧时痕，莺喉堪想当年舌。
含情凝睇说平生，如泣如诉声幽咽。
同人相顾悄无言，窗前飒飒秋风烈。
噫吁嚱！
长白山头烽火红，鸭绿江上阵云黑。
而今国难正堪忧，烟尘滚滚望东北！

借风月情，写兴亡恨，几乎成了我国历代诗人的传统手法。清季魏源有句云："梦中疏草苍生泪，诗里莺花稗史情。"可谓知言。这首《彩云曲》充分表现了先生为国家民族安危而忧心的情怀。特别是在结尾处，跨越时空，写出了"长白山头烽火红，鸭绿江上阵云黑"之句，讽喻之意，自不待言。

本诗章法自然紧凑，笔调曲折宛转，既长且工，而恰到好处。它铺陈展叙，酣畅生动地为奇女子赛金花的不幸遭遇谱写了一曲震撼人心的悲歌。“诗中一些句子精美、隽永、意味蕴藉，堪称史论性名句。我们检验一篇(首)作品价值最严格的尺度是时间。经过岁月的洗礼、时光的磨砺，还能显现出光泽，才算是真正的精品。”①有人称先生的《彩云曲》是“语寄兴亡，有似长恨之声；弦谱琵琶，不无青衫之泪”，“当可一增商女声色矣”，“对其一生遭际的不幸及其晚景凄凉，深寄同情”②。

先生曾为《彩云曲》写了一篇《附记》，现录于此：

> 此乃我半个世纪以前的旧作。那时甫逾弱冠，才疏识浅，率尔命笔，早已遗忘。1990 年秋，蒙李诚同志从图书馆新购的复印本《大公报》中连同其他诗作抄出见示。时我正整理《渊砚楼酬唱集》③……鸿爪留踪，重温旧梦，则颇能道出我读此诗之感受耳。
>
> 关于当年我写《彩云曲》的时代背景与经过，在拙著《剑南忆旧》中已详言之，兹不赘述。当时，《彩云曲》发表后，颇有反响。记得《大公报》就曾发表过署名“天问”的《题赛金花》七绝四首。其中一首云：
>
> 莲花妙舌蕙兰姿，片语能降瓦德斯。
> 四万万人都束手，兴亡奚必责男儿。
>
> 这诗显然是针对《彩云曲》中“如何中华无男儿，红颜宛转叩马谏”而言。其实我只欲借此斥责李鸿章辈望风逃匿之丑态以针砭时事，并非贬低女子为国纾难之苦心。但现在看

---

①见撰者《汤炳正的〈彩云曲〉》，载《黔风》2016 年第 4 期。

②牟应杭《赵灵飞·富彩云·赛金花》，载《贵州文史天地》1996 年第 3 期。先生在《我的几点诚恳的回答》中说此诗发表后，“金震给了我一封信，十分欣赏我的《彩云曲》，从此，我就跟金通上了信，但未见过面”。

③1991 年 4 月家印本，先生共印了五百册，分送亲友门生。《附记》一篇见该诗集第 12—13 页。此处按先生修改稿录入。

来,“玉碎”时期,又何需此“瓦全”精神哉!

1991年1月18日炳正追记

1月22日,《和金东雷君咏梅原韵》(四首)发表,载天津《大公报》“小公园”副刊,现录如下:

一

飞雪凝冰入望赊,春风何意到天涯。
嫌将浊世玷清骨,独向空山着冷花。
端合琴书成眷属,讵随笙管度年华。
如何踏雪相寻处,不傍山家傍酒家。

二

冰为骨骼玉为神,本色绝无半点尘。
澹泊常留高士梦,清癯原是女儿身。
暗香荡入西斋夜,疏影横来北国春。
何必芦帘兼纸阁,且将霜雪作重茵。

三

踯躅山隈与水隈,几枝绿萼渐胚胎。
一生懒向人间笑,十月先从岭上开。
瘦到骨时风转峭,淡无影处月应猜。
叮咛寄语江南客,驿使无端漫折梅。

四

毕竟东君太解情,不教色相负清名。
品高未许侪凡卉,骨傲犹曾得好评。
粉蝶有知应笑我,罗浮无梦可怜卿。
一声孤雁月如水,瘦影横窗睡未成。

从现有的资料来看,这是先生在京师发表的最后一组诗作。此诗堪称风韵蕴藉、意味隽永。关于当时写诗的情况,他曾说:

记得我的诗兴最浓,是二十多岁。那时正游学北京,面对黄瓦红墙、到处是历史遗迹的前朝故都,从旧社会脱胎而来的我,经常写诗,发思古之幽情,写个人的怀抱。如长篇七古《故宫行》《彩云曲》,七律《咏梅四首》等①,都曾在当时的《大公报》上发表过。还记得《咏梅》中有一联是“一生懒向人间笑,十月先从岭上开”,曾被诗界誉为名句。现在看来,仍不过是在抒发旧文人孤芳自赏的傲气而已。当时我的思想境界,确实也正处于彷徨苦闷时期②。

1月,先生从民国学院二年制新闻专修科毕业。

同月,先生返故里,“在家闲住了半年”。为了便于了解外界尤其是学术界的情况,先生订了一份天津《大公报》。当时,该报的订费是“一月大洋一元”,此数相当于乡间一人一个月的全部生活费用。

3月17日,先生在天津《大公报》第六版“大众信箱”栏目发表《关于职业介绍》③:

最近读了本版的“职业介绍”,深觉失业问题的重要。在现在这种情况之下,除去消极的“介绍”之外,还需要根本的救济方法,如创办或发展各项事业等,以容纳过剩的人材。这和培养民众的购买力,以增加货物的销售,是具着同一的道

---

①王德宗在接受采访时说,“(汤先生)青年时写诗写得很好很好”。见《记四川宜宾学院教授、梁漱溟先生高足、八十八岁泸州王德宗老先生》(网文)。王先生也系李源澄的弟子,有诗文集《无限斋存稿》。据撰者分析他或读过先生青年时代的诗作,或听李源澄谈过先生诗作,否则不会如此说。

②先生《〈渊研楼酬唱集〉自序》,收入《渊研楼屈学存稿·序跋荟存》,北京:中国社会科学出版社、华龄出版社,2004年10月版。

③署名“汤景麟”。文章由四川大学研究生陈麦歧翻拍,特此感谢。末句的“那”字,今写作“哪”。

理，不然恐怕无补于实际。这个理由很容易明白，因为现在中国一切的事业，日见衰落，所以人材的需要量，也是有减无增，若不是设法去掉一个职员，那里有空缺去容纳另一个职员呢？

3月29日，蒋介石派丁惟汾（由黄侃陪同）到苏州探视太炎先生，并致一万元作医疗费。对于这件事，太炎先生在4月5日与王宏先信中是这样讲述的："仆前本欲赴南都讲演，而协和、觉生诸公，猝欲以高等顾问相推毂，心有未安，已属印泉婉辞。亦会鼻菌作衄，不能成行。前月杪，丁君鼎丞又来致中央问疾之意，且以医药见惠，此既都下故人之情，有异官禄，故亦不复强辞；然无功受贶，终有不安。因去腊已在此间发起讲习会，即以此款移用，庶几人己两适耳。"①

4月11日，天津《大公报》在第二版发表《章太炎启事》②。全文如下：

余前因诸生有志国学者推荐讲演，发起章氏国学讲习会。以事体重大，经费不充，未能骤举。顷因小恙得中央同人馈赠医药费，正堪移用，讲习会开办始有端倪。爰先举行星期六之讲演及星期日之读经会，自四月下旬起至暑假时止，地址皆暂就敝寓苏州锦帆路五十号。各订简章，以备有志入会者索阅。其正式讲习会筹备未完，俟暑假后举行。特此通告。

先生看到这则《启事》，即给发起人之一的金震写了一通信，表明

①《与王宏先书一》，收入汤志钧编《章太炎年谱长编》（增订本）上册，北京：中华书局，2013年3月版，第549页。

②此条关于苏州章氏国学讲习会的史料，过去从未被人发掘出来。新版《章太炎全集》也未收录。近撰者据先生《忆太炎先生》等所提供的线索，请小友麦歧查到。按谢泳先生的说法，这条重要史料的"首发权"就归撰者了。标点为撰者所添。

自己想就读“讲习会”的愿望。金回信表示愿意介绍，“并寄了一份招生简章给我”①。而得此消息，国内外贺电贺函纷至沓来，马相伯老人还撰文祝贺。询问上课日期、预订讲义者遍及全国。附太炎先生《复李恭书》：

李君足下：

壬申春于北京讲演时，尚未识足下之名，而足下固已知我矣。陇南道左，久未通书，今日乍得手示，如再遇故人也。此次国学讲习会应于阴历八九月间开办，以讲堂刻尚未成，故须待至深秋也。足下欲于暑假来苏，暑假中却非讲习时期；如欲乘此空隙，执经问难，亦无不可。《简章》一通随函附上，即希察入。此向兴居多祉。

章炳麟顿首

五月十七日②

5月22日，太炎先生致函钱玄同：“弟子籍颇有夺漏，当令补录。目前康廖门人亦尚有来此问业者，仆每抱常善救人，故无弃人

①先生《我的补充交代》。

②转引自李鼎文《章太炎复李恭书及张曦跋笺注》，载《兰州学刊》1987年第3期。《附记》有云：“近获观章太炎先生复先师李行之先生书及先师张云石先生跋文，时去两师之殁已十有七年矣。缅怀往事，不禁怆然！爰取书及跋文略加笺释，借存陇上文献云。1987年5月28日，李鼎文谨志。”惜新版《章太炎全集·书信集》（马勇整理，上海：上海人民出版社2017年4月第1版）与马勇2001年8月编的《章太炎书信集》单行本，关于给李恭这一通信，皆系节引（无头无尾）。两版小注均云：“据沈延国《章太炎先生在苏州》，《苏州文史资料》第12辑。”老版署的日期是“1935年5月17日”，新版署的日期改为“1935年7月17日”。老版所署的阴历换为阳历应是1935年6月17日。这通信的影件2013年11月9日即挂在“伏俊琏的博客”《章太炎先生〈复李恭书〉》里。

之志,况今道术陵夷,此曹尚卷卷不肯舍去,与之共学可也。”①

7月,太炎先生立《遗嘱》有云:“余自六十七岁以来,精力顿减,自分不过三年,便当长别,故书此遗命,以付儿辈。凡人总以立身为贵,学问尚是其次,不得因富贵而骄矜,因贫困而屈节。其或出洋游学,但有资本者皆可为之,何足矜异,若因此养成傲诞,非吾子也。入官尤须清慎。若异族入主,务须洁身。”②章念驰说,“(祖父)把立身看成是人生第一要义”,“即把做人看成是第一位的”③。在《遗嘱》中,他告诫子女“若异族入主,务须洁身”,对所获勋章,“纵使国失主权,不可遗弃”。又谓“设有异族入主中夏,世世子孙毋食其官禄”④。

8月,先生乘家里的货船“金瑞增”经上海,在五兄弟合资开办的“瑞兴”上海分号小憩数日,即赴坐落在苏州锦帆路50号的“苏州章氏国学讲习会”报名听讲。“我这时一方面由于对这位举世闻名的‘国学大师’的景仰,一方面由于自己想继续深造,达到成为‘专家’的愿望,由此又卖了田产到苏州考入了章氏讲习会。”⑤章氏国学讲习会发起人为朱希祖、钱玄同、黄侃、汪东、吴承仕、马裕藻、潘承弼、金震等45人,赞助人有段祺瑞、宋哲元、马相伯、吴佩孚、李根源、冯玉祥、陈陶遗、黄炎培、蒋维乔等66

①经卢毅的考证,“(马勇编《章太炎书信集》)该函原系1936年,有误。因为章氏此函主要是为《章氏丛书续编》勘误事,故应系于1935年5月《续编》出版后不久”。氏著《章门弟子与近代文化》,桂林:广西师范大学出版社,2009年6月版,第7页。

②收入傅杰编《自述与印象:章太炎》,上海:上海三联书店,1997年11月版。《遗嘱》中“余自六十七岁以来,精力顿减,自分不过三年,便当长别”,后来不幸而言中。

③章念驰《立身为贵:祖父章太炎的“家训”》,收入《我的祖父章太炎》,上海:上海人民出版社,2011年4月版。

④缪篆《吊余杭先生文》,载《制言》半月刊第24期(1936年9月1日)。

⑤先生《自传》。

人,汤国梨担任国学讲习会教务长。

9月16日,章氏国学讲习会正式开学,太炎先生任主讲,王小徐、蒋竹庄、沈瓞民等为特别讲师,朱希祖、汪东、孙世扬、诸祖耿、王謇、王乘六、潘承弼、王牛、汪柏年、马宗芗、王绍兰、马宗霍、沈延国、金毓黻、潘重规、黄焯等任讲师①。据沈延国回忆:"每星期二,先生躬亲讲席,宣扬胜义。对于'经学''史学''子学''文学',作有系统的讲述,最后教授《尚书》,句句精审。"②先生回忆:"(太炎)先生讲学,纵横驰骋,妙解层出,评骘前人,尤中肯綮。讲《说文》,对一点一划的新解释,往往涉及到中国文字发展的体系;讲《尚书》,对一字一句的新突破,往往改变着人们对古史演进的认识。"③当时舆论界预言:"他日昌明文化,复兴国学,一线生机,胥系于此。"④"'章氏国学讲习会'成立以后,前来参加听讲的,全国各地都有。朝鲜、越南,也有人来,日本学人,亦有前来讯问的。在这期间,我和王謇、王乘六、孙世扬等始终在先生身边。孙世扬字鹰若,是先生的再传弟子,是先生高足黄侃季刚的得意门生,先生把他留在家中,教他的儿子章奇。这时,我辞去了'振华'的课务,住在先生新建的讲堂西面宿舍中,朝夕陪着先生。先生每次演讲,都由我在旁记录,分期刊行。又和孙世扬一道协助先生编印《制言》半月刊,任务颇为繁忙,但是精神却十分愉快,是我生平难得的快乐时期,明师益友,欢聚一

---

①汤国梨口述、胡觉民整理《太炎先生轶事简述》,收入陈平原、杜玲玲编《追忆章太炎》,北京:中国广播电视出版社,1997年1月版。

②沈延国《记章太炎先生·在苏州》,收入《追忆章太炎》。

③先生《自述治学之经过》,载《中国文化》2016年秋季号。

④1935年8月16日《申报·章太炎先生在苏讲学》,转引自卞孝萱《现代国学大师学记:章炳麟的国学演讲》,北京:中华书局,2006年10月版,第5页。

堂,真是无比的幸福。”①

9月16日,《制言》半月刊第1期(创刊号)出版,该刊为“苏州章氏国学讲习会”会刊,太炎先生任主编。1939年苏州沦陷,第48期移至上海出版,更名为《制言月刊》,改由上海制言月刊社编,至63期停刊。太炎先生除董理“讲习会”事务外,更不时为该刊撰写文章。

附《章氏国学讲习会简章》《发刊宣言》《本刊投稿简章》如下:

章氏国学讲习会简章②

一、定名

本会为章太炎先生讲演而集合,又其经费由章先生负责募集,故定名章氏国学讲习会。

二、宗旨

以研究固有文化,造就国学人才为宗旨。

三、学程

讲习期限二年,分为四期,学程如左:

第一期:小学略说,经学略说,史学略说,诸子略说,文学略说;

第二期:《说文》《音学五书》《诗经》《书经》《通鉴纪事本末》《荀子》《韩非子》《经传释词》;

第三期:《说文》《尔雅》、三《礼》《通鉴纪事本末》《老子》《庄子》《金石例》;

第四期:《说文》《易经》《春秋》《通鉴纪事本末》《墨

①见诸祖耿《八十七岁自述》。

②现有关太炎先生的著述,凡引《简章》及《发刊宣言》《本刊投稿简章》的,就撰者目力所见,多为断章残句,辗转相抄,故撰者特意从《制言》半月刊第1期一并录出,添加新式标点符号,作为史料以飨读者。

子》《吕氏春秋》《文心雕龙》。

四、程度

凡有国学常识，文理通顺，有志深造者，无论男女，均可报名听讲。

五、报名

凡有志听讲者须经教育机关或名人之介绍，可随时报名，取本简章所附《志愿书》逐款填写，并将听讲费及本人二寸半身相片二张，交付本会注册处，领取“听讲证”按时听讲。

六、纳费

听讲费分三种缴纳：

甲，付清半年者二十元。

乙，付清一年者三十六元。

丙，付清二年者六十四元。

宿费每月一元，杂费仆费一元。

七、纪录

每次讲演，经听讲者各别速记，交互勘正，按月付印，以便中途来学者购取补习。

八、论文

每三个月讲师命题一道，以课听讲成绩，听讲者须于一个月内缴卷，经讲师点定甲乙，择尤汇刊公诸同好。

九、给凭

听讲二年完毕，成绩优异者，本会给与荣誉凭证，其有自愿留会作更深之研究者听。

十、退会

听讲者如有行为不检，妨碍本会名誉或成绩低下，难以造就，得随时令其退会。

十一、膳宿

本会办事处,暂设苏州锦帆路五十号,讲堂在建筑中,宿舍暂时用苏州侍其巷十八号房屋,膳食可向宿舍中厨房包定。

十二、购阅

凡在远道不能亲来听讲,欲购阅讲演记录者,可照下列三条纳费,本会当将听讲演记录,按月付邮寄与,邮费归本会担任。

甲,定购半年者十元。

乙,定购一年者十八元。

丙,定购二年者三十二元。

十三、问难

购阅讲演记录者,不课论文,如有疑难在讲演记录范围以内者,可通信质问,当请讲师详细答复,每次信件须写明姓名地址及收据号数,以便查考。

十四、汇款

购阅讲演记录者,纳费须由邮局或银行汇兑寄交本会出版处,领取收据,不得用邮票代替或用钞票函寄,如有遗失或被科罚,本会概不负责。

十五、附则

讲堂落成之后,本会当添设讲座,礼聘全国著名师儒随时加入讲演。有志向学,而对于上定科目,修习感觉困难者,得设法为之预备。章程有未尽者亦当随时修订。

发刊宣言

今国学所以不振者三:一曰毗陵之学,反对古文传记也;二曰南海康氏之徒,以史书为账簿也;三曰新学之徒,以一切旧籍为不足观也。有是三者,祸几于秦皇焚书矣。

其间颇有说老庄理墨辨者,大氐口耳剽窃,不得其本。盖昔人之治诸子,皆先明群经史传而后为之,今即异是。皮之不存,毛将焉附耶?其次或以笔记小说为功,此非遍治群书及明于近代掌故者,固弗能为。今之言是者,岂徒于梦谿、鄱阳远不相及,如陆务观、岳倦翁辈,盖犹未能仿佛其一二也。此则言之未有益,不言未有损也。余自民国二十一年返自旧都,知当世无可为,讲学吴中三年矣。始曰"国学会",顷更冠以"章氏"之号,以地址有异,且所招集与会者,所从来亦不同也。言有不尽,更与同志作杂志以宣之,命曰《制言》,窃取曾子"制言"之义。先是集"国学会"时,余未尝别作文字;今为《制言》,稍以翼讲学之缺。曾子云:"博学而孱守之。"博学则吾岂敢,孱守则庶几与诸子共勉焉。

章炳麟

本刊投稿简章

一、凡以论著、札记、文艺及前贤遗著,未经印行者,投登本刊,均所欢迎;

二、与本刊性质不合之稿,概不刊登;

三、来稿须缮写清楚,加以句读,如系白话,概不登载;

四、来稿请注明姓名、住址,以便通信;

五、来稿无论登载与否,除特别声明外,概不检还;

六、本刊对于来稿(非本刊特约撰述),有酌量删润之权,但投稿人有不愿删润者,须先声明;

七、来稿经登载后,酌酬本刊;

八、来稿已在他处发表者,恕不登载;

九、稿件来源及言责,均由投稿人自负之;

十、来稿请寄《制言》半月刊社编辑部。

当时各地学子，负笈来苏就学者“渐增有五百余人”①。“东及扶桑，南暨越裳，华夏群贤毕至，锦帆路上，车马云屯。”②“正式入学者之外，尚有不少听讲者。”③“据学会中统计，学员年龄最高的七十三岁，最幼的十八岁。”④文化程度更是参差不齐，就读者有大学教授，也有刚毕业的中学生。“讲习会开讲后，学员程度差距悬殊造成的问题日见明显。有些学员，已大学毕业多年，曾在大学、中学任教；有少数学员，未上过大学。即使同有大学学历者，程度深浅不同，差别也极大。因此，讲课中有人深有会心，欲更深入一层；有人则无此余力；甚至有人手执书本却不知讲到哪里，勉强跟上进度，很快又不得要领了。这是因为章太炎讲课，广征博引，举一反三，纵横议论分析，而非照着书本逐句讲解。这样，没有相当基础者难以消化贯通。”⑤因此，太炎先生决定甄拔优秀者组成研究班，手订布告通知：凡学员中有著作者，经审定著作后，可录取为研究人员；无著作者，须参加专门的

①汤国梨口述、胡觉民整理《太炎先生轶事简述》，收入《追忆章太炎》。据沈延国《章太炎先生在苏州》说，“入学者，除苏地以外，沪、杭、宁诸地学者，咸来听讲，中有学者教授以及各大学讲师、中学教师，也有中文系学生等，听者近五百人，济济一堂，连窗外走廊等地，挤满了人。各省来学者，寄宿学会内者，有一百余人，盛况空前”（见《追忆章太炎》）。又据诸祖耿《“章氏国学讲习会”纪事》：“在会讲习的会员，约有四五百人，来自全国各省，绝大多数是三十（岁）以外的学者或教师。”（见《文教资料》1999年第6期）

②诸祖耿《太炎先生〈国学讲演录〉序》，收入《追忆章太炎》。

③姚奠中、董国炎《章太炎学术年谱》，1935年条，太原：山西古籍出版社，1996年8月版。

④沈延国《记章太炎先生·苏州》，收入《追忆章太炎》。

⑤姚奠中、董国炎《章太炎学术年谱》，1935年条。

考试,根据成绩录取为研究人员①。“章氏国学讲习会‘研究班’,是内部甄别考试,不是一开始就向社会报考。”②“研究班”所出的试题殊有创意,而且带有很强的学术性。题目是“自述治学之经过”。结果先生考试成绩名列前茅,太炎先生特别赏识他的这份答卷,亲自动手把其中补正汪荣宝《义疏》部分摘出以《〈法言〉汪注补正》为题编入《制言》半月刊第四期发表。这也是考生中发表的唯一的考卷。

10月,据撰者推算“研究班”③的考试时间,当在开学不久的十月以内。因为这次考试的一份试卷发表在11月1日出版的

①姚奠中《山西的章门弟子》,收入章太炎研究会、杭州章太炎纪念馆编《先哲精神:章太炎先生逝世六十周年纪念文集》,杭州:杭州出版社,1996年12月版。

②2012年7月14日,撰者一家赴太原参加“庆祝姚奠中先生百岁华诞暨东亚经学研究会”,承姚老面告。

③先生将自己在苏时期分成两个阶段,前期做“研究工作”,后期做“讲师”。见《干部登记表》(1951年4月15日,先生档案材料一种)。“研究班”,在五十年代,先生写作“研究组”,八十年代后则作“研究班”。按:据师叔章念翔传来的“章氏国学讲习会全体会员摄于丙子二月四日”照片,共计四排,第一排除章奇外其他如太炎先生等13人皆当是教员,后三排应该均是学员,每排15人,共计45人。所以,本书采用“研究班”的概念,即仍持《汤炳正评传》与《汤炳正传》的观点,不取“七名研究生”之说。关于“研究生”说,来自姚奠中老先生,如:“凡学员有著作者,经审定著作后,可录为研究生;无著作者,需参加专门考试,根据成绩录取研究生。经过考试,录取了金德建、汤炳正、姚豫泰、李恭、孙立本、柏耐冬等人。”(《章太炎学术年谱》第474页)“学历较高和有著作的,可以批准为研究生;没有著作的可报考,合格的则录取为研究生。我和汤景麟都是经考试录取为研究生的。录取了七名,他列第三,我第四。”(《怀念同门挚友汤景麟先生》)窃以为这两段话的意思,他们七人当时应该是通过“考试录取”的,并非“讲习会”只有“七位研究生”。李恭在《记苏州章氏国学讲习会》中说:“章先生殁后,讲习会继续开办,但是在第一届的七十名学员中,原有教学工作和其他职务的,多返回自己岗位;有(转下页)

《制言》半月刊第四期。“考题是‘自述治学之经过’,我在文中曾简略地谈到在北京时校注《杨子法言》的情况,并对汪荣宝的《法言义疏》提出一些意见。不料这份试卷,竟受太炎先生赞赏,其中补正汪说的部分,被刊载于当时先生主编的《制言》杂志。”①“先生在《法言》研究上下了很大的功夫。他指出汪注的疏失,真是入木三分,引起了太炎先生的高度重视。”②姚奠中晚年回忆:“考试的试题大致分两类:一类是关于国学基本理论与基本常识题;一类是撰写自己从事学术研究情况之报告,是一篇夹叙夹议的文章”③;“(汤)列第三,我第四。”④太炎先生第一次召见了“研究班”的学员,待新科弟子徐徐进入会客厅时,朗声问道:“汤炳正来了没有?”⑤

> 记得,一九三五年初秋的一天,太炎先生第一次召见我时,是在客厅中间一张小圆桌边对面而坐。先生跟我谈的第一个问题,就是他晚年主张冬、侵二部当合并为一部。先生怕我听不懂他的浙语⑥,呼人取纸笔,边写边讲,将近一个

(接上页)的就在讲习会里继续钻研,并给年轻攻读的同学讲授些课程。”(是文由念驰师叔保存,影件由敏秋提供;本撰三校已竣,且放在此)刊在《制言》半月刊第25期的《章氏国学讲习会第三期讲程表》(相对“预备班”也可称作“正科班”),即为证明之一。

①先生《自述治学之经过》,载《中国文化》2016年秋季号。

②罗国威2011年3月电话告诉撰者。

③王东满《姚奠中》,北京:人民文学出版社,2011年3月版,第85页。“撰写自己从事学术研究情况之报告”,当与先生所言的“自述治学之经过”意思相同。

④姚奠中《怀念同门挚友汤景麟先生》,载《文史月刊》2002年第3期。

⑤此语是先生告诉撰者。

⑥浙籍后裔陆宗达1928年去上海谒见太炎先生,“听讲《说文》和古韵……太炎先生口音极重,一句没听懂”。陆昕《祖父陆宗达及其师友》,北京:人民文学出版社,2012年1月版,第51页。

小时，兴犹未尽。他除列举《诗》《易》为例，并谓：从冬得声之'疼'，今读dén，犹与侵部近(此例，先生在《音学余论》中未提出)。我当时才二十五岁，浅识寡闻，对音学所知尤少，而先生不以我为谫陋，循循善诱，平易近人，声音笑貌，至今宛然在目！此后，我又常常以一得之见，求教于先生，而先生亦不以我为狂妄，略有可取，多蒙赞许，其奖掖后进之至情，迄今思之，犹令人肃然起敬！①

"当时先生知我是山东籍时，曾对师母及亲友说：'山东自古是中国南北交通枢纽，就是应当出这样的人才。'我以幼稚谫陋之资，怎能承受先生如此推许，不仅受之有愧，抑且思之汗颜。"②"研究班"的课程由太炎先生承担主讲，王小徐、蒋维乔、沈瓞民、朱希祖、金毓黻等任辅讲。

10月，先生好友许维遹的《吕氏春秋集释》(线装共六册)列入国立清华大学整理的古籍丛刊之一种③，由商务印书馆出版④。

---

①先生《〈成均图〉与太炎先生对音学理论的建树：为纪念太炎先生逝世五十周年而作》，收入《语言之起源》。

②见先生《自纪》(初稿)。关于"南北交通枢纽"说，朱东润亦云，山东"东平正卡在当时的交通要道"。氏著《元好问传》(陈尚君整理)，上海：上海古籍出版社，2016年10月版，第14页。

③此书稿商务印书馆付与作者两千元稿费，在当时是极高的待遇。刘文典在1935年1月3日给王云五信有云："复示承允，收买拙著《庄子补正》，出资至千五百金之巨，感幸曷极。弟近六年因清华研究院、北大均不欠薪，粗足自给。且学问上著作与市上商品不同，既承先生不弃，惠许多金，弟岂敢斤斤争价。惟近来门人许维遹(字骏斋，清华教员)所著《吕氏春秋集释》由清华大学评议会通过，出资两千圆收之。弟忝为许君之师，稿费反少于弟子之著作，相形之下，似未免难堪。"(据肖伊绯提供的影件录入)

④是书出版的时间后来多被误作1933年。先生曾对弟子罗国威说，许维遹在北大四年几乎不去上课，整天躲在寝室里做他的《吕氏春秋》研究。"北大那么多的名师，不去上课可惜了，但校注也是一种很好的学习方式。"

2013年9月，华龄出版社将是书原版影印出版（一函十册），称“20世纪70年代，一大批国学经典通过细致审定、精心排校，印制成大字线装本，专供毛泽东等中央领导同志阅读，其中就包括许维遹先生编纂的《吕氏春秋集释》。本书汇集了民国初年以前历代学者研究《吕氏春秋》的成果，是研究先秦思想史的重要参考资料”。另，孙犁《耕堂读书记》①上册“读《吕氏春秋》”条，称“（是书）白纸大字，注释详明，断句准确，读起来，明白畅晓，真能使人目快神飞。晚年眼力差，他书不愿读，每日拿出此书，展读一二篇，不只涵养性灵，增加知识，亦生活中美的消遣与享受也”。

11月1日，论文《〈法言〉汪注补正》发表，载《制言》半月刊第四期②。先生认为汪荣宝《法言义疏》其失大要有六：一、字句颠倒而汪氏未能校正者；二、文字谬误而汪注未能更正者；三、汪氏有为古本所误者；四、汪氏有误改原文者；五、汪氏有为古书征引之文所误者；六、前人已有成说而汪氏未经采用者。

先生初入章氏国学讲习会，深受太炎先生与章夫人汤国梨先生的器重。汤国梨先生字素莹，号影观，时任讲习会的教务长，打理内外事务。“大师讲学称贤助，淑德扬风仰久长。”③“汤国梨精明强干，富有魄力。善于填词，所作小令甚工。”④先生受

①该书分上下两册，2012年7月由百花文艺出版社出版。

②此文以“汤炳正《〈法言〉汪注补正》（《制言半月刊》4，1935）”条目，收入孙猛《日本国见在书目录详考》（全三册），上海古籍出版社，2015年9月版，第960—961页。作者说：“汪荣宝《义疏》为集大成之作，汤炳正《补正》举例纠正其六种错误：字句颠倒，文字谬误，为古本所误，误改原文，为古书征引《法言》而误，未用前人成说。”

③书画名家蒋吟秋的联语，转引自章念驰《我的祖母》，收入《我所知道的祖父章太炎》，台北：联经出版事业股份有限公司，2016年4月版，第138页。

④诸祖耿《章氏国学讲习会纪事》，载《文教资料》1999年第6期。

“器重”除学术以外，还有一个原因或是擅诗词；而师母是当代著名诗人，“为二十世纪诗词大家”①。夏承焘说：“夫人词婉约深厚，沨沨移人，短章小令，胥有不尽之意，无不达之情。几更丧乱，不以忧患纷其用志，取境且屡变而益上。其视太炎之治朴学，择术虽殊，精诣盖无二也。”②彼时“一有机会，她就把色彩雅丽的虎皮宣纸裁成整齐的篇页，发给学员，出题征诗”③，而先生所作的诗词，常令师母惬意。有时也在学员中举行诗词比赛，即在蜡烛上刻记号，看谁先将课诗作好，先生每每能胜出。这也是章夫人赏识这位门生的一个原因。

中华民国二十五年丙子（1936年）　先生二十七岁

在章氏国学讲习会。先生主攻方向是“小学”。先生协助太炎先生编《制言》半月刊杂志。撰成《经典释文反切考》稿，太炎先生为之作序，有云：“此书可与緄斋《经典释文序录疏证》相辅而行。”④“会中百余人，因为我的成绩较好，太炎先生使我代他授课。”⑤

---

①徐复《〈影观集〉前言》，《影观集》（南京师范大学《文教资料》特辑），南京：2001年5月版。另，木心在《素履之往》中以“不以诗名而善诗者”为题称赞汤国梨先生：“汤国梨女史，浙江桐乡乌镇人，家世清华，风仪端凝。予幼时忝为邻里，每闻母姑辈颂誉汤夫人懿范淑德，而传咏其闺阁词章，以为覃思隽语，一时无双，予虽冥顽，耳熟心篆，于今忆诵犹历历如昨，……中国近百年来女诗人俦，若论神智器识，窃以为未见有出汤夫人之右者。”桂林：广西师范大学出版社，2009年1月版，第17—18页。邱汉生在《太炎大师之遗稿及其他》中说，“夫人善诗，长短句尤神韵绵邈，有声于时”。贾贵荣、耿素丽选编《名家著述考》，北京：国家图书馆出版社，2010年6月版，第907页。影件由史达宁博士提供。

②夏承焘《章夫人词集题辞》，收入《影观集》。

③汤炳正《〈渊研楼酬唱集〉序》，收入《渊研楼屈学存稿》。

④先生《忆太炎先生》，收入《剑南忆旧》。

⑤先生《自传》。

1月16日,《制言》半月刊第九期广告页有云:“本会开讲已久,通论之部现已讲毕。以后即须分部详讲。”1月30日,太炎先生致函吴承仕:“此间自去岁设国学讲习会,五经、子、史皆错杂讲解,虽日不暇给,意谓聊胜于无。经部《尚书》《春秋》由仆自行演讲,《诗》《易》亦尚有人任之。惟三《礼》非足下不可,然亦不务繁博,以大体疏通为主。”①

1月,先生返乡途经威海卫,住在同乡高秉俭开的客栈“宝升旅馆”。高掌柜即请先生为其刚过百天的三子起名。“我弟兄辈名为‘成’,两兄已占用鸟部‘鹏’‘鸿’二字,敝名字中的‘鸢’是汤先生选定的。”“‘你的名字是章太炎的弟子给选的’,父亲自豪地告诉我,还诵出他听来的《诗经》名句‘鸢飞戾天,鱼跃于渊’。”“上世纪末神通广大的互联网风行,我试用‘章太炎弟子、荣成人’检索,初次见到‘汤炳正’之名,曾想也许有机会拜见此老。后来我发现并读到先生之孙汤序波所撰《汤炳正传》,传主来往威海的年月,符合我的出生年月。”②

2月16日,论文《古等呼说》发表,载《制言》半月刊第十一期。

2月26日,“章氏国学讲习会全体会员摄于丙子二月四日”③,

---

①马勇编《章太炎书信集》,河北人民出版社,第375页。

②事见高成鸢先生的《太炎弟子汤炳正先生》。此文发表在2016年8月29日的《天津日报》上,当天我就在网上看到了,并通过该报的朋友联系上高先生。在给我的邮件中,他说:“家父闻为太炎弟子而敬慕之,表明尊祖年甫二十五六,已所至闻名。”因荣成只有先生一人是“章太炎的弟子”(其父没有告诉他人名),他断定为其起名者是“汤炳正先生”无疑。高先生还传来他发表在《威海记忆》杂志上的《我所知道的汤炳正先生》《“逃出”威海卫》等文。高现为天津市图书馆研究馆员、天津市文史研究馆馆员。其父高秉俭(1897—1973)是荣成寻山区河北崖村人。

③影件由章念翔师叔提供。

共计59人。

2月,先生为金震《东庐诗钞》①作序。写序者,还有“同光体”主帅陈衍(号石遗)与曾任民国教育总长、总统府秘书长的张一麟(字仲仁)等人。李根源题签。诗集收入作者1919年至1936年间所作诗五百三十六首,大部分篇章是对苏州名胜古迹、人文典故的记述以及抒写作者的情感记忆。作者擅借山川湖海、美人香草以畅胸襟,清雅峭奇而寄托遥深。其《自序》云:

> 去岁乙亥,余年三十有一,怵世变之惊心,感驹光之过隙,赋归江海楼止衡门,图书之外,四顾萧然,内子佩秋劝余将历年所为诗词加以编订,免其散佚。余诺之,而未为也。明年春,有海客游学宛平将归,过吴门邀余买舟渡海,任大学教课。且索观歌诗,意甚周至。余愧未能。盖所可示人者,乃候虫时鸟而已,不足语夫著述之林也。然自是始稍稍就旧稿删削之,得诗五百三十余首,词十首,计自民国己未鶶年始,至今岁丙子止,其间亦十七年矣。呜呼十七年间,干戈扰攘,风雅道衰。独吾苏一隅,未经兵燹,仁贤之化余膏泽,而余犹得悠闲岁月,相叙里社中,唱酬为乐,不可谓非幸事也。则吾诗之刊,其亦可以纪念也。民国丙子仲夏吴县金震自序。

先生《东庐诗钞》序云:

> 吴中山水清丽,灵秀所钟,代有传人。其间以文辞名世,而蔚然成家者,尤能为南北冠。然如吾友金君东雷,则寄迹吟哦,而别具怀抱者也。余之纳交于君也,岁在甲戌,

①诗集六卷附诗余一卷,共一函五册,1936年7月由金震自行铅印出版,2009年9月收入王伟勇主编的《民国诗集丛刊》第一编第115册,台中文听阁图书公司出版。

时余游学燕都,而君方主笔政于天津《大公报》社。偶于报端读君所为诗文,清雅峭奇,寄托遥深,心窃景慕,暇辄作诗投之,亦谬蒙激赏。由是函筒往来,互有倡和。乙亥秋,值余杭章师设教姑苏,时君亦因事南返,承介入国学讲习会,始得把酒论文,一舒曩昔之所欲言。回忆津门、故都,距离咫尺,乃竟艰于一面。今则风尘仆仆,相会于二千里外,岂人生聚散,胥有定缘耶?君年壮学勤,研习甚博,相见辄作竟日谈。由政治而经济而文化而东西哲学,所言皆中肯綮、入腠理。语次偶及时事,辄激昂慷慨,抵掌拍案,口滔滔悬河,目炯炯发光,大有国士之风,因知君之所作,其殆忧时忿俗、悲天悯人,不得已而借山岳河海以畅其胸襟,美人香草以写其幽思耳。彼世之黼藻不实、玩物丧志者,视此宜有愧色矣。顷君自订诗集为六卷,都五百三十余首。持以谍正,且属为序。夫谫陋如余,何克当此。顾讽籀佳什,借窥全豹,则固所愿也,于是篝灯读之,襟怀为之振奋。其悲壮也,如朔马之嘶风;其峭健也,如秋隼之攫月;其凄艳也,如啼鹃;其超逸也,如孤鹤。峰峦起伏,波涛汹涌,倏忽变幻,不可端倪。盖其蕴于中者,郁且久;故其发于外也,宏而肆,斯固抱负非凡而不遇时者之所为也。余因是而有感焉。夫天之生人,既赋以异材,即当使其纵展弘猷,挽狂澜而拯胥溺。今乃梏其能、困其遇,使不用于斯世,徒托空文以自见,不幸孰甚焉!君居恒以亭林、梨洲自期,今闻余言,其将旧感重生,郁然以悲耶?抑亦乐得知音,而怿然以喜耶?民国二十五年仲春,荣成汤炳正序于姑苏。

《东庐诗钞》收《赠汤君景麟》一首,其诗云:

彬彬文质如子少(1),倾盖交期恨不早(2)。

昔年作客寄怀勤，踽凉独走长安道(3)。
赓和酬我咏梅诗(4)，为言懒向人间笑(5)。
斯语乍闻感且歌，澒洞风云归来好(6)。
讵知会合有前缘(7)，馆娃宫畔生秋草(8)。
南游赋作吴趋行(9)，降心葝汉国之宝(10)。
师门桃李早成阴，经史渊源入堂奥(11)。
北杰南贤世所尊，子今突起持前纛(12)。
愧我枯桐不称名(13)，闻之欢颜笑相告。
道丧要子张吾军，菊残莫辞雪霜傲。

注释①：

(1)文质彬彬：语出《论语·雍也》："质胜文则野，文胜质则史，文质彬彬，然后君子。"原形容人既文雅又朴实，后形容人文雅有礼貌。

(2)倾盖：语出汉邹阳《狱中上书自明》："语曰：'白头如新，倾盖如故。'"盖：古车篷；倾盖：停车。指一见如故的朋友。诗人与汤炳正先生于 1934 年相识，诗人为天津《大公报》"小公园"副刊主编，当时汤先生就读于北京民国学院，时为投稿，但当时两位先生并未谋面。

(3)踽凉：亦作"踽踽凉凉"，语出《孟子·尽心下》："行何为踽踽凉凉？生斯世也，为斯世也，善斯可矣。"落落寡合貌。长安道：汉乐府《横吹曲》名。内容多写长安道上的景象和客子的感受，故名。指当时北平。

(4)赓和：续用他人原韵或题意唱和。

(5)懒向人间笑：汤炳正先生《咏梅诗》"一生懒向人间笑，十月先从岭上开"一联，曾被誉为名句。

①"注释"为承德张金宝兄 2013 年 12 月 16 日所作。

(6)澒洞:广大的样子。杜甫《自京赴奉先县咏怀五百字》:“忧端齐终南,澒洞不可掇。”

(7)讵知:怎知,谁料。1935 年,汤先生至苏州入章太炎先生主持之国学讲习会,《大公报》南迁,金震未随之南下,回到苏州,深居简出,在家课子弟国学,二人始得相聚。

(8)馆娃宫:《吴越春秋》载:“阖闾城西,有山号砚石,上有馆娃宫。”馆娃宫坐落于江苏苏州的灵岩山上,为春秋时期吴王夫差为宠幸西施而兴建。

(9)吴趋行:崔豹《古今注》曰:“《吴趋行》,吴人以歌其地。陆机《吴趋行》曰:‘听我歌吴趋。’”此诗为歌咏苏州之作。

(10)葑汉:章炳麟别号“葑汉阁主”,弟子们也尊称他为葑汉大师。《葑汉微言》是章太炎具代表性的学术著述之一。

(11)堂奥:本意指厅堂和内室。奥,室的西南隅,即深处,喻深奥的义理、深远的意境。

(12)纛:古时军队或仪仗队的大旗。许浑《中秋夕寄大梁刘尚书》:“柳营出号风生纛。”

(13)枯桐:诗人自比。参见孟郊《秋怀》其二“梧桐枯峥嵘,声响如哀弹”。古人以梧桐为凤凰栖止之木。《诗·大雅·卷阿》:“凤凰鸣矣,于彼高冈。梧桐生矣,于彼朝阳。”孔颖达疏:“梧桐可以为琴瑟。”

3 月,厉鼎煃等赴锦帆路 50 号进谒太炎先生,厉的《访问记》有云:“闻春假后课表更新,除先生自讲外,复延朱君逷先讲史学,马君竟荃讲经学,更由孙君鹰若讲小学,张君复斋讲训诂,为补充科目,并有读书硬功,《周易》(绍君讲授)、《毛诗》(孙鹰若)、《尔雅》(汪青在)、《通鉴》(王心若)、诸子(王佩诤)、《文选》(诸左耕)、《文心》(诸左耕)七科。学员至少须选习补充科目六种,其根柢深厚者,傅平骧、汤炳正、金德建、陈兆年等十余人，则准予免习云。”①先生因功底扎实，深受太炎先生青睐，并以戴震高足孔广森比之。

4 月 20 日，钱玄同致函太炎先生：“窃思三十年来，著弟子籍者甚多，但师讲学多次，异时异地，其同时受业者，已多散处四方，音书辽绝。至于时地不同者，彼此互睹姓名而不知为同门者盖甚夥。鄙意似宜先在南北大报上登一通告，属各人开列姓名、字、年岁、籍贯，何年在何处受业、现在通讯处，及现在在何处任事各端，并定一表格，使之照填，集成目后，刊《章氏弟子录》一册。如此不但便于通讯，且可使先后受业诸人互悉某某为同门，不知尊意以为然否？”②

5 月 16 日，《齐东古语摘录》发表，载《制言》半月刊第十七期。现抄录如下：

齐东古语摘录③

《说文》“言部”云：“暑，大呼自冤也。从言，暴省声。蒲

①厉鼎煃《章太炎先生访问记》，原载《国风》（南京）第 8 卷第 4 期，1936 年 4 月，转引自《追忆章太炎》。其中“汪青在”即汪柏年，“青在”是字。

②见《制言》半月刊第 16 期。

③本文系小友周敏秋过录校订，其在 2016 年 8 月 31 日致撰者信有云：“太炎先生培养读书种子，最重原典文献的研读。章、汤学术与思想之传承，不仅在于青年时代的模仿创作，更在于学术精神的传承，于此可见一斑。章门弟子中模仿太炎先生《新方言》体例而作的方言著作众多，《齐东古语》不过其冰山之一角。如果仅从语言文字学或方言学的角度去认识它，未免偏狭，当从晚清民国以来的‘国语统一运动’‘文学革命’与汉字改革的时代背景下去解读，方能揭示其学术意义与思想价值。自清末以来，建立标准化的汉语言文字以适应建立现代民族国家的需要，国语统一运动蓬勃兴起；同时，提倡白话文运动的呼声日益高涨，至新文化运动更是达到巅峰。国语统一与普及，必先审定正字、正音；审定正字、正音，必先对全国方言进行全面调查与研究，找出存活于方言（白话）（转下页）

角切。"《汉书·东方朔传》:"舍人不胜痛,呼謈。"注云:"謈,自冤痛之声也。"案今齐人谓因冤抑而大号哭者曰放謈。

《说文》"心部"云:"憬,觉悟也。"今齐人凡言觉悟者皆谓之觉憬。

《说文》"只部"云:"䎽,声也。读若馨。"案䎽为语词声,读如馨同。故后世多借馨字为之,晋人所谓宁馨是也。今齐东人凡对某物有羡慕或讥讽之意,犹有言宁馨者,如宁馨孩子,或宁馨人之类。呼刑切,齐齿呼。齐人或转为开口呼,读如恒。此语女人尤多为之。

《说文》"攴部"云:"敜,塞也。奴叶切。"《尚书·粊誓》云:"敜乃穽。"伪孔云:"窒敜之。"今齐人谓填塞器物之洞隙者犹曰敜。又《士丧礼》云:"隶人涅厕。"注云:"涅,塞

(接上页)中的古语,复活方言区仍在频繁使用而不知其字的字词,为近现代汉字的孳乳与变易寻找丰富的语料资源。白话文运动提倡'我手写我口',但对用于白话文写作的文字并无深刻认识,以为'大众易懂、易写、易读、易识'的字就是白话文,对于文言与白话之区分、文言与白话之标准、白话文字与读音以何地为标准等根本问题,新文化之提倡者亦无一致主张(太炎先生《白话与文言之关系》一文,对此有很好的阐释。见诸祖耿等记录的《章太炎国学讲演录》)。《新方言》《齐东古语》等'《新方言》系统'的著作,正是为审定正音、推求正字而撰,为建立现代民族国家标准语文而著。可惜西方的方言研究法传入中国后,学者以方言的语音系统研究为主流,斥太炎《新方言》所开拓的新领域为落后,徒知方言之音义而遗其形,更遑论推求正字、审定本音!再考虑到章、汤师弟等在汉语拉丁化狂潮(清末切音字运动、国语罗马字运动、拉丁化新文字运动)的裹挟下,奋起捍卫汉语言文字的尊严,其眼光之独到、思想之深邃,则又思过半矣。"关于此文发表经过:"一次,先生外出应酬,把那期《制言》清样最后审阅之责委我。其中有一页空白,印刷厂要短稿补入,我不及征求先生同意,将《齐东古语》选用了几条。先生后来读到,誉以'尚精',促其'问世'。"见先生《忆太炎先生》。

也。”盖叚湼为敹耳。

《说文》“臼部”云：“舀，齐谓舂曰舀，读若膊。”又“攴部”云：“㪚，小舂也。初絭切。”案今齐东人谓舂粟曰舀，读如膊字之清唇音。又凡粟小舂之即名曰㪚，初絭切，与篡同音。

《说文》“艸部”云：“蔫，菸也。”“菸，鬱也。一曰殘也。”案《诗·中谷有蓷》云“暵其干矣”，又“暵其湿矣”。毛传云：“暵，菸皃。”是凡草木之瘁殘者皆可谓之蔫或菸（今人读菸，多与蔫同声）。《九辩》云：“叶菸邑而无色。”今齐人谓草木之瘁殘不鲜者犹曰菸邑。

5 月 22 日（农历四月初二），女儿俊玉出生。

5 月，上海私立大夏大学艺术科教师宋人英，前往苏州探望太炎先生。在会谈中，宋盛赞太炎先生的书法，并恳求一幅书法作品。太炎先生同意，随即在床侧倚桌铺纸，持笔挥就七绝一首：“疏影斜偎水竹丛，东风先吐一枝红。莫夸姑射如冰雪，得妇真怜似潞公。”①

6 月 1 日，《章氏国学讲习会同人通讯录》印成，小册子共计十页。内容包括：姓名、别号、年龄、籍贯、通讯处五项。“同人”共八十二位，排在前面的十一人是教员，即从太炎先生到汪柏年（《通迅录》作“汪栢年”。是年二十二岁，8 月在苏州文新印书馆出版《尔雅补释》，并为太炎先生“誊写”《古文尚书拾遗定本》）。学员中年龄最小的为江苏镇江张斯翼，年仅十六岁（也有十七、十八、十九岁的），年龄最大的为安徽卢江卢闵尘，已四十五岁。撰者所得这份《通讯录》的影件②末页及封三，用毛笔与钢笔添

①见盛巽昌《章太炎的最后一首诗》，载《社会科学战线》1981 年第 2 期。

②由章念翔师叔提供，特此致谢。

上了“郑云飞、吴靚斋、曾金佛、黄之六、李善昌、束春耕”六人的名字。添加者(尤其毛笔添加者,前四人为毛笔书写)应为当时的知情人(近据念驰师叔告诉“是我祖母汤国梨加的”),他们发现《通讯录》有漏印后即随手添上。如郑云飞,姚奠中的《山西的章门弟子》里记载了他们在“讲习会”听讲的情况;吴靚斋,太炎先生曾专函请其讲学,又系“讲习会”的发起人。再如吴的通讯处写的是“北平宣内油房胡同二号”①。《通讯录》系原始资料,所以当时“讲习会”所注册的正式听讲者应为七十余人②,前面所引述的“五百人”说,应是最多时的听讲人数。而前面所说“年龄最大的七十三岁”,《通讯录》中年龄最大的却是“六十九岁”的太炎先生。

6月7日③,师母汤国梨先生在苏州西郊穹窿山宁邦寺为母

①按胡云富、侯刚《吴承仕传略》(载《北京师范大学学报》1984年第2期)所云,七七事变后吴即被“转移到天津”,直到1939年8月因其病重,遂“潜回北平,入协和医院治疗”,9月21日去世。

②朱希祖1936年6月20日致许寿裳信云:“章师设教苏台,从学者七十余人,弟曾每月一次前往助讲。”转引自朱元曙、朱乐川撰《朱希祖先生年谱长编》,第506页。任启圣的《章太炎晚年在苏州讲学始末》(收入《追忆章太炎》)云:“1935年暑假开始,共招学生七十二人,籍隶十四省。浙江人居多,北方人甚少,计甘肃一人,山西三人,山东四人,辽宁一人,河北籍者仅余及陈兆年两人。”朱、任二位皆是当事人,他们所言的人数当为“实录”。撰者手上这册《通讯录》中的学员,计甘肃一人,山西二人(加上漏印的郑、李,应是四人),山东十人,辽宁一人,河北三人(表中的“刘济生”籍贯是“河北河间”,通讯处则是“济南”)。查《通讯录》,山东籍的学生人数仅次于南方的浙江、江苏(两省均为十三人)与安徽(十一人),而四川六人,广东四人,河南三人,福建一人,湖北一人,湖南一人。任文(写于1962年)“北方人甚少”的结论当能成立;而文中的“山东四人”,我们不排除系回忆不确或手民之误。另,“籍隶十四省”说,与前面所统计的结果完全吻合。

③朱希祖1936年6月7日日记“至宁邦寺,拜汤太夫人寿”;“本(转下页)

亲汤老夫人祝嘏。先生后来回忆道:“其地伏瞰太湖,可纵览绕湖七十二峰之胜。当时我应征的贺诗是两首七绝,有句云‘捧将太湖作樽酒,七十二峰祝寿来’,被师母誉为祝寿诗中难得的豪言壮语。”如另一次师母“征诗”,先生记得自己有句“‘明朝作羹添新妇,能得山堂一笑无?’时太炎先生心忧国事,笑口难开,故作此语以慰之,亦得师母的赞许”①。

6月14日七时许,太炎先生因鼻衄病和胆囊炎病殁,享年六十有九。王基乾《忆余杭先生》叙述其师扶病讲学,直至弥留时的情形:“先生讲学,周凡三次,连堂二小时,不少止,复听人质疑,以资启发;不足,则按日约同人数辈至其私室,恣意谈论,即细至书法之微,亦无不倾诚以告,初不计问题之洪纤也。二十五年夏,先生授《尚书》既蒇事,距暑期已近,先生仍以余时为足惜,复加授《说文》部首,以为假前可毕也。顾是时先生病续发,益以连堂之故,辄气喘。夫人因属基乾辈,于前一时之末,鸣铃为号,相率出室外。先生见无人倾听,可略止。然余时未满,诸人复陆续就座。先生见室中有人,则更肆其悬河之口矣。以此先生病弥甚。忆最后一次讲论,其日已未能进食,距其卒尚不及十日,而遗著《古文尚书拾遗定本》,亦临危前所手定。先去教学如此,晚近真罕有其匹也。先生病发逾月,卒前数日,虽喘甚不食,犹执卷临坛,勉为讲论。夫人止之,则谓:‘饭可不食,书仍要讲。’

(接上页)日国学讲习会同学六十人左右皆来,同在船中请余讲章师生平大事”。转引自朱元曙、朱乐川撰《朱希祖先生年谱长编》,第502页。任启圣在《章太炎先生晚年在苏州讲学始末》中说:“同门师生全体前往,寺中备有素餐。临行前,章夫人语同学,诸君按日上课,用功过于劳累,乘此初夏季节,入山游览,大可开拓胸襟,若谓上寿则吾不敢。是日乘专轮前往,与余并肩而坐者为龚君振鹏、朱师希祖,舟中叙先生逸事甚多。”

①汤炳正《〈渊研楼酬唱集〉序》,收入《渊研楼屈学存稿》。个别文字据手稿改。

呜呼！其言若此，其心至悲。凡我同游，能无泪下？”①据章夫人说：“太炎殁后，笑容可掬，数时后笑容始敛。”②朱希祖说：“先生卒后数时，曾于床上摄一遗像，面目如生，笑容可掬，宛如睡时形状，盖先生德业文章皆无遗憾，故死生之际亦无戚容也。是日吊者盈门，同学亦不少。”③先生后来回忆：“逝世的头天晚上，听说先生病笃，我到先生寝室探望。他坐在逍遥椅上，气喘急促，想跟我讲话，已讲不出来。十四日清晨，先生去世时，除先生家人之外，我与同门李恭（行之）也在旁。先生目已瞑，而唇微开，像有什么话还没说完。先生生平，为革命奔走呼吁，为讲学舌敝唇焦，已完成了一个大贤大哲对人类社会的历史使命，还有什么话要说呢？这时，家人忙乱悲痛，我代为整理床头杂乱衣物，李恭则跪在床前，口念‘阿弥陀佛’，并以手托先生下颌，使唇吻渐合。这样，一代巨人就跟他所热爱的伟大祖国、他所为之呕心沥血的优秀传统文化，以及他所精心培育的莘莘学子们永别了！”④据姚奠中回忆：“在先生弥留之际，学生们集中守在院子里，先生的好友李根源等和学生汤炳正、李恭等守护在先生病榻旁。”⑤先生亦“为殓衾、招魂、楔齿等安葬仪式的主要人员”⑥。“作为章先生最后的入门弟子，汤炳正、姚奠中、李恭、柏逸荪、郑云飞等许多学生，整天整夜地守在先生灵前，以尽最后

①转引自许寿裳《章炳麟》，北京：东方出版社，2009年3月版，第138—139页。

②汤国梨《影观集·检得太炎遗影题句》，第239页。

③朱希祖1936年6月16日，转引自朱元曙、朱乐川《朱希祖先生年谱长编》，1936年条。

④先生《忆太炎先生》，收入《剑南忆旧》。

⑤刘毓庆《追寻传统文化的当代意义：姚奠中先生访谈录》，载《文艺研究》2005年第8期。

⑥伏俊琏《章太炎〈复李恭书〉》语，转引自“伏俊琏的博客”。

对恩师的孝心与哀悼之情，同时帮着临时写写悼词或挽联挽幛，或者听候治丧事务处安排，做些差事。”①李恭亦说“恭亲与含殓”②。

16日15时，章府举行大殓。“章生前曾语其友好与及门弟子，希望于其身后，对其设立之章氏国学讲习会，设法永久维持，俾其毕生致力之国学，得以流传。”③先生作为“章氏国学讲习会同人”的唯一代表在追悼会作了发言④。归纳起来共谈了三点：一是向与会者介绍先师在“讲习会”教书育人的情况；二是代表“讲习会”的师生表态，一定要把“章氏国学讲习会”继续办下去，以完成先师的未竟事业；三是希望政府和社会各界给予支持（见六月十七日上海《大公报》头版《汤炳正述章氏讲学精神》）。六月十七日天津《大公报》头版也有云：“据汤君报告：章先生在苏讲学以来，每周三日六小时，未尝迟到早退，谆谆不倦。直至易箦前数日，体力实已不支，经李印泉力劝，始告假两小时云。

---

①王东满《姚奠中》，第92页。

②莫超编选《陇上学人文存·李恭卷》，兰州：甘肃人民出版社，2016年12月，第278页。

③《医治经过》，载《申报》（上海版）1936年6月15日，转引自夏骏《苏州章氏国学讲习会与近现代国学高等教育》，福州：福建教育出版社，2015年1月版，第64页。

④为什么要安排先生上台发言？在《我的几点交代》中先生如是说：“我在苏州的两年中，是过的‘一心只读圣贤书’的生活。但在太炎先生逝世时，我却参加了一次有南京反动官僚参加的追悼会，我还在会上发了言。”“开会前（诸祖耿）找到我说：‘请你以在校学生身份在会上讲几句话。’因我从来没开会讲话的习惯，心里感到很窘，坚辞不讲。来人再三劝我说：‘师母的意思，不是要你长篇大论地讲，只是谈谈章先生的学术需要发扬，应当后继有人；并趁此机会希望政府和亲友予以支持，把章氏国学会继续办下去。’他又说：‘师母说，章先生活着时很赏识你，所以才来找你去谈。’我这时实在推辞不下，才勉强到会上讲了几分钟的话，并把章师母的意图讲了。”

学会维持办法,已决定网罗各方要人学者组筹备会,再推选董事会维持。”

17 日,天津《大公报》头版《冯等将呈请中央,国葬章太炎,昨日午后举行大殓,国学讲习会将维持》消息有云:“章夫人介绍章高足汤炳正君(鲁籍)报告章近年讲学经过。章夫人并谓:章生前对汤极赏识,以为乃承继绝学惟一有望之人云。”章夫人这话或许是有所指的,因太炎先生弃世,外界已有人在追问谁能继承大师的学术衣钵。如张学良致章夫人的唁电即云:“天丧斯文,朴学谁续?瞻言国故,悼悲极深,继志为先,尚希抑节。”①当然,“天丧斯文,朴学谁续”二语,强调的是太炎先生对传统学术研究所作出的巨大贡献。

关于学术界对太炎先生的评价,许嘉璐曾归纳总结道:“世论太炎先生,曰‘有学问的革命家’,或曰‘有革命业绩的学问家’,无论何者为确,谓太炎先生之于近代中国为鲜有之关键人物,当无异议。”②“撕灭暴敌之战士,平章伪学之大儒。”③另,“(五四以来)新人与旧人的若干尖端的代表者,同时出现在章氏门下”;“太炎在近代中国学术史上,是自成宗派的巨人,其影响

①章念驰《章太炎与张学良》,收入《我的祖父章太炎》,上海:上海人民出版社出版,2011 年 4 月版。

②许嘉璐《〈章太炎全集〉序》(上海人民出版社 2014 年 6 月版)。其中“有学问的革命家”,系鲁迅《关于太炎先生二三事》语(见《鲁迅全集》第 6 卷,北京:人民文学出版社,1981 年 1 月版);“有革命业绩的学问家”,系先生《忆太炎先生》语(载《中国文化》第 8 期)。章念驰编《章太炎生平与学术》(上海人民出版社,2016 年 6 月版),《出版说明》首句亦云“今年为‘有学问的革命家’‘有革命业绩的学问家’……”。

③此语系 1988 年太炎先生诞辰 120 周年,姜亮夫的题辞。转引自张瑾华、马正心《章太炎渐热,在于他是个通才又有着难得的当代性》,载《钱江晚报》2017 年 9 月 17 日。

之大,尽人而知”①。“章太炎是清代朴学的最后一人,又是近代学者的第一人。”②胡适在《五十年来中国之文学》中则称,“章炳麟是清代学术史的压阵大将,但他又是一个文学家。他的《国故论衡》《检论》,都是古文学的上等作品。这五十年中著书的人没有一个像他那样精心结构;不但这五十年,其实我们可以说这两千年中只有七八部精心结构,可以称做‘著作’的书”③。“(太炎先生)近发讲学苏州,徒众颇盛,正如康成立居高密,于群言淆乱中独树一帜”④。

太炎先生逝世后,国民党中央执行会秘书处特电丁惟汾,“发给治丧费三千元”,蒋介石、林森、居正、于右任、陈果夫、李烈钧、冯自由、邵元冲、蒋作宾、吴佩孚、李璜、孔祥熙、段祺瑞、杨虎、唐绍仪等都有“唁电”⑤。

6月19日,先生散文《章太炎先生之日常生活》⑥发表,载上海《大公报》第四版头条,署名“炳正”。此文因见报时间早,颇具文献价值。全文照录如下:

> 先师章太炎先生,以患胆囊炎及气喘症,于本月十四日上午七时许,病殁苏寓。噩耗传播,朝野震悼,非徒学术界之损失,抑亦中国国家之一大不幸也。先师之发扬民族思

---

①侯外庐《近代中国思想学说史》,上海:生活书店,1947年5月版,第873、860页。

②陆宗达、王宁《章太炎与中国的语言文字学》,收入章太炎纪念馆编《先驱的踪迹》,杭州:浙江古籍出版社,1988年10月版。

③欧阳哲生编《胡适文集》(三),北京:北京大学出版社,1998年11月版,第228页。

④金毓黻《静晤室日记》(五),沈阳:辽沈书社,1993年10月版,第3856页。

⑤《制言》半月刊第20期。

⑥此文系《大公报》总编辑张季鸾约稿。张对先生说:“你是章先生晚年得意弟子,给我们《大公报》写篇关于章先生日常生活的文章,明天给我。”

想，努力革命工作，及学问之渊博，人格之高尚，斯已有目共睹，有耳共闻，无庸作者之赘述。兹止就先师之日常生活，及个人从学先师之感想，略加叙说，使读者对先师有进一步之认识。盖先师之伟大，正可借其动静语默之常，而略窥一斑也。

先师讲学，不尚空谈，以研讨小学、籀读经史为基础，而以改善人格、发扬民族精神为归宿。故演讲时对上述各事，发挥尤为尽致。第一学期所讲者为“小学略说”“经学略说”“诸子略说”“史学略说”“文学略说”。第二学期所讲者为《尚书》，《尚书》在一月前讲毕。时先师精神已觉不佳，又勉强为同学等讲授《说文》部首，并谓将于下学期讲《春秋》。盖《春秋》一书，为先师民族思想所寄托，窥其意，拟将于授《春秋》时，借以吐其怀抱也。又尝语人曰：“今世所患，但恐人类夷于禽兽！遑论其它，所亟于遍教群生者，不过《孝经》《大学》《儒行》三书而已。”故本学期考试题目，有“‘志在《春秋》，行在《孝经》’说”（语见《孝经纬》）。此殆先师之所以自命欤！

先师演讲，每星期三次，每次二小时。届时辄先挟书赴休息室相候，虽风雨，弗阻也。下课时间未到，虽稍倦，不肯早退也。照定例应当每讲一小时，休息十分钟。但休息铃已响而先生犹口讲指画，置若罔闻，故每讲辄二小时，中间决不休息。在一月前，同学惧其体力不支，铃声甫动，辄纷纷离座。先师无法，只暂停片时，惟时间未到，则又高声讲起，同学等又只得返座听受矣。本月四日（星期四），病略重，终日未进粒米，师母章夫人，谓之曰：“今日应休息，不必讲演。”先师笑曰：“饭可不食，书岂可不讲，此时不讲，更待何时耶？”遂登台讲演如故。九日（星期二）先师又力疾挟书赴讲堂，经其挚友李印泉先生竭力拦阻，始罢。自开讲以来,此乃第一次请假,距其逝世,才一周之久耳。

除正式讲演外,每星期与同学相聚茶话一次。质疑问难,必详为解答,健于谈,每谈辄四五小时之久,口滔滔若悬河,不知疲倦。犹忆去冬同学进谒,围坐于书斋之南院,及夕阳西下,暮寒袭人,同学皆战栗有寒色,先师则谈笑自若,不以为意。或曰:"先生寒乎?请入室小休。"先师第摇其首,谈如故。又一日作者谒先师于书斋,谈及声韵学等问题,已届中午饭时间,犹不休止,作者与辞者再,先师强挽使坐曰:"时间还早,不必急。"及下午二时许,始获辞出,其扶掖指导之勤类如此。

先师自息影吴门,对政界名人,非有特别关系者,不喜接见。前有日人某教授,来华瞻拜,进谒七次,未获一面,其峭严如此。惟对同学等之问难,则虽忙碌中,亦必抽暇相谈。一日某同学晚九时进谒,阍者以眠辞,翌日先师知之,遂手书寄某生,婉词道歉,并将阍者痛加申斥。先师于古今名人,少所许可,每一提及,辄有"不过如此而已"等语,以示菲薄之意。惟后生辈苟有所长,必尽力赞勖,逢人便津津称道之。同学胡宪墀君因病去世,先师挽云:"好学果忘疲,有志竟成期项橐;生材殊不易,华年未秀悼终童。"其所以奖励与爱护后生之意,溢于言表矣。

先师所以自奉者甚俭,会客室中,布置较好,其寝室,则布帐一顶,棕床一具而已。案上陈设,均极朴素,仍有寒士风度也。先师有鼻菌症,菌液流出甚多,谈时频以小巾拭之,巾以布制成,质甚粗,拭时似感不适,作者尝劝其改用细巾,笑曰:"太贵,何必用?"先师博及群书,而不讲版本,所读之书,铅印石印者居多,字甚小,不以为苦。讲《尚书》时,系用点石斋石印有光纸小字注疏本,破甚,几成零叶,每披过一篇,必加以整理,始能就序,同学等往往窃笑之。

先师求学之笃，逾于恒人。前在东京时，一日赴澡堂沐浴，历久未返，使人视之，则仰卧澡盆中，瞪目有所思索，唤之始悟。又某日先师宴客，届时来宾满堂，而先师失所在，遍觅不得，有人如厕，见其正在面壁构思，竟忘宴客一事矣。先师用饭猛且速，不顾冷热，侍者照料偶疏，往往烫疼失措，呵曰："饭求其熟，何必太热?"或答以"饭不热，焉能熟"，则又哑然自笑。读书时，或有投刺求见者，必使其在外少候，则又构思籀如故，历时太久，阍者再报，则曰："何人? 犹未去乎?"盖其所投之刺，未暇详视也，见者往往因此相候以三四小时之久。诸如此事，时人皆资为笑柄。然旷观世界之大思想家、大文学家，无不有此特性，固无足怪也。

先师晚年不问政治，而其民族思想，则刻刻不忘，九一八之役，曾北上见张学良，责以抗敌大义。一二八之役，又促师母章夫人办理伤兵医院，活人甚众。当时军人之流落无归者，往往诣门求贷，先师必慨允之，先后共费去几千元之巨。去冬华北事变，北平学生因游行被捕者甚多，先师电宋哲元云："学生请愿，事出公诚，纵有加入共党者，但问今日之主张如何? 何论其平素? 执事清名未替，人犹有望，对此务祈坦怀。"是时上海学生赴京请愿，列车被扣于苏州，天寒风紧，露宿车上，先师挥使吴县县长，送饭馈饷之，其同情青年、爱护青年，有如此者。最近西南进兵，蒋委员长快邮求先师调解。时先师已病，见信犹慨然允诺，而病亦适于此时加笃，函电未发，遽归道山，中国自此又减损一分元气矣，悲夫！

先师之病，来源甚久，往岁由沪来苏讲学时，未携棉衣，中途风雪大作，感寒，遂得气喘之疾，先师个性甚强，一切疾病，不祈灵于药石，而率以精神克服之。故当时讲演如故，不少休也，今春以来，食量渐减，面貌清癯，或劝其调治，则怒曰："无病，何须医？"先师寝室，不许有人陪侍，偶有以此为请者则怒，惟友好留宿，则必抵足而眠。上月朱希祖先生来，始发见先生有失眠症，晚十时卧，晨二时许即起披衣端坐。后经百计劝导，始肯服药一剂，然以病根已深，未易奏效也。自本月九日停讲，病势日重，十二日晚作者往探，时先师欹卧躺椅上，见余至，笑点其首，口喃喃作语，不解所谓，旋即闭目急喘。呜呼！余之得侍先师也，将及一年，朝夕过从，情逾家人，不意先师此次之一颔一笑，竟为毕生最后一次之诀别也（十三、十四两日，虽获侍侧，而先师不省人事矣）。先师之所以期望余者，远且大，谈次每以相勖，方幸扶掖有人，或可报师意于万一，乃今遽舍我而去，泰颓梁萎，使余何依乎！言念及此，不禁涕泗滂沱也。

张君季鸾，遇余于章邸，嘱将章师之日常生活，介绍于国人，丧事丛脞，心情悲惨，苦无以应命，遂谨就所知者拉杂草此，希读者谅之。二十五年六月十六日晚，汤炳正附识。

关于太炎先生讲国学，按卞孝萱的考证："（一）由于听讲的对象不同，章氏讲学的级别随之而异。一是高深的，如1908—1911年在日本东京的讲学，1922年在上海的讲学，1935—1936年在苏州的讲学。二是普及的，如1923年在杭州第一中学的讲学，1925年在长沙晨光学校的演说。（二）由于讲学的时间长短不同，章氏讲学的性质亦随之而异。一是系统的，如上述在东京、上海、苏州的讲学。二是专题的，如1924年在南京的演讲，1929年在上海震旦大学的演说，1932年在燕京大学、北京师范大学、青岛大学的讲学，1933年在无锡两个学校的讲学。（三）无论是高深的或普及的讲学、系统的或专题的讲学，章氏讲学的宗旨是一贯的。”“一曰:‘研究固有文化,造就国学人才。’”“二曰:‘用国粹激动种性,增进爱国(的)热肠。’”“他在东京、上海、苏州讲学的效果,至为辉煌。曾在东京、苏州听讲的青年,后来很多成为著名学者、教授。”①先生则是章门苏州时期的杰出弟子代表,“(成为)传人黄侃先逝后最属意的弟子”②。姚奠中《怀念同门挚友汤景麟先生》中说:“景麟是同学中的佼佼者。尤其在声韵方面更为突出。”③“(我)纵横面较广,但未能及令祖之精湛深沉。”④朱乐川的《章门弟子小学著述提要》(北京师范大学博士后出站报告,2016年),选取了十八位章门弟子(马裕藻、朱希祖、朱宗莱、马宗芗、吴承仕、许寿裳、黄侃、钱玄同、沈兼士、胡以鲁、刘文典、汪东、孙世扬、马宗霍、金德建、汤炳正、徐复、朱季海)作为专题研究。2016年,北京大学中文系博士生李浴洋撰成《章门与现代中国教育》系列专题文章,共写了十五位章门弟子(“太炎晚年弟子”写了汤炳正、姚奠中、朱季海三人),一人一篇。写先生一篇名为《汤炳正:“承继绝学惟一有望之人”》⑤。钱鸣的《苏州章氏国学讲习会的教学特色及学术影响》(苏州大学教育硕士学位论文,2011年)中“苏州章氏国学讲习会知名弟子及其学术成绩”一节中写到,“与东京讲习会相比,苏州章氏国学讲习会毫不逊色,结出累累硕果”,第一位介绍的弟

①卞孝萱《章炳麟的国学演讲》,收入《现代国学大师学记》。

②戴明贤《〈渊研楼杂忆〉序》,收入《艺文过眼录》,贵阳:贵州人民出版社,2017年1月版。

③姚力芸2017年11月10日在给撰者的邮件中说:“与令祖汤先生潜心研究小学、研究声韵学,终成太炎先生小学方面的杰出继承人不同,家父更重视的是用国学智慧化民易俗、济世救国的作用,即国学对现实社会的推动的作用。”窃谓此语概括得很精辟。

④姚奠中先生2007年1月5日致撰者信语。

⑤载《南方教育时报》2016年9月16日。

子就是先生。夏骏的《苏州章氏国学讲习会与近现代国学高等教育》第六章"这里仅以汤炳正为例,对苏州章氏国学讲习会弟子在国学高等教育方面的事迹做一简介",占了四页篇幅①。"章门弟子多多,黄侃是第一大弟子,章先生称颂备至。还有北大国学门的一干俊杰。晚年苏州,汤老先生是得其真传的佼佼者。"②

在讲习会期间,"我是单独拜谒最频繁的一个。世传先生与他人论学,锋芒逼人,毫不宽假;但与吾辈后学相对,则是另外一副面貌。我们完全可以纵意畅谈,无拘束感"。一次,太炎先生对这位门生说:"大国手门下,只能出二国手;而二国手门下,却能出大国手。"究其原因:"大国手的门生,往往恪遵师意,不敢独立思考,学术怎会发展;二国手的门生,在老师的基础上,不断前进,故往往青出于蓝,后来居上。所以一代大师顾炎武的门下,高者也不过潘次耕之辈;而江永的门下,竟能出现一代大师戴震。"③

太炎先生在其逝世前的九个月间,先后向弟子"讲过'小学略说''经学略说''史学略说''诸子略说''文学略说';专书讲过《尚书》《说文》等。我们听讲的学生,每听完一次讲,就三五成群,互对笔记,习以为常。因先生浙语方音极浓,我开始听讲,很感吃力,后来才习惯"④。"第二期,首先讲《尚书》,将二十九篇讲毕,继续讲《说文》,将部首讲了一半(讲至网部)。"⑤

---

①福建教育出版社,2015年1月版,第151—155页。标明材料取自撰者《汤炳正传》等著述。

②刘梦溪2011年7月4日致撰者信语。

③先生《忆太炎先生》,收入《剑南忆旧》。

④先生《忆太炎先生》,收入《剑南忆旧》。

⑤见李恭《记苏州章氏国学讲习会》。此文影件由敏秋提供。

6月[①],金震《赠汤君景麟》发表,载《国学论衡》(原《国学商兑》)第8期。

7月1日,此前(6月26日)章门弟子十人:朱希祖、马裕藻、钱玄同、许寿裳、周作人、沈兼士、汪东、曾通、马宗芗、马宗霍联名呈文请政府国葬先师。有人以"无功于党"否决。当时由张继、居正、冯玉祥、李根源、丁惟汾、程潜、谢武刚、陈石遗等出面,提请国民政府讨论[②]。本日国民党中央政治委员会第十七次会议上,作出了"章炳麟应予国葬,并受国民政府褒恤"的决定[③]。7月9日,南京国民政府颁布《国葬章太炎令》[④],全文如下:

> 宿儒章炳麟,性行耿介,学问淹通。早岁以文字提倡民族革命,身遭幽系,义无屈挠。嗣后抗拒帝制,奔走护法,备尝艰险,弥著坚贞。居恒研精经术,抉奥钩玄,究其诣极,有逾往哲。所至以讲学为事,岿然儒宗,士林推重。兹闻溘逝,轸惜实深!应即依照《国葬法》特予国葬。生平事迹存备宣付史馆。用示国家崇礼耆宿之至意。此令。七月九日。(《中央日报》1936年7月10日)

7月16日,论文《〈广韵订补〉叙例》[⑤]发表,载《制言》半月刊第21期。

8月,先生返故乡石岛镇探亲,月底返回苏州。

---

①据周敏秋考察,《国学论衡》1937年6月出毕,第10期即停刊。按此(半年刊)逆推,第9期是12月,第8期当是6月。

②见朱元曙、朱乐川《朱希祖先生年谱长编》,第507页。

③见《朝报》1936年7月2日,转引自章念驰《我的祖父章太炎》,第61页。

④转引自汤志钧《章太炎年谱长编》(增订本)下册,第861页。

⑤严学窘在其专著《〈广韵〉导读》(成都:巴蜀书社,1990年4月版)中"《广韵》讹夺举正"部分,附录了先生《〈广韵订补〉叙例》全文,同时还附录周祖谟、葛信益两人的文章。

9月1日,《世界日报》发表《追悼章炳麟》的消息,其中《通启》云:“先师章太炎先生不幸于本年六月十四日卒于江苏吴县。先生为革命元勋、国学泰斗,一旦辞世,四海同悲!同人等今定于九月四日上午十时假北平东华门大街孔德学校大礼堂开会追悼。凡先生生平友好、吾同门诸君,及景仰先生者,届时敬希莅会,无任企盼!章氏弟子朱希祖、许寿裳、钱玄同、马裕藻、吴承仕、沈兼士、刘文典、马宗芗、周作人、黄子通敬启。”

9月4日,“晨8时,钱玄同赴孔德学校,与沈兼士、朱希祖、许寿裳、马裕藻、周作人一起,布置章太炎遗墨展场。遗墨共计38件,其中钱玄同自己收藏的有23件,沈兼士7件,朱希祖2件(其一为著名的‘速死’题词),许寿裳3件,马裕藻2件,周作人1件。上午10时许正式开会,推许寿裳为主席,招待员为林尹、孙伏园、陆宗达、李季谷。首先由许致开会辞,次由朱报告章氏生平大事,次由章氏三女婿乐清人朱铎民(名镜宙),报告章氏病状及国葬等事,次由钱略述章氏于‘文、史、儒、玄’四学之要点,次由蒋梦麟以来宾资格演说,到中午12点,即散会。11时左右,许拍摄了会场照片,会散后,由钱秉雄为诸位追悼会发起人佩戴黑纱,整理衣装后拍摄合影,以作纪念。10位发起人实到7人,其中黄子通、马宗芗因未在北京,无法到会,而吴承仕因为监考无法出席,刘文典虽到会却因故提前走了,余下6人遂与章氏家属代表朱镜宙合影,其间,马太玄又自发加入合影。所以合影中虽有8人,但实际上只有6位章门弟子兼追悼会发起人在合影中存照”。挽联“恭挽先师葑汉先生:素王之功,不在禹下;明德之后,必有达人。弟子:马裕藻、许寿裳、吴承仕、周作人、沈兼士、钱玄同　鞠躬”①。

9月16日,《制言》半月刊第25期(太炎先生纪念专号)在

①肖伊绯《章太炎北平追悼会实况侧记:以〈钱玄同日记〉及〈世界日报〉相关记载为中心》,载《人民政协报》2015年10月15日。

《太炎先生著述目录初稿卷下》有"《尚书讲义》,讲习会李恭、汤炳正等记录,民国二十四年二月至五月讲"条(撰者按:"民国二十四年"应为"民国二十五年"之误,李、汤二人系民国二十四年八月至苏州的,太炎先生也是民国二十五年开讲《尚书》的)。与教学相呼应,太炎先生增订旧著《古文尚书拾遗》。致吴承仕函有云:"仆近复理董《尚书》,一岁以来,所得又百余条。故《古文尚书拾遗》二卷,将来或再扩张成四五卷,精博或不逮《述闻》,然颇谨于改字,凡本可通者,必为通之。"①

9 月,遵从太炎先生"讲习会设法永久维持"之遗愿,章氏国学讲习会继续开办("正式班",姚奠中语)"第三期",并增设"预备班"②。"预备班"教员 15 名,招收高中程度学员 44 名③,均寄宿班内,学习一年,进行基础训练。地址在侍其巷 18 号章氏双树草堂内,由章夫人汤国梨任班主任,徐复任总务主任。预备班第一学期课程表:周一:读经——《尚书》(诸左耕)、诸子通论(沈延国)、文字学(汤炳正)、书法(郑梨邨);周二:纪念日休假④;周三:读经——《毛诗》(诸左耕)、《马氏文通》(徐士复)、经学史(潘石禅)、模范文(孙鹰若);周四:学术文(金德建)、《通鉴》(施仲言)、诸子通论(沈延国)、文字学(汤炳正)、专题(杨志莹);周五:学术文(金德建)、《通鉴》(施仲言)、《马氏文通》(徐

①见马勇编《章太炎书信集》,河北人民出版社版,第 375 页。此信河北人民出版社版与上海人民出版社新版均只署"1936 年",排在上通"1 月 30 日"后,据函中"荏苒二三周"等语推断,此信或写于 1936 年 3 月。

②"预备班承担'通论'部分教学,其深度已超过一般大学;正式班直接进入专题研究。"见姚奠中、董国炎《章太炎学术年谱》,1936 年条。

③见《章氏国学讲习会预备班》,《制言》半月刊第 29 期。同期扉页刊登了"章氏国学讲习会预备班"一张照片,共计 53 人,其中两人是小孩。

④因太炎先生是周二讲课,所以他去世以后,讲习会遂把周二定为"纪念日休假"。

士复)、目录学(潘景郑)、模范文(孙鹰若);周六:文字学(汤炳正)、作文(孙立本)、诗词学(龙榆生);周日:读经——《左传》(王心若)、《通鉴》(施仲言)、史学通论(黄耀先)、金石学(郑梨邨)①。教师皆章门一时之俊彦。先生参与整理先师遗著工作。

10月6日、17日,鲁迅分别写了《关于太炎先生二三事》《因太炎先生而想起的二三事》②:"考其生平,以大勋章作扇坠,临

①《章氏国学讲习会预备班第一学期课程表》,载《制言》半月刊第25期(又收入《章太炎全集》第5卷,上海:上海人民出版社,1985年2月版)。其中汤、金、孙三人彼时尚未毕业(按《简章》规定要读"二年")。诸左耕即诸祖耿,徐士复即徐复,潘石禅即潘重规,杨志莹乃汤志莹之误(汤国梨,字志莹),孙鹰若即孙世扬,黄耀先即黄焯。郑梨邨(名伟业,字仲琦)当时是吴县公安局西山分局的局长,工篆书、隶书,善治印(李根源有云"梨邨善作篆隶书,且长于治印,苏人无其匹"),曾镌刻"章炳麟印"一枚,太炎先生大为赞赏,当场书一副联语送与郑:"文章纵横乃如此,金石刻画臣能为。"并戏称他为"五湖长"。"讲习会"成立,郑先任总务,后又任会计主任。关于郑(号梨邨),现再提供撰者刚刚在网上见到的"抗战期间寓滇篆刻家印例一纸"(蒋维崧、钱瘦竹等《十人印例》),其中郑"润例:石章一字一百元,牙章一字二百元","峻斋,梨邨,经源,瘦竹四家合作治印:瘦竹设计,峻斋篆文,经源刻面,梨邨作款。上述合作篆刻并非有所规定,度情将事,自可更易为之。惟边款以三十字为度,印文以四字为限,多则另议。石章每方陆百元,牙章每方一千元","乙丑夏,山阴李祯为其订润例云:仲琦仁弟,刻印得汉人淳朴之致,年来求者踵相接,日夕奏刀,不胜其苦,恐妨其所业,为订润例以限之"。另,从《课程表》看,文字学与《通鉴》两门课一周共三次,分量最重。文字学在古时又称为小学,太炎先生曾云:"文辞的本根,全在文字,唐代以前,文人都通小学,所以文章优美,能动感情。两宋以后,小学渐衰,一切名词术语,都是乱搅乱用,也没有丝毫可以动人之处。"见《在东京留学生欢迎会上之演讲》,收入《章太炎全集·演讲集》上册,上海:上海人民出版社,2015年10月版。

②两文均见《且介亭杂文末编》,收入《鲁迅全集》第六卷,北京:人民文学出版社,1958年9月版。

总统府之门,大诟袁世凯的包藏祸心者,并世无第二人;七被追捕,三入牢狱,而革命之志,终不屈挠者,并世亦无第二人:这才是先哲的精神,后生的楷范。”又说:“既离民众,渐入颓唐,后来的参与投壶,接收馈赠,遂每为论者所不满,但这也不过白圭之玷,并非晚节不终。”其实,“章先生晚年并非‘颓唐’与‘宁静’,而是积极参与救亡运动的一代忧国忧民的学术宗师”①。

12 月 16 日,论文《释四》发表,载《制言》半月刊第 31 期。

①见撰者《汤炳正传》,北京:华龄出版社,2010 年 12 月版,第 299 页。撰者特意为这句话加了一条脚注:“刘梦溪先生在《现代学者晚年的宁静》一文中说:‘章太炎逝世前一直为实现全面抗战而奔走呼号,始而撰文陈辞,继而与熊希龄、马良等组织国难救济会,联合六十多位著名知识分子电告当局,要求召集国民会议,成立救国政府。1932 年 1 月 28 日上海十九路军奋起抗击日军侵略,他倍受鼓舞,不顾年高体病,愤然北上,找张学良、段祺瑞,又向爱国军人和学生演讲,并致函顾维钧,希望他身为外交官,要有殉国的勇气。直至 1936 年夏天,生命垂危之际,仍在遗嘱中告诫子孙,万一中国被日人统治,绝不可担任官职。可见太炎先生的晚年内心并不宁静。’”另,近陈尚君在《章太炎先生的最后五年》中说:“师弟二人的最后十多年,真是非常隔膜,全无所知了。因为《章太炎全集》的出版,我们可以读到一代大师在生命的最后几年更立体的身影,看到他一直保持早年的血性,一直坚守民族爱国主义的立场。”“他的生命最后五年和他早年思想并未有任何隔绝和改变。在最近出版的《太炎文录补编》《书信集》以及《附录》中,见到更多的新资料,揭示他晚年积极入世,参与民族生存斗争的所作所为,许多内容至今读来,均足令人动容。”载《文汇报》2017 年 11 月 3 日。

卷二　1937—1949 年

中华民国二十六年丁丑(1937 年)　先生二十八岁

上半年在章氏国学讲习会。

1 月 18 日,论文《〈法言〉版本源流考》①发表,载上海《大美晚报·历史周刊》。全文八千三百余字,把所见《法言》版本,一一作了考证。开篇云:

> 《法言》一书,佳刊极鲜。唐代《书钞》《意林》等类书所引者,来源虽古,而断章节录,夺讹叠见。其次则蜀之天复本,字句颇多可据者,惜其原本久佚,吉光片羽,仅见于本书《音义》中耳。北宋所刊者,大氐以李轨注本为主,嘉祐及治平等刊本,其荦荦者。及宋咸、吴祕之注成于前,司马温公之《集注》继于后,因其所据之本不佳,故讹误亦滋多矣。南渡后,《集注》本大行,几有驾李注本而上之之势。而书坊图利,又有"纂图互注"之刊,割裂羼易,益不足观。降及有明,李注本湮没不见,各地书坊,《集注》而外,无他刻也。且以

①此文先生晚年曾誊清一过,并更名为《〈法言〉版本纪要》,现已不知去向。撰者录入后收入《语言之起源》(增补本),太原:三晋出版社,2015 年 7 月版。训诂学名家顾久先生听说"增补本"将出,于 2015 年 6 月 6 日给撰者邮件说:"语言起源是一个世界关注而很少有中国人发言的大问题,有炳正先生言论,可补此论题之空白。"

> 臆校改，谬误不一而足。幸清儒网罗旧刊，不遗余力，嘉庆中江都秦恩复，始得南宋修版治平本刻之，李注本因复大行焉。兹将所见历代《法言》旧刊本及名人手校本之留存于今者，或传本已佚，第见于前人著录者，略加搜罗，约得五十种，今胪列于后，并略考其源流。

结尾又云：

> 六年前，校订《法言》，访求旧刊甚力。偶得善本，辄对勘不倦，就其异同，审其源流。每毕一刊，即撮其要而纪之，其出于前人载籍而不得见者，亦笺录之以备访求。前后约得六七十种。今冬偶检积稿，得之旧箧中，惧其散佚，遂去繁就节，辑为是篇云。民国二十五年仲冬之月记于姑苏客舍。

3月，《章氏国学讲习会预备班第二学期课程表》①：周一：《毛诗》（诸左耕）、模范文（孙鹰若）、文字学（汤炳正）；周二：纪念日休假；周三：文课（汤志莹）、经学史（潘石禅）、读经《左传》（王心若）；周四：学术文（金德建）、文学史（姚豫泰②）、《易经》（沈延国）、读经《尚书》（诸祖耿）；周五：学术文（金德建）、文学史（姚豫泰）、诗词学（龙榆生）、韵文史（龙榆生）；周六：诸子通论（沈延国）、《庄子》（马宗霍）、文字学（张馥哉）；周日：声韵学（汤炳正）、史学（黄耀先）、书法（郑梨邨）。关于预备班的课时费，姚奠中曾通过其女婿张志毅短信答撰者问："章门弟子讲课每小时两元，一个月大约讲八小时。当时伙食费每月六七元（已很好）。当时发的是法币，不用银元，市面上与银元一样。当时法币很值钱，一元法币相当一元银元。我在上海做了一套很好

---

①载《制言》半月刊第37—38合刊（又称《章氏国学讲习会学报》第1号，4月1日出版）。

②即姚奠中。

的西装也就六七元。蒋政权快垮台时法币就不值钱了。章门大弟子也代课给车马费(不定时讲课),二等弟子平时固定上课挣工资,你祖父与我当时是学生兼课,龙先生当时已是教授,也来代课(不定时)给车马费,可能没有那么多。"①

4 月至 6 月,论文《杨子云年谱》连载于无锡《论学》第 4、5 与 6、7 期合刊号上②。《论学》系先生同门李源澄③主编,李应唐文治之邀,到无锡国学专修学校讲授诸子之学,以薪资所入创办了这本《论学》杂志。《杨子云年谱》谱前的《序论》由"世系""生卒年及来京年""经学之派别""小学之传受""学术思想"五个部分组成,1990 年收入《语言之起源》时将"学术思想"并入前四部分,前面四个标题不变。全谱 2007 年 7 月收入四川大学出版

①"(孙鹰若)约我每星期去讲一次,每月送我一百五十圆的车马费"(龙榆生《苜蓿生涯过廿年》语,转引自张晖《龙榆生先生年谱》,1936 年 9 月条,上海:学林出版社,2002 年 5 月版)。撰者告诉姚老先生龙榆生的车马费数额,故有"可能没有那么多"之语。"章门大弟",应指朱希祖等人,而"二等弟子",当指在讲习会任职的诸祖耿等人。

②《扬雄评传》(南京大学出版社,2000 年 12 月版)的作者王青教授在 2010 年 11 月 11 日给撰者的邮件中说:"由于《扬雄评传》一书写于十余年前,电脑中的原始材料因为误操作而被删除,所以现在我已经记不清楚到底是从哪里看到的汤先生的大作,但肯定不是商务印书馆的万有文库本,应该是登在《论学》1937 年第 4—7 期上的那篇。汤先生是大师,他的著作让我很受教益。"

③李源澄(1909—1958),字俊卿(一作俊清),四川犍为人。先后师从蒙文通、廖平、欧阳渐、章太炎等。1935 年 9 月章氏国学讲习会开课后,李"前来听讲,执礼甚恭"(姚奠中、董国炎《章太炎学术年谱》,第 474 页)。太炎先生去世后,汤国梨先生挽留李任教,李未答应。据朱希祖 1936 年 6 月 16 日日记云:"有李某者,旧为廖季平学生,师母苦留之而不允,颇傲慢,所撰挽联亦颇落空,如'方死方生,方生方死'等句,于先师有何关系,此等狂妄人,甚希睹也,为之不怡者久之。"转引自朱元曙、朱乐川撰《朱希祖先生年谱长编》,第 505 页。

社出版的《儒藏·史部·儒林年谱》，其《提要》云："是编前有《序论》，详考扬雄世系、生卒年及来京年、经学之派别、小学之传受、学术思想诸重要问题，探析深入，征引诸说，取舍公允。正文资料翔实，随文考辨，态度客观。手此一编，子云生平行迹大体备矣。""汤氏《年谱》后来居上，较诸前撰，稍稍丰赡，其谱前《序论》论述扬雄'世系''生卒年及来京年''经学之派别''小学之传受'及'学术思想'等有关问题，简明扼要，颇具识见。"①力之亦云："先生使用了不少前人没有用过的新材料，解决了许多前人未曾解决的问题。此'小'之为大者也。另外，本谱《序论》（分'世系''生卒年及来京年''学术流派''小学之传受'四部分）论述扼要明晰，殊具识见。如其'西汉通儒，以博览为主，其经学大氐不分今古，与博士之专习一经、不求条贯者有间'说等，正如著名语言学家向熹先生所说的，'汤炳正教授说得好'（氏著《〈诗经〉语文论集》第321页，四川民族出版社2002年）。总而言之，是文代表着其时有关杨雄生平研究的最高水平，至今仍有重要的参考价值。"②

6月1日，章氏国学讲习会同人决议为太炎先生举行公祭。"本年6月14日为先师太炎先生逝世周年之期，同人等议以是日下午二时集于苏州锦帆路，师门举行公祭，凡我同门愿参与者，务请于6月10日前通知本会会计庄钟祥君，并缴国币一元，以便预备祭品及治蔬食之用。特此通启。"③

6月14日下午二时，先生参加章氏国学讲习会举行的太炎先生逝世周年记录会，朱希祖担任主祭。四时，章氏国学讲习理事会举行成立会④。

---

①杨福泉《扬雄年谱考订》，载《绍兴文理学院学报》2006年第1期。

②转引自撰者《汤炳正致李行之书札二通考释》，载《中国文化》2014年春季号。

③封二《启事》，《制言》半月刊第42期。

④《太炎先生逝世周年记录会略志》，《制言》半月刊第43期。

7月1日,章氏国学讲习理事会推举汤国梨先生为理事长①。

7月,先生从章氏国学讲习会"研究班"毕业,"1937年夏如期举行毕业论文、结业典礼,由师母汤国梨签发《荣誉修业证书》"②。据姚奠中回忆其毕业论文是《魏晋玄学与老庄》③。各位学员"交上自己的毕业论文,事前已经看过论文的汤国梨先生,一一做了讲评,便宣布毕业,随后大家匆匆离校。从此,师生星散,流离四方"④,先生再也没有见到师母汤国梨先生了。先生返乡,途经上海时,将其补苴修订,由两卷增为三卷,五万余字的《杨子云年谱》,嘱友人交与商务印书馆出版,不想"八一三"上海沦陷,这部书稿从此就下落不明。按先生的说法是"书稿遭兵燹"。但据先生在广安中学时的学生傅绍机告诉撰者,20世纪50年代他在贵阳师范学院任教时曾亲眼见过此书⑤。

---

①《章氏国学讲习理事会题名》,《制言》半月刊第44期。

②钱鼎澄《追记章太炎师主办"苏州章氏国学讲习会"》,收入《追忆章太炎》。

③《姚奠中自传》,收入《姚奠中讲习文集》第5册,北京:研究出版社,2006年8月版。

④王东满《姚奠中》,第105页。

⑤傅先生曾给撰者写过三封长信。在2002年3月19日信中云:"在贵阳师范学院图书馆,有汤教授一本《扬子云年谱》,在'万有文库'里,同样的书共有三十本之多。你祖父在1982年当面对我说:他曾把该书的书稿交给上海的一位朋友,但是他本人还不知道已出版了。"撰者用了两个下午将该馆古籍部所藏的"万有文库"丛书翻个遍,却没有找到《扬子云年谱》。傅先生在2002年5月30日又说:"此书我曾经看过多次,而且当时书架上至少有二三十本。""请注意此书的装订(这一点极重要),它是属'万有文库'类的书——是装订成'袖珍本'(或叫类似'袖珍本')的,比一般书籍要短小得多(凡'万有文库'类的书都是如此,用眼一看,或用手一拿就容易判别是非,不会找冤枉的)。""如果怎么也找不到,那可能是被无知者毁掉了。那就太遗憾了。"2006年8月我在国图也没有能查到此书。此事像谜似的困扰着撰者,难道是傅先生看走眼吗?

8月1日,《制言》半月刊第四十六期发表李恭的《章先生之“教育目标论”》,现录入如下:

章先生之“教育目标论”①

李恭

先生每于讲习会开学休学时,有简短之训话。兹就记忆所及,缀为“教育目标论”,略见先生陶铸人材之情趣焉。

昔日顾宁人揭橥“博学于文,行己有耻”,以为教人之法,而未言及忠信。夫人必忠信,而后可致知力行,文行忠信,不容或阙。子以四教,亦自有故。今复倡宣圣之旨,以为设教之目标焉。今之学人有三蔽焉:人之有技,相嫉以恶之;自有创获,非秘而不宣,即觉不可一世;其言其病,则曰妒忌、曰骄傲。揆厥病原,由于不忠不信。研治国学者,当祛其所蔽也。

详《读史方舆纪要》之成,顾祖禹居家考索,刘继庄四出游历,通力合作,淑惠士林。后之共学者有此襟期,妒忌之心何自萌哉!

子张述孔子之论交曰:“君子尊贤而容众,嘉善而矜不能。”学者当守此训而力行之,无庸秘密或骄傲为也。子路问成人,子曰:“若臧武仲之知,公绰之不欲,卞庄子之勇,冉求之艺,文之以礼乐,亦可以为成人矣。”先儒谓此与答颜渊问成人者,深浅不同(孔子答颜渊问成人者,见《说苑·辨物篇》)。盖降等论之也。余谓此为高等人格,自古及今,能之者鲜矣。故孔子复告子路曰:“今之成人者何必然,见利思义,见危授命,久要不忘平生之言,亦可以为成人矣。”方今世变已亟。国无纪纲,忧国者欲挽颓风、厉薄俗,不可不注

①本文承西华师范大学国学院院长伏俊琏教授审订。

意于后之三事。乌乎！倜傥奇伟之士，不见于华夏久矣。更安望执履忠贞，不偏不陂之中行乎？

8月13日，日军大肆进攻上海，"八一三"淞沪会战开始，苏州也受到战争影响，"8月中旬至11月15日，日军在苏州城区共投弹四千二百余颗，死伤人民数千。平门火车站几乎全被炸光，有一次就炸死三五百人"①。"日寇进攻上海，苏州吃紧，讲习会会员星散，讲习停顿"②。"（八一三）下午五点来钟，五架日本小飞机来到葑门外运河对岸上空，像练习似的一架接一架俯冲投弹。第四架也许被步枪击中，坠毁了。吃过晚饭天才断黑，日本轰炸机报复来了，似乎只有两架，在城圈上低空掠过，声震屋瓦，扔下了几颗炸弹，留下了几个弹坑，从效果看是恫吓性的。苏州人本来胆小，当夜就掀起了逃难浪潮，听说把几座水城门都堵住了。可不，第二天各条河里，竟见不着一条船。"③11月19日苏州城沦陷。汤国梨先生《丁丑吟》④云：

芦沟桥事变，日寇长驱而入，余家避居湖州。城将陷，辗移到妙喜村。

忽闻飞将下惊雷，画栋雕梁付劫灰。
满地江湖催客去⑤，漫天烽火逼人来。
空城寂寞无鸡犬，旧院凄凉尽草莱。
掩泪重寻池上路，清明于此记传杯。

①该报综合稿《侵华日军的苏州罪行》，《姑苏晚报》2014年12月14日。

②诸祖耿《章氏国学讲习会纪事》，收入《文教资料》1999年第6期。

③叶至善《父亲长长的一生》（修订本），成都：四川文艺出版社，2015年8月版，第166页。

④收入汤国梨《影观集》。此诗写于"1937年秋"。

⑤原注："苏州被炸前日，狂风暴雨，为从来少有。"

《涉江后步行赴义乌》①云：

> 抗争时奉老母携儿辈流亡之作，时老母七十，奇儿十三。
>
> 平沙蔓草没荒烟，四面危峰势插天。
> 日落征骑嘶故垒，风前断雁下惊弦。
> 自搔白发悲亲老，更抚黄童想父怜。
> 莫效楚囚相对泣，艰难家国要同肩。

"1月11日，接孙世扬武昌来信，报告章师母汤国梨已率眷属由吴兴避难义乌。"②

8月，先生被困荣成石岛镇。"七七事变，我正暑假回家，被困'孤岛'之中。我那时既没有办法冲出去，也没有勇气跟敌人拼斗。……在这苟安的局面下，我曾把自己的住处，打扫了一间空屋，作为读书写字之所，打算'得过且过'地暂度几天隐居生活，以待战局好转。我曾请邻村姜忠奎君用小篆写了一个横幅，文字是我指定的，即'结庐在人境'五字。裱挂于小屋壁上，倒也雅致有趣。我当时的本意，是借陶渊明'结庐在人境，而无车马喧，问君何能尔，心远地自偏'的诗句以寄意。"③

中华民国二十七年戊寅（1938年）　先生二十九岁

在石岛镇。

"章先生平生仰慕顾炎武之为人为学，对其经世致用之学，尤恪守不移。这与乾嘉学派为学术而学术的风气迥然不同。我在抗日战乱中，对先生的经世思想与民族意识理解渐深。"④在

---

①收入汤国梨《影观集》。此诗写于"1937年底"。
②见朱元曙、朱乐川撰《朱希祖先生年谱长编》，1938年条，第565页。
③先生《"孤岛"三五事》，收入《剑南忆旧》。
④先生《自述治学之经过》，载《中国文化》2016年秋季号。

故乡期间,为了弄清外族入侵的历史教训,先生阅读了魏晋南北朝诸史料,撰成《五胡十六国纪年史》书稿,欲以异族入主中原之史鉴古知今。又撰成《史通校笺》。两部书稿后皆毁于兵燹。

12 月,汤国梨先生辗转流离到了上海租界,住亚尔培路,孙世扬住拉都路,王乘六在梵王渡一中教书,部分会员也避居上海。“他们共同集议,认为在租界还可以继承讲习事业。汤国梨邀请上海蒋维乔等担任‘章氏国学讲习会’的董事,用‘章氏国学讲习会’的名义,创办‘太炎文学院’,复兴《制言》半月刊。先设办事处于重庆路,后租福州路 221 号五洲大楼作为会址,登报招学生,汤国梨自为文学院院长,招聘教授,定期开课。这年年底,我从宜兴回到无锡,从无锡被邀到上海,和孙世扬同住拉都路。”①沈延国任教务主任,诸祖耿任训导主任,王仲荦任院长室秘书主任。学院设置两系一科(中国文学系、史学系与国学专修科)。先生收到聘书后,特意托友人在上海代租了一套公寓,决定带领全家到上海居住,因道路阻梗,“几经周折,未能成行”②。

是年,当地因久旱无雨,村里决定举行求雨仪式,公推先生撰写一篇“求雨文书”。某日村里人成群结队敲锣打鼓去西面的茶山“求雨”(先生也参与)。事毕,队伍还没有回到村里(正走在半路),忽然下起倾盆大雨,每个人都被淋成落汤鸡似的③。

中华民国二十八年己卯(1939 年) 先生三十岁

2 月,上海“太炎文学院”暨附属中学正式招生开课。

---

①诸祖耿《章氏国学讲习会纪事》,收入《文教资料》1999 年第 6 期。

②先生《“孤岛”三五事》,收入《剑南忆旧》。

③此事系撰者二姑汤丽玉某年听其母慕惠贞讲的。现暂将此事系于本年。汤丽玉在转述这个故事时,还能感到慕惠贞当年向女儿讲述此事时,神情里颇有几分自豪。

3月,应聘到文登中学教高中国文。先生说:“1939年的春天,我忽然接到从文登中学来的一封信,约我到文登中学教书。当时这封信是由学校署名还是由校长署名或是其他私人署名,现在无论如何也回忆不起来。根据现在的推想,校长王远峰我虽不认识(我还要回忆),但他署名的可能性最大。这封突如其来的信,我当时并不感到奇怪,认为大概是因为他们辗转传闻我在家没有找到工作,所以来信相约。”①同事中有陈敬轩、王敬栋、张星堂、张云庆等。学校有个师范班,毕业即可当老师。

9月,日寇东侵,文登中学避迁高村,先生在该校教国文。“因为这是游击区,我也同时作了一些救亡工作。”②有一次,前线葬埋抗日阵亡将士于文登县的柘阳山,先生代学校撰写挽联:“今朝雄志吞桑岛,终古英魂壮柘阳。”上联的“桑岛”,指扶桑岛,即日本;下联的“柘阳”,指柘阳山,即当时抗日游击队队员牺牲后埋葬的地方。以“桑”对“柘”,见者无不称其工整而悲壮。还代学校写了一篇纪念文章。“为追悼当时抗日阵亡游击队战士,学校说是要开个会。事前曾找教历史的教师写个纪念文,没有找到,大家推来推去,就推到我头上,说我是教国文的,义不容辞。……根据我的回忆,那个所谓纪念会后来并没有开,那个纪念文稿如何处理,我记不清楚;至于那个挽联,是用白布写成后派人送到了墓地。”③另,学生中有个叫于植元④的人,后来成为著名的书法家、教育家,任大连大学副校长、大连师范学院院长、辽宁省文史馆馆员。济南大明湖的南门牌坊上的“大明湖”三个

---

①先生《我的几点交代》。

②先生《自传》。

③先生《我的补充交代》,先生档案材料之一种。

④于植元(1927—2003),文登大水泊村人,晚年常称自己少年时,在文登中学“承汤景麟等施教”。

鎏金大字，就是出自其祖父于书佃之手。

12月，先生患伤寒病。

是年，先生钻研太炎先生古韵学，开始撰写《中国古韵学论证》（又称《古韵学管见》）。

中华民国二十九年庚辰（1940年） 先生三十一岁

1月，先生返回石岛镇。伤寒病严重，高烧昏迷。

2月23日①，石岛镇沦陷。“就在我昏迷的那几天，日寇早已在飞机大炮的掩护之下，占据了我那可爱的家乡”；夫人慕惠贞“怕我受大炮飞机的惊吓，慌忙无计，曾找了几块大木板，把窗子封闭得铁紧。其实，我那时不仅高烧，而且耳聋如塞铅，即使开着窗，我也是什么都听不到的”。“当我略略清醒之后，家人怕我受惊，仍然瞒着我，不敢以实情相告；我只是感到家人的脸色有些仓皇不安而已。一天傍晚，我大哥从石岛回来看我的病，只见他手执一面纸制的日本小国旗，站在我床前，我立刻意识到家乡已入日寇的魔爪！这是多么惊心动魄的现实！我不禁放声大哭，并责骂大哥‘没有民族气节’，不该拿着日本旗子回家。经解释，才知道，从石岛到我们家，虽相距只二三里，但中间必经日寇岗哨；不执日本小旗，就不准过岗。大哥关心家中老少，尤其看望病弟的心切，只得如此。”②“（大哥）走后，我在病床上嚎啕大哭，骂‘汤景明当了汉奸’。我妻子慕惠贞劝了很久，才止住了我的哭骂。”③彼时“老百姓倾城而出，为求生存纷纷携老偕幼跑到

①《荣成市志》“大事记”1940年条说，“2月18日，日军入侵石岛、成山卫等地”。石岛镇沦陷的具体时间，撰者这里采用家父汤世洪的说法，即元宵节翌晨。

②《“孤岛”三五事》，收入《剑南忆旧》。

③先生《我的补充交代》。

山里避难”,“但你奶奶为了丈夫和孩子,毅然放弃了逃生的本能,决心留下与丈夫和孩子同生死、共存亡。成了张家村唯一在枪炮声中仍留在村里而没有逃出去的一家”①。“有天日寇进张家村挨家挨户搜查。当时石岛范围正流行着伤寒病,日寇怕此病传染到部队,影响战斗力;因此,在搜查中凡发现患此病者,一律拉到海滩烧死,决不含糊。祖母闻讯急中生智,把红药水涂抹到祖父的腿上,并用纱布包扎起来,造成是摔伤的假象。日寇走进屋里见土炕上躺着一个枯瘦如柴、辗转呻吟的病人,便问:‘他什么的干活?’祖母忙说:‘腿跌坏了!’日寇似乎还不放心地掀起被子,见腿上果真缠着纱布,才退出屋子,走了。……此时祖父心坎上应还有一抹挥之不去的阴影。太炎先生曾以清儒孔广森赞许他(单从学术角度看,这个评价是很高的了)。但我们从命数这一层面上说,孔氏三十出头就去世了。这会不会成为谶语②?先生被伤寒击倒的年龄,也正是三十岁生日刚过。整日辗转于病床上,他不可能不作这方面的联想。”③

5月,病愈,为了表达感激之情,先生给妻子起名为“明轩”。是月,经姜忠奎介绍到当地的“国学补习班”④教《说文解字》课,

---

①汤庆玉2000年8月29日给撰者信语。

②黄季刚五十岁前夕,太炎先生曾寄寿联云:“韦编三绝今知命,黄绢初裁好著书。”未几,黄竟去世。有人遂说此联实含“绝书”“绝命”之谶语。

③撰者《汤炳正传》,第73页。

④张峡编著《旅游胜地:石岛湾》第56页称为“国学研究部,又叫道德社”。在同页,作者说西院设“小学,办公室三间,教室四间,四年制。日本侵占石岛后,小学迁到西楼,在小学部任教的教师有张景齐、周洪坤、李俊卿等人。周洪坤会武术,白天教学,晚上教武术。教武术的还有现今名誉全球的武术大师沙国政。小学部设的课程主要有:三字经、千字文、百家姓、名贤集、朱子治家格言、论语、孟子、大学、中庸、古文观止等”。小学部毕业升入国学研究部。“国学研究部设在东院,计划三年制。教师有姜忠奎、汤景麟、梁鹤全、刘东民、张景齐、周洪坤共六人。主要负责的是姜忠奎先生。”

每周一次。姜教周秦诸子,并成《周秦诸子》书稿,序言由先生所写,“不知为什么他后来并没有用这篇序文”①。先生只在“补习班”教了两三个月的《说文》部首(文字结构),因主事者并没有兑现薪水,就辞职回家了。先生讲课时特别重视基本功的训练,如要求学生用篆书抄写《说文解字》五百四十部的部首。

9 月,上海太炎文学院被迫停办。“当时‘太炎文学院’的经费出现了困难,但诸祖耿、孙世扬等不愿‘太炎文学院’成为日本人‘以华制华’阴谋的工具,知道上海非久留之地,于是决定解散‘章氏国学讲习会’,停办‘太炎文学院’。”②

是年,因生计窘迫,先生修书向龙口县的同门孙立本(居基)借钱,孙即汇来五十元。

中华民国三十年辛巳(1941 年)　先生三十二岁

在石岛镇。继续写《中国古韵学论证》。

6 月 24 日,国民政府行政会议决定成立“国立贵阳师范学院”,设“教育、国文、英语和数学四个学系,史地和理化两个专修科,学制三年”③。

10 月 21 日(农历九月初二),女儿丽玉出生。

10 月 24 日,国立贵阳师范学院举行开学典礼。“国民政府教育部长陈立夫到会讲话,阐述了贵州省举办师范学院的意旨和师范教育的重要性,要求学生一要有远大眼光,二要克己自励,三要有‘学不厌,教不倦,如严父,如慈母’的精神。贵州省政

①先生《我的补充交代》。

②徐克谦《诸祖耿先生传略》,南京:南京师范大学出版社,2016 年 8 月版,第 20 页。作者在此处写道:“此处参考了诸祖耿档案中王仲荦所写的证明材料。”

③张光裕主编《贵州师范大学校史(1941—1991)》,1941 年条,贵阳:贵州师范大学,1991 年 7 月印刷。

府主席吴鼎昌也到会致词,强调师范学院的学生要有师道自尊心,以创造将来为己任,要有别于其他普通学校的学生,特别注意敦品励行、刻苦求学,做其他学校的模范。""学院制订了《国立贵阳师范学院组织大纲》,规定学院的培养目标是:'以养成优良健全之中等学校师资为目的。'"①

中华民国三十一年壬午(1942年) 先生三十三岁

上半年在石岛镇。

据先生的侄女回忆:

> 我父亲他们五兄弟在石岛最有名,他们不管穿什么大褂,都是缎子面的,从不穿布的。裤子都是缎子,一点布也没有。黑呢鞋子,黑的叙纹,白颜色的袜子。四叔在五兄弟中个头最矮,不胖也不瘦。那时他留了个分头,就是这边小那边大的那种。四叔的模样我永远记得,精精神神的,整天端坐在家里看书。一到过年,初一我就到叔叔们家去要小钱,挨个去找。有时看到哪个过来,就赶紧上前拜年,要压岁钱。这些叔叔我都熟悉。我爸与二叔、五叔后来留在石岛,三叔与四叔他们走了。什么时候走的我不知道。你爸是我哥哥,增哥不喜欢与我们女孩子在一起玩,我整天追着喊增哥增哥,他总爱说"你给我上一边去"②。

4月3日,郭沫若创作的五幕话剧《屈原》由中华剧艺社在重庆国泰大剧院首演,导演陈鲤庭,金山饰屈原,白杨饰南后,顾而已饰楚怀王,石羽饰宋玉,施超饰上官大夫靳尚,丁然饰公子

①贵州师范大学编纂委员会编《贵州师范大学校史七十年志(1941—2011)》,贵阳:贵州教育出版社,2011年10月版,第1页。

②汤秀荣姑姑电话告诉撰者语。

子兰，张瑞芳饰婵娟。当时的媒体称："上座之佳，空前未有，此剧集剧坛之精英，经多日筹备，惨淡经营，堪称绝唱。"

5 月，经中华民国行政院决议，在国立贵州农工学院的基础上，增设文理、法商两个学院，分中文、外语、历史、数理、化学、政经、法律等系，成立当时中国的第二十一所国立综合大学——国立贵州大学，张廷休①担任第一任校长。张就职前，蒋介石曾亲自召见，"谕之以须造成勤奋笃实，能负建国重任之人才"，希冀贵大能够在抗战建国事业中发挥应有的作用②。8 月 1 日，张与华仲麐（任中文系主任兼校秘书主任）等一起奉派到校视职，国立贵州大学宣告正式成立。张此前是教育部秘书主任，即动用自己广泛的人脉资源，亲自跑到各地选聘教师，这些教师以他们的人品、学识，为学校各个学科的发展奠定了厚实的基础。张专门为学校定下"坚毅笃实"四字校训。

8 月，先生应聘到青岛德国传教士尉礼贤（亦作卫礼贤③）创

①张廷休（1898—1961），字梓铭，回族，贵州安顺人。历史学家、教育家。张先生自幼家贫，但勤奋好学，先后就读于贵州安顺县立中学、南京高等师范学校，毕业后曾在济南中学执教数年，后又考入东南大学历史系。1930 年以后，任河南省政府秘书长，不久又到英国伦敦大学、德国柏林大学留学。归国后先后任国民政府财政部专员、国民政府中央土地委员会副主任、教育部蒙藏教育司司长。他任国立贵州大学校长的七年间，是学校发展历史上最为辉煌的阶段之一。他是"民国大学校长中唯一的回族校长，国立大学校长中唯一的贵州籍学者"。1949 年移居台湾，主持正中书局。著作有《欧洲大学起源考》《近代革命史概要》《贵州文化之开拓》《论为学与从政》等。

②转引自罗应梅等《国立贵州大学校长张廷休及思想研究》，载贵州大学《教育文化论坛》2017 年第 2 期。

③"（徐梵澄）先生讲到了德国汉学家卫礼贤，说他深通中国古典文化，在所有《易经》的西文译本中，唯有他翻译与原文最合。"张西平《声尘寂寞系恒常：记徐梵澄先生》，载《人民日报》2006 年 12 月 8 日。

办的礼贤中学，在该校教高中国文。因为是德国教会所办，因此日本人的监视不严。“我到青岛礼贤中学去教书，是过去文登中学的同事陈敬轩打电报约我去的。”①“记得当时我任高中二年级的国文。课本第一课是《隋书·经籍志》的叙论，我竟讲了一个学期，还没有收尾”②，旨在培养学生对中华传统文化的热爱。这正是彼时教育界的常见现象。如明史专家黄云眉在南京金陵中学教书时，“高三的两个学期，他只讲了一篇曾国藩的《圣哲画像记》”；而听过课的余树基在晚年给女儿说，“你们学历史课，东背一点西背一点，考完就都还给老师了；还不如我们读金中的时候，读一篇《圣哲画像记》就可以用一辈子”③（余树基同班中有后来成为文史名家的程千帆）。

是年，先生在青岛巧遇在某中学教书的同乡阎树善。先生说：“这次见面，印象极深。”④

是年，完成《中国古韵学论证》等书稿。

中华民国三十二年癸未（1943 年）　先生三十四岁

春季，伍非百⑤“欲以保存国粹，研究国学，阐扬中国固有文化”而创办的西山书院开学。“就南充西山赁屋创设书院，略仿白鹿、鹅湖遗规。”“先设博习、精修两班。其招生程度，浅者只须

①先生《我的补充交代》。

②先生《“孤岛”三五事》，收入《剑南忆旧》。

③余未人《我的百年家族记忆》，贵阳：贵州人民出版社，2016 年 3 月版，第 94 页。

④先生《自传》。

⑤伍非百（1890—1956），本名伍程骥，南充市蓬安县利溪乡人，与语言学家张煦、数学家魏时珍合称“蓬安三杰”。伍先生 1949 年 6 月又成立私立川北文学院，同年 12 月被委任为川北行署委员，并兼任川北大学的校务管理委员会副主任委员，1953 年任四川省图书馆馆长。

识字三千,深者不妨下笔万言,兼收并蓄,由浅入深。""语其科目,为群经大意,历朝史实、周秦诸子概论、各体文选及拟作、现代应用文(尺牍、公文、演讲、杂记之类)、书法(练习各种碑帖字体),此博习班之学程也。精修班以自研高深文学及学术为旨,其科目为经学、史学、诸子学、历代文学、学术名著、各体文、中国文学史、中国哲学史、文学史,并参习西洋文学史、哲学史、伦理学、印度哲学、因明学等。……西山书院能补学校之偏而救其敝,其精神重潜修自发。"①

7月,先生辞去礼贤中学教职,返回家乡,作赴大后方任教的准备。

10月23日(农历九月廿五②),女儿庆玉出生。

11月8日,先生离开了石岛去青岛。那天正是先生小女儿出生后的第十六天,妻子亲到海滩送行,他们依依话别,互道珍重。据家父汤世洪回忆,他当时舍不得父亲走。临上船时,趋前紧紧地抱着父亲的腰,哭着闹着不让走。母亲一把拉开了他,对先生说:"快走!"据高成鸢给撰者的邮件说:"石岛为古渔港,而客运航线要纳入管理体系,民间搭船当然自由。推想汤公是先由石岛乘小帆船到青岛的。就连我家避日军从威海卫到荣成往返也是搭小'风船'(方言)的。"③先生先到青岛一个远房侄儿汤乾元的商号住下,大约住了一个月,约好的所前王家村的王景文和王子云才来找他。"王子云是王景文同一个村子的本家人,原在西安经商,因事回家。当时商人在沦陷区和后方

①见王白与《伍非百与西山书院》,载《新蜀报》1945年10月21日。

②汤庆玉曾告诉撰者,"我是9月25日22点30分出生的,但你爷爷说'生(辰)要往前赶',遂将我的生日定为'9月26日'了"。我这里采用的是她的实际出生日期。

③2016年9月21日邮件。

之间是可以自由往来的。所以王景文就决定跟他走，并把消息告诉了我。我们三人约定先分头到青岛。"①然后他们三人装扮成商人模样，"由青岛转济南，由济南而徐州而商丘，通过亳州封锁线，几陷于危境，又由界首转洛阳，于 1943 年冬抵西安"②。买了六册《说文解字注》，在扉页题识："日机狂炸之日，购于西安小市。汤炳正识于一九四三年冬。"先生赴内地时，要路过敌占区，不敢携带任何书籍。"那部段注《说文解字》竟成了惟一的收藏品。"③

先生抵达西安，同乡马学良设家宴款待。其时马正协助黎锦熙编纂陕西省志中的《方言志》。先生在京时常与马学良等在一起。

中华民国三十三年甲申(1944 年)　先生三十五岁

1 月 1 日，因资斧窘乏，先生临时就聘"陕西私立西北高级机械科职业学校"。"汤景麟先生为本校国文、公民教员，每周任课十八小时，月酬薪金伍佰元，研究费叁佰元，生活补助费肆佰元，面贴壹佰陆拾斤(按当地市价代金)。"④学校为避免日机的轰炸，迁驻秦岭深处的双石铺。双石铺是陕西凤县的一个古镇，北魏时称困冢川，北宋时称方石镇，明、清称方石铺。据说是因老街嘉陵江岸，一石"双峰逼水依土"，历年江水暴涨未被淹没，被人们视为镇水护岸之石，故得此名，民国时改称为双石铺，现为陕西凤县县城。由于它地处陕、甘、川"咽喉"地带，战略地位十

①先生《我的补充交代》。

②先生《自传》。

③先生《无名书屋话沧桑》，收入《剑南忆旧》。

④"陕西私立西北高级机械科职业学校"聘书。先生这个待遇，竟比 1940 年 8 月行政院颁布的《大学及独立学院教员聘任待遇暂行规程》中教授的最高薪俸 600 元，多出一倍。

分突出,“七七事变”后,军政机关如经济部、财政部、军政部及省、区、县30个单位在这里设立了派出机构,并设有军事委员会宝(鸡)双(石铺)段轻便铁道双石铺车站、国际招待所等,使双石铺成为西北战略重镇,也是沦陷区难民云集的地方。

4月,被迫集体加入了国民党。先生开始“峻拒”,校军训官黄浦春知道后,专门找他谈话:“你新从沦陷区来,身份不明,如果不入党,教书有问题,并且陕西环境复杂,不入党是不行的。”“因此我就答应了。”“我在这里要补充一点:我在双石铺参加国民党时,因为没有开过会,所以我不知道哪些同事是国民党员,也不知道谁是该区的国民党书记。”“离开该校来四川南充西山书院。这个书院是伍非百办的,我深居西山,很少进城,也没有向南充国民党组织联络关系。抗战胜利,四六年春我又到贵阳师范学院和贵州大学任教,也没有到‘党部’接关系,并且没人知道我是国民党党员。记得在贵阳时,贵州大学曾两次出布告要国民党党员登记,‘不登记者,以脱党论’,两次我都没有登记。那时,我在思想上认为自己已经脱离了国民党。解放后,在镇反运动时,我交代了,思想改造时,我又把详细经过写出。这是我一生最丑恶的一段历史。”①

先生说,双石铺“四面环山,奇峰峻岭,山花遍野”,集市也很有特色:“记得那是个很小的山坡,每逢场期,人数最多也不超过百把个,但货物却很有特色。鲜血淋漓的熊掌,一个摊上就有好几双。虎骨、虎皮之类,随处都是。而卖麝香者的土办法,总是把麝香装在几寸长的白得发光的大虎牙中,以招徕顾客。外边的蝇拂子是以马鬃制成,而这里则是以雪白美观的髦牛尾制成的;抽出尾骨,而充之以竹木,即是天然的把柄。我曾买了一柄,

①先生《汤炳正自传》(1955年8月31日)。1949年12月后,先生就此事写了多份交代材料。

一直用了多年,不知何时,竟失所在。市上也有卖猪肉的;但山里人是不吃猪头、猪蹄以及腑脏的。这些东西从不上市,而是作为废物来处理。市上也没有卖鱼的。但每逢春冻初解之际,山腰泉洞里,即有大量鲜肥的鱼从洞中涌出。而当地人以为鱼是有毒的,不敢吃,也不敢卖。我们学校,由于上述原因,每天是鱼肉满盘,生活也颇不坏。当时,因资斧不给,寄教于此校,实乃因祸得福。当时山中卖盐者极少,或因山险路窄,运输不便之故。因此,这里的农民个个颌下都长有一两斤重的大肉瘤子。古书说:'山居者多瘿。'看来,这种现象并不始于近代,也不止于秦岭。"关于学校:"我住的那栋宿舍,是二层小楼。不仅泥墙、泥顶,连那矮矮的楼梯也涂满了泥土。还有一个通行的走廊,很窄。走时稍不慎,就会擦上一身干泥。我住的那间不满十平方米的寝室兼书房,更是土气十足。想挂张图画,土墙吃不住钉子;想贴张作息时间表,土墙又粘不住浆糊。只得让它以土为土,以土为乐了。"①

7月,先生受伍非百之邀请,遂入川就南充西山书院之聘。先生来西山书院,系同门李源澄推荐的,李还寄了五十元给先生作为盘缠②。伍著有《墨子辩经解》,后改名为《墨辩解故》,收入《中国古名家言》。梁启超、廖季平、谢无量、沈有鼎等对其墨子研究评价极高。1928年,任南京中央大学教授,1935年当选为国民政府考试院"高等考试第一典试委员会典试委员",并出任国文组主任③。抗战爆发后回到故乡创办西山书院。西山书院主讲者先后有蒙文通、徐澄宇、丰子恺、李源澄等名流,相与研讨讲习。书院"设精修、博习两班,有学生七十余人",教学"以学生

①先生《重过双石铺》,收入《剑南忆旧》。

②按先生当时的收入,应不缺川资,此或是李先生旨在招揽先生入川之策。

③转引自朱元曙、朱乐川撰《朱希祖先生年谱长编》,第483页。

自学为主,并与听讲与教师辅导相结合,多采问难论辩式,注意启发思维,培养学生自学的能力”①。书院整日弦歌不辍。先生说,讲课之余,教师也颇多乐趣。“时而策杖登高,时而俯泉濯足,夏则听鸣蝉以寄趣,秋则望征鸿而抒怀,而诸生琅琅书声,朝夕不绝,尤为山林增色。”②

7 月 19 日,先生致函同门李恭:

> 行之同门兄鉴:
>
> 奉读四月十八日手示,得悉年来治学情况,欣羡之至!《斯文异诂举隅》,前人及之者少,纂为一编,亦创举也。杜林之说,除许书外,扬氏《方言》中,引据当亦不少。因子云之学,受杜氏之影响极大(详拙著《子云年谱》中),惜其不曾标举姓氏,无从考索耳。弟年来迫于兵火,困于沉疴,旧业荒芜,近拟稍事董理,而无从着手,尚希时锡教言,以匡不逮。豫战起后,云飞即无消息,甚为悬悬!孙君鹰若寄来近作两册,嘱转致一册,查收是盼!
>
> 敬请撰祺!
>
> 弟炳正拜上
>
> 五月廿九日
>
> 弟之不得赴兰,实因机会使然,绝与待遇无关,前函已略叙及,来日方长,后会当有期也。炳又及③

---

①杜心华主编《四川师范大学校史》,成都:成都出版社 1992 年 10 月版,第 8 页。

②先生《伍非百先生传与附记》,收入《剑南忆旧》。

③影件由吴小铁先生提供。现收入撰者《汤炳正致李行之书札二通考释》,载《中国文化》2014 年春季号。李恭(1901—1970),字行之,甘肃省甘谷县人。1929 年考入北平中国大学国学系,喜文字训诂声韵之学,受系主任吴承仕教授与范文澜教授的称赞。1933 年大学毕业,任兰州(转下页)

8月,先生受伍非百的派遣赴广安中学教国文。按先生说法是“借聘到该校”。

8月,“甫放暑假,一日,先君子文通公谓余曰:‘吾老友伍非百先生办西山书院于南充,伍先生学问渊博,尤精先秦名辩之学,李源澄已前去襄助,汝可前往就读。’余曰诺。盖父最钟爱余。余亦素不违父命。不数日,适有乡邻去果(南充),遂相伴同往。……时书院初办,来学者止十余人,分精修、博习两班,不惠被编入精修班,遂亦得忝列二先生之门墙”①。

是年,作《甘溪秋雨》《感时》《重九》《永兴品茶》②《喜爱广安风光》等诗。

甘溪秋雨

九死余生堪行乐,十年离乱莫须愁。

闲来曳杖甘溪外,秋雨一鞭看水牛。

(接上页)师范学校国学教员。1935年入太炎先生任主讲的“苏州章氏国学讲习会”研究班学习。1936年太炎病殁,李恭回甘肃任教于兰州师范、甘肃学院附属中学。1940年创办武都师范,1942年任兰州师范校长。1949年后曾任兰州师范学校校长、甘肃省人民政府文化教育委员会委员、兰州市教育局副局长、政协兰州市委员会常务委员。“文革”中,李恭备受迫害,1970年8月2日病卒,享年70岁。著有《陇右方言发微》《斯文异诂》《文史别记》《太平天国在甘肃》《甘肃省县沿革》《目录学之应用》等。有论者称“先生长于古文字学,与天水张云石先生为公认陇上两位文字音韵专家,堪为后学之楷模”。见岳维宗《陇上教育家李行之》,收入《渭岑文集》第299页,2008年1月私家印本。

①蒙默《缅怀墨学大师伍非百先生:〈中国古名家言〉再版代序》,载《文史杂志》2010年第1期。“二先生”指伍非百与李源澄。

②以上四首诗曾以《甘溪秋雨(外三首)》为题发表,载政协华蓥市委员会文史委员会编辑《华蓥诗词选》(《华蓥文史》第六辑),1995年9月版。诗的收藏者为傅绍机。1991年收入《渊研楼酬唱集》时,先生从字句到题目均作过不同程度的修改。

感时

秋风弹铗出无车，故垒残碉说宕渠。
独坐高岩何处望，烽烟几点是青徐。

重九

少小家山游兴豪，天涯衰病懒登高。
小舟荡过渠江水，咫尺朝阳怕路遥。

永兴场品茶

烽烟满地客天涯，几度春来感物华。
弄雨弄晴寒食路，亦花亦竹野人家。
国仇未试专诸剑，乡梦难寻博望槎。
漫道巴歌无意趣，绿杨小店试新茶。

喜爱广安风光①

深秋附郭无红叶，雨后随山多白云。
得住嘉陵风景地，不妨江上作流人。

中华民国三十四年乙酉(1945年)　先生三十六岁

上半年在广安中学教书。

傅绍机在给撰者的信中曾谈到先生当年在广安的情景，现摘录几段于此，以见其概：

一、汤教授主张汉字(方块字)应保持其固有的特点和优点，他说汉字用一些符号注音可以，但要废除方块字，全面走拼音化的道路则是不对的，因为中华民族有自己的文化特点，不能用西方文化取代。二、汤教授认为：中西文化应加强交流与合作，互相取长补短，他和英国的一个传教

①此诗收入《历代名人咏广安》，成都：四川文艺出版社，1999年10月版。又载《广安日报·川东周末文艺》2015年8月24日。

士，名叫华伦士的很友善，那个人也是英国的一个大学教授。祖籍是比利时，长住伦敦，来中国住了多年，通华语、中文，在永兴场附近的天主教堂内住，汤老师经常与他往来。春天，汤老师和他在一起，带着我们两三个学生在渠河岸边的菜花田垄散步，那真是饶有兴味。汤老师还请那位伦敦人教我们英语，所以我后来教过整整二十年的英语课。三、汤教授很注意培养学生德、智、体全面发展。他经常坚持体育锻炼（包括舞剑、早操）。他还常说：学生应加强道德修养，道德品质好的人，越有学识，对人类贡献越大，德育差的人，学问越高，对人类社会的危害越大。所以我一生，经常牢记老师的教诲，未敢玷污师长的教导①。

一、谈一谈汤教授的风采。汤教授在日常生活中，无论是站立、坐、走，都带有文人学者的风采，表现出高深的学养，每次讲课或讲话，都是口若悬河，滔滔不绝。并且经常表现出又高深又谦逊的结合，其中有些精妙之处，只能意会，不能言传。二、我们当时各门课，都有国家编的统一教材（语文也是如此）。他只跟我们讲文言文（包括诗词），至于白话文，他让我们自己阅读，有问题提出来，他再来解答。那种语文统编教材也包罗经、史、子、集各种内容。他是选给我们讲的。如《孟子》《论语》《诗经》《古文观止》上面的许多篇章，又如清代袁枚写的《祭妹文》、民国初年蔡元培《祭孙中山文》……以上这些内容都是教材上有的，很厚一本，大约 50—60 篇，初中六本，高中六本，其中高中的语文教材，则只有文言文（包括诗词），没有白话文。他每学期就在那统编教材中选出来精讲、精读（包括背诵、默写）10—12

①以上录自傅绍机 2002 年 2 月 3 日的来信。

篇。其余的自己泛读。讲时,只讲字、词、句、篇,着重串讲,没有架空分析。他平时讲课,就把文字学以及诗、对联的平仄、音韵等问题,结合在教学中,把关键的东西都讲了,使学生获益匪浅①。

8月,先生返回西山书院任教授②。其时李源澄已离开书院,在灌县北灵岩山创办"灵岩书院"。"伍先生讲墨学是很有名的,特别是讲墨经,就是古代逻辑学。我在那儿呆了半年,李先生有些意见与伍先生不一致,所以李先生呆了半年就走了。"③李在"西山书院教书,仍不合意",遂去了灌县。书院设在距城约五六里的西山天主教堂内,"学生不过四五十余人"。"环境寂静,跟社会隔绝。课余之暇我游山玩水。记得半年当中,我只下山进城两次。"④伍非百当时并不住在西山书院,他每次上山则必与先生作长谈。"他有时见了面就吹捧我在《论学》上发表的文章。"⑤先生曾对伍说:"学术越达到高的造诣,越找不到人同他谈,因为谈了他也不懂。"⑥伍深以为然。伍睿智过人,与人接谈,常以名家学理分析问题,结论往往出人意表。先生曾把《〈说文〉歧读考源》手稿送给伍看,当时他还有点担心对方能否接受自己的"歧读"之说。不想伍读后笑云:"这应当是事实真相。阿拉伯数目字传入中国,中国并不管阿拉伯人如何读

---

①以上录自傅绍机2002年3月19日的来信。

②"汤炳正先生为本院教授,每周授课十二小时,月薪四百元,食米津贴等另详附约。"见"西山书院"聘书。

③牛敬飞、张颖《追忆国学大师蒙文通先生:蒙默老师采访记》,载《天健》杂志第17期。

④先生《我的几点补充交代》。

⑤先生《我的补充交代》。

⑥先生《资产阶级对我的教学工作的侵蚀》,载《川北日报》1952年4月6日。

法,即径以中国语音读之,不正是这个道理吗?”①真可谓一语中的。

在书院,先生一面向诸生讲《说文》和《文选》课,一面继续撰写在广安已着手写的《语源研究》书稿,此书旨在纠正语言学界认为“文字一开始就是记录语言的”这一偏颇观点。至于他的主攻方向,则是要突破“语源”问题。其中一节以《文字之初不本音说》为名(后来易名为《〈说文〉歧读考源》发表),石印数十份,赠送学界同行征求意见。张政烺回函云:“云南麽些人之象形文字,纯以表意为主,无固定读法,或与卓见相近。”②姚奠中《课余随笔(1945—1948)》之“九十”云:“友人汤炳正景麟,由南充寄所著《语源研究》第六篇来,中多前人未发之论。如:以文字不本于语音论。直尽反清乾嘉以来诸儒之说,其见至为卓特。”③此文落款题为“识于南充西山之喜晴轩”,“喜晴轩”当是先生斯时书斋之名。

是年,先生完成《语言起源分类表》,作为语源学的提纲。先生“到了西山书院后,又与世事隔绝,专心钻研故纸堆了”,“同时更将大部分时间用在自己的语文学上,因为自己的个性,喜欢钻研难问题,所以对语文学上的所谓定论或定律,推翻了不少,也修正了不少,同时自己也建立了一些新的系统”④。

中华民国三十五年丙戌(1946年)　先生三十七岁

在贵阳师范学院。

---

①先生《伍非百先生传与附记》,收入《剑南忆旧》。

②见先生《〈文字之初不本音说〉跋》,收入《语言之起源》(增补本)。“麽些”今作“纳西”。

③收入《姚奠中讲习文集》第2册,第571页。

④先生《自传》。

1 月，先生路过重庆时，拜访了老师、时任《大公报》重庆版经理王文彬，王聘先生为该报记者①。

2 月，先生经同门姚奠中介绍，就聘国立贵阳师范学院国文系副教授②，系主任谢六逸刚去世，继任者是王驾吾（焕镳）。学院是贵州省建立最早的三所大学之一，也是当时全国八所国立师范学院之一，国文系③是最早设立的四个系科之一。易闻晓《学院春秋赋》④艺术地再现学院的历史。现附录如下：

学院春秋赋

易闻晓

南条竦脊⑤，西粤枕梁⑥。花溪⑦之畔，贵山⑧之阳。尹公⑨

①此事系先生告诉撰者的。当时因见记者证，便问先生。“我路过重庆时，王文彬请我吃饭，要我留在《大公报》工作。”先生过重庆共两次，一次是本年，一次是 1949 年，暂系于此。

②2 月 1 日，学院给先生发《聘书》：“一、每周授课十二小时；二、兼负导师职责；三、月薪国币叁佰陆拾元。”见《国立贵阳师范学院聘书人字第110 号》。

③国文系首任系主任是尹炎武，第二任系主任谢六逸。贵州师范大学文学院的《学院简介》称：“1985 年更名中文系，2003 年扩展为文学院。2013 年获批中国语言文学一级学科博士学位授予权。尹炎武、谢六逸、王焕镳、谭戒甫、蹇先艾、汤炳正、姚奠中、张汝舟、李独清等著名学者曾在此执教。”

④收入易闻晓《会山堂初集》，济南：齐鲁书社，2015 年 8 月版，第 122 页。

⑤古称“黔居西南，介楚、蜀、滇、粤，据南条之脊，地高寒而瘠薄”。《尚书·禹贡》划定我国山势，汉代学者乃创“三条四列”说，其南条为岷山——敷浅原。

⑥古称今广西为西粤，贵州在其北，故云。明嘉靖间驻南宁广西左参议汪必东诗云：“西粤观诸郡，南宁亦首明。正音前汉叶，奇货左江通。”

⑦花溪在贵阳市西南郊十七公里处，其下游曰南明河，流经贵阳市区。

⑧明弘治、赵瓒等《贵州图经新志》：“贵州，郡在贵山之阳，故名。”

⑨尹珍（79—162），字道真，东汉牂牁郡毋敛（今贵州省正安县新州镇古毋敛坝）人。《后汉书·西南夷列传》：“桓帝时，郡人尹珍，自以生于荒裔，不知礼义，乃从汝南许慎、应奉受经书图纬，学成，还乡里教授，于是南域始有学焉。珍官至荆州刺史。”郑珍谓尹珍云：“凡属旧县，无地不称先师。”

化泽①,郑子②流芳。郁文③近世,抗战后方。时维辛巳之岁④,学在牂牁⑤之乡⑥,诞立贵阳师院,爰开国文讲堂⑦。蔚乎相宝毓粹⑧,灿然照壁⑨晖光⑩。

尔其鸿儒⑪云集,青衿⑫风从,彬彬⑬其盛,穆穆⑭

①晋袁宏《后汉纪·殇帝纪》:"光武中兴,修缮太学,博士得其五人,五经各叙其义,故能化泽沾洽,天下和平。"

②郑珍(1806—1864),字子尹,贵州遵义人,与同时黔人莫友芝并称"西南巨儒"。郑珍诗声卓著,陈衍尊为同光体之祖,胡先骕、钱仲联等推为"清代第一",吴敏树则谓"横绝一代,本朝所无"。

③郁,茂盛貌,亦谓文采之盛。郁文,指文化昌盛。《诗·秦风·晨风》:"鴥彼晨风,郁彼北林。"《论语·八佾》:"周监于二代,郁郁乎文哉!吾从周。"

④1941 年为辛巳年。

⑤牂牁(Zāngkē),泊船系缆之桩。晋常璩《华阳国志·南中志》:"周之季世,楚威王遣将军庄蹻,泝沅水,出且兰,以伐夜郎,植牂牁系舡……因名且兰为牂牁国。"

⑥《左传·昭公十七年》引孔子谓"天子失官,学在四夷"。《汉书·艺文志》:"仲尼有言,礼失而求诸野。"

⑦1941 年建立贵阳师范学院,首设国文等四系,1951 年更名贵阳师范学院中国语文学系,1985 年为贵州师范大学中国语言文学系,2003 年升为文学院。

⑧毓粹,犹毓精,孕育精华。张说《唐昭容上官氏文集序》:"元黄毓粹,贞明助思。"

⑨照壁山为贵州师大校址,又名相宝山,以孤山突出,南崖平如照壁得名。其上曾建禅寺,内藏铜镜诸法器以为宝。照壁山与黔灵、东山合称贵阳三大佛门胜地。

⑩《文选·乐府古辞·伤歌行》:"昭昭素月明,晖光烛我床。"

⑪鸿,大也。"鸿"借为"红"以对"青",假声为对也。鸿儒,大儒,泛指博学之士。王充《论衡·本性》:"自孟子以下至刘子政,鸿儒博生,闻见多矣。"

⑫《诗·郑风·子衿》:"青青子衿,悠悠我心。"毛传:"青衿,青领也,学子之所服。"

⑬彬彬,人物美盛、人才萃集。《汉书·司马迁传》:"汉兴,萧何次律令,韩信申军法,张苍为章程,叔孙通定礼仪,则文学彬彬稍进。"

⑭穆穆,端庄恭敬貌。《尚书·尧典》:"四门穆穆。"又指仪容、言语和美。《诗·大雅·文王》:"穆穆文王,于缉熙敬止。"毛传:"穆穆,美也。"

其容①。事委硕公主任②，社结季子同仁③；介夫形名耆宿④，六逸言林新闻⑤；景麟三闾通故⑥，樗⑦庐四绝⑧无伦⑨。盖世文章封史册⑩，聊园春燕并二陈⑪，毕生事业留当世，满堂嘉惠在一人⑫。

---

①容，谓事物形状、气象。《淮南子·说山》："泰山之容，巍巍然高。"高诱注："容，形也。"

②尹炎武（1888—1971），字石公，亦字硕公，文史学者，1941 年立贵阳师范学院，为国文系主任。

③尹炎武于 1920 年与黄侃、邵章、邵瑞彭、杨树达、吴承仕、陈垣等结"思辨社"。黄侃字季刚，又字季子，为国学大师。

④谭戒甫（1887—1974），字介夫，1943—1944 年任国立贵阳师范学院教授，精于形名之学。案，形名即事物之名实，若墨子、公孙龙等，著称其学。

⑤谢六逸（1898—1945），新闻学家，1943 年任贵阳师院国文系主任。1929 年创复旦大学新闻系，1935—1937 年兼上海《立报》文艺副刊"言林"主编，所刊作品被称"言林体"。

⑥汤炳正（1910—1998），字景麟，楚辞学家，1946—1949 年任国立贵阳师范学院教授。又，屈原为三闾大夫，故云。

⑦樗，音初，臭椿。

⑧姚奠中（1913—2013），号樗庐，1945 年任国立贵阳师范学院国文系副教授，并治文学、哲学，兼擅诗、书、画、印，人称"四绝"。原名豫泰，别署丁中、刈草、樗庐，山西省稷山县南阳村人。著名学者、教育家、书法家。著有《姚奠中论文选集》《姚奠中诗文辑存》《姚奠中讲习文集》《姚奠中书艺》等著作。1951 年后担任山西大学教授、山西省政协副主席、山西省书法家协会名誉主席、九三学社中央委员等职务。荣获第三届兰亭奖终身成就奖、第十一届造型表演艺术成就奖—造型艺术奖。

⑨此六句属对，"硕公"对"季子"，"硕"，大也，"季"，排行之最小者；"介夫"对"六逸"，"介"，单独，独个，故以对"六"；"耆宿"对"新闻"，"耆"，年老，故以对"新"；又"三闾""四绝"为对。

⑩王焕镳（1900—1982），字驾吾，古典文学、文献学家，1945 年任国立贵阳师范学院国文系教授兼系主任。苏步青赞曰："毕生事业教鞭在，盖世文章史册封。"

⑪1933 年 2 月 7 日，或于聊园宴请伯希和，尹炎武与陈寅恪、陈垣等在焉。

⑫毛泽东誉谭戒甫云："满堂教学勤恳，嘉惠后学。"

若乃晓亭博学①，洁园稽古②，全椒研精于历数③，先艾传奇于乡土④，共著修名于翰林⑤，并滋芳华于兰圃⑥。逮乎革命⑦鼎新⑧，阐校⑨继武⑩，桃李春风，蕙蘅⑪甘雨；至于劫灰扬尘⑫，薪火传炬⑬，丕业⑭再续，宏猷⑮方举。天运千禧

---

①方步瀛，字晓亭，1909年生，曾任国立贵阳师范学院教授，为文学史家，以博学知名。

②李独清（1909—1985），号洁园，精于考证之学。稽古，考察古事。《尚书·尧典》："曰若稽古。"

③张汝舟（1899—1982），安徽全椒人，语言学家，通天文历法，1953—1960年任贵阳师范学院教授。此以其乡里全椒称之，犹称曾巩为"曾南丰"也。

④蹇先艾（1906—1994），现代作家，曾任贵阳师范学院教授，鲁迅称之为"乡土文学作者"。

⑤翰，鸟羽，古以鸟羽为笔。翰林，谓文翰荟萃之所，犹词坛文苑。《晋书·陆云传》："辞迈翰林，言敷其藻。"

⑥《离骚》："余既滋兰之九畹兮，又树蕙之百亩。"以喻培育人才，此用其意。

⑦革命，即天命变革，后指改朝换代。《易·革·彖辞》："汤武革命，顺乎天而应乎人。"

⑧语出"革故鼎新"。《易·杂卦》："革，去故也，鼎，取新也。"鼎本古炊器，又为盛熟牲之器。传夏禹铸九鼎，历商至周，为传国重器，后遂以指国之政权与帝位。鼎新，即谓政权革易。"革命鼎新"，此指新中国建立。

⑨阐校（jiào），阐扬教化。谢灵运《宋武帝诔》："制规作训，阐校修经。"

⑩继武，接踵。《礼记·玉藻》："大夫继武。"孔颖达疏："'继武'者，谓两足迹相接继也。"

⑪蕙蘅，喻人才。《离骚》："又树蕙之百亩……杂杜衡与芳芷。""衡"后多作"蘅"。

⑫指"文革"结束。

⑬《庄子·养生主》："指穷于为薪，火传也，不知其尽也。"此谓改革开放，教育复兴。

⑭丕业，大业。《史记·司马相如列传》："皇皇哉斯事，天下之壮观，王者之丕业，不可贬也。"

⑮宏猷（音由），远大谋略，宏伟计划。《宋书·礼志一》："非演迪斯文，缉熙宏猷，将何以光赞时邕，克隆盛化哉！"

之会①,人寰七秩②之旅!

于是硕师企足③,博士接踵,讲筵滋盛,专业更兴。会中外之文艺,通古今之言词,绎故实于辽邈④,摛⑤丽藻于披离⑥。传道⑦明德⑧为教,修辞⑨博文⑩其隆,进学⑪弘毅⑫为志,授业树人其功⑬。

於赫有命⑭,於焕斯文⑮。春秋为序⑯,旦日⑰其昕⑱。

---

①会,古历法单位,此借指 2000 年之际。按古历法,三十年为一世,十二世为一运,三十运为一会,十二会为一元。

②十年为一秩,七秩即七十年,贵师大校龄,其庶几矣。白居易《思旧》:“已开第七秩,饱食仍安眠。”

③企,踮足以望。企足,此谓向往。韩愈《送穷文》:“企足以待。”

④辽,远。邈(miǎo),遥远。辽邈,犹辽远。《宋书·江夏文献王义恭传》:“交址辽邈,累丧藩将,政刑每阙,抚莅惟艰。”

⑤摛(chī),铺陈。

⑥披离,散乱貌,指文采之盛。

⑦韩愈《师说》:“师者,所以传道受业解惑也。”

⑧《大学》:“大学之道,在明明德。”

⑨《易·乾卦·文言》引孔子曰:“修辞立其诚,所以居业也。”

⑩《论语·雍也》:“子曰:‘君子博学于文,约之以礼,亦可以弗畔矣夫!’”

⑪进学,出韩愈《进学解》。

⑫《论语·泰伯》:“曾子曰:‘士不可以不弘毅,任重而道远。’”

⑬“明德、博文、弘毅、树人”,乃本院院训。

⑭於(wū),无义。赫,显著,盛大。於赫,表叹美。《后汉书·光武帝纪赞》:“於赫有命,系隆我汉。”李贤注:“於赫,叹美之辞,音乌。”

⑮於(wū),无义。焕,光明。陆云《赠郑曼季》:“北林何有?於焕斯文。琼瑰非宝,尺牍成珍。”

⑯《离骚》:“日月忽其不淹兮,春与秋其代序。”《文心雕龙·物色》:“春秋代序,阴阳惨舒,物色之动,心亦摇焉。”代,更。序,次。春往秋来,以次相代。

⑰旦日,日初出。《左传·昭公五年》:“日上其中,食日为二,旦日为三。”杨伯峻注:“旦日者,日初出也。”

⑱昕(xīn),日将出时,黎明。《礼记·文王世子》:“天子视学,大昕鼓征,所以警众也。”又明亮、鲜明义。扬雄《太仆箴》:“四骠孔昕。”

克敬惟亲①，能事惟勤②。继往开来，历久弥新③。爰此作赋，厥惟斯陈。辞曰：

高梧兮鸣凤，馨桂兮宣风④，
篁雨兮琴韵，松涛兮歌声，
朝诵兮晓月，夙咏兮晨钟⑤，
皇矣⑥人文兮其同！

先生与姚奠中“相见甚欢，颇有切磋之乐”⑦。2010 年，姚捐资 100 万元成立山西省姚奠中国学教育基金会，旨在支持扶助国学研究和教育。2015 年 7 月，先生的《语言之起源》（增补本）即由这家基金会赞助出版。先生在一份交代材料中说：“姚与我在贵阳相处四年，所谈的都是学术问题，并想合办学术刊物，没有成功，（他）从未向我谈及政治问题。”⑧

3 月，许寿裳编著《学术先进：章炳麟》⑨由南京胜利出版公司出版。此书系时任国民党中央宣传部副部长潘公展主编的《中国历代名贤故事集》丛书第三辑之一种。该丛书第一辑“民族伟人”（有黄帝、孔子、秦始皇、唐太宗、孙中山等九人），第二

①《尚书·商书·太甲下》：“惟天无亲，克敬惟亲。”

②能事，犹人事。

③《大学》：“汤之盘铭曰：‘苟日新，日日新，又日新。’康诰曰：‘作新民。’诗曰：‘周虽旧邦，其命维新。’是故君子无所不用其极。”

④汉武帝谓东方朔曰：“孔颜之道德何胜？”对曰：“颜渊如桂馨一山，孔子如春风，至则万物生。”汉平帝元始元年追尊孔子为“褒成宣尼公”，故称孔子为“宣圣”“宣尼”“宣父”。

⑤校园有晨钟广场。

⑥皇，大也，语出《诗·大雅·皇矣》。

⑦先生《自述治学之经过》，载《中国文化》2016 年秋季号。

⑧先生《汤炳正自传》。

⑨此书为第二种太炎先生的传记。第一种为 1918 年汪太冲在（北京）文史出版社出版的《章太炎外纪》。

辑“历代贤豪”(有勾践、诸葛亮、武则天、岳飞、林则徐等十五人),第三辑“学术先进”(老子、屈原、司马迁、顾炎武、曾国藩等十五人)。书前有潘氏撰写的《中国历代名贤故事集编纂旨趣》。选择标准,无外传统的立德、立功、立言。丛书作者皆为彼时的名家。

4月10日,蒋介石来贵州大学训话,“要贵大造就人才”①。

4月,贵大教授会(包括副教授)成立,地质学家、社会活动家丁道衡担任主席。

5月16日,抗战初期,东北大学内迁到绵阳三台县办学。抗战胜利后,东北大学迁回沈阳,留川师生在东北大学校址创建私立川北农工学院。这一天后来成为四川师范大学与西华师范大学两校共同的校庆日。私立川北农工学院与此前伍非百创办的西山书院成为两校校史最基本、最悠久的历史渊源。

6月,先生在校任课:“第一学期:国文三小时、声韵学二小时、国语及国音三小时。每周共八小时。第二学期:国文三小时、《史通》三小时、选读三小时,每周共九小时。”②

8月,先生经钱堃新(子厚)教授介绍兼任国立贵州大学中文系副教授③。“兼课的老师每周都以‘花溪小憩’作为临时住

①贵州大学校史编委会编《贵州大学校史丛书:贵州大学分册》,1946年条,贵阳:贵州大学出版社,2007年9月版。

②见“国立贵阳师范学院聘函”。

③据先生所填写《教师登记表》说,他到贵大教书,是时任该校中文系主任钱子厚介绍的。钱是国立南京高等师范学校毕业的,曾任中央大学讲师、国立(蓝田)师范学院副教授、教授。1943年8月到贵大任教。比他晚两年到贵大的张汝舟,应该也是他推荐的。他们此前曾是国立师范学院的同事。近蒙张闻王先生相告,汝舟先生当年来贵大确是子厚先生介绍的。

宿之地。我真正饱赏花溪风光,领略花溪幽趣,即在这时。"①花溪公园建于1937年,创建者是时任贵阳县长的刘剑魂(与余达父、潘咏笙并称为民国贵州少数民族三大诗人)。他到任后将放鹤洲一段辟为风景区,改"花仡佬"为"花溪",寓意"花开四季,碧水长流"。1940年3月,贵州省政府又在花溪公园的基础上进行扩建,并定名为"中正公园",但当地人仍习称为"花溪公园"。

9月,先生给贵大中文系、历史系学生开过语言学②、国文、国史名著选读等课,月薪400元③。"来往(两校)都乘贵大的校车。"④

9月,先生为两校学生讲楚辞课。"汤老师当时讲的《楚辞》课特别受欢迎,用梨园行的话说是'叫座儿'。选修这门课的学

---

①先生《追记"花溪小憩"》,收入《剑南忆旧》。

②当年听过此课的杨适先生在92岁生日前夕对撰者说:"汤老师给我们讲语言学课,很重视科学方法。他先给我们介绍人的各个发音器官,如浊音声带振动,清音声带不振动。什么音由哪个部位来发音,一个字一个字地给我们作发音示范,我至今还记得这些字的发音要领,要感谢汤老师。汤老师从来不讲与课堂无关系的话。他讲课从容而自信,声音总是不疾不徐,板书清晰而整洁。我们上他的课简直是享受。老师从不宣传自己,我从来没有听他讲过自己是章太炎的弟子。我还去过他宿舍一次。老师有一句话我记得很清楚:'发音方法与字义有关,现在很多人都没有突破。'我学会做资料卡片就是汤老师教的。"杨适著有《贵阳方言》《汉字结构释例》两书。

③《各院系教授任课时数表》原件复印,贵州大学档案馆2014年7月3日提供。涉及先生档案共计《三十五年度下学期教员名册》《三十六年度上学期教员名册》《各院系教授任课时数表》《三十六年度下学期各院系教员授课时数表》《国立贵州大学三十七年五月份教职员薪俸表》《国立贵州大学三十七年六月份教职员薪俸表》《教职员预支薪金明细表》《教员研究费名册》九份。

④先生《汤炳正自传》。

生很多。”①“抗战事起，转徙流浪，自受民族危亡之苦，遂与屈原思想感情产生共鸣。在贵阳，曾以《楚辞》教诸生于上庠。由此研习屈赋至今未尝辍。”“抗日战争时期，郭沫若、闻一多等曾掀起研屈高潮。他们都能以新的观点、方法分析屈赋，塑造屈子的伟大形象。他们的成果，曾在当时反投降、反黑暗的政治斗争中起过意想不到的影响。当时我任教于贵阳师范学院，抗日战争刚刚结束，反内战的思潮正在高涨。一次，学校要我为中文系的学生开一门《楚辞》课。出乎我之意料，开课不久，其他各系的学生也都纷纷参加旁听，挤满了教室。教室坐不下，就在窗外自带凳子，露天听课。但我自己心里明白，这并不是由于我讲课有什么魅力，而是弥漫于青年当中的时代思潮跟伟大诗人屈原的情怀有某种默契而使然。而正是这种客观形势，促使我由教语言文字到教屈赋，由对屈赋的讽诵吟咏到对屈赋的钻研探索，这无疑是我在学术征途上的一个新起点。为了讲课的需要，我曾写过简要的《屈赋注》，为了理清屈赋的思路，又写过《屈赋新章句》，这些虽弃置不顾，但由于我在这以前是专攻语言文字的，故研屈的方向，仍是从语言文字入手。看来这一点还是对的。”②苏州大学文学院陈国安博士在《文化阅读和阅读文化》（耿银辉录音整理）演讲中有云：“闻一多在西南联大讲《楚辞》，他一上来就说，熟读《离骚》，痛饮美酒，乃真名士也。……当时的闻一多把这个作为他第一等的事业。大家想想，凡有外来入侵的时候，中国人常常会不约而同想起岳飞，想起陆游，再往前就想起屈原。所以，在抗战的时候讲《离骚》，那是一种事业。闻一多在西南联大的时候，第一拨讲《离骚》只有两个人，后来这两个人都

①谢振东告撰者语。谢曾任贵州省戏剧家协会副主席，当时为贵大中文系学生。

②先生《我与〈楚辞〉》，收入《剑南忆旧》。

成为了大家,其中最有名的就是汤炳正。”

9月,论文《驳林语堂君〈古音中已遗失的声母〉》发表,载《贵大学报》(文史号)第1期(国立贵州大学出版)。此文落款题为“写于贵阳南明河畔之还珠楼”。“还珠楼”当是先生彼时的书斋之名。附张廷休写的《发刊辞》:

发刊辞

本大学学报编纂委员会,既辑第一期学报文史专刊,索余一言以发之。余惟一国学术人才之兴,盖必得其时、其具、其人,然后蔚然而成风会。汉之学昌于武帝,唐之文育于玄宗,待其时也。汉初诸儒集于齐鲁,英美俊才多起于剑桥、哈佛,有其具也。两宋学派,衍于二程,近世哲学,溯源于康德,近其人也。一方之学术人才亦然,三者合然后兴。盖上世俊杰萃于河域,东晋以来发于长江以南。有清之初,学术莫茂于苏皖,以被于浙赣。嘉道而后,文武钟于三湘,而邮乎蜀粤。其弛张起伏,如岁之有丰歉,无定在者。贵州之建省,虽后于他方,不可谓不久。先达宦游斯土者,虽视他方为减,亦不可谓不多。其贤士之超然显名者,若尹道真之为许慎高弟,孙淮海之为阳明后学;桐埜子尹以诗,子偲莼齐以学,与中州人士相唱和,又不亚于他方也。然终以三者未合,其才寥寥然,不获如齐鲁苏皖,蔚起而成风会。民国肇造,南北大学朋兴,而贵州犹以偏隅不设。志学之士,往往孑身负笈,求师万里之外。及御倭之役,学者车辙,交错于吾黔。乃以三十一年,创立贵州大学。后四年,始以学报与海内通声气。盖三者之相合,其艰如此。嗟吾黔之学子,可不爱重而审勉之耶!抑吾又闻之,大匠诲人必以规矩,学者亦必以规矩。规矩云者,所以端其始,而终不越焉者也。夫教授之言如表,学子之言其影也,表正则影直。教授之文如花，学子之文其实也，花茂则实蕃。斯编诸作，从不逮古人，几乎正其茂矣。法理工商诸学，继此而刊者，又必以正且茂为鹄也。吾贵州大学之士，既欣逢夫三者之相合，又幸接乎正且茂者以端其始。当中原多故之日，独能师弟从容，讲贯而服行之。一二十年之后，其必有直且蕃，不越乎规矩者起，俾吾西南学术，庶几昔日齐鲁苏皖之隆也乎？余日望之矣。民国三十五年八月张廷休谨识。

11月7日①，"我与姚奠中兄偕著名教育学家罗季林先生散步于花溪灞桥之上，桥下小瀑飞溅，桥畔疏柳垂丝，游目骋怀，自得其乐，共议合照以留念。姚兄工填词，事后曾写小令于合照之背，以记其事。这张照片我一直保存到现在，每一展现，为之神往"②。兹录如下：

1946年秋尽日，与罗季林、汤景麟同游花溪，合影。

秋溪雨霁人踪悄，
两行衰柳随溪绕。
灞上卧长桥，
徘徊听怒涛。

四围无限绿，
几点青山簇。
梦影聚天涯，
不知何处家③。

是年，先生三哥汤浩正与张序春、沙书谟（即后来名扬武林

①这年"秋尽日"（立冬前一日），是11月7日。
②先生《追记"花溪小憩"》，收入《剑南忆旧》。
③收入《姚奠中讲习文集》第4册，第1178页。

的沙国正）等从家乡跑出来，他们先到安徽芜湖住了一阵子，汤浩正与先生取得了联系后，与沙去了贵阳，张去了鹰潭。沙先在贵阳青年会太极班任教练，不久即去昆明国民党李弥部教授武术。先生出钱帮其三哥在贵阳东南郊观音洞附近开设了一爿制造粉笔的小作坊。

中华民国三十六年丁亥（1947 年）　先生三十八岁

在贵州大学。

2 月 5 日，《中央日报》（贵阳版）发表《国立贵阳师范学院全体同学护校拒杜运动会紧急启事》，指出："'此次本院护校拒杜运动，动机之纯洁，方法之合理'，无可非议。但是，'有少数别有企图之徒'，'施行种种卑污不堪之手段'，妄图'破坏本院而后快'。本院全体同学'除坚强其信念，谨慎其行动外，对于此种丧心病狂之言论，阴险毒辣之居心'，提出'严重警告'。若不收敛，本院全体同学'将不惜任何重大之牺牲'，'与之同归于尽'。"① 因院长齐泮林受聘北京大学教授，国民党教育部临时聘本院教授杜叔玑任院长，因杜曾经在国民党贵州省党部担任过执行委员，同学们提出"不要政客，要学者"的口号，组成"贵阳师范学院拒杜运动委员会"，反对杜接任院长的职务②。

2 月 17 日，《中央日报》（贵阳版）发表《国立贵阳师范学院护校拒杜运动会》，郑重声明："'凡有以代理杜叔玑为本院院长而前来接收者，本院全体同学，决予拒绝，如因强行接收而发生不幸事件，代理者应负一切责任。'为了扶持曾景上台，贵州当局秉承教育部的旨意，指派'学界名流'对学生进行'劝导'，随后又派专人同学院教授会代表接谈。经过反复争论，终于达成协

①张光裕主编《贵州师范大学校史（1941—1991）》，第 11—12 页。

②张光裕主编《贵州师范大学校史（1941—1991）》，第 13 页。

议。曾景完全接受不得解聘'拒杜'教师和开除'拒杜'学生,教授会有权随时监督学院的经费等条件。"①姚奠中《寄恨》小序:"1947年夏,贵阳师院学潮失败,剥唐诗。"诗云:"翻手为云复手雨,是非颠倒无其数。君不见:无耻之徒真无耻,机关枪下长学府!"②不久(11月),因"师院违反食盐专卖规定",同学们将院长及主任秘书等告上法庭,"由于证据确凿,法院以判处曾景的主任秘书和另一名职员的徒刑结案。事后,教育部不得不撤销了曾景的院长职务"③。又称为"易长风潮"。

4月12日,先生购得《楚辞章句》。"封面上是我用古篆写的'楚辞'二字,下面有十六字的题识:'丁亥又二月清明后七日题于黔中,炳识。'这是四十年前(一九四七),在贵州大学教书时的残存。"④

8月,贵大设有工学院、农学院、法商学院、文理学院,计十五个系及一个专修科。"就中矿冶系、机电系、法律系、工管系成就最优。次则历史系、政经系、数理系、土木系亦有可观。即如鄙人所在未著声誉之中文系,较之中大、浙大、武大、川大亦无多逊色,《贵大学报》可验也。"⑤丁道衡被聘为文理学院院长,前任是翻译名家潘家洵。先生所在的中文系,"课程设置:文字学、声韵学、训诂学、中国文学史、专书选读(于经、史、子、集中选读);并设文选、诗选、词选、曲选(均需习作)、小说、戏剧、语言学;第二

①张光裕主编《贵州师范大学校史(1941—1991)》,第13页。

②《姚奠中讲习文集》第4册,第1181页。

③张光裕主编《贵州师范大学校史(1941—1991)》,第13页。

④先生《无名书屋话沧桑》,收入《剑南忆旧》。

⑤张汝舟《花溪与贵大》,载上海《读书通讯》(半月刊)1947年10月25日。文称"贵大目前优点有四,可为国人告者。即学风纯正,风景优美,气候温和,物价低廉是也","全校面积,南北五里,东西三里,青山绿荫,农圃楼舍,错综其间,如画图焉"。

外国语(日、德、法语任选一种:他系第二外国语与此相同)。此外,为加强基础训练,将原部订作文时间一年延长为四年。三、四年级增设韩文《史记》《昭明文选》等专书选读,并开杜诗专学一年。学生除选修课程外,还指定课外必读书二十多种(要求背诵中国古籍名著),要求学生每年选读二种,写出读书笔记,或在教授指导下互相讨论"①。

8月,被国立贵州大学中文系聘为专任教授。先生接受贵大的礼聘,遂辞去了贵阳师范学院的专任教职。关于贵大聘请先生为教授之事,他曾对撰者说,是校长兼"升等委员会主任委员张廷休"②在校"教授会"上首先提出来的。张说:"为什么要聘请汤炳正先生来我校任教授,请各位看看他发表在本校《学报》创刊号上的那篇论文就明白了。"张还常称许先生"是个'好教师'"③。当时贵州大学中文系学生,后任贵州师范大学历史系

①贵州大学校史编委会编《贵州大学校史丛书:贵州大学分册》,第34页。

②撰者曾见市售"贵州大学校长张廷休为本校教授姚公书及张汝舟所签署的升等意见书"(四件)。张汝舟《升等意见书》系用毛笔写在"国立贵州大学"信笺上。全文:"张汝舟教授治小学、精佛典,依训诂以说经,运妙理以释子,用能阐幽发微,不落家数,更擅古文辞,文则远追汉唐,诗直升宋人堂奥矣。国立贵州大学校长兼升等委员会主任委员张廷休。"据影件录入。标点为撰者所添。此件没有署时间,现据前两件所署的时间来看,或在1947年底。

③语见赵伯愚、皮焕冒(亲笔)1955年12月23日写的《汤炳正(外调材料)》:"2.汤本人初在贵大与匪廷休并不大来往,嗣后,张却常称许他是个'好教师'。听说他还替张写过文章,也替张匪手下一个特务叫黄源的写过一篇翻译作品的序文(这本书书名已忘,但是花溪图书供应社出版的。撰者按:黄译之书即《语言产生了奇迹》)。"材料共五个问题。贵阳师院还在材料最后用毛笔写下"赵伯愚和皮焕冒都是我院教师,本身都有些问题,所写材料谨供参考1955年12月29日"。据先生档案影件录入。

教授王燕玉有《师友印象录二十首》①,其中一首《炳正汤先生》:

世族高门出圣乡,千秋绝学继余杭。
怀师他日惟披卷,音理鸿篇正语堂。

现贵大先秦史研究中心主任张闻玉教授曾告诉撰者:"令祖父是当时贵大中文系的著名教授,在贵州高教界很有影响。"1989 年 12 月,先生八十寿辰,张闻玉代表贵大发贺电云:"立德立言,桃李满天下;寿人寿世,文辞冠中华。""融通华夏文明五千年传统,赓续乾嘉学术三百载辉光。"这自然是对先生现在的学术成就表示敬意,然这一敬意当基于对其当年在贵大的教学与科研的充分肯定。当时,贵大文理学院的确云集了不少名师,谭介甫、潘家洵、田君亮、丁道衡、李书田、张汝舟、黎东方、蹇先艾、方敬、吕荧、杜南星等先后在这里弘文励教。其中张汝舟与先生最为友善。张是黄侃门下高足,"他对文、史、哲,皆有极深造诣,后来对中国古历法,有独树一帜之见"②,他们常以学术相砥砺,友情往来,甚为相得。"1980 年前后,我在安徽滁州问学,先师张汝舟先生常常提及'汤炳正'"③。1982 年张先生辞世,先生应贵大校方之请,为其遗著《切韵考外篇刊误》和《二毋室论学杂著选》分别写了序言。蹇先艾是一位著名作家,他与先生同时在贵大任教,晚年曾给撰者说:"尊祖父是位真正的大学者。不管是在语言文字研究,还是在《楚辞》研究方面都轶类超群!"1994 年,蹇不幸逝世,撰者与一位友人合写了一副挽联,载于同年 11 月 10 日的

①收入王燕玉《紫巢文存》(第三册),贵阳:贵州人民出版社,2017 年 5 月版,第 462 页。作者小注:"近日梦中会晤诸师友纪念而作,2000 年 1 月 29 日病中吟。"王系贵州省著名史学家、沙滩文化的代表人物之一。

②先生《自纪》(初稿)。

③张闻玉《天地有大美而不言:读〈汤炳正评传〉》,载《贵州日报》2000 年 8 月 25 日。

《贵州政协报》上。挽联云:“开拓乡土文学,成绩斐然,饮誉中外;培养文坛新秀,尽心竭力,功垂千秋。”1996年第3期的《新文学史料》发表了撰者写的《追忆蹇老》。

9月,“1947年9月间,我在贵州大学任教,并在贵阳师范学院兼课。贵大在花溪,进城到贵阳师院任课,有四十华里之远,进城后,食宿均不方便。贵师院教师毛国琦(听说现仍在贵师院)是贵阳青年会的会员,他对我说:‘青年会有附设的旅馆、饭厅、澡塘,我介绍你参加青年会,食宿方便,而且价钱可打折扣,比一般人要省钱得多。’……为了生活方便的关系,思想认识不够,就由毛国琦介绍入会。入会后,没有开过会,也没有任过职务,只是每周进城上课时在它所设的饭厅、旅馆里住宿,吃饭”①。“我前后大约去该会的旅馆住过三次宿和吃过几次饭的样子。紧接着,贵阳师院就设法在学校内部准备了几间房子,专供贵大教师到贵师院兼课时住宿之用,并可以在该校伙食团搭零餐。这样就把(住宿和吃饭)问题解决了。”②

本学期,黄源选修先生的语言学课。黄源后来有《回忆汤炳正教授》③,现录入如下:

> 1947年我在贵州大学上大三,我的专业是农业经济,可是我于汉学、历史和外语等方面都有兴趣,所以一有时间便去文理学院旁听一些我喜欢的课程,同学们和我都关系不

---

①先生《汤炳正自传》。

②先生《我的补充交代》。

③载南通师范学院主办《师院教育》2003年第3期。黄源(1914—2006),字子渊,号武陵源,湖南常德人。湘雅医学院本科班毕业后,又考入国立贵州大学农业经济系,1958年起任贵阳医学院解剖学讲师、副教授,1985年受聘为贵州省文史馆馆员,并任贵州书画函授学院院长。黄老去世后,撰者为他谋求出版了《书法讲座》(广西师范大学出版社)、《书谱译注》(贵州人民出版社)。

错,还经常讨论一些有关的学术课题,教师也是极一时之盛,因为当时是抗日战争胜利之后。在抗日时期,中国的政治中心已从北方向大西南转移,重庆已成了陪都,所有的文化、科技、学术及政治人才都集中于云贵川西南三省。昆明有西南联合大学,重庆有中央大学,贵阳则有贵州大学,一时凡学术人才都云集于此!

以贵大而言,院系负责人皆为有名望的学者,而各学科的教师也都是专家型的饱学之士,还有从外地聘请来的客座教授和美学德籍教师,可以说是济济一堂呵!真是难以细举了。这里,只想谈一下我接触较多的汤炳正教授。他是山东荣成人,是国学大师章太炎先生晚年的入室弟子,于语言学有深邃的研究,著述很多,而诗词也是高洁洒脱。关于汤老的学术成就和历史贡献,有其孙汤序波同志撰写的《汤炳正评传》(香港现代知识出版社),该书评述详细,读者自可参考。本文只谈我在1947年和汤教授就教和过从的一些往事。

一天,一位中文系同学告诉我说:"现有汤炳正教授给我系讲语言学,你也来听听。"我听了很高兴,便一同到我熟悉的文理学院那间小教室坐下。很快汤教授也来了,瘦高个,明显的山东口音开始讲课,他语调低沉,速度偏慢,他是将辅音字母一个一个地介绍,讲解得十分细致,属于什么阻,为何发音,在日常语音中是怎样表现等等,有条不紊地向我们作了示范。一堂课下来,选课的同学十多人,竟异口同声地说:"真棒!慢工出细活!"我也同声相和着。关于语音我过去也多少学过一些知识,那只偏于英语的国际音标问题,而现在是从世界范围来作介绍,范围大多了,有许多音符英语不用,但在其他语种都很常见。

一天下午,我偶然在花溪街头见到了汤教授,他当然也对我有点印象，因为只十多个人的小班，经过几次接触也就大致有些印象，于是我主动向前叩见，我说："您的课是明天上午啊！"他说："是啊，我总是头天来，第二天才不仓迫。"我说："那住哪儿？""我住'花溪小憩'，到我那儿去坐坐吧！我是刚到。"于是我和他沿着花溪河缓步走着。他就问起我的学习和为什么会选他这门课。我向他自我介绍了姓名、院系、籍贯及学习兴趣等，他也知道我于外语有兴趣，对国学有些基础，对语言也产生了兴趣，现正着手翻译一本英文有关著作。他听了相当有兴趣，说："你兴趣很广泛。"关于语言学他很关注，当时收集了很多少数民族语言资料。说着说着，"花溪小憩"已到，他引我到他住的房间坐下，也就说些其他问题，正要告辞，却发现在他的座位后方的墙上有一个小像框，我起身看了便请问这位先生是谁。"呵，这是章太炎先生的小照！"从此我知道他是章先生的入室弟子，不好多打扰汤教授，便告辞回校园了。路上又想起了中文系的著名教授张汝舟是章先生的再传弟子，但年龄似乎比汤先生大得多，真是太有意思了！

一天下午，我想起明天有语言学的课，汤教授应该已来了。我便闲步向"花溪小憩"走去，叩门，果然汤教授在，于是谈起了章先生的《国故论衡》，我说："章先生这本书，确实博大精深，唯关于音转一节似乎太深奥，转得太多，令人难以接受！"汤教授说："你说的不无道理，还得给阐明一下就好了。"我说："语音的转变大都是出于自然，是平常人都能做到的，而章先生的解释则涉及到不少学术问题，似乎与事实有一定距离，这可能是章先生的学说不能得到普及与应用之主要原因。"汤教授同意我的看法。接着我又提起现正着手翻译英国语言学家威尔逊著的《语言产生的奇迹》一书的情况，他很关注，说："你外语好，就向这方面多做些事吧！"接着我就将自己关于人类语言起源的基本轮廓谈了一下，他相当惊讶说："这简直是一项学术概论了，没想到你有如此强的概括力，某些方面和我相仿佛呵！好，希望你先把翻译搞完，再将自己的东西做一次有系统的整理，不管如何，是你自己对人类语言方面的认识和看法，是有价值的！"我明显感到了汤教授对我鼓励和支持，又谈了一阵子，便告辞回农院宿舍了。

我知道汤教授是《楚辞》专家，对《离骚》有深邃的研究，我将从谭戒甫教授处抄来的《离骚》古音音读，征求汤老的意见，他说："不错，古音现在很多人不懂，至于用古音读《离骚》更难，谭先生的这份资料很好，你不妨多下些功夫。"我说："讨论中国文字的古音，也上窥汉语的情况，再结合希腊语也可看出人类原始发音的状况。"他说："很好，你既于拉丁语已有基础，则于希腊语也能有帮助，应好好利用这个渠道！"我们又谈了一些关于屈原能利用楚方言从《诗经》开创出一条新路，真是了不起的伟大创举。

两个月后，我的《语言产生之奇迹》翻译脱稿了，我将译稿抱去请汤教授看，并希望他能为我写篇序言，他十分高兴，而且乐意写篇序言。可三个星期过去了，汤教授说："我正在写，不过这些天身体不舒服，可能是感冒了。"我心中很急，因为印刷厂三天两头催哟，这不好向汤教授说，厂方最后说再过两周，不开印就撤版了，我只好说："好吧，到时候先印着，汤教授的序言到最后再加上。"可是又过了三星期，汤教授病还是没有好，我只好将和厂方协商的情况向他说清楚，以免引起误解，他听后只好说："这也是无法的，以后再想办法。"

书印出来了，我送一本给汤教授请他指正，他感到有点歉意。我说："没关系，以后设法补救。"又隔了一个月，汤教授告诉我序已写好，贵阳师院主办的《教育学术》已接受刊登，我高兴地向他祝贺！

1948年，我读大四得写论文，除了在旁听时能与汤教授见面外，就很少见面了。接着解放军渡江解放了南京，人民革命胜利在望，而贵阳却笼罩在一片白色恐怖之中，贵大早已停课，教师都已回到自己的家或单位，同学大都回家了，只剩下我们少数几人是外地来的，只有住在学院的宿舍里，过着极其恐怖的日子。

1949年11月贵州解放了，我到重庆教医用人体学，一去便是十年，待我调回贵阳工作时，已是五十年代尾了，好多老师和同学多已不在贵阳了，只见到少数老师和同学，我想汤教授一定早就回到他的故乡去了，回忆过去问教一段情景，似仍在目前！

1985年我从医学工作退下来，便做些业余爱好活动，在书画学校讲点理论课，也是做点力所能及的事。到了1998年同学们发起了师生书画联展，经过媒体介绍，于是有些人知道我还在贵阳，这样汤教授之孙汤序波同志在展厅和我谈起汤教授的情况。汤教授其实没有回山东，而是去了四川成都，我真是怠忽了如此良机，未能向汤教授多请教些语言学方面的教诲，真是后悔莫及呵！而现在汤教授已归道山，有楼空之感，我每次到花溪，总要经灞上桥向“花溪小憩”徘徊低迟，回忆起和汤教授问教之情景仍然历历在目，汤教授的音容笑貌依旧留在我的脑际，成为我学习、工作的一种情怀，不能自已。他的语言文字学论著《语言之起源》，序波为我复制了厚厚一本。拜读此书，我发现汤老于语言学之构思精深，体系十分细密，其中有许多独到见解，如其“容态语”和“声感语”的提出，堪称语言之起源的权威性学说之一。最近还有学者撰文认为他的“摹形”学说，是当前解决语源问题的三大路径之一。此书还批驳了一些不同看法与学说，如汪荣宝、林语堂的语言观，足见汤老于个人见解是有其正确性和透彻性。

我自己对人类语言许多现象，如语言是如何产生的，仍有兴趣，可是搁置了近半个世纪之久，又加上老病之身，已无法将语言的一些问题和看法作系统的阐明了。我实有愧于汤教授之教诲与期望，真是难以言表了！

11 月 13 日，先生致函同门李恭：

行之吾兄道席：

奉读手示，知大著已在北平发表，则弟处所存副本，虽不必刊布，亦当珍袭之，以备参考也。弟年来以忙于课程，所辑“语原”材料甚多，竟无暇整理，殊为憾事！顷此间编印学报，索稿于弟，乃就不平于时人者，略加评骘，作“驳林”一文，以抒所见，奉寄一册，幸垂教焉！匆匆敬请教安！

弟汤炳正再拜

十月一日

云飞处一年来无信息，未悉何故！姚莫中兄顷应云南大学之聘，李源澄、傅平骧二兄亦去云大，其书院以经济拮据而停办也！炳又及①。

12 月，（国立贵阳师范）“学院有教师 62 名，其中教授 29 名、副教授 11 名、讲师 14 名、助教 8 名；有职员 3 名；还有兼任

①影件由漆子扬先生提供。另，关于先生给李恭的两通手札，贵州师范大学美术学院教授吴鹏博士曾云：“汤老先生手札安雅详和，静对阅赏，直如面晤，可以想见其人；而其文气十足，则非有深厚醇正学养者不能为之。古人虽谓书画小道，乃文人余事，实则文人风雅多从此‘小道’中得以体现。然而重要的是，他们能够超越笔墨技巧本身，而上升到一自然自由的书写状态，信笔由我，不迫于事，不急于利，宽容坦荡，故知大家风范，非为斤斤于技法、局促于安排者可望其项背；胸中丘壑，亦非苦心经营、精心布局可得，而是根植于心、生长于心的生命状态。观老先生手札，不只是生活历史的书写，也是人生境界的书写。”

教师25名,其中教授12名、副教授4名、讲师9名”;“在校学生有:教育学系108人、国文学系82人、英语学系46人、史地学系68人、数学系33人、理化学系41人、体育童子军专修科42人、先修班61人。总计481人。其中,男生403人、女生78人”①。

是年,先生撰成《古语“偏举”释例》和《原“名”》二文的初稿。在贵阳期间,学术研究的重点仍是语源问题。

是年,为国立贵阳师范学院史地系学生作“应当用古文学家的治学方法研究史学”的演讲。

是年,先生油印书稿《中国古音学》《语文研究》。

中华民国三十七年戊子(1948年)　先生三十九岁

在贵州大学。

2月,先生作《“花溪小憩”即事》:

> 蝉翼纱窗静里开,麟山一角画中来。
> 踟躇已忘心头事,听罢溪声数落梅。

3月,贵大“以进步学生为核心成立‘抢救师生员工饥饿大会’,选史健为大会主席,提出改善教职工生活,实行学生全面公费等要求”;“3月26日,学校爆发‘三二六’学生爱国民主运动,千多名学生徒步贵阳举行‘抢救教职工学生饥饿大游行’,提出‘反饥饿、反内战、要和平、要活命’等口号,随时进行全校性罢课”;“讲助会开会选举曾声为讲助会主席”;“教授会主席丁道衡从重庆回来,主持召开教授会第一次会议,讨论要求省政府改善教师生活问题”②。

---

①贵州师范大学编纂委员会编《贵州师范大学校史七十年志(1941—2011)》,第3页。

②贵州大学校史编委会编《贵州大学校史丛书:贵州大学分册》,1948年条。

4月，贵大教授会、讲助会相继宣布罢教。

5月12日，论文《释"四"》发表，载《贵州日报》第四版"学丛"创刊号。

6月，学校决定提前在六月上旬放暑假。

10月24日，"举行国立贵阳师范学院成立七周年庆祝活动，出版了院庆特刊《院闻周报》，公布了学院的办学方针及今后计划。强调：以新作风培养新校风，以新校风建设新教育；提倡教授治校，指导学生自治，注意实事求是"①。

11月，私立川北农工学院第五次董事扩大会决定改校名为"私立川北大学"。

是年，"年底开始，贵阳公教人员的工资无法定期发放。附小校长戴自俺和姚文选（管财务）不得不在天不亮就起床，到银行门口排队提款。有时等了大半天，飞机还运不来钞票，只好空手而归。钞票提回学校，便赶紧发放。为了应付通货膨胀、物价飞涨、'券值'一落千丈的局面，他们除留下几个老师在校组织学生自学外，其余的快速奔向市场，或购买油盐柴米和衣服，或兑换银元，进行着一场紧张而特殊的战斗。院本部教职员生数百人生活艰难，嗷嗷待哺。为了克服这个困难，学院曾购买锄头两百多把，准备在原划给学院建筑校址的狮子山和花果园，垦荒种粮。学院教授会作出决定，要求国民党中央政府按照南京、上海的标准，调整黔省教授的待遇"②。

是年，国立贵州大学出版《国立贵州大学概况》有云："本校位于贵阳花溪之南，林壑森秀，松柏交辉，诚黔中名区，进修佳所也。校本部位于松山山麓，袤广数千亩，东与公路接，连峰为障。

---

①贵州师范大学编纂委员会编《贵州师范大学校史七十年志（1941—2011）》，第3页。

②张光裕主编《贵州师范大学校史（1941—1991）》，第16页。

西有洛坪,南有白云,北则杏花、吉麟石头诸村环焉。……稼雨耕烟,听松坐月,各极地势之美,而尤以接本部为最。绿野清泉,开轩即是,溪山幽胜,坐而挹之。"①此既可概括彼时学校四周疆界,又可概见学校景色。

是年,先生完成其语源学代表作《语言起源之新商榷》。

是年,"兼任教授汤炳正先生授《楚辞》、声韵学"②。

中华民国三十八年己丑(1949年)　先生四十岁

上半年在贵州大学。

3月,"中共贵州省工作委员会指示:贵大抢救师生员工饥饿运动,要争取贵阳师院、贵阳医学院联合行动"③。

> 3月30日,师院学生代表到省政府同谷正伦谈判,并把以师院全体学生"抢救教授员工学生饥寒运动大会"名义写的信交给谷。信中指出:现在"万物腾贵,教授待遇既薄,不能维持家庭生活;学生公费复少,亦难维持最低生活需要"。我院全体师生虽"濒饥寒交迫之境",仍坚持工作和学习。但是,"一发之微,不足系千钧之重,万能之妇,不可作无米之炊。生活既难维持,事业何以举"?因此,我们只好在"3月29日游行,并罢课三日,以待中央有合理之答复"。还指出,"师院的学生和教授,责任重大"。"学生等之责在开迪西南文化,作育后起英才,而教授诸公之责又在率吾侪以赴此重任。"然而,"瞻念前途,不寒而栗"。无论从哪方面讲,我

①见古籍网《国立贵州大学概况》试读。http://www.bookinlife.net/product-228202.html

②贵州师范大学档案馆编《贵州师范大学校史资料选辑:雪涯肇基》,北京:方志出版社,2011年10月版,第317页。

③张光裕主编《贵州师范大学校史(1941—1991)》,第16页。

们实在难以不理和沉默了。“特披沥陈词”，请求“援助”①。

3月底，贵阳师范学院和贵州大学、贵阳医学院举行三院校教授会联席会议，决议电请教育部调整待遇。4月4日，三院校教授会以物价高涨，生活艰难，特电省政府转中央，“要求迅予改善待遇”，并对各界发表三院校《教授会联合会要求改善待遇宣言》，向国民党中央政府提出了“一切待遇，均请按照本省政府呈报之实际生活指数发给”，“照京沪区配发实物”等项要求，“希望政府能在两周内予以解决，如不获圆满结果，即全体停教，以待社会公断”②。

4月13日，开始停教，为时半月，为顾念学生学业，于5月2日复教。4月15日，师院职员会正式成立，并给教育部发电报，指出“芒刺在背，愤气填胸，再四思维，难安缄默，除响应并分电各省有关学校一致呼吁外”，拟恳请“一视同仁，自本年元月份起比照讲师助教，拨发进修补助费，以示公允”③。

5月25日，《语言起源之新商榷：黄译威尔逊〈语言产生之奇迹〉序》发表，载国立贵阳师范学院《教育学术》第4、5合刊号（后易名为《语言起源之商榷：黄译威尔逊〈语言产生之奇迹〉序》，收入《语言之起源》）。在论文的最后，先生说：“黄生源攻读于贵州大学农学院，而兼习文科诸课程，蔚著成绩，暇时常从余问业，对语言学诸问题，尤多心得。其译述此书也，能将西方学者对语源问题之解答，传布于国人，其意至感，至于译著之简练，犹其余事也。黄生于两月前，即倩余作序，以事因循未果，今及假期之暇，率尔命笔，非关闳旨，聊以塞责耳。”同期杂志也刊有姚奠中一篇《三十年

①张光裕主编《贵州师范大学校史（1941—1991）》，第18—19页。

②见《贵州日报》1949年4月4日，转引自张光裕主编《贵州师范大学校史（1941—1991）》，第19页。

③同上。

来国学界的概况和今后应由之路》。文云:"我们可以根据语音变迁的定律,上溯初古的语音之原型,再根据语义孳衍的途轨,上溯初古语音之本义。二者互相印证,而得语源。依此方法,可导推及各族语言的本原及交流的情况。这样,语言学上便开了一种新的局面,而可成了古史学、人种学的一大助力(同门汤炳正兄另有专著)。""另有专著",即《语言起源之新商榷》。

5 月,论文《〈楚辞〉"些"字与苗民祝语之研究》①发表,载梁漱溟主编的《勉仁文学院院刊》创刊号②。文占十七个页码,结句"余详拙作《〈楚辞〉与苗族之文化》一文,兹不赘述"。李源澄时任该院(北碚)教务长兼历史系教授,文章当是经其手介绍发

①某位楚辞学家在谈到先生此文时,曾说"惜未见",其实,此文就是后来易名收入《屈赋新探》中的《〈招魂〉"些"字的来源》,文后清清楚楚地写着"写于 1948 年 7 月,修改于 1977 年 9 月"。再者,收入《屈赋新探》中的《〈屈原列传〉理惑》《〈楚辞〉成书之探索》《〈天问〉"顾菟在腹"别解》等也不是发表时的原名。第二点,收入《剑南忆旧》的《学术年表》,系撰者所写,先生在书里已说得清清楚楚。况且《学术年表》在《〈招魂〉"些"字的来源》条前还有"补充修订的旧论文"的字样,怎么能说"惜未见"呢?另,撰者比勘了《〈楚辞〉"些"字与苗民祝语之研究》与《〈招魂〉"些"字的来源》两篇的文字,可以看出先生当年修改的痕迹。前者共三个小标题:"(一)《招魂》'些'字之由来""(二)'些'音转变之途轨""(三)余论";后者共四个小标题:"(一)'些'字的传统解释""(二)《楚辞·招魂》与苗族风习""(三)'些'字音读的转变规律""(四)结语"。前者的"(一)《招魂》'些'字之由来"内容,悉收在后者的"(二)《楚辞·招魂》与苗族风习"里,且也由三个层次构成。

②《院刊》系线装油印,只出了一期,除先生文章外,还有梁漱溟《勉仁文学院创办缘起及旨趣》(代发刊辞)、《理性:人类的特征》,唐君毅《论家庭之道德理性基础》,吕澂《起信与楞伽》,李源澄《章实斋之学术思想》,曹慕樊《陶渊明之思想与生平》,李守之《曹魏官制》,李源澄《北周之文化与政治》,侯子温《论反切》。此刊于 1982 年 3 月由台北成文出版社有限公司收入"成文中国期刊汇编—18"影印出版。

表的。在论文里，先生认为东汉王逸未注“些”字，《说文》也未收“些”字，先秦文字中本无“些”字，“些”本是“此”的重文①即“此=”，后人误将“此”与“=”合二为一。后来出土的郭店楚简，其中《忠信之道》简有“夫此之谓此”“忠信之谓此”两句②，从而印证了先生的“此此”说。

5 月，私立川北农工学院正式改为“私立川北大学”③。

6 月 1 日，伍非百筹建的私立川北文学院在南充赛云台成立。

7 月，贵州大学“教师 239 人（专任 209 人，兼任 30 人），其中教授 93 人（专任 76 人，兼任 17 人），占教师人数的 38.9%”；副教授 45 人（专任 37 人，兼任 8 人），占教师人数的 18.8%；讲师 44 人（专任 41 人，兼任 3 人），占教师人数的 18.4%；助教 55 人，占教师人数的 23%；特聘兼任教员 2 人。全校学生人数为 1156 人，生师比约 4.8 : 1”④。

7 月，通货膨胀严重，生活窘迫。原西山书院院长伍非百来函相招，并谓工资以实物米粮计算⑤。先生再次入蜀，担任私立川北文学院中文系教授兼系主任，哲学系主任由伍非百兼任，历史系主任王文彝，教务长张静虚。三系及先修班共招收学生三

---

①首次提出“些”乃“此此”二字重文说者，乃清季的王闿运。他在《楚辞释》卷十《大招》“青春受谢，白日昭只”两句后注曰：“只，语已词也，《招魂》言‘些’。些者，‘此此’二字重文，其声清长，‘只’声蹙短也。”见王闿运撰、吴广平点校《楚辞释》（湖湘文库丛书本），长沙：岳麓书社，2013 年 7 月版，第 163—164 页。李诚先生在答复撰者的短信中说：“虽然最早提出这一结论的是王闿运，但却语焉不详，汤老师以专文对此详加论证，使这一问题得到了迄今为止最有说服力和影响的答案。”

②黄杰《〈忠信之道〉“此”与〈招魂〉“些”》，载《光明日报》2014 年 5 月 27 日。

③贾德灿《张澜先生与川北大学的创建者》，载《四川师大报》2016 年 5 月 20 日。

④贵州大学校史编委会编《贵州大学校史丛书：贵州大学分册》，第 40 页。

⑤丰子恺同年订出一份以书画换米的润例，即“以画易米润例”。见陆灏《不愧三餐》，北京：中信出版社，2018 年 8 月版，第 58 页。

百人，教职工约三十人[①]。9月入学的杨荷光后来回忆："主课皆由先生担任，开有必修课中国文学史和文字学，前者印发有讲义，从远古至秦为止，《诗经》与《楚辞》自然是重点，我曾将它装订成册，'土改'散失。选修课楚辞概论，'应变'时曾见其手稿，添改几无空白，有粘以纸条，有几大包。先生个子较高，仪容修洁，怀抱皮夹，步上讲堂，和蔼可亲。授课内容，章次分明，旁征博引，疾徐有致，不时配以板书。深入剖析，借以加深印象。讲《楚辞》于时贤论据多有驳难，全出自研究所得，不尚空谈。如果说先生关于《楚辞》的研究，发轫于贵阳，则系统深化于南充赛云台，具体升华于成都晚期。"[②]先生在贵州大学时，经济学教授谭辅之（伍非百学生）后来回到南充，他向人打听："汤先生是否高高的个子，常穿一件灰大衣？"[③]

8月，先生路过重庆北碚，在北碚勉仁文学院与同门李源澄相会。据王川《李源澄先生年谱长编（1909—1958）》1949年条称，"在学院设坛讲学的学者则主要有著名学者熊十力先生、佛学大师吕澄先生、楚辞专家汤炳正先生等"[④]。

①杜心华主编《四川师范大学校史》，第8页。

②见杨荷光《回忆恩师汤炳正先生》（未刊稿）。关于"讲《楚辞》于时贤论据多有驳难"句，曾就读于国立贵阳师院史地系的牟应杭与就读于国立贵州大学中文系的谢振东也给撰者讲过，先生在课堂上对某些楚辞学家可谓"诘责甚厉"。另，杨荷光近年专门寄赠徐陵《玉台新咏》、王士禛《渔洋精华录集注》、程树德《论语集释》、张舜徽《清人文集别录》、张光直《古代中国考古学》等书于撰者，并建议撰者为先生编一册诗词集，费用由他支付。

③先生《汤炳正自传》。

④王川《李源澄先生年谱长编（1909—1958）》，北京：中华书局，2012年11月版，第98页。又，据撰者现所掌握的材料看，先生过北碚应该与李见过面，至于有无"设坛讲学"事（或作演讲），则实不敢遽断。另外，彼时先生在学术界显然尚不能称作"楚辞专家"（只刚刚发过一篇有关《楚辞》的论文），然作者如此说却不是什么问题——以"后"称"前"，古今书、文如是者不少。

8月,“汤炳正先生担任本院中国文学系系主任兼教授”①。先生说:“我到南充,伍非百曾请我到他家吃过饭,伍说:‘文学院就要有个文学院的样子,所以不能不请你来。’他又经常向别人吹我。说:‘汤先生是部聘教授。’(其实我并不是部聘教授)”②

伍的“部聘教授”说,后来给先生惹出很大的麻烦。他档案里有三份关于此事的外调材料,对民国教授聘任情况,还有点史料价值,现录于此。赵伯愚、皮焕昌(亲笔)说:“汤本人并非反动统治时期的‘部聘教授’,他也从未与任何人谈过。”王学孟在《指定交代材料》中说:“汤炳正在贵阳师院教书时是教授名义,但这个教授只是学校聘请的,而不是什么‘部聘教授’,我所以认为他不是‘部聘教授’,有几个理由:第一,所谓‘部聘教授’是由伪教育部聘请,派到各校去‘讲学’的,而汤则是由私人介绍来贵师教书的。第二,在反动政府时代‘部聘教授’的名位待遇都是很高的。汤如是‘部聘教授’则一定会全院闻名,待遇最高,但是事实上并不如此。”“补充:解放以前高等学校中教授的情形有三种:第一种‘部聘教授’为数有限。第二种是各校自己聘请的教授,其教授资格,经过送请伪教育部审查合格,发给合格证书,并按月另有津贴。第三种是各校自己聘请的教授,其教授资格并未经过送审手续,或送审而未合格,此种教授不能领取津贴,汤炳正至少是属于第三种。不可能是属于第一种,至于是否属于第二种,我已记忆不清。如果是第二种,则汤应有证书可查,或贵阳师院存榜可查。”王衍康在《关于汤炳正的材料》中说:“1948年8月我来师院后,知道汤炳正是国文系的兼任教授。至于他是否伪‘部聘教授’?我却不知道。所谓‘部聘教授’,有两种解释:一是伪教育部就全国各高等学校教授中选出学术上‘有

①见《川北大学文学院聘书聘字第十七号》。

②先生《交代我跟伍非百的关系》。

成就的'一部分人由部直接聘请的。如华罗庚、钱穆、苏步青等，全国名额只有卅多人。照这种解释，汤炳正显然不是的。二是伪教育部学术审议会审查'合格'的教授，并发给'教授证书'的。这种人各校较多。当时贵阳师院持有证书的，所谓'合格'的专任教授有萧文灿、向义、蔡仲武、王衍康等六人。汤在师院是兼任，他是否为'合格'教授？我不知道。当时各校院聘请教授多凭校院长的主观，和双方谈'条件'而定名义，并无一定的标准。"①

关于部聘教授，据1941年国民政府行政院颁行《部聘教授办法》规定：一是"在国立大学或独立学院任教十年以上者"；二是"教学确有成绩，声誉卓著者"；三是"对于所任学科有专门著作且具有特殊贡献者"。1942年，第一批共有三十人当选为部聘教授；1943年，共有十五人当选为第二批部聘教授②。当年就有人称之为"教授中的教授"。

10月1日，中华人民共和国成立。

11月，姚奠中介绍同门柏耐冬(逸荪)为贵阳师范学院副教授。柏此前在南京"汤山炮兵学校任上校历史教官兼边疆系主任"。姚向时任院长的萧文灿推荐柏时，萧说："像汤先生书教得那么好就行。"③曾任学院英语系主任的毛国琦也说："(汤)教书还受学生欢迎。"④

秋，川北农工学院正式使用"私立川北大学"校名招生，王宏实为代理校长。

12月10日，解放军进入南充。南充乃川北重镇，地处嘉陵

---

①由档案影件录入。

②参见曹天忠《档案中所见的部聘教授》，载《学术研究》2007年第1期。又见《1941(年)〈设置部聘教授办法〉出台》，载《南方教育时报》2013年11月15日。

③蒙姚力芸2014年6月27日在贵阳相告。

④《毛国琦笔录材料》(记录者杨鸿佩，1955年12月9日)影件。

江中游,地理位置特殊,“西通蜀都,东向鄂楚,北引三秦,南联重庆”。

12 月 23 日至 31 日,教育部在北京召开第一次全国教育工作会议。其要点:一是中华人民共和国的教育是新民主主义的,即民族的、科学的、大众的教育,其方法是理论与实际一致;二是教育必须为国家建设服务,学校必须向工农开门;三是以老解放区新教育经验为基础,吸收旧教育的有用经验,借助苏联经验,建设新民主主义教育;四是教育工作的发展方针是“普及与提高的正确结合,即在普及的基础上提高,在提高的指导下普及”;五是老解放区的教育,首先是中小学教育,现在应以巩固与提高为主。条件许可时,可作某些发展;六是新解放区教育工作的关键是争取、团结、改造知识分子,必须维持原有学校,逐步改善;七是积累经验,逐步改革旧教育制度;八是在可能条件下,设法改善各级教育工作者的物质和政治待遇。

卷三 1950—1976年

1950年庚寅 先生四十一岁

在私立川北文学院。先生开楚辞、声韵学等课。

1月9日，川北行署决定“私立川北文学院”继续办下去，由行署拨款支持，即日“派出以孙福田为组长的工作组进驻川北文学院，协助院长处理院务，……任命伍非百为院长，张静虚为副院长兼教务长及哲学系主任，汤炳正任中文系主任，王文彝任历史系主任”①。先生当时的一位学生回忆道：“恩师开有‘中国文学史’课，印发有讲义，《诗经》《楚辞》为两大重点，不知人间尚有存否?”②学院坐落在南充赛云台。据先生回忆：校舍后山数十步，即为西晋陈寿的读书楼；前山坡，即是盛唐韩愈《谢自然诗》吟咏过的果州真人飞升石。城内公园一侧，为谯周墓。城北七里店多汉墓，不少汉砖散落于荒野之间，俯拾即是；砖纹多姿多彩，有文字者，尤古朴可爱。先生每游其地，辄捡些佳品带回，置于几案间，摩挲玩赏，自得其乐。伍非百曾嘱他作拓片保存。后来日积月累，先生集成《安汉砖华录》书稿，收砖华百余品。因南充汉代属于“安汉郡”，故以此作书名。惜书稿在“文革”中被

①杜心华主编《四川师范大学校史》，第9页。

②杨荷光2010年6月1日致撰者信语。

造反派抄走，至今仍不知下落[①]。

1月30日，中共中央发出《关于在学校中进行思想改造和组织清理工作的指示》，要求在所有大、中、小学校教职员和高中以上学生中普遍进行思想改造工作。在此基础上，在大、中、小学教职员专科以上学生中，组织忠诚老实交清历史的运动，清理其中的反革命分子，即所谓的"忠诚老实"运动。按照"运动"的规定，每人都必须将自己的隐私全部讲出来，包括政治问题，也包括感情问题、家庭生活。先生由此写下了大量的自传性交代材料。

1月，先生撰写《欢呼全国解放的第一个元旦》，载川北文学院编辑的《庆祝元旦专刊》。

1月，《文物》杂志创刊，初名《文物参考资料》。开始（大概是1956年）由杨荷光在总府街（今总府路）的"成都市邮政局报刊门市部"给先生买，后来改由先生自己订。此刊先生生前一直完整地保留着，一期不落。

6月1日至9日，教育部在北京召开第一次全国高等教育会议。会议讨论了改造高等教育的方针和新中国高等教育建设的方向。会议指出，新中国的高等教育应该以理论与实际一致的方法，培养具有高度文化水平的、掌握现代科学和技术成就的、全心全意为人民服务的、高级的国家建设人才；准备和开始吸收工农干部和工农青年进高等学校，以培养工农出身的新型知识分子。高等教育无论在其内容、制度、方法各方面，都必须密切地配合国家的经济、政治、国防和文化的建设，必须很好地适应国家建设的需要，首先适应经济建设的需要。高等学校必须进行系统的基本的科学理论知识的教育，必须进行科学研究工作，不断提高教师与学生的水平，以便掌握现代科学和技术的最新成就。会议还指出，努力克服脱离实际的教条主义偏向，这是主

---

①先生《汤炳正自传》。

要努力方向；同时也要防止轻视理论学习的狭隘实用主义或经验主义的偏向。会议通过了《高等学校暂行规程》《专科学校暂行规程》《关于实施高等学校课程改革的决定》《关于高等学校领导关系的决定》《私立高等学校管理暂行办法》等五项草案，讨论修正了各系科课程改革的方案。规定实行校（院）长负责制。

7 月 15 日，私立川北文学院与私立川北大学合并成立公立川北大学，并迁到南充市小西街。川北行署主任对两校合并作出三点批示："一、亲密地、紧紧地团结起来；二、不看牌子看货色；三、对三台川北大学及南充文学院师生同等看待，一律参加甄别考试。"①"先生不计名位，主动提出不再担任中文系主任，此时中文系的主持者（李炳英）并不满足，必欲排挤而后快，拒发聘书。后经伍非百先生斡旋，始继续留校，但不让发挥所长，迫使先生为新生开'戏剧引论'选修课，用心良苦。先生坦然应对，认真备课，努力变'外行'为'内行'，授课效果极佳，座无虚席，大出意料。但是从此先生也被隔绝于古典语言文学教学之外，直至'文革'结束。"②两校合并前，先生是私立川北文学院中文系主任，李炳英是私立川北大学中文系主任，合并后由李担任新校的中文系主任，他没有给先生发聘书，实即宣布解聘。先生接到的聘书为"第 106 号"，这显然是补发的。

李炳英字蔚芬，也是章门弟子，受太炎先生影响在东京加入同盟会。李去南充前，历任四川大学教授兼中文系主任、成华大学教授兼文学院院长，到南充后即招揽弟子屈守元等去执教。

---

①佘正松主编《西华师范大学校史》，第 6 页。其中第三条中的"师生"，杜心华主编的《四川师范大学校史》第 9 页作"学生"，审文意，当以"师生"为是。

②杨荷光《回忆恩师汤炳正先生》。承蒙杨先生相告，先生戏剧引论课所用的参考教材是中山大学教授董每戡的《中国戏剧简史》《西洋戏剧简史》（商务印书馆民国版）。

"李炳英先生则以王宏实任三台川北大学校长①,受聘为川北大学中文系主任,去三台矣。炳英先生到三台后,即函劝翁至川北大学中文系任教授②,教文学史。翁以成华形(势)不稳定,又兼王宏实、李炳英先生关系,即考虑至三台,旋炳英先生又来信谓,(川)北大学将迁至南充,与南充川北文学院合并,要翁速决定去。合并后学生多,文学史一课,要求与旧日不同,非翁莫能担任此课,已与新任校长段可情谈妥,望翁必去。且谓暑假中将来成都亲自接翁去。翁于是(决)定去川北矣。暑假中炳英先生来成都,约翁同赴南充。同行者尚有农学院董蜀舫。其人乃日本留学生,为民主人士。谈说与翁颇合。而道路艰难,汽车沿途抛锚,行五日始达南充。而川北大学始迁入小西街原一中学,一切忙乱,翁唯日与董蜀舫坐茶馆而已。秋凉后,渐有条理。翁上文学史及工具书使用法二课,甚受学生欢迎。寒假与董蜀舫乘黄包车及滑竿回成都,路上行程将十日。"③

7月,先生"因人事矛盾与工作需要,改教现代文学课"④,"社会鼎革,恩师被排斥于古典文学教学之外,甚至拒聘"⑤。五十年代以后,高等学校不再设置小学(即文字声韵训诂之学)课程,以古代汉语代之,到七十年代末才逐渐恢复。

9月,据川北行署文教厅指示:"公立川北大学"改称"川北大学"。伍非百任校务管理委员会副主任。

---

①王宏实此前为成华大学校长。

②屈守元说,1949年他"接成华大学代理校长何北衡聘书,已改为教授,炳英先生之力也"。屈守元《鹰翁自订年谱》,1949年条,收王利器、常思春主编《稽古拓新集:屈守元教授八秩华诞纪念》,成都:成都出版社,1992年12月版。

③屈守元《鹰翁自订年谱》,1950年条。

④见先生《五十年代——六十年代初的年表》(此表系应撰者所请作于1994年10月,实际上写到1977年4月)。后面凡引此表,不再注明。

⑤杨荷光2011年3月11日致撰者信语。

10月23日,“西南军政委员会文教部决定,‘国立贵阳师范学院’取消‘国立’二字,定名为‘贵阳师范学院’”①。

11月,夫人慕惠贞带着儿子和三个女儿千里迢迢来到南充。

1951年辛卯　先生四十二岁

在川北大学。教授语言学与现代戏剧课。

1月31日,时评《拥护和平解放西藏的协议》发表,载《川北日报》。

2月,“春节后,与董蜀舫同行至南充。从牛市口顾(雇)包车越(龙)泉驿山,至简阳。沿途又换滑竿,凡行十日,始抵南充”②。

3月,先生赴蓬安县参加土地改革,任副队长,传达有关土地改革的政策、法令。9月返校。

4月15日,填《干部登记表》③“曾用姓名”栏写:“汤景麟”“景麟”。“社会关系”栏写:“所交游者,多文教界人士,其他各界很少。”“研究成果”栏写:“(一)语言起源问题,为世界语言学界所不能解决之问题,本人蒐集中国语文材料,以新的方法做十余年之研究,已得到一个接近事实的结论。(二)中国语言学界所公认之‘古有舌头无舌上’及‘古有重唇无轻唇’以及‘娘日二纽古归泥纽’的定律,本人以语义学相互配合研究,发现其错误,重加改正。(三)中国古音的韵部,以黄侃分为二十八部为最精密,本人根据古代材料,分古韵为三十部,更用新的方法,考证出

---

①贵州师范大学编纂委员会编《贵州师范大学校史七十年志(1941—2011)》,第5页。

②屈守元《廛翁自订年谱》,1951年条。

③先生档案之一种。

三十部的古音值,多数为前人未发之蕴。”并云:

> 凡阴声与入声的关系,从《诗经》用韵来看,有三种情况:(一)凡收 k 的入声,与阴声通叶较多,因 k 在浅舌近喉,其声势隐而不显,故易与阴声相近(谐和),而造成通叶。这一类,古人多阴入不分,合为一部。凡主张阴入不分者,此其主要原因。(二)凡收 p 的入声,跟任何阴声,都不易发生通叶,因为 p 声在唇,其收唇时,不特听觉易察,而且视觉可见,故不与阴叶。历来除极个别人为它强配阴声外,余皆不配。(三)凡收 t 的入声,跟阴声在若即若离之间,因为收 t 之声,显于 k 而隐于 p。故在与阴声关系上,历来各家煞费踌躇。如泰之为阴为入,各家处理不同,或分泰于曷外,作为阴声而独立,或合泰于曷,作为歌声之入。

4 月 16 日,杂感《参加土改后批判了我的错误思想》发表,载《川北日报》。

6 月 6 日,先生“响应胡主任的号召参加了二期土改,任蓬安队的副队长”,队长是南充专署秘书张一峰(土改结束任武胜县县长)。他们“到蓬安住在河舒乡,与同志并肩作战。在这三个多月的工作当中,锻炼了我,也提高了我,思想作风上,是起了一个掀天动地的变化”。“这回在工作中看到了农民伟大的力量与无比的智慧,建立了我的群众观点,批判了过去看不起农民,以为农民‘愚昧落后’的思想,知道革命事业离开了群众就不会成功。又看到农民吃苦耐劳的精神及干部们艰苦朴素的作风,建立了我的劳动观点及全心全意为人民服务的思想,矫正了过去自由散漫的作风。”①

6 月,教育部颁布《高等学校课程草案》,学院成立了课程改

①先生《自传》。

革委员会(简称"课改会")。

7月,中共川北区委统战部写的《文化界汤炳正》材料称,先生"擅长语言学及文字学,是语言学专家";"个性孤僻,沉默寡言,为人诚恳,从小到大抱定'闭门读书,不问世事'的态度。抗战期间悲观消极,以为中国莫办法";"解放后学习努力,前次下乡参观土改有进步,现又下乡土改去了"①。

8月,姚奠中调回山西大学任教②。"山大的条件远远比不上贵大,而且在贵大是工资制,月薪120元(当时是计分制,姚一个月能拿160多分,1分合7角多钱);山大实行的还是解放区的供给制,每月只有一石小米。但姚奠中并未后悔。"③

9月,北京、天津两市二十二所高等院校教师三千余人开展以改造教师思想、改革高等教育为目的的学习运动。29日,周恩来受中央委托,向两市高校教师学习会作《关于知识分子的改造问题》的报告,就知识分子革命立场、观点、方法问题谈了自己的体会,号召教师们努力改造自己,成为文化战线的革命战士。11月30日,中共中央发出《关于在学校中进行思想改造和组织清理的指示》,要求在学校教职员和高中以上学生中普遍开展学习运动,号召他们认真学习马列主义、毛泽东思想,联系实际,开展批评和自我批评,进行自我教育和自我改造;并指出这次运动的目的,主要是分清革命和反革命,树立为人民服务的思想。

10月,张泽厚介绍先生加入中国民主同盟。

是年,先生参加学校组织的知识分子思想改造运动。"思想

①由档案影件录入。此份材料显然是据先生撰写的自传类文字加工而成的。如"因父亲是秀才故小时读古代书较多"。"妻小共五人",即指撰者的祖母慕惠贞、父亲汤世洪、大姑汤俊玉、二姑汤丽玉、小姑汤庆玉五人。

②据家父汤世洪回忆,姚奠中先生回山西后,"你爷爷也动过去太原的念头,因他在川北大学处得不太愉快"。

③王东满《姚奠中》,第283页。

改造的最理想目标是这样的:‘接受党的领导,具体地说就是一切听党的话。好好听党的话,党叫做的事情就做,党不叫做的事情就不做,同时在运动中要认真地领会党所以叫我们这样做的意图是什么。这样是提高政治水平,提高思想水平,站稳工人阶级立场,不犯错误最可靠的办法,也是进行思想改造的快捷方式。听党的话,接受党的领导,是具体的,不是抽象的。不仅要听党中央和毛主席的话,而且要听你所在的单位党组织的话,有事向党组织报告,有困难向党组织请教,这才是真正的接受党的领导,听党的话。’”①

1952 年壬辰　先生四十三岁

在川北大学。

1 月 3 日,杂感《我需要彻底改造》发表,载《川北日报》。

2 月 2 日,“汤炳正先生担任川北区教育工作者寒假学习会达县学区分学委会委员”。

2 月 6 日,杂感《我在思想改造学习运动中提出的保证》发表,载《川北日报》。

3 月 24 日,写毕《谈湘西民歌》。

3 月,参加“川北区教育工作者寒假学习会”。结业时,先生填写《川北区教育工作者寒假学习会结业证》,在“思想小结”一栏写道:“一、主导思想是小资产阶级思想,表现在:1. 有个人主义往上爬的思想。自私自利,为自己的名位打算。2. 有两面性、动摇性、软弱性及爱面子。不满意现实,但也没有斗争的勇气。二、辅导思想是封建思想及资产阶级思想,表现在:1. 有封建宗派思想及温情主义。为了私人感情,不能坚持真理。2. 资产阶级思想表现

---

①陈静波《知识分子思想改造的关键:立场问题》语,转引自谢泳《思想改造运动的起源及对中国知识分子的影响》,收入氏著《思想利器:当代中国研究的史料问题》,北京:新星出版社,2013 年 4 月版,第 270 页。

在:纯技术观点。主张学术自由。理论不能联系实际。"①

4 月 6 日,杂感《资产阶级思想对我的教学工作的侵蚀》发表,载《川北日报》。

7 月 23 日,论文《学习〈矛盾论〉后我对文艺创作中几个问题的认识》,载《川北日报》。

7 月,散文《谈湘西民歌》发表,载《人民文学》第七期。

8 月,"仲家语研究定于今年暑期写完"②。

9 月,撤销川东、川西、川南、川北行署,恢复四川省建制。

11 月 5 日,教育部发出通知:试行师范学院教学计划草案,颁发了本科教育、外语、历史、地理、数学、物理、化学、生物等十二个系和专科学校各科教学计划。教育部师范教育司又印发了供中等师范学校教学参考用的《师范学校教育学教学大纲》(未定稿)。

11 月,全国性的高等学校院系调整,把过去效仿英美式构建的高校体系,改造成效仿苏联式的高校体系③。西南文教部决定,"川北大学自 1952 年度开始改为师范性质的高等学校,迁入川北人民行政公署原址,原校名撤销,改称四川师范学院"④。学院以川北大学为主体,合并川东教育学院(原乡村建设学院)、四川大学和华西大学的部分专业,组建为四川师范学院。新校设中文、历史、数学、物理四系及化学科等相应的专业。

①据影件录入。

②《教师及职员登记表》(1952 年),先生档案之一种。

③自该年下半年起,学习苏联高等教育模式,从京津开始,陆续在全国六大行政区对高等学校进行大规模的院系调整。"一是学习苏联高等教育模式设专业";"二是组织教师翻译苏联教材。旧学校所用的欧美教材体系被完全否定";"三是学习苏联高等学校制订统一的教育计划和教学大纲";"四是设置教学研究室(组),学习苏联教学方法";"五是延长部分高等学校学制";"六是学习苏联,停招专修科"。见刘茗、王鑫《建国初期高等教育学苏联的历史回顾与思考》,载《辽宁教育研究》2003 年第 11 期。

④杜心华主编《四川师范大学校史》,第 14 页。

"炳英先(生)任中文系主任,以翁为古典文学教研组主任。翁独任文学史课,且兼部分散文、诗、词、曲、小说等作品选。第一二三班学生,咸与翁认熟。"①刘君惠任汉语教研组主任,先生则任现代文学教研组主任。"其时院系调整,颇调入成渝他校教师。翁力与团结共事。"②因人员来源复杂,学院宗派斗争一时颇为激烈。据当时一位教授说:"有所谓校长派、中江派、简阳派、西北派";而一个大派系中往往还有小派系,如在"西北派内部又有西农派、西大派、师大派、西工派"③。其时,除中文系外,历史系主任张静虚、数学系主任王继武、物理系主任田时雨、化学科主任张幼房④。建校六十四周年,学校领导说:"我们的老师们兢兢业业,甘作红烛,涌现出以著名墨学家伍非百、我国社会学和民俗学的创始人之一李安宅、我国教育心理学的创始人之一刘绍禹、楚辞学专家汤炳正、文献学专家屈守元、训诂学专家刘君惠、凝聚态物理学专家赵敏光、拓扑学专家刘旺金、非线性分析专家丁协平等为代表的一批知名专家。"⑤"在学校主页的'学校概况'⑥中提到了建校以来,我校先后涌现出的一些(按:即上述九人)知名专家。他们以自己高尚的师表风范和广博的学识才情竖起了师大学术道德的丰碑。我报特整理

①屈守元《麐翁自订年谱》,1952 年条。

②屈守元《麐翁自订年谱》,1952 年条。

③鲁承宗《资产阶级思想对我的侵蚀》,载《川北日报》1952 年 2 月 29 日。

④杜心华主编《四川师范大学校史》,第 21 页。

⑤高林远等主编《〈坚守师范大学的使命与责任〉前言》,北京:人民出版社,2010 年 4 月版。

⑥即 2011 年 4 月更新的学校主页称:"建校 65 年,曾先后涌现出了伍非百、李安宅、刘绍禹、汤炳正、屈守元、刘君惠、赵敏光、刘旺金、丁协平为代表的一批知名专家。"建校 70 年,学校主页的"学校概况"所举的"知名专家"也是这九人。其时中文系下设的三个组之"主任",后来都进入了这个"九人名单"。

了他们的个人简介,介绍给2012级新同学。"①而学校七十年校庆文学院篇提到的"老一辈著名学者"有:"汤炳正、屈守元、刘君惠、冉友侨、徐仁甫、雷履平、魏炯若、王仲镛、杜道生、郭诚永等"②。

是年,先生在填《教师及职员登记表》"可能担任的课程"栏写"文字""中国语文概要""历代韵文选";"特长"栏写"语言学"与"文字学";现担任课程是"语言学""现代戏剧"。

是年,参加学校马列文艺研究社。参加减租退押运动和土改学习。

1953年癸巳　先生四十四岁

在四川师范学院。

"因上年秋季院系调整,开学较迟,故春节后始放寒假。翁在南充过春节","放寒假时,已近三月"③。

3月,参加批判资产阶级唯心主义思想的学习。

5月,"高等教育部下发《关于1953年全国高等学校院系调整的计划》,决定:撤销贵州大学,将该校的中文、历史两系教师

①《名师辈出　教泽绵绵:学校概况中提及的师大名师简介》,载《四川师大报》2012年8月31日。

②祁晓玲主编《四川师范大学校史续编(2003—2015)》,成都:四川师范大学电子出版社,2016年5月版,第249页。窃谓此名单漏了"王文才"。据资料表明,1979年该校开始招收中国古代文学研究生,当时由屈守元、汤炳正、王文才、魏炯若、王仲镛、雷履平六位组成导师小组。再如2009年时任文学院院长兼党委书记李诚教授提议文学院学术厅悬挂八位先生(屈守元、汤炳正、刘君惠、冉友侨、徐仁甫、王文才、魏炯若、王仲镛)的大幅照片。"八大家"说,见《省委常委、宣传部长甘霖来校调研指导工作》(《四川师大报》2017年9月11日)。

③屈守元《麇翁自订年谱》,1953年条。

并入贵阳师范学院”①,张汝舟等就是这时去的贵阳师范学院。

6月5日至22日,教育部在北京召开第二次全国教育工作会议。政务院副总理郭沫若在会上阐述了当前文教工作总方针“整顿巩固、重点发展、提高质量、稳步前进”的意义。政务院文化教育委员会副主任习仲勋做《反对教育工作中的主观主义、分散主义和官僚主义》的报告。会议讨论了第一个五年计划期间普通教育和师范教育的工作方针和任务。会议确定今后的工作重点,一是加强和发展高等师范教育,一是加强和发展中学,特别是高中。中等师范教育、小学教育、幼儿教育、工农业余教育等,着重整顿和改进。

6月,端午节前后在北京举办了楚文物展览,在这次展览上首次展出了屈子祠和屈原墓的照片。与此同时,中国青年艺术剧院演出陈鲤庭导演、马思聪作曲、郭沫若编剧的《屈原》。苏联各界在莫斯科集会,隆重纪念屈原逝世二千二百三十周年,费德林院士作《伟大的中国爱国诗人:纪念屈原逝世二千二百三十年》的报告,我国驻苏参赞戈宝权在大会上致辞。

8月,《四川师院院刊》创刊,为学院宣传部主管的内部报纸。

9月,世界和平理事会在芬兰首都赫尔辛基开会,号召全世界人民纪念世界四大文化名人:中国诗人屈原、波兰的天文学家哥白尼、法国的文学家拉伯雷、古巴的民族运动领袖何塞·马蒂。为了呼应这次大会,文化部决定由郭沫若、游国恩、郑振铎、何其芳等组成“屈原研究领导小组”。

11月,先生的母亲去世。

①贵州师范大学编纂委员会编《贵州师范大学校史七十年志(1941—2011)》,第8页。

1954年甲午　先生四十五岁

在四川师范学院。

3月1日,《光明日报》的《文学遗产》创刊,由中国作家协会古典文学部负责编辑工作,主编由陈翔鹤担任,每期近一万字。

3月25日,院刊《教学生活》创刊。

4月,教育部颁布《师范学院暂行教育计划》。学院随即组织各系科教师学习和研讨。

8月,皮朝纲(美学家,后曾任副校长)毕业留校,晚年在《让"三实精神"永远闪光》①一文中说:

> 中文系的一批老专家,诸如汤炳正、屈守元、王仲镛、魏炯若、雷履平、王文才、刘君惠、徐仁甫、郭诚永、冉友侨、杜道生等先生,他们曾很好地继承、保持和发扬了蜀学的治学精神和学术风格,在文学、语言学、文字学、文献学等诸多方面,卓有建树,成果斐然。像汤炳正先生的《屈赋新探》《楚辞类稿》,屈守元先生的《文选导读》《览初阁论著辑录》,魏炯若先生的《读风知新记》《离骚发微》,王仲镛先生的《唐诗纪事校笺》《升庵诗话笺证》,王文才先生的《杨慎学谱》《元曲纪事》,徐仁甫先生的《广释词》《广古书疑义举例》等,都得到学术界的首肯,在海内外享有声誉。他们的学术研究,共同体现出一种重实证的治学精神,形成了一种重文献、言必有据的学术氛围。

9月,"暑假后,炳英先生调任省文史馆副馆长,将系主任职务交与周虚白。学院以招两年制专修科为主,只招本科一班。翁教本科,又兼专修班部分课程。古典文学将文学史与作品合

---

①载《四川师大报》2006年5月12日。

并，分为四个阶段：一、先秦文学，二、汉魏六朝文学，三、唐宋文学，四、元明清文学”①。周虚白亦是李炳英的弟子。

10月，参加批判《红楼梦》研究中的资产阶级立场、观点、方法和胡适唯心论。

11月20日，论文《评〈鲁迅作品的分析〉第一卷》发表，载四川师院《教学生活》。录入如下：

评《鲁迅作品的分析》（朱彤著　一九五三年九月上海东方书店出版社）第一卷

鲁迅先生的作品，是祖国文学遗产中最辉煌最瑰丽的一部分，在全国的广大群众中已经掀起了热烈的学习高潮。因为鲁迅先生“虽然没有看到新时代的新事物，但他却是培养这新时代新事物的人”（智利革命诗人聂鲁达语）。所以新中国的任何一个人，在接触到他的作品时，都感到无限的亲切和爱好，从而获得了极大的思想启发和革命教育的效果。

可是，我们知道，从初学者来说，鲁迅先生的作品在某种程度上是比较不容易深入地理解的。当然，几十年来，研究鲁迅先生的作品的，颇不乏人。但综合的研究比较多，而以作品为主加以具体分析者则比较少。这不能不说是一种偏向。最近继许杰同志《鲁迅小说讲话》之后，朱彤同志又出了一本《鲁迅作品的分析》第一卷，这在学习鲁迅的高潮中，应当说是一件喜事。

朱彤同志这本书，是有他的成就的。这主要表现在材料收集上的全面性。正如作者所说：“不是孤立地分析他的某一篇作品，而是通过他的思想发展，通过他的这一篇和其

①屈守元《麐翁自订年谱》，1954年条。

他有关作品的内在思想联系,结合着他的生活背景,结合着当时历史的社会的背景,具体地探索那些艺术浮雕的意义和影响。”(前记)这从全书来看,作者的确是在向着这一方面努力的,并且有了一定的收获。其次,作者并没有片面地从写作技巧上着眼,而是从作者思想感情的深处,来发掘艺术上的表现方法。因此,在内容决定形式的原则下,就有了不少的深入而细致的分析和体会。如对《祝福》一篇的某些分析,就是个突出的例子。由于有以上两个基本特点,则这本书的出版不能不说是给了研究鲁迅先生的思想、艺术和读鲁迅先生的作品的人们以相当的帮助和某些示范作用。

但本书在另一方面,也存在着一些缺点。现在把我的一些不成熟的意见,提出几点,作为朱彤同志和读者的参考。

首先,这本书的“第一部分”,认为“鲁迅思想伟大的发展”,是从一九二五年开始的,因此作者就断然从这一年开始分析,这以前就置而不论。作者的意思,认为在这以前,鲁迅先生是一个进化论者,具体地表现在他把祖国和人民的希望寄托在青年人身上。“因此,这根支柱的摇动过程,也就具体地反映了他的前期思想体系逐渐扬弃的过程。”而这种“摇动”是从一九二五年初开始的。但我觉得这种一刀两断的划分方法,是不很妥当的;并且也不应当把进化论的思想的摇动,完全放在对青年人失望和怀疑的这一点上。而应当从他在进化论的基础上所发生的跟进化论全不相同的思想和思想斗争的事实上来看他的思想发展的过程。当然,一九二五年,他的思想转变是比较显著的,但如果说在这以前他的思想是停止不动的、没有矛盾的、没有发展的,这是不合乎事实的。

当鲁迅先生抱着进化论的观点时,对辛亥革命是寄以很大的希望的。但结果“貌虽如此，内骨子是依旧的”(《朝花夕拾·范爱农》)，这就不能不使鲁迅先生陷入怀疑、深思和摸索当中，就在这个时期，十月革命一声炮响，就立刻使鲁迅先生在思想上有了新的发展，他知道了新社会的创造者是无产阶级。但由于资本主义国家的反宣传，却又不能不使他“怀疑”(《且介亭杂文·答国际文学社问》)。这“怀疑”的心情，就是他“吾将上下而求索”的彷徨、矛盾、斗争的具体表现。然而因此也就增加了他的革命的战斗性，他自己认为他这时跟革命的前驱者(李大钊等)的步调是一致的，这完全是事实。当然，这决不是说他这时已经是一个马克思主义者。冯雪峰同志说得好：

> ……他的战斗，也是受着十月革命的号召与推动的，他是战斗在世界无产阶级革命的时代，而在国内还直接受着中国无产阶级的领导与影响，他在前期，已经和共产党人结为亲密的同盟。鲁迅所处的历史时代，说明着鲁迅前期的革命民主主义思想，也是在无产阶级的领导与影响之下发展到最辉煌的程度的。(一九五三年《文艺报》二十号，《伟大的奠基者和导师》)

我觉得这话是非常正确的。自我改造的主观要求是迫切，是鲁迅先生的伟大精神之一。在前期中作为一个进化论者的鲁迅先生，在接受无产阶级革命的领导下，他的思想斗争是必然的。在斗争中逐步地向着伟大的目标前进，这决不能说是一九二五年以后才有的事。我们发现在他前期的作品里，并没有把“生存竞争”与“弱肉强食”的进化论的动物社会定律移用于人类社会，相反的，有时由于对人类社会的不平，反使他对动物社会的定律发生怀疑和反抗。如当他发现小兔被大猫吃掉以后，他说：“造物太胡闹，我不能不反抗他了，虽然也许是倒是帮他的忙……”(《呐喊·兔和猫》,一九二二年写)这就证明了他在前期的思想上是有着不同于一般进化论的思想因素的,而且也有跟进化论互相矛盾的思想存在着。

因此,我认为把鲁迅先生的伟大思想发展的“开始”,固定在一九二五年,是值得商榷的。

其次,作者由于取材丰富,有时就不免有些拉杂混淆的地方。例如他说明一九二六年鲁迅先生的矛盾心情时,就引了鲁迅先生《写在〈坟〉后面》的一段话:

> (路)当然不止一条,我可正不知哪一条好,虽然至今有时还在寻求。在寻求中,我就怕我未成熟的果实,偏偏毒死了偏爱我的果实的人。

作者接着说:“……新的信念虽在酝酿着,但还只是未成熟的果实,他不敢冒然摘下来送给读者们,恐怕将革命写歪了,反而于革命不好。”接着作者又加了一个注释:

> 鲁迅先生的这种心情,又反映在他后来的一篇杂文里:“……知识阶级……要写出革命的实际来,是很不容易的,……对于和他向来没有关系的无产阶级的情形和人物,他就会无能,或者弄成错误的描写了。”(《二心集·上海文艺之一瞥》)

我觉得把这两项材料拉在一起,来证明鲁迅先生的某种心情,是不够恰当的。因为前一条是写于一九二六年的,而后一条是写于一九三一年的。前者是说明了他在前期思想上的彷徨、矛盾达到最激烈的阶段的情况。究竟走哪一条路,还没有作最后的确定。因此,就不敢“为别人引路”,因为“连我自己还不明白应当怎样走”(《写在〈坟〉后面》)。这是他还没有能坚决地走向无产阶级革命的路,而显出的矛盾的心情。并不是把革命写得“歪曲”和“不歪曲”的问题。至于后一条材料,却是鲁迅先生已经成了一个无产阶级革命战士以后的思想表现。是他在上海领导“左联”时,给小资产阶级出身的作家,指出了新现实主义的创作道路的。所以他接着又说:“革命文学家,至少必须为革命共同着生命,或深切地感受着革命的脉搏的。”(《上海文艺之一瞥》)因此,态度是坚决的,立场是稳固的,只是怕革命的文学家不能正确地反映革命斗争的现实罢了。把这两项绝不相关的材料,混为一谈,来证明鲁迅先生的某种心情,这是错误的。作者在材料的运用上,前后矛盾的地方还很多。

又,作者在分析作品时,对鲁迅先生创造典型人物的现实主义的精神,分析得比较中肯。但有时也不免有些牵强的地方。如认为“孔乙己”这个人物,是当时的“孟夫子”和“族伯”的合影,这是对的。但又认为这里面也概括了鲁迅先生的故友范爱农的形象,这却值得考虑,作者说:

> ……他(范爱农)被封建的豪绅挤榨而死,境遇哀惨,激起鲁迅先生的愤慨,所谓“人间直道穷”“故里寒云黑”,似乎和“孔乙己”的控诉有些渊源。特别是范爱农那样穷困颠沛,“各处飘浮”,仍然从酒杯里寻找慰藉。而他心里尽管满是痛苦和牢骚,朋友们却懒得听,“以为不如讲笑话有趣”。我不成熟的推想,在这些方面,也可能与孔乙己的刻画有着一定程度的关系。

我们知道,一个典型人物,是具有一定的阶级性乃至阶层性的。在不同的阶层或集团里的人物,是有他不同的典型性的。虽然鲁迅先生作品里的人物,“是一个拼凑起来的角色”(《南腔北调集·我怎么作起小说来》),但却从来没有混淆了他的阶级性乃至阶层性的特征;也就是说,决不会把两个不同类型的人物的特征,集中在一个人物的身上。鲁迅先生对人物的刻画,“常取类型”,就很清楚地说明了这一点。范爱农是个颇有“傲骨”的留日学生,他对革命抱着很高的热情，只因辛亥革命的失败，才迫使他走向痛苦、牢骚的路子上去，这是属于新知识分子这一类型的人物。他跟鲁迅先生所创造的《在酒楼上》的“吕纬甫”，及《孤独者》的“魏连殳”是一流的人物，尽管他们各有不同的行径和归宿。至于孔乙己，则是一个没落的封建知识分子的典型，绝不能跟范爱农混为一谈。相反地，他跟《白光》里的“陈士成”，却是一个类型的人物，只是由于他们“内部的复杂与分散性，他的感情与理性的全部矛盾，而造成了结局决定他的社会的行动的个人的特性。”（高尔基《论戏剧》）但基本上是属于一个类型的。如果只是根据范爱农的某些事迹，跟孔乙己有某些表面类似之处，而把他们说成“有些渊源”，“有着一定程度的关联”，这是一种错觉，而不是从本质上来看问题。这种方法是不妥当的。其次，鲁迅小说中的人物，当然都是以现实人物作基础的，但他却是“拼凑起来”的典型人物，不应当也不必要用“按图索骥”的办法，把每个人物都找出固定的“模特儿”。有些读者，往往说鲁迅先生某篇小说是在骂的某某人，这种不正确的倾向，在过去是错误的，在今天仍然是需要防止的。因为这样作，就会减低了伟大的现实主义作品的高度的概括性，而走向琐碎的考证的道路上去。

作者对孔乙己的性格，又有这样一段分析：

> 他会偷书，有时也会撒谎、抵赖，不过他撒的谎给揭穿了，他就坦白地承认了；他看见茴香豆剩下的不多，孩子们的眼睛，都望着碟子，他就慌忙“伸开五指，将碟子罩住”，并没有弯弯曲曲地遮掩自己的心理，不像那帮吃人的家伙，唇边抹着人油，嘴上还有一套“道德仁义”，我们这样一比较，又觉得孔乙己毕竟还算是质朴的。

这样的说法，跟鲁迅先生笔下的孔乙己的性格，是不相合的。因为孔乙己应该是从小资产阶级掉下来的一个封建知识分子。他的“自命清高”和“爱面子”等性格，还是在保持着的。所以当别人指出了他的可耻的缺点时，他始终是“弯弯曲曲地遮掩自己”，不愿在群众面前丢脸。他不是说什么“凭空污人清白”“君子固穷”，便是“涨红了脸”或“睁大眼睛”，表示反抗，他并没有“坦白承认”的心理。这是鲁迅先生作为孔乙己的缺点来描写的，并不是用来表现他的“质朴”。那是不是说孔乙己就没有优点了呢？当然不是。鲁迅先生对他是抱有一种希望的，但却不是本书作者所指出的那些事实。鲁迅先生曾说过：他写小说，往往“删削些黑暗，装点些欢容，使作品比较地显出若干亮色”，借以达到“设法加以治疗的希望”（《自选集序》）。鲁迅先生对孔乙己这个人物所写出的“欢容”和“亮色”，应当是“品行却比别人好，就是从不拖欠”和“很恳切的”教酒僮识字，以及热爱下一代——小孩的种种事实。这说明了孔乙己并不是不想作好事的。这正是鲁迅先生对旧社会被迫害的人民同情和希望的伟大精神的表现。当然，孔乙己在被打断了腿以后，别人说他偷东西，“他这回却不十分分辩”，但“他的眼色，很像恳求掌柜不要再提”。不过，这并不是他的“坦白”，而是鲁迅先生更深刻地写出了从小资产阶级刚掉下来的人物的灵魂深处。因为他在残酷的现实磨折之下，是充满了自尊心与自卑感的矛盾的心情，也表现了鲁迅先生对他的深切的同情！

最后，我们感到本书还有其他方面的一些缺点。例如作者在《前记》里开始便说：“由于鲁迅先生对于我们新文艺的伟大影响，系统地研究他的作品，是理解新文学史，特别是初期发展史的一个重要关键。”我们不晓得作者所谓“初期发展史”，是指哪一阶段而言。一般地对“五四”以来新文学发展的分期，基本上是以一九一七年到一九二一年为倡导时期；一九二一年到一九二七年为扩张时期，一九二七年到一九三七年为新文学的更高阶段发展时期。我想作者所谓“初期”，无论如何也不会把一九二七年到一九三七年这一阶段包括在内。果尔，则作者似乎只强调了鲁迅先生前期的小说创作的价值，而忽视了他后期的杂文的伟大的意义。这跟重视后期作品而忽视前期作品的看法，同样是不正确的。又本书有些地方，材料不够确实，如一〇六页说：“蹇先艾用湖南的景色，写下了《朝雾》小说集。但《朝雾》里的背景是贵州，不是湖南，因为蹇先艾是贵州遵义人，他的“乡土小说”，当然写的是贵州。

前面几点不成熟的意见，是在读了《鲁迅作品的分析》时，随手记下来的。当然，可能有些不够正确的地方，但我却是抱着一种诚恳的心情，来跟本书作者和读者互相切磋、研究的。希望能因此而对鲁迅先生所留下的光辉灿烂的文学遗产，有更进一步的认识与理解。

年底，学校选定新校址于成都东郊狮子山南麓。

1955年乙未　先生四十六岁

在四川师范学院。

3月24日，在总理周恩来的关怀下（周恩来在回复田桓亲笔信中说：“我已发函告诉江、浙两省隆重处理。”①），苏州举行了公祭太炎先生的仪式；4月3日，浙江省人民政府正式为太炎先生举行了安葬仪式：遵照老先生生前的遗愿，灵柩迁葬于杭州西

①《我所认识的孙中山：田桓先生访问记》，载香港《广角镜》第109期，转引自章念驰《我的祖父章太炎》，第66页。

子湖畔南屏山麓荔枝峰下，紧邻张苍水墓①。葬礼由马一浮主持，章夫人致答词。墓碑上面刻着“章太炎之墓”五个大字，系太炎先生被袁世凯软禁时在1915年自篆。

3月，参加对胡适唯心主义思想的批判。

8月，教育部颁布《高等学校科学研究工作暂行规程（草案）》。

8月，参加学校开展的肃清反革命运动。肃反学习后，上课。

11月5日，杂感《伟大的运动，深刻的教训》发表，载《教学生活》。

11月20日，论文《关于学习“普通话”的几点意见》发表，载《教学生活》。

11月23日，署名“汤炳正等搜集”的《湖南民歌二四首》②发表，载《民间文学》十一月号。

1956年丙申　先生四十七岁

在四川师范学院。

1月，中共中央在北京召开关于知识分子问题的会议。周恩来代表中央作《关于知识分子问题的报告》。会议一方面郑重宣布我国知识分子“已经是工人阶级的一部分”，另一方面阐述了“向科学进军”的问题。会后全国形成“向科学进军”的热潮。与此相应，教育部制订《关于1956—1967年发展教育科学的规划草案》。

2月24日，中共中央发出《关于知识分子问题的指示》。

5月，参加学院开办函授教育。

---

①太炎先生去世后，国民党政府虽下令国葬，然由于战争，太炎先生的灵柩一直停放在家中，未能落葬。

②其中有四首是先生搜集的。《民间文学》创刊于本年4月。

5月，毛泽东提出“百花齐放、百家争鸣”的方针（4月25日，毛泽东在中国共产党中央政治局扩大会议上作《论十大关系》的讲话，提出“百花齐放、百家争鸣”的方针）。根据这一指示精神，陆定一在怀仁堂向几百位高级知识分子作《百花齐放、百家争鸣》①的重要讲话。强调指出，要使文学艺术和科学工作得到繁荣和发展，就必须采取“百花齐放、百家争鸣”的方针，而这个方针，“是提倡在文学艺术工作和科学研究工作中有独立思考的自由，有辩论的自由，有创作的自由，有发表自己的意见、坚持自己的意见和保留自己的意见的自由”。

7月10日，《四川日报》“讨论百家争鸣”专栏发表《在学术刊物中如何贯彻“百家争鸣”的方针？》《上海一百多位教授科学家讨论“百家争鸣”》。

7月，教育部决定将学校拆分为两个部分，专科留在原址，更名为“南充师范专科学校”（即今“西华师范大学”前身）；本科②则保留“四川师范学院”之名，师生两千余人由南充迁往成都东郊的狮子山新建校址③。据当时的学生杨树兰说，“两个方案吧。因学生太多，能自行去的，发路费。集体走的，学校管车辆。

---

①载《四川日报》1956年6月15日。

②“分校时对原有师资、校具和教学设备的分配，基本上是按本科二、专科一的比例进行分配的。”见佘正松主编《西华师范大学校史》第25页。

③“最初的决定是把四川师范学院迁至重庆市枣子岚垭，但由于种种原因，机缘巧合，四川师院最终落户狮子山下。划拨土地是在三八妇女节那天，十万多斤白家竹把即将建校的土地打桩围起，场面是何等的让人激动。继之，引来狮子山畔清凌凌的‘东山灌溉’水；沙河堡变电站接来的电流让荒地上升起璀璨的明星；从有百年烧陶史的三瓦窑，靠人力推鸡公车运来的瓦渣儿，铺平从杂草中开出的黄泥路。就靠着三百余部鸡公车日夜不停地往返于工地和三瓦窑。正所谓众人拾柴火焰高，一条毛坯路很快铺成。忆起当时的劳动场面，夜晚的工地灯火通明，鸡公车队唧唧咕咕，游龙般的灯火延伸向山间，划透黑暗，是何等的热火朝（转下页）

我与陈容舒是自南充到重庆，再乘火车至沙河堡新校址”①。8月26日，“记得，那是1956年暑假的一天，由于迁校，我们十余名教师乘坐一辆露天大卡车从南充向成都进发。这车厢装满了行李，教师们都以‘高屋建瓴’之势，坐在行李的高头。经过两天的颠摇，卡车由现在的校碑处，转了个弯，驶进了狮子山”②。狮子山方圆三平方公里，因形如巨狮而得名。所谓“山”，其实是浅丘，最高处也不过海拔五百米。建校初期，学校连一间教室都没有，临时搭了无数简易的敞席棚作为教室。这些教室的前面并无门窗，就像市面上的小摊贩那样。“学校刚搬到狮子山，除了几栋宿舍楼、教学楼、食堂和用竹木搭建的简易礼堂、澡堂等外，就是堆积如山的建筑材料，满地的工棚，满眼的黄土包，坑坑洼洼的路是学生们用脚板走出来的。校门外一片绿野平畴，学校为树林花果环绕，远离城市的喧嚣，清净宜人，是个读书做学问的好地方。建校之初，一边建校，一边教学。校园道路泥泞，用水困难，大多数师生在简易的草棚内上课，不少教工还住在未拆除的农舍里，生活条件十分艰苦。时任四川师院党总支书记的吉喆同志就经常对广大师生员工进行艰苦奋斗的教育，动员全院师生员工发扬艰苦奋斗、自力更生的精神，团结一心为新的四川师院的建设而发愤工作。校领导身先士卒，师生们也一起积

（接上页）天啊！历经半年的艰苦奋战之后，1956年8月底，一座初具规模的大学校园显现在狮山这片荒地上。校园内那绿树环绕的狮子山，清清的小溪，路边的垂柳，鳞次栉比的宿舍、教学楼、幽静的图书馆，镶嵌在校园四周的果树园都留下我们的身影。”见丁杨婷《流浪中的学校》，《四川师大报》第426期（2006年3月1日）。

①杨树兰2018年8月21日致撰者信。

②先生《狮子山的最初一瞥：为纪念四川师大建校四十周年而作》，收入《剑南忆旧》。

极参加义务劳动,当时还出现了千人挑灯夜战的劳动场景。”①“我来狮子山的第一堂课(讲郭沫若的《凤凰涅槃》),就是在这个‘教室’里讲的。在这些路旁席棚里讲课,实在是个考验。路上的人来来往往,声音嘈杂,有时声调之高,大有‘喧宾夺主’之势。而且席棚之间并无隔音设备,教师之间,讲课互相干扰;为了使学生听得清楚,我曾竭力提高嗓门,但隔壁的嗓门也不得不随之而提高,仿佛在进行‘男高音’比赛似的。雨天上课,外面大下,里面小下,躲不胜躲;热天,太阳晒透席墙席顶,教室有如蒸笼;冷天寒风扑面,并没有遮风取暖的设备,像我这样体弱的教师,感冒成了‘多发病’。”②学校“迁到成都时,只有中文、历史、数学、物理、化学五个系,规模较小”③。

9月,五六级的何世进后来回忆道:“我最为敬仰的是讲授现代文学的汤炳正教授。他不同于一般教授的是绝不食古不化,他对于每一位现当代大作家的典范作品皆有独到的真知灼见,渐渐影响我怎样阅读和研究文学作品有了新的启悟,也就是说脑瓜子日渐开窍。”④

8月,作为学校两名代表之一,先生随“四川教育参观团”赴全国参观工业建设成就。在北京,重游琉璃厂、隆福寺等旧地。

11月17日,杂感《我对“百家争鸣”的感想和体会》发表,载《成都日报》。先生的“感想和体会”:第一,一个科学研究者,如果还不能很好地掌握唯物主义时,无意中把自己残存的甚至原封不动的唯心主义观点流露了出来,这在我们目前科学研究发

①丁杨婷《流浪中的学校》。

②先生《狮子山的最初一瞥》,收入《剑南忆旧》。

③李成良主编《四川师范大学校史》,成都:四川人民出版社,2002年10月版,第83页。

④何世进《求索》,北京:中国电影出版社,2016年10月版,第27页。本书由李向阳老师友情提供。

展的规律上看,是完全可以理解的,也完全是允许的。第二,任何一门科学,都是在不断地发展中逐渐趋于成熟,接近了真理。一个权威学者,在他所处的时代里,对这门学术的结论,好像已经登峰造极了。但由于时代的前进、学术环境的不同,他的结论或者就受到了批评和修正,这是很常见的现象。第三,在“争鸣”的时候,态度要客观,不能因一端而否定全体;态度还要谦逊,要树立在“争鸣”中的互相学习和互相尊重的风气。第四,什么问题才能展开“争鸣”?首先在某门学科中已有“世界性”的结论,这结论已为大家所公认,这是不是可以展开“争鸣”呢?是可以争鸣。问题在于这个结论是不是有值得商榷的地方,你所提出的看法是否“持之有故,言之成理”。其次是学术界的“无名小卒”,如果偶尔发表了不够正确的论点,需不需要“争鸣”?是需要争鸣。因为既然发表出来了,就或多或少会发生一些影响,不“争鸣”就近于默认。先生还讲了自己在1949年以前,“从研究精神上讲,却很有些‘争鸣’的勇气”,对当时一些著名学者的观点曾“提出了自己的意见”;但1949年以来,自己却有了“思想顾虑,竟不敢争鸣。自从听了陆定一同志关于‘双百’的讲话后,才意识到自己在解放后所抱的治学态度,是极端有害的”。最后先生说:关于“百家争鸣”的问题,已经讨论几个月了,现在的问题不是应当不应当“争鸣”的问题,甚至也不是如何“争鸣”的问题,而是应当在每门学科中提出具体问题展开“争鸣”。先生后来在信中说:“这篇文章,对写我解放初五十年代的思想动态,是很有用的。说明了我虽在‘左’的压力之下,而那种勇于创新的科学精神,是如何的跃跃欲试。故一听到‘双百方针’的颁布,简直是欣喜若狂!但没有料到,这时的‘双百’,不过是昙花一现,接着就进入了严酷的寒冬。”①

①《汤炳正书信集·致汤序波、孟骞(二十三)》。

12月,先生当选为成都市华阳县第二届人民代表大会代表。

1957年丁酉　先生四十八岁

在四川师范学院。

3月9日,中共四川省委宣传部长杜心源来学院作关于加强高等学校政治思想工作的报告。

4月6日,散文《从鲁迅先生的"像"说起》①发表,载《光明日报》。

5月,参加整风与反右派斗争。先生虽然参加了"鸣放",却十分幸运,并没有被划为"右派"分子②。所谓"幸运"或"不幸运",这其中的偶然性是很大的。说来话长,这要追溯到1956年的夏季。当时四川组织了一次全省高等院校教授参观团,赴全国各地视察工业建设。学院选派了两人参加,其中一位是先生。这时适逢家人患喉病,讲话困难,因此,先生临行前,就用纸条写了"守口如瓶,身心安宁"八个字,贴在病床的帐子里,意在提醒少说话。不料本系一位教授来先生寝室送行,发现了字条,默记在心。在"鸣放"期间,他将这八个字大事宣传,用以说明党不民主,故群众不敢讲话。当时上海的《文汇报》也把这八个字作为典型事例报导③。在一次四川师院召开的鸣放大会上(有省市

---

①后收入《鲁迅研究资料编目索引(1949年10月—1974年12月)》,扬州师范学院图书馆1976年6月编。

②"在这场斗争中,我院教职员和学生有146人被错划为右派分子(其中正,副教授5人,讲师11人,助教2人,干部6人,学生122人),占全院总人数2304人的4.8%以上,误伤了一些好同志。"见杜心华主编《四川师范大学校史》,第52页。

③如《文汇报》1957年5月6日头版有《成都教育界高墙仍在,许多教授守口如瓶害挨整》消息。《成都日报》1957年6月20日也有"狮子山头厚雾重"。

领导参加），数学系某老师面对院长与党委书记，以这八个字作为炮弹，说党不民主。先生当时本着实事求是的精神，在几百人的大会上，挺身而起，说明这八个字的来历与本意，驳斥了这位王姓老师对事实的歪曲，指出它跟党民主不民主毫无关系。这使当时颇为流传的"守口如瓶，身心安宁"的事实真相得到澄清。据先生的回忆，他当时也参加了"鸣放"，但他的想法是："对党有意见，可以提，但歪曲事实真相，我决不同意。"后来姚奠中对先生说："也许正是这个小小的插曲，使你没有戴上那顶'右派'的帽子！"①先生一位学生近日告诉撰者，他在"右派摘帽工作办公室"的友人曾悄悄地向他透露，"其实汤老师已被内定成右派"。

7月，杂文《匕首和针》②发表，载《草地》第七期。此文背景是彼时有人提出"杂文过时论"，理由是现在已进入社会主义新时代，杂文已没有存在的必要。针对此论，先生撰文予以辩驳："在我看来，小品文（杂文）的前途，并没有'危机'。它既没有'新的危机'，更没有'灭亡的危机'。""鲁迅先生在不民主的时代里，是把杂文作为对付敌人的'匕首'来看待的。如同古人在行刺时，多是以'匕首'相见的。因为它'短小锋利'，便于操纵，又能击中敌人的要害。"杂文对敌人是"匕首"，但对人民却是"银针"；因此，它完全有存在的必要。先生认为，现在的杂文就像古人用以治病救人的"针"："除了它'锋利'外，主要看掌握它的人是否能找到病根？是否能对准穴道？""一个杂文家，能够寻找病根，对准穴道，一针见血，万病消除，才是真本领。""如果说小品文有'危机'的话，那找不到穴道的人，的确有名落孙山之忧，倒不是小品文本身的'危机'！"又说："也有不少同志认为小品文的'特性'，只能是讽刺而不能是歌颂，因而就'吁请各方面谅解小品

①见撰者《汤炳正传》，第150页。

②写于本年5月1日。

文的苦衷'。"先生接着说:"这似乎有些片面,没有能用发展的观点来看问题。以一根锋利的针来比拟小品文,则它不仅可以针砭痼疾,也可以刺龙绣凤。"鲁迅当年除使用"匕首""投枪"外,也曾提出杂文要"给人愉快的休息",有时也是讽刺和歌颂糅杂于一篇。

7月,作家出版社编辑部选编的《楚辞研究论文集》,由作家出版社出版。

7月,学院油印先生编写的《中国现代文学讲授提纲》(中文系四年级用)。

是年,先生撰写关于鲁迅研究教材数十万言。

1958年戊戌　先生四十九岁

在四川师范学院。

2月,国务院成立古籍整理出版规划小组。

3月,学院各系分别举行"交心比志"大会。

4月26日,学院书记黄明作《交深交透,牢立强立,红透专深,力争上游,搞臭资产阶级的个人主义思想,扫除对党关系上的障碍,为赶上大跃进时代的需要而奋斗》的动员报告,学院的交心和红专大辩论日渐形成高潮。

5月10日,先生的儿子汤世洪返乡与张世云举行结婚仪式。两家同村,张家也是当地望族。张父序春,母亲王诗莲,他们膝下共一子两女,世云是小女儿。附张世林写的父祖小传:

张从英、张序春简介

显祖考姓张名留字从英,其父张文盛,绰号二桅(打挂网的杆老梢,又是打橛总指挥)。

祖父自小家境穷困,一贫如洗,未能入学就读,只字不识,十七岁时随父登舢板下海捕鱼(给别人出工捕鱼)。年过三旬，家道仍是不济，仅以糊口而已。四十多岁时，幸喜友人扶持，借贷给他，置办渔具网绳、舢板，继而招收人工，从此远近洋捕鱼为生。

时年年景大丰收，每次出海都是鱼虾满载而归。连年打渔发财，经济得到充分发达，便在大鱼岛开了一处虾房，又增加了舢板渔网。

经几年不断发展壮大，家中盖了十三间房屋，又在石岛、大鱼岛建有房屋二十余间，给石岛商行家、大鱼岛虾房投股当东家十多份，置办田产二十多亩，山岚三处，喂牲口、雇长工，可算得小康家业。

五十八岁在石岛与卞吉仁掌柜合伙开渔业行，名“日昇东”，操持六年辞退归隐。

六十四岁村里推选其为村长，历任三年，正义为民，颇得众百姓敬仰。后因病退职，在家闲居，意欲颐养天年。七十三岁时，偶感风寒，染病在床，只患病五天，寿终正寝，享寿七旬春秋。

显考张公讳序春字钧逸，出生于1918年一个富庶的家庭。自幼聪慧伶俐，喜爱书笔，八岁入私塾学校拜师张从道，研读三年，后转学新民小学，其师于鼎新，仍是古文修身，等书教习，又习读三年，遂涉他乡东山寨前于家村学校，深造两年。

毕业后，回家在石岛义生成渔行当小伙计，工作两年，尽职尽责，得到经理赏识，升为上街、跑外城。

二十一岁到成来渔行，与本村王宝山合伙经营，为二号掌柜。二十六岁买卖散伙，在家闲居。二十九岁，石岛解放后，到青岛跑买卖，维持生计。直到青岛解放时，又到安徽芜湖泰来米市(大商行)专营书写往来信件。后经理沙国良病故，商行败落，他无法继续工作，只好再次南渡到了江西鹰潭。

初到此处,开了个油条铺,经逐步发展,扩大经营范围,开办了一个小饭馆。1956年,公私合营,投入大集体,改为一条龙菜馆,责他为经理,分管业务。

"文化大革命"后期,清理阶级队伍,经调查认为他是地主兼工商业,故被下放。他与家属被迫都迁移到乡村劳动改造。

1979年,由于党的政策转变,落实平反,重新召回旧地——鹰潭。

1978年,曾返回老家,先后三次返乡探亲。最后一次是七十七岁,回来定居故乡。八十三岁因病去世。一生只求于商业经营,从来与政界无关联。

5月,"为了实现知识分子工农化,我们中文系全体师生给发配到距校几十里的龙泉驿进行劳动锻炼,我有幸与汤炳正教授一道拔杂草。他告诉我……响应大跃进的号召,准备对现当代文学作一些研究。"①

6月9日,学院开展教学大整改。中文系、历史系首先停课整改②。《四川师范学院院刊》16日消息《中文系共青团支部响应党的号召投入教学整改》有云:"青年教师都一致向党表示:第一,深入检查自己的资产阶级教学思想、学术思想……。第二,细心分析其他老师的资产阶级教学思想、学术思想及科研态度。助教同志,首先就帮助本课老师翻讲义、翻笔记,做到彻底搜查。对别人提意见要诚恳也要尖锐。第三,放下业务进修,全力以赴的投入整改。"

6月,响应毛泽东提出的"破除迷信,解放思想,发扬敢想敢

①何世进《求索》,第30页。

②杜心华主编《四川师范大学校史》,第58页。

说敢做的创造精神”的号召，黄明向全体师生员工作《继续思想改造，深入教学改革》的动员报告。学院转入了以继续思想改造、深入教学改革为中心的大辩论大整改阶段。

9月，学院召开“以钢为纲，为钢而战”动员大会，开始大炼钢铁运动。

是年，在全国掀起的批判“资产阶级学术思想”运动中，先生因《语言起源之新商榷》论文而被学校树为典型，进行批判。批判者往往“不懂也要装懂”①。“双反运动”在学院如火如荼地开展起来。具体内容：一是反对“资产阶级反动学术权威”，即批判著名教授，拔他们的“白旗”；二是批判“白专道路”，批判资产阶级个人主义以及教学大整改运动，插无产阶级“红旗”。

是年，下放到华阳县劳动锻炼数月。学院“文史系教师下乡，在（华阳县）上游公社（即中兴场）参加公社化劳动”②。

年底，应学院安排，先生开设“毛主席诗词讲座”课，共讲了“二十一首诗词”。

1959年己亥　先生五十岁

在四川师范学院。

2月，“响应中央号召，开始进行教学秩序整顿，进入新一阶段教学大纲的编写”③。先生编写了数万字的新教材。

5月，论文《“五四”新文学运动中光辉的一页：从“五四”新文学阵营内部两条道路的斗争看共产主义思想对文学革命的领导》④发表，载《草地》第五期。署名是“四川师范学院中文系中

---

①先生《楚辞讲座》，桂林：广西师范大学出版社，2006年9月版，第8页。
②屈守元《麋翁自订年谱》，1958年条。
③李成良主编《四川师范大学校史》，1959年条。
④写于本年4月24日。

国现代文学教研组”。这篇论文虽为纪念“五四”运动而作,但是却填补了“五四”新文学研究的一项空白。文章的贡献首先在于对李大钊罕为人知的佚文《什么是新文学》(《守常文集》失收),阐幽发微,公之于世,使先烈在“五四”思想战线上不同凡响的卓越见解,发出耀眼的光芒。其次,把李大钊的这篇佚文,放在“五四”时期的历史条件下、胡适的《文学改良刍议》等影响风靡一时的具体环境中进行分析研究,因此显得特别有深度、有力量。这篇论文系先生一人独自命题,独立完成的。因为在当时那种形势下,加之又是领导安排他的任务,这样便署上所在单位的名称。自己的文章,署上集体之名,这在当时已是司空见惯的事,甚至也是出于某种组织原则。杂志社把这篇论文作为头条来发表,可见编辑部对它的重视程度。先生这篇文章的确写得具有相当的理论深度,不像当时一些文章只讲大话与套话;但我们必须指出的是,它也烙上了“左”的时代印记。这既是当时政治斗争的需要,也是先生本人的局限。

9月,学院函授部印发先生主持的“中国语言文学系现代文学教研组编”《中国现代文学史》(初稿),共计四册①。

是年,先生继续讲“毛主席诗词讲座”。

1960年庚子　先生五十一岁

在四川师范学院。

8月,周恩来提出“调整、巩固、充实、提高”八字方针,全面

①其中第二册是先生当年送给撰者的。目录页“第四章　鲁迅及其作品”旁有先生用钢笔注明的“汤编”。“其他三册,也是多人分写的。教研组集体讨论通过。”也请了一些学生参加编写,据何世进说:“我是那么愉快地接受了所谓科研任务,编写《中国现代文学史》,主动担任了编写《茅盾的生平及其创作道路》这一章。”

总结“教育革命”的经验与教训，形势略为宽松。

10月20日，先生致函师母汤国梨：

师母大人赐鉴：

忽得手示，曷胜欣忭！睽违尊颜二十余年，仰慕之情，无时或已，沧桑之感，一言难罄，想处境正同耳。

附寄大作《高阳台》《水龙吟》，抒写为先师扫墓情景，俯仰今古，凄怆难胜。但与张公苍水相比，虽“英雄一例终黄土”，而先师正当宣付史馆，照耀“汗青”，不只“野老村翁，闲话遗闻”而已。

同门诸友，战时星散，炳所知者，惟姚奠中兄(豫泰)在山西大学任教，余无所闻。

耑此敬颂

吟安！

后学汤炳正拜上

年十月廿日

附汤国梨先生词如下：

往者外子章君，因反抗帝制，被禁燕都三载。既南归，乡人迎于上海，返杭州作湖上之游，乃谒张苍水墓，并为撰文，此四十余年前事也。外子既没于苏州，为谋归骨故乡，得会稽诸申父先生代为觅得南屏山地，与苍水墓比邻，岂意料之所及耶？外子与张公，萧条异代，道合志同，而今共此湖山风月，非偶然也。重来凭吊，景物依然，回首前尘，宛如昨日，凄怆兴怀，爰谱此词，调倚高阳台：

春到钱塘，人归歇浦，陈陈梦影前尘。油壁青骢，相将湖上嬉春。十年迁客曾经地，喜湖山荡尽尘氛。尽多情怀古，苍凉展拜忠魂。

英雄一例终黄土，痛萧条遗榇，来与为邻。杯酒倾怀(苍水公墓,每年祭扫,必为外子安一席),兴亡把臂重论。丰碑五字亲题署(外子墓碑,仅“章太炎之墓”五字,为其幽禁北京时手写刻石,时并不加以生卒安葬等年月日),为人间鸿雪留痕。倘他年野老村翁,闲话遗闻。

丙申仲春,携展女南屏山扫外子墓,并吊苍水公墓,苍凉万感,赋此寄怀,调倚水龙吟:

江山此日登临,当年虏骑纵横地。神京残破,生灵涂炭,国仇如沸。誓扫胡尘,枕戈浴血,壮怀难已。奈天心沉醉,江水无情,奇零草,孤臣泪。

多少兴亡旧事,算从今休还重记。汉家旧物,金瓯无缺,已酬素志。青史传名,青山埋骨,长留正气。看佳城郁郁,南屏山好(公由萧寺赴市,望见南屏,曰:好山色),荔枝峰翠(公墓在荔枝峰下)。

景麟同志指正

汤国梨初稿

写于苏州时年七十又八岁

1961年辛丑　先生五十二岁

在四川师范学院。

9月15日,为贯彻中央“调整、巩固、充实、提高”八字方针,教育部出台“高校六十条”“中学五十条”“小学四十条”等文件。一时学术界空气较为活跃,先生即着手撰写思考已久的楚辞学论文①。

12月,先生在成都文物商店里购得清经学家孙星衍平津馆所

①吕叔湘1962年11月29日在致张汝舟的信中有“自去年高教条例颁布以来,纷纭骤息,人心向学,正宿学如先生者发挥作用之时”语。影件由张道锋小兄提供。

藏的一块端砚，遂拟以“渊砚楼”名书斋。“研”乃“砚”的本义字，“渊”则取自孙星衍之字“渊如”。有时作为自我抒情，也改写为“渊研楼”或“研斋”。“在清代的学者中，孙星衍治学，博雅有余，而精深不足，并非我所衷心景仰的对象，遗物可贵，而以此名斋，心中并不惬然。”后来又在这方砚底刻下了几句题识：“辛丑冬，得古端砚于蜀肆，乃清阳湖孙星衍氏旧物，前人矻矻治学之精神，犹存于石痕墨渍间也。”下款：“山左汤炳正志于万里桥边小舍。”①

1962 年壬寅　先生五十三岁

在四川师范学院。先生为系里的青年教师讲授《诗经》，并受学院指派到四川人民出版社为编辑讲授《诗经》。

2 月 8 日，先生买到一册谢国桢的《顾亭林学谱》（商务印书馆 1957 年 3 月版）。阅后，先生在该书的最后空白页录下“清陆以湉《冷庐杂识》卷五《顾亭林狱事》”一文②。

3 月 9 日，先生致函中华书局编辑部：

中华书局编辑部同志：

一、在体例方面，如果依照旧例，小学附入经学，则《说文》《尔雅》之后，应当增加《广雅疏证》《方言笺疏》等书，同意刘念和的意见。如果将来还要整理出版清儒有关小学的著述，则这一套书内可以不收《说文》。至于《尔雅》为解经之作，当作别论。

二、选目方面，今古文家兼顾，比较精当，王先谦在《尚书》方面无成就，《尚书孔传参证》是否可以换为王鸣盛的《尚书后案》为恰当。

三、如果将《说文》收入本编，则在段氏《说文解字注》

---

①先生《无名书屋话沧桑》，收入《剑南忆旧》。

②影件由周学涛提供。

之后，是否可以按《大戴礼》之例，把钮树玉的《说文段注订》、徐承庆的《说文段注匡谬》附在后面。

耑此顺颂

时祺！

汤炳正

三月九日①

10 月，论文《〈屈原列传〉新探》①（后改名《〈屈原列传〉理惑》）发表，载大型学术辑刊《文史》第一辑。《编者题记》云："我们要求《文史》具有这样一种鲜明的性格：崇尚实学，去绝浮言。我们提倡朴学家的学风。乾嘉以来朴学家们的研究工作，如果剔除其逃避现实和释事忘义的一面，他们那种严肃认真、一丝不苟的治学态度和实事求是、尊重客观的治学方法，仍然是一份有益的遗

①此系先生就《清人经解辑要》整理出版计划（草案）所提意见。中华书局徐俊撰文记叙云："中华书局编辑部于 3 月 15 日收到四川师范学院中文系汇总寄回的书面意见，依次为屈守元、魏炯若、雷履平、张白珩、刘念和、徐仁甫、汤炳正、刘君惠八人，均为各自亲笔，写于 3 月 9 日。其中屈守元、汤炳正二位先生所提意见最为周密。"见徐俊《"十三经清人注疏"缘起》，载《书品》2012 年第 3 辑。徐文引先生此信，专门注明"《汤炳正书信集》收录，第 8 页。大象出版社，2010 年"。此信系撰者据网络图片整理入集。2017 年 9 月 7 日，中共四川省委宣传部部长甘霖在四川师范大学调研时说："四川师大的训诂学是十分厉害的。从上个世纪五六十年代起，中华书局在组织出版《二十四史》标点本时，就标点等问题专门征求了川师大中文系多位专家学者的书面意见，中华书局的同志告诉我，四川师大的这批学者，都是全国数一数二的大家。"（事见《四川师大报》2017 年 9 月 11 日）撰者认为或与上面这件事有关。

①此文 1985 年 1 月收入余崇生编《楚辞研究论文选集》（台北学海出版社版）"考据篇"里。本书分"考据篇""论述篇"两部分。作者多系两岸楚辞学名家，如有郭沫若、陆侃如、游国恩、浦江清、台静农、苏雪林、蒋天枢、林庚、李嘉言、马茂元、杨胤宗、刘维崇等，咸极一时之选。

产。批判地继承这份遗产,重视资料,对资料作细心的考订,对于改进我们的学风,或有针砭和药石之效。"饶宗颐曾言:"北京《文史》,允为全国文史方面最具代表性杂志,国外众口一声,共同推许。标准质素之高,稿件审核之严,征引资料勘校之精,无出其右者。"①关于这份辑刊,沈玉成曾说:"所需要的文章,概括起来就是考据和资料,以及虽非马列主义(但不是反马列主义)指导但能言之有物的论文。""第一辑和读者见面亮相,具有一种定调子的意味,因而也格外慎重。既然标榜'实学',那就要拿出真货色来,以使不喜欢这一套的人除了缺少'马列主义分析'之外找不出别的口实。所以,'质量第一'就成了首要的问题。""'文革'前的一至四辑,内容还是相当充实的,至少没有伪劣货色。""出刊以后听到的反映也是一片叫好之声。""刊物的作者群中,如果没有几位学术权威,刊登的文章再好,也显得不够'份儿'。""一篇稿子在四至六审之外,绝大多数还要有一位以上的专家审读。在当时的情况下,这样做还不算困难,因为金灿然同志保证过编辑部的专家都可以做审稿工作,同时社会上的专家,凡治学方法偏于考据资料的也不太走红,不那么忙,对《文史》又颇多好感,请他们审稿,几乎从未遭到拒绝。"②"(《文史》)可以算是'大跃进'和'四清'之间夹缝中的产物。""这一辑(创刊号)的作者阵容十分坚强。""文章的内容也相当充实。这种独树一帜的面貌当然引起了学术界的很大兴趣,在专家中的反映是学术品格高,参考价值大。三千册很快销售一空,许多读者来信要求购买,还有的专家要求寄赠。"③

---

①转引自李静、徐真真《〈文史〉杂志坚持传统五十年》,载《中华读书报》2012 年 10 月 22 日。

②《〈文史〉前四辑的编辑工作杂忆》,收入《沈玉成文存》,北京:中华书局,2006 年版。

③《〈文史〉诞生的艰难历程》,收入《沈玉成文存》。

先生论文谈了两个问题:第一,在《史记·屈原列传》里,不仅仅“《国风》好色而不淫”到“虽与日月争光可也”这一大段话是刘安《离骚传》里的,而且这之前从“离骚者,犹离忧也”以下一直到“虽与日月争光可也”一大段,也是刘安《离骚传》里的话。这一大段话,后人引用都是从“《国风》好色而不淫”引起,其实刘安的《离骚传》,不但对《离骚》有总的评论,也做了一些字句上的诠释工作。这儿的“离骚者,犹离忧也”,就是解《离骚》之题。下面就开始对屈原作《离骚》的用意、《离骚》的价值等等进行了详细的评论,其文意是极为通畅的。除了这一大段话外,《屈原列传》后面的“虽放流,睠顾楚国,系心怀王”到“王之不明,岂足福哉”一大段话,也是刘安《离骚传》中的话。但前人对这一段话没有能明确提出这是刘安的。这是第一个问题。第二,证明了《屈原列传》中上述的这两段刘安《离骚传》里的话,不是司马迁本人采入《史记》的,而是后人窜入的。本文解决了五个方面的问题,基本上就是胡适等人提出的那些问题:第一,关于屈原写《离骚》的年代问题;第二,关于屈原在怀王时是被疏还是被放的问题;第三,关于令尹子兰所怒为何事的问题;第四,今本《屈原列传》一会儿称“屈平”,一会儿称“屈原”,称谓混乱,这也是后人疑惑不解的一个问题;第五,关于今本《屈原列传》存在着论点上的矛盾问题。

关于此文评价甚多。敏泽说:“据汤氏的考辨,现存《屈原列传》中……两段刘安的话,都是后世浅学加以割裂而窜入的,不仅使‘屈原事迹前后矛盾,首尾错乱’,而且造成了文理不通的现象,断非出自司马迁之手。”“汤氏的论据坚实有力,是完全可信的。所以历来把今本《屈原列传》中窜入《离骚传》的话,作为司马迁赞同地征引刘安的评价的依据,是不能成立的。”(《中国美学思想史》第 373—374 页,长沙:湖南教育出版社,2004 年 6 月版)赵沛霖说,“在这方面很多学者做了研究,其中尤以建国前的钱穆和建国后的汤炳正所做的工作更加引人注目”，但钱氏“只是做了一半”，“这另一半作为文献根据其可靠性如何呢？汤炳正《屈赋新探·〈屈原列传〉理惑》回答了这个问题”（《屈赋研究论衡》第40—43页，天津：天津教育出版社，1993年4月版）。金开诚认为，对这个问题，“论证最为充分的要算汤炳正先生的《〈屈原列传〉新探》”，“汤文这么一说，特别是把第二段的著作权还给了刘安，《史记·屈原列传》的矛盾的确是解决了”（《当代学者自选文库·金开诚卷》第338页，合肥：安徽教育出版社，1998年12月版）。褚斌杰说：“汤炳正先生则认为这一问题的发生，乃是‘史迁对传记文与抒情文在行文措辞上的不同’，‘屈原放逐，乃赋《离骚》’一语，乃史迁以概括之笔抒其情，并非以叙述之笔传其事。而且相对成文，则‘疏’别于放；如综括其事，则‘放’可兼‘疏’。这一意见是有说服力的。”①此外，廖化津《〈屈原列传〉解惑：续说汤炳正先生〈屈原列传〉理惑》，载《河北师范大学学报》1992年第4期，称“汤先生之说，发前人所未发，说的是事实，令人信服。这是对屈传研究的一大贡献”。“所以，汤炳正先生说，‘离骚者’‘虽放流’两段文字都是插入的《离骚传》语，是颠扑不破的定论。”董运庭《关于屈原生平事迹的总体廓清：再读汤炳正先生〈屈原列传〉理惑》，载《重庆师范大学学报》2005年第3期，称“四十多年过去了，汤先生在这个问题上所作的论断，仍然是最有说服力的结论”；汤文“从总体理清了前人所列出的疑点，回答了他们提出的问题，已经并且正在得到越来越普遍的认同，他在楚辞学研究史上是功不可没的”。但也有些不同声音，反对最强烈的一篇是宋荫谷《评〈屈原列传〉新探》，称：“《新探》的严重性，关系到‘古为今用’批判继承的研究，包括考证古代文献工作，要不要遵循辩证唯物论和历史唯物论的指导？”其

①褚斌杰《楚辞要论》，北京：北京大学出版社，2003年1月版，第28页。

五个观点如下:一、“所谓‘原本《屈原列传》的本来面目’,不过是捕风捉影之谈”;二、“所谓‘《离骚传》的原型’,恰恰等于空中楼阁”;三、“所谓‘今本《屈原列传》存在问题’是《新探》亡羊的歧路”;四、“不可能从《屈原贾生列传》中删除评价《离骚》的文章”;五、“所谓‘本传赞语有三层意思’,既不能混淆司马迁对两个传主的正确评价,更无济于企图歪曲司马迁世界观的愿望”(载《吉林大学社会科学论丛》文学专集1979年第1辑)。另,温洪隆在《评〈史记·屈原列传〉两段议论文字系后人羼入说》中称,“1982年6月端阳节前后,在楚国的故都湖北江陵举行中国屈原学会成立大会……我向大会提交了一篇万余字的稿子《评屈原箭垛人物论》……对汤先生的《史记·屈原列传》中的两段议论文字系后人羼入说提出了质疑。汤先生参加了这次大会,并被推选为会长,应当看到了我这篇稿子。1982年2月汤先生对我的质疑有了回应,他将发表在《文史》上的《〈屈原列传〉新探》作了修改,并将题目改名为《〈屈原列传〉理惑》,收入齐鲁书社出版《屈赋新探》一书中,重新发表……还是坚持自己原来的论证”①。这里有必要说明一下,“中国屈原学会成立大会”是在1985年6月举行的,“1982年6月”召开的是“秭归屈原学术讨论会”,作者记错了时间却没有记错会议名称。他的这篇大作确实是向“中国屈原学会成立大会”提交的(见齐鲁书社1988年1月出版的中国屈原学会编的《楚辞研究》附录《中国屈原学会成立大会暨第四次学术讨论会论文总目索引》;又揭载于《华中师范大学学报》1985年第5期,改题为《重评“屈原——箭垛人物”论》)。我们知道,《屈赋新探》是齐鲁书社1984年2月出版的,先生如何能回应一年后作者的大作?先生论文入集时都有不同程度修改(使论点更有说服力),这在学术界也是很正常的事;再者《屈赋

①收入《中国楚辞学》第十九辑,北京:学苑出版社,2013年8月版。

新探》中修改题目的，何止这一篇？作者所谓“对他论证的质疑的善意回应，这种实事求是的态度应当受到欢迎”，在撰者看来，不过是自说自话而已。

10月，“印发的第十四号中华书局工作简报，报道了‘胡乔木同志关心章太炎著作的整理出版’的消息，刊出了胡乔木（1962年9月14日）致中华书局总经理兼总编辑、全国古籍整理出版规划小组办公室主任金灿然先生的信”：“去冬在杭州，见到杭州大学中文系主任姜亮夫先生，他表示愿意整理章太炎的全部著作。前见古籍整理简报中似尚无此项计划。不知可否考虑？如同意，可直接去信联系。”①

12月10日，先生致函孙作云：

作云同志赐鉴：

大函敬悉。拙作《〈屈原列传〉新探》，其关键问题，在于史迁究竟见过刘安所著书及其《离骚传》没有？阁下对《屈原列传》中的那两大段文字，虽然作了许多解释，但对史迁是否见过《离骚传》，仍然没有确定的结论。古今学术界对此亦少所探讨。金德建君的《司马迁所见书考》，极为博洽。但他认为《史记·淮南衡山列传》中所叙刘安谋反时，胶西王举其“书、节、印、图”等为谋反佐证，其中的“书”，即包括刘安所著诸书。金君此说不可靠。因为这里的“书”，实即指上文谋反时伪造的书信而言，与著述无关，事实已详拙文。盖刘安的著述，始以武帝“爱而秘之”，并未宣布；继以刘安叛逆，又未便传播。故在当时，虽史迁亦未得见。那么，刘安所著书的传布，究竟始于何时？据《汉书·刘向传》云：“是时，宣帝循武帝故事，招选名儒俊材，置左右。更生

①傅杰《近六十年前整理出版章太炎全集的设想》，载《文汇报》2017年12月9日。

(刘向本名)以通达能属文辞,与王褒、张子乔等并进对,献赋颂凡数十篇。上复兴神仙方术之事,而淮南有《枕中鸿宝苑秘书》,书言神仙使鬼物为金之术,及邹衍重道延命方,世人莫见。而更生父德,武帝时治淮南狱,得其书。更生幼而读诵,以为奇,献之。言黄金可成。上令典尚方铸作事。"从这段叙述看,当时刘安谋反之狱,治狱的刘德确曾收罗了刘安的诸多著作,希望从中得其罪证。但其书皆未公开,故"世人莫见"。而刘向则以与刘德为父子关系,除得读其方术之书外,他书亦当见之。史称宣帝好六艺及楚辞,则刘向所献书,除方术之书外,刘安所著淮南"内书""外书""辞赋"以及《离骚传》等当亦在内。只有此时,《离骚传》才有宣布的可能。故史迁的《史记·刘安传》,未叙著作之事,不是偶然的;直到班固撰《汉书·刘安传》,始有可能补叙刘安所著诸书。以此推之,则《史记·屈原列传》中羼入刘安《离骚传》的两段文字,其时间最早亦当在汉宣帝之后。盖宣帝时,《史记》已由史迁外孙杨恽宣布,故好事者始得就所见资料增补之。而增补之者,或即褚先生之流欤?

当然,刘安的经历与思想是相当复杂的。从史料上看,父辈的遭遇,不能不使他怨望;而武帝对他的尊崇礼遇,又不能不使他感戴。他接受先秦诸子的各派学说,但又倾向于道家的无为。故在谋逆问题上,他始终有些"举棋不定";最后由诸多因素才造成了事实。因而,对刘安评屈原之言,既要考虑到他个人身世的种种经历,更要考虑到他评价历史人物与抒发个人感情之间,有联系有区别这一复杂关系。既不能脱离他的身世遭遇,也不能只作简单的比附,从而把评屈与自传混为一谈。这是我对刘安评屈的两段文字的总看法。

书缺有间,考核为难;言不尽意,未必有当。望阁下裁之。

耑此顺颂

文祺！

汤炳正

十二月十日

12月20日，先生致函李延陵：

延陵同志鉴：

中华转来大函敬悉。拙文《〈屈原列传〉新探》的关键问题，在于史迁是否见过刘安的《离骚传》。在这个问题上，我认为史迁是没有见过的。证据很多，其中的证据之一，是史迁在《史记·淮南王列传》中没有提到刘安有什么著述；到了班固撰《汉书》时，才在《刘安传》里补入了刘安的诸多著述。这显然是由于史迁时代刘安的著述并未公之于世，至班固时代才得见之。阁下认为，史迁见过的书，《史记》不一定就予以著录；并举《史记》里的张苍、贾谊、董仲舒、蒯通等四人的传作证，但我认为这些都不足以说明问题。因为《史记》的体例，对传主的著述，其著录的方式是很多的。即凡史迁见过或知道的书，在写本传时，或著录书名与篇数；或仅称某人著书传于世，而不著录书名篇数；或择其与本传有关的篇章，录其全文或片段；或本传不见，而互见于他传；或所见书尚无定名，则仅就其内容，以意名之，至与今名不同；等等。阁下所举四人，如张苍，在《史记·张苍列传》中虽未言其著述，但在《史记·十二诸侯年表》序里却说"张苍历谱五德……颇著文焉"，这不正说明他有著作行世吗？迨《汉书》本传又说张苍"著书十八篇，言阴阳律历事"，这更证明史迁所见张苍著作，与班固略同。又如董仲舒的著述，《史记》本传虽语焉不详，但《史记·十二诸侯年表》序又说："上大夫董仲舒，推《春秋》义，颇著文焉。"此殆即指《春秋繁露》之类。是史迁不仅见其著述，而且知其内容。迨《汉书》本传，则详言："仲舒所著，皆明经术之意，及上疏条教，凡百二十三篇。而说《春秋》事得失，《闻举》《玉杯》《蕃露》《清明》《竹林》之属，复数十篇，十余万言。皆传于后世，掇其切当世，施朝廷者，著于篇。"盖汉时书尚零散，无总名，故与今日传世之《春秋繁露》颇有不同耳。又如所举蒯通，《史记·淮阴侯列传》所附蒯通事迹，并没有著录蒯通的著作，但在《史记·田儋田横列传》的赞语中却说："蒯通者善为长短说，论战国之权变，为说八十一首。"此亦《史记》互见之例。至于贾谊，《史记》本传虽未明言其著述，但记贾谊为了改正朔、易服色、法制度、定官名、兴礼乐，"乃悉草具其事仪法，色尚黄，数用五，为官名，悉更秦之法"。看来，这些都是写成篇章，著之文字的。其内容，虽未必即与经后人搜集由《汉书·艺文志》所著录的《贾谊》五十八篇，或传世的贾谊《新书》相同，但史迁是据当时所见的篇章及内容而著之于本传，则是无疑的。而且本传又根据需要录其《吊屈原赋》《鹏鸟赋》全文，更是记录其著作的显例，不能认为《史记》本传并未著录贾谊的著作。从上述情况看，阁下所举四例，都说明了史迁对每个传主的著述，只要有所见，都以不同的方式，或从不同的角度，予以著录。这其中亦包括史迁当时所能见到的篇章而跟今世传本并不相同的一些著述。以此推之，刘安的著述如此宏富，史迁如有所见，不应一字不提。可见《刘安传》之所以不及著述，实史迁并未见过的明证。汉扬子云曾誉《史记》为"实录"，殆以此欤！

匆匆作复，略述所见。不周之处，幸垂察焉。

顺颂

文祺！

汤炳正

十二月廿日

1963年癸卯　先生五十四岁

在四川师范学院。

10月,论文《〈楚辞〉编纂者及其成书年代的探索》(后改名《〈楚辞〉成书之探索》)发表,载《江汉学报》第十期。收入褚斌杰编《20世纪中国学术文存:屈原研究》,武汉:湖北教育出版社,2003年8月版。关于《楚辞》,千百年来人们都认为成书于刘向一人之手。如东汉王逸在《楚辞章句》的叙中说:"逮至刘向,典校经书,分为十六卷。"清代《四库全书总目提要》曾有一段总结性的话:"裒屈宋诸赋,定名《楚辞》,自刘向始也。"先生则认为《楚辞》传本乃成书于战国末期到东汉中这一漫长的历史时期内,其编纂增补于众人之手,而非集成于刘向一人。如果把它分成五组来看,则反映出从先秦到东汉《楚辞》成书的基本情况。此结论乃是二千年楚辞学史上未曾提出过的创见,对《楚辞》学史的研究有很大的推动作用。这五组分别是:

第一组:离骚　第一,作者屈原(依秦汉时通说)
　　　　九辩　第二,作者宋玉

第二组:九歌　第三,作者屈原
　　　　天问　第四,作者屈原
　　　　九章　第五,作者屈原
　　　　远游　第六,作者屈原
　　　　卜居　第七,作者屈原
　　　　渔父　第八,作者屈原
　　　　招隐士　第九,作者淮南小山

第三组:招魂　第十,作者宋玉

九怀　第十一，作者王褒
七谏　第十二，作者东方朔
九叹　第十三，作者刘向

第四组：哀时命　第十四，作者严忌
惜誓　第十五，作者贾谊
大招　第十六，作者屈原，或者景差

第五组：九思　第十七，作者王逸[①]

竹治贞夫说，先生据《楚辞释文》的《楚辞》古本篇次，“出色地阐明了十七卷本形成的过程，建立了前所未有的学说”，“可以称得上是出色的研究”[②]。蒋南华说：“《〈楚辞〉成书之探索》一文，灿若龙珠，是他在屈学领域‘开宗立派，自成体系，蔚然为一代宗师’的奠基石。”[③]潘啸龙说：“关于《楚辞》的成书状况，原中国屈原学会会长汤炳正教授早年有过精当的考察。”[④]黄金明说，“关于《楚辞》的成书主要有两种说法”，一是成于刘向，一是成于众手。后者是汤先生提出的，“其说颇有说服力”[⑤]。“汤先生的‘楚辞成书五阶段’说总体上论证比较严密，有较强的逻辑

---

①先生《〈楚辞〉成书之探索》，收入《屈赋新探》，济南：齐鲁书社，1984年2月版。

②竹治贞夫《围绕〈楚辞释文〉的问题》，载日本德岛大学主办《文学论丛》1993年第10号。

③《文章道德彪炳千秋：喜读〈汤炳正评传〉》，载《贵州文史天地》2001年第6期。

④《〈楚辞〉的体例和〈招魂〉的对象》，《安徽师范大学学报》2005年第4期。

⑤《典籍的传播与西汉拟骚之作》，收入《中国楚辞学》第12辑，学苑出版社2009年5月版。

性，今天已越来越为学界所接受。"①"先生于屈原、楚辞研究之贡献，要在论《史记·屈原传》及《楚辞》成书二文，予上文学史讲《楚辞》，必提及先生观点。"②

先生《楚辞》的成书说，对我们研究古书的编辑、流传也有一定的启迪意义。如赵逵夫在《鬼谷子集校集注》序中说："古人著作中虽然往往掺杂弟子后学的著作于其中，甚至后人整理中将无关的人之作（如传、注、评语及内容相近之作、人物名称上有联系之作等）也误编其中，但古书的编辑、流传也有一定的规律，非完全杂乱不可理。一般说来，作者所亲著是在最前面，后面附以弟子之作、后学之作；如后来又搜集到作者本人的著作，或要将本来单行另编的原作者之作编到一起，也是接着前面的编于其后，而不会打乱已定的次序重编。汤炳正先生的《〈楚辞〉成书之探索》一文分析《楚辞》成书的过程，已证明了这一点。"③冉云飞亦说："关于《庄子》的成书，我原书的序言《庄子使我上瘾的几个理由》里有所申述。先秦诸子的成书规律，我认为我最近读的汤炳正先生的《楚辞讲座》里所说甚合我意，他说先秦的典籍，大多是原创者（如庄子）写几篇，其后有门人之模仿，有追慕之模仿，成书有一个漫长的时间过程，不是一时之结集。"④

10月，先生为六三级一班墙报题写"浪花"。"'浪花'是汤炳正教授的书艺，更让大家驻足欣赏，赞不绝口。似乎还没有名教授为哪个班的墙报题写过刊名的先例。"⑤本年进校的一新生说："（先生讲）毛泽东诗词能从意景意象、遣词造句运笔等层层剖析，

①刘庆安《〈九章〉时地研究》，南京师范大学硕士论文，2007年。

②见西南交通大学中文系罗宁教授天涯博客。

③许富宏《鬼谷子集校集注》，北京：中华书局，2008年12月版，第20页。

④冉云飞新浪微博。

⑤萧德君《与汤炳正教授的点滴往事忆》（未刊稿）。

无一废字废言，十分精当且异彩纷呈，令学子眼界大开。”①另一新生说：“在一次听高年级同学给我们新同学介绍中文系的老师们时，说到了中文系有一批全国知名的教授、学者，学术造诣极高，在全国都是响当当的。其中说到汤教授时，这位同学特别钦佩有加。他特别神秘地说到汤教授的寝室挂着一幅画，画了一个特别大的紧口花瓶②。我没有到过汤教授的寝室，也不知学长说的是不是真实的。不过我当时就想：这个紧口花瓶有什么深意呢？直到‘文革’后我才想清楚了，那就是告诫自己，要慎开口、慢开言，什么事都要想清楚了才能说，不然口就是惹火烧身的祸首。”“记得汤教授上第一节课时，我和几位同学早早就到了阶梯教室，找到最好的位置坐下，拿出课本和笔记本等着上课铃声的响起。当看到一个瘦高、戴着眼镜、精神矍铄的老者，拿着讲义走上讲台，同学们都自动起立热烈欢迎汤教授。汤教授讲课时一口山东话，不紧不慢，很好做笔记。我记得，汤教授每讲一课，条分缕析，句句在理，记下来就是一篇很好的论文。所以我当时记得很细心，每每翻来，都对汤教授深邃的洞察力、细微的观察力，深深地折服。”③

12 月 9 日，先生致函李恭：

行之学兄：

得十一月廿七日手示，喜出望外！同门中时通音问者甚少，章师母前年有讯，后又中断。回忆姑苏往事，不能不令人发思旧之幽情也。

兄所联系之“江南诸友”，尚有何人？能示以地址，则幸甚也。姚奠中兄，现任山西大学古典文学教研组组长；郑云

①周锡英《忆汤炳正教授》（未刊稿）。

②此显系由先生那句“守口如瓶，身心安宁”演绎出来的。

③李天椿《记忆中的汤教授》（未刊稿）。

飞兄，现任教于贵阳师范学院中文系。去年有来信，年来忙于工作，又缺联系。弟当以兄之行止相告也。

近读朱仲玉的《章太炎》小册子，亦有章师屈膝项城之说，然谓此系先师在未识破袁某阴谋之前，识破后，则只有不妥协之斗争。但朱氏又说，先师自订《年谱》，始终称袁为“袁公”，弟以未见过《年谱》，未知其审。

附寄拙作油印本一册，谬误之处，希赐正！今年又在《江汉学报》10月号发表了一篇《〈楚辞〉纂辑者及成书年代的探索》，此刊物易得，故未寄也。解放后，只忙于教学，犹感精力不给，科学研究，未能展开。以上两文，皆在暑假写定，平时没有时间。但在党的二百方针的鼓舞下，科研的兴趣甚浓，此后，尚努力为之，希对旧日存稿作一番整理也。

兰州市僻处西北，但近年来听说建设很快，面貌一新，生活亦与内地无异。倘有机会，希能示知一二也。

此颂

近祺！

汤炳正

十二月九日①

年底，学院讲师黄步青（后在朝鲜金日成大学执教）对担任六三级一班的中国现代文学课的辅导员林亚雄说：“汤先生的课不管怎么讲，学生都喜欢听，讲得真是精彩。”②

---

①影件由敏秋小兄提供。

②萧德君《与汤炳正教授的点滴往事忆》（未刊稿）。彼时萧是班上的中国现代文学课的科代表，他说：“只晓得老师是学校著名教授，课讲得很好，非常受学生欢迎。这是有口皆碑的。”“老师讲课讲得很好，非常受学生的欢迎。特别是老师讲瞿秋白的《〈鲁迅杂感集〉序》，非常精（转下页）

1964 年甲辰　先生五十五岁

在四川师范学院。

3 月 10 日，先生在成都旧书肆“偶得”双流李天根校刊的《太炎教育谈》（1920 年仲春观鉴庐刻本），“视同珍宝”，并表示“当继续搜访”先师之著作，并云：“李氏乃蜀中之治小学者。观其所记语意简括，颇得先师意旨。盖亦好学深思之士。”肖伊绯《渊研楼外章太炎》云：“无论如何，仅就上述这些川人对章氏的推崇与认可，都足见其人其学在蜀中学林的声誉与名望。章氏那次短暂的蜀中讲学，在四川民国学术交流史上，也必然是一次具有相当深远影响力的学林轶事。斯人已逝，旧事可追；宏文尚在，故纸留香。章氏作古之后二十八年，他的弟子汤炳正还在蜀中执教，偶然间又购得先师旧著，郑重题跋，点滴师恩永铭。一番抚今追昔之后，在题跋三十二年之后，汤氏也归道山。渊研楼外，汤氏弟子们也正躬耕于学海书山之中；章氏遗绪，仍旧涓涓滲流于巴山蜀水之间。完全有理由相信，章氏学术，还将薪火相传；蜀中才俊，还将继往开来。”①

是年，先生继续撰写楚辞学论文，并修改《〈说文〉歧读

（接上页）彩，可谓无与伦比。”萧说他进校就听高年级学长讲“关于老师的传闻是北大（或北师大）要调汤炳正教授，但四川省高教局不同意放人。当然川师也是不同意放人的，而中文系则更是舍不得老师调走的”。萧在分析这个“传闻”后说：“这算是学生对汤炳正教授赞扬方式的一种选择。直言之，在学长们看来，他们的汤炳正教授就是有本事、有资格、有水平去北大、北师大上课，当教授嘛。”

①收入中国阅读学研究会、章太炎故居编《2013 年华夏阅读论坛之章太炎先生国学思想研讨会会议资料》；又收入肖伊绯《民国笑忘书》，北京：北京大学出版社，2013 年 7 月版。

考源》。

是年，李恭撰《记苏州章氏国学讲习会》（未刊稿），12300 余字，记述讲习会事甚详。

1965 年乙巳　先生五十六岁

在四川师范学院。

1 月 5 日，先生夫人慕惠贞从川师返回原籍荣成石岛张家村居住，当时已在成都沙河堡小学教书的小女儿汤庆玉专门请假护送母亲回乡，因故落户于张家村生产大队①。

先生因“教学任务，未参加‘四清’运动”。

8 月 19 日，汤国梨致李恭函有云：“景麟、豫泰诸君，常与尊通讯否？道路迢遥，且有工作，相见固不易，能音问相通，似有必要，是所希望也。”②

9 月，“汤老师为我们年级讲授的是毛泽东诗词，深受欢迎”（李向阳语）。并写有毛泽东诗词研究教材数万言。

11 月，指导本科生李向阳撰写关于《水浒》研究的论文。李向阳在《为我开启治学之门的老师》③中回忆道：“1964 年我在四川师院中文系学习，对明清小说研究产生了兴趣，比较集中地阅读了一些《水浒》研究的论文，萌生了一些不很成熟的观点，迫切

---

①汤庆玉 2017 年 2 月 7 日电话告诉撰者。

②据周敏秋提供影件录入。

③收入赵家骥、姚章雨主编《师恩难忘》（乐山市教育委员会 1994 年 9 月编印）。李先生曾任乐山师专（现为乐山师范学院）学报常务副主编，郭沫若研究室主任，2012 年 9 月我们相识于网络上，他分几次快递了两百余册书赠送撰者（有些是先生让他买的），包括文中提到的《插图本中国文学史》，并说：“这次寄去的书中有一册精装本俞樾的《古书疑义举例》，章太炎先生是他的弟子，你可以翻阅一下，感受章太炎的老师学问是何等的深邃！”

希望能写成一篇论文。在当时一个一年级的大学生想写这样一个大题目的论文有如痴人说梦，所以我连最好的朋友也没有吐露半点，怕班上的同学取笑。我按捺不住跃跃欲试的冲动，急切地想找一位指导老师。我首先想到汤炳正……那是一个初冬的夜晚，我向汤老师家走去，想起他在课堂上不苟言笑的严肃神态，心里不禁有几分胆怯。在汤老师门前徘徊了很久，终于鼓起勇气，很轻很轻地敲了两下门，好像不是敲门而是一块易碎的玻璃似的……汤老师走出书房，老光镜还未来得及取下，便问我的年级班次，当我说出我的姓名后，汤老师笑了，说我是大名鼎鼎的抗日英雄，这名字好记，过目不忘。气氛一下子就轻松了许多……他微笑着问我读过哪些有关《水浒》研究的文章，还列举了好几部书名问我读过没有。他提到的书，只有鲁迅的《中国小说史略》、郑振铎的《插图本中国文学史》读过。这下子我紧张了，真怕他责备我书没读几本就急于求成想写论文。他也没有责备我的意思，继续问我的阅读体会、有什么新观点或新想法。我简单陈述了自己的想法，他沉思片刻之后，把我杂乱的想法梳理成几个方面的问题，围绕这几个方面给我开了一个书目。我看书目中史书类居多。他说我首先要补的就是历史学知识。不知不觉三个小时过去，虽处寒夜而无丝毫寒意，我从心里感受到古人云'如坐春风'的意境。临行时他告诉我：'做学问既不能操之过急，急功近利，也不能畏手畏脚，裹足不前。一个论点只要有充分实证使之成立，就不必迷信权威。学问如积薪，后来者居上，这是必然的。'他送我到门口时还叮咛道：'你有问题要问可以随时来找我，你需要什么资料可以随时来找我。'"不久，先生又让家人送来金景芳主编的《宋代农民起义资料汇编》。"书中夹了一张汤老师写的小纸条：'交三舍116室李向阳。'"论文完成后，即"由汤老师推荐给《文史哲》，很快收到拟刊用的回信。不料三个月后'文革'的前奏《五·一六通知》来了，批新编历史剧《海瑞罢官》的恶浪来了，山雨欲来风满楼，学术刊物无不自危，纷纷停刊检查”。论文是二十年后才以《〈水浒〉研究二题》为名发表于《乐山师专学报》1990 年第 3 期，全文被中国人民大学书报资料中心《中国古代、近代文学研究》1991 年第 1 辑转载。作者附记云：“此稿为作者大学就读时所撰《中国农民起义战争壮丽史诗：〈水浒〉》之一部分，原稿约五万字。撰写时深得我老师汤炳正教授指导。特此说明并致谢！”在给撰者的信中又说：“我大一就不知天高地厚地想选择《水浒》《红楼梦》作为研究对象撰写论文。当时我心里颇为紧张，犹豫徘徊了好久不敢敲门。进门后汤老师很热情，我说了自己的想法。汤老师笑了笑，表示支持。他说：‘这得有一个比较长的过程。你首先要认真研读与之相关的论文和资料，这个阅读量是非常大的，在这个过程中思考寻找与别人观点不同的新观点，即便相同但能更高更深刻也可以。’我说我已经看了不少，像李希凡的等等。他说还远远不够，当即就问我读了哪些版本的中国文学史。他说郑振铎的《插图本中国文学史》必须读，此书关键不在于论述，而在于资料的丰富，郑收藏的古籍善本很难有人可与之相比。之后我从一个从大学遣送回乡劳动改造的教师田布谷那里购买了一批书，其中就有这本书。”①

1966 年丙午　先生五十七岁

在四川师范学院。

4 月，参加批判李伏伽作品。

4 月 14 日，在第三届全国人大常委会第三十次扩大会议的讨论中，郭沫若作出检讨发言。

5 月 26 日，根据中央《五 · 一六通知》精神，学院书记黄明

---

①李向阳 2012 年 11 月 7 日给撰者邮件语。

向全院师生作开展“文化大革命”的动员报告。

6月,“触及灵魂的革命”爆发,先生被揭为“资产阶级反动学术权威”,在学校专为贴大字报而扎起的绵亘几里的席棚上贴了八十多张大字报,据说被造反派自誉为“出色的成绩”。大字报的总标题是:“汤炳正,你往哪里逃!”(每张约两尺见方)彼时,“勒令”满天飞,每闻有人喊到“汤炳正”三字,先生就不免为之惊心动魄。先生名“炳正”,字“景麟”,也成为他“滔天罪行”。不久,先生即被学校造反派编入“集训队”,实即劳改队,天天打扫校园、清洗厕所,并由小将监督改造,实行专政①。“学院大字报铺天盖地,翁凭窗观之,心反泰然。‘世上小儿夸疾走’,‘翻手作云覆手雨’此种世态,此种面目,翁见者已多,‘触及灵魂’,则翁之灵魂已麻木,在上万张大字报之前,翁似乎不识一字者。学生迫翁入集训队,使之扫地,翁随遇安之。翁有时与之游戏。监临者命学毛主席著作,翁特选线装《毛泽东选集》携往。监临者责翁犹不忘古董,看线装书。翁曰:‘汝知此为最高指示乎?少见多怪!’责之者语塞。翁常以种种玩笑以自取乐。如此‘革命’,实无赖翁何也!”②“见到父亲是在他与十来位老师合住的教室里。教室里打满地铺,床席间的空隙处摆放着各自简单的洗漱用品和学习用具,满眼所见皆是心酸。”③

11月,学院行政办公楼被红卫兵查抄。开展“破四旧、立四新”活动。

是年,“教职工中的造反派把老师从中文系办公楼宿舍赶出

①先生《“劳改犯”的自白》,收入《剑南忆旧》。

②屈守元《麐翁自订年谱》,1966年条。

③雷敏《父亲笔下的狮子山》,收入《雷履平诗文集》,北京:语文出版社,2017年4月出版,第231页。

去。他一个人孤独地住在偏僻的学校围墙边一间狭小的平房里。我特地去看望老师，带了一本北京红卫兵印制的十六开本《毛泽东论体育》，老师高兴地收下了，老师叫我到他的高约两米有余的书橱前任意拿自己想要的书。我只取了一册缪灵珠译的高尔基著的《俄国文学史》”。“‘文革’初期，郭沫若先生在《人民日报》上发表文章，说他过去写的文章和书都要烧掉。于是一时间，在全国出现了烧书风潮。川师一些老师也把自己的书弄到学校办公大楼前去焚烧，以示同‘封资修’决裂，拥护‘文化大革命’。我个人对郭老提出的烧书观点持不同的看法。老师并没有把自己的书搬出去烧毁。我谈了不应该烧书的观点，但老师没有发表自己的意见。我理解老师：我们不讨论这个问题。”①

年终，集训队放假，先生回家过年。

是年，撰写《我生平写作的目录表》②：

> 由于我的阶级立场所决定，一生所写的东西，回顾起来全是封、资、修的混合产物。现在把目录全部罗列出来，以供彻底审查我生平历史的参考之用。这个目录是完整的，当中即使偶有遗漏，但也不多。在可能有遗漏的地方，都加了附注，提供线索，以便进一步查寻。
>
> 附注：这份目录中除附加了说明的解放前，读书时期的《大公报》和解放后的《川北日报》，以及南充《教学生活》《四川师院院刊》内可能遗忘二三篇东西以外，其余地方没有任何遗漏。

---

①萧德君《与汤炳正教授的点滴往事忆》（未刊稿）。

②此《目录》暂系于本年。发表与未发表的文字共计三十九篇，外附原件13种。

1967年丁未 先生五十八岁

在学院“集训队”劳动。

8月,成都发生大规模武斗,学院成为武装者据点之一,先生被迫逃离学校,住城内南大街数月。其时,先生参加成都教师革命组织“红教工”,搞大批判。

1968年戊申 先生五十九岁

在学院“集训队”劳动。

6月,“军宣队”与“工宣队”相继进驻学院。

9月,学院大搞清理阶级队伍,管压加重,先生返校参加“集训队”劳动。李向阳说:“有一次汤老师分到我们寝室政治学习,并作自我检查,室内一张条桌围有八个凳子,汤老师进来时有点紧张,因为八个座位已满了,不知该坐哪里,我立即起来对他一笑拉他坐在我的凳子上,我就坐在他身后的床边上。我记得那天是让汤老师挖自己思想深处的封(封建主义)资(资产阶级)修(修正主义)思想根子。汤老师按当时检查模式先谈学了毛主席斗私批修等语录,对照检查自己。汤老师检查发言不是很长。完了后没有一个同学说不深刻。小组长就宣布进行第二个议程学社论。”①

10月,学院举办“阶级教育展览馆”,全院摆开“狠评深挖”的29个战场,批斗达40人。

是年,先生遭遇两次抄家,“藏书与书稿,劫掠一空”。先生说:“中国历史上,统治者对罪人,向来就有‘抄家’的盛典。但新社会的‘抄家’,该是个什么架式,我毫无所知。一天,我们一些‘有罪’的老九们在集中学习。突然有人进屋喊我出去。出门就

①李向阳2012年11月21日给撰者信语。

见一队红卫兵带着红袖套,排列得很整齐,叫我前面引路,奔向我的宿舍。一进门就命令我以‘立正’的姿势站立在走廊上,面向屋外,不得回顾。这伙人便以翻江倒海之势,搜箱索柜。连我的两个沙发垫子也拆开‘研究’,看有无‘秘件’;墙上的挂钟也拆散‘分析’,看是否‘发报机’。一直折腾半天,最后大包小卷,提抬拖拉,呼啸而去。抄去的并不是书籍、字画、文物等,而是我生平一点一滴积累下的书稿与文稿。因为我的书籍等,早在运动初期即以‘交四旧’的名义,主动找人帮忙,用背篼和板板车送到应当送的地方去了,那心情自然是难过的。而这次抄走了我的书稿文稿,则却像匪徒劫走了自己的亲人那样悲痛。但较之四川大学某老学者的遭遇,我还算是侥幸者。听说,他们的造反派更高明,曾把某老学者费尽一生心血所写下的书稿,当着著者的面,一页一页地撕下焚烧。如果说抄走了书稿,就如同匪徒劫走了亲人;那么,当面撕焚书稿,应该说是如同匪徒把自己的亲人当面‘凌迟处死’那样摧裂心肝的惨痛。”①另,据屈守元说:“翁以为党支部当最安全,于是家中部分珍贵文物,如向(宗鲁)、庞(石帚)、李(炳英)诸师手牍,周菊吾所治印,悉交支部,而支部旋被抄,诸物皆毁矣。当时若不交,即当犹在也。”②

1969 年己酉　先生六十岁

3 月,学院在成都簇桥开办“五七工农师范大学”,先生名为教员,实为变相监禁。

5 月,文科师生被“一锅端”到崇庆县牛皮公社参加劳动锻炼,搞“斗私批修”,成了过“连、排、班”生活的“军垦战士”。先生与另一老师因“田间劳动不便,遂令喂猪”(屈守元语)。“全

---

①先生《“劳改犯”的自白》,收入《剑南忆旧》。

②屈守元《蘧翁自订年谱》,1968 年条。

场二十多头猪,由我和另外一位老师负责饲养。每天铡苕藤,拌米糠,加上酵料,装入几大黄桶,待依次发酵,才能饲用。工作是陌生的,只有从头学起。但给我考验最大的还是打扫猪栏,清洗猪粪。因我一向有知识分子讲点卫生的'恶习',现在每天要跟猪粪打交道,确实是不可想象的。在接受任务之初,我思想斗争很激烈。但逼上梁山,无路可走,只得唯唯从命。还是'横下一条心,何事做不成'这句俗语,使我终于冲破'怕脏'这一关。两寸多深的稀溜溜的猪粪,我照样光着脚板踏进去;粪水溅满了双手,我照样不理不睬,若无其事。过去我手上沾了污秽,总要用肥皂洗上几遍,还要擦点酒精消消毒;而现在,每日饭前,只在河沟里洗洗手,手上还带着一股浓烈的猪粪气味,照例拿到馒头就啃。日复一日,成了习惯。""猪倌在农忙时,仍要做田里的活路,这使我确实学了不少东西,拿薅秧来讲,我过去是良莠不分,下田除稗,认不清对象。经过多次实践,对稗子我一眼就看准。有人问我它有哪些特点,我得意地答道:'望气而知,它的精神状态就与秧苗不同嘛!'收割谷子时,不少老师列队下田,每人管割四行,我像'田径赛'似的,总是割在前头,把其他老师丢得远远的,常以此自鸣得意。垒麦草时,我捆扎得最结实,又迅速,受到麦草垛上同志的欢迎与称赞。总之,我无处不争取把劳动搞好。"①

1970年庚戌　先生六十一岁

在崇庆县军垦农场学军。

2月,先生终于病倒了。"春节来临,我请假三天回成都看病。走进市立第二医院,因春节期间停诊,我不得不续假两天,才看到了病。但是就因我这两天续假,回到队上,竟开了我两次

①先生《"劳改犯"的自白》,收入《剑南忆旧》。

全队性的批判斗争大会。这也终于使自己意识到，无论你表现如何，始终不过是‘劳改犯’而已。”①

“军宣队以为中文系受封资修毒害最深，特别安排在极为艰苦之地——牛皮场农场。”②

1971 年辛亥　先生六十二岁

3 月，四川省革委“拟停办川师，并将川师变作军事要地”③。

9 月，“直到林彪自我爆炸，（全系师生）始得解脱”④。先生从崇庆县返校。

11 月，批林整风运动开始。

1972 年壬子　先生六十三岁

在四川师范学院。

先生“因患严重心脏病，没有参加批林整风”。

9 月，毛泽东赠送日本首相田中角荣《楚辞集注》。此书系据朱熹之孙朱鉴在宋端平二年（1235）的刊本影印（现存最早的《楚辞》刻本）。“‘文化大革命’中，在劳动田里读到毛主席赠田中角荣《楚辞集注》，兴奋之情难制。”⑤先生后来讲课时曾说：“（这个本子）闻一多先生以前的人是没有看到的，所以他校《楚辞》所用《楚辞集注》，是用的《古逸丛书》印的元刊本。”⑥

是年，“学院复课，招收工农兵学生。翁居家中，购月票，到

①先生《“劳改犯”的自白》，收入《剑南忆旧》。

②屈守元《麐翁自订年谱》，1970 年条。

③李成良《四川师范大学校史》，1971 年条。

④见《路在脚下：文学院五十周年回忆录》第 2 页。

⑤见先生《研骚过程》，估计是没有写讫就废弃的“提纲”。

⑥先生《楚辞讲座》，第 32 页。

校上课皆早去晚回"①。

1973年癸丑　先生六十四岁

1月，先生心脏病日渐严重，请假在南大街万里桥畔赁屋而居，养病就医。

万里桥一带，风景秀丽。成都的风景名胜，诸如杜甫草堂、浣花溪、百花潭、青羊宫以及薛涛井都离万里桥不远。先生说："它们也都曾把我引向'宠辱皆忘'的境界，加速了我病情的好转。"②

2月20日，先生致函同门姚奠中：

奠中兄：

来函悉。我对治印是外行，所寄玉章既非一般刻刀所能为，即不为勉强，待以后再说。

师母"逝世"之说，乃系讹传，她现仍健在。至于师母给周总理写信，建议组织人力整理先师遗著，并提出包括你我在内的编者名单，此事我毫无所闻。但既系参加全国出版会议的同志传出的，当非谣言。

寄来先师评传提纲，颇得要领。评价先师"护法"前与"九一八"后，皆较容易，难在这中间的一段。我想只有如实写，如实评。本着"吾爱吾师，吾尤爱真理"的精神处理，关键在于掌握分寸。如有人不作具体分析，只说"顽固反动"，未必恰当；而鲁迅的"不过白玉之玷，并非晚节不终"，则很有分寸。我以为"资产阶级革命的软弱性"，不是个人的是非，而是历史的必然。这样提比较恰当。

为了正确地评价先师的一生，我同意你的意见，必需先

---

①屈守元《麋翁自订年谱》，1972年条。

②先生《万里桥畔养疴记》，收入《剑南忆旧》。

整理出一部详细的年谱。我过去曾打算写一部《章康合谱》，通过两人在政治与学术上针锋相对的斗争，以显示先师的功绩。现在看来，此愿很难实现。

北方虽寒而家家有暖气，四川严寒不减于北方，而全无暖气设备。每日僵坐读书，确不好过。

书不言尽，顺颂

文绥！

汤炳正

二月廿日

5月20日，先生致函王焕镳：

驾吾尊兄有道：

得来书，知正治墨子。但墨子难治，墨经尤难。高血压病，还须将息休养，不必操之过急。

伍非百《中国古名家言》，弟有其书，乃其私人石印线装本，伍君赠弟以为纪念者。现特包扎投邮，寄奉参考，不日当可收到矣。

弟治《楚辞》，亦只病中遣日耳。尊庋既有周氏《离骚草木史》，并得允赐阅，何幸如之！

所嘱调养冠心病所应注意之事，自当谨守不渝。但正如尊函所谓："吾辈能在天地间为此不急之务，天之与我者厚矣，敢不黾勉。"此语正中鄙怀。所谓"欲罢不能"者，殆古今同之也。

耑此顺颂

撰祺！

汤炳正

五月廿日①

---

①此信在《汤炳正书信集》中系在1975年，现据姚奠中信改定为本年。

8 月 7 日，姚奠中致函先生：

景麟兄：

很高兴地接到来信，却没想到您患病在家休养！您这病主要要靠静养。说严重就严重，说不严重，也可以没什么。这里有两位副校长，都患此病。一位姓李，六十五了，六三年春，突发心肌梗塞，由省委派飞机请来北京一位心脏专家抢救过来了。养了二年多，好了，恢复工作。“文化大革命”，作为“走资派”被揪出，搞了几年，身体倒没有变坏。去年春天，管校办工厂，早起晚睡，干得挺好，秋天调管教务，不知怎的病又犯了。但经治疗，没大问题。前天我曾碰到他，估计再养个时期，就可能工作。另一位姓逯，六十七八了。去年春天，党委成立后，让他做图书馆长，没上班，病了。据说也是心肌梗塞，比李轻，现在还在休养。您的病，看来不像太严重，如果治、养得法，该容易恢复，但却不能着急。着急是最不利于治病的。我在 60—63 年间，也曾因心脏有问题，休养了一年。其间在晋祠风景区疗养了几个月。但我那属于神经性的。吃了廿多副中药，基本上好了。64 年秋，下乡搞四清一年，就彻底痊愈。“文化大革命”期间也受到冲击，跟着学校在昔阳一年，劳动较多，但似乎身体没受到影响，只是感到变老了些，有些事力不从心而已。

您把伍非百氏的著作寄给王驾吾，他会很高兴。他虽然七十四了，可是精力却十分充沛，尽管有高血压，不参加集体活动。我们见面后，他约次日游湖山，哪知半夜后大雨，次日未止，他却坚持“原约”。于是我们出发了，目的地是灵隐。在“天外天”——最好的馆子，原来有“楼外楼”，不知为甚莫名其妙地改为“天外天”，吃了丰盛的饭菜，到飞来峰对面茶馆喝了龙井。上午九点出发，下午三点多才回来。他一手拿伞，一手提包，上汽车站着抢买票，有座位要让我，坚持“地主之谊”，令人过意不去。但从此可以看出他精力很好，当然他的著述工作更可以对此作证了。广州罗季老，可能有七十七了。精神一直很饱满，没想到去年游韶关摔了一跤。脊椎跌坏，至今才接合上百分之三四。这真是一时疏忽，后悔莫及。不过，看他来信，精神面貌依然不错。

在上海，我曾碰到一个学生（女）的丈夫是诸大夫，是诸祖耿的本家侄辈。他说诸祖耿解放后没有教书，也没有什么别的职务，只是在南京卖画。过去就曾在《九三学社通讯》里见过他的诗，以为在南大或江苏师院。曾去信，退回了。过山东大学，本该碰到赵省之。哪知一问，说已于一九六九年退休，住济南大儿子处。我没时间找。云飞还在天津，没和我通信。

想着便写，我们不放暑假，还是很忙。希望您千万安心静养，早占勿药。路远无从把晤，不胜拳拳。

弟莫中

八月七日①

11 月 20 日，先生致函师母汤国梨：

师母大人尊鉴；

顷奉手示，知今年十月大寿九十进一，新知旧友，拜贺

①据孔夫子旧书网图片录入。2016 年 10 月 13 日吴心海、俞国林等先生微信告诉撰者，孔夫子网在拍卖一些名流给汤先生的信函，计有二十多通。本书凡注明“据孔夫子旧书网图片录入”者，皆选自这批拍品。据姚奠中老先生自订年谱与《西湖》诗小序：“1972 年 12 月，余自京、鄂、湘、赣抵杭，与老友王驾吾（焕镳）相见，冒雨游灵隐。”（收入《姚奠中讲习文集》第四册）此信当写于 1973 年 8 月 7 日。

迎门。翘首姑苏,颇以未获参拜为憾耳。

兹购蜀中特产竹屏一幅,缀以贺寿诗句,以表微忱。顷已付邮,至希哂纳是盼!

寄来自寿五律,浑朴清新之气,袭人眉宇。老而益健,令人欣喜!

耑此敬祝

健康长寿!

后学汤炳正拜上

十一月廿日

附汤国梨先生自寿诗如下:

多寿人称福,康宁聊自夸。
葡萄新酿酒,云雾漫烹茶。
望月浑如镜,敲诗半咏花。
更教逢野老,相语话桑麻。

一九七三年十月

是年,“春间,组织到重庆参观矿院”。“院系按上级布置,进行批林批孔及法家著作学习活动。负责者要翁讲课,凡省委、军区及石油部门,邀翁主讲者非一处。无缝钢管厂工人学习法家著作,要翁往讲课,翁提出注释刘禹锡诗,遂成立编写组。”①

1974年甲寅　先生六十五岁

在南大街养病。

1月1日,先生致函师母汤国梨:

①屈守元《麐翁自订年谱》,1973年条。

师母大人尊鉴：

□□□□□□寿，绍先师之旧业，垂后学以典范，(每)一念及，不禁肃然起敬！近者(中)美邦交好转，章奇师兄当(或)已归国探亲，合府团圆之乐！(可)想而见也。

天气严寒，诸希珍摄！(病)中不能用脑，草草数语，难抒(积)忱！专此敬颂，新年康乐！

弟子汤炳正

元旦①

1月22日，姚奠中致函先生：

景麟兄：

疏候，忽已四月。今天是除夕，才有机会清理一下书信旧债。当然对麟兄的病，虽未亟函，却仍时在念中。不知近来疗养得怎样？据与这里患有冠心病的同志交谈，他们的经验一致是：1. 勿劳；2. 不宜多用药；3. 应适当做体力活动。有的同志效果很好，十多年了，不但没出问题，而且能做一

①此信括号内的文字系撰者据文意补。另，章念翔师叔曾给撰者说："我小时候拿信，你祖父的信是最多的，其他人与我祖母通信还真不多。老是记得有这么一个人，原来还以为是亲戚，因为都姓汤嘛，后来才知道是学生。""在我儿时的记忆，你祖父的来信是最多的。"现包括这通残简(影件由师叔提供)外，先生给汤国梨先生的信也才六通。太炎先生共两子，长子名导(1917年生)，土木工程师。次子名奇(1924年生)，1947年赴美求学，先后就读于麻省理工学院、明尼苏达大学，获分析化学博士学位。因所从事工作的性质，直至21世纪初才与国内亲人通讯。另，章奇终身未婚，也未入美国籍，2015年10月终老于美国。2017年4月，章氏后裔将其遗物带回故乡，悉数捐给了章太炎故居。他们兄弟俩当时也在讲习会听课。如章导1981年11月21日致李友杭(李恭之子)信有云："令尊系讲学会同学，与导有同窗之谊，在苏时，往来情深。"影件由敏秋提供。

般工作。焦躁是最不好的,但这也不是容易克服的,要在及时注意,消除于动念之微。我想你会做到这些的。

接兄前信后,对云飞兄逝世,殊深伤悼。曾去信刘志勤,得复:“云飞是七二年一月初得病,经医生诊断,最后确诊是肝癌晚期。三月卅一日上午九时卅分,就与我们永别了。”所有的孩子都工作了,在天津市的,有冰心、冰莹两女,都是工人。他自己仍在天津师院后勤组任会计。

生离死别,自然规律,无如之何!吴则虞兄风疾,曾闻人谈及,以久未通候,竟亦不知其住处矣。便中告知,以便问慰。

我这半年来,参加了省文教部召开的高等学校“批林”经验交流座谈会十多天(上月《人民日报》有报导)。接着就是由“批林”而“批孔”,参加了不少会,也作了几次报告。接着又参加了校党委扩大会,又是十多天。最近天天开会搞教育革命。中间挤时间抓教材建设,真忙得不亦乐乎,但自觉成效甚微,大有徒劳之感。牵于环境,心有余而力不足,也只好尽其在我而已。

成都方面教育革命不知搞得如何。当然在你身体条件允许时可以略写几行,否则就不必写。只告我健康状况就够了。

我和树兰身体都还算好,只是感到工作累,足见老境已临。前应邀为书法展览写两条字,内容别录①,希哂正!

①即“莫讶小球震地球,人心所向变潮流。从来得道恒多助,更喜宾朋遍五洲”(亚洲乒乓球邀请赛)。“文化交流溯汉唐,一衣带水一苇航。三山好雨联中夏,友谊新歌动五洋。”(读《人民画报》中日友谊专辑)此处据姚先生《文集》录入。

希望你情绪好、饮食好、疗养好！

弟莫中

一九七三年除夕

3月16日，先生致函姚奠中：

奠中兄：

来函及稷枣均收到，谢谢！此间枣子皆干枯无甜味，而稷枣如蜜，水土使然欤？

先师“护法”后的几十年，我同意“大半从略”，但“思想退坡”的总趋势，还是要写出来，留个空白，似乎不好。先师晚年，并非鲁迅所说的“宁静的学者”，而是积极投入抗日救亡运动。兄将此提高到“实质上是拥护党的号召”来看，非常中肯。

“蒋派人看他，他闭门不见”的具体情况，已记不清。“冯玉祥看他”的情况，记得是在“九一八”之后，日军步步内侵，冯玉祥在张家口、南口一带，组织抗日联军，先师曾去电赞扬与鼓励；后来冯受蒋的压力，联军之举失败。这时冯专程南下，拜谒先师，彼此纵谈抗战形势与民族大义，相得甚欢。

我的病，春节后略有反复，故来书未能及早奉复。近老伴芷云住院割治颈上甲状腺囊肿，生活又受到一些干扰。好在手术顺利，不久当可出院，知注并及。

匆匆顺颂

文绥！

汤炳正

三月十六日

4月，受“张铁生白卷事件”的影响，学院组织教授、副教授考试,据说先生考得还可以①。

4 月,汤世洪出差成都,往侍父侧。先生以"劳逸适度,天天走路,基本吃素,少忧少怒"②十六个字相赠。

5 月,"批林批孔"运动开始,7 月,转为"评法批儒"运动;又搞"评《水浒》,批投降派宋江"。先生"住南大街养病,都没有参加"。

5 月 6 日,先生致函师母汤国梨:

师母大人台鉴:

手示敬悉,客岁大寿九十进一,奉寄寿屏,知已收到。此乃晚学略表微忱,以尽弟子之礼。来示屡表谢意,反令下怀不安矣。

所寄答诗四首,殊佳。惟奖许之语,难副雅望,甚为惭悚!所谓"朴学薪传",施之他人则可,若炳则颇愿以此自勉耳。

耑此敬颂

吟安!

后学汤炳正拜上

五月六日

附汤国梨先生诗四首:

(一)

卅年桑海几侵寻,朴学薪传喜有人。

慰我老怀惟一事,天涯桃李尽成阴。

---

①家父汤世洪去成都出差,正遇此事,说:"你爷爷考得还可以。"

②依稀记得是个不大的隶书斗方(旁有"主席语"等小字),因搬家而失所在。家父裱后挂在墙上,撰者每天都要念上几遍,所以记住了。但那十六字,与现在所见的毛泽东"养生十六字诀",略异。

（二）

漫说崎岖蜀道难，鱼书时得报平安。

锦屏好句殷勤寄，无那琼瑶欲报难。

（三）

蟠桃枝上白头翁，画意诗情别样工。

莫道针神能织锦，也应慕此竹屏风。

（四）

谁与萧斋共岁寒，海萍云鸟思无端。

哲人老去闲身在，得共湘灵结古欢。

此致

炳正大弟郢正

影观老人未是稿

时年九十二岁

7月，“批林批孔”演变为“评法批儒”，举办儒法斗争史学习班。

9月25日，师母汤国梨致函先生：

炳正同学大弟如握：

久不寄书者，因梨自中暑后，虽医药不断，究因年老恢复不易。外子遗著事、出版事，初不如弟所传闻之情况，至于讲学会时所整者，以及其他原稿，在离乱中不免有所损失，部分为孙××女儿××买通佣人老李，偷取到香港。因她随她之夫早已迁居香港。传闻为她以高价出售了。现谈到遗稿出版事，组织上时常来商讨，至何时可成事实，尚难确定。沈濮，梨初未知其人也。弟多病，好在医药中西兼施，可无忧也。学术是无止境的，得之自然可也，不必苦研。大师人称法家，想弟亦闻之。学会诸子很少通讯，时常念及，但不知通讯处。倘有来讯，只写苏州我的姓名即可到达。

专复即颂撰安。

九月廿五日梨谨白①

10月24日，先生致函师母汤国梨：

师母大人尊鉴：

手示奉悉。酷夏中暑，最怕缠绵日久。深望多自珍摄，早占勿药，是盼是祷！

闻先师遗书，乱离后所余无几，甚为痛惜！尤其手稿多被窃往香港出售，更为祖国文化之巨大损失。整理先师遗著，谬蒙属意于炳辈，特恐困难不少，有负尊望耳。组织上为遗稿出版事，既尝派人相商，应积极配合，玉成其事。未知尊意以为然否？

耑此顺颂

教安！

后学汤炳正拜上

十月廿四日②

---

①据孔夫子旧书网图片录入。信封上有先生竖着写的"一九七五年"，其中"五"系由"四"涂改而来的（撰者判断是先生追改的）。信封上收信人的地址是"成都市解放中路一六六三号门牌"，据我二姑汤丽玉、二姑父陈伟堂回忆，"爷爷在市里就住在南大街58号，与南门大桥（爷爷在散文中称'万里桥'）很近。我1967年第一次见爷爷就在南大街。解放路可能是哪个晚辈住在那里。撰者推测此信写作时间当在一九七四年。信中有"大师人称法家，想弟亦闻之"语，而1974年7月，印过一种《章太炎文选》（内部讨论稿），左上端有"法家和进步思想家著作选"的字样，右上端有"不准翻印，严禁外传"的字样。信中两处"×"为撰者所处理。

②先生这通信（收入《汤炳正书信集》，系于本年），孔夫子旧书网是与上面章夫人的信放在一起拍卖的。此信先生原署"一九七五年"，又改"五"为"四"。2017年8月21日，就此件的写作时间，撰者与贺宏亮兄微信讨论，达成共识，时间还是系在先生自定的1974年。

是年,“学院成立大批判组,亦用翁名义为组长。白敦仁、雷履平、钟树梁、徐艾等每星期日约人民公园啜茗,论诗及古书整理事,邀翁参与焉……当时省上按中央指示,布置法家著作整理工作甚急,凡会皆由市上萧菊人同志约翁参加”①。

1975 年乙卯　先生六十六岁

全年住南大街养病就医。南大街古称南街,又叫赤里街,是成都有史记载最古老的一条街,也是官府所在地。南大街除了民居之外,街道两旁店铺鳞次栉比,酒店、旅社、茶铺及各种商店应有尽有。“我赁居的一间小楼,系故家旧宅,距万里桥不过数步。万里桥横跨锦江,据说建于秦代,而得名于三国时期。”“今天的柳荫街一带,早已寻不到玉局观的任何踪影。然而,从柳荫街口到南城门洞一段不长的街沿上,至今仍时有三五个草药担子在那里摆着或叫卖。此外,还有些旧货摊子,填补药担子的空缺。很奇怪,这些草药担子并没有对我的沉疴起过什么作用,倒是那些旧货摊子却在我养病的生活中,建立了奇勋。”②这几条街道成为先生每天散步的必经地段。

6 月 30 日,先生致函三哥汤浩正:

三哥:

你好!

二十多年没有见面,但心里总是在想念着你,也有时在说到你。这次世洪来成都,才对你的情况有较详细的了解。你的儿女都大了,生活也很好,身体也健康,这使我很欣慰!

我从一九七三年四月起,患了心脏病,一直在家休养到

①屈守元《廛翁自订年谱》,1974 年条。萧时任中共成都市委宣传部副部长。

②先生《万里桥畔养疴记》,收入《剑南忆旧》。据撰者推测先生移砚成都不久,便在南大街租用了房子。

现在。病总算好了一些,但仍然不能工作。我曾争取退休,领导上没有批准,据说是教授不能退休。病情如果好了,能做多少工作就做多少。我现在已能看些书报,但不能持久,用了脑,就感到心跳头晕,四肢无力。去年春节,病曾大翻了一次,送医院抢救,才脱了险,但这种现象,已有一年没有出现,请你不要挂念!

上次世洪来,你还带了一些东西给我,使我很过意不去。我托世洪带了点东西给你,也只表示一点敬意,因为这里的供应虽比贵阳好些,但肉类仍然缺乏。听说“五一”节那天,你找了一个石山要寄给我,我心里很受感动。但石山的质量如何,恐你不易鉴别。如果质量不理想,则千里相寄,得不偿失。希望暂时放在世洪处,等我有机会到贵阳,看了再说。你以为何如?

你在贵阳,有世洪跟你往来,互相照顾,他乡遇亲人,也是一种乐趣。听说小波也长大了。我这里仍然保存有他的一张相片,我每次看到相片就想念他。他奶奶也想念他,因为奶奶带了他几年,对他是有感情的。不晓得小波还记得那年离别的情形否?

我在这里,有世源夫妇在身边,对照顾我们的生活是很得力的。丽玉夫妇,每隔一周就来看望一次,过年过节就团聚在一起,也有晚年的乐趣。俊玉虽然在会东,少远一点,但也常寄些药来为我治病。因公来成都,也可以常见面。这一切,都请你放心!听说你的儿女,个个都很能干,这也是你晚年的幸福!

听说你修了几间房子,很理想。但我到现在还没有个理想的住处。因为年纪老了,学校离市区也很远,住在学校,生活很不方便。上个月打算在丽玉争取到房子以后,就搬到丽玉处一起住,后来房子没有争取到,成了空想;最近世源夫妇在他们单位上争取房子，现在也落了空。总之，没有个理想的住处。很是问题。

前几天，世洪寄了几张他画的国画，作为业余的爱好来讲，成绩总算不错。但也有些缺点。请你转告他，等我精神好些，再写信跟他细谈。红玉作为一个妇女，作重活路是不相宜的，是否该另外调换一下工作。你有机会，也可对世洪谈谈。

我的通信处，是“成都市，解放中路1663号”，希望你常写信来。即祝身体健康！并问

三嫂安好！

侄儿侄女们平安！

汤炳正

六月卅日

8月10日，先生致函姚奠中：

奠中兄：

得七月卅一日来函，一切均悉。忙于搞运动，各校皆然。我以病故，未能参与。但耳有所闻，略知一二。我与兄不常通信，殆所谓“多病故人疏”耶？为先师写传，多引原文，是必要的；为了照顾读者水平，于原文之下，并列译文，似可试行。但恐亦多困难耳。

先师是朴学大师，但却并非为考证而考证。他的考证，更多是与微言大义融而为一的。这跟清代朴学前辈中的顾炎武、戴东原等有些相似。故写先师的哲学思想与革命活动，似与写朴学成就不相矛盾。二者可以兼顾，也应当兼顾。

我的病较前好些。现除坚持散步，并学按摩。身体条件与工作愿望，是主要矛盾，很苦闷。现在搞点屈赋研究，

借以遣日。我近发现，屈原虽有法家思想，但很复杂，不名一家。即以法家而论，他又有黄老思想，与韩非相近，而与商鞅相远。现证以马王堆出土佚书，益明，郭老曾否定《远游》是屈子之作，值得考虑。因《远游》正体现了屈子黄老思想的某一消极面。

匆匆不尽所言，即颂

文绥！

汤炳正

八月十日

是年，章夫人给周总理写信，推荐先生、姚奠中等人为太炎先生遗著的整理者。

是年，牟应杭出差成都，作诗两首，抄录如下：

乙卯秋同汤景麟师游成都望江公园兴赋二首

一

万里之行始此途，滩头十里竟荒芜。
当年出使河深广，今驾扁舟不到吴。

二

绿竹千竿花锦簇，任凭梳理也难如。
涛笺有似花飞去，古井名标女校书。

是年，"学院奉上级指示，要反右批邓。翁自度所知不多，离去大批判组职务"①。

1976年丙辰　先生六十七岁

上半年仍住南大街养病就医。

1月20日，先生致函三哥汤浩正：

①屈守元《麐翁自订年谱》，1975年条。

浩正三哥：

你好！元旦的来信，收到了。信中详细告诉了你的工作情况、生活情况、家庭情况以及身体情况等，我看了甚为欣慰！三十年来，没有见面，没有通信，但心里没有忘记过你。现在得到你的手书，宛如见面一样，真是使我高兴极了。以后希望每月能通信一次，以当面谈。二哥处如有消息，希望早告知我。前几年丽玉（我的二女儿，现在成都工作）回石岛，我曾教她去看二哥。他的生活不错，身体也好，只是老得很。七十多岁的人了，这是免不了的现象。二哥一方面说，“希望得到你们爸的信”，一面又说，“还是不通信为好”。所以我就没有给他写信，怕给他为难。

我是一九七三年春得了心脏病，不能用脑，所以就在屋里一边休息，一边吃药治病。现在病有好转，但仍不能工作。从本月起，根据领导的意见，试探做点工作，每天一小时，量力而行。如果实在不行，今年暑假再考虑退休问题。你以为怎样？

我在学校有一套房子，但是学校离城很远，看病和生活都不方便，所以我暂住城里。城里只有一间房子，大家生活在一起，连个书房都没有，实在不方便。成都市房子很不好找，只有将就住下去再说，真没办法想。

三哥年纪老了，听牟同学讲，精神还好。你说有些懒于做事，这是老年的常态。希望多多保重身体，有些事可教孩子们做，不必勉强。青年人跟老年人不同，他们的行动想法，都有他们的特点，千万不要生气或看不惯。应当根据青年人的特点，把他们引上轨道，绝不能以老年人的精神面貌来要求青年人。我这话不知说得对不对？

姜辑五，是我年轻时的熟人，现在何处？做什么工作？情况怎样？我很想知道一些，你能告知我吗？他的哥哥是姜叔明，跟我也熟，听说早已不在了。他的侄儿有个叫姜厚璋的，现在情况如何？我也想知道。你如跟辑五通信，可问一下。

我很久没有写字，都荒疏了，写的也不成样子。我今天准备买点墨汁，给你试写一张。写好立即寄去①。

这里今年天气冷得很，通常是零下几度，跟往年不一样。这里又没有烤火的习惯，执笔写字，都感不便。现在就写到这里吧，有话以后再谈。希望你常常来信。

敬祝

春节平安！并问

三嫂安好！

侄儿女等并此致意！

四弟汤炳正

元月廿日

1月，先生病稍愈，遂开始草拟楚辞研究计划。

1月，先生受邀参加省政协召开的党外知识分子座谈会②。

2月10日，先生致函姚奠中：

奠中兄：

来示及大作《朔县神头镇》诗数首，均收悉，勿念！

诗作运用旧形式，抒写新内容，已属不易，而风骨遒劲，尤为难得。书法亦矫健有力。弟不习此道者已三十余年矣；又兼心脏沉疴未愈，脑力疲苶，思路蹇涩，愧不能酬和也。

匆匆即颂

①先生青少年时便负擅书之名，此事当是三哥来信有所请，才有他“写好立即寄去”语。

②此事承杨荷光先生相告。当年系他陪先生去的，已记不清是哪年了。暂定是年。

春祺！

汤炳正

二月十日

2月25日，汤棣正致函汤浩正，称“去年年底突然接到你的手书，分离四十年，手足深情流露纸面，使我激动非常”①。

先生在南大街养病期间，常逛旧货摊，一次，在一位老者货筐的破絮烂鞋之下，发现了一部清初木版《顾亭林诗文集》。此书系据顾氏的弟子潘次耕的手抄原稿校补的。“我于病中得此珍本，兴奋不已。每一开卷吟诵，顾亭林诗篇的精神风貌更为清晰地跃然于纸上。清初窜改本给我们在思想感情上所造成的距离，也为之缩短了许多。尤其像‘苍龙日暮犹行雨，老树春深更著花’等名句，对我这样老病日侵的人，更是一剂绝妙的‘大补汤’。我在养病期间，由跟典籍绝缘到能够开卷讽咏，竟以购得这部《顾亭林诗文集》开其端。这是我养病过程中所意想不到的奇迹。”②后来先生写有《旧校本〈顾亭林诗文集〉跋》③文，现抄录如下：

一九七六年春，于万里桥畔旧货摊上购得《顾亭林诗文集》一部，乃清初通行版本。但诗集部分，有砩、墨两套校语，系前人据两个顾诗原稿本所校补。因清初文字狱极严，故顾诗刻本多所删改。而顾亭林的弟子潘次耕手钞原稿，仍存于世；而且后人转相传钞，不只一本。故此次所得之校补本，乃前人根据两个不同的原稿抄本所为。前书用墨校，后本用砩校，均极精审。墨校卷首有墨书小记云：“据原钞稿本校补于抱石精舍中。壬申瑞阶记。”砩校卷末又有砩书

①据原件录入。

②先生《万里桥畔养疴记》，收入《剑南忆旧》。

③收入先生《渊研楼屈学存稿》。

小记云:“壬申除夕,用戴子高藏潘次耕手钞原本复校,聊代守岁而已。瑞阶又记。”所据两本,内容略同。皆补诗数十首。校字或有异,而戴藏本多佳处。盖戴氏所藏“潘次耕手钞原本”,更接近原貌。戴子高即戴望,乃清代著名学者。他喜习斋、亭林之学。对清初禁书,只字残篇,珍若拱璧。尝欲著《续明史》,故对明末载籍掌故,所知甚详。他在所藏的《亭林诗集》原稿本上批注甚多;而我所得的校补本,亦皆一一移于书眉。戴氏的批注,对顾诗所涉及明末人物的经历行状而为人所不易知者,皆历历如数家珍。此校补本之远胜于其他校补本者,主要在于戴望的批注;至于文字异同,多与他校相似。

如《千官二首》,徐嘉《笺注》本无此诗,原稿本有之。戴氏批注云:“是年十二月,昆山令杨永言,应南都诏,荐先生以兵部司务。”按此批注对解释诗中“千官白服皆臣子,孰似苏生北海边”,以及“御衣既有丹书字,不是当年嵇侍中”等句,极重要。先生当时的处境、意志、心情,以及对杨令举荐的态度,宛然可见。

《千里》一诗,戴氏批注云:“是年春,先生应荐至京口。四月杪抵南都。甫旬日,南都亡。自此以上诗,皆五月以前作。”按此时举事者多散亡,故先生有“谁复似臧洪”之语,其寄望于诸臣者多矣。此批注极有助于解诗。

《延平使至》一诗,戴氏批注云:“是年唐王密遣使召先生,不果往,但志感而已。”按徐嘉《笺注》对此诗述列时事极详,但却未对“延平使至”的本事作说明。此批注是补其缺。

《海上》一诗,戴氏批注云:“是岁十一月,唐王走汀洲,被获。海上以下诸作,皆感触咏怀之什也。”按徐嘉《笺注》甚详,便未及“唐王走汀洲,被获”之事,故全诗情绪不易掌握。戴氏此批注,弥足珍视。

昔日黄季刚先生得顾氏《日知录》原本，以校清代通行之删改本，作《校记》一书，使后之读者，得见顾书初貌及顾氏之气节，士林传为佳话。今观顾诗原本，则清本删改触忌之原则，与《日知录》全同。或谓清修《四库全书》，是古籍之一幸，亦古籍之一劫，良有以也。然数千年来，古籍之被羼改删削，原因不只一端；而欲复古籍之原貌，使其近古，其任务之艰巨，亦可知矣。

一九九〇年九月十日

6月24日，先生致函三哥汤浩正：

浩正三哥如晤：

你六月三日的信，早接到了。住了五天，又接到你寄来的东西，如数查收，勿念！你寄来这样多的东西，质量又是高级的，真使我万分感动！家里大小也都非常喜欢！

本来我应及早写信给你，只因为我从五月底就开始患肠胃炎，每日泻肚数次，到接读你的来信时，我的病正达到高峰，半夜送医院抢救，输液一天一夜，总算脱险，但未断根，回家后翻了病，又输了一次液。此后时好时坏，一直拖到现在，每顿饭只能吃半碗流汁东西，肢体瘦得不像样，四肢软弱无力。今天精神比往天好些，因此执笔给你写信。看来泻肚基本止住了，此后只是如何休养的问题。人老了，我今年上半年，杂病特别多；而且有了病就久久不好。这次的肠胃炎一直害了二十多天还不好，就是年老体弱的原因。至于我的心脏病，已患三年多，今年总算好了些，但此病不易断根，时常犯，我这次的肠胃病，可以说是病上加病。本来今年为学校担任科研工作，当前只得停工养病，病好些再搞科研。我一生花费人民的血汗，学了不少东西，总觉得要为人民多做点事，于心才安，所以一直没有申请退休。至于将来是否申请,等到暑假再考虑。退休以后,大约每月有壹佰多元的生活费,成都生活高,我的应酬又多,但生活是够了的,请你不要担忧,我会量力而行的。

我现在体会到,年老了的人,健康就是一切。你的身体无病,精神旺盛,我是很羡慕的。我们兄弟五人,现在只剩下三人了,深望你好好注意身体。根据现在医药科学的结论,老年人不要多吃动物脂肪,如猪油等;最好吃植物油,如菜油等;尤其不能吃鸡蛋黄等。总之,老年人要吃清淡一点的东西,免得血管硬化,多生病。当然必要的营养是不可缺少的,不要走极端。棣正哥的身体好,据来信讲,精神很畅快,我心里就放心了。这也证明老年人,适当做些体力劳动,对身体是有好处的。我一生的工作是脑力劳动,没有体力劳动,因此,年老了,百病丛生。我现在仍然是脑力劳动,但每天要到河边散步活动两三次。做其他运动,暂时还吃不消。总之,望你多加保重,我也以此自勉。至于二哥处,我除解放初跟他通过一次信后,再没有通信。一九七〇年左右,女儿丽玉回老家,我嘱她去看望过一次。你这次是托红玉带的信给二哥,二哥也是托红玉带了信给你。我不知道用邮寄信给他,他有顾虑没有?希望你便中告诉我为盼!并示通信地址。

我在家时,汤新聚才六七岁,现在当了干部了,他到成都也没有来找我,我很失望。这也难怪,因为他不知我的地点。但到四川师范学院总可以打听得到的。真是遗憾得很!他现在兄弟姐妹那样多,而且都干了工作,二哥的生活总算有了依靠,我很欢喜!

小波上次给我一封信,并寄有世洪画的一棵松树。祝我长寿!又寄有小波春节在你处一起照的相片,算是见到了你的面,见到小波及侄儿等的面,心里很愉快。小波这孩子很懂事,小时在我这里住了好几年,我们很喜欢他。他写信的水平也不错。我这次因为生病,写信困难,所以至今还没有回信。你见到他,希望把我没有能回信的情况告诉他,免得使他失望。等我病好了,我一定写封长信给他,并送他一张我老年的相片。我的精神支持不住,就写到这里吧,以后再谈。此祝

健康!并问

三嫂及诸侄儿侄女安好!

弟汤炳正

六月廿四日

附笔:成都最近已宣布为地震区,方圆几百里,地震到七至八级。现老弱病残,正在疏散,情况十分紧急。我们如何疏散,现正考虑中,还没决定。又及

外寄回二哥信一封。

6 月,病甚,抢救,始愈。

7 月,盛传成都将发生大地震。与全家赴湖南武冈县暂住。其间,常到县图书馆借阅书籍,着手撰写《屈赋新探》提纲。

8 月 16 日,先生致函三哥汤浩正:

浩正三哥:

我到湖南武冈以后,曾写了一封信给你,想已收到,一切情况当已知道。潘世源送我到湖南之后,早于七月底返回成都。他到成都后,才收到你在七月一日给我的信,他立即把你这封信转寄给我了。我见到这封信,心里很感激你,你对我的手足之情,我是领受了的。因为在急难之中,你能爽快地要接我到你处去避震,这是多么深厚的情谊啊!

我在成都起身之前,究竟到何处避震,的确是很矛盾的。最后终于听了女儿丽玉的建议,到湖南去。她的理由

是:贵阳物资供应缺乏,生活不方便,而且为此给你的生活增加压力,造成你的额外负担,和精神上的劳累。在我走后的当天,丽玉就回了山东。

成都的地震,到现在还没有爆发,但据地震专家讲:如果八月份不震,两年之内必定发生大地震。我为此很伤脑筋。因为我还没有退休,长期离开成都,是不好的;如果九月份以后就回成都,则两年之内都要提心吊胆地过生活,实在紧张得很。所以何时回去,暂难确定。

不过,无论如何,我在回成都时,路过贵阳,一定要去看望你。到那时,我们离别了二十多年的兄弟,就可以见面了。现在不必失望。

此祝

健康!并问

三嫂及侄儿侄女们安好!

弟炳正手书

八月十六日

10月6日,华国锋、叶剑英等粉碎以江青为首的"四人帮",结束了黑暗的"十年浩劫",人心大快。

是年,先生赴武冈县荆竹镇九塘村访屈原庙。"一个清秋之晨,由一位亲戚陪我乘汽车访屈庙。一路沿资江而行,滩声不绝于耳。于近庙处下车,问之父老,他说:'屈庙虽在,已年久失修,屈原大士的像,早不见了。'我们顺着老人的指向,找到了屈原庙。庙已为榨棉籽油的作坊所占用,正堂烟气腾腾,六七人操作繁忙。廊檐柱上还拴着一条牛,牛粪铺满了阶石。问屈原像的去处,都茫然无以对。庙后石崖上原有渔父亭,现已不存,只剩下柱础。这也许是'文化大革命'中不少庙宇的共同遭遇。我巡视庙宇周围,在短垣下的乱石中见断碑一块,残字中称此地为

‘曲里’。我很怀疑‘曲里’或系‘屈里’之讹传,因‘曲’‘屈’古韵虽不同部,但发音皆属溪纽,且义亦相通(如《汉书·谷水传》作‘委曲’,《后汉书·孔融传》作‘委屈’。又《后汉书·光武十王传》作‘枉屈’,《王符传》则作‘枉曲’)。从屈子流亡的路线考察,当时屈子盖由沅水、溆浦一带横跨资水而赴湘江,可能曾在资水之滨小住,“屈里”之名,或由此而来。当然,湘中屈庙与渔父亭不止一处,不一定都是屈子经过之地。但此处‘屈里’适与我先前考定的屈子流亡路线相近,也许不是偶然的。我带着惆怅之情在屈原庙旁小店里买了一叠稿笺,第二天即用它记下此行的印象与感想。”①

先生当年访屈原庙的经过,三十年后,武冈籍作家周宜地在《关于屈原庙的回忆》中说:“我亲自目睹了先生的那次考察过程。”“当时,我正好在屈原庙办点事。听说有一个四川来的教授在考察屈原庙,我就跟在先生后面去看他怎么考察。不过,当时不知道他的姓名,也不知道他是研究屈原的大家。”后来读了《屈里寻踪》才知道那位先生原来是汤炳正。“先生所写,十分真实。”“我见到先生时,他正顺着石阶往河边走。先生一边走,一边不时地驻足观看砌作石阶的条石。挨近水边时,先生便蹲了下来,十分关注地观看。他的头几乎贴近石头。看完后,返身上了岸,过了小桥往屈原庙走。进了庙,正是先生描述的那一番景象。看完屈原庙之后,又去了渔父亭旧址。整个过程,有好几个小时。”②2010 年 4 月 2 日,周宜地给撰者发来邮件说:他在先生考察过的九塘屈原庙拍了几张图片,其中一张清代残碑文字是“古志所垂,曲里庙者,西楚大夫”。

①先生《屈里寻踪》,收入《剑南忆旧》。

②周宜地新浪博客。

卷四　1977—1998 年

1977 年丁巳　先生六十八岁

1 月至 4 月在湖南武冈县。

2 月 5 日,杨荷光致函先生:

汤先生:

望中得先生手教,展读再三,有如亲聆教语。师生情谊,溢于言表。

近来多寒,未知先生安否?望多加保重,注意饮食起居。勿因忙于著述而伤神志,是为后学之幸。

经与世源弟商定,为了不致遗失,《文物》以订在他处为好,所缺一、二期,采取零购办法补齐。《历史研究》去年第六期,当尽力买到。

据书店朋友谈《资治通鉴》已再版,书价三十元,虽超出经济力,仍决定买一部,以备晚年阅读。

由于纸张不足,加上其它原因,近期不会有大批书出版,《陆游集》《宋史纪事本末》皆推迟。今年布置尚未见消息。

粉碎"四人帮"后,文艺政策有较大调整,但戈、安仍极谨慎,安正从事《墓志铭百种》编目,用意在于免祸。调动一切积极因素,如无具体措施,谈何容易。戈、安谈,毛、朱、陈

(毅)诗集,十七年来较为优秀的文学作品将再版,其中有曾公开批评过的《青春之歌》等。沙汀问题已解决,军报记者来此约稿,省委才定下来。巴金事也有所松动。

世源弟正积极筹备新居,待定后便去武冈接先生。五桂桥距闹市较远,空气新鲜,是一个做学问的适宜环境。望先生能继续完成关于屈原的论著,为后学树一典范。

刘大杰《中国文学发展史》(二)成都仍未到。此书以儒法斗争划线,从根本观点上看就错了。而且行文繁冗,殊不如原著精炼。论唐代诗歌,则扬李抑杜;谈古文运动,则尊柳贬韩,与历史事实未必吻合。此人优点,是思想能因应时变,"四人帮"垮台对他无任何影响。

此间寒梅,傲雪争艳,春光明媚,游人甚多。每念先生期待之情,愧悔交集。言不尽意,敬祝

节安!

学生杨荷光

1977 年 2 月 5 日

附:

关于给炳正师一封信的说明

1977 年初,灾难深重的"文革"进入尾声。当时炳正师正在湖南武冈度岁,不时有手教赐予①,此即为奉复之一,书友周学涛君②(近)于古旧书肆获得,蒙持以相赠。

---

①先生在武冈期间曾给杨荷光写过四十二通信,现"不知其所终"。学术乃天下之公器,希望这批信件能重见天日。因先生素来反对学术资源"由一个人垄断起来"。安旗还著有《李白传》(文化艺术出版社 1984 年 6 月版),写得文采飞扬。

②周学涛小兄从 2015 年 10 月起,陆续传来关于先生的一些珍贵资料图片,特此致谢。

面对世运新启，炳正师考量最多的是两事：其一，如何从教中国现代文学回到教中国古典文学，使教学内容与学术研究统一起来；其二，在一场持续十年的剧烈政治风暴后，怎样保持学术相对独立性，将以屈赋为中心的楚辞研究坚持下去。基此，故特别关注当时学界的动态和有关古籍的出版，常有所垂询。此信内容即就有限的见闻所作的一次回答。

信中所提及的戈、安二人，一为戈壁舟，现代著名诗人，其名作《延河照样流》，曾被选入中学语文课本，人民教育出版社出版；一为安旗，西北大学教授，著名学者，其主编的《李太白集编年注释》(巴蜀书社1990年4月版)，近又易名《李白全集编年笺注》列入《中国古典文学基本丛书》，由中华书局再版。

杨荷光

2016年10月27日

2月8日，先生致函三哥汤浩正：

三哥：

你好！

我来湖南避震，曾从湖南寄了信给你，你收到没有？许久不见回信，甚为挂念！你近来身体如何，天冷，希望好好保养！

本来我们准备秋末冬初就回四川，后来四川开了个地震会议，宣布：春节前将有破坏性的大地震在四川发生。所以只好在这里再住一段时间。最近接成都来信，说四川西昌地区，近已出现十三次地震，大震恐将到来，所以只好等春节后再返成都。我们已初步确定，阴历正月底一定回去，决不在此久住了。到成都后，如果再有地震，只好就地防震。别无他法。去秋，四川松潘地区，曾发生大小地震两千多次，真奇怪！

这里的气候很坏，入冬以来，两个多月阴雨不断，夹着沙雪，寒气逼人，不能忍受。我因为不能适应这里的气候，所以两个月来，小病不断。前几周，我的心脏病又大发作。好在来得猛，去得也快，医疗了两周，现已基本好了，勿念！

小波这娃儿很好，很有感情。世洪是从来不写信给我的，地震期间也没写过一次信给我①。而小波就不同，前几个月还写信给我，想来湖南看我。我怕他年纪小，路远出问题，所以没有让他来。

三哥，你已七十岁的人了，我也将近七十岁，风烛残年，远处异乡，久未见面，我很想借此次路过贵阳时，见见面。我在成都时，曾想把你接到成都住几天，到处耍一耍，我们也可以聚在一起谈谈心。但那时候，我在成都的住房，只有一间半，小得要命，住起不方便。最近潘世源来信，说现已在他爱人的单位上找了一套房子，共三间，很方便，现在快要搬进去了。此事果然成功了，等我春节回成都后，你就找个机会到我那里去住一段时间。在我们未见面之前，我们要多通信。可能你年纪老了，写信不方便，但是，兄弟之间的信，不必太讲究，顺笔写下就可以，草率一点没关系。正月底以后写信，仍寄成都原址，他们会转给我的。春节期间的信，可以寄湖南。我希望小波也能常常写信给我。

这里的高价肉，是壹元钱一斤，比之成都和贵阳都便宜得多，所以我们最近买了一些，加了盐。这次如果路过贵阳，准备带些给你和小波尝一尝。万一不能到贵阳，就把肉邮寄给你。总之，这点心愿一定要实现的。

---

①撰者小学至高中毕业，每年都要给先生写七八通信。其实这些信都是由家父写好或口授的，我的作用不过是抄、记而已。

你虽然很久没有写信给我，但你的生活情况和健康情况，从牟应杭同志的来信中，是知道得很详细的，所以我对你的健康是很放心的。因为牟应杭同志说，你的精神健旺，比青年人还强壮。牟应杭同志本来是很有前途的人，因为种种关系，半途摔了跤子。但他是个很热情的人，乐于帮助人，你有什么困难，可找他帮你解决，他是决不会推辞的。

据牟应杭同志说，你在厂里的工作和在家里的事务，都是很繁重的，而且你的性格又喜欢劳动，不肯闲着。这一切都是很好的。但是年纪大了，要注意劳逸结合，不可过于艰苦，恐怕生病，千万注意！

贵阳的天气如何，想来也冷得很，希望你注意身体！老年人生了病，就很难治，千万注意！

此祝

春节快乐！并祝

三嫂及诸侄儿女平安！

汤炳正

二月八日

3月，先生从湖南返四川，结束避震生活。途中，曾在贵阳的三哥浩正及儿子世洪家住了七八天。4月6日回到成都，先生暂住塔子山，开始撰写《屈赋新探》的具体篇章。

6月，《书法》杂志在上海出试刊号。

11月30日，先生致函三哥汤浩正：

三哥、三嫂：

你们好！

又是几个月没有通信了，不知你们身体如何？生活怎样？甚为念念！

我和你都是七十上下的人，见面的机会是不多的。前次在贵阳见面,又没有能多耍几天,至今仍觉遗憾。你是不喜欢写信的,但我觉得有工夫能写三五行的信,谈谈生活情况及身体状况,免得使我们挂念,也就可以了。不必多写,一月有一封这样的短信,通通声气,也是好的。

原约你和三嫂来成都欢聚,你是答应了的,但何时实现呢?我的意见,今年春节前,或春节后,或春节当中,都任你选择。不要懒得动,下个决心是不难办到的。来时,在起程前先打个电报,以便到车站迎接。你舍不得离家的心理,我是体会得到的,但所谓管教儿女、整理家务等,的确是劳心劳力的问题,借机会来成都休息一下,我想这也是必要的。前次我托牟应杭代我劝驾,不知他去找你没有?

今年大学招考。应届毕业生是可以报考的,小波报了名没有?当然,报考的人多,录取的名额少,小波是否有希望,主要看他的成绩如何?在这个阶段,小波应当加紧复习,争取胜利!见了面,你可对他进行鼓励,不要泄气!

我跟芷云,这几个月来不断生些小病,大病是没有的,希你不要挂念!贵阳生活供应有些改善没有?需要什么,可来信说明,定为照办。即祝

健康!并祝

诸侄儿女平安!

汤炳正手书

十一月卅日

托写的字,最近即写好寄去!

12月,论文《关于〈九章〉后四篇真伪的几个问题:〈屈赋新探〉之三》①发表,载《四川师院学报》第四期。这是“文革”后先

①“《屈赋新探》之三”是承《〈屈原列传〉理惑》与《〈楚辞〉成书之探索》两篇而来。

生发表的第一篇论文，后来选入马茂元总主编的《楚辞研究集成》第四编，即《楚辞研究论文选》，湖北人民出版社 1985 年 7 月出版。马茂元在《总序》中称是编“选取近、现代较有影响的《楚辞》研究论文”，但先生本人并不满意此文。

1978 年戊午　先生六十九岁

在四川师范学院。继续撰写《屈赋新探》书稿。

3 月初，先生受学校安排，指导中文系青年教师，历时两个学期。周芳芸后来回忆道：

> 特别要感谢我的恩师汤炳正教授。……先生不仅学识渊博，且人品高洁，令人仰止。与先生相识是在我一生中最困难之时。1978 年，我作为心脏病科研病人①在川医住院一百多天，医治无效，顽固性频发期外收缩无药可施；被“文革”耽误的青年教师，学业上又面临着补课、考试、淘汰，悲苦之极。我不愿向命运屈服，渴求拼搏，危难中想起汤先生，冒昧到校外塔子山先生家登门求师。第一次见面我坦诚地把自己的处境告诉先生，德艺双馨的先生竟收下我这个一无所知的笨学生，令我感动不已。先生教我严谨治学。首先要在钻研教材上狠下功夫：“阅读作品时，脑海里要多些逗号，一字不苟；欣赏作品时，脑海里要多些叹号，感情上要能产生共鸣；研究作品时，脑海里要多些问号，追根到底，多问几个为什么。”备课时，一定要抓住重点难点，深入钻研挖掘，要在前人基础上有所发现和突破。既要有“鸳鸯绣出从君看”的能力，又要有“愿把金针度与人”的满腔热情，“授人以渔”，培养学生提出问题、分析问题、解决问题的能

①据周老师告诉撰者，她的这个病在当时医院是报了课题要“攻克”。

力。先生告诫:教师站在大学讲台上不能没有自己的学术观点和见解,否则就不要上讲台。为训练思维能力,先生要我每周一下午到他书房,当面汇报一周的所学所思。先生严肃认真、一丝不苟;我忐忑紧张,惟恐用心不够让先生失望。这样的训练坚持了近三年,终生受益。先生教我怎样做人:无论生活中发生了什么事,教师每一次都要满腔热情地走上讲台,全身心地投入。让我懂得教师对学生的影响不只是传授知识,更是其全部人格、精神和智慧。先生身教言传、以身作则:去武汉开学术会,下午两点半的飞机,上午坚持听完我对《雷雨》《日出》中蘩漪、周朴园、陈白露形象分析近三个小时的试讲录音,从内容分析的深度到音调语气的高低提出中肯意见,然后微笑着说:"现在,我可以放心地启程了。"先生最不能容忍的是自暴自弃、沉沦堕落。由于历史和现实的复杂原因,在能否继续上讲台的残酷竞争中,我几度在风口浪尖沉浮,面对超负荷的压力,无奈无助……我也曾迷茫、痛苦,一度想放弃自己的信念与追求。先生十分生气:"我原以为你很有志气、有毅力,殊不知你太经不起考验,在紧要关头竟如此脆弱!"一针见血、振聋发聩,我羞愧万分、无地自容。先生在党委主持的老教授座谈会上为我大声疾呼,要保护扶持刻苦钻研、努力上进的青年教师。先生还特地为我书写了"自强不息"的条幅,我领悟到:生命的意义就是奋力拼搏。座右铭贴在我的书桌前,镌刻在我心中,永远伴随我生命的春夏秋冬。先生八十四岁高龄时,又书写了"积健为雄"的条幅,不顾年高体弱,登上五楼,亲自看着挂在我的墙上,催我奋进。世间真情弥足珍贵,让生活芬芳馥郁、温暖如春!学生永存感激①!

①周芳芸《我与恩师》,载《四川师大报》第577期(2015年3月17日)。

2 月 12 日，汤棣正致函汤浩正，称“我手捧来信，反复细读体味，手足亲情澎湃难抑，童年往事重上心头，不禁黯然久之”；“景麟与你见面太好了，他与家乡从未通信，也与他的地位与我们不同有关”；“父母兄弟，逝者就不用提了，就拿我们手足三人说，江南塞北，天各一方，好像鼎足而立，人非草木，怎能不有‘每逢佳节倍思亲’之感呢？我每次打开地图册，特别使我注意的地方是黔省的贵阳和巴蜀的成都，我常常目不转睛的久久注视，好像要从地图中见到亲人的丰采，我的心飞向地角天涯了”①。

3 月 30 日，先生致函撰者：

小波：

你的来信我收到了。你被录取贵州省冶金学校，我和你奶奶得到这个消息，都非常欢喜！

前几个月，你三爷来信，说你录取了，但我知道那时不过是通知你检查体格，还不是真正录取。从那以后，我们天天盼望你的喜讯，而始终没有盼到，很着急！因为今年的考生多，很不容易考得上，你现在已被正式录取，的确是一大喜事！

你中学毕业以后，为了争取工作，费了不少的力；在工作中又受到不少折磨。我和你奶奶都很难过，但也无能为力。现在你已能继续读书了，千万不要忘掉过去的困难，用过去的困难来督促自己今后的发愤努力，下决心，立大志，把课程学好，把技术练熟，不要辜负党对你的培养和老年人对你的期望！

你的文化水平，我是不很清楚的。总之，虚心接受老师的教导，再加上主观的努力，定会不断地提高。至于你的语

①据原件录入。

文水平，从来信看出，还是不算高的。希望你在业余时间，看看报纸，练习写信，继续提高；并希望你经常来信，报告一下你在学校的学习情况。祝你前途无量！

爷爷炳正手书

三月三十日

5 月，吉林《社会科学战线》（季刊）创刊号出版。“《战线》由吉林省哲学社会科学研究所、吉林省哲学社会科学学会联合会主办，佟冬任主编。创刊号字数 55 万，印数 10 万份。《战线》面世后，一石激起千层浪，立即在海内外引起强烈反响。新华社和《人民日报》发表消息，《光明日报》刊登创刊号目录，香港及美、日等媒体纷纷刊登报道、发表评论。在那个特殊的年代，国人及海外一些媒体已经惯于从中国政治生活中的某些小事或迹象，推想其背后的真相。”①“（先生）曾告诉我，他真正打消顾虑，放胆伸纸濡笔，重理旧业，是他在《光明日报》（1978 年）上看到吉林《社会科学战线》创刊号的目录。当时，他特别向我提到张松如（公木）的《老子校读（一）》一文，他说这表明学术研究已没有什么禁区。”②

5 月，大型中国书画丛刊《艺苑掇英》在上海创刊，以刊发中国古代书画篆刻作品为主，辅以有关作品评介文章。该刊当时还没有交邮局发行，由杨荷光在成都新华书店帮先生购买。据杨说先生“逐期欣赏，从不间断，将它视为不可或缺的文化生活，其精湛的书艺，当与之有关”③。“在与家人的交流中，大知识

①宋德金《〈社会科学战线〉：31 年前中国学术期刊史上的奇迹》，载《中国社会科学院报》2009 年 5 月 26 日。

②见撰者《汤炳正传》第 178 页。此刊先生一直订到去世前几年。

③杨荷光《回忆恩师汤炳正先生》（未刊稿）。《施蛰存先生编年事录》的撰者沈建中在 2010 年 5 月 20 日给撰者邮件说：“令祖父书法极精，不知你有否编集计划？倘若能编成印行，乃读书界大好事。”

分子的见地、眼光也随处可见。比如,1981年7月给二哥汤棣正的去信中,谈到汤棣正寄来的竹兰条幅,说‘吾兄之精神面貌,全在其中,真是见画如见人,“相看两不厌”’。对二哥的画,汤炳正又有专业而诚恳的意见:‘依弟鄙见,这两幅竹兰,用笔略嫌拘束,如能泼辣豪放一点就好了。’中国传统大知识分子学术之外,于艺文也多颇有功力,汤炳正随信评点,寥寥数语,直击传统文人画要害之处,说明他于中国画是内行和有自己见解的。不光指出兄长画的缺憾,汤炳正还提供了学习路径——‘我有几幅影印的清代大画家石涛的墨竹,准备寄兄作个样板。学有师承,是重要的’。石涛是明朝皇家子孙,清初中国山水画最重要的画家,汤炳正让兄长学石涛,可见他本人有很高艺术鉴赏力和品味。”①关于先生的书艺,戴明贤《观汤景麟先生法书跋》有云:

> 汤君序波过访,以令祖景麟(炳正)先生法书照片数帧见示。予固知公为一代国学大师也,观此乃知亦颇涵泳书艺,案头常置古今碑帖,著述之余,辄翻阅玩味,拈管临池。细绎书影,诚彬彬学者之字也,雅致朴茂,书卷气扑面而来。用笔碑帖兼取,意在方圆之间。行楷书尤饶古拙之味,如《八十自寿诗》《教师节书怀诗》等件极可爱。《郑板桥题竹诗》轴,字迹即有郑体之峭拔而无其习气,可见涉猎之广,悟性之敏。隶书严守法度,不激不厉。“晚成、古有”联、“秋水、辞源”联皆气完神足,而“南华秋水”轴则珠圆玉润,貌温而味厚。所观虽寥寥,已足窥见公虽以余事弄翰,而玄鉴高远,造诣不凡,东坡所谓“腹有诗书气自华”是也。黔中后学戴明贤谨识于甲午小暑后一日。

---

①刘伟《看〈汤炳正书信集〉一部分》(未刊稿)。

贺宏亮《锋芒尽韬　韵余于笔：汤炳正先生书法观感》①有云：

> 汤老先生虽然说“平时不练字”，但我们欣赏他的隶书作品，如为章太炎纪念馆所书“遗志托南屏，谋国岂逊张阁学；高名仰北海，传经难忘郑公乡”联，贺孙辈结婚的“晚成大器夸明允，古有令名传孟光”联，“荀子劝学篇节录”轴，“陆游农家诗”轴，以及《楚辞类稿》题耑等，皆是东京八分书的典型，何绍基跋《史晨碑》曾云“东京各碑结构，方整中藏，变化无穷”，此语于汤先生的隶书中庶几可见。汤先生的篆书作品，多为金文临作，如临“吴尊铭”“季林父簋铭”等。这类书作与其说是书法家的作品，不如说是文字学家的当行本色。在文字学家和历史学家眼里，有太多值得一为的大题目，书法本是小道，岂可太费心力而为之？汤老先生存世最多的，当然是行楷书作品。这类作品也最见其人格整体面目。无论是“为太炎师遗照题词”“我的自传”等小字行楷，还是“端午节即事”轴、“教师节抒怀”轴、“八十自寿诗”横幅、“诗品·冲淡”轴，以及“楚辞·橘颂”轴等字形稍大一点的行楷书迹，无不锋芒尽韬，韵余于笔，平和中不乏俊拔的气概。……像汤炳正先生这样的专治文字与古史的学者，考镜源流，辨章学术，才是经国之大业，关乎家国民族，而书法只是“小道”而已。临临字帖，写几件书作以相酬酢，完全是消遣性质的活动。他的字迹，是典型的学者书法。也因此，对于汤炳正先生书法的价值，不应仅仅就字论字，而应该把他的书作，和他所写的内容，以及他这个人和他的学术成就，结合起来一起思考和面对。这或许才是我

①载《书画印》2015年第3期。

们观赏学者书法，所应该采取的一种合适态度，也是我在此文中想再三致意之处。

王传善《汤炳正先生书法审美》①有云：

汤炳正先生作为学者，无意成为书法家，但其书法作品极具大家之风范。这点与鲁迅先生颇为相似。鲁迅先生一生致力于写作，但其书信诗稿的书写水平令多少书法人青睐。至今利用鲁迅的手书移作报刊杂志题字甚为流行。但平心而论，虽然汤先生的书法影响没有鲁迅先生之大，观其用笔构字，艺术水准绝不逊色于鲁迅先生。

书法审美是一门较为抽象、高深之学问。把汤先生与鲁迅先生书法进行比较，会产生一个比较有趣的现象。鲁迅先生的书法受众面肯定比汤先生的大，但从书法审美格调而言，汤先生的应在鲁迅先生之上。何以见得？鲁迅先生的书法属于雅俗共赏一类，当然鲁迅先生的书法会比当今的把一些书法家的字输入中华字库的显得高雅得多。书法可以分为两类，一类是实用书法——如中华字库的书法等；另一类是艺术书法，通俗的讲，就是当今的展厅展览书法。能输入中华字库的，像启功、舒同、刘炳森、任政是有名的书法家，在电脑五笔字里，他们的字深受各阶层人员的喜爱，是实用书法中的大众书法。而格调高的书法，一般民众不懂欣赏。所以书法格调高的艺术书法一般不易流行。郑板桥、康有为、弘一法师（李叔同）是书法大师，但他们的书法别说老百姓看不懂，就是高学历的知识分子，如果对书法疏于研究，也不会欣赏郑板桥、康有为、李叔同的书法。

①载《书画印》2015年第3期。

从今天书法审美来看，雅俗共赏的书法一般不如稚拙、古朴、率真的书法格调高。所以在书法史上魏晋书风要比唐宋书风格调要高。前者趋于质朴，后者追求妍美。书法发展到清代的馆阁体（科举考试的字体，工整划一），已严重脱离了书法所追寻的审美要素。我甚至认为，一个书法家的字能输入中华字库，受众者为老百姓，那么这个书法家将失去其作为书法所具备的艺术特质。因为字库里的字要整齐划一，但“整齐划一”恰恰就是书法的大忌。

汤炳正先生的书法从经典的古碑帖来，先打好二王书法基础再求变。汤先生的书法在结字方面有郑板桥在字体结构上追求险势（表面上好像不稳，但是却是险中求正）的特点，但用笔又有何绍基、康有为的苍劲、拙朴的特点，且自成风格，这是难能可贵的。所以汤先生的字有遒劲、质朴、率真的特质。当今书法界流传这样的说法：假如王羲之再世，参加今天的书法比赛，未必能拿到大奖。因为今天的书法审美不注重妍美，更看好质朴，雅趣天然。沈鹏先生是当今著名的书法家，有一段时间，他的书法粉丝遍布华夏大地，但上世纪八十年代末期，随着梅墨生先生对沈鹏书法的批评，今天，冷静审视沈鹏的书法，感觉是上世纪的书风，已严重脱离了当今的书法审美。但汤炳正先生的书法，置于今天，仍使人感到其艺术生命力的强盛。我们常言“返璞归真”是艺术的重要追求，汤先生的书法先具传统功力，后融入返璞归真的审美理念，便能脱尽铅华，还自然之芳香。

6月，补充修订的旧论文①《〈招魂〉“些”字的来源：〈屈赋新

①即《〈楚辞〉“些”字与苗民祝语之研究》。

探〉之四》发表,载《四川师院学报》第二期。

8 月,《书法》杂志正式出创刊号。

8 月,牟应杭作《同汤炳正师晤面成都》:

十年"文革"后,一九七八年八月于成都得与汤炳正师晤面,欣幸不已。

设教黔州受业深,得沾杏雨三年春。
十年浩劫心犹悸,依旧春风桃李门。

10 月 3 日,先生致函萧德君:

德君同志:

得九月十三日来信,知工作顺利,身体健康,不胜欣慰!

我明年进七十,你说"年近古稀",推测对了。冠心病有好转,药物不敢乱吃,故"川心灵"未吃过。劳你关心,感甚!

我现仍在病休中,不能多用脑。每日整理旧稿一小时,拟写成《屈赋新探》一书,争取在七十岁时完成,作一纪念。生病四年来,未读鲁迅著作,精力极差,只有以后再说。

你暂教体育课,是可以的。现正强调学其所用,将来归队的机会是有的。以你的基础看,教书固然是本行,搞创作也可以。黎尚彬在峨影,未碰到过。

我因避震,暂住小孩单位宿舍,环境幽静,宜于读书。

即祝

平安!

汤炳正

十月三日

10 月 22 日,先生致函师母汤国梨:

师母大人尊鉴:

几度专函奉候,不得复音,疑虑之情,时萦于怀!

炳年已七旬，惮于远行，得侍左右之宿愿，恐难偿矣。适此间邹君有苏沪之行，故特委伊登门拜谒，如有教诲，可嘱转达。虽不得亲睹尊颜，亦可聊慰景仰之忱矣。

吴则虞君已于去年逝世，同人凋谢，思之怆然！姚奠中、金德建二兄，时有信来，景况皆佳。惟姚过忙碌，无暇读书，金有眼疾，又读书不便耳。炳心脏病已少愈，正赶写《屈赋新探》，待有成书，当奉呈请教也。

顷在《书法》杂志上得见师母法书一幅，殊感快慰！笔力遒劲，有俊逸之气，寿征也。

耑此敬颂

教安！

后学汤炳正拜上

十一月廿二日①

"11 月 19 日汤志钧又接王仲荦的长信，洋洋二三千言，讨论新发现并亟待解决的问题：'上次所开邀请名单中，忘漏国学讲习会时期的学生汤炳正先生等名字。'"②

12 月，论文《历史文物的新出土与屈原生年月日的再探讨：〈屈赋新探〉之五》发表，载《四川师院学报》第四期。收入张燕瑾、赵敏俐主编的《20 世纪中国文学研究论文选》"先秦卷"，社会科学文献出版社 2010 年 1 月版。

1979 年己未　先生七十岁

在四川师范学院。

---

①此信在《汤炳正书信集》系在 1979 年，现据吴去世的时间（1977 年 11 月 16 日）与"师母法书一幅"（刊 1978 年 8 月出版的《书法》创刊号），改为本年。

②汤仁泽《旧书信中的〈章太炎全集〉早期编纂历程》（澎湃新闻 2019 年 8 月 28 日）

2月20日,先生致函萧德君:

德君同志:

接读二月二日信,欣悉工作顺利、身体康健,慰甚!

《屈赋新探》争取及早出版,但因病情时有反复,不敢赶进度,精力极差,只有根据身体条件,决定出版的时间。总之,今明年是能完成任务的。

《学报》上为我发表了一章,即《屈赋新探》中的组成部分。现邮寄《学报》一份,希查收!

关于你的《旧体诗词格律浅说》,应争取及早完成。关于诗词格律一类的书,古人是写得很多;但你的书是以毛主席诗词为范围,这对当前来讲,是有现实意义的。过去在课堂上,我是不敢多讲诗词格律的,因为"四人帮"的棍子、帽子是不留情的。现在这个顾虑是应当打消的。

我因生病,已四年未到学校,你的稿子寄到《学报》后的情况,我不清楚。不过无论如何,你的这一工作应当坚持下去,抓紧时间,不能松劲。

此祝

平安!

汤炳正

二月二十日

3月,学院"中国古代文学室"成立,"是西南地区最早获得中国古代文学专业硕士授予权的单位"之一。先生回归古代文学教学领域,开始为本室招收的研究生讲授《楚辞》学与"小学"课。从此门生私淑广布,身受弟子爱接,川师遂成为当代国内辞赋学的"重镇",而先生构建的学术体系,则成为楚辞学乃至整个传统学术研究领域中最有影响力的学说之一,"为四川中国语言

文学的研究赢得了应有的荣誉"①。附先生《楚辞》讲录提纲:

> 一、治学与学风;二、楚辞学的形成及其发展:(一)楚辞学的形成,(二)楚辞研究的过去;三、清理矛盾,辨别真伪(《史记·屈原列传》问题及东方朔《七谏》所言屈原才能问题);四、在新资料中寻求新结论,及在旧资料中得出新结论(关于"左徒"与"登徒"的探讨;《楚辞》成书之探索);五、注意文化特征,把握特殊现象(关于"些"字的来源);六、知人论世,就要具体问题具体分析:(一)研究历史,要坚持历史主义态度,(二)关于屈原的政治思想,(三)关于屈原的学术流派;七、要在第一手资料上下功夫(草"宪"发微);八、楚辞研究是文学研究:(一)辞赋辨名,(二)关于屈赋语言的旋律美,(三)关于修辞举隅(关于屈原的作品);九、语言是神话演变的媒介;十、当今《楚辞》研究的思考②。

3月,中国古代文艺理论学术讨论及教材编写会议在昆明温泉宾馆召开。姚奠中应邀参加了会议。他说:"我由太原飞成都,过成都时,得与景麟盘桓两日,游览了成都的名胜古迹,再换火车赴昆明。会毕,仍返成都换飞机,与景麟又一次殷勤握别。"③

8月,《古文字研究》辑刊(中华书局出版)创刊,由杨荷光在市内为先生购买。

9月,散文《教学琐忆》,收入《教学经验汇编》,是书由学院工会编辑出版,作为向国庆三十周年献礼项目之一。本书还收有雷履平、郭诚永等人的文章。范昌灼在《忆念中的郭诚永先生》中说:"曾听他说过,其同学、同事如川大的杨明照,川师大的

---

①潘殊闲《四川中国语言文学研究三十年》,载《西华大学学报》2008年第5期。

②据抄件录入。此提纲比后来出的《楚辞讲座》要系统而完整。

③姚奠中《怀念同门挚友汤景麟先生》,载《文史月刊》2002年第3期。

汤炳正、屈守元、刘君惠，成大的白敦仁等，彼此过从甚密；而他们皆文史学界颇有分量的教授，共话学术，鱼水自得。”①

9月，论文《屈赋修辞举隅：〈屈赋新探〉之六》发表，载《四川师院学报》第三期。赵逵夫说：“近几十年来从艺术方面分析的论著很多，但比较泛，深入研究有所发明、发现者，如汤炳正先生的《屈赋语言的旋律美》《屈赋修辞举隅》等，使人对屈赋的艺术成就有新的认识，对先秦诗歌的成就有新的认识者，还是不多见。”②“在楚辞语法的研究上，都大大超过前人。”③

9月，姜亮夫受教育部委托，在杭州大学开办全国高等院校讲师以上楚辞进修班（共十二人）。所列“必读书有王逸的《楚辞章句》、洪兴祖的《楚辞补注》、蒋骥的《山带阁注楚辞》、戴震的《屈原赋校注》、刘梦鹏的《屈子章句》等”；“选读的书目，如汪瑗的《楚辞集解》、黄文焕的《楚辞听直》、陈本礼的《屈辞精义》、林云铭的《楚辞灯》、胡文英的《屈骚指掌》、丁晏的《天问笺》、马其昶的《屈原微》、周圣楷的《楚宝》、艾思奇的《中国社会史》、邓永龄的《中国民俗学》等，还有《竹书纪年》《战国策》《山海经》等等”；“他要求我们从必读著作中选出一部，精读细读，写出读书报告或学术论文”④。

10月12日，先生致函姜亮夫：

亮夫尊兄有道：

奉读手示，无任欣慰！过蒙奖许，深感惭悚！阁下研治

---

①载《四川师大报》2012年6月5日。

②《楚辞研究的深入与拓展（笔谈）：楚辞研究前景的展望》，载《甘肃社会科学》2006年第1期。

③赵永康《仰止高山问楚骚》，载《泸州职业技术学院学报》2013年第1期。

④殷光熹《“眼瞎心亮”“播种得瓜”：忆姜亮夫先生与杭州大学楚辞进修班》，载《职大学报》2013年第1期。

屈赋，海内知名，关于《屈传》之拙作，贻笑大方，希予指正，庶免纰谬。

《大百科全书》体大思精，恐非末学所能胜任。但既蒙相委，自当勉为其难。特未知完成期限之长短。如有可能，则拙稿《屈赋新探》完成后，或可动笔。年来多病，少年锐气，消磨殆尽，一事当前，诸多顾虑，想当见谅于台端也。

年来各种学会，风起云涌，惟成立"楚辞学会"无人提及。近屈赋研究之风，方兴未艾，则以文会友，互相切磋，成立学会，很有必要，台端以为然乎？

顺颂

撰祺！

汤炳正

十月十二日

12月7日，章门弟子王仲荦为上海人民出版社历史一室起草《〈章太炎全集〉编辑、标校初步分工》。此前，国务院古籍整理出版规划小组制订《章太炎全集》整理出版规划，并将这一任务指定由上海人民出版社组织实施。当时计划《章太炎全集》分十九册出，但从1982年2月起出版至第八册即停止。先生参与其中《太炎文录初编》的校点工作，后来收入全集的第四册。2013年1月，上海人民出版社又与余杭区政府合作，签订重启出版《章太炎全集》的协议，至2017年4月《章太炎全集》（全十七种二十册）全部出齐，包含太炎先生一生的著作、翻译、演讲、书信、谈话、年谱等共计680余万字①。

12月15日，先生致函同门金德建：

德建尊兄大鉴：

①事参汤志钧《王仲荦和〈章太炎全集〉》，载《文史哲》1989年第3期；张钰翰《近40年接力奋斗，680万字〈章太炎全集〉是怎样诞生的》。

十月十八日手书敬悉。大著《经今古文字考》有问世希望，闻之不胜欣羡！

上海辞书出版社不断寄来《汉语大词典》书稿，约我审阅。但弟正在"病休"，实难接受。如不限期，自当量力而行，勉为其难，尊意极是。北京《文史》，弟无熟人。上半年弟寄去《释"温蠖"》一稿，回信拟在《文史》第九辑发表。现只见预告，尚未见书。蒙兄问及投稿情况，关切之情，溢于言表，实为难得！

弟以为，有些独创性的论文或专著，时间性极强，出版落后一步，往往形同抄袭。大著《经今古文字考》一拖再拖，不得付印，令人焦急！此中滋味，只有吾辈才能体会得到。愿出版界也能与作者有同样的心情。

最近我校建了新楼，邀我迁住校内。以后通信处如有改变，当即函告。

严寒逼人，诸希珍摄，匆此即颂

撰安！

汤炳正

十二月十五日

12 月 16 日，先生致函《社会科学战线》编辑部①：

编辑部负责同志：

寄来陈久金同志的《屈原生年考》嘱审阅。本人对天文历算所知无几，但读了文章之后，感到很有创见。因为作者能在前人的基础上提出新的结论，这是首先应当肯定的。至于作者之所以能提出新的结论，主要由于他在推算依据和推算方法上突破了三个传统观念的束缚：

①载《社会科学战线》1980 年第 2 期。

（一）关于岁星“超辰”问题：当前学术界推算屈原生年，一般都是根据某书岁星纪年的记录，再加“超辰”这一推算方法。例如郭沫若同志等即如此。而陈久金同志则认为岁星纪年法起于战国中期，当时是合乎天象实际的。但这以前或这以后典籍记载的岁星纪年，多系用十二年周期推算出来的，故不存在“超辰”问题，因而也就解决了拘于“超辰”说而造成的推算屈原生年的某些矛盾。

（二）战国时期，楚国是用的夏正，这是屈原研究者几乎一致的看法。例如，游国恩同志等就曾以屈赋中有关时令、季节的诗句作了不少的考证。因而学术界一般都认为“孟陬”是指的夏历正月。而陈久金同志则根据典籍资料与“科学手段”所推算出的岁星位置，认为楚国当时是用的周正，而不是夏正。这也是创见。

（三）关于日本新城新藏所推算出的战国朔闰表，当代的屈原研究者几乎都把它作为推算屈原生于“庚寅”日的惟一科学根据，凡是该朔闰表里某年正月没有“庚寅”日，就要排除屈原生于这个月或这一年的可能性。例如，浦江清同志就曾为此煞费周折。而陈久金同志则能破除迷信，揭示出新城新藏朔闰表的论据薄弱而不可靠，从而冲破了它的束缚，作出新的结论。

这篇文章，能在学术界不断深入探索屈原生年的过程中，提出新的看法，这无疑是极其可贵的。当然，在论据方面能再丰富一些，就更有说服力了。其次，“庚寅”究竟是周历正月的哪一天，如果能作出初步结论，则陈久金同志这篇文章，在屈原的生年月日上，就会构成更为完整的体系。再其次，如屈赋《怀沙》云：“滔滔孟夏兮，草木莽莽。”又《抽思》云：“望孟夏之短夜兮，何晦明之若岁。”如果指的是周正，则时令特征未免过早，而如果指的是夏正，则不仅与自然现象相吻合,而且跟《离骚》中"孟陬"的提法也相呼应。这类问题如能进一步作出具体分析与解释,则文章的科学性就会坚实得多。当然,这些问题,也并不影响这篇文章的学术价值。

汤炳正

十二月十六日

12 月 23 日,汤棣正致函汤浩正,称"四弟景麟给了我一封信,概述了他近些年的生活、工作的经过。告诉我他女儿在四川做什么事。他前两年得了'冠心病',近年治愈。他现在病休中,工资也打了折扣。等几天回他一封信"①。

12 月,论文《屈赋修辞举隅(续)》发表,载《四川师院学报》第四期。

是年,学院的"教授楼"建成,每户三室一厅,先生迁入 102 号楼。

1980 年庚申　先生七十一岁

在四川师范学院。

1 月 10 日,二哥汤棣正致函先生:

景麟如见:

你好!

十一月中旬接到来信,如获至宝,不胜欣喜,拆阅之际如犹对弟面谈,此情此境,难以言喻!

前些年没写信给你,一来由于我的情况不怎么好,二来也由于怕对你有影响,你所顾虑的正和我所顾虑的一样。因此,你不至于埋怨我不给你写信,同样我也没理由怪

①据原件录入。此信由撰者三祖父赠。

你了。

手足之亲阔别几四十年，回首往事犹如一梦，欲话离情，真是'只凭双鱼说尽难'了。提起亲切之情，恍如昨日，历历清晰，想到人事复迁，就觉得一切渺茫，昔日情景如烟如雾，感到记忆模糊，确实真是像在梦中。

读来书，关于你的别后经过，我已比较详细知道，关于我的近四十年走过的路，很不容易一下说清楚。我给景之那封信，你已看过，当能略知梗概，我就不必详叙。总之一句话，咱兄弟三都蒙党的关怀，深受厚遇，此恩此德，永难忘怀，真是山高海深，温暖如春！

我寄景之三弟信中曾提到保重身体的重要意义，现在我对你再提出这一点。我看了你与景之的相片，知道都很健康，我衷心欣慰之至！我建议你注意调养冠心病，多作室外活动，如八段锦、太极拳等锻炼，你可能都会并实行了。关于起居、饮食、寒暑等方面更应作到恰当适应。少用脑，多休息，要有节制，不好过度劳累。辛辣食物，烟酒嗜好，不能过量。你的条件能够注意营养，千万不要忽略食物的重要性。总之，养生之道，我建议多多注意！不要忘记'健康第一'的意义。

我的健康极好。我很注意锻炼，每晨登山作广播操，注意饮食营养，摈弃烟酒辛辣。白天村外遛跶，走十几里路不觉累。食饭正常，精神清朗，无忧无虑，一切养生之道我都注意。1979 年以来我就不干农活，因为参加劳动是集体活动，一切照章，很受拘束，与自由自性的活动是不同的，我感到这样有好处。

弟媳惠贞与侄女庆玉她们都很安康，生活也好，庆玉在家绣花赚工分，你勿挂念！世洪我多年没见面，俊玉、丽玉前几年回乡看望她母亲，我都见过。丽玉见我干活劳累，出于对我的关怀爱怜,落了眼泪,我对她有浓厚的亲情,想起来我就难过。

景之方面的情景很好,儿女都就业了,他本人退休。他前信问到成份问题,我回信这样说:现在他的家庭出身是社员(即家庭成份是社员),个人成份是职工,子女考学、参军、就业等等与别人享受同等待遇,不受任何限制。我想依据政策就是这样,不知对不对?

我是落实55号文件退休的,每月拿薪金55元(一切补贴在内),是按原薪75%发的。生活费用不愁了。大儿子世聚在济南机电公司,二儿子世宁在石岛公社,都是职员干部。结婚的女儿四个,小女培荣未婚,前几年在家绣花,今年去粮油公司干活,在生产队买劳动日。

关于家乡和石岛的建设与生产发展情况在景之信中提到,兹不赘述。

我在家乡没有报纸看,孤陋寡闻,渐渐成为政治盲。希望你时常来信,使我知道一些新事情,理解一些新问题。

夜深了,其他的事情再写!顺祝

进步!安康!并预祝

你春节愉快!

二哥汤景华

1月10日夜①

3月20日,徐复致函先生:

炳正尊兄教授:

昨日开学,至系读一月九日赐书并《学报》两册,欣慰之情,何可言宣!前在姑苏已托冉友侨同志代致拳拳,想早代

①据原件录入。此信由撰者三祖父赠。

达矣。弟年来参加《汉语大辞典》编纂工作，江苏十个编写组（分在各地），每月均有审稿会须出席。几无片刻之暇，所幸体尚顽健，堪以告慰耳。大稿《屈赋新探》，饶有新义，当与朱季海兄《楚辞解故》并传也。大师《全集》，由王仲荦、李希泌、潘景郑、殷孟伦、诸祖耿与弟共十余人担任校点，三年毕事。如兄能分任一二种，当由弟推荐，共襄盛举。师母今年已九十有八，脑力尤衰，去年谒见时，已多遗忘。家中之事，交由导弟夫妇经管。《全集》安排，尚称顺利。明日有维扬之行，匆匆拜复

即颂

春节康泰！

弟徐复拜上

三月二日

一九七五年与师母合摄一照，附上留念。

3月23日，先生致函萧德君：

德君同学：

你二月廿五日的信收到不久，又由刘南平同志送来银耳一瓶。深情厚意，不胜感激之至！不料就在刘同志来访的下午，我患了感冒，发烧几天，没有能及时回信致谢，请原谅！

十多年来，由于"四人帮"的干扰，不仅你们青年一代损失惨重，即我们这些老年人又何尝不是如此。不过从某种意义上讲，你们还有挽回的机会；而我们则时光有限，徒唤奈何！

你打算研究郭沫若，这当然很好。但郭老的成就是多方面的，如古文字学、古代历史、历史剧、诗歌、文学评论等等。如果要求一个人对郭老作全面的研究，那是不可能的。

以你的基础来看,集中力量研究他的“历史剧”或“诗歌创作”,或许更实际些。而且这两方面郭老的成就也确实可观。一个人的研究方向,当然首先应当好好考虑;方向一经确定之后,就要全力以赴,决不能见异思迁,浪费时光。你以为然否?

托刘南平同志带了一本《学报》给你,对我的那篇拙作,希提意见!即祝

工作顺利!

全家平安!

汤炳正

三月廿三日①

3月,先生为古代文学研究生上课。

6月,论文《屈赋修辞举隅(续)》发表,载《四川师院学报》第二期。

6月,论文《释“温蠖”:兼论先秦汉初屈赋传本中两个不同的体系》发表,载《文史》第九辑。文章论证了“埃尘”本与“污混(蠖温)”本的关系。先生认为荀卿所见的传本,虽然由于“埃尘”误倒为“尘埃”而出现“汶汶”被改为“掝掝”的现象,但很可能在尚未误倒以前的那个“埃尘”本,更为接近屈赋原始面貌的先秦传本;至于“污混(蠖温)”本则是汉兴以后的别行本。“所论甚是”②。“(先生)释‘温蠖’为‘混污’,曾自以为古人以‘蠖’为‘污’,只有‘旁证’,没有‘直证’,引为憾事。后来他从江陵张家山新出土的汉简《引书》③中,竟找到了直书‘尺蠖’为‘尺污’,

①影件由萧德君先生提供。

②廖群《从“侧闻屈原”到“传世楚辞”,载《山西大学学报》2014年第2期。

③即张家山汉简整理组《张家山汉简〈引书〉释文》(第82页有“曰尺污(蠖)”句),载《文物》1990年第10期。

即'蠖''污'通借的例证,使他大喜,认为自己当年的结论,得到了铁证而立于不败之地,使这个问题终于得到了圆满的解决。清代高邮王念孙在其《读书杂志》中曾考证《战国策·赵四》'左师触詟愿见太后'句,以为'詟'当为'龙''言'二字误合为一字。不料,1949年以后新出土的先秦战国纵横家书,正作'左师触龙言,愿见太后','龙''言'确为二字,并非一字。对此学界曾传为佳话,认为高邮王氏不愧为一代朴学大师。因此,先生读'温蠖'为'混污',亦当流传千古矣!"①"(汤先生)以微观考证见长,如释《渔父》中'温蠖'为'混污'等,确实以翔实的考证破译了千古之谜。"②长沙马王堆汉墓帛书:"君欲练色鲜白,则察观尺污(蠖)。尺污(蠖)之食方,通于阴阳,食苍则苍,食黄则黄。"③"皆以'污''蠖'通用,说明汉代习惯如此。"④

7月10日,《社会科学战线》编辑部邀请知名古典文学史家王季思、徐中玉、程千帆、张松如、杨公骥等举行中国古典文学研究座谈会,号召"继续解放思想,把古典文学研究提高到一个新水平"。会议报道《继续解放思想把古典文学研究提高到一个新水平:中国古典文学研究座谈会综述》载该刊第4期。先生在给研究生讲课时曾引林庚提交的书面发言中的这段话:"也只有从无数的点点滴滴的具体成果中,认识到某些带有普遍性的规律,

---

①撰者《汤炳正评传》,香港:现代知识出版社,2000年6月版,第238页。

②许结《辞赋研究的新创获》,载《四川师范大学学报》2006年第2期。

③马王堆汉墓帛书整理小组编《马王堆汉墓帛书(肆)》"十问释文注释"部分,北京:文物出版社,1985年3月版,第145页。这句话撰者最早是从长沙马王堆医书研究会编的《马王堆医书研究专刊》第2辑(1981年)僮俊杰《试论马王堆出土文物的科学价值》引《十问篇》中"则察观尺污尺污"中看到的,显然作者还没有将"污"与"蠖"联系起来思考。

④黄灵庚《训诂学与语文教学》,杭州:浙江大学出版社,2008年5月版,第30页。

才有可能从中取得真正的突破。……对于具体事物作具体的分析,原是马克思主义的灵魂。而我们多少年来在科研上却往往似乎是结论先行,这与创作上出现的主题先行的现象,同样都是不利于科研与创作的。"①

7月20日,先生致函郑文:

郑文尊兄大鉴:

手示敬悉。章黄学派人物凋零,与阁下相识,实为欣幸!章师母时有来信,今已高龄九十六岁矣。近两年,音信偶断,风烛残年,令人惦念不置!

览大著《楚辞浅议》篇目,极有意义。惟当前出版学术著作,很费周折,如沪上条件好些,届时当先睹为快也。

炳几年来一直患冠心病,休养之余,以治屈遣日。窃欲几年内写定《屈赋新探》,对《屈原列传》之探讨,乃其中之一项。近年发表了一些单篇,等有成书,当奉寄请教。

来函称《〈屈原列传〉新探》"见解新颖,论证充实",过誉之言,殊增惭悚!至于尊意以为从被掺入之两段的文章风格看,前段当自"屈平疾王听之不聪也"起。阁下此意,炳在撰文时,亦曾想到。但总认为屈原遭谗而赋《离骚》之说,史迁屡屡提及,不应在屈传中反略而不谈,竟待后人补足。考虑结果,乃放弃此说。

此间溽暑困人。兰州盛夏,无蚊蚋,有瓜果,实消夏去处,不胜向往。目疾当静养,忌看书,希珍摄!

顺颂

文祺!

汤炳正

七月廿日

①见《楚辞讲座》,第192—193页。

7月27日，章师母汤国梨病逝于苏州，享年98岁。1986年，迁葬于杭州西子湖畔南屏山麓章太炎墓侧，沙孟海题写墓碑。先生写下挽诗四首[①]奉寄，以表哀思：

一

山颓梁坏哲人亡，四十年来叹逝光。
岂料今朝重回首，愁云又锁郑公乡。

（汉末郑康成为一代儒宗，隐居讲学于北海高密，时人尊称所居为"郑公乡"。章先生晚年寄寓苏州，设帐于锦帆路。余与同门常以"郑公乡"誉之。）

二

两地家书寄所思，燕都缧绁鬓添丝。
堂前小立见风骨，犹说先生革命时。

（师母当年，每遇诸生于堂前竹畔，辄喜小立叙谈。内容多为先生被袁世凯幽禁北京时斗争的轶事。）

三

千秋朴学赖薪传，风雨姑苏忆昔年。
愧我后生频问字，殷勤引向小楼前。

（余每诣先生读书楼问业，师母见之，必殷勤为之先导，待与先生相见，始去。关怀后学，盛情可感。）

四

龙蟠凤翥抚华笺，一代诗风留两间。
惆怅江干千顷竹，更无词客作鱼竿。

（师母以诗词名于世，尤工小令。一次曾写新词一阕示余。记忆中有"阶前新竹子，好作钓鱼竿"之句。抚今追昔，

---

①见先生《忆太炎先生》，收入《剑南忆旧》。章念驰称先生诗作，"正是记载了祖母当年的神韵"。见《我所知道的祖父章太炎》，第138页。戴明贤先生则称，"情景宛然，似读《世说新语》中的文字"。

不胜感慨系之。)

又附刘叔华《记汤老国梨述怀》(章太炎夫人)①:

记汤老国梨述怀(章太炎夫人)

刘叔华

一回相见一回亲,促膝牵衣语未停。
国难家史填胸臆,思甜忆苦为君倾。
礼教羁缠千年苦,大山三座毒尤深。
九龄丧父家贫寒,弟妹孱弱母心酸。
赖有族叔时济我,免填沟壑堕深渊。

穷人儿女早当家,廿岁更深始涂鸦。
默颂唐诗千百遍,依声认字启蒙芽。
廿三得上务本班,数理学科多困难。
朝暮钻研不辞苦,居然岁考列前端。
务本毕业返乡梓,殷勤执教诲学子。
学科不同趣亦异,学成建国是宗旨。

卅一结婚从太炎,夫子奔波为国艰。
三载铁窗七入狱,几回唱和得团圆。
无数英雄血成渠,推翻帝制换新天。
长想五族精神聚,自兹秋日共婵娟。

---

①收入谢孝思、刘叔华《槿花楼诗文集》,贵阳:贵州人民出版社,2001年8月版。书中还收有刘叔华《枇杷远嫁吟》一首:"苏州花街巷故居,曾种汤国梨(章太炎夫人)馈赠之枇杷一株,果香叶茂,迁后地窄,未能植为憾。适贵阳市长吴志刚过访,乃以树秧乞便移家乡留种,今次回乡询之,幸得存活,且欣欣向荣,小诗记之。枇杷远嫁故山园,多谢吴君护理艰;喜听欣欣生意长,长教名树志名媛。"

讵料袁奸藏祸心，革命果实鳄鱼吞。
怒发冲冠斥强寇，三年软禁七尺身。
我防鹰犬乔装扮，女效缇萦痛亡生。
倒袁风雨起西南，逆贼无颜自丧残。
军阀竞争戍作盾，粉墨纷纷斗正酣。
城头旗帜常变幻，旷野尸骨成丘山。
狡黠蒋匪恣吞并，风雷激荡夜如磐。
自来阋墙招外侮，况有贼众青于蓝。
或称救国需曲线，或说攘外先内安。
日寇长驱山河碎，万家墨面荒田园。
夫子义愤檄全民，共惩国贼挽沉沦。
十九路军齐抗战，救死扶伤我妇人。
独夫甘作儿皇帝，夫子临终抱遗恨。
生不低眉死不辱，鲜旗裹葬英雄骨。
文章气节始芬芳，无学老妇掌家塾。
自筑桃源可耕田，刀光剑影黯人间。
学子云散贼归去，我携儿女避海滩。

雄鸡一唱天下白，红日灿烂丽青天。
载歌载舞相告语，扶子牵孙返家园。
生活安乐日脚快，于今忽忽廿五年。
儿孙既各得其所，老妇无功九十元。
更庆太炎名不磨，法家思想得宣传。
杜修防叛添砖瓦，九泉有知定展颜。
识荆廿余岁于兹，数数为君话往时。
谈到愤激每奋臂，述及伤心泪盈眦。
欣逢辉光无前世，衰耄无力报国迟。

长者言,记心间。

粗率挂漏组成篇,要教后辈记哲言。

万绪千头两条线,爱国卖国天地悬。

8月1日,中国社会科学院文学研究所动态组编《文学研究动态》发表《近几年的〈楚辞〉研究简况》,介绍先生的"屈原生于公元前342年夏历正月二十六日"的观点。

8月12日,先生致函李润苍:

润苍同志:

来示悉。大著《章太炎与四川》,钩沉索隐,揭示了章先生在政治与学术上对四川的深刻影响,这对近代史的研究,大有裨益。读之不胜欣慰!

大著谓:"章太炎和邹容的友谊可谓生死不渝。"的确是如此。这不仅见诸礼祠、祭墓、建碑等方面,而且见诸日常生活方面。记得在苏州时,见章先生书房墙壁二米高处犹挂有邹容遗像一幅,像下横置的木板上放香炉一具,香灰漫出炉口。据师母说:每逢朔望节日,先生必对邹容像焚香致敬,直到晚年不少怠。其革命友谊之真挚,令人感动!

又,几天前,接到苏州寄来讣告一通,惊悉章师母已于本年七月二十七日上午九时逝世,享年九十八岁。知注并及。

匆匆即颂

撰祺!

汤炳正

八月十二日①

①先生给李润苍信共计十二通影件,皆由吴斌役先生提供。2008年11月2日撰者浏览网页时,偶见斌役先生发布的《名人真迹之六十六:汤炳正手札》,即留言联系。此札系两页,他贴出的是次页。撰者根据内容断定收信人当为川大已故的李润苍教授,并告诉吴先生撰者正在整理(转下页)

9月13日，在姜亮夫家召开中国大百科全书《中国文学》卷“先秦文学组”会议。“会议由姜老主持。部署了今后的工作，并决定今后每月定期召开会议一次。这次参加会议的有姜老、王（驾吾）老、郭在贻、洪克夷和我五人（二老决定新增加洪克夷、水渭松二同志。均系讲师，水为王老助手）。”“谈了‘撰写样稿’和今后组内审稿定稿的设想，请求尽快布置落实。”“撰稿人的条目落实问题，这个问题正在进行中（姜老主持的部分，他都已逐条草拟了提纲，以免交叉冲突）。”①

9月，先生给古代文学研究生讲《楚辞》，为期一个学期。

11月，中华书局出版游国恩主编《离骚纂义》（楚辞注疏长编第一编）以及后来（1982年10月）的《天问纂义》（楚辞注疏长编第二编），先生均在第一时间购读。先生曾对一位学生说，游先生的这两册书早在四十年代就出了预告，他很是期待，但是看后颇失所望。总的感觉是不加选择地罗列历代资料，没有他自己的观点②。

（接上页）先生的书信集，希望他能将前页也贴出来，以成全撰者恭录。结果，大喜过望：吴先生不仅答应了撰者的请求，而且还说“李氏去世后，遗物都流入市场”，“我会设法去寻汤老先生的手札，估计再找六七件不成问题，找到后复印交给你”（他误以撰者居蓉）。当时，他人还在西藏。至12月29日，他说：“我已回蓉，正在托友人找你需要的书信。有消息即告诉你……”几天后，他说“已找到11件”，并连夜扫描传递与撰者。这或许还不是先生给李氏手书之全部，然撰者已相当知足了。先生走后，为征集他的信札，感触良多；但素昧平生的吴先生之热情，却让撰者看到了一道绚丽的亮色，心里顿时暖暖的。

①据1980年9月17日洪湛侯致王元化信影件录入。布衣书局胡彬提供。

②罗国威2011年2月电话告诉撰者。近撰者翻到罗庸为游的这两种书所写的《楚辞纂义叙》，载1944年12月西南联大师范学院中文系主办的《国文月刊》第31、32期合刊（在《编辑后记》的开头写道：“本刊这次将第三十一期和三十二期合并刊出，原因是为了容纳几篇长而不宜分割的文字。”）。罗称“泽承此编，承近世学风之变，兼前人累世之长。其于左右采获，巨细靡遗”。

12月,论文《试论〈天问〉所反映的周、楚民族的两次斗争:〈屈赋新探〉之八》①发表,载《四川师院学报》第四期。

是年,先生参加《章太炎全集》整理工作,校点其中的《文录初编》,收入《全集》第四册,1985年9月由上海人民出版社出版。又为《中国大百科全书》撰写楚辞研究词条。

1981年辛酉 先生七十二岁

在四川师范学院。

1月28日,先生致函三哥汤浩正:

三哥、三嫂:

你们好!祝春节快乐!

半年多来,因为工作较忙,身体也不好,未能经常通信问候,甚为抱歉!

现在我的病虽比以前好些,但从迁住学校以来,一方面搞科研;一方面培养青年教师;还要为研究生讲课。这样一来,身体不免受些影响。可是,为了"四化",怎能推卸责任。

牟应杭同志前几个月来信,说今年要到成都进修。我曾嘱他征求你的意见(不知他跟你联系了没有),希望你跟三嫂也一同来我这里耍一段时间。过去你说三嫂退休,即可来成都耍。现在应当实现这一计划,请你拿定主意,主动跟牟应杭同志联系一下。并将来此的日期,事先来信告知!

匆此敬祝

健康!

弟炳正

元月廿八日

---

①该文编者按:"《屈赋新探》之六,篇幅较长,尊重作者意见,不再续刊;之七《释"温蠖"》已发表于北京中华书局编辑出版的《文史》本年第九期。"

2 月,文物出版社主办的《书法丛刊》创刊。先生先是在新华书店购买,后从邮局订购。

4 月 28 日,先生致函萧德君:

德君同志:

来信及论文一篇,已收到,勿念!

论文内容很好,而且持之有故,言之成理,很有创见。我已批注意见,转交《学报》,希望予以发表。

尊岳及令爱赠画问题,实在不敢当,只得在这里预表谢意!画寄来后,定能为鄙舍增光不少。

我五月三日将应邀参加在武汉召开的"中国训诂学研究会"成立大会及第一次学术讨论会。行前诸事丛杂,正在忙碌。余不多谈。

最后希望你努力写作,争取在科研战线上做出成绩!

即祝

平安!

汤炳正

四月二十八日

5 月 3 日,赴武汉参加"中国训诂学研究会"的成立大会。"出席会议的代表 147 人","共收到学术论文 87 篇","选举陆宗达教授为会长"①,先生被推选为"学术委员"。据颜新宇回忆,他"起草了成立屈原学会倡议书。会上由 10 位专家学者签名发起"②,先生是其中一位。

5 月 26 日,先生致函饶宗颐:

---

①《中国训诂学会在武汉成立》(武讯),载《天津师院学报》1981 年第 3 期。

②见黄中模、王雍刚主编《楚辞研究成功之路:海内外楚辞专家自述》,重庆:重庆出版社,2000 年 12 月版,第 229 页。

宗颐先生鉴：

武汉与阁下合影，顷已收到，谢谢！

关于太炎先生手稿散落香港一事，多蒙关注，至为铭感！炳现正参与《章太炎全集》整理出版工作，对《检论》之有“续编”问题，尤感重要。回忆一九七四年九月间得章师母手书，曾称先师手稿在离乱间不免多所损失，有人甚至盗往香港高价出售。阁下所言是否与此有关，值得留意。但《检论》之有“续编”，炳前无所闻，询之同门，亦无知者。一九三五年炳曾参加清抄先师手稿工作，亦未曾发现此事。以理推之，不外二端：（一）如手稿确有“续编”，或先师整理时早已掺入正编之中，并非佚稿；（二）或持此手稿者高价待沽，故为此言，以牟厚利。但此皆臆测而已。此事阁下如续有所闻，望能见示，此间当可设法购回。如已被私人购藏，则可通过有效手续，复印副本，以便收入《全集》。未审阁下意见如何？

大著《楚辞书录》此间极不容易得；何处出售，望能见示，至盼！

耑此顺颂

撰绥！

汤炳正

五月廿六日

5月30日，先生致函郭在贻：

在贻大弟雅鉴：

得来函，不胜欣慰！所述治学经过，步子稳，根柢牢，成果累累，名师之门，固当出此俊士也。《说文》《楚辞》，治之者多，非下苦功（或发现新资料），难于有所突破；唐宋俗语，疆域初辟，易收事半功倍之效。深望努力，好自为之！报刊发表诸大作，涉及《楚辞》者，多已拜读，余则少所涉猎。如有副本，希示一、二是盼！

炳抗战时，因抒发爱国情怀，为诸生说《楚辞》于上庠，积稿盈尺矣。而八年抗战，十年浩劫，片纸只字，所余无几。现年老体弱，精力有限，只给研究生讲点屈赋；行有余力，写点心得，假以时日，欲以《屈赋新探》之名问世。炳所注意者，乃对屈赋研究中向称老、大、难问题，提出些新看法。至于能否为屈赋研究领域增添点新东西，则毫无把握也。

炳与亮夫先生，并未谋面，只以学术上互相倾慕，渐成神交。此次百科全书《楚辞》条委炳撰写，猥以浅才，深恐有负雅望也。

在武汉时，谈及《天问》“穆王巧梅”问题，未能尽意。拙作已无副本，寻得旧页，奉寄请教，希谅！

武汉相逢，以会务繁忙，未能畅谈，美中不足！今后希多通信，以收切磋之益！匆此，即颂

撰祺！

汤炳正

五月卅日

5月，散文《屈原与闻一多：为纪念民盟诞生四十年而作》发表，载《成都盟讯》第二期。录入如下：

屈原与闻一多

——为纪念民盟诞生四十周年而作

最近几年，我正在整理自己的《屈赋新探》。因为闻一多同志是当代鼎鼎有名的屈赋研究者，这就使我有较多的机会跟《闻一多全集》打交道。据我了解，闻一多同志参加民盟的生活最早，一九四四年以来，就成了民盟的骨干力

量,而这时也正是他研究屈原、讲授《楚辞》的年代。我尝想,他既是个严肃认真的著名学者,又是个坚决勇敢的民主战士,他是怎样把自己研究屈赋跟争取民主的政治斗争联系起来的呢?我在花晨月夕,每每围绕着这个问题,翻阅遗编,缅怀先哲,最后终于在字里行间找到了答案。

闻一多同志在他的论文《屈原问题》中曾这样说:"(屈原)是一个为争取人类解放而具有全世界意义的斗争的参加者。如果我也是个屈原崇拜者,我是特别从这一方面上着眼来崇拜他的。"啊,闻一多同志原来是怀着"争取人类解放"的伟大抱负而把屈原的爱国主义传统予以继承、发扬、光大的。他是把自己的科研工作跟祖国的命运、民族的前途紧紧结合在一起的。的确,我们作为伟大中华民族的子孙,不仅应当为我们历史上曾产生过屈原这样爱国主义的伟大诗人而自豪,更应当在这种民族自豪感的激励下,为祖国的文化建设和物质建设多添几块瓦、多加几块砖。而闻一多同志不仅仅是这样做的,并为此而献出了自己的生命。这不正是屈原所说的"亦余心之所善兮,虽九死其犹未悔"的爱国主义崇高精神吗?从屈原到闻一多,其中千千万万的爱国志士,一脉相承地发扬了中华民族的这一优良传统,只有他们才是中华民族的支柱,才能在中国共产党的领导下终于建立起我们伟大的社会主义祖国!

当然,中国历史上的爱国主义传统,在社会主义制度下应当有新的发展。但从总的精神来看,我们无论搞什么工作,都应当跟我们祖国的命运、民族的前途联系起来,这应当是没有问题的。而闻一多同志恰恰在这一点上为我们做出了榜样。

民盟已经成立四十周年了,闻一多同志的牺牲也已三十五周年了。为了纪念民盟的成立,使我不能不想起闻一多同志;提起闻一多同志,也就使我不能不把他跟屈原联系在一起来进行思索,从而揭示出上述的这一重大课题,并略抒所感!

6月9日,先生致函郑文:

郑老:

武汉之行,已于五月中旬返蓉。因疲劳,休息数日。来函迟复为歉!大著极精,佩甚!

此次会议,晤及不少旧友,甚为欢慰!应特别提及者,会上遇到国内几位喜欢研究屈赋的朋友,及湖南、湖北的学术界人士,倡议筹备"屈原研究学会"(全国性的),邀弟作发起人之一。争取明年端阳节开成立大会及第一次学术讨论会(或在长沙,或在武汉,未定)。经费方面,由湖南同志筹划,据谓颇有把握,不致流产。

会上嘱弟联系一下西北方面的和西南方面的屈赋研究者。以吾兄乃楚辞专家,对此盛举,定能热情赞助并积极响应、参加。届时当有一番盛况也!

陕西方面如有契友,而且研究屈赋,有成绩,希代致意!当时会上意见,摊子暂不铺得太大,故邀请代表,持慎重态度。筹备情况如何,容续函相告。

匆此即颂

撰祺!

汤炳正

六月九日①

6月,论文《从屈赋看古代神话的演化》发表,载《四川师院

①影件由吴小铁先生提供。以下凡收先生致郑文及路志霄、王干一、吴小铁信,影件皆由吴先生提供。

学报》第二期。

7 月 9 日，先生致函郑文：

郑老：

武汉归来，曾奉上一札，略谈“屈原研究学会”的筹备问题。此事想完全得到吾兄热烈支持。顷接长沙有关同志来函，谓沪、杭一带老专家已联系好；并问弟对西北方面联系情况如何？由于他们催得很紧，故未待吾兄回信，已擅自通知他们，将大名列入发起人。想兄不至以唐突见怪也。至于其他爱好屈赋的友好，则作为将来邀请参加大会的成员。

本年《川师院学报》二期刊拙文一篇，奉寄请教。

此颂

撰祺！

汤炳正

七月九日

7 月 14 日，先生致函二哥汤棣正①：

景华二哥如晤：

俊玉回川，知兄身体康健，生活愉快清闲，不胜欣慰！尤其看到你寄来的竹兰条幅，吾兄之精神面貌，全在其中，真是见画如见人，“相看两不厌”！

回忆兄少年时代即喜绘画，老年再加点功夫，可成名家。依弟鄙见，这两幅竹兰，用笔略嫌拘束，如能泼辣豪放一点就好了。我有几幅影印的清代大画家石涛的墨竹，准备寄兄作个样板。学有师承，是重要的。

①汤棣正《〈喜接胞弟来信〉小序》有云：“余两弟在外省，每接来信如获拱璧，每隔些日子就拣出来重读一次，习以为常，大有温故而知新之意。自己暗想，信不能天天来，信可天天读，借以稍慰离思，重温手足之情。”见《日新草堂诗稿》。

弟近来,年老多病,但仍需就力所能及做点工作,如给研究生讲点课,还要搞科研。弟之科研,主要写《屈赋新探》,争取及早出版;现只发表一些单篇。总之,虽不忙,但无空闲!

暑热困人,希多保重! 匆祝

健康! 并祝

全家幸福!

弟景麟手书

七月十四日

7月16日,先生致函萧德君:

德君同志:

由邱君带来的茶叶壹斤,国画两张,均收到,勿念!

对我的生活来讲,茶叶是雪里送炭,国画是锦上添花。我首先表示谢意! 刘先生的墨竹,苍劲有力,堪称名笔(希代我致谢)! 小妹的山水,有似桂林风物,故老伴当即赋诗一首,题于画上。诗云:

迎面孤峰起,漓江几叶舟。
丹青十岁笔,烟雨画中游。

这是赞赏小妹所取得的成就!

大作转交《学报》时,我的介绍是:论点新颖,而且言之成理,持之有故。大凡一种新的学术观点出现,一般是不容易为人们所接受。这并不"费解"。你的写作计划,可照常进行! 即祝

近好! 并祝

全家平安!

汤炳正

七月十六日①

①影件由萧德君先生提供。

7 月 26 日,先生为兰州诗词学会成立写贺辞《致兰州诗词学会》,收入《兰州诗词学会成立特辑》小册子。

8 月,论文《"左徒"与"登徒"》发表,载《中华文史论丛》第三辑(总第十九辑),上海古籍出版社。后收入傅杰编《二十世纪中国文史考据文录》,云南人民出版社 2001 年 12 月版。其《编选说明》称:"本书以发表年限为准,以作者生年为序,共收入 20 世纪初至 20 世纪末考据论文一百六十余篇,或可俾读者略窥二十世纪中国学者的文史考据成绩于一斑。""当时《文史》和《中华文史论丛》算是影响最大的两个文献专业杂志"①。

9 月 17 日,根据陈云建议,中共中央发出《关于整理我国古籍的指示》,恢复古籍整理出版规划小组,由李一氓任组长。

10 月 3 日,先生致函郭在贻:

在贻同志大鉴:

九月九日来示敬悉,评价当前屈赋研究现状,极有见地。有不少看法,与敝意暗合。惟对拙作过蒙奖许,则不敢苟同耳!尤其奉读尊著之后,更觉惭愧!

"屈原研究学会"倡议书,想已见到。此事希能就近敦促姜老,多多出面活动,以免流产,尊意如何?

拙作《"左徒"与"登徒"》,刊于上海《中华文史论丛》本年三期,急就之作,很不成熟,希赐教正!

贱躯粗健,堪以告慰;新凉袭人,诸希珍摄!匆此,即颂撰祺!

汤炳正

十月三日

①颜亮《胡文辉:关键不在于学院还是业余,而是你做得好不好》,载《南方都市报》2013 年 11 月 28 日。

10 月,姜亮夫《楚辞今绎讲录》由北京出版社出版。姜在该书第 4 页称,先生等在《楚辞》语法方面的研究,“比过去的人强得多”。

12 月 30 日,先生致函《大百科全书》文艺组负责同志:

文艺组负责同志:

收到你社来函及稿件三份,一切均悉。我本人所写《楚辞》及《楚辞研究》两稿,自当根据所提意见,进行修改,并按期寄回。

关于姜亮夫先生所写《屈原》一稿,嘱我“重写”,确实为难!因为根据编写条例(不能写个人心得)及寄来的修改提纲来看,的确不是“改写”,而是“重写”①。但如果遵嘱“重写”,就会涉及到两个问题:一、推翻“重写”,姜先生同不同意这样做?不同意,怎么办?二、推翻“重写”,姜先生肯不肯承认自己是撰稿人?不承认,怎么办?

樊康同志给我院黄明同志的信,我已看到。老实说,我对“重写”,确实有些“顾虑”。当然,如果上述两个问题得到解决,我也只得勉为其难,以期不负厚望!专致敬礼!

汤炳正

十二月三十日②

---

①李廷先 1983 年 3 月 20 日在致化训、张道贵信中说:“姜老的稿子问题太多,改的难度很大,道贵同志在扬州时已谈到这个问题,什么时候能改好,尚难预定,太难改了!”姜亮夫给《中国大百科全书》共写了“〈楚辞音〉残卷”“屈原”“宋玉”“天问”四个条目,不知李(也是“先秦文学”组成员)所指何篇。但据前后几通信的内容推断应指“屈原”。据布衣书局胡彬提供的影件录入。

②据布衣书局胡彬提供的影件录入。罗国威曾告诉我,《百科全书》编辑部对姜亮夫的“屈原”条(有一万字)不甚满意,征求修改者,姜“指名请汤先生来修改”。

是年,"翁自招研究生以来,即开文献学课,并亲自讲授,而且定为专业基础课。翁订文艺理论及文献学为专业基础课之外,又定《诗经》《史记》《庄子》《文选》《唐诗别裁集》《词综》《元曲选》《红楼梦》《文心雕龙》十种书之导读为专业课,翁亲自教《文选》"①。

1982年壬戌　先生七十三岁

在四川师范学院。

1月16日,先生致函萧兵:

萧兵同志:

奉读来函,不胜欣慰!阁下在《楚辞》研究领域,可称异军突起,为屈学辟出新的途径,甚为钦佩!

大作《楚辞文化》两篇,是否已投寄其他刊物?如未投寄,我欲介绍给此间《学报》发表,未知可否?

《离骚辩论会》是一篇绝妙的"学术文艺"!只是其中屡用"批判"一词,似不符合该文所描写的气氛。此文如能投寄性质适合的刊物刊载,对活跃屈学空气,大有裨益。

所办《活页丛刊》,活泼及时,为一最大特色。如有拙作,自当奉寄请教。此刊一、二期尚未收到。多蒙关照,谢谢!

顺颂

撰祺!

汤炳正

一月十六日

①屈守元《廛翁自订年谱》,1981年条。按:此处实列九种,当漏《楚辞》一种。

1月21日（农历十二月廿七），先生妻子慕惠贞去世。

2月12日，先生致函王元化：

元化先生：

元月十三日来函已悉，利用寒假将《大百科全书》部分原稿修改了一道，现已完成。不当之处，望赐正。

关于姜亮夫先生《屈原》一稿，内容丰富，多心得创见；而且结构完整，自成体系。炳自顾谫陋，不宜冒昧“修改”。故只好各抒己见，另换一篇，以应急需。《大百科全书》多清规戒律，缚人手脚，希斧正。

《大百科》中有屈原、楚辞部分，系分工撰写，事前未开碰头会，失掉配合。故大、中、小条之间，难免有矛盾、重复乃至空白之处，只有今后统稿，再行调整。关于屈原与楚辞，有不少学术问题，尚乏定论。炳属稿时，对关系较大的问题，所列结论，以大多数人同意者为主；必要时，以其他为副。如此处理，似较恰当。

全部稿件，已挂号寄出。姜先生原稿亦退回，请查收。

匆匆顺颂

撰祺！

汤炳正

二月十二日①

2月20日，先生致函姜亮夫：

亮夫尊兄有道：

顷得王元化君来函，并附寄阁下所撰《屈原》条目，嘱炳依《大百科》撰例加以修改。炳读《屈原》原稿后，知阁下所

①此处致王元化与姜亮夫两通信的日期，撰者现据陈士波提供先生给王信的影件之邮政日戳，作了相应的调整，故与《汤炳正书信集》不同。

撰此条，心得创见极多，乃一篇极佳之学术精品，炳实不敢妄加修改。故只得依王君意见，别撰一稿，请指正。并将阁下原稿奉还①，望查收。

《大百科》之撰写，清规戒律极多，所要求者不在新说之独创，而在旧说之选取。以阁下之学术造诣，对此乃牛刀割鸡，很难得手。炳撰诸条，亦未必尽合《全书》之旨，企待指正！

耑此顺颂

撰祺！

汤炳正

二月廿日

3月，论文《〈楚辞韵读〉读后感》发表，载《四川师院学报》第一期。

5月，论文《曾侯乙墓的棺画与〈招魂〉中的"土伯"》发表，载《社会科学战线》第三期。该期在封二、封三刊发了先生与冯友兰、朱东润、季羡林、唐长孺、赵俪生、刘诗白、温济泽、仇启华、杨志玖十人的照片。

5月，为抢救老一辈学者的学术遗产，保存学术血脉，以贵州大学为主成立了"张汝舟教授遗著整理小组"，先生被聘为顾问。

6月28日，先生致函《中国大百科全书》编辑：

编辑同志：

寄来撰写条目六份，已遵嘱修改并校正错误。

现将上述六条油印稿，挂号寄回，希查收后来函告知，以免悬念！

该稿件邮来时，由于路上耽误了时间，六月二十六日才

①据推测姜先生曾将"原稿"寄给先生看，先生今"奉还"。

收到，已超过尊处规定时间，甚为抱歉！

匆匆即颂

撰祺！

汤炳正

六月二十八日①

6月12日至18日，先生参加中文系古代文学硕士研究生论文答辩会。

6月24日至7月1日，先生赴秭归参加由湖北省社会科学院、省文化厅等单位联合发起并组织召开的首届全国性的"屈原学术讨论会"。先生在会上作了主旨发言，首次公开纠正了《文艺报》1953年第11号社论《屈原和我们》对屈原所作的错误评价，即"屈原的政治思想中，有好些思想在当时都已经是过时了的，更正确地说，是历史上未曾实现过的空想。但我们应该加倍注意的，不是他的一套政治理想，而是他的实际的政治态度和斗争"。先生说："我们不仅仅应当承认屈原是'世界性的伟大诗人'，而且应当承认他是中国历史上最杰出的进步文学家。"②

7月10日，先生致函李润苍：

润苍同志：

前接大札，即将尊著推荐给《川师学报》，希能及早发表。

不料六月十一日该报编辑部竟将尊稿附信退回。信中所言，炳并不同意，故又与彼面谈一次，仍无效果。现在有些年轻编辑，跟我们的意见往往不合，实在令人不快！兹将其原信附上，希垂查，并赐谅！

---

①影件由牟昌非兄提供。

②先生《草"宪"发微》，收入《屈赋新探》，第176页。

当时曾拟立即函告，因卧病未果；病略愈，又匆匆首途赴湖北参加屈原学术讨论会。昨天已从湖北返寓，故特修函道歉！尊稿原件，如需退回，希即示知。

即颂

撰祺！

汤炳正

七月十日

7 月 18 日，王利器给川师研究生罗国威信，称“大札言及您正在搞《刘孝标集校注》，很好！您院老师阵容强，在他们的指导下，您会取得优异成绩的”①。

7 月 20 日，先生致函章念驰：

念驰师侄：

顷由四川大学李润苍君转来大函，欣喜之情，难以言喻！先师谢世后，门人弟子，凋零殆尽，而芝兰毓秀，后继有人，先师有知，当含笑于九泉矣。

编先师“演讲录”，师母在世时，炳曾提过几次，终以离乱频仍，未能实现。不料门人弟子所未能尽其责者，竟由师侄毕其役。所喜之余，益增惭悚！

先师生平书信，历史价值既高，数量亦复惊人，如能登报征集，汇录成书，实学术界盛举。师侄其有意乎？

炳所藏先师手泽以及遗书，抗战烽火中，已荡然无存。《〈尚书〉讲义》，过去有所存录，现已不复见矣。汪震其人，不知来历。只知在苏州时，先师门下有金震者，字东雷，当非一人之讹传？

①此信影件收罗国威编《思藻斋师友论学书札》，北京：国家图书馆出版社，2018 年 4 月版。

代为复制先师演讲录四篇，甚为感激！沪上汤志钧君，专研先师生平事迹，虚心交往，当有裨益也。

炳晚年体衰，除培养研究生外，正整理《屈赋新探》。现出版社催稿，颇感力不从心。幸有研究生代为抄写，年底可以完稿，勿念！

先师母逝世时，炳曾写小诗四首，以抒悲悼之情，另纸附去，希赐正！

耑此顺颂

文祺！

汤炳正

七月廿日

7月25日，先生在"屈原学术讨论会"上的发言稿，以《应重视屈原爱国主义精神的宣传》为题发表，载《中国青年报》星期刊。

8月23日，国务院批准《古籍整理出版规划（1982—1990）》。"当时被归入历史类第一部分（1982—1985年）'近代人物文集丛书'，该部分包括'从鸦片战争到辛亥革命时期的进步思想家、政治家，在学术上有重大影响的学者，以及封建统治阶级的代表人物'，涉及的人物具体有林则徐、包世臣、姚莹、曾国藩、冯桂芬、马建忠、薛福成、郑观应、张之洞、盛宣怀、丘逢甲、黄遵宪、梁启超、严复、刘光第、文廷式、毕永年、秦力山、张謇、陶成章、孙中山、章太炎、蔡元培、谭人凤、蔡锷、曹廷杰，共二十六人。从中可见，章氏乃作为'进步思想家'入选，所被看重者乃革命一面"。①

8月25日，先生致函赵逵夫：

---

①张钰翰《近40年接力奋斗，680万字〈章太炎全集〉是怎样诞生的》。

逵夫同志：

来函早已收到，因一个月来小病不断，未能及时作复，希谅！

关于《九章》后四篇的真伪问题，历来争论极大，相持不下。我的态度，是在双方证据都不充足的情况下，与其过而弃之，不如过而存之。但是，对双方所持的证据，无论否定或肯定，只要有新的看法，都应提出来；哪怕是一点或两点，也会对问题的最后解决，作出贡献。你的《〈楚辞〉中提到的几个人物与班固刘勰对屈原的批评》一文，正是从几个具体人物的分析来探讨《惜往日》《悲回风》的真伪问题的，看来还是有一定的说服力的。希望你坚持下去，把这篇论文完成。关于屈原不会赞扬伍子胥的问题，刘永济先生的书中也提到过，但仍要作进一步的探索。

拙文《关于〈九章〉后四篇真伪的几个问题》，刊于《四川师院学报》一九七七年第四期。该文也是本着上述的态度，仅仅谈了两个问题，即不同意坚持"四篇"为伪作的两条所谓得力的证据：(一)扬雄所见《九章》仅是从《惜诵》以下至《怀沙》五篇；(二)刘向《九叹》认为《九章》是"未殚"(未完成)之作。我的意见，以为这两条都不可靠。以"四篇"为伪是可以探讨的，但应另寻论据，这两条似乎不便再用。而你的上述论文，恰恰是在前人的基础上又提出了新的论据，这无疑是值得欢迎的。

我的精力极差，因病后胃口不开，总是不想吃东西，故恢复甚慢。匆匆即祝

近好！并代问

郑老康泰！

汤炳正

八月廿五日

8月28日,先生致函李润苍:

润苍同志:

来函敬悉!因在病中,未能及时奉复,希谅!

尊文《热爱祖国的章太炎先生》,无论从学术水平上讲,或从教育意义上讲,都是佳作。但敝学报,硬是要显示其编辑者的"权威",也只有一笑置之!现将原稿附邮挂号奉还,希查收!

在上述大作中(第30页),"卷入了反对派尊孔读经的逆流"句的前面,是否可以加上"章先生虽然在政治上跟国民党反动派采取不合作的立场,但由于他跟封建文化的深厚关系,晚年竟……"炳对先师行谊,感情胜于理智,确实多所回护,妨碍客观评述。殆所谓"不识庐山真面目,只缘身在此山中"耶!

此外,关于护法问题及《民报》事件的大作,病中匆匆读过。前者对新资料的发掘,有钩沉之功;后者对《杂纂》的利用,有独到见解,均为力作,甚佩!

为尊集作序,虽力不胜任,颇愿勉为其难。彭静中先生大作,是否也收在集中,希示知,以免措辞不够周延,至盼!

公子入贵校就读,已成定局,确系喜事,特此致贺!

匆匆即颂

撰祺!

汤炳正

八月二十八日

10月6日,为李润苍《论章太炎》作序,是书1985年2月由四川人民出版社出版。现录入如下:

序

先师太炎先生,在中国近代史上,不仅是民主革命的先驱战士,而且是继往开来的学术大师。我们应为祖国有此杰出人物而感到骄傲与自豪。

但是,先生所处的革命时代,阶级斗争错综复杂。先生在学术上的成就,又融汇古今,博大精深。故先生去世虽已四十六年之久,而学术界能对先生作出公允、精确之评价者,尚不多见。炳早年曾受业于先生门下,但景仰之情深,研讨之功浅。每思有所撰述,辄恐学力不逮,有玷先哲,恒以此为遗憾!

四川大学李润苍、彭静中二同志,治学勤奋,对太炎先生的政治业绩与学术著作,钻研颇深。所撰论文,在资料上有钩沉之功,在观点上多独到之见。虽个别问题,或待商榷,而精审之什,堪称力作。现李润苍同志先将论文裒辑付梓,以就教于学术界。闻在本集出版之后,拟续撰《章太炎传》一书,对先生的革命业绩与学术成就进行全面论述,深望杀青有日,早睹其成!

一九八二年十月六日

11月22日,先生《屈赋新探》书稿整理完毕,交与齐鲁书社出版。

12月4日,先生致函二哥汤棣正:

景华兄:

你好!

来信早已收到,因工作忙,精力差,至今始复,希能见谅是盼!

我的"冠心病"已渐好转,未退休。工作是培养"研究生",每周讲点课,再就是指导他们写论文。因为我的身体不好,只能尽力所能及,为人民做点事。我自己正在完成《屈赋新探》的写作,因为出版社等着要出版。

我今年暑假,病了两个多月,病略好转,又患胃口不开,饮食大减,体重也下降了许多。精力不能与病前相比。

张济人同志,我已记不起。他的诗写得很好,你的贺诗也很不错。尤其你补栾先生那两首,简直把我带到故乡的水光山色之间了。我已为你买了一本《唐宋词格律》,作者龙君是名人。过去我们在家里用的那种《诗韵合璧》之类的线装书,现在外面连影子也看不到。去年出版的一种《诗韵新编》,一抢而光,我也没有买到。现正托人到处设法,可能买到,届时当奉寄。你说"书款再寄",使我太惭愧了!难道同胞兄弟还要如此客气吗?

我自从教书、搞科研之后,很少写诗。什么《彩云曲》《故宫行》,早已忘到九霄云外;倒是你的那首《长恨歌》,我还有深刻的印象!

你青年时代的书法,是有名气的。现在寄来的几幅,依稀还可看到你早年的笔迹余痕,引起了我不少回忆!

现在全国都在修县志,来信才知我县也在修县志。我之所以得知全国在修县志,因为凡是在外省当教授的老师,都接到家乡通知,要写简历自传,登在县志上。我们县,山瘦地薄,是不出名人的。但近几年来,无论是政治界或文化界,都还有几个出色的人物。明年将要出版的《中国社会科学家辞典》就收有我的小传。不过我很感自我惭愧而已。

前几天我看电视,看到了我县的大鱼岛人刘保纯同志的国画展览,这是新起之秀吧?我未见过面。他的情况,你能示之一二吗?刘君的成绩,应当说是我县的光荣!

我写的论文,在国内不少有名的杂志上发表过。你见的杂志少,所以没有引起注意(有的杂志,如《社会科学战线》本年第三期,把我的相片都登出来了)。但国内外的学术界,却对我的评价很高。不过,这都是党对我培养的结果。现把手头存有的杂志单篇论文寄一份给你，希赐教！

寒冬已届，诸希珍摄！即颂

吟安！

弟炳正手书

十二月四日

（景之三哥，已一两年未与我通信，据说是懒得很）

12月26日，先生致函三哥汤浩正：

浩正三哥如晤：

前几天红玉来成都开会，到我家住了一天。她说你的身体健康，没有生什么病，我们甚为欢欣高兴！听说三嫂也很好，这更是大喜事，这对你的生活照顾是有很大帮助的。

我身体还好，请勿挂念！入冬以来，这里很冷，去年因天气冷，我病了很久。今年我事前做了准备，买了铁炉子，烧煤取暖，大概不会生病了。勿念！

我本想托红玉带点东西给你，因她来去匆匆，东西未买回，她已走了。现买了些银耳，由邮局寄去，希查收。银耳是补品，老年人吃最好。最好用冰糖炖，慢火炖两三小时，才能好吃。

冬天，希保重，老年人病不得，至盼！匆祝

三嫂及全家平安！

汤炳正

十二月廿六日

12月27日，姚奠中致函先生：

景麟兄：

远劳驰念，惠赐白木耳等佳品，至感至谢！

屈原讨论会，弟虽被邀，以两次外出：参加唐诗讨论会与唐代文学会成立会，耗时已多，故未能再去，仅寄贺信而已。吾兄赴会事，已从他们寄来的简报得知。趁身体条件尚可，参加一些活动是好事。只是弟每次会后，总有几天不适，当系劳累所致。吾兄之病，虽事隔二旬，但仍恐与疲累有关。弟以为今后出外开会，每年最多不得超过两次；与会时应有年轻人陪同；会期中应减少活动；归来必事休整。发烧、水泻，都属于临时性病症，但拖久则亦可虑。好在兄已好转，希望多加珍卫，早复健康！

兄于屈赋，卓有新见，愿得早日出书，先读为快。但如不常催，出版社印刷厂拖一年半载，还算是快的。弟今年带研究生三人，给他们讲古代学术思想和文学理论，前者基本以先秦为限；后者则由他们清理一下文艺界争论的问题，进行研究，提出个人见解，进行讨论，最后由我总结。这两种课，都是打基础。弟自己的科研等事，很难有时间搞，因为还兼着校内的一些职务（包括“九三学社”工作），常忙得不可开交。最近已下决心，大力砍掉兼职，最多只兼几种挂名的名义。庶可挤出时间写些东西和整理旧稿。索书法的人太多，也要占不少时间，刻、画根本没敢露。挂着个书法家协会副主席，只去开过一次会。颇使一些青年失望，要亦无可奈何！

匆匆，即祝

康复！

阖府清吉新年愉快！

弟奠中拜手

12 月 27 日①

12 月，论文《屈赋语言旋律美》发表，载《四川师院学报》

①此信没有署年，现据信中“屈原讨论会”“唐代文学会成立会”等语推定。

第四期。此文从诗乐舞三位一体的角度，推测了《九歌》中“兮”字的特殊用法的成因，认为这里最大的可能是为了使诗歌跟舞蹈音乐的旋律互相谐和，从而以适应性极大的泛声“兮”字取代了音节性较强而独具特色的“于”“然”“其”“之”“夫”等虚词。这就正如《礼记》云：“诗，言其志也；歌，咏其声也；舞，动其容也。三者本于心，然后乐器从之。”先生致赵逵夫信有云：“（此文）有三个论点，似为前人所未及者，（一）《九歌》‘兮’字的特殊用法，从理论上应当怎样解释？（二）屈赋如《离骚》，上句用‘於’下句用‘乎’，此已发现多年，但原因何在？（三）《离骚》用韵，古音学家皆以四句为一节，一节为一韵例，但从文学语言旋律来讲，这样划分未必合理。对上述三个问题，略抒已见，以就正于学术界。意在通过现象，寻找原因，并提高到理论认识，是否有当，未敢自信！”①此文《简介》选入彭黎明编《二十世纪中国文学史论文精粹：散文·赋卷》，河北教育出版社2001年1月版。

12月，先生接受日本东京大学教授近藤邦康来访。近藤著有《辛亥革命》《原典中国近代思想史》《中国近代思想史》等书。附近藤邦康给先生信函：

汤炳正先生：

此次访问四川，得会见先生聆宏论，启发很大。我向您表示衷心的感谢。

12月16日我在上海机场跟汤志钧先生等告别，当日安抵东京。非常盼望将来再有机会见您请教。谨祝

您身体健康！

近藤邦康

1983年1月24日

①《汤炳正书信集》，第57页。

是年,先生应学校之约,向学生作了一次学术报告,题目是“楚辞与神话”。

1983 年癸亥　先生七十四岁

在四川师范学院。

1 月 6 日,姜亮夫在为黄中模《屈原问题论争史稿》所撰的序①中指出:“用民族学、民俗学来论屈子思想的本真者,启蒙于梁启超先生、谢无量先生、鲁迅先生,继之而渐见昌明。到近些年来,一些有识之士都已在使用这一法门。譬如汤炳正先生以苗疆祭祀事迹说明《招魂》一些字,用马王堆的资料加上历来的墓兽说明‘土伯九约’。”“近二三十年来讲《楚辞》的人,已开始试用此法探讨屈赋。这是件极可喜的现象。”

1 月 11 日,书评《关键在勇于探索:〈屈原论稿〉读后》发表,载《光明日报》。

1 月,为了繁荣学术研究,提高学院在汉语言文学领域的学术地位,经四川省高教局批准,中文系的“中国古代文学室”升格为“中国古代文学研究所”。下设先秦两汉文学研究室、魏晋南北朝文学研究室、唐宋文学研究室、元明清文学研究室、古代文论五个研究室和办公室、资料室。所长由屈守元担任,先生为先秦两汉文学研究室主任,也是“古文所”当时三位教授之一。“本所成立至今的主要任务由四川省教委批文所定,共三项:1. 整理古籍;2. 招收培养中国古代文学和古籍整理硕士研究生;3. 中国古代文学研究。”②

---

①北京十月文艺出版社,1987 年 7 月版。原文“一些字”,当作“‘些’字”或“的‘些’字”之失。

②《四川师范大学中国古代文学研究所简介》,载《四川师范大学学报》增刊总第 7 期(1993 年 9 月)。

2月6日,撰者赴成都看望先生。

这时爷爷从里面一间房子走出来,我一眼就认出爷爷来了,和三爷长得十分相像(与1977年见面时,变化也不大),就是瘦了一点。接着,爷爷就详细地问了三爷和我父母的一些情况以及贵阳的发展情况。又讲了我童年的一些趣事,如将斑马线称作"打碎碗的地方"。"大人问:小波,你知道过马路从哪儿走吗?你说:'我当然知道,走打碎碗的地方嘛'"(彼时斑马线是用白石子镶嵌的)。下午,爷爷专门给我谈了太炎先生勤奋读书的故事。爷爷讲,要做大学问、出大成果,非要下苦功夫不行。当然也要注意身体。谈到师院有不少自学成才的人以及古文所几位研究生(如赵晓兰、李大明等),说要做出成绩,一定要有点天份,不过中等之资也就够了,但必须要勤奋。入门须正,立意要高。"我看你具有中等资质,今后完全可以做出成绩的。"说你专业是什么,就在什么方面下功夫。知识面要广,但专精更重要。说从我的信上看,今后写散文还是有希望名家的。据姑姑讲,爷爷每星期只给研究生上一个小时的课。爷爷每天除吃饭,睡一个小时的午觉,晚上看会电视,剩下的时间均用作读书与做学问。爷爷说读书要会提出问题,一个人兴趣要广泛一点(知我不会包饺子,批评我),青年人要活泼些。12日下午,爷爷专门请了一位摄影爱好者前来为我们照相。爷爷谈了许多自学成才的事情,并送了我一册《沈从文小说选》,说此人就是自学成才的典型,现在名声异常大,国外都有学者在研究他,1980年还应邀去美国几所大学讲学,哥伦比亚大学的海报称他是"中国当代最伟大的在世作家"。爷爷又送了一册人民文学出版社的精装笔记本给我,并题写了一首诗"少壮须发奋,时光不再来。理想即动力，勤学出天才。1983年2月16日书赠小波孙儿存念汤炳正”。爷爷还用宣纸将《荀子·劝学篇》中一段话用隶书写给我“存念”。爷爷叫我立足本职岗位，业余读书写作。我说正在看人民教育出版社的《古代散文选》和中国青年出版社的《古文选读》，爷爷说“这两套书选目均很好，你可作读本”。爷爷每天早上用两个小时做学术研究，是雷打不动的。18日上午，爷爷走出书房，鼓励我要好好读书学习，也要注意锻炼身体，并要我每年春节都来玩耍。19日吃了中午饭，休息一小会，我就告辞。爷爷一直送我到很远很远的图书馆前，最后伫立在坡上目送我的背影①。

3月与5月，分别为古历学家张汝舟两部遗著《二毋室论学杂著选》《切韵考外篇刊误》作序。前者1990年3月由贵州人民出版社出版。

4月5日，学校发生了“五教授事件”，即《人民日报》发表署名李安宅、屈守元、张静虚、汤炳正、雷履平写的一封信《不能让践踏党的政策的人横行下去》②，抄录如下：

不能让践踏党的政策的人横行下去

人民日报编辑部：

我们是四川师范学院教授和副教授，大家决心在有生

---

①这是撰者第一次去蓉城谒见先生，这之后又多次与先生见面。每次撰者都有“江海之浸，膏泽之润”。现从当年的日记中挑选部分相关的内容放入本书，将来拟写一篇《日记中的先祖父汤炳正》。下凡选录这方面的内容，仅标以《日记》。这些日记系撰者返黔后补写的，不完整甚至不够精准的地方或有，责任当然在撰者。

②家父汤世洪时正出差成都，巧遇几位先生拿着稿子来渊研楼与先生商量此事。

之年,为祖国教育事业和科学事业的发展贡献自己的力量。但是,我们目睹四川师范学院党委副书记邵林滥用职权,胡作非为,阻挠党的知识分子政策的贯彻落实,造成我院教学、科研、后勤工作困难重重,心中实在气愤。现对邵林违法乱纪的事实揭发如下:

(一)背着党委搞小动作,千方百计抓权。邵林纠集一伙人,对我院受到广大教师尊重的代理党委书记、院长苏黎教授排挤打击,肆意欺侮。今年3月3日,他在职工大会上叫喊:"我是党委副书记、纪委书记,是族长、乡长、家长,就是没有一点权!"其实,他的权力很大。例如,老教授早就建议,在川师设中国古代文学研究所,四川省委、省高教局也批准同意设置,并下达了文件。由于邵林从中作梗,百般刁难,迟迟不能建立。

(二)利用职权制造新的冤假错案。1982年6月17日,邵林背着党委,对曾经反对过他的错误意见的中国形式逻辑研究会副会长、四川省逻辑学会副理事长张静虚进行打击报复,没有半点根据就在全院职工中点名,诬陷他"利用省逻辑学会名义非法印书(《大众逻辑》),买空卖空,牟取暴利,贪污达万元以上。这是一本万利,甚至是无本万利"。此事后经四川省纪律检查委员会于去年8月间派人认真调查,真相大白,张静虚同志没有沾染分文,纯属邵林报复陷害,上级领导指示为其恢复名誉。但是,邵林一直拖延到现在未予处理。去年6月6日、7日,原四川省委书记杨超同志约张静虚同志在他家里参加关于哲学方面的座谈会,而邵林从开会内容、到参加会有哪些人,甚至什么时候、坐的什么车回川师,都一一追问、追查,侵犯张的人身自由。邵林直到最近仍在造谣诬陷张静虚同志。

(三)践踏新党章,剥夺党员应有的权利。去年11月,一些同志在三总支党内学习新党章的座谈会上,联系实际,揭发了邵林的某些错误。担任经办发行《大众逻辑》工作被邵林停职反省的赵泰碧同志,在会上也揭发了邵林胡作非为的事实。邵林知道后,对三总支书记骆永林同志施加压力,说这些发言很有问题,要三总支表态,对发言的同志搞单行材料,激起了三总支支部书记以上党员干部的义愤。此外,还有其他一些问题,不在这里一一赘述。

中央三令五申,要加强社会主义法制,也一再强调要认真落实知识分子政策,这些对我们都鼓舞很大。而邵林对上级指示软拖硬抗,对下面胡作非为,拒不执行党的方针政策。我们认为,为维护宪法、法律和党纪的尊严,开创川师工作的新局面,应该严肃处理邵的问题,再不能容许践踏党的政策的人物继续横行下去了。

致敬礼!

四川师范学院
李安宅(教授)
屈守元(教授、共产党员)
张静虚(教授、共产党员)
汤炳正(教授、民盟盟员)
雷履平(副教授、中共预备党员、蒙古族)
1983年3月23日

5月16日,先生致函李润苍:

润苍同志:

师母信件及照片,已收到;蒙赐放大照片一张,谢谢!

大作《热爱祖国的章太炎先生》,写得极好!以"爱国主义"为主线来评价章先生一生的政治活动,庶不至走向偏颇。敝意第29页章先生"姑以民军视之"这句话,局限性很大。因此,“实际上逐步在接受我党提出的抗日民主统一战线”这句话之前,可加上“他虽然还不理解中国共产党是抗日领导力量”这样一句话才好。是否如此,仅作参考。尊稿如无副本,需退回,希示知,以便照办!

彭老师的提纲,所提出的几个方面,虽仅限于语言文字部分,却很重要。如能全面写成论文,对继承章先生留下的这部分文化遗产,无疑是很大的贡献!

师母遗像后排从左到右,为:诸祖耿、王乘六、徐复、沈延国。一九七五年摄于苏州锦帆路八号。时师母九十三岁。

近得章念驰师侄来函,要我为他寻觅尊著《章太炎与四川》一份。我这里有一份,准备保存。你如有存书,或由我转寄,或由你直接寄他,均可;如无存书,我这一份,即转赠给他。何如?希示知!

匆匆即颂

撰祺!并希代向

静中同志问候不另!

汤炳正

五月十六日①

7月16日,先生写成《屈赋新探》后记。此文是先生研治《楚辞》的一篇重要文献。附录如下:

后 记

本集交稿之后,我虽一度产生过人们所常有的那种轻松和愉快。但与此同时,也确实又想到和碰到许多与本集

①此信《汤炳正书信集》系在1982年,误。现据先生1982年给章念驰的信调至本年。

有关的一些学术问题。这里只准备谈三点:

首先,关于学术上的创新问题。

回忆三十年代中期,我曾受业于太炎先生之门。先师讲学,经史子集,所涉极广。其时,先师并未专讲《楚辞》,我亦未专攻《楚辞》。然而,读先师所著书,谈及屈赋之处,亦复时有所见。例如本集所征引的:屈原称君为"灵修","灵修"实即"令长";"吾令蹇修以为理","蹇修"实即"声乐"。并又据"灵修"以探索楚国官制的民族特征,据"蹇修"以阐述中国古代的音乐理论。此皆勇于独创而不离乎典据,立意新颖而不流于诡异。不仅妙语解颐,亦且益人神智!

如果说,乾嘉学派长于文字资料的考证,短于事物规律的探索,而太炎先生却能熔二者于一炉,"微观""宏观"交相为用。他上承朴学家法,下开一代新风,对中国文化的发展,做出了卓越的贡献。这从治学方法来讲,应当是值得发扬光大的优良传统。而把考证资料与探索规律割离开来,未必就是一种最理想的分工。因为对事物规律的新认识,往往跟对文字资料的新突破是紧密相联的。

先师作为革命元老、学术泰斗,他的治学经过,治学方法,曾给我以巨大启示与多方熏陶。而最使我难忘的,是在一次个人问学时,先师曾谆谆告诫:

> 治学要有独到之见,只是重复前人成说,于学术发展有何贡献?

此语,对我的教育是深刻的,终身服膺,从未忘却。如果用现在的话来说,那就是任何学术研究(不管是社会科学或自然科学),都要求能在这门学科的原有基础上,增加一些新的东西,获得新的突破;只有这样才有助于推动学术的不断发展。然而,对我来讲,学海浩瀚,百无所成。虽于屈赋略有探索,而对先师所要求的"独到之见",实未敢企及于万一。有负遗教，惭悚何极！

其次，关于不同学科的互相渗透问题。

古人曾说，“不通群经，即不能精一经”。这已道破了治学方法中“约”与“博”的辩证关系。如果把范围扩大一些，则研究文学史上的任何现象，都跟史学、哲学、民族学、宗教学、神话学、民俗学、考古学、语言学，等等，有着不可分割的联系。在科学研究中，它们之间是互相渗透的。涉及的广度与钻研的深度，是相辅相成的。我收在集中的那篇《屈赋语言的旋律美》，已发表于一九八二年《四川师院学报》第四期，其中关于屈赋的“韵律”问题，曾提出了“首、尾韵”“中、尾韵”等罕见现象。“例不十，法不立”，当时我所得到的例证，每项都在二十条以上。但文章发表之后，仍然于心不安，深恐把偶然现象看成是规律。然而最近读到一九八三年《民族文化》第二期，竟在黄革同志（壮族）《丰富优美的壮歌》一文中，发现了壮歌与屈赋在韵律上的相似点。他说：“壮歌有严格的腰尾韵，与汉族民歌的韵律不同。”所谓“尾韵”，即韵押在句尾，系一般现象，这里从略；而所谓“腰韵”，据作者说：

> 在腰韵方面，五言歌的押韵位置主要在第三个字，其次在第二个字，个别押头韵（第一个字）或在第四个字押韵；七言歌的腰韵主要押在第四个字，其次在第二个字，这是因为歌唱时要在这些地方停顿、换气的原因。不这样就难以歌唱，勉强唱出来也不好听。

不难看出，壮歌的“腰尾韵”，与我所提出的屈赋的“首、尾韵”“中、尾韵”，颇有共同之处。即叶韵的字，不仅在“句尾”出现，而且可以在“句中”或“句首”出现。并且发现屈赋的形式，跟壮歌的长篇“排歌”（一称“串歌”）极其相似。即除句子的字数不等而外，主要是押“尾韵”。只有部分句子才押“腰韵”。当然,从黄革同志的文章看,壮歌的韵律也有与屈赋不同之处。即壮歌乃“尾韵”与“腰韵”相叶;而屈赋则是“腰韵”与“腰韵”相叶,“尾韵”与“尾韵”相叶。但是,由此可以证明,拙文所提出的屈赋的“首、尾韵”“中、尾韵”等韵律形态,决不是偶然现象。它们正是战国时期,包括楚文化在内的我国南方民族文化特征之一。而黄革同志所谓的“好听”或“不好听”,也正是属于我所提出的“语言旋律美”的问题。然而如果不从民族学或民俗学的角度,以壮歌与屈赋互证,则屈赋中这类问题虽然也可能被提出来,但悬案终于是悬案,决定性的结论是不容易得出来的。

最后,谈谈学术交流问题。

在古代,限于历史条件,学术交流比较困难,因而学术发展也就相对迟缓得多。现在的情况不同,不仅国内的学术界交流频繁,而且国际的学术交流也越来越活跃。但是,不容讳言,由于某种原因,国际间的学术界,仍然存在一些不应有的隔膜。如日本学术界有人对本集所收拙作《〈屈原列传〉理惑》(曾发表于一九六二年《文史》一辑,原名《〈屈原列传〉新探》)一文的误解,即其显著的例证。拙文的中心主题,本来是要试图解决历代学人对《史记·屈原列传》所提出来的疑难问题,从而恢复《屈传》的原型,展示出屈原生平事迹的本来面貌。文章的目的性是明确的。但是,近年来日本学术界否定屈原存在之风大起。始而倡“主人公与作者分离论”,否认《离骚》为屈原所作,继而把伟大诗人屈原索性从中国历史上抹掉。因而中国近代学术界的廖平、胡适、卫聚贤等屈原否定论者,也被奉为研究屈原的圭臬。尤其是对中国何天行的《楚辞作于汉代考》一书,更给以极高的评价。所有这些现象,原属学术争鸣,未可厚非。而问题在于竟有人以拙作《〈屈原列传〉新探》为根据,将本人也纳入否定屈原的体系。其文云：

> 一九六二年，最近的学者汤炳正比较了《屈原列传》的正文和有关汉代的各种文献，指出《屈原列传》的大部分内容是后人增改的。

很显然，这里不仅极端夸大了屈传被增改的范围，而且我所说的“窜入”，跟“屈原并无其人”也决不是同一概念。拙作是决不能为屈原否定论者帮忙的。

至于中国何天行《楚辞作于汉代考》的结论，主要是认为《离骚》并不是什么屈原所作，而是西汉淮南王刘安所作。对此，我本想多说几句话，以澄清是非。但这里限于篇幅，只打算提出一项新鲜事物，作个简短的说明。即一九八三年《文物》第二期发表的《阜阳汉简简介》，其中有这样一段话：

> 阜阳简中发现有两片《楚辞》，一为《离骚》残句，仅存四字；一为《涉江》残句，仅存五字，令人惋惜不已。另有若干残片，亦为辞赋之体裁，未明作者。

《简介》中又报道：这次出土的先秦古籍中，还有《诗经》《周易》等多种。经考古界的分析，出土器物上有“女（汝）阴侯”铭文及漆器铭文，纪年最长为“十一年”等材料，确认墓主是西汉第二代汝阴侯夏侯灶。夏侯灶是西汉开国功臣夏侯婴之子，卒于文帝十五年（公元前165年）。故阜阳汉简的下限不得晚于这一年。因此，我认为这批汉简的出土，对判断《离骚》是否西汉淮南王刘安所作，实为最可靠的原始资料。

据《史记·淮南衡山列传》：淮南厉王以谋不轨死，“孝文八年”，乃封其子刘安为阜陵侯，其时刘安仅七八岁。“孝文十六年”，又改封刘安为淮南王。武帝即位，“建元二年”淮南王刘安入朝。又据《汉书·淮南衡山济北王传》所叙淮南王刘安受封的时间，与《史记》全同。惟于武帝时刘安入朝之下，补入武帝"使为《离骚传》，旦受诏，日食时上"等语。而何天行的《楚辞作于汉代考》却以为《离骚传》即《离骚赋》，从而得出《离骚》乃淮南王刘安所作的结论。但是，按照何天行的说法，则刘安入朝作《离骚》的时间，是汉武帝建元二年。那么，为什么《离骚》汉简，竟会在死于二十六年以前的汝阴侯的墓中出现呢？那时刘安不过十四五岁，而且也并无入朝武帝之事，因为这中间还隔着景帝一代呢。可见，刘安作《离骚》之说，是完全违反历史事实的。我在本集《〈楚辞〉成书之探索》中，曾认为刘安封淮南，都寿春，其地为楚最后之故都。屈赋当已广泛流传人间，故刘安及其宾客得搜罗屈赋以成专集。阜阳乃寿春近地，则汉简《离骚》《涉江》之出土，不仅说明了《离骚》并非刘安所作，而且竟为鄙说增加了一条新的旁证。

当然，阜阳出土屈赋残简，从一般意义上讲，并不为奇。而对于破除刘安作《离骚》的成见，则不能不说是极其珍贵的文物。为了加强学术交流，故特提出个人极不成熟的意见，以供海内外学术界的参考。

以上三个方面，都是本集交稿以后的一些零星感想。学术研究是无止境的，此外还有不少的话要讲，但这里只好从略，庶免"画蛇添足"之诮。

一九八三年七月十六日

8 月 3 日至 7 日，"辽宁首届屈原学术讨论会"在大连召开，会议由辽宁省文学学会屈原研究会，辽宁师范学院科研处、中文系主办。这次会议进一步加强了全国楚辞界同人之间的联系，探讨的问题也在秭归屈原讨论会的基础上有所深化。会前，先生与姜亮夫联名向楚辞学家发出成立全国性屈原学会的倡议，得到与会一百二十余名专家学者的积极响应①,成立了"中国屈原学会筹备会",先生与姜亮夫共同担任主任,秘书长由张啸虎担任②。

8月9日,先生致函聂石樵:

石樵同志:

前得来示,曾即作复,谅邀鉴及。顷得卞孝萱君来函,知他已与你晤谈成立"中国屈原学会"问题。并为此见过邓绍基君,甚为欣慰!

卞君认为:"各方面都很积极,关键在于湖北省领导。"这个估计很准确。据炳所知,两湖的文化界积极性都很高。但湖北只有文研所长张啸虎君从事筹备,而省委并未表态;湖南则只有文化厅拍电给大连会议,争取明年办会,而省委亦未表态。因此,能促使两湖省委主动出面支持,确实是关键。至于如何筹备,可由两湖省委协商。会务,则可公推姜亮夫兄一人主持,炳不必滥竽其间矣。

以上意见,极不成熟,不知台端以为然否?附寄卞孝萱君一札,希代转是盼!

耑此顺颂

撰祺!

汤炳正

八月九日

8月,论文《试论"寅"字的本义与十二支的来源》发表,载《江汉论坛》第八期。

---

①见张弘《辽宁省文学学会首届屈原学术讨论会情况综述》,收入会议论文集《楚辞研究》(1984年2月)。

②毛庆《回忆中国屈原学会的筹备与成立》,载《职大学报》2005年第1期。

8月，巴蜀书社成立。先生受邀参加书社在乐山市组织的古籍整理出版会。住八仙洞，先生说“面对浩浩流水与巍巍大佛，简直不想离去”①。

9月13日，先生致函黄中模：

中模同志：

来函已悉。因此间正在办理研究生答辩工作，较忙，现就几个重要问题略作简要说明如下：

关于复印何天行的书，今天由邹治虎同志转告，知重庆方面已得到一部，此间不必复印，未知确否？

我已收到大连寄来筹委名单。其间湖南秘书一名暂缺。此事关系至巨，必需抓紧解决！湖南社科院或高等院校能提一名最好。希你能与姜书阁先生等商决。此事解决，湖南局面才能打开。将来颜新宇同志入学会领导机构问题，也可应刃而解。大连会议前，我曾给颜新宇同志一封信，鼓励他，至今未得他的回信。仍寄铁福街，可能未收到？

关于争取北京（中国）社科院批准问题，也很关键。我拟写信给聂石樵同志，请他就近设法解决；你是否也可写信给陆永品同志，请他以大连会议与筹委会名义向北京（中国）社科院领导上反映一下。据说，现在不少学会的成立，都要走这个门路，你以为如何？

关于明春争取在川师开个小型讨论会问题，我已向有关领导提出。看来他们顾虑很大，生怕由对日人学术问题的回击，引起对邦交问题的影响。因而不敢承担责任，不愿接待这个会议。而且此间正在调整领导班子，青黄不接，乌烟瘴气，也是客观原因。我现在改变了想法：你的大作（第

①见《汤炳正书信集·致罗国威（一）》。

一炮)发表后,推动大家多写文章,争取明年端午节学会成立大会上一齐抛出来。以成立学会之名,而收到回击日人之实。即开会的矛头,并不是针对日人,而内中却有大量的文章是驳斥谬论的(包括中国人的谬论)。这样就谁也抓不到把柄,与邦交何关?你以为如何?希复!

匆匆即颂

撰祺!

汤炳正

九月十三日

(一)《中国文学史·导论》(铃木修次执笔,全书乃二十多所大学教授集体写,很有代表性);(二)《楚辞与屈原》(九州大学教授冈村繁);(三)《楚辞研究》(德岛大学教授竹治贞夫)。

以上也系屈原否定论者的著作①,多系大部头专著,可节译否?除上次寄来两篇译文外,如有新的译文,也希见赐!

炳正又及

九月十三日②

9月15日,汤世洪赴成都铁路局职工疗养院疗养,历时八个月,其间常去看望先生,父子相得甚欢。

9月15日至20日,先生参加中国古代文学研究所第二届硕士研究生论文答辩会。

9月,论文《神话·历史·经今古文学:〈屈赋新探〉之十三》发表,载淮阴师专《活页文史丛刊》第八辑(萧兵为执行副主编)。

①竹治贞夫的《楚辞研究》并非"屈原否定论者的著作",先生此处所获信息不确。

②本书所收先生致黄中模的信函,影件皆由黄先生提供。

10月14日,先生致函黄中模:

中模同志:

自贵院《学报》发表了日人文章及大作之后,学术界的反映很好。为了维护世界文化名人屈原的历史地位,你们做了一件极其有意义的工作,而且打响了第一炮,为祖国争得了荣誉。

关于今夏在大连会议上分下的题目写好后,应于明春举行一次小型(最多三十人)的学术讨论会,以便交换意见,互相促进,而这个讨论会,最好能由贵院作东道主,以便在原有的胜利基础上,扩大战果。这不仅是学术界的希望,也是为贵院增光的历史使命。鄙见如此,你以为如何?如果可以考虑,深望你能请示贵院领导,予以裁夺!

关于明春的讨论会,是否即以四川高等学校古典文学研究者的名义举行,重点请几位国内的学者。当时分任题目的同志,当然都应参加。

以上意见,很不成熟。进行结果如何?希能示知是盼!

匆匆即颂

撰祺!

汤炳正

十月十四日

10月14日,先生致函黄中模:

中模同志:

上次去信,当已收到,据传我院新班子何日成立,遥遥无期。我实无此耐心等待。因此我已下定决心,改变原来的设想,即明春的讨论会,想尽办法,由重庆师院作东道主,在重庆召开。我附了一封简信,希你持此简信向你院领导提出上述要求,看看结果如何?并速示知!

如果上述计划能决定下来,关于川大陈思苓同志的联系;西南师院、民族学院的联系由你去作;南充师院的郑临川兄,我本可联系,但因某种关系,还是由你负责为好。把我们的打算写信告诉他们,共同商讨筹备工作。总之,以信函往来,进行交换意见,不必开碰头会。免得大家受劳碌奔波之苦。

关于成立全国性"屈原学会"问题,前曾面托卞孝萱同志,函托聂石樵同志在北京活动。卞来信,已与中国社科院文研所副所长邓绍基同志商谈,也与聂君相会。他们的积极性都很高,俟有结果,再来信。总之,他们都是采取支持的态度。

你的那篇《关于所谓"屈原传说"》的大作,如想在敝《学报》发表,可以寄来试试。年轻编辑,各有看法。上次我介绍萧兵同志文章,竟被退稿,我深感不满!

贵院本期学报,最好能寄几份给我。我至今一本也未收到。

大连会议分配的十七个题目,题的内容是什么?承担的人名都有哪些(哪些地区)?皆望示之。

上次面谈,决定把老头子的文章放在后期发表,这很好!你当时又希望我批何天行的书,我也正在准备,但因工作忙,还未动手写。总之,这一战役,我是要参加的。

从以上所谈情况,可见当前真想在学术界做一番事业,简直是困难重重!("难于上青天")匆匆即祝

撰祺!

汤炳正

十月十四日①

10月30日,先生致函黄中模:

①"汤先生10月14日写了两封信给我。"(黄中模语)信中的"老头子",据黄说是指姜亮夫。

中模同志：

两函均悉。小弟汤纯正的旅途困难，蒙你代为解决，不胜感激之至！

关于在川师召开“屈原问题学术讨论会”经过曲折，现已大有希望：我对此间“古代文学研究所”的领导，多方商洽，他已欣然接受了我的意见，同意由我们研究所作东道主；第二方面，院的新领导班子虽至今还未批下，但内定的名单中，已决定有一位对学术活动抱积极态度的同志，任副院长，管文科。如这位同志职务定下来，我们研究所领导立即与他作出决定，拨出款项，办理这次的学术讨论会。此事，已有百分之九十以上的把握，请你放心！如定下来之后，我们几个人可用通讯商洽一切。十一月的碰头会，就不必举行了，免得大家劳碌奔波！

讨论会之后出个《论文集》，我极赞同；如果出长期性的“辑刊”，不仅有个经费问题，而且有个稿源问题。这一切，待将来具体商量。

关于邀请日本人参加讨论问题，我的意见以不邀请为好。因为这样做，无异于是对“外宾”“将了一军”，不妥当。将来“论文集”出来后，尽可大量寄到日本学术界，不怕他们不知道。

关于所拟题目，我只有两条意见：(1)朱东润同志的问题，不必再提了。因为解放初期郭老及沈知方等已经对他展开了大批判（见《楚辞研究论文集》），而且朱有些论点与何天行基本相同，批何，就等于批朱，何必提名道姓呢①？

---

①朱东润在1951年3月至5月间陆续在《光明日报·学术》上发表了以《楚辞探故》为总题的四篇论文（《楚歌及楚辞》《离骚的作者》《淮南王安及其作品》《离骚以外的“屈骚”》），认为《离骚》是西汉淮南王刘安所作，传统的屈原二十五篇及《招魂》等，都不是屈原的作品，并怀疑（转下页）

(2)日本人铃木修次认为屈原的作品,只有人们的共通感受,“没有个性”。但是,我们认为屈赋与诗经的区别,正在于他的浓郁的个性色彩。这个题目,大有文章可作,应当单独拟个题目。你有暇,可写写看。

我原准备评关于刘安作《离骚》的问题,郭老等不少人批过,我还有不少新意见。如果这次大家都谈到了,我即不谈亦可,免及重复。

匆此即颂

撰祺!

汤炳正

十月三十日

11月28日,先生致同门王仲荦信:

仲荦尊兄有道:

寒舍畅谈,得抒积愫,快何如之!次日本拟进城相谒,以受风寒未果。其间曾托大会秘书组转去拙札及小照一帧,以资纪念,未悉收到否?念念!

月之四日上午,曾派人约定下午会见,而秘书组同志谓:台端已于二日北归,闻悉之下,怅望久之!

拙著《屈赋新探》书稿,去年交齐鲁书社,今年七月谓已发排。如见孟繁海君,仍请代为敦促,望于明年端阳能见

(接上页)屈原是否真有其人。朱因提出这些论点,而“遭到郭沫若院长的痛斥”(朱东润《我怎样学习写作的》,《文史知识》1981年第2期)。后来骆玉明在谈到这桩公案时也说,乃师“遭到中国科学院院长郭沫若先生的严厉批判”(《百年万从事,词气浩纵横:朱东润先生和他的著作》,收入复旦大学中文系编《中西学术》第2辑,上海:复旦大学出版社,1996年11月版)。先生或许知道这些内幕,故主张本次屈原问题学术讨论会,“不必再提”朱东润的论点了。

书,其时,“中国屈原学会”将成立,可作纪念也。

冬寒袭人,诸希珍摄。

匆此顺颂

撰祺!

并祝嫂夫人清泰!

汤炳正

十一月廿八日①

11 月 23 日,先生致函罗国威:

国威同志:

得来函,知你到乐山后的情况。一方面为书籍不便而为你担忧;一方面也为你已经安排了一个风景宜人的旅舍,从事旧业,而感到欣慰!这个旅舍,我今夏游乐山时住过,面对浩浩流水与巍巍大佛,简直不想离去。希你暂时利用这个机会,把有关刘孝标的旧稿全部整理一下,作出版准备。今后如何?将来再说。

关于你的那篇短文,我不准备转投《光明日报》的《文学遗产》。因为他们编者,我并不熟,但却听说,他们跟北师大的陈垣老校长,都有关系。故驳陈的稿件,他们不见得收。

我的打算,准备将此稿转投上海《中华文史论丛》,这是个全国有声望的刊物,而且对考证之作,很感兴趣,接受机会较多。你以为如何?

匆此即祝

①此信在《汤炳正书信集》定为 1984 年,现据中国唐史学会第二届年会在成都召开的时间(1983 年 10 月 29 日至 11 月 2 日),改到本年。

平安！

汤炳正

十一月二十三日

12 月 15 日，郭在贻致函先生：

炳正先生函丈：

音问久疏，时切思念。上月大明学兄来杭观书，携来先生大札，晚循环雒诵，不忍释手。先生谓"每一念及，辄形诸梦寐"，此不独先生为然，晚亦何尝不"魂识路之营营"耶？

近者，四川黄中模君寄来《重庆师院学报》一册，内有日人讨论楚辞两文，其中稻畑耕一郎之《屈原否定论系谱》，综稽旧说，作纯客观之绍介，尚可一读；三泽玲尔之《屈原问题考辨》，则穿凿已甚，谬悠之极矣。窃观外人研讨中国学问，颇类海客谈瀛，烟涛微茫，不着边际；又如三岁小儿，乍睹世间万物，无一不有新奇之感，于是发为种种问题，诸如天何以蓝、草何以青之类，此在成人看来，殊可笑噱，在彼则不啻惊人之发现也。晚于三泽玲尔之文，亦作如是观。（比如彼文中谓《离骚》"薋菉葹"即资、禄、施之谐音等等，真可谓想入非非，设我乾嘉诸老见之，得毋吹须奋髯，斥之为狂怪之论耶？）年来由于强调现代化，社会崇洋之风甚炽，以为外人所见，总高于我，窃意科学技术或可如是，若夫研味中国学术，则外人终不免于隔膜和浅薄也。——此意充于胸中既久，不吐不快，先生或不以我为"小子狂简"耶？

拉杂书来，不觉其长。天寒风厉，诸祈珍摄！

端肃，敬颂

著安

晚郭在贻拜上

一九八三年十二月十五日

(编者按:此信据底稿整理①。)

12月22日,先生致函黄中模:

中模同志:你好!

寄来大作及学报二册,已收到,勿念!近来因杂务忙,未能及时作复,希谅!

我院新领导班子已组成并公布,那位管文科的副院长,也被批准了。昨天我向所领导了解有关我们开学术讨论会的问题,所领导说:他已将此事向院领导汇报并商量。院方没有表示不赞同,只说新班子刚成立,百废待举,稍晚几天,再作决定。据我的推测,那位管文科的副院长,不仅是学术内行,也勇于推动学校的革新活动,对我们的提议,是会被批准的。但前几年的形势,万事是"慢"字当头。这种现象如果不改,就会把我们拖老。真叫人徒唤奈何?不过此事只要决定,我会马上告知你,以便准备。

两湖的动态如何?上次你说的湖南有准备之势,细情如何?希能见示!我的初步考虑,如果全国性的"屈原学会",明年成立无望,则我们在成都开的学术讨论会,即使拖到端午节举行还是可以的。如果全国性的会在端阳节举行,则我们非在春季举行不可。总之,要看各方面形势的发展如何而定。我现在确实体会到,有很多事,是不能以我们的意志为转移的,那怕是芝麻大的事,也是如此。想你也

①《致汤炳正(一通)》,收入《郭在贻文集》第4卷,北京:中华书局,2002年5月版。

有同感吧？不过有一事，我们自己作得主，即勤奋读书，埋头科研，写出有质量的论文。在这一点上，我愿与你共勉之！

你寄来的大作，写得很好。你善于综合前人的成果而又能有所发展，这是你的文章最大的优点。我已将文章转介给我院学报编辑部，下文如何？容后告知。

大作有两处，我擅自改动了一下：(一)关于跟《尔雅》十二月名相符合的帛书，乃解放前在长沙子弹库战国楚墓出土的，不是马王堆出土的。(二)《哀郢》的“方仲春而东迁”，如果理解为襄王廿一年郢都沦陷时的情况，而且又把屈原之死也列于此年，则跟下文的“至今九年而不复”的句子相矛盾。因为据《哀郢》的全文来看，则“东迁”之后，起码又住了九年才写下《哀郢》。王夫之说，在这一点上是说不通的。故这部分删去未用，而只保留了死于襄王廿一年的论点。大作的最后部分，对驳斥三泽说是很中肯的，很重要的，只是在发挥方面写得长了一点。我跟学报打了个招呼，如果全文太长而版面有限，这一部分可略加精简，或分两期发表。现尚未知结果如何？

贵学报来函向我索稿，我现无稿，希你向编辑部同志说明情况，并示歉意！至盼！

前函说：湖南争取在湖南开成立大会，会址设在湖南。这也很好。我认为关键问题是省委点头并拨款，至于北京(中国)社科院的批复，不过是备个形式。你可鼓励他们作积极准备。关于分题催促写文问题，你可先在个人通讯中打个招呼，作好准备。将来无论川师的会或湖南的会，都要用。有备无患嘛！即祝新年快乐!

汤炳正

十二月二十二日

12月23日,黄中模在致丁冰信中说:"关于明年开会问题,初步拟于春夏之交,于四川成都汤炳正处召开小型座谈会。汤先生已初步同意,等川师领导正式确定之后,便发邀请。拟于放假之后,即去成都与汤炳正先生面禀此事。"①

12月,先生与川师民盟中文小组九位盟员一同学习"中共十二届二中全会"精神②。

是年,开始整理《楚辞类稿》,书稿初名为《屈赋校注撷英》《楚辞丛考》。

是年,"翁又为老教师讲课录音,抢救一批极宝贵之教学资料"③。先生的《楚辞讲座》就是据这次录音的整理稿。八四级研究生、今香港中文大学教授周建渝回忆道,"(汤先生)谦谦君子,待学生更是和蔼可亲。先生年事高,到我们这一届,楚辞课只能听录音"④了。

是年,先生为学校六〇级二班"同学录"题辞:

人生三乐总难偕,浪迹天涯鬓发摧。二十年来重回首,

---

①李洪财《从一封关于汤炳正先生的信谈八十年代初屈原学论争与启示》。

②雷敏编《雷履平诗文集》,第216页。

③屈守元《廛翁自订年谱》,1983年条。录音是在这年的什么时间进行的,撰者曾问过几位当年听过课的研究生,他们均不能确定具体的时间。其中八二级的沈时蓉说:"只记得学校当时给各位老先生的课程录音录像,我们在录音教室里上课,各位老先生音容相貌宛在,老先生的教诲将永远铭记在心!"撰者推测录音或在3月至5月间。

④周建渝《狮子山情怀》,收入王万民、段永清主编《师大故事》,成都:四川师范大学电子出版社,2016年4月版,第311页。

东风桃李见英才①。

屈小玲回忆："我是四川师范大学中文系1978届的本科生，1983届的古典文学与文献整理专业硕士生。当时我们硕士研究生指导小组，以汤炳正和屈守元领衔的六位教授都是国内名师，每届研究生毕业都请北京的王利器先生和南京大学的卞孝萱教授等著名学者主持答辩，还给我们作专题报告，这对开阔我们的视野和胸襟都很重要。"②

1984年甲子 先生七十五岁

在四川师范学院。

1月10日，先生致函黄中模：

中模同志：

来函均悉，论文题目分工亦收到。勿念。

关于在川师召开"屈原问题学术讨论会"之事，现已由院方批准，交由教务处负责处理，由"中国古代文学所"主办。教务处表示热情支持，经费保证满足要求，而且希望能邀请几位有名的专家学者光临指导。看来事情已经定下来了，几经周折，总算实现了我们的要求。

但事情的另一方面，此会既由川师"古代文学研究所"主办，就不得不将有关事项与所领导进行商量。据我第一次商谈的结果，有些问题跟我们考虑的有些出入。例如：

1. 讨论的中心主题，除"屈原否定论"外，也可以接受其他论文，谈其他问题。

2. 关于出专集的问题，所领导认为可用《学报》出丛刊的形

①佚名《诗教·诗祸·诗忆：写在四川师大校庆》。

②屈小玲《求索于中西方文化的差异之中》，载《神州学人》2013年第4期。

式编印;或将论文化整为零,在研究所的《集刊》中陆续采用。

3. 所领导已写了上报《规划》,筹备组人员已决定由研究所出三人,教务处出二人(一般职员)组成;开会期间即改称“会务组”。

还有的问题,有待商定,例如:

1. 关于开会日期,所领导原订于端阳节举行(会期三天);我说明两湖有可能于端阳开会,故暂未定下。所领导希望我速将此事调查清楚,看来此事只有劳你了。

2. 论文题目名单,所领导看了没有意见,只是所方又提出些成都需要邀请的单位等。二者合起来,要求不超过三十人(春节后即发出邀请)。至于具体名单,所领导要我决定。因此,我希望你在寒假期间能来成都一趟(春节前后,我可能住在“塔子山”儿女家里),商量名单及其他问题。

关于论文分工,免得“撞车”,是很好的。但我在暑期已写了《〈离骚〉决不是刘安的作品》(根据几十年前批在何氏书眉上的意见),确实是“撞车”了,我认为这也不妨事,你认为如何?

大作,川师《学报》已决定用,据说要你压缩一下,当已接到通知。匆匆即颂

撰祺!

汤炳正

元月十日

(姜亮夫先生关于古代论屈的篇目索引,你顺便带来一阅,至盼!)

1月28日,先生致函易重廉:

重廉同志:

来函及大作,早已收到,因忙未能立即作复,尚希见谅

是盼！

拜读大作，甚感钦佩！因为大作当中，有不少新的见解。如“封狐”“鸷鸟”“女媭”“崦嵫”“羲和”“咸池”“余马怀”诸条，皆持之有故，自成“一家之言”。当然，这当中也有应当注意之处，如“支虞旁转”“歌麻合韵”等提法，与古韵标目习惯不尽相合，易生误会。又如：“‘羲和’，‘若’之缓言，亦‘日’之缓言。”论据亦嫌不够，等等。如能进行加工，那就更好了！

至于其余各条，则较有逊色，主要表现在设想过于大胆，而论据未能跟上。但这种创新的精神，仍然是可取的。

我个人的总看法：你的基础很好，学习亦很努力；尤其可贵的是不为前人所囿，而敢于大胆创新。因此，我希望你能继续努力，把全部《楚辞》遂句加以推敲，有了心得，就写成一条，积少成多，写成专著。尽管在治学过程中，还会遇到困难，或走些弯路，但只要能坚持下去，总会做出成绩的。

你的大作，原稿仍在这里，如你未留底稿，来函示知，当即奉还。

匆匆即祝

撰祺！

汤炳正

元月廿八日①

1 月，先生校对《屈赋新探》的清样。

---

①影件由易重廉提供。易先生在 2017 年 7 月 6 日给撰者的信中说，先生共给他写过三通信，现他只存这一通。“我的后半生大半受这封信的影响，八十岁那年出版《屈原综论》，原因就在这里。”

1月，先生《屈原与爱国主义：在四川师院中文系、民盟川师支部举办专题学术报告会上的报告》①发表，载《川师民盟》第八期。

1月，南通师范高等专科学校周建忠创办《楚辞研究信息快报》，每年六期，每期八开四版胶印，共五千字左右。开设“新著撷英”“论文摘要”“专题索引”“学者近况”“研究反馈”“热点透视”等栏目。先生安排助手，“用我的科研经费订四份《楚辞研究信息快报》，以示支持”。

2月7日，先生致函黄中模：

中模同志：

连接两函，以忙，未即作复，希谅！为拙著《屈赋新探》校清样，是忙的主要原因。

来函推荐邀请名单，已与所领导商洽，全部照办。此外有些老先生，虽邀请，未必能全到。

院方答应邀请人数，在四十人左右，因院招待所只能住下这么多人，受到限制。

关于论文出版问题，待你来开讨论会时再商量。据我看，所领导也不一定坚持由《学报》出辑刊的打算。

开会日期，已根据你的意见定在五月中旬。时间可由三天改为四天。中间三天讨论，一天游览。所领导不同意再延长，以上是我商量的结果。

已决定发两次通知，第一次通知，寒假结束即发出；第二次通知四月份再发。这也是根据你的意见考虑的。

稻畑耕一郎如果来川，又碰上我们仍在开会，当然应在邀请之列。他的文章，有客观分析，与“否定论”者不完全

①此稿后经撰者整理收入《楚辞讲座》（广西师范大学出版社版）。

一样。

你的大作,未知已压缩没有?我已书面嘱《学报》能于我们开会时发表,起配合作用。未知结果如何?

颜新宇同志来函,介绍两位同志参加会,准备皆发请柬。颜当然也一同来。届时我当写信给他。

你对这次"学术讨论会"的召开,起了很大的推动作用。我曾向所领导推荐你参加"筹备组",所领导认为"筹备组"皆系一般职工,不好意思请你参加,不过在开会时希你能大力协助!

关于开会问题,已大体决定。寒风刺骨,你又久病初愈,可以不必来蓉,有些问题,可以通信解决。

匆匆即祝

撰祺!

汤炳正

二月七日

2月,近藤邦康致函先生:

汤炳正先生:

谨祝春节愉快!

上海社会科学院汤志钧先生去年11月访日,在东京讲授康有为思想和章太炎思想,讲授《訄书》,给我国学者以很大的启发,我们非常高兴。

近藤邦康拜

甲子正月

2月,《屈赋新探》由齐鲁书社出版发行(平装8600册,精装1755册)。是书收先生40年代末至80年代初论文二十篇,以类相从。首《前言》,次《目录》,末《后记》。第一组谈屈原的生平事迹:一、《〈屈原列传〉理惑》,二、《历史文物的新出土与屈原生年月日的再探讨》,三、《“左徒”与“登徒”》,四、《〈九章〉时地管见》;第二组谈《楚辞》的成书与传本:一、《〈楚辞〉成书之探索》,二、《释“温蠖”:兼论先秦汉初屈赋传本中两个不同的体系》,三、《关于〈九章〉后四篇真伪的几个问题》;第三组谈屈原的思想与流派:一、《论〈史记〉屈、贾合传》,二、《草“宪”发微》,三、《“先功”及其他》,四、《试论〈天问〉所反映的周、楚民族的两次斗争》,五、《民德·计极·天命观》;第四组谈屈赋里的神话传说:一、《从屈赋看古代神话的演化》,二、《〈天问〉“顾菟在腹”别解》,三、《曾侯乙墓的棺画与〈招魂〉中的“土伯”》,四、《神话、历史与经今古文学》;第五组谈屈赋的语言艺术:一、《屈赋修辞举隅》,二、《〈招魂〉“些”字的来源》,三、《屈赋语言的旋律美》,四、《〈楚辞韵读〉读后感》。书中诸论多被其后出版的中外楚辞学专著所称引。是书入选姜亮夫为杭州大学博士生开列的楚辞学“十六家”①之一。郭在贻称是书“在材料和方法的运用上以及所取得的成就上,都无愧为楚辞研究中一座新的里程碑”②。赵逵夫则说,“一部有价值的学术著作,不仅其结论是对学术的贡献,它解决问题的方法本身就会给人们以很大的启示”;“凡是读过这本书的人,没有不被书中的一系列创见所折服,没有不被作者敏锐的眼光、渊博的知识和精彩的理论分析所感动,进而心悦诚服地就作者提出的问题、取

①见“超星学术视频”:林家骊“楚辞研究”。林在这个视频中说:“他每篇文章都在一万字左右,给我们、包括我们本科生也好,本科生现在不是都面临写论文吗?你去把汤炳正先生的《屈赋新探》拿来看一下,每篇论文讲一个道理”,“这个写论文的方法,很值得我们学习”。傅杰先生上课时也称先生“记笔记方法、治学方法很值得学习”,并为先生遗著《楚辞讲座》《渊研楼屈学存稿》写过书评。

②《郭在贻文集》第3卷,第565—566页。

得的成就去自省和思索的"①。"汤炳正先生留给楚辞学界的《屈赋新探》是不朽的","《屈赋新探》今天仍然代表楚辞研究最高水平,汤先生今天仍然是最有成就的楚辞学家"②。"汤先生的研究代表了我国那个时代的最高水平,在海内外产生了广泛的影响。"③"(《屈赋新探》)善于利用出土文物资料来解决楚辞学研究中有关问题的特色,为广大后学提供了方法论的榜样与启迪。"④对是书及其内容作过评述的论文有郑文《读〈屈原列传新探〉:兼论〈离骚〉的创作时间》⑤,宋荫谷《评〈屈原列传新探〉》⑥,刘瑞明《一部有独到见解的屈赋专著:〈屈赋新探〉》⑦,赵逵夫《突破·开拓·治学方法:读汤炳正先生的〈屈赋新探〉》⑧,文王日《可贵的探索:简评汤炳正〈屈赋新探〉》⑨,序波《汤炳正先生学术成就综述》⑩,廖化津《〈屈原列传〉解惑:续说汤炳正先生〈屈原列传理惑〉》⑪,潘啸龙《独创不离典据　求新更在求真:汤炳正〈屈赋新探〉述评》⑫,力之《从〈楚辞〉成书之体

①赵逵夫《突破·开拓·治学方法:读汤炳正先生的〈屈赋新探〉》,载《社会科学评论》1987年第6期,又载《文学遗产》1987年第2期。

②赵逵夫先生2007年5月2日电话语。

③周建忠《橘颂离骚窥楚屈,湘君哀郢悟根原》,载《职大学报》2015年第5期。

④张宏洪《国际屈原学术讨论会暨中国屈原学会五届年会学术讨论述评》,载《喀什师院学报》1993年第1期。

⑤载《甘肃师大学报》1962年第4期。

⑥载吉林大学编《社会科学论丛》(文学专集)1979年第1辑(创刊号)。

⑦载《中国社会科学》1986年第2期。

⑧载《文学遗产》1987年第2期

⑨载《新书报》1986年4月9日。

⑩载《贵州教育学院学报》1989年第3期。

⑪载《河北师范大学学报》1992年第4期。

⑫收入《屈原与楚辞研究》,合肥:安徽大学出版社,1999年12月版。

例看其各非屈原作品之旨》①,牟应杭《敬忆先师汤炳正》②,董运庭《关于屈原生平事迹的总体廓清:再读汤炳正先生〈屈原列传理惑〉》③,汤漳平《汤炳正先生与新时期楚辞研究》④,汤世洪、张世云《汤炳正学术传略》⑤,程海翔《〈离骚〉与屈原之集:以〈楚辞〉成书研究为中心》⑥,黄灵庚《〈楚辞〉十七卷成书考辩》⑦,黄金明《典籍的传播与西汉拟骚之作》⑧,熊良智《汤炳正先生〈楚辞〉研究的学术贡献》⑨,序波《汤炳正先生的学术历程:景麟公百年纪念》⑩,周佐霖《从〈屈赋新探〉看汤炳正的楚辞研究方法》⑪,温洪隆《评〈史记·屈原列传〉两段议论文字系后人羼入说》⑫。硕士学位论文有王影《汤炳正楚辞学研究:以〈屈赋新探〉为中心》(广西师范大学,2010),力之(刘汉忠)教授指导。博士后出站报告有朱乐川《章门弟子小学著述提要⑬:汤炳正

①载《四川大学学报》2000年第2期。

②载《贵州文史丛刊》2001年第2期。

③载《重庆师范大学学报》2005年第3期。

④载《漳州师范学院学报》2007年第1期。

⑤载《贵州文史丛刊》2007年第2期。

⑥载《海南大学学报》2008年第1期。

⑦载《复旦学报》2008年第3期。

⑧收入中国屈原学会编《中国楚辞学》第12辑,北京:学苑出版社,2009年5月版。

⑨载《文学遗产》2009年第2期。

⑩载《中国文化》2010年春节号。

⑪载《沧桑》2010年第10期。

⑫收入中国屈原学会编《中国楚辞学》第19辑,北京:学苑出版社,2013年8月版。又收入《滋兰室文史丛稿:温洪隆自选集》,武汉:华中师范大学出版社,2014年11月版。

⑬朱乐川共为马裕藻、朱希祖、朱宗莱、马宗芗、吴承仕、许寿裳、黄侃、钱玄同、沈兼士、胡以鲁、刘文典、汪东、孙世扬、马宗霍、金德建、汤炳正、徐复、朱季海十八人作《提要》。

〈屈赋新探〉提要》(北京师范大学,2016),王宁教授指导。另,时任齐鲁书社社长、总编辑孟繁海先生在1991年8月5日致先生有云:"先生《屈赋新探》出版以后,即产生轰动效应。当年在山东省优秀图书评奖会上,被评为一等奖。在国外,尤其在日本、德国都赢得很高的荣誉。美国国会图书馆,几个州名大学的图书馆也购进此书,很受学界重视。"①

2月,《屈赋新探》"后记"发表,载辽宁师范大学编的《楚辞研究》。

2月,先生起草"屈原问题学术讨论会"《请柬》:

请　柬

兹拟于一九八四年五月中旬,在成都召开"屈原问题学术讨论会"。以评议"屈原否定论"为中心,以及探讨其他有关问题。素仰你对屈原与《楚辞》深有研究,特邀你届时携带论文,光临指导。接到请柬后,希来函联系,并将论文题目告知,以便安排开会生活,组织讨论。

开会具体日期及有关事宜,会前另行通知。

此致

敬礼!

四川师院中国古代文学研究所

3月2日,先生致函黄中模:

中模同志;

来函均悉,勿念!

关于尊著《论屈原传说》拟留贵院《学报》发表问题,附来函件,已代转川师《学报》,他们究竟准备怎么办,未得答

①撰者录自抄件。先生在《骚苑落英》中也引用了这段文字。见《四川师范大学学报》增刊(总第6期)1992年10月。

复。我想,如无圆满答复,你可自行处理。

由于我跟你一样,贵《学报》发表了尊稿之后,觉得学术界颇有沉寂之感。为了不"冷场",我曾匆匆将拙稿寄往湖南《求索》(也是为湖南同志打打气),要求端阳前发表,否则退回。因川师开会,我要以此交卷。我将此意,信告新宇同志,他来信说,你的稿子,晚发比早发好。你如同意此话,则你到长沙时,可与新宇同志商量,婉言要回拙稿,以便此间及时打印。至盼!

陈子展与徐志啸分发了两张"请柬",勿念!但是,由于工作人员的疏忽,给姚益心的"请柬",竟忘写姚汉荣的名字。如姚益心确实到那时有事不能来,请你告知,二次"请柬"即发给姚汉荣同志,你看何如?王开富同志处已发请柬。

希望你给暨南大学林维纯同志写封信,请他能尽快地收集和翻译一些日人"屈原否定论"的资料,以便事前打印出来发给同志们;或开会时分发。这对讨论是有帮助的。

这次一些老先生,多因健康不佳,不能光临,是很大的遗憾!

你能到湖北大学研究所工作,我很赞同。这对你的发展前途是很有好处的。至于川师的环境那就差得多了,我认为暂时可不考虑。至于你提"嫉妒"问题,近日看报,才知道成绩越大,不相干的怪话越多,在知识分子的队伍中是较普遍的事实。你要排除一切干扰,做出更大的成绩。这是对付"嫉妒"的最好办法。

到湖北后,如谈及川师召开讨论会事,你可强调一下,会议规模小,人数少,谈的问题范围窄,故邀人不多等情。

匆匆即祝

撰祺！

汤炳正

三月二日

3月8日，先生致函罗国威：

国威同学：

二月底、三月初两函均悉，以杂事烦扰，未即作复，当能见谅！

你跟向阳同学有约我游乐山之意，甚为感谢！因去夏游峨眉，并顺路游了乐山。因此，今年暂不拟重游。明后年也许有此雅兴，那时再说。《屈赋新探》清样早已校完，二月十一日寄回出版社。他们回信说，端阳节前可能见书。

上海古籍出版社索阅《刘孝标集》样稿，意图是想为你出书。我的意见，除了两篇答辩稿寄去外，前言部分，也寄去。而且希望他们提出加工的意见。希你下个大决心，作个全盘整理。因此，你欲将前言部分转给《文史》，我看没有必要了。而且，不知什么原因，你这封挂号信，至今我还未收到。（将发信，已收到此件，勿念！）

章师的"尔雅台题记"，希能早日设法弄到，至盼！

匆匆即祝

平安！

汤炳正

三月八日

3月19日，先生致函黄中模：

中模同志：

由武汉来函，已收到，详情尽悉。

我已接到湖北社科院召开"全国屈原学会筹委会"通

知。以种种原因，我已回信请假，不能参加，当蒙同志们鉴谅！

敝院所主办之“屈原问题学术讨论会”，开始因规模小，故邀人少（因招待所等条件限制）。不料“请柬”发出后，引起全国学术界的连锁反应，要求参加者，络绎不绝，现已六次补邀，发出“请柬”前后共八十多份。今天又向湖北寄去邀请毛庆等四位同志的“请柬”，希望他们能光临指导。

在敝院筹备此会之时，对“全国屈原学会筹委会”的成员，本应全部邀请，因为他们都是研究屈原的专家。但经过商讨，认为应避免变相召开“筹委会”之嫌，故仅邀请了其中部分同志。这一点苦衷，当能得到同志谅解，亦希你代为解释，至要，至盼！

关于讨论内容问题，在“请柬”中已有“并探讨其他有关屈原问题”一语，表示范围可以不受拘泥，事实上各地回信所报论文题目，与“屈原否定论”无关者不少。

敝院的会期，所以定于五月中下旬，就是为了避免与两湖端阳之会撞车。近与院方商议，院方只同意把会期略为提前一些，而不同意拖到端阳之后。这一点恐怕不好改变。

我个人的意见，关于拟定“全国屈原学会”的人选并上报中央等事，只有在这次武汉召开之“全国筹备会”上酝酿决定，这是理所当然的。这次的“成都会议”，只是讨论学术，怎能越俎代庖！

最后，我还附带谈谈关于这次成都川师院主办的研讨会，似乎不必改名为“全国第三次屈原学术讨论会”（主要因为人数不能无限度地增加），至于将来人们怎样喊它，那是另外问题。例如秭归、大连的会，当时并没有定名为“第一”“第二”次会，而现在竟以此名之，还是顺理成章的。这种不定名的定名，仍然很有意义。

匆匆即祝

平安!

汤炳正

三月十九日

3月31日,钱仲联在回复罗国威考博的信中有云:"太炎先生之公子章导同志与我极熟。太炎先生又是我叔父玄同先生之师,章家与我有世谊。因此,请代向令师汤先生为我道候。"据推测应是罗在信中称自己是汤炳正、王仲镛(罗的硕士导师)的弟子,钱才有"向令师汤先生为我道候"的回应①。

4月4日,先生致函黄中模:

中模同志:

两湖之行,当已返旆,结果如何?诸希及早见示是盼!

此间第二次请柬,拟于本月中旬发出,具体规定,尚未开会讨论。因湖北于端阳节成立屈原学会,故我们的会期以接近端阳为好,以便于有的同志从蓉直接赴鄂,免得周转之劳。

这里前次共发请柬九十多份,回信报题目者约四十多人。有几个老先生因残病,回信不能参加。此会估计七十人参加,可无问题。因我院领导,对此比较放手,故我有一想法:你上次来信,谓武汉会上有老教授等数人要求参加成都会,被你"婉言谢绝"。我很希望你能根据他们要求参加此的情况,写名单寄来。我们在发二次请柬时,邀他们参加。至盼!

萧兵分了题目,但未回信。这次在武汉见过他没有?龚维英回了信,报了题目,很积极,可佳!匆祝平安!

汤炳正

四月四日

①此信影件收罗国威编《思藻斋师友论学书札》,第20页。

4 月 15 日,先生致函黎传纪:

传纪同志:

来函及论文,早已收到,因杂事丛脞,未能及时作复,歉甚!

大作立论,足以破王力先生脂、微分部之说,这是应当肯定的。从方法上看,有事实,有数据,有分析,而又出之以矜慎态度,这是很好的,对王氏之说,往往能以子之矛攻子之盾,尤其切中要害。

你问的问题,我只提出以下几点极不成熟的意见,以供参考:

关于论文前半篇"分三步"的问题,你"自觉未能把话叙述清楚",这是属于文章结构上的逻辑问题。对此,你是否可以考虑分成这样"四步":(一)王氏《考证》中脂、微二部合韵的比例及其方法;(二)王氏《韵读》中脂、微二部合韵的比例及其方法;(三)指出王氏的《考证》及《韵读》中存在的问题,提出重新统计之后二部合用的百分比;(四)综合分析:明确展示出,越是认真审核,两部合韵的次数越多,即两部混用的情况越突出,证明了脂、微二部之分,不仅王氏早年的初步结论(《考证》)靠不住,即使晚年经过精心推敲过的结论(《韵读》)同样不符合客观事实。

关于文章后半篇所提出的谐声字问题,这并不是王氏脂、微分部问题的要害(要害在于《诗经》二部合韵的频繁)。但对王氏所谓"只须依《广韵》的系统细细分析""用不着每字估价"的做法,提出讨论,也是必要的。

而且董氏认为谐声字问题,对考证上古韵母系统与《诗经》"同等重要"。这话要加上时代断限的条件在内,才算是准确的。段氏所谓"谐声必同部"也是要加上这一条件的。

因为《诗经》所反映的“古韵”系统，其时代是比较集中的。而谐声字则不然，凡产生在《诗经》以前的谐声字，即与《诗经》时代的“古韵”，大有出入；凡产生于汉唐以来的谐声字，则跟《诗经》时代的“古韵”相比，情况更为复杂。如不认真分析，则王氏的作法，必然出错。

关于所谓古韵表的“系统性问题”，太炎先生有这样的话：“对转之理，有二阴声同对一阳声者，有三阳声同对一阴声者……非若人之处室，妃匹相当而已。”根据具体韵例以分部列表，不以主观想象求其整齐，此实太炎先生的科学态度。先生的《成均图》即守此原则。其中入声缉、盍二部与阴声分列，而职、药、铎、屋诸入声则与阴声合而不分，即依据事实而不求整齐之范例。故王氏韵表以入声质、物二部及阳声真、文二部配阴声脂、微二部，这当然是极其整齐的。实则即使脂、微二者不当分部，而入声质、物，阳声真、文等部之分，只要证据确凿，亦不必为求韵表的整齐强行合并。总之，一切要尊重事实。

关于“董文以《广韵》重纽反映古韵部”之说，因我手头无董书，不知其具体内容，不便详论。但王力先生在《诗经韵读》17页有云：这里“同”“调”为韵，“也许是上古有以声母押韵办法，调同属定母。但只此一例，未能断定”。今按《诗·车攻》“同”“调”韵例，不能成立，或系首二句误例所致，前人已多言之。而且《离骚》虽有“同”“调”为韵之例，但据《淮南子》此“同”字乃“周”字之误。古书“同”“周”二字互误之例极多。“同”本作“周”，则与“调”谐和无碍。王氏“声母押韵”之说，绝不可从。

以上意见，极不成熟。望与孟伦教授仔细探讨，多听他的意见，再作结论。

匆匆即祝

撰祺!

汤炳正

四月十五日

4月20日,先生致函朱季海:

季海学兄惠鉴:

得四月十二日手书,知愿应邀来此间参加屈原问题讨论会,不胜欣喜。暌违将近半个世纪,借此夜话巴山,乐何如之!论文题目定为《〈远游〉略说》,附评廖(季平)胡(小石)二家说,极佳。因时人多知胡适之谬,而忽视小石之非也。印资困难,可先将原稿寄来,大会设法出资付印。

此间会期,五月廿二日报到,阁下黄山之会,可提前一天退席,当不致延误。我与敝校领导商量,已允破例解决食宿交通等费。如为争取时间,可乘飞机前来。尊意如何?请赐佳音。余不覼缕。

即颂

撰祺!

汤炳正

四月廿日

5月5日,先生致函黄中模:

中模同志:

四月廿四、廿七日两函均悉。

由于近来要求参加会议的人越来越多,而我院招待所的容量有限(70人),经院方开会研究,来了个"急煞车"。办法是:(一)包括你最近两信所介绍的几位同志在内,都恕不邀请。这一点,希你回信代致歉意。(二)凡发了第一次请帖而没有回信和报告题目的，作为不能参加者处理，概不发二次请帖。包括云南大学的赵浩如、殷光熹两位同志在内，皆未回信，未知何故？（三）当然，凡来信明确表示不能参加的同志，也不发二次请帖，如姜亮夫、郭在贻等同志即如此处理。因此，发二次请帖者，除外地70人外，成都市20人（此20人不供住宿）。共约九十人左右。对此，院方尽了最大的努力！（附近单位的招待所都没有床位。）

张中一同志来信较早，已邀请。曹瑛同志的信，可由他带到大会。因为唐洪喜同志，未能发请帖，很是遗憾。

凡做一件事，流言是难免的，对此可以置之不理。至于对我们关心备至的同志，提出意见，就应当虚心接受。当然对你印发信件的苦衷，我是会加以解释的，不必为此而耿耿于怀！

日人的文章，如收得比较齐全，早些寄来，大会可以印发（所译铃木修次的文章，希能早早寄下一读）；如果挂一漏万，而且人们又易于看到的，就不必印发，你看如何？

关于《成都晚报》组织专版稿件，我已写了一篇感想式的诗及序，屈守元君也答应写一篇表态式的短文。因为长篇大论的论文，不宜。只不知此文写好后，是吴红同志（他是我院吴老师的公子）自己来取，还是由你转寄。吴红同志，我们已发了请帖，请他参加大会。

关于《晚报》专版文章，既然是公开发行的国家报纸，应该把短文内容的态度，大致统一一下。我的不成熟意见：（一）对日人的意见，应当纳入中日文化交流的范畴之内，而决不是声讨或挞伐；（二）措词命意，都应当以学术探讨的姿态出现，摆事实，讲道理，而决不是什么批判；（三）尽管态度非常客气，不讲讽刺刻薄的话，但从内容来看，对“否定论”，是一千个不同意、一万个不同意，决不放弃原则。对此，你可与吴红同志交换一下意见。我以上所说,也应当是我们这次大会的基本态度。

最近极忙,精神不佳,匆匆即颂

撰祺!

汤炳正

五月五日

所谓的"中国屈原学会筹委会纪要",虽一再说要寄我一份,我却至今未见!

5月9日,先生致函黄中模:

中模同志:

前函谅悉。今接来电,即将问题向院领导请示,未获批准。当即回电告知,应早已收到。

在接到你的来电以前,我已收到稻畑耕一郎来函。该函既未提到我院开讨论会问题,也未提到他要来川参加讨论会的问题。只说过去他跟我交流过论文,"未得面缘,殊觉遗憾";今来北大作研究一年,"或得面晤,则慰宿愿"。

看来,他对川师的会,已有所闻知,只以会议内容性质问题,不便直接要求参加,故措词比较笼统、含混。事实上即系探试是否邀请他参加。你如回他的信,措词应与我统一口径。

我院领导,不愿邀请的理由是:(1)招待规格特殊,不好掌握;(2)起居待遇不同,增加经济负担;(3)外宾在座,讨论日人论点,影响畅所欲言;等等。

但我跟你对他(稻畑)的回信,是否讲得笼统一点,不要太具体,并且措词谦逊客气。例如"设备简陋,生活不便","会议规模不大,不敢劳驾"等。而且也要强调"院领导慎重谦逊,未予批准",表示与你我个人无关。

我与屈(先生)的短文已写,而且我那短文,仍把始作俑者归之廖季平。你的意见如何，见面再谈。

吴红同志，仍未取文。你能提前来蓉，对我们的会，大有帮助，不胜欢迎！匆祝

平安！

汤炳正

五月九日

5 月 12 日，“爸从成都疗养回来，爷爷托他带了《散文选》第一册（北京大学主编，上海教育出版社 1979 年 6 月版）给我，说我这一年写的散文有些进步，只要努力三五年或可出成绩，同时也指出我文章中存在的问题，‘语言稍显直白’。要我不必急于投稿，要好好地将基本功打好、练扎实，有了雄厚的基础就好办了。爷爷现正忙着筹备在学校召开的‘屈原问题学术讨论会’。”“27 日，妈妈代爸爸给爷爷写了一封信。信写得真好，感情深挚动人。我不禁想，如果母亲小时能多读几年书，受到良好的文字训练，那么很可能会成为一位优秀的散文家。其中有这么句话最为动我的心：‘家乡山山水水都值得远在异乡的儿女怀念，家乡的故土又怎么能不想念远在他乡的亲人呢？’母亲还寄给爷爷她刚从老家带回的海鲜”①。

5 月 18 日，先生致函黄中模：

中模同志：

十四日函，已悉。

姜、屈二先生文及拙诗，专人送去，希查收。

姜先生文，有几处似笔误，如何解决，希酌！

二十日能光临川师，幸甚！届时当下榻相待，安排生活，勿念！

①见撰者《日记》。

贵院论文,尚未收到!积极带头,精神可佳!

即颂

撰祺!并代向

吴红同志问候!

汤炳正

五月十八日

5月,“四川省古籍整理出版规划小组”成立,先生任学术委员。

5月,论文《天问“顾菟在腹”与南北文化交融》发表,收入湖北省社会科学院文学研究所编《屈原研究论集》,长江文艺出版社出版。

5月,论文《〈离骚〉决不是刘安的作品:再评何天行〈楚辞作于汉代考〉》发表,载《求索》第三期。在论文的最后,先生指出:

> “辨伪”是一项具有高度科学性和极其严肃的工作,决不能草率从事!我们通观何天行氏《楚辞作于汉代考》全书,他对中国文化史的根本观点是:“凡今日所谓先秦著作,大多出于汉人之手;而一切文献之流传,亦大都起于汉代。”因此,根据这个逻辑推演下去,凡是先秦的历史典籍,都被认为是汉人伪作;而汉人著作中所涉及的先秦历史事物,也都被说成是汉人所编造。……不过,像何氏上述的做法,当然再省事也没有了。可是,事实终于是事实,祖国先秦灿烂文化,是任何人也抹煞不了的;屈原及其爱国主义诗篇《离骚》,也决不是人们的几篇文章所能否定得了的。例如长期以来被学术界认为是伪书的《晏子春秋》《文子》《尉缭子》《鹖冠子》等等,经过近几年来的考古发掘,证明了它们都是先秦古籍,从而恢复了它们应有的历史地位。而何氏所谓西汉刘安作《离骚》的论点,也已经在当前考古发掘的客观事实面前宣告破产。

论文发表后,甚多赞语。据1983年《文物》第2期报道:在安徽阜阳县的一座汉墓中出土了《离骚》残简。这座汉墓的墓主夏侯灶,卒于汉文帝十五年(前165年),比刘安入朝(前139年)早二十六年。先生据此说这是刘安不可能作《离骚》的铁证。学术界认为,“汤炳正先生的文章很有说服力,看来《离骚》作于淮南王刘安之论,可以休矣”①。“而今,阜阳汉简的《离骚》残句拓片已在国内发表了,真相大白,闹了几十年的‘刘安作《离骚》’论,一朝化为乌有。这是汤先生首次用新中国出土文物来驳倒何天行的谬说的强有力的著作,它在《楚辞》批评史上确实值得大书一笔。”②“(汤先生)用雄辩的事实,全面驳斥了‘否定论者’认为《离骚》为刘安所作的谬论。”③“汤炳正通过对阜阳汉简中《离骚》《涉江》残片的研究,批驳了‘屈原否定论’。……一些学术界长期争论不休的问题,往往也由出土文献作出了权威的裁定。”④

5月23日至27日,先生与屈守元共同在学院学术厅主持召开“全国屈原问题学术讨论会”。魏际昌、张震泽、郑文、李世刚、朱季海、萧兵等名流学者出席了会议。四川省人大副主任张秀熟、四川省文联党组书记黎本初、四川大学教授杨明照亦出席了会议。全国二十个省、市的近百位专家学者围绕六十多年来出现的“屈原否定论”,展开了全面深入的讨论。“大会收到66篇

①刘文忠《古典文学研究概况述评》,收入中国文联理论研究室编《一九八四年文学艺术概评》,北京:中国文联出版公司,1986年9月版。

②黄中模《现代楚辞批评史》,武汉:湖北教育出版社,1990年7月版,第362页。

③中国社会科学院文学研究所动态组编《文学研究动态》1984年第12期。

④姚小欧《出土文献研究与学术评价的若干问题》,载《中州学刊》2000年第2期。

学术论文"①。"特别是1984年,由四川师范学院古代文学研究所主持召开的'屈原问题学术讨论会',更把这一讨论引向了高潮。"②"由于论题集中,参与率高,这次会议的论文质量、讨论情况、社会影响都远远超过了其他的全国性屈原学术讨论会。"③"汤先生瘁心尽力,异常辛苦,使会议取得圆满成功,达到并超过了预期的目的。"④关于这次会议,先生说,"当时学术活动才解冻不久,万事起头难,我奔走呼吁,费了很大力才在川师主办召开"⑤,并有感而发,赋诗一首,以抒情怀:

错把楚骚属强秦,儒林旧事早沉沦。
中华自有遗风在,不向廖生步后尘。

会后《文学研究动态》《古籍整理出版情况简报》《南京大学学报》《光明日报》《中国日报》等30多家报刊作了评价与报道,"遂成为近年来中国学术界注目的重要问题之一"⑥。

5月25日,先生诗《题汨罗屈子祠》发表在《成都晚报》。诗云:

昔年曾到洞庭滨,遥望汨罗无处寻。
一点青山千叠浪,隔湖凭吊楚灵均。

6月1日,先生致函郭在贻:

①顾文硕《我院召开全国屈原学术讨论会》,载《四川师院学报》1984年第3期。

②敏泽《〈中日学者屈原问题论争集〉序》,济南:山东教育出版社,1990年7月版。

③见周建忠《当代楚辞研究论纲》,武汉:湖北教育出版社,1992年8月版,第128页。

④黄中模《击水楚辞长河中》,收入《楚辞研究成功之路:海内外楚辞专家自述》。

⑤吉云《楚辞研究一席谈:访汤炳正先生》,载《文史哲》1989年第5期。

⑥黄中模《〈中日学者屈原问题论争集〉前言》。

在贻大弟道席：

此间会议，蒙你多方关注，至感！现会已顺利结束，特此奉告，以免悬惦！

会议虽以评议“屈原否定论”为主题，但与会同人，皆抱实事求是之学者风范，决无意气用事之语。大家反映：确系名副其实的“学术讨论会”。知注并及，勿念！

这次会议，共收论文六十余篇，来宾约百人，还算热闹。遗憾的是论文不够分配，本拟寄奉台端一套，企邀朗鉴；无奈人多文少，只得寄亮夫兄一套，希你有暇，可就近共用，实在抱歉之至！希谅！

台端这次因病未能光临指导，实使敝会为之减色；更使你我错过这一把晤良机，遗憾之极！今秋炳拟定到西安参加训诂学会，届时一抒积愫，其乐可知！

……①

当前社会风气不正，学术风气也不正，像你我辈纯粹从事学术研究者，已成“古董”。而“学术贩子”“学术扒手”却所在多有，可叹。此亦私人通信，决不能为外人道也，至要！

病已痊愈，当事珍摄，万勿过于劳碌！匆匆，即颂
撰祺！

汤炳正

六月一日

6 月 19 日，《光明日报》发表《成都屈原问题学术讨论会批驳“屈原否定论”》消息：

由四川师范学院中国古代文学研究所主办的屈原问题

①收信人的后人在将此信收入《郭在贻文集》时，已将此段文字删去。

学术讨论会，五月二十三日至二十六日在成都召开。参加这次学术讨论会的有七十余人，收到论文五十五篇。其中不少代表在会上着重就去年国外个别学者提出的“屈原否定论”进行了批驳。

关于历史上有无屈原其人及作品的真伪问题，近几十年来国内有个别学者如廖季平、胡适、何天行等人都有自己的看法，其中代表的论点是：屈原“这个人物实际上不存在”，“屈原的文章，多半是秦博士作”，“《离骚》的作者，本是淮南王刘安”。但大多数屈原问题研究者不同意这种论点。去年日本学者稻畑耕一郎和三泽玲尔先生分别写了《屈原否定论系谱》和《屈原问题考辨》两篇论文（译文见《重庆师院学报》一九八三年第四期），系统地阐述了何天行的观点，提出了“屈原否定论”。这次屈原问题讨论会针对他们的论点进行讨论，贯彻了发扬祖国文化、匡正世界曲说的宗旨，受到国内广大屈原问题研究者的好评。《成都晚报》为此刊出屈原研究学术专版。（文）

7月31日，先生致函汤漳平：

漳平同志：

来函悉，因事稽复为歉！此间会议，由于生活条件限制，诸多招待不周；又因会务繁冗，未能促膝畅谈，至憾！

你的大会发言，强调治学方法应当“扎扎实实，步步深入”以及学科之间的互相渗透问题，甚为中肯。拙作每每以此自勉，但多年以来，总感力不从心，愧甚！

你的论文，资料充实，论证有力，是一篇很好的论文。如果能与三泽的“精灵说”联系得更紧一些，那就尤其好了！此文准备将来收进会议的《论文集》中。不过你如果想提前在刊物上发表，那更好，决不会影响入集。我有一个想法，为了扩大影响，你们的《中州学刊》，尽可能多发表一些这次会议的论文，是件莫大的好事！你跟兄弟刊物之间如有联系，也可建议他们这样做。

寄来的《中州学刊》一本，已收到。无论内容与形式，都比较好。现在国内学术刊物太多，要办得很出色，极不容易。来稿的质量要严格把关，不能马虎（结论要新，论据要足，逻辑性要强）。当然，最好能把刊物办出特色，突出个性。这要根据自己所独有的优越条件来决定。鄙见极不成熟，你以为然否？

匆匆即颂

撰祺！

汤炳正

七月三十一日

8月1日，常振国、绛云《屈原研究动态》发表，载《古籍整理出版情况简报》第126期。文称"年逾古稀的汤炳正先生撰写了近万言的《〈离骚〉决不是刘安的作品》一文，将历史文献与出土文物相结合，论证翔实严密，很有说服力"。

8月20日①，先生完成《〈说文〉歧读考源》的"修改"。

8月27日，先生为罗国威写毕报考博士生的推荐书，另一推荐人为王仲镛②。

8月，"我携论文初稿赴成都谒见汤先生，偕行的有同学顾久、唐子恒。汤先生寓所在四川师院的一栋单元楼。汤先生亲自开门，将我们延入客厅。听过我对论文初稿的陈述后，先生切中肯綮地指示了修改意见，甚至对论文今后的研究方向也详细

①见《〈说文〉歧读考源》"中国训诂学研究会第三次学术会论文"（油印本）。

②见罗国威编《思藻斋师友论学书札》第35页。

地一一作了交待。谈话大约持续了两小时。可以说,我的毕业论文《脂微分部检讨》从定题到最后定稿,无不深得汤先生的关心与眷顾,先生的教诲是我终生不能忘怀的。从微信读到您的两篇文章,知老先生后继有人,不胜欣慰"①。"我得与汤先生见面,是八十年代初在山东大学念研究生时。同学黎传纪对王力先生的上古韵脂、微两部的分合感到不安,先师殷孟伦指示:可请教章太炎先生的高足汤炳正。于是,我们几个同学便陪同着来到四川成都。依稀记得汤炳正先生简陋的客厅正面横挂一幅自书的作品,正文为隶,落款作楷,都极工整古雅。而汤先生端坐在这幅字下,正像这件作品,清癯、文雅、端正,含着笑用一口尖团音分明的胶东腔不慌不忙悠悠道来……"①

9月,先生赴西安参加了中国训诂学研究会第三次年会,并向大会提交了《〈说文〉歧读考源:兼论初期文字与语言的关系》一文。此文是先生语言文字学方面的代表作,也是其倾以全力的一篇论文,初稿到定稿(二万三千余字)用了四十余年。抄录论文的前几段放在这里:

> 汉许慎《说文解字》一书,乃研究中国古代语言文字之重要典籍。虽著者由于时代限制,其内容尚存在某些问题,但上探金甲文字之源,下推隶楷演变之迹,旁研声韵训诂之

---

①黎传纪2017年11月16日致撰者邮件语。黎写此文的起因是"1983年初,为完成殷孟伦先生布置的《诗经》韵部系联的作业,我对王力先生的古音分部进行考察,发现其'脂''微'部的分析很可疑。年底,我向殷先生呈上一份详细考察报告。考虑到此课题指向王先生古音体系的核心,又恐牵涉到学派门户之争,殷先生不甚赞同以此文为毕业论文的基础。……于是写信向汤老先生请益。4月,收到汤先生的复函。汤先生肯定拙文的观点及论证方法,并建议殷先生同意由此文发展为毕业论文。嗣后,殷先生接受了汤先生的意见"。

①见顾久《〈汤炳正书信集〉序》。

禅递,莫不因此书之存在而提供后人以极其丰富之资料。有清以来,虽研讨注释者辈出,但不能谓此项宝贵资料已得到充分利用。例如从《说文》中所保存之"歧读"现象以探讨古代语言与文字之关系,即尚为前人未曾涉及之新问题。

研究中国古代语言现象,不得不有赖于文字。然溯厥文字之初起,则既非谐声,又非拼音,只为一种极简单之事物形象符号。因此,古代文字与语言之结合关系及结合过程,必须加以探索。清代自顾亭林起而古音之学大昌。乾嘉诸儒,递相发明,所得益精且宏,皆知根据声韵以抉语言文字之源。其中,对《说文解字》一书之整理,功绩尤伟。然考其所持之理论,莫不以为:"文字之始作也,有义而后有音,有音而后有形,音必先乎形。"(见段玉裁《说文解字》土部坤字注)又云:"夫声之来也,与天地同始。未有文字以前,先有是声,依声以造字,而声即寓文字之内。"(见王筠《说文释例》卷三)则是谓文字根据语音而创造,文字即为语音之符号,在文字产生之始,即与语音有互相凝结而不可分离之关系。此乃清儒以来一贯之理论。然清儒之治《说文》者,其成绩之所以能超越前代者固因此,而其犹有某些问题无法解决者,亦即因固守此说之所致。例如凡遇《说文》中具有两音以上之"歧读"字,既不能以"音近"解释,又不能以"音转"推演者,辄感迷离,其蔽可想而见。

迨太炎先生《文始》问世,始对古字"歧读"现象有所突破。先生在《文始·略例癸》云:"形声既定,字有常声,独体象形,或有逾律。""何者,独体所规,但有形魄,象物既同,异方等视,各从其语以呼其形。譬之画火,诸夏视之则称以火,身毒视之则称以阿耩尼能。呼之言不同,所呼之象不异,斯其义也。"但揆先生之意,乃以此为文字音读"或有逾律"之偶然现象,并未视为文字发展过程中之必然规律。故先生此说之提出,至今虽已七十余年,并未引起学术界之注意。

因而,当代国内外语言学界最权威之结论,似仍与清儒之成说相雷同。即认为:"文字不是和语言同时产生的,而是在语言发展的一定阶段上,并在语言的基础上发生和发展起来的。这就是说,先有语言,后有文字,语言是第一性的,文字是第二性的,是在语言的基础上派生出来的;同时文字又是从属于语言的。"但是,吾人从文字发生和发展之某些客观的历史事实上看,似乎并非如此。

简言之,即先民之初,语言与文字应皆为直接表达社会现实与意识形态者。并非文字出现之初即为语言之符号,根据语言而创造。即使人类先有语言,后有文字,然文字只是在社会现实与意识形态之基础上产生出来,而不是在语言之基础上产生出来。语言者,乃以喉舌声音表达事物与思想;而文字者,则以图画形象表达事物与思想。语言由声音以达于耳;而文字则由形象以达于目。在文字产生初期阶段,语言与文字各效其用,各尽其能。因此,远古先民,实依据客观现实以造字,并非"依声以造字",亦即文字并非"在语言的基础上派生出来的"。

当然,为说明文字"是在语言的基础上派生出来的",学术界早已在文字与图画之间人为地下了个斩钉截铁的界说,即:"文字是标记语言的。因此,标记语言的始为文字,仅表意义的只是图画而不是文字。"但是,如果从文字发展过程和发展规律讲,则决不当把图画文字与记音文字截然分开。因为事实上从表达意义之图画走向标记语音之文字,其间还存在一个过渡阶段。而在此过渡阶段,文字与语言之间是处于游离状态与不稳定情况之中。甚至在语言与文字已经基本结合之历史阶段,仍然残存少数语言与文字之间若即若离之奇特现象。此确系不容否认之历史事实。

《说文》所保留之“歧读”字,正是此种历史现象之真实反映。因此,应当说:文字与语言有一逐渐结合之过程;而不能说文字一开始就是“在语言的基础上产生的”。研究问题,当从事实出发,不当从界说与定义出发;应当尊重辩证法的发展观点,不应当自划框框,割断历史。

文字与语言之最初发生关系,其情形当如下:即古人之视象形文字,殆如吾人之视图画焉,只能明了此图画中含有某种意义,而不能谓此图画即代表某一固定之语音。迨观者必须以语言表明此图画之意义时,则同一图画,或因各人理解之不同而异其音读;或同一人而前后对此图画之印象不同,亦足以使其产生种种不同之音读。盖视其形近乎此者,即呼以此名,形近乎彼者,即呼以彼名;得此义者,即以此音读之,得彼义者,即以彼音读之。见仁见智,无有定常。因之,一字或得数义,一文或得数音,而造成所谓“歧读”之事实。如今日云南麽些族之象形文字,虽同一字形,而彼族往往用与字义相近而声音绝殊之不同语音读之。例如字形为一人持皿饮水状,则或以表“饮”之语音读之,或以表“水”之语音读之,或以表“渴”之语音读之,并无固定之音。此乃人类语言与文字开始结合时之必然现象,不足为奇。迨象形文字相当发达以后,文字与语言之关系始渐相接近。又后,则有谐声字或假借字产生,此则专依语言而造,或专为标音而设,始可谓之语音符号。至是,语音与文字始互相凝结而不可脱离。

但是,即使在文字相当发达以后,语音与文字之关系已凝固稳定,而由于时地之不同,亦或读以歧音。如当中国汉字传入日本之后,即有“音读”与“训读”之不同。所谓“音读”,即以中国原字之音读读之;而所谓“训读”,则系以彼土固有之日本语音诵读与彼土意义相近之汉字。彼土语音与中国汉字之本音，虽甚悬隔，亦在所不顾。

12月12日，先生致函郑文：

郑老：

大示早已奉悉，以患微恙，未即作复，希谅！尊恙已恢复未？时在念中！老年视神经疾病，好转最慢，希注意休息是盼！

拙作草草，自愧粗糙，谬蒙奖许，益惭悚无地矣！所望者，多锡箴言，以收切磋之益！

顷得长沙方面来函，希于明年"中国屈原学会"成立大会时，每人带论文一篇；并希于本年底将论文题定下，交弟转长沙，以便辑印发给大家参考。吾兄《楚辞》专家，届时当为大会增光也。

严寒已到，诸希珍摄，近摄影一帧，寄请哂纳。匆此即颂

文祺！

汤炳正

十二月十二日

12月29日，先生致函常振国、绛云：

振国、绛云同志：

前函谅已收到，念念！

新的一年将开始，委托编选《楚辞研究论文选》一事，人力已配备好，行将展开工作，编选标准，大致依前函所言。如有具体问题，仍当随时商洽办理。

关于少量经费问题，拟造预算，呈报本校科研部门，作为一般科研经费处理，当无问题。贵社如无"惯例"可循，可以不必考虑。

得悉出版机构,将由事业单位转为企业单位,这对普及一般文化,或有好处,而对推动祖国文化向尖端突进,则未必有利,鄙见如此,未知然否?

冬至前后,严寒逼人,略感风寒,现已痊愈,谬蒙关注,甚感!

顺颂

文祺!

汤炳正

十二月廿九日

1985年乙丑 先生七十六岁

在四川师范学院。

2月26日,《光明日报·文学遗产》刊发署名李翠珊的《〈屈赋新探〉出版》的消息:

齐鲁书社最近出版了由汤炳正著的《屈赋新探》。本书是研究屈原及其作品的重要成果,对屈原的生平事迹、以屈赋为主的《楚辞》的成书与传本、屈原的思想与所属流派、屈赋中的神话传说、屈赋的语言艺术等进行了深入的探讨。它论证透辟,材料丰富,有很高的参考价值。

2月,先生致函王利器:

利器尊兄有道:

扶桑讲学,载誉归来,以此促进中日文化交流,实属盛举。

研究生李诚所写《屈赋神话刍议》,题系该生自拟。但问题较复杂,望台端不吝赐教,以励其志。

研究生夏述贵有志于谶纬,研究所以指导之任相委,却之不恭。做学问,趋热门固然不对,寻冷门也未必是,而当以情之所钟,性之所近,人类之所需为准,未知阁下以为然否?夏述贵此次北上晋谒,学海指迷,实寄望于台端也。

晤谈在即,余不一一。

顺颂

俪安!

汤炳正

二月

4月,中国国际广播电台以英语、日语向世界播放先生在屈原及楚辞研究方面的贡献。广播稿说:

他的专著《屈赋新探》一书问世,被人称作近三十年来研究屈原的"最高成就"。……汤炳正教授学识渊博,治学态度谨严,十分重视各门学科之间的互相渗透,互为印证。关于屈原及其作品的研究,他已经写了数十万字的论文,每篇都提出了新的见解,引起了学术界的重视。

其间,还插播了先生本人一分钟的讲话录音。他说:

我在研究工作中,力图跳出旧圈子,提出一些新的见解,尤其是对历来研究中出现的一些有争议的重大问题,提出自己的看法和回答,以求对这些研究工作的发展有所推动。

5月,《扬州师院学报》发表周文康《"摄提""孟陬""庚寅"考辨:〈屈原生年及作年考〉》:"笔者认为,汤炳正先生之释义,是屈原生年研究的重大突破。"

6月5日至8日,先生参加中国古代文学研究所第四届硕士研究生论文答辩会。

6月,先生赴湖北江陵参加"中国屈原学会"的成立大会,被推选为会长,姜亮夫为名誉会长①,学会秘书处设在湖北省社会科学院文学研究所。这次会议是在端午节期间(6月20日至25日)举行的,到会代表近170人,收到学术论文111篇,在我国屈学研究史上有着里程碑的重要意义与作用。会议讨论颇为活跃,其中关于"屈原爱国主义"的论辩,体现出学者们对这一问题的看法有了新的更深入的认识。在会议期间,先生还应邀为江陵博物馆的"珍宝馆"题写匾额,为政协题写"楚风",为聚珍园大酒店题写"聚珍园"。"日本楚辞专家稻畑耕一郎教授,跟我相会于大会期间。他手持拙著《屈赋新探》要我签名,又以执书垂问的姿态拍了一张合影。我发现他是我认识的日本学者中最谦虚而又严谨的人。他虽然发表过一篇《屈原否定论的谱系》,但他本人并不是'屈原否定论'者。记得1984年在成都召开的那次屈原问题讨论会,记者同志不明真相,竟把稻畑耕一郎教授看成是'批驳'的对象,并在《光明日报》上作了不准确的报道。这

①周建忠在《橘颂离骚窥楚屈,湘君哀郢悟根原》中说:"记得关于第一任会长人选,有过较长时间的酝酿,经过1982年湖北秭归会议、1983年辽宁大连会议、1984年四川成都会议,大家公推汤炳正先生出山。但汤先生执意要姜亮夫先生担任,加之姜先生的十二弟子(1979年承担教育部下达的楚辞进修班)非常活跃,因赴杭州大学面请姜先生。最后姜、汤二老达成共识:姜亮夫先生任中国屈原学会名誉会长,汤炳正先生任中国屈原学会第一任会长。"载《职大学报》2015年第5期。据撰者推测,选先生为会长应是姜亮夫先生举荐的。直接材料我们还没有见着,但在周先生所说的背景下,间接材料诸如《中国大百科全书》中的楚辞词条,当年是由姜负责安排人员撰写的,先生领六条,姜夫妇共撰五条,此外便无平辈参与了;再如先生在给郭在贻的信中有"炳与亮夫先生,并未谋面,只以学术上互相倾慕,渐成神交";又在《记姜亮夫教授》中说《〈屈原列传〉新探》发表后,"(姜君)竟辗转探询我的通信处",后来两人见面时,"姜君喃喃地说了两遍:'难得,千载一时'"等等,亦不无佐证之功。

次相见，我倒有些歉疚之感。”①22日，先生感赋七律《乙丑端阳游纪南城怀古》（后易名为《江陵怀古》）以寄意：

底事灵修失远图，连横合纵两踌躇。
江流滚滚余残垒，芳草萋萋识故都。
复楚只须三户在，抗秦未信两门芜。
河山无限兴亡恨，岁岁端阳话左徒②。

此诗是先生晚年影响较大的一首诗，曾被多家报刊登载。

附先生《开幕词》③如下：

开幕词

中国屈原学会筹委会主任
四　川　师　范　学　院　教　授　汤炳正

各位领导、各位代表：

在中央和各级党委的关怀支持下，经过全国屈学界三年来一致不懈的努力，克服了重重困难，中国屈原学会成立大会今天终于开幕了！

自从党的十一届三中全会以来，学术研究日趋繁荣。成立全国性的屈原研究学会，以促进对这位世界文化名人的研究，继承和发扬屈原的爱国精神和他所开拓的诗歌传统，为社会主义精神文明建设服务，是有重要意义的。中共中央宣传部、中国社会科学院、中共湖北省委、湖北省人民政府、中共湖北省委宣传部、中共荆州地委、荆州地区行署

①先生《屈里寻踪》，收入《剑南忆旧》。

②收入《简报》第3期（中国屈原学会成立大会暨第四次学术讨论会，湖北荆州1985年6月）。影件由周建忠教授提供。此诗后来收入《渊研楼酬唱集》时，个别地方略有修改。

③收入《简报》第2期（中国屈原学会成立大会暨第四次学术讨论会）。

和江陵县各级党组织和政府部门,为学会的成立和这次盛会的召开,给予热情关怀和大力支持。在此,我代表学会筹委会向到会的各级领导同志表示深挚的感谢!

自一九八二年秭归会议以来,经过在辽宁、四川、湖北、湖南各省召开的全国性屈原学术研讨会,许多今天到会的屈学研究者频繁联系,积极奔走,今天群贤咸集,形势是令人鼓舞的。我代表筹委会向全国各地到会的专家、学者表示热烈的欢迎!尤其向到会的日本著名汉学家稻畑耕一郎先生表示最热烈的欢迎!

中国屈原学会的成立,义不容辞地要开创屈学研究的新局面。我们要尊重历史、尊重科学、尊重学术民主,把研究推向深入,继往开来,这就迫使我们扩大视野,加强交流,更新知识,拓新角度,不能只是重复前人的结论,而要提供前人未提供的东西。对于屈原的时代、生平、经历,以至对他的作品要作多角度、多层次的再研究。我们前人的研究虽已卷帙充栋,成绩斐然,但异说蜂攒,歧解纷出,从考证到章句,从内容到风格,确实还存在许多亟待辨明和澄清的问题。中国屈原学会的成立,正是为了更好地组织力量,通过群策群力,百家争鸣,解放思想,也只有这样,才能追踪屈子,张我国魂,有助于发扬光大爱国主义精神,繁荣社会主义文化。同时,学会还担负着培养后进的任务。只有这样,才能使我们的事业传薪有人。我们相信,在马克思主义、毛泽东思想的指导下,在前人积累丰硕研究成果的基础上,在当前我国政治、经济迅速发展的大好形势下,我们必能在不断求索中前进,从必然中得到自由,以崭新而有力的学术成果,献给我们的时代,无愧于我们的前人,亦无愧于我们的后人,无愧为炎黄子孙,无愧为屈子知音。

今天到会的,有除西藏以外的全国二十多个省市的代表，特别是有我们的日本同行光临，我们深感欣幸。我们希望，在以后的学术讨论会中，能有台湾和港、澳的同行参加。

最后，谨祝大会圆满成功！祝各位领导和代表身体健康！

谢谢大家！

6月27日，《武汉晚报》第一版头条刊发《中国屈原学会在江陵成立》消息："会议一致选举姜亮夫为中国屈原学会名誉会长。会议选出理事41名，选举四川师院汤炳正教授为会长，并一致同意常设机构设在湖北省社会科学院文学所。"

6月，四川师范学院更名为四川师范大学。

7月22日，先生致函伍尚仁：

尚仁同志：

日前光临舍下，来去匆匆，未能畅谈，甚以为歉！

别后不久，我即到武汉参加"中国屈原学会"成立大会，人事丛脞，未能及时将你需要的材料寄去，当能见谅！

伍先生的诗文，恐不易搜集齐全。除成都门生故旧外，南充或有佚文存在（论学书信应包括在内），当尽力之所及，广为征求。古今学者，名作巨著，传世较易，而零篇碎简，类多散佚，实属憾事！

匆匆即祝

健康！

汤炳正

七月廿二日①

9月，国家确定每年的9月10日为教师节。先生《教师节杂感》发表，载《川师盟讯》第十期。抄录如下：

---

①录自蓬安县制作的伍非百纪录片。

“教师节”杂感

“教师节”,这并不是什么新名词,而是早已有之。记得,在旧社会就曾一年一度地把孔子的生日那天作为“教师节”。当然,把孔子说成是“万世师表”,我并不赞成。因为时代相距两千多年,无论是社会的经济基础或社会的意识形态,都发生了巨大变化,作为“师表”来讲,决不会是“万世”不变的。尽管孔子提出的某些教育学原则,至今仍有借鉴意义,但以他的生日作为“教师节”,似乎也没有什么必要。

今年,我们规定以九月十日为“教师节”,我并没有注意人们都提出些什么理论根据。但我在想:它也许是标志着教师们经过一个暑假的休整,九月秋凉,学年开始,又要投入新的战斗了。因此,如果说,其他行业都是“一年之计在于春”,而教师工作却有些特殊,偏偏是“一年之计在于秋”。为了搞好“四化”,在九月十日那天为教师们过个节,还是很有必要的。

不过,我对“教师节”的上述这点认识,也许是太肤浅了。因为根据我个人的实践体会,教师工作确实有些与众不同。从小处讲,并不是“一日之计在于晨”,而是“一日之计在于夜”。明天的课程,必须头一天熬更守夜地把它备好,才能安然入睡;待到明晨,那就不行。其次,从大处讲,教学工作是“百年树人”的大业,作为一个教师,必须有献身精神,把教育工作作为终身事业。并不是“一年之计”,而应当是“终生之计”,即在任何艰苦的处境中,决不能动摇,决不能见异思迁。但在十年浩劫当中,不少人都产生过“教师倒霉”的思想;而且你越是负责认真,教出了成绩,你就越要加倍的倒霉,对此更想不通。因而认为当教师是误入人生歧途,理应悬崖勒马,及早退出历史舞台。很显然,在这样残酷现实的面前,而要求教师们把教育事业看成是"一生之计",未免脱离实际。当然,今天在"四化"建设的大好形势下,教师们不会再有上述的思想了。然而在新的现实面前,每个人也要有充分的思想准备,去迎接新的挑战。例如,在"万元户"的诱惑下,教师队伍中想跟"万元户"展开竞赛的,也确实大有人在。他们把"找外水"当成了正业,以致大大影响了本职的教学质量。其次是出现了改行转业的思想动态。这在高等教育战线中是否存在,我没有调查研究;而中、小学的教师同志们,有这种思想的人,决不是个别的。这固然要制止那些"挖墙脚"者的煽动,而作为"一生之计"的教育工作者来讲,却必须把自己的思想基础培得牢牢的,教他们挖不动,也挖不垮。当然,为了抵制"万元户"的诱惑和"挖墙脚"者的煽动,除了精神力量之外,也还要有物质基础的一面,即提高教师的生活水平。我想,对此政府是会予以解决的,而且会把它作为纪念"教师节"的重要环节来抓。

"教师节"的另一意义,那就是表示"尊师"。谈到"尊",就会联想到"自尊"与"他尊"的问题。也许有人认为要"自尊"容易,而要求"他尊"就不简单。但是,我总觉得,要求"他尊"固然难,而要做到"自尊",也并非轻而易举。因为我所谓"自尊",跟旧社会带来的文人们的"唯我独尊""妄自尊大""清高自居""孤芳自赏"等,有本质的区别。教师的真正"自尊",乃是指的品德要高尚,学术要拔尖,教学要循循善诱,诲人不倦,这才是一个人民教师真正的"自尊"之道。所以要做到"自尊"并不容易。"人必自尊,然后人尊之",因此,要求"他尊",必先"自尊"。但即使做到了"自尊",而要实现"他尊"也并不简单。当前,口头上骂教师是"臭老九"者,确实不多,而从思想深处真正做到尊重教师,恐怕还有一段不小的距离。因此,不仅社会上公然殴打、辱骂教师的刑事案件,层出不穷,歪风难煞。而且在某些教育单位里,对待教师的态度,也还不是那么理想。教师一提出点什么意见,就会被说是“要翻天”;教师一有点什么生活要求,就会被说是“翘尾巴”;在十年浩劫中结下的个人恩怨,总想借机“回敬”;在落实政策的过程中,总想留点尾巴,如此等等,见诸报端,不一而足。这简直不是什么“尊”不“尊”的问题,而是在某些人的心目中,教师究竟应当是“敌”是“我”是“友”的社会地位问题,并没有解决。在这样的思想状态下,要求做到“尊师”,决不会是一帆风顺的。可见,通过“教师节”,大倡“尊师”之风,虽是个好办法,却不是唯一的办法。因为,此外还有大量的思想工作要做。

据说,过“教师节”的那一天,还要做些礼节性的事情,以示“尊师”之意。如给教师送点纪念品,开个座谈会,为教师做几件好事……这在教师来讲,确实是受宠若惊,不胜欣慰之至!但最怕的是,节日一过,一切照旧。中国有句古谚:“有了常是节,没有节是常。”意思是说:手头富裕的人,即使在平常日子里也跟过节的生活一样美好;手头贫困的人,即使是过节那天,也跟平日的生活一样艰苦。我觉得过“教师节”那天的“尊师”礼节还是要的;但最重要的还是在平常日子的日常生活中,处处都能体现出这种“尊师”的精神。也就是说,我并不赞成“节是常”,但更希望能“常是节”。当然,我并不是像小娃娃那样天真,要求天天过节,顿顿吃糖;而是企求整个社会,整个学校,随时随地,这种“尊师”精神,蔚然成风。否则,“教师节”那天,无论过的如何隆重热闹,也是没有什么意义的!

一九八五年八月二十三日

10月,《楚辞类稿》整理完毕,交巴蜀书社出版。附《自序》

如下：

自序

数十年来，余于屈赋爱不释手。凡披阅古注善本，泛览前代典籍，有得于心，或笔诸书眉，或钞存札记。十年浩劫，生平所读《楚辞》旧本及所积资料失落殆尽。劫后搜检箧笥，曾撰《屈赋新探》三十万言。余则断篇残简，丛脞散乱，难于清理。颇欲付之一炬，以了旧缘。然半生劬劳，点滴心血，留之似无用，而弃之则可惜。年来有暇，辄复从事剔选，偶有可取之处，则笔而存之。适巴蜀书社向余索稿，因畀之以塞责。非敢以著述自视，特劫后余生，更惜此半痕鸿爪耳！

昔顾炎武著《日知录》曾谓："其有不合，时复改定；或古人先我而有者，则遂削之。"余以衰老疲惫，多事"改定"，实难为力。但凡古人或时人已"先我而有者"，则必"削之"无所惜。其间因囿于见闻、限于记忆而"削之"未尽者，容或有之。然而，决非有意践前修之陈迹，步时贤之后尘也。

此稿所录，杂而不纯。往往信手拈来，浅尝辄止。一孔之见，谬误滋多。且但求辞达，未遑修饰。长或万言，短则数语，得鱼忘筌，不计雅俚。尚希读者，匡其不逮，则幸甚焉。

此外残札尚多，选录未毕，拟待异日以"续篇"出之，用就正于方家。

1985年重九于渊研楼

10月，李大明《著名楚辞专家汤炳正教授》①发表，载《四川

①先生将杂志寄给撰者时，在此文的上端写到："此中对我治学的评价，可以供参考。讲的是内行话。"

盟讯》第四期(《成都盟讯》1986年第三期转载)。

11月22日,《四川师大报》"师大人物辞典(二)"《名师录:汤炳正》称"(先生)半个世纪以来潜心从事中国古代文化的教学科研工作……1984年出版楚辞研究专著《屈赋新探》,是建国以来楚辞研究的重要成果,受到国内外学术界高度重视"(李大明)。

12月18日,"妈去成都铁路局开先进职工表彰大会。专诚去看望爷爷,说爷爷红光满面,精神很好。爷爷很关心你,问了你好多学习与工作方面的情况。说'正要写信给小波,要他春节来玩,来往路费由我出'"。"《屈赋新探》得了三千多元的稿费。"①

12月,先生为《楚辞研究》第一辑作序。该辑由中国屈原学会主办,先生任主编,1988年1月由齐鲁书社出版。抄录如下:

序

对《楚辞》和屈原的研究,自西汉刘安始,可谓代不乏人。其历史之长,学者之多,影响之大,都是中国乃至世界学术史上所罕见的。时至今日,以"中国屈原学会"成立为标志,"楚辞学"更是名实相副,蔚为大观,呈现出千姿百态的局面。这部论文集的出版就是一个明证。

治中国文化史,向有"考据""义理"之分,"楚辞学"亦莫能外。王逸继刘安、班、贾,有奠定基础之劳;洪兴祖则广罗博取,有补苴拾遗之功。九江被公能读楚辞,道骞、王勉亦有专著。赵宋以前,可说是训释、音读的时代。"义理"方面,虽由刘安滥觞,但异军突起,还属朱熹。自是之后,屈骚竟成显学,著述宏富,超越前代,而清儒成就,可谓"后出转

①见撰者《日记》。

精"。要之,诸贤为"五四"以前的"楚辞学"定下了基本格局。

"五四"以后,西方民俗学、民族学、人类学、神话学、文艺学理论大量输入传播,楚辞研究不再仅仅限于古代典籍的利用,而找到了新的方法和道路,因而不少学者的论述,或出先贤之上。

建国以来,学术界倡导唯物史观。屈赋的人民性、屈原的爱国主义及其法治思想等等均特别受到重视,并曾围绕这些问题展开讨论。其间虽略于训诂、考据而偏重义理,然其深入、广阔,确已超迈前哲。

真正将屈原作为文学家、《楚辞》作为文学作品来研究,而突破单纯考据、义理的局面,认真地说,是最近十年拓展开来的。学者或就《楚辞》的艺术结构加以探索;或将其与《诗》、赋联系而研讨它在中国诗歌史中的地位和作用;或从文艺哲学的角度论述《楚辞》作为一种艺术生产品的美学价值,并进而及于屈原美学观。总而言之,注目的是《楚辞》的文学属性。民俗学、民族学、人类学、神话学等多种学科理论的运用,经一度消歇,更是方兴未艾。尤可注意者,这些学科理论已经不仅被用做探索的方法和手段,它们本身亦成为目的。学者将《楚辞》中的丰富材料与出土文物、民俗资料相互印证发明,正在为中国这些学科系统理论的建立增砖添瓦。即便传统"义理"性质的研究,学者也不再满足于一般"忠君爱国""人民诗人"的旧主题,而是从中国思想史、伦理学、文艺心理学等角度,或对旧主题提出质疑,把讨论引向深入;或就一系列新主题开展新的课题研究。更有学者已在尝试从更加广阔的文化背景,即人类文化发展史的角度来对《楚辞》、屈原加以考察,为"楚辞学"新的研究和认识,开辟了更为广阔的天地。而值得特别注意的,是

“楚辞学史”的研究也日益受到重视而充分的发展。种种新动态,无疑都将大大促进“楚辞学”研究的健康成长。

所有上述这些,我们都可以从这部挂一漏万的论文集中略窥一斑。从这个意义上说,这部论文集是有其一定代表性的。其中作者固然不乏“导夫先路”的老一辈学者,而更多的却是勤学苦钻、意气风发的中青年人。我粗略地统计了一下,作者的平均年龄约在四十岁左右,因而这就更有承上启下,预示将来的意义了。

但是,做了,并不就等于做好了;有了好的开端,也并不一定有好的结果。“楚辞学”毕竟是一种中国的学问。只有真正民族的,才可能成为世界的。尤其对屈赋这一产于先秦的语言艺术遗产,新的研究领域的开拓,绝不意味着必须抛弃两千多年来我们治中国文化史的一些基本功,如文字学、音韵学、训诂学的运用等等。微观的研究固然不能脱离宏观的理论指导和把握,而且必须走向系统化的宏观;而宏观的理论建立和运用,也决不能脱离微观的研究和落实。二者合则双美,离则俱伤,这恐怕也是回顾二千多年的“楚辞学”史所应得出的结论之一罢。不过令人深感欣慰的是,从这部论文集中可以看出,许多中青年研究者已自觉地注意到这一问题,因而写出了有一定说服力的文章。

值此论文集出版之际,我说出了这些不成熟的意见,质诸“楚辞学”界诸同仁,不知以为然否?

1985年冬于成都狮子山

是年,日本《东方》杂志第九期发表稻畑耕一郎《楚韵千秋》,文中介绍了先生在屈原及楚辞研究上所取得的成就,以及先生正在撰写的《楚辞类稿》《楚辞今注》《屈原评传》等书稿的情况。

是年,先生将其承担的"楚辞""小学"两门研究生课程,正式移交给青年教师,但始终担负着对青年教师的指导之责①。

是年,先生开始整理语言文字学方面的论文,准备影印出版。

1986 年丙寅　先生七十七岁

在四川师范大学。

1 月,高尔泰《屈子何由泽畔来?——读〈骚〉随笔》发表,载《文艺研究》第一期。文章写道:

> 为什么屈原要纠缠于这种斗争?为什么斗争失败以后还不肯离开?为什么他宁肯自沉汨罗,也不另谋高就,或者泛舟五湖?这些就是古今学者聚讼纷纭的问题。当代研究屈原的专家汤炳正教授正确地指出:"屈原被疏放以后,为什么不肯远游他国,以谋有所建树?自从史迁提出这个问题以来,历代学者多论及之。或谓:屈原忠于君,而君臣之义,理不容去;或谓:屈原曾被信任,故感知遇之恩,情难决绝;或谓:屈原乃同姓宗臣,宗臣无可去之道;或谓:楚有统一中国的雄厚基础,要有所建树,不必舍近求远;近人则多以爱国主义说之。事实上屈原之所以不肯远游他国,原因可能是相当复杂的。但是应当引起人们注意的,那就是屈原的强烈的民族感情。"(《屈赋新探》235—236 页)我认为这个说法,比简单的"爱国主义"说要正确和深刻得多。

2 月,刘瑞明《一部有独到见解的屈赋专著:〈屈赋新探〉》发表,载《中国社会科学》第二期。

3 月,日本早稻田大学稻畑耕一郎教授来访。"在会客室畅

①李诚《汤炳正教授情况简介》抄件。

谈之后,他要我跟他合影留念,而且一定要求以书房为背景,这使我很尴尬。结果他只得在我的书桌旁手扶床柱而立。"①

3月,先生撰写《〈成均图〉与太炎先生对音学理论的建树:为纪念太炎先生逝世五十周年而作》一文。现抄录是文结语部分:

> 我总觉得,一个伟大的科学家,如果说他所取得的新的科学结论,其价值是促使后学在此基础上继续前进;那么,他所表现的那种勇于探索的科学精神,其作用则是鼓舞后学永不停息地向科学高峰攀登。作为前辈科学家所留下的遗产,这两者都是极其珍贵的。但是,科学的结论,往往因时代的进化,有所继承,也有所淘汰;而作为科学家的探索精神,则在任何时代都会给人以巨大力量而推动着人类不断地前进。我认为对太炎先生在古音研究上的巨大贡献,也应当作如是观。
>
> ……
>
> 又记得,先生在讲"小学略说"时,曾强调说:
>
> > 古人用韵,并非各部绝不相通,于相通处可悟其衔接。吾人若细以口齿辨之,识其衔接之故,则可悟阴阳对转之理,弇侈旁通之法矣。
>
> 先生又说:
>
> > 前之顾氏,后之段氏,皆长于韵学,短于音理。江氏颇知音理,戴氏最深,孔氏继之。……居今日而欲明音韵之学,已入门者,宜求音理;未入门者,先讲韵学。韵学之道,一从《诗经》入手,一从《广韵》入手,多识古韵,自能明其分合之故;至于求音理,则非下痛切功夫

①先生《无名书屋话沧桑》,收入《剑南忆旧》。

不可。

上述这两段话,不啻先生自述其治音学之历程,总结其治音学之经验。从我学习《成均图》的体会看,确实体现了先生既长于"韵学",又精于"音理"的巨大成就。而先生却又毫无保留地以此谆谆教导后学,使我一生受用不尽。

但是,先生离开我们,已半个世纪了,对继承先生遗产,发展祖国文化,我究竟做出了什么贡献呢?在纪念先生之际,扪心自问,惭愧无地!

至于对先生一生的评价,今天学术界的观点并不一致。但我觉得,任何一个伟大的科学家,都不是,也不可能是真理的结束者、终极者;而主要在于他能承前启后,开风气之先,把对真理的探索推向当时历史条件下的最高水平,为科学的不断前进,作出应有的贡献。而太炎先生,正是处在中国新旧学术交替时期的这样一位伟大学者,一代宗师。

社会在不断地发展,学术在不断地进步,但先生的业绩,作为中国学术史上的一座巍峨的丰碑,是永垂不朽的。我们不但要纪念他,而且还要继承他丰硕的学术成果,发扬他勇于探索的科学精神!

3月,先生致函二哥汤棣正:

景华二哥如晤:你好!

世宁、庆玉这次来蜀参加交易会,幸得相见。但他们工作很紧张,会后又急于回家,未能久住,很是遗憾!

这几天,从亲人口里,得知你及二嫂,身体很好,侄儿们也很平安,甚为欣慰!尤其听说二哥年已八旬有余,而身体仍强健如青年,使我非常羡慕。我今年已七十七岁,身体反比前几年好些,病也不生了。虽工作仍很繁忙,而我在劳佚之际,颇能调剂得当。除了作点科研,再就是指导研究生。

每年要出省开一次学术讨论会。会多了,我就选个重要的会参加。但因为我被推选为“中国屈原学会”的会长,每次开会,不得不到。所以这几年,去过武汉、西安、秭归、江陵、杭州等地。今年屈会在岳阳召开,看来我不能不去。二哥,你还记得我们小时候读过的唐诗里有“气蒸云梦泽,波撼岳阳城”之句吗?今秋我颇想去领略一下这些景色呢!当然,范仲淹的《岳阳楼记》,更不能不使我心向往之。

听说我们家乡,变化很大。我记忆中的什么东炮台、发浪石、黄石板、牧云菴、大鱼岛、马王庙、姜家河、沙帽顶、车脚河,历历如在目中。尤其经常垂钓的东海滩,经常攀登的西山和东墩等,更使我不能忘怀。但据说,这些地方,都已不是旧样子了,高楼大厦,遍地都是。这本是好事,是进化,是发展。但人总是要怀念幼年的事,感到样样都有趣,这也许是落后意识在作怪吧!

谈到童年的伙伴,我这次也问过世宁和庆玉,但死的死,变的变,零落殆尽。古诗云“访旧半为鬼”,一点也不错。现在有河东王家一个外甥,名叫来庭,你可能还记得。他现在流落在东北,他的儿子来四川,总要来看看我,这也很难得了!

我对海味,确实有特殊感情,这次世宁、庆玉,带来很多。我在感激之下,写了一首诗,录在下面:

一别家乡四十春,海滨风味倍相亲。

可怜兄弟分离后,数遍天涯剩几人?

诗写得不好,请你指正!

我这几年出版了一本书,名《屈赋新探》,在海内外颇有影响。我手头原有几本,都被朋友拿走了。现在设法要了一本带给你,也许见书如见人,我这几年来的学海生涯,可以从中略知一二吧?

纸短情长,说到这,告一段落吧。详情可由世宁、庆玉口述,不赘。

匆匆敬祝

健康!

二嫂并此问好!

诸侄并此致意!

弟景麟手书

三月

4月9日,文王日《可贵的探索:简评汤炳正〈屈赋新探〉》,载江苏等16省区95家出版社主办的《新书报》。

4月,萧兵《楚辞学的更新:兼谈微观文学史研究》发表,载《苏州教育学院学报》第二期。萧文将先生与杭州大学姜亮夫、复旦大学陈子展并称"三位楚辞学大家",认为"《屈赋新探》把考古发现与训诂考据熔于一炉,对屈原生平、《楚辞》神话做了崭新的解释"①。

5月,吉林教育出版社出版刘柏青、张连第、王洪珠编的《日本学者中国文学研究译丛》第一辑。第一篇是冈村繁的《楚辞与屈原:关于主人公与作者的区别》,其上有先生密密麻麻地用红、蓝两色圆珠笔写的批注②。

6月上旬(端阳节前一周),学院学生工作部、民盟支部、民进支部联合举办"历代名人系列讲座",邀请先生作有关屈原的学术报告。先生演讲的题目是《论屈原》③,启发学生的爱国热情,效果很好。

6月14日至18日,"章太炎先生逝世五十周年纪念会暨学

①此文人大复印报刊资料《中国古代、近代文学研究》1986年第7期转载。

②此册系书友贺宏亮相赠,特此感谢。

③这篇演讲稿后经撰者整理收入《楚辞讲座》里(广西师范大学出版社版)。

术讨论会”在杭州举行。先生携《〈成均图〉与太炎先生对音学理论的建树》赴会。“住(望江山宾馆)西楼 211 号,董国炎和我同住,十分方便。这里也不太热,前天下大雨,老汤先到住对门。”开幕式“我和老汤上主席台”①。“中国、日本、美国、澳大利亚及香港地区的专家、学者八十余人参加了会议。与会及提交论文的学者中有姜亮夫、陆宗达、朱季海、汤炳正、李希泌、蒋礼鸿、姚奠中等章门黄门弟子。”②14 日下午“拜谒了南屏山下的(太炎)先生墓,行三鞠躬礼”③。

6 月,《成都民讯》第二期封二发表先生《论屈原》演讲的会场图片,并附有文字介绍:“时逢‘端午’话屈原。在传统的一年一度的端午节前夕,民盟川师支部、民进川师支部、川师学生工作部联合举行‘历代名人系列讲座’,邀请著名楚辞专家、中国屈原学会会长、川师古代文学研究所教授、民盟盟员汤炳正作屈原研究报告,启发学生的爱国热情,加强精神文明建设,收到很好的效果。”

8 月 10 日,先生致函稻畑耕一郎:

稻畑耕一郎教授大鉴:

别后已数月,江陵“以文会友”的盛况,锦城“剪烛话旧”的情景,至今历历在目。尤其书信往来,互相切磋,受益孔多,令人难忘!

今年富春之会,竟未光临,殊为憾事!近收到寄来大

---

①姚奠中 1986 年 6 月 15 日致树兰信,收入《姚奠中讲习文集》第 5 册。19 日致树兰信又说:“老汤比那年在成都见到时好,但还不能全参加会议活动。他来往都坐飞机,省力,明天人们就都走了。会开得不错。”树兰,即李树兰,姚奠中的夫人。

②胡国枢《章太炎学术讨论会纪要》,载《文献》1986 年第 4 期。

③先生《忆太炎先生》,收入《剑南忆旧》。

作，除已分交研究所外，诵读之余，如见故人。

关于《宋玉集》问题的大作，早已编入《楚辞研究》，并交齐鲁书社出版。为了尊重阁下意见，对原文未作任何改动，不久当可见书，希勿念！这次附寄的复印本《北堂书钞》零页，已收到。可证阁下治学严谨，大作引文，确有根据。但敝意以为，唐宋类书虽有参考价值，然亦多以讹传讹之处。例如大作所引《宋玉集序》一段文字，即有问题。关于宋玉此事，最早系出西汉文帝时韩婴的《韩诗外传》卷七，次观于西汉元成之世刘向《新序》的《杂事》第五。其基本内容皆一致。即友人荐宋玉于楚王，未被楚王重用。宋玉责其友，友人以“姜桂因地而生……”二语答之。而《北堂书钞》所引《宋玉集序》，文字既多脱误（如王、玉二字互误），叙事又不清晰。尤其孔氏校注所引《汉魏七十二家宋玉报友人书》所附注文，竟把《韩诗外传》及《新序》所叙事迹，完全搞颠倒了。即把友人的话误为宋玉的话。因此，《北堂书钞》所引《宋玉集序》，亦当为后人所乱，决不能视为《汉书·艺文志》所载《宋玉赋十六篇》的原序，其中颇多错误，故采用时宜慎重。不过，以上乃鄙见所及，未必正确，只是提供参考。清代学者，偏信唐宋类书，造成不少错误，大儒王氏父子，犹未能免，宜引以为戒！

匆此顺颂

撰祺！

汤炳正

八月十日

8 月 24 日，先生致函二哥汤棣正：

景华胞兄：你好！

得大函及书画一卷，甚为欣慰！不仅信中所叙，使弟得知起居佳胜，而从书画中更知吾兄恬淡的精神世界与高深的艺术修养。

记得兄少年书法学欧，造诣极深；这次寄来的单屏，似又转而学颜；但从今年写的对联上看，却又自成风格，大气磅礴，一脱古人窠臼。值得钦佩的是这种自强不息的精神！

所画梅竹俱佳，在此基础上，用笔略为活泼一些，做到挥洒自如，不难达到名家的境界。弟既不善书，又不能画，只是喜欢欣赏品评，可能说的是外行话。亲在手足，当不会见怪吧？

拙作《屈赋新探》，谬蒙夸奖，不胜惭愧！此书出版后，不少大刊物发表了评价文章，多所赞许。即在一九八五年在湖北召开的“中国屈原学会”成立大会上，弟被选举为学会的会长。今后自当努力学习，庶不负全国学术界对弟的无限希望。今秋弟的第二部拙著《楚辞类稿》即出版，届时当奉寄请教！

吾兄的诗作极佳，尤其是写给我的那首七绝，我读到“尽道同胞人似雁，缘何不作一行飞”之句，不禁为之泪下。我想，在社会大变革的时代，手足相守，终老田园，是不易办到的。中秋节就到了，我只求像东坡所说“但愿人长久，千里共婵娟”，也就心满意足了。

写诗，确实是人到老年最好的嗜好。但弟因工作繁忙，很少执笔抒情。今后，在吾兄的影响下，定当努力学习。

景之兄在贵阳，现已八十高龄，身体尚健，知注并及。秋凉，多加珍重！余情后叙，敬祝吟安！并祝
全家平安！

弟景麟手启
八月廿四日

10月,先生赠萧德君书法一幅:"丙寅秋录《诗品》语应德君贤弟雅嘱汤炳正。"①内容是司空图《二十四诗品·自然》:"俯拾即是,不取诸邻。俱道适往,着手成春。如逢花开,如瞻岁新。真与不夺,强得易贫。幽人空山,过雨采苹。薄言情悟,悠悠天均。"

11月,散文《耄耋情切话"三感"》发表,载《成都盟讯》第四期。附录入如下:

耄耋情切话"三感"

自从十一届三中全会以来,党提出了"对外开放、对内搞活"的政策,使我们祖国走向了空前繁荣的时代。

一般理解,"对外开放、对内搞活"是指经济领域而言。但从我个人的感受来讲,在文化领域也同样如此。

"对内搞活"确实反映了当前科学文化领域中生动活泼的大好形势。

在这个伟大的时代我有不少的感想,归纳起来叫做"三感"。即"时代感""责任感""紧迫感"。而我也正是在这"三感"的促使下,耄耋之年,仍不忘努力为党多做力所能及的工作。

"时代感":十一届三中全会以后,党对文化界的一系列方针政策,确实是"双百"方针的最具体、最生动的体现。

记得,郭老曾用"科学的春天来了"这句话来概括这一伟大的时代精神,不能不说是一种科学的预见。而正是这一伟大的时代精神,才促使我产生了一种强烈的"时代感"。我那时正在长期卧病,但我感到,如果在这样伟大时代中,不为祖国的科学事业做出一点应有的贡献,确实问心有愧,

①萧德君《与汤炳正教授的点滴往事忆》(未刊稿)。

确实辜负了伟大的时代对我们发出的伟大号召！在这种强烈的“时代感”的推动下，我带病整理自己多年积累的有关屈原与《楚辞》的材料，加以分析探讨，在不长的时间内就完成了一部三十多万字的《屈赋新探》。这部书出版以后，受到国内外学术界的重视和鼓励。我感到如果没有这种时代感，我是做不出这样大的成绩的。

“责任感”：古人说道，“国家兴亡，匹夫有责”。但长期以来，我总感觉搞文科不如搞理科、工科对国家贡献大。对此，每每有一种自卑感。感到“英雄无用武之地”。

但是自从改革以来，党明确地提出了“两个文明建设”的问题。而且不止一次地强调“精神文明建设”对“物质文明建设”的重要意义。这种意义激发了我对中华民族、对社会主义祖国的强烈的“责任感”。认识到精神文明建设是我们从事文化科学的工作者“责无旁贷”的历史使命。

记得，一九八一年纪念民盟成立四十周年时，我曾在《成都盟讯》上发表了一篇《屈原与闻一多》的短文，这正是我当时思想感情的真实写照。即要求把自己的科研工作跟祖国的经济改革与经济建设紧密地联系起来。

因此，近几年来我在学校前后作了三次全院性的学术报告。把学术问题同思想教育、尤其是爱国主义教育结合起来，探索出了新路子，取得了一定的成绩。作学术报告，讲求的是效果。当我听到有关方面的同志反映说报告时间中休息一次往往效果不好，于是我便努力克服气力不支的困难，抱以多增加一分效果就算我多尽了一分责任的强烈的责任感，使最后一次长达两小时的报告，一气呵成，在师生中收到了良好的效果。

如果说上述情况是激于时代的责任感，但有的事也常常是激于民族的责任感。如一九八四年由我发起的在川师召开的全国性的评论日本学术界的屈原"否定论",就是属于一种民族责任感。我也知道这样做会得罪日本学术界,对我个人也并不利。但我觉得:维护我们祖国爱国主义伟大诗人的历史地位,就是维护我们祖国源远流长的爱国主义的传统,这是义不容辞的历史使命。我的民族责任感战胜了我的个人利害论。

"紧迫感":在青年人看来,在事业上的"紧迫感"可能不会有老年人那样突出,但从我个人的学术研究的经历来讲,八年抗战的流浪奔波,十年浩劫的凌辱折磨,已把我的最宝贵的、最佳的科研时间浪费了,这是一种不可补偿的损失。

因此,在十一届三中全会以后,我已经是年逾古稀,而且久病未愈、精力衰退。主观上要求为祖国的四化建设多做贡献,而客观上又"心有余而力不足"。那种思想上的紧迫感确实给我以极大的压力。于是我不得不带病作业,开始整理我的《屈赋新探》。但家里人劝我量力而行,朋友劝我细水长流,认为"细水长流"比"昼夜奋战"贡献会更多一些。我口头上是接受了他们的劝告,而事实上我虽未"昼夜奋战",但却是"一气呵成"地把三十多万字的《屈赋新探》完成了,并出版了。接着我又于去年完成了一部《楚辞类稿》,今年四季度即可出版见书,同时承全国各出版社的偏爱,纷纷向我约稿。现在我正在撰写的有:北京人民文学出版社约编的《楚辞研究论文集》、上海古籍出版社约写的《楚辞今注》、四川巴蜀书社约写的《屈原评传》等书。上述这些约稿撰稿情况,日本东京的《东方》杂志皆已作了详细报道,使我大有"骑虎难下"之势。但是从我内心来讲,我并不感觉这是什么超负荷量的工作,这正是伟大时代的"紧迫感"给予我的力量。

11 月,《中国大百科全书》由中国大百科全书出版社出版。姜亮夫任《中国文学》卷"先秦文学"主编,王驾吾任副主编。《中国文学 I》收楚辞类词条共计 28 条,其中郭在贻 9 条,先生 6 条,姜亮夫 4 条,丁冰 2 条,栗凰、姚益心、褚斌杰、张崇琛、刘德重、姜昆武、曹础基、陶秋英各 1 条。郭在贻系姜亮夫的助手,也是"先秦文学编写组成员",如在 1981 年 12 月 14 日致萧兵信(二)中有云,"《大百科全书》楚辞条目,弟曾竭力推荐吾兄执笔,奈某些同志则不太赞成","京派中颇有人对兄致微辞"①。郭在自订年谱 1981 年 11 月条说:"赴上海参加《大百科全书》编辑会议。"②先生所撰 6 条是《楚辞章句》《楚辞补注》《楚辞集注》《楚辞》《九歌》《〈楚辞〉研究》。现录其中三条如下③:

《楚辞章句》

《楚辞章句》十七卷,东汉王逸著。《后汉书·文苑传》:"王逸,字叔师,南郡宜城(今湖北宜城县)人。""著《楚辞章句》行于世。"今按,两汉注《楚辞》者,自刘安以下,颇不乏人。但其书皆佚失不传,故王逸的《楚辞章句》,乃现存注释中最早的一部。又王氏以前注《楚辞》者,只释《离骚》《天问》个别篇章,而王逸则对全书十六卷皆作注释,并益以己作《九思》为十七卷。故王逸的《楚辞章句》,又为《楚辞》成书以来的第一部全注本。但《九思》中"思丁文兮圣明哲"句,"丁"为武丁,"文"为文王,而注竟释为"丁,当也"。故说者认为《九思》注乃后人所为,非王自注。

《楚辞章句》中有时引"旧说""或曰",殆对前人注释亦多采用。而王逸在《离骚叙》中又谓:前人注释"义多乖异,

①收入《郭在贻文集》第 4 卷,第 211、213 页。

②收入《郭在贻文集》第 4 卷。

③据先生手写稿录入,比发表稿稍详。

事不要括，今臣复以所识所知，稽之旧章，合之经传”，以成此注。则其书主要是驳正旧说，独抒己见。王注长于训诂名物，而短于释义发微，故揣摩屈意，便多迂曲之说。但由于王氏去古未远，援引典籍，言多有据；又王氏籍属宜城，为楚故地，对楚语方言，多所发明；而且每篇缀以叙文，撮其要旨，佚事偶存，足资参考。故《楚辞章句》久为学术界所重视，而为研究《楚辞》者所必读之古注本。

但《楚辞章句》因历世久远，现在传本，已非其旧。据南唐王勉《楚辞释文》所列古本篇次，与今本不同，而与王逸“见于前者略于后”之注例相吻合。故朱熹谓：今本以作者先后为篇次，乃宋天圣年间陈说之所改（见《楚辞辩证》）。又据古书所引王逸注文来看①，或与今本不同；且有出于今本之外者。故知今本王注，既有异文，亦多散佚。

此书现存较古版本有明夫容馆复宋本十七卷，较通行版本有商务印书馆国学基本丛书本。

《楚辞补注》

《楚辞补注》十七卷，宋洪兴祖著。洪兴祖，字庆善，丹阳（今江苏丹阳县）人。著有《楚辞补注》及《考异》行于世。事详《宋史·儒林传》。

洪氏《楚辞补注》之作，盖补王逸《章句》所未详，亦兼纠王逸之疏误。于训诂名物之外，对历史传说、神话故事等，征引极富。故较之《章句》，以详赡见胜。又《章句》征引典籍，多不言出处，而《补注》所引，必标书名，态度颇为谨严；而且考证异说之得失，辨析亦较精密。故世称其为“于

①先生在文末补了一句：“而且黄伯思《东观余论》谓古本王逸序，在全书之末，如《杨子法言》。”

《楚辞》诸注之中,特为善本”(《四库全书总目·集部》)。王逸《章句》之后的旧说,世多不传,而洪书时有引用。如晋郭璞有《楚辞注》三卷,又有徐邈《楚辞音》一卷,其书早已亡佚,而《补注》于《七谏》注引郭璞云:“駕鹅,野鹅也。”又《离骚》注于“求索”下引“索,徐邈读作苏故切”。旧说赖以仅存,颇有参考价值。

此书今世传本,多非本来面目。如据陈振孙《直斋书录解题》,知洪氏的《楚辞考异》一书,原单行;但今本却杂窜于《补注》中的“补曰”之前,合二而一。又据晁公武的《郡斋读书志》,知洪氏《补注》原有自序,而今本并无此序。洪氏忤秦桧,故或谓传本因有所忌而去其序。

此书现存较古版本有明汲古阁重刊宋本十七卷,较通行版本有中华书局四部备要本。今则以中华书局排印本为最通行。

《楚辞集注》

《楚辞集注》八卷,宋朱熹著。朱熹,字元晦,婺源(今江西婺源县)人。生平著述甚富。事详《宋史·道学传》。

朱氏所著《楚辞集注》,篇目多易前辙。他以屈原赋二十五篇为《离骚》,目次一仍王逸《章句》,定为五卷。宋玉以下诸赋,仅存《九辩》《招魂》《大招》《惜誓》《哀时命》《招隐士》,又益以贾谊的《吊屈原赋》《鹏鸟赋》,共十六篇,命为《续〈离骚〉》,定为三卷。注例略如《毛诗传》,每篇分为若干章,每章又标以“赋”“比”“兴”。注中凡涉及训诂名物、文字异同,多本之王氏《章句》、洪氏《补注》。而所谓微言大义,有时不免失之附会。因而或误以为“非朱子手定”(见清夏大霖《屈骚心印》)。但朱氏自抒己见之处,亦多创获。又朱氏凡对旧说有所驳正或涉及考证者,别成《楚辞辩证》二卷。如指出《天问》之“顾菟”当为“菟之名号”,纠正了王逸“顾”为“顾望”之误;又如引杜甫《彭衙行》证明古人招魂不专为死者,皆较精审。但谓《山海经》《淮南子》二书,皆缘《天问》而作,不应用以解《天问》,则系一偏之见,颇为识者不取。

此书现存最古版本为南宋端平二年朱鉴刊本(现藏北京图书馆,一九五三年人民文学出版社有影印本),较通行的版本有上海古籍出版社排印本。

10 月 15 日,先生应民盟中央《群言》杂志社记者之请,撰成论文《出版事业改革的一些设想》。

12 月 22 日,先生致函汤曼华:

曼华侄女:

十二月三日的来信,已收到,知你已从家乡回川,一切顺利,甚为欣慰!大嫂已八十四岁高龄,而身体健康,生活条件又好,确实使我们放心了!

我身体很好,这几年也不大生病。我今年已七十七岁了,但上级并没有批准我退休,主要工作是带研究生,并不忙。此外,我还要搞科研,在《屈赋新探》之外,又有《楚辞类稿》马上就要印出。现在第三本书稿也快要写成。总之,我休息不下,身体不错。

前次听你说黄健婿有点小病,还没有检查,不知现在好了没有?我听说之后,总是挂在心上。希望他好好保养,积极治疗,早日康复。黄健婿的诗歌爱好,现在怎样?念念!

匆匆即祝

全家新年快乐!

汤炳正

十二月廿二日①

①影件由汤曼华姑姑提供。

是年,先生参加学校职称评审工作,古文所有两人评为教授,四人评为副教授,八人评为讲师。

是年,应学校中文系主任苏恒教授之请,先生为八三级一班学生讲课。

> 汤炳正先生,就曾在我和我的同学们入读成都狮子山时,研究在学馆之侧,教诲在斗室之中。先生之行,如空谷斜挑之幽兰,不绝如缕。先生之德,似静室疏窗之寒梅,馨馥杳渺。在先生百周年之际,翻读故纸,搜寻旧事,很多熟悉的细节又萦回脑海。汤先生,那位仙风道骨的学术巨子,渐渐就映现出了清晰的轮廓。……端坐在台上的汤先生,显得修长而清癯,静穆而严谨,有一股强大的精神吸力,仿佛那双深邃的瞳仁里,盛满了古文世界的奇异幻象。但是他没有吱声,只是沉静地听着主持人、系主任苏恒教授恭恭敬敬地介绍。气氛多少有些肃静,大家凝望着台上的老先生。汤会长并没有过谦,也没有自矜,可能对于一长串的各色虚衔,他早已淡然置之,懒得理会。他开始了讲授,一眨眼就让我们投入其中,忘记了这是古文研究大师在讲课,忘记了刚才还显得谨言慎行的局面。从"帝高阳之苗裔兮,朕皇考曰伯庸""长太息以掩涕兮,哀民生之多艰""朝饮木兰之坠露兮,夕餐秋菊之落英",款款入题,循循导来。尽管《离骚》长达三千多字,在座这些中文系的读书人,谁又会陌生呢?大家只看到那张似乎严厉的脸,变得言和而色愉,轻松而专注。原来先生并不是高不可攀的学术危峰,而是直通岩顶的曲折天梯,虽经万千丘壑、斑斓七彩,还是可以临高纵览、一晓天下的。不欺人的学问是真学问。深入浅出,明白晓畅,这才是学问。我们从汤先生的讲座里感悟到了。他并不以高深莫测的学术渊薮,复杂深奥的辞章考据来吓

唬年轻人,而是通过触手可及的易懂诗文,指导我们从什么地方入手,登堂入室,探珠撷骊。他老人家站在统揽全局的高度,介绍了当时中国大陆、台湾以及海外在屈原研究上的现状、分支、重点、特色,以及狮山古代文学研究所在屈原研究上的独特优势和斐然成绩。然后,顺理成章地告诫在座的莘莘学子,古文学习和深研的方法。自然,板凳要坐十年冷,一生莫去望浮名……二十多年过去了,这样的讲座我始终记得,为什么呢?一是活到现在遇到的高僧大德非常有限,二是先生那些披沙拣金的治学论鞭辟入里。当我再细细地读到关于先生的文字,就觉得非常的亲切和惬意①。

1987 年丁卯　先生七十八岁

在四川师范大学。

1 月 26 日,撰者赴成都看望先生。

爷爷见我到来非常高兴,随即与我谈了起来,从学习谈到社会问题。他对政局颇为关注,喜欢听这方面的消息,又常嘱咐我莫去外面说。27 日爷爷说我的诗作以后就由你来整理,序也由你来写。28 日下午向爷爷请教一些问题,如一种文体的盛与衰,爷爷说一种文体的盛也不是说盛就盛了,其间得有一个过程问题,即由萌芽到高潮,并详细地向我讲了中国文学史上多种文体从产生到高潮的原因与背景。我又提了一些创作上的问题,他也一一为我作了解答。我提到学术研究问题,他举《红楼梦》研究为例,说如果你要研究《红楼梦》,首先就要熟读《红楼梦》,还要看看《红楼梦》那段历史的政治、文学、经济等情况,最后才是找权威性的著

①见《狮山忆碎:百年汤炳正追忆》。

作来读,这之后才能做研究。我说外国一些很年轻的人就在某个学科方面成为权威,而我们国家却不是这样。这是一个什么原因?爷爷说,这里面很复杂,一两句话也说不清楚。比如我看自己二三十岁时写的文章还是感到有一定的深度。我五十年前关于杨雄的研究,至今仍罕有人超越,基本上还停留在我那时的水平上。所以爷爷打算将这方面的文章收入到他的语言文字学书中。爷爷一学生说,你爷爷在江浙与北方名气极大,而在川内有几位老先生因执教年头长,又是本地人,在全国虽然无甚名气,但在川内还是很有名气的。31日爷爷说:"你妈说话很生动风趣,很像乡土文学作品中的人物的对话。一口标准的荣成土话。我很喜欢听。"爷爷对《红楼梦》电视剧不满意,说宁愿看日本的电视剧《三口之家》,也不愿意看《红楼梦》。《三口之家》的演员把人物给演活了。爷爷告诉我目前出版社非常不景气,是商业性的,学术价值越高,读者群越少,出版社出这类书稿往往要赔钱。而著名学者出书也要考虑出版社,声誉不好(高)的,也不愿意拿到那里出的。爷爷的第二本书《楚辞类稿》在巴蜀书社出的。本来说好去年年底见书,然现在也未印出来。爷爷说早期(在太炎先生之前)有三人对他影响很大:一是我们家乡姜家疃村的姜忠奎,二是邻村大鱼岛的许维遹。这两个村与我们张家村正好构成一个典型的三角形。爷爷随手把三个村的示意图画给我看,并说:"那两个村能出学者,我们张家村也应该出一位学者。"爷爷当时这么想过。第三位即天津《大公报》"小公园"编辑金震,他喜欢爷爷的诗。后来金回到苏州。他曾告诉爷爷太炎先生说"山东自古是南北交通要道,就是应该出这样的人才"等赞语。2月5日,我对爷爷说你昨晚讲的"早年求学"道路,相当精彩,并力劝爷爷撰写回忆录或散文,说以后我写你的传记也就有了史料依据。爷爷有点动心,说以后他可以考虑写写散文随笔之类的文章。我把带去看的《中国现代散文选》《外国散文选》两书送给爷爷。说到改革开放,爷爷说他对邓小平的胆识,非常佩服,不容易！2月7日,爷爷说他写论文每一篇都要有新的东西,有突破,否则就不写了。爷爷说前年武汉、南京两地相继举办“黄季刚先生纪念和学术讨论会”,黄焯、程千帆等邀请他与会,他没有参加。因黄门弟子年纪多比我大,怕人家称呼起来尴尬。虽然我很想去六朝故都看看①。

2月,李汪《一位勤勤恳恳的开拓者:记古代文学所汤炳正教授》发表,载《四川师大报》。

2月,撰者《继承绝学惟一有望之人》发表,载《贵州文史天地》第一期。

3月,先生《出版事业改革的一些设想》发表,载《群言》第三期。附录如下:

出版事业改革的一些设想

近几年来,“智力投资”之说盛行。但是,从范围来讲,是否可以更为扩大一些,径直提为“文化投资”,更为合理。因为这两者的含义,虽然不尽相同,但确有共同之点。亦即跟物质文明建设的投资相对而言,凡属精神文明建设的投资,都应当纳入“文化投资”的范畴。而且所谓“投资”,应指一系列人力、物力、财力的总配备而言。我的这个设想,是最近学习了《中共中央关于社会主义精神文明建设指导方针的决议》而引起的。

《决议》指出:“物质文明为精神文明的发展提供物质条件和实践经验,精神文明又为物质文明的发展提供精神力

①见撰者《日记》。

量和智力支持,为它的正确发展方向提供有力的思想保证。”这就是说“物质文明”与“精神文明”是互相促进的关系。当然,物质文明建设必须摆在重点的地位。在建设投资的比例上,不可能、也不应当二者平起平坐,分庭抗礼。但是,另一方面,在投资的比重上,如果顾此失彼,悬殊到不恰当的程度,则势必不利于精神文明建设,同时也就会影响到物质文明的顺利发展。为了加强精神文明建设,我以出版事业为例,提出以下几项有关改革的设想。

一、关于出版事业的性质

首先,谈谈出版机构的事业化问题。

我认为出版单位,应当跟各种类型的文化事业一样,属于事业单位,而不应当作为企业单位来对待。因为,从物质文明建设与精神文明建设的性质来看,出版事业显然是属于后者,而不是属于前者。对它的效益的要求,应当是全体人民文化水平与道德素质的提高,而不是经济利润或出版税率的增长。而且,如果说物质文明建设投资的效益,往往是立竿见影;而精神文明建设投资的效益,则往往是十年大计,甚至是百年大计。用高瞻远瞩的眼光看问题,自然是可以想得通的。

但是,现在的情况是把出版机构作为企业单位来对待的,每年都由上级指定某某出版社必须上缴利润多少。为了保证利润,追求畅销,往往一些质量不高、乃至低级趣味的东西,充斥文化市场;反之,出版社对学术价值较高、而读者较少的书籍,竟顾虑重重,不敢接稿,不愿出书。这显然是形势所逼,决不能归罪于经营作风不正的问题。有些出版社,因某书的销路不畅,导致亏损,就对责任编辑扣发奖金,以示儆戒。因此,有些苦心的编辑同志,往往为发一部学术水平高的稿子,就不得不再搭配几部易销的稿子。这并不是出于普及与提高相结合的需要所采取的计划行动,目的只是为了保证利润。当前相当普遍的作法是:出版社为了保住血本,对学术水平较高的稿子,首先要求作者或科研单位承担出版后自购几千本的任务①,才答应出版。结果,从作者来讲,全部稿费用于购书还不够;从科研单位来讲,又哪里有这样多的经费来补贴?最后,不管你的著作有多高的科学水平,只有退稿。有的同志感慨地说:"这一下子把我的科研锐气泄完了!"毫无疑问,打击了科研人员的积极性,这决不是个人的小事,它直接影响到一个国家、一个民族的文化、科学水平的迅速提高,这不能不说是最严重的恶果。

如果说,物质文明建设需要有足够的能源,那么,精神文明建设的主要"能源"就是出版机构所提供的有质量的书籍。而现在,出版机构的落后状况,拖住了精神文明建设的后腿;而精神文明建设的停滞不前,又怎能不拖住物质文明建设的后腿呢?

二、印刷技术的现代化

其次,谈谈印刷技术的现代化问题。

当今世界已进入电子化时代。从我们国家来讲,航天事业已打入国际市场;就是最棘手的汉字电脑化的问题也已基本得到解决。但是,从文化建设来看,中国的印刷事业,无论是经营方式或科学技术,距离现代化的水平太远了。例如铸造字模,乃是最简单的低级技术,但排印古籍的繁体字模与古体字模等问题,直到现在连北京、上海几家大印刷厂,也没有解决。从排版技术来讲,我们仍然是几十年

①钱玄《校勘学》1988年5月由江苏古籍出版社出版,印数3000册,出版社"要求个人解决1600本"。见方向东《钱玄先生传略》,南京:南京师范大学出版,2016年8月版,第32页。

以前的老办法。据说台湾科学界已研制成功“中文排版辅助系统”,成本低,效率高,凡最复杂的编排、印刷程序,乃至字体大小、行间距离等等,全部电脑化。我相信,这样的科学水平,我们还是有的,问题在于肯不肯钻研,肯不肯投资。还有由于排字工人的文化技术水平不高,对学术性较强的稿子,往往都不肯排;加上管理制度的不健全,使一部有科学价值的稿子进入车间以后,拖延七八年也上不了版,出不了书。

无怪有的中青年科学家说:“我们的著作要出版,会等白了头。”老年科学家说:“等我们的著作出版,已经变成‘遗著’了。”有的科学家更不胜感慨地说:“我的书,在科学上虽有新的突破,但拖到出版,已变成陈旧的结论了。”上述种种情况,难道不值得我们重视吗?因此要求文化发展的速度跟上世界先进步伐,则印刷技术和管理制度的现代化,是刻不容缓的大事。

三、编审与印刷一元化

再次,谈谈组织体系的一元化问题。

一个出版社,顾名思义,应当是包括编审、印刷在内的完整而统一的机构。但现在我们的出版单位并非如此。一般是只管编审工作,而印刷工作则另外寻觅印刷厂来完成。这样,编审与印刷的关系,如果配合得好,也不见得就不合理。但是,当前却因此而出现了种种意想不到的怪现象。例如出版社的稿子交给了印刷厂,厂里可以拖着不排不印。这并不是因为时间安排不过来,而是由于种种复杂原因所造成的。从好处讲,大家总是抢先排印通俗浅近、难度较低的稿子,而把难度较大的科学论著放在一边,无人肯排。从坏处讲,往往是由于通过种种渠道接印那些售价较高的黄色、武侠之类的小书刊。以致学术性的书刊,很多要误期;

而上述的小书刊,则一般是定期交货,甚至期前见书。一般出版社跟印刷厂也订有某种形式的"合同",如规定出书的日期等等。但据说是很难兑现的。有时,作者催促了出版社;出版社就去催促印刷厂。而到了印刷厂,却不像是什么"催促",简直像是在"请求",在"哀乞",希望印刷厂大发慈悲。因此,出版社与印刷厂之间的这种不正常关系,应当说是当前出版事业停滞不前的重要原因之一,不能不引起我们的注意。

我认为要根本解决上述问题,应当考虑推行组织体系的一元化。即每个出版社必须附设自己的印刷厂;而且这种印刷厂必须隶属于编辑部之下,由编辑部来领导。这样,在组织体系上可上下配合,收到得心应手之效。这办法可否先由几个大出版社试点改革一下,看看效果如何?

四、发行人员专业化

最后谈谈发行人员的专业化问题。

最近几年来,举办了不同规模的各种"书展"。虽然,为了方便读者,推销书籍,这不失为一种好的办法。但是,这中间也有迫于形势的种种因素在内。我们知道,在刚打倒"四人帮"的时候,由于人们经历了十年的文化浩劫,对作为精神食粮的出版物,如饥似渴地摄取,书一出来,便抢购一空。近年来,书籍出版量直线上升,人们买书时也要有个比较,有个选择,不会什么书都买;加上近年来书价大涨,跟人们收入的增长并不相称,自然也限制了对书籍的购买力。以上种种原因,导致书店仓库有些书大量积压;但是,还有事情的另一面,即不少的读书人、学者、专家,对自己需要的书,跑断了腿也买不到。

以上怪现象之产生,当然原因复杂。但我认为这跟书店经营部门订货的盲目性,是分不开的。因为一般出版社,凡要发排某书稿之前,总要由发行单位发出征订单给全国各书店,请其填写对该书的需要量(预定数量太少,出版社就不出书;预定数多者,出版社就大量印行)。书店的填写人员,往往只根据征订说明书,主观填写些数字,而对该书的学术价值、社会需要等,并不了解。换言之,这些人对文化知识、学术动态、国内外思想潮流等等,并不了解。因此,无用的书,大量进货;有用的书,反而拒之门外。这种盲目性的订货单,自然会造成出版社的盲目出书。目前书籍滞销或脱销等矛盾现象,大都是由此引起的。

我认为要解决这个问题,出版社对书稿的取舍,当然是第一道关。但是,书店营业部门的订货人员"专业化",是非常必要的。所谓"专业化",即订购不同学科的书,要由懂得不同学科的人员来主管。他们要有专业文化水平,要有学术动态、社会需要的灵通信息,要有调查研究的刻苦精神。国家如果能培养出这样"专业化"的人才,则不仅对书店的营业起向导作用,而且也会对出版社提供切合实际的出书数量。

总之,当前的出版事业,以及与出版有关的部门确实存在不少问题和困难。而且已到了非着手解决不可的时候了。

一九八六年十月十五日

4月,赵逵夫《突破·开拓·治学方法:读汤炳正先生的〈屈赋新探〉》发表,载《文学遗产》第二期(又载《社会科学评论》本年第六期)。

5月4日,先生致函郑文:

郑老:你好!

两次来函及大作,早已奉悉。为了等待学报编辑部的回音,一直拖到现在才执笔作复,实在抱歉之至!

敝学报编辑部近已答话:“对尊稿,决定在后两篇中采用一篇;因稿件积压太多,不仅审阅不能及时,发表也只能争取在本年内实现。”对敝学报编辑部,我很少跟他们打交道。他们的具体困难,也希望你能见谅!

有关杨雄的大作,均极精辟,读后受益匪浅。因拙作《杨雄年谱》,乃三十年代(一九三七年)发表(《论学》杂志)的。前拟出单行本,故想收几篇附录;现已决定作为拙著《渊研楼论文集》中的一个单篇(不改动原文,保留本来面貌),故附录的打算也取消了。关于大著中两篇未存底者,今并奉还(另邮),希查收。

敝所跟北京(中国)社科院将于今秋联合主办一次古典文学讨论会(全国性的)。邀请的名额,控制得很严,弟已推荐了你。未知现已收到请柬没有?

对老年教师,此间尚未办理退休手续。据说不久亦将办理。吾兄年高德劭,才学并茂,即使退休,也同样可以为祖国文化事业做出巨大贡献也。弟对此,当与兄共勉之!

诸希珍摄,余不一一。并颂

撰祺!

弟汤炳正

五月四日

4月10日,先生致函王利器:

利器教授:

久疏音问,时萦于怀。近悉起居佳胜,甚为欣慰!

研究生刘信芳毕业论文,系探讨屈原先代世系及楚都丹阳地望问题,本拟请台端主持答辩,乃闻文旆将有香港之行,不能光临指导,甚为遗憾!

此次到香港后,如遇饶宗颐、许礼平等先生,务希代为

致意。香港中文大学中国文化研究所主办之《中国语文研究》本年第九期,发□□□□□□□

□□□□□□□余不一一。

汤炳正

四月十日①

5月10日,重庆师院《楚辞》研究室致函先生:

汤炳正先生:

我们从吉林教育出版社购买到日本学者《中国文学研究译丛》(第一辑)一书,其中有著名学者日本九州大学教授冈村繁先生撰写的《楚辞与屈原》(否定《离骚》等作品为屈原所作)的长篇论文,特寄予您。感谢您对我们的支持和帮助。此致

敬礼

重庆师院《楚辞》研究室

五月十日②

6月15日,威海市升为地级市,将烟台市的荣成、文登、乳山三县划归威海市管辖。

7月,先生迁入学校新建的"新16栋"二楼202号,共四室一厅。

7月,论文《〈说文〉歧读考源》发表,载香港中文大学中国文化研究所主办的《中国语文研究》第九期。

7月,萧兵《楚辞学的未来预测》发表,载《江海学刊》第三期。萧文称"一些博大精深而又谦虚敏锐的老专家也战果辉煌。贡献出像《楚辞通故》(姜亮夫)、《屈赋新探》(汤炳正)等很有理

①孔夫子网图片。此信共两页,□□□□□□□部分的文字被遮盖。"发"字后面的内容应是先生的"《〈说文〉歧读考源》"字样。

②据贺宏亮提供的影件录入。

论意识，微观宏观相结合的杰作”。

8月，“上世纪八十年代培养研究生有一个环节，就是让研究生出去访学。这在培养方案里有明确的规定，也有专门的经费”①。“我读研时，学校规定有一笔研究生科研经费可以去外地访学”②。中山大学硕士研究生张连顺（顺真）拜访先生。顺真2017年5月12日凌晨致撰者信云：

> 第二天经万光治教授联系，告诉我在哪栋楼，我自己去见的汤炳正先生（在家里）。汤先生略瘦，头戴薄布白色圆帽，清癯敏健，和蔼善谈。因前岁见过朱季海先生③，故汤先生多讲往事，叙及朱先生虽年少，但天赋极高，性略孤僻，深得章太炎宗师之偏爱；并对1949年后朱季海先生坚守若入高校就坚守之“三不”（不开会、不迟到、不早退）非全认可。以为薪尽火传，“开会”亦可。我向先生陈述当时正在结合《鄂君启节》撰写《〈招魂〉地理考》一文之大略，先生颇为高兴。并就此为引，详述为学之法，核心在“平实旁通”。中午有阿姨做饭，三菜一汤，淡而有味。汤先生用餐亦身板挺直，不见倦意。饭后又多教诲，多有鼓励。我带有相机，由阿姨帮着拍照，可惜返回中大时，胶卷损坏，成为憾事。今为2017年，恰是三十年前之事了。今在汤先生曾经教过书

①郭丹《80年代访学记忆》，载《中华读书报》2017年5月10日。作者时系江西师范大学中文系硕士研究生，1987年毕业。

②徐志啸《陈子展诞辰一百二十周年》，澎湃新闻2018年9月28日。

③顺真兄在《游苏州诗》“小序”中说：“先生《楚辞解故》大文，国内国外，再版数次，何其壮也。恩师（卢）叔度先生，于朱先生之道德文章，最为敬佩。”顺真在致撰者的信中说：“1986年7月，奉恩师卢叔度先生之命去苏州拜见朱季海先生，当时陪朱先生两天，我和师妹蓝建璇每人送了老人家五十元钱。请他吃饭，他说吃西餐。朱先生吃牛排，他老人家吃得特猛，我都担心他硌坏了牙。”

之贵州大学工作,亦是一种缘分!

9月18日至22日,四川师范大学中国古代文学研究所牵头并具体承办与中国社会科学院文学研究所和巴蜀书社联合召开的“中国古代文学学术研讨会”。来自全国22个省、市、自治区高等院校、科研单位、新闻出版部门的一百多位专家、学者出席了这次大会。中国社会科学院副院长钱锺书向大会发来贺信。先生提交《交错纷拏　事出有因:试论〈屈原列传〉与〈七谏〉之异同》论文。“老汤身体不行,开了头天会第二天就不行了,我成了半个主角。”①姚门弟子、三晋出版社副总编辑落馥香因责编《语言之起源》(增补本),在2015年2月4日致函撰者说:“遥忆1987年,随姚先生到成都开会,曾到府上拜会汤先生,相谈甚欢。如今两位先生先后西去,不胜感慨! 惟有竭力做好先生著作的传承,才无愧焉!”

10月5日②,先生参加本校中文系主办的“李白研究学会第二届年会”。附先生的发言提纲:

发言提纲

(一)我很荣幸地被邀参加这次盛会,让我首先代表“中国屈原学会”预祝大会圆满成功! 并祝同志们身体健康!

(二)大会让我讲几句话,我很为难,因为“门外谈文”,难免“隔靴搔痒”,不着边际。

(三)但对李白这样的大诗人,我理应讲几句话,那怕是

①姚奠中1987年9月20日致李树兰信,收入《姚奠中讲习文集》第5册。

②见刘朝谦《李白研究学会第二届年会在成都召开》,载《四川师范大学学报》1987年第6期。文称“李白研究学会委托四川师范大学中文系筹备的第二届年会,于1987年10月5日至7日在成都召开。来自北京、上海等十省市的李白研究专家、学者和代表六十多人出席了会议。年会开幕式由四川师范大学中文系主任、年会筹备组组长苏恒教授主持”。

星星点点的感性认识，总比不讲好得多。只得讲几句来塞责。

（四）对李白的评价，最直接的莫过于李白自己的“我本楚狂人”这句话，虽只拈出一个“狂”字，主要是指思想言行，但也足以概括他的诗歌。

其次，比较直接的，杜甫评李白，说“白也诗无敌，飘然思不群”，他提出“飘然”二字，虽只指其诗歌，但也足以概括他的言行。

不过，无论李白自评或知己如杜甫的他评，也只各就其一个侧面而言，“狂”“飘然”结合其来，才能略窥其全貌。

因为说他“狂”，不要忽视其“飘然”的一面，如“霜落荆门江树空，布帆无恙挂秋风，此行不为鲈鱼鲙，自爱名山入剡中”；说他“飘然”，不要忽视其“狂”的一面，如杜甫说：“李白斗酒诗百篇，……酒中仙。”

当然，李白的“狂”，不单是指“凤歌笑孔丘”，应包括“安能摧眉折腰事权贵，使我不得开心颜”在内的反抗黑暗势力的精神；所谓“飘然”，不仅是隐逸思想而已，也应包括如游仙诗在内，所谓“吾将营丹砂，永与世人别”的那厌恶世俗混浊，而力图自我超脱的精神。

水有源头，木有根，李白一生是很崇拜屈原的。他常说，“屈平词赋悬日月，楚王台榭空山丘”，此等推崇屈原的诗篇，随处可见。而屈赋对李白诗歌的影响，无论是反抗黑暗，追求理想，以及在消极时代以屈子《远游》式的游仙方式企图自我解脱，都是一脉相承的。如果搞比较文学研究的话，这应当是个好题目。

现在人们不大提什么浪漫主义、现实主义，但说李白是浪漫主义的诗人，我觉得这提法仍有相当的概括力；尤其是理一下从屈原以来的属于这类型的诗人，虽然有其千差万别的一面,但主要特征基本上是一致的。

话讲多了,望同志们指正①。

10月6日(农历中秋节前一日),先生撰成《作者自叙传》一文,拟作为《语言文字学论文集》的附录。

11月,诗《乙丑端阳游纪南城怀古》,收入中共江陵县委宣传部编《江陵吟》第210页,中国文联出版公司版。

是年,先生继续整理语言文字学论文。

1988年戊辰　先生七十九岁

在四川师范大学。

1月,"章太炎纪念馆"在杭州西子湖畔南屏山荔枝峰下落成,馆内挂出二十位章门弟子的照片及其简要介绍:黄侃、钱玄同、朱希祖、汪东、许寿裳、沈兼士、鲁迅、周作人、刘文典、吴承仕、顾颉刚、傅斯年、姜亮夫、诸祖耿、王仲荦、徐复、曹聚仁、潘重规、汤炳正、姚奠中。杭州"章太炎故居",在2011年修缮重新开放,以"国学传承,群星璀璨"为题共介绍了三十二位章门弟子,即在章太炎纪念馆的名单上又增加了沈尹默、马宗芗、马宗霍、钱家治、马裕藻、王謇、潘景郑、王乘六、孙世扬、沈延国、朱季海、李希泌十二人。这三十二位当为章门登堂入室的核心弟子②,

---

①据手稿录入。

②当然这其中也遗漏了几位重要弟子。如金德建(著有《古籍丛考》《司马迁所见书考》《先秦诸子杂考》《经今古文字考》《金德建古文字学论文集》)、李源澄(著有《诸子概论》《学术论著初稿》《经学通论》《秦汉史》)、李恭(著有《陇右方言发微》《文史别记》《斯文异诂》《甘肃省县沿革》《目录学之应用》)等。另,名单中的顾颉刚、傅斯年、孙鹰若、潘重规、徐复先跟黄侃学,后又从太炎先生问学,故将他们列入章门与黄门均可。不过,徐复本人在《〈影观集〉前言》中称汤国梨为"太师母""太(转下页)

也堪称二十世纪一代硕儒。最小的弟子应是1918年8月出生的李希泌。

1月,先生《楚辞类稿》①由巴蜀书社出版。是书除《自序》《后记》外,收论文、札记凡一百七十五篇(条),以类相从,分为八组:第一组共十七篇(条),谈《史记·屈原列传》;第二组共十六篇(条),谈《楚辞》特色、传本以及历代研究《楚辞》之作;第三组共三十三篇(条),谈《离骚》;第四组共十五篇(条),谈《九歌》;第五组共十九篇(条),谈《天问》;第六组共四十一篇(条),谈《九章》及《远游》;第七组共十七篇(条),谈《卜居》《渔父》及《招魂》;第八组共十七篇(条),谈宋玉及汉人之作。有论者认为"每篇文字均简明扼要,直指论题中心,绝无赘辞,且内容涵盖广泛"。先生则说:"此书并非每条都精彩,但有些论点,确系新的突破,言人所未曾言,一消千古迷雾。"②黄灵庚说:"这部'札

(接上页)夫人",而自称"小门人"。《制言》第25期第80页孙世扬(鹰若)、徐复名字前冠以"再传弟子"。孙也自称"小门人"。又承蒙念翔师叔相告,他们每次见面,"徐先生均自称师兄"。显然徐先生自己的定位是再传弟子。

①徐志啸在《现代楚辞研究八大家论著述评》中将先生与梁启超、闻一多、郭沫若、游国恩、姜亮夫、陈子展、林庚并称为"八大家"。他说:"本文所谓'现代',实际即指二十世纪这一百年,或谓清末以迄今日,在这段历史时期中,中国的楚辞研究涌现了众多的学者,产生了数以百计的论著(不包括单篇论文),他们为楚辞研究在现代及其后的发展,起了巨大的促进和推动作用,使从东汉王逸开始的两千多年的古老学问:楚辞研究,迈进了现代新时期,达到了前所未有的新高度。纵观现代这一百年的楚辞研究,笔者认为,其中成就杰出、能代表时代水平、且为学界公认的,大约有八位学者(堪称'大家')。"载《甘肃社会科学》2006年第2期。窃谓这个名单中没有刘永济、朱季海二人,其权威性就打了折扣。再者刘师培、詹安泰、蒋天枢、马茂元等,成就也不可忽视。

②《汤炳正书信集·致汤序波信(十一)》。

记'类的专著极见功力，于其所论内容，或史实考证，或文字校勘，或章句训诂，或审音辨韵，或发明书例，盖涉及于当今《楚辞》文献学所有领域，而字字玑珠，精义纷呈，甚得乾嘉朴学的家法。"[①]赵逵夫说："《楚辞类稿》，虽不侧重于字词诠解，而所涉及，也皆论断精严，多可正前人之失。"[②]《〈楚辞类稿〉提要》："汤氏之学，时人确乎罕有相俦匹者也。"[③]对是书及其内容作过评述的论文有毕庶春《读〈楚辞类稿〉》[④]，张国瀛《评〈楚辞类稿〉》[⑤]，汤世洪、张世云《汤炳正学术传略》[⑥]，代生《读〈楚辞类稿〉札记》[⑦]。"以楚辞界而言，老一辈的楚辞学者如游国恩、姜亮夫、陈子展、汤炳正、孙作云等也都是十分注意利用考古学取得的新成果、新资料来开展、充实研究的内容。""汤炳正先生的《屈赋新探》和《楚辞类稿》中同样有大量这方面的内容，他特别注意对各种新出土的文物、简帛进行考证，提出令人信服的新见解。"[⑧]"此书是汤炳正先生继《屈赋新探》之后的又一力作。全

①黄灵庚《〈楚辞〉文献学百年巡视》，载《文献》1998年第1期。

②赵逵夫《楚辞语言词典·前言》，上海：上海辞书出版社，2013年12月版。

③潘啸龙、毛庆《楚辞著作提要》，武汉：湖北教育出版社，2003年5月版，第446页。

④载《丹东师专学报》1989年第3期。

⑤载香港《大公报》1989年9月5日。

⑥载《贵州文史丛刊》2007年第2期。另，凡与《屈赋新探》评论相同的篇目，此处不再列出。

⑦载《职大学报》2009年第3期。代生兄2014年2月19日致函撰者有云："晚学读楚辞，现代学者中最敬佩姜亮夫、汤炳正、孙作云先生，姜老广博，汤老细致，以小见大，孙先生则大气，从史学角度研究。三位先生中，姜老、孙老是我的师公，但晚学服膺的还是汤老。《楚辞类稿》《屈赋新探》晚学至少读过五遍……"

⑧汤漳平《出土文献与中国文学研究笔谈：承继传统开创未来》，载《中州学刊》2000年第2期。

书二十五万字，为札记体。所录者，短或数语，长则万言，皆作者多年的治屈心得。其间，从文字与训诂到史实与理论，析疑理惑，发前人所未发。例如《屈传》与《七谏》的歧异之故，《离骚》是不是刘安的作品，《屈原赋音义》的撰者是谁，等等，是历来治《楚辞》学史者的悬案；又如《楚辞》之'辞'的来源，《惜诵》命名的含义，《国殇》与《九歌》的整体关系，等等，是历来治屈赋者所聚讼；又如班固《离骚序》的文字脱误，《卜居》'喔咿''儒儿'的语源问题，《九辩》'素餐'的特殊含义，等等，乃历来被屈学界所忽视。而作者对此，都有精辟的独到之见。类似的问题，全书凡一百七十五条，涉及内容很广泛，是一部有学术价值的专著。"①"本书是楚辞专家、中国屈原学会会长汤炳正教授继其《屈赋新探》后的又一研究专著。本书注意文学与史学、考古学、语言学、民族学、民俗学、神话学、宗教学诸学科交叉渗透，综合运用。深入探索和论证了屈原及楚辞研究中多方面的问题。立论坚实，阐幽发微，极富创见。全书主要内容：一、论述屈原生平；二、探索楚辞史；三、研讨篇章文句；四、考证其它楚辞作品。作者以开拓新研究领域、解决新学术课题为基本目标，既注意发扬传统学术方法，又注意新方法、新材料。全书仿清人顾炎武《日知录》体例，研究心得分条列出，长短不论，要言不烦。本书已在（川目122期）征订。发行对象：文史研究者，高等院校文科教师，文科研究生、大学生及古代文学爱好者。"②附录李大明《后记》如下：

后　记

《楚辞类稿》是汤老师的力作。我为这本书稿做了一些

①撰者《〈楚辞类稿〉出版》，载《文学遗产》（"新书架"专栏）1989年第6期。

②载上海古籍出版社办的《全国古籍新书目》第3期（1988年4月30日）。此条消息未具名，据先生说是李大明所写。

抄写校勘工作。由于这个缘故,便成了本书的第一个读者。

我在抄写校勘本书的过程中,曾随笔记录了一些感受。使我感触最深的,是汤老师坚持不懈的探索精神和一丝不苟的科学态度。这二者的结合,构成了老一辈学者的严谨学风。

作为汤老师的学生,我曾就治学问题求教过汤老师。他谦虚地说:我在学术上并没有什么新发现,不过是对恢复历史本来面貌做了一些清理工作。但我们搞学术研究,平坦的道路是没有的,只有勇于探索,善于探索,永不停止地探索,才能突破重重矛盾,揭示出事物的本质和规律。确实,汤老师对楚辞潜心钻研,提出了许多新的见解;而且往往对自己已经得到结论的问题,也还没有停止探索。本书内有的条目之后,又有"附说",即在原来的结论之后,又提出了另一结论。表面上看,与前面的论述有些不同,但二者是紧密联系在一起的,实质上是更深一层的探索。这不但说明汤老师对自己所得结论的谨慎态度,而且给我们这样的启示:做学问必须老老实实,作深入细致的鉴别、分析,努力探索钻研,切不可浮光掠影,满足于一孔之见。

正是基于这种不懈的探索精神,汤老师对本书的要求十分严格,甚至达到了苛刻的地步。他的稿本,总是写了又改,改了又写,个别条目被他修改得面目全非。有时我觉得稿本的某条,论据详实,考证周密,所作结论已无懈可击。但是待我抄成定稿之后,他又要了回去,重新改写,对论证的顺序、材料的安排,又作了调整。往往不逾千字的文章,已不止三易其稿。

在本书定稿时,还有不少条目被汤老师抽去了。在我看来,这些条目是很有创见的,我曾为此而感到惋惜。但他总以"还不成熟"为理由,挥笔砍掉,一点也不犹豫。

书内还有不少条目,论据充分,完全可以做出定论式的结论,但汤老师在定稿时多改用设想的语气。这并不是他对自己的论述没有把握,而是表现出一种谦虚谨慎、决不武断的治学态度。他常说:学术的发展是无止境的,它要靠一代一代地向前推进,一个人的力量永远不可能穷极真理。所以要尊重别人的不同意见,欢迎大家共同探索,以推动学术的发展。

汤老师曾多次与我谈到楚辞研究的问题。他总是说:我个人在研究方法上是比较保守的,不可能出现什么"奇迹"。我对他的话是这样理解的:所谓研究方法的新与旧,应当辩证地看。一方面,我们要不断加固自己的治学根基,吸收传统研究方法中的有用的东西;另一方面,我们又要大胆创新,勇于探索新的研究方法。我们既要用新的观点、新的概念去考察古代文化遗产,又不可流于好奇尚怪,哗众取宠。汤老师平时始终密切注视着楚辞学界的各种新动态,热情支持和鼓励大胆探索的中青年学者,关注着新的研究方法所带来的新的突破。同时又告诫我们,要老实读书,认真钻研,时刻也不要忘记实事求是的科学态度。他的这部《楚辞类稿》,在研究方法上既有新颖独到的一面,又有精审严密的传统。而正是这一特点,给了我们极大的启迪。

受业李大明

一九八五年十二月记于成都

1 月,先生的语言文字学论文整理完毕。书稿曾辗转几家出版社均无果。民盟成都市委一度答应赞助出版,后来也没有下文。

1 月,先生改《作者自叙传》为《自纪》(初稿)。

2 月 24 日,先生致函黄中模:

中模同志:你好!

春节期间,我用了三天的时间,把你的大著《屈原问题论争史稿》一气读完。我觉得:这是你的一部力作,也是屈学界的一部开拓性的佳著。当前有不少同志都在研究楚辞学史,但多系零篇。像你这样,既括全史,又有中心;在结构上,别具机杼,在剖析上,又较精慎,确为难能可贵。大著对楚辞学史之研究,实有开创之功!其中偶有小疵,难掩大纯。后有机会,或面述之。

匆匆命笔,余不赘言。春寒料峭,诸希珍重!

即祝

春祺!

汤炳正

二月廿四日

2月,先生接受撰者的鼓动,在春节期间撰写出第一篇散文作品《无名书屋话沧桑:一个知识分子的生活侧面》。

2月,上海古籍出版社出版罗国威《刘孝标集校注》。其《前言》有云,“本书在成书过程中,得到过四川师范学院汤炳正先生、王仲镛先生的指教”。

3月9日,先生致函周建忠:

建忠同志:你好!

手示及大作五篇,早已收到,因繁忙,迟复为歉!春节期间,始将大作通读一过,对你关心屈学发展的热忱,感到无限欣慰!

对于屈学研究的后起之秀,进行奖掖鼓励,使其早在学术界崭露头角,这是一件很重要的任务。但在我个人来讲,确实做得不够。一因事务繁冗;二因年事衰老,心有余而力不足。现知你打算在这方面多做些工作,我由衷地认为你做得对,并希望你成功!

从五篇大作来看,你是有才华的。既能抓住各人的治学特征,行文也生动活泼。希望你在今后的工作中,第一,要善于发现人才,不仅要找得到,而且还要找得准;第二,要善于分析评价,不仅要有深度,而且还要掌握分寸。只有这样,你的文章才会有分量、有影响。要搞好这项工作,是不容易的,有时还会碰到一些麻烦。希望你能本着谦虚谨慎、实事求是的原则去做,我想,是会把事情做好的!

匆匆即颂

撰祺!

汤炳正

三月九日

5月,先生为重庆师范学院《楚辞》研究室主办的《楚辞研究与争鸣》第一辑撰写序文①。此辑1989年12月由团结出版社出版。

6月,先生赴汨罗参加中国屈原学会第三届年会。其间,先生专诚谒访屈子祠,还游历了岳阳楼、君山等景点。写了《登岳阳楼遇雨》《游君山归舟遇大风浪》等旧体诗。在返蓉途中,先生又在贵阳的三哥浩正与儿子世洪家小憩八九天,写下三首诗作,以为纪念。

①由于众所周知的原因,当时大陆学术界还很难看到台湾的出版物。据本辑主编黄中模说,请先生作序前,他曾将稿件打印寄给先生,显然先生是据其中的王丽娜(北京图书馆馆员)《台湾楚辞研究近况综述》对胡子明《楚辞研究》评价的"不乏新的见解""是很有分量的一本学术专著"等语而对此书作出"能从不同角度呈现新义"之不恰当评说的。其实,此书乃汇集拼凑大陆学者的论述,纯属剽窃之作。吴宏一在2000年5月写的《从资料的鉴别谈当代的〈楚辞〉研究》(载《中国文哲研究通讯》第11卷第4期)说,直到二十世纪九十年代初,大陆楚辞学家仍不知这是部伪书。此可谓得其大者矣。

6月22日,父亲及我去火车站接爷爷到三爷家(彭家巷)住。二叔照了好几张相,其中爷爷、三爷和父母合照那张,爷爷很喜欢。23日,我陪同爷爷在附近(甲秀楼、箭道街)走走看看。爷爷写了《访贵阳箭道街故居》《再访箭道街故居》诗。26日,蒋南华派一辆面包车来请爷爷与我们游红枫湖。蒋想请爷爷给贵阳高校的文史教师讲一天课,爷爷没有同意。爷爷说在苏州读书时,章师母常出题征诗,以一盏茶或一炷香的时间为限,爷爷常能胜出。这也是他受到赏识的原因之一。说到写作,我说我现写文章比较快,下笔千言往往不能自休,爷爷说那是你进入了写文章的第二层面。在我看来写文章有三个层次:一是写不出,二是写得出,三是又写不出。我说到某位当红的中年人物画家,爷爷说他的画有天赋也有功力,书法无天赋而有功力,诗词既无天赋又无功力。28日去我父母家,父母宴请了三爷、三婆以及牟应杭、蒋南华、周复刚等人吃饭。爷爷说我妈蒸的馒头有老家的味道,他很喜欢吃。爷爷看到我书架上有一册刘再复的《文学的反思》就说,前一阵子我也受"反思"的影响,写了一篇《试论先秦文化思想的"内向"特征》。关于写札记,爷爷说他更重视写"思想火花"。他的一些重要观点就是在散步等闲暇时形成的。如《〈屈原列传〉理惑》就是看了马茂元在《光明日报》发表《从汉代关于屈原的论争到刘勰的〈辨骚〉》受到触动。当时他正在学院办的某县函授教学点面授,一天他在洗脚时忽然顿悟出来的。陪同爷爷在楼下散步,他说李大明前年写的《〈九歌〉夜祭考》很好,我喊他投给《文史》编辑部看看,编辑部来信说要用,但到现在也没有刊出①。爷爷说你们这儿景致还不错,写下七律

①此文载《文史》第三十辑,中华书局1988年7月版。

《盛夏小住贵阳舒家寨》。7月1日送爷爷回成都。在列车上(我们坐的软卧),我随身带了一册上海交通大学生物医学工程系在校生曹明华的散文集《一个女大学生的手记》(上海文艺出版社1986年12月“五角丛书”第三辑),此书首印十三万册,获全国优秀作品奖和畅销书奖。曹因此获“大陆三毛”“校园散文家”之称。我给爷爷说,我看不出此书到底好在什么地方。爷爷随手翻了几页,说她的语言蛮有特色的,又专写自己心理历程,自然容易引起同龄人的共鸣。说到为屈原作传,爷爷说有一些地方是要运用些想象与推理来完成的,否则空白处就太多了。给历史人物写传想完全言必有据是很难做到的。爷爷说读书之外,还要讲生活的乐趣才好,爱好不妨多点。我送人民文学出版社出的巴金《随想录》《探索集》《真话集》《病中集》《无题集》等书给爷爷。在爷爷书房,爷爷取出一通刚刚收到的信给我看。原来是河南某大学中文系的几个老师联名揭发他们系主任论文抄袭爷爷的《屈赋语言的旋律美》,同时还抄了李泽厚、萧兵两人的文章。关于搞文史的人待遇低于搞科技的人,爷爷说这也是正常的现象,以后也很难有什么改观。因科技更具有应用性,文史服务社会的作用要弱些,不像科技那么直接。下午四点,陪爷爷在校园内散步,迎面过来一老先生问:“汤老师您好,这位是您的……?”爷爷高兴地说是我的孙子。那人说你们长得真像啊。爷爷说外人往往能一眼就看出一家人相像的地方,自己家人有时还看不出来。爷爷说在治学方面,除太炎先生之外,他受前辈学者如王国维、陈寅恪的影响也很大,从而形成了严谨、朴实的学风。我说太炎先生称你是“承继绝学惟一有望之人”,你现在如何看?爷爷说大致已做到了①。

①见撰者《日记》。

7月，先生致函戴志钧：

志钧同志：

屈学年会期间，因会务扰攘，未能畅谈，深以为憾！汨罗归来，于休息中，拜读了大作《读骚十论》及其他论文三篇，甚为欣慰！总的讲来，你在屈赋研究中，确实取得了相当可观的成绩。质实的学风，严谨的逻辑，再加上十分活跃的思维力，使大著能在一系列问题上得出允当的结论，这是极其难能可贵的。希望你在祖国的北方，能团结屈学同人，进一步做出更大的贡献！

此间溽暑困人，读书执笔，诸多不便。想哈市当仍凉爽宜人，不胜向往之至！

匆匆即颂

撰祺！

汤炳正

一九八八年夏①

9月，先生《林庚教授邀余任北大博士生答辩会评委感赋》：

品题庶士诠高下，讽咏逸经谙苦甘。
漫道传骚无知己，燕云深处识淮南。

9月，金菊、余火、松啸《中日学者屈原问题论争综述》发表，载《文史知识》第九期，称先生的《〈离骚〉决不是刘安的作品》，"以最新在阜阳地区出土的汉初古墓中的《离骚》残片为证据，论证了《离骚》当是屈原所作"。

10月9日，先生致函儿子儿媳汤世洪、张世云：

①这次年会是6月17日至6月20日召开的。先生在贵阳住了几天，于7月1日返蓉，所以此信写作时间定为7月。此信原收《汤炳正书信集》，现据孔夫子网图片录入，文字略异。另，"志钧"卖家误成"汤志钧"。

世洪、红玉：

我从贵阳回来之后，身体还好，不必挂念；小波回家，应已告知一切，故未写信给你们。

你的电视剧本，经过他们讨论之后，准备如何处理，我一直在念着，如能拍摄，该多好！你的做生意的规划，现在进行得如何？这是当前的“热门”，但也要胆大、心细，缺一不可。

小波到党校后，来了一封信，但党校的地址，并未告我。我回了一封信，只写“贵州省委党校”，未知能否收到？

我在贵阳时，只见到小冬冬，而未能见到小丽丽①，真是遗憾，即祝

健康！并祝

小波、小丽、小冬万事如意！

汤炳正

十月九日

10月10日，先生致函路志霄、王干一：

志霄、干一同志：

上月来函奉读，鼎文同志赠书亦收到，特此致谢！

行之、鼎超，皆系陇右宿学，其所著书，皆极精审，今得出版流行，实属文化界之盛事，不胜欣慰之至！

炳本拟对该著逐条精读，接受教益，并写出评价短文，公之报刊，以引起学术界之注意。乃以公私杂务繁扰，无暇

①撰者1988年7月18日在给先生的信中有云：“小丽在烟台开会时，专诚去石岛小住数日。据她说那里变化很大，到处都是高大（豪华）的建筑物。这次她没有‘见到自己所景仰的爷爷’，心里很遗憾。她说她很想见您。”

执笔,深为歉仄!但为学术事业之发展,此事义不容辞,待假以时日,从容为之,未知可否也?老来精力不给,有负雅望,当能见谅!

匆匆即颂

撰祺!并祝

鼎文同志健康!

汤炳正

十月十日①

11月8日,王运熙致函先生:

炳正先生:

惠赠大著《屈赋新探》《楚辞类稿》及《楚辞研究》三种,昨日由友人从校中转来。承重贶,深感厚意。

先生乃当代楚辞研究权威,所论精深稳当,为学人所共仰。大著当置之座右,日后经常观摩学习。

拙稿《魏晋南北朝文学批评史》约明年春出版。一俟出版,当与去年底出的《中国古代文化管窥》一并寄奉请正。

十一月中旬,广州暨南大学等单位组织召开《文心雕龙》国际学术讨论会,熙拟去参加,明日登车。临行匆匆,书不尽意。

①所赠之书是李恭《陇右方言发微》、李鼎超《陇右方言》,二书均为兰州大学出版社1988年1月出版。伏俊琏教授2018年4月20日致信告诉撰者:"李鼎文先生生前曾说过,他编李恭先生的《陇右方言发微》时,曾去函请汤老写序,未果。我估计正公没有收到信。"窃同意伏教授此说。他又云:"陇上学人也有很不错的,如冯国瑞,梁启超对他评价很高('誉为'奇才'),可惜回甘肃后,一心在官场,结果耽误了学术。李恭1949年后基本不再做业务,可惜。"

顺颂

著祺!

王运熙敬上

十一月八日①

11月,敏泽致函先生:

炳正先生:

刚自广州参加国际《文心雕龙》讨论会返京,收到阁下寄来之大著并手示,甚为高兴。大作尚来不及细读,拜读之后,当再向先生请教。

先生来信所说出版状况,甚是!我们国家目前实际上是不要文化教育(不是口头上,而是实际上),出版社上缴利润很重,弄得许多出版社日子非常难过,目前出版社出版学术著作困难,责任并不在出版社,许多出版社目前日子难以为继,特别是出版学术著作的,更是如此!弟已联系十来个出版社,目前仍无着落。此事我时在心上,只要有机会,定将大力推荐。吾兄著作,学养深厚,学风扎实,诸多创见,实为难得之作,一时不能出版,甚②

12月12日,先生致函潘景郑:

景郑尊兄赐鉴:

姑苏一别,五十余载③,回忆往事,恍如隔世。前些年,始知阁下寓沪,惟以人事匆匆,未暇奉候,深以为歉!

---

①据孔夫子旧书网图片录入。

②据网络图片录入,信只有一页。查本届《文心雕龙》国际研讨会是1988年11月11日—15日在广州召开,据其中"刚自广州参加国际《文心雕龙》讨论会返京"句推断,此信当写于1988年11月。

③其实只有四十二年,所以潘先生回信说"四十余年"。

八年抗战，十年浩劫，学业荒芜，愧对兄长！年来先后出版拙著《屈赋新探》《楚辞类稿》等，自愧谫陋，寄奉请教！

今年又从幸存之残稿中，选编《渊研楼语言文字论集》一部，其中有三十年代发表于《制言》者，亦有近年发表于香港中文大学学报者。书稿欲寄上海古籍出版社，何日出书，待命运决定耳。

弟今已七十有八，想阁下已八秩以上矣。严寒逼人，诸希珍摄！

耑此顺颂

撰祺！

汤炳正

十二月十二日

12月14日，先生致函撰者信有云，“在春节时，写了一篇《无名书屋话沧桑》，作为散文随笔，自觉还可以。现抄寄给你。望复制几份。如投给《随笔》《散文》等杂志，就投去罢”。撰者即用快件同时寄给北京的《散文世界》与天津的《散文》。

12月23日，饶宗颐致先生函说，“宏著骚学两种（即《屈赋新探》《楚辞类稿》），钩深穷高，叔师①亦当首肯，佩服之至”。先生赋诗一首称“饶宗颐君来柬，谬以叔师相许，戏赋”：

闻说微言通大义，庄生未许凿浑沌。
已知章句成陈迹，愧作寻章摘句人。

12月，郭在贻《楚辞要籍述评》发表，载《杭州大学学报》1988年增刊（《古典文献论文专辑》）。开篇云：“自西汉淮南王刘安为《离骚传》，东汉王逸为《楚辞章句》，历代笺释、评论楚辞之作，林林总总。‘五四’以后，楚辞研究蔚为大国，著述亦殊夥

①《楚辞》最早注者王逸，字叔师。

颐。本文即从自来楚辞专著中,撷取十六家三十种,仿《四库全书总目提要》例,述其概略,评其得失。”附其中《屈赋新探》提要如下:

> 《屈赋新探》,汤炳正先生撰,齐鲁书社1984年版。是书为作者多年来从事楚辞研究的结晶,所收论文二十篇,按其内容分为五组:第一组,《〈屈原列传〉理惑》以下四篇,主要谈屈原的生平事迹;第二组,《〈楚辞〉成书之探索》以下三篇,主要谈《楚辞》的成书与传本;第三组,《论〈史记〉屈、贾合传》以下五篇,主要谈屈原的思想与流派;第四组,《从屈赋看古代神话的演化》以下四篇,主要谈屈赋中的神话传说;第五组,《屈赋修辞举隅》以下四篇,主要谈屈赋的语言艺术。综观是书,在材料和方法的运用上以及所取得的成就上,都无愧为楚辞研究中一座新的里程碑。就材料而言:自从近代罗(振玉)、王(国维)提出“二重证据法”(即书面文献与出土文物相结合)后,学者类能以地下出土资料研治史学,而用之于文学研究并取得重大创获者,则并不多觏。汤氏此书,却能大量运用出土文物研究楚辞,诸如利用“利簋”铭文等研究屈子生卒年,据曾侯乙墓出土竹简考出“左徒”与“登徒”是一个官职的两种不同的简称,据《鄂灵启节》及楚王子午墓文物研究《九章》写作时地及屈子流放路线。诸如此类,不仅清代以前的学者不可能梦见,即现代学者,像汤先生这样大规模地运用出土文物研究楚辞者,实亦罕觏。就方法而论:本书一方面继承了清代乾嘉考据学派实事求是、无征不信的朴学家法,在具体问题的考证中熟练地运用了古音学、训诂学的方法和知识;同时,又运用了综合研究法,注意到不同学科的互相渗透,书中很多地方涉及到历史地理学、神话学、民俗学、语言学、美学,把这许多学

科沟通起来,对楚辞进行综合研究。这也是前贤和时人很少能做到的。既然材料和方法都有重大的突破,则本书能在楚辞研究上开辟一个新纪元,从而取得超轶前人的新成就,便不奇怪了。细绎本书所收廿篇论文,几乎每一篇都能提出新知独见,而又持之有故,言之成理,极富于说服力。读者试一读本书,对此点自能有深切感受,正不须本文为之觇缕也①。

是年,先生开始撰写《楚辞今注》书稿。

是年,先生任民盟成都社会大学顾问。

是年,"我们(达川)党校同事王焕伦先生去中国人民大学进修,某次古汉语研究室主任池曦朝教授给他们上课时,说:'四川的汤炳正先生很有名,他是章太炎先生的高足'"②。

是年,先生被民盟成都市委员会评为先进。附先生的发言提纲:

> 选我为先进,很惭愧,不敢当。为何呢?说我年高,还孳孳不倦,出了一些书,发表了一些论文。在这个问题上,可能同志会想到完成任务好、劳动态度好、艰苦奋斗等概念。但是这一切我都不敢当,而且也要作点附带说明。现谈三点:
>
> (一)任务与趣味:在"完成任务"上,以科研来讲,我完成任务的动力,当然是"为祖国的文化建设",所以写了一些著作;但只有"任务感"是不够的,我对自己的专业,又有强烈的"趣味感",总感到沉浸于其中,趣味无穷。我如果对自

①转引自《郭在贻文集》第三卷,第565—566页。同卷第513页又称先生的文章"是谨严密栗、功力湛深之作"。

②萧德君《与汤炳正教授的点滴往事忆》(未刊稿)。

己的专业没有兴趣,是很难完成任务的;即使完成,也不见得能完成得好。

(二)劳动与追求:关于劳动态度问题,我没有星期天,也不管寒暑假,每天上午写作,下午看书,雷打不动。为什么不感疲劳?因为我有追求,追求自己的学术理想。创造学术上的新结论,建立学术上的新体系。一个问题解决了,又追求第二个问题。我是无休止的追求。如果说我老了,八十多岁了,应当休养、玩耍,我曾设想,没有追求理想的生活,我一天也过不下去。我是把"劳动",看成是追求理想的手段,没有理想,是不会有自觉的劳动的。

(三)艰苦与愉快:也许有人认为我太苦,这样大年纪,何必自讨苦吃呢?但我确实不感到苦,而是感到其乐无穷。尤其是当一个科学上老大难问题得到解决之后,那种愉快的心情,是难以言喻的。别人也许只知科研的艰苦一面,而忽视了其愉快的一面;而我是愉快抵消了艰苦。我的孳孳不倦而不知苦,即与此有关。

总之,我并没有因老而停步不前,也没有因老而消极无聊,也没有因老而衰弱多病,都与上述情况有关。因此,我认为自己并不是什么"先进",只不过是按照自己的生活兴趣、生活理想、生活规律和生活习惯,在过日子,是平平常常的事,没有什么值得表扬的①。

1989 年己巳　先生八十岁

在四川师范大学。

①根据底稿录入。先生八十岁时,在学校召开的"庆祝会"上,有人说先生除了得过民盟成都市的"先进"外,再没有得过任何"先进"。此事暂时系于本年。

1月4日,潘景郑致函先生:

炳正学长兄赐鉴:

卌余载不通音问,悬系何似。奉读手教,并赐大著二种,快读一过,知兄用力之勤。名山益著,甚佩甚谢!弟自抗战以来,寄寓沪滨,服务图书馆,荏冉至今,荒怠朴樕。迄今八三衰龄,一无所成,忝列师门,深惭面墙。遥企光仪,益增汗颜而已。今年已许退休,杜门养疴,以度余年而已。无足奉陈耳。大稿曾告古籍出版社,极宜刊行。惟弟所知该社情况,以营利为主,去年于学术性稿件纷纷退稿。例如延国兄之《逸周书集解》,约稿已七八年,近忽退还。此外友朋中退稿亦多。弟曾校辑《千顷堂书目》①,约稿亦将十余年,至今虽未退,而出版却无期也。尊稿当为一询,如何容后再告。专谢。顺颂撰绥不备。

弟潘景郑九顿首　一月四日

2月14日,撰者赴成都看望先生。

爷爷认为《学海扬帆六十年》写得较好,"看来这两年你进步得较快"。爷爷逐字逐句给我讲他为什么这样修改的理由。爷爷说此文将他的学术成就、治学态度、治学特点、思想品质全写进去了,"你现在已具备为我写评传的能力"。爷爷说:"你喜欢散文,这方面是有些基本功的,现在准备为我写评传。有了专门的写作对象,这样很容易做出成绩。"我说全祖望就说过,"文章之事,不特借山川之助,亦赖一时人物以玉成"。爷爷让我有时间就学下日语,因日本人对中国文化的研究很透彻很深刻,这是其他国家的学者所不具

①黄虞稷撰,瞿凤起、潘景郑整理的《千顷堂书目》,上海古籍出版社1990年5月版。

备的。下午两点成都市民盟来了两位处长，讲关于推荐爷爷书稿出版的事宜，他们准备优先介绍《语言文字论文集》出版，说“即使贴钱也要把汤老的大作推出”。爷爷对我今后想办报刊、办出版社很有兴趣。说鲁迅当年名气那么大，与他参与办报刊很有关系。我问太炎先生的医学与佛学何以有那么大的成就，爷爷说是在狱里学的，狱中不准看其它方面的书，所以他只能看这两方面的书。太炎先生写过中医学方面的书，《制言》也登过他不少医学论文。他自认“医学第一”，“医术高明”，还专门给人看过病（为邹容、孙中山等人开过药方）。他佛学见识很精深，爷爷说自己看不懂。除文字训诂声韵学之外，太炎先生的书，他受益最大的是《訄书》。“要想了解学术史尤其是清儒，你一定要读这部书。”爷爷说我现在就分不清事业心和野心有何不同，如果是为想作出成绩，有野心也正常。功利思想谁没有？只要用在正道上就好。有人对重庆师范学院的黄中模颇有微词，但人家也很努力，出了不少成果。爷爷说他短于应酬，当会长完全是学术成果摆在那里，各方面的人都接受，才把他抬出来。又说黄曾对他说，汤老师你现在名满天下，我们就不行了，要拼命努力才能出成果。关于郑州大学那位姓曾的抄袭者，我问爷爷，说那人已来信向爷爷道歉，并解释他是在给学生上课时引用爷爷的文章，后来他写论文时就照着教案抄了，忘了注明出处了。“这种掠人之美的不光彩的做法是错误的。”希望不要公开此事，因他是中文系主任，在评定职称时得罪了不少人。另李诚给该校学报编辑部写信，对方回信也承认他们当时审稿不严。萧兵来信称爷爷治学“富有理论意识”，爷爷认为他的评价极为精准，“深获我心”。并说他在研究中往往是以某个具体和个别的问题作为突破口，进而上升到理论高度和意义上加以深入阐发。

他说要想取得成就一定要下功夫,但也要注意身体。身体不要弄坏了,生活也要有规律有情趣。黄季刚五十岁就去世了,他尚未留下任何成型的著作,但他学术成就却很大(是弟子帮他整理出来的),要是能再多活几年留下著作那就更大了。杭州大学的郭在贻也是五十岁就去世了,太可惜了。我希望爷爷以后写信(如关于学术方面的)最好能留个底稿,以后想为他编一册书信集。我这次赴蓉也想通过书信这件事来写写爷爷关心、提携后学之事。爷爷又告诉我,当时外界盛传他系章师母的侄儿,所以太炎先生才那么器重他。连师母某次都笑称你汤景麟与我们(汤国梨、章炳麟),有三个字相同。有人又说汤炳正字景麟,正好嵌入章炳麟太炎。18日,我想爷爷不仅在学术上值得我们学习,而且尤其在生活起居方面,我也应该好好学习,如总是穿戴整整齐齐、干干净净,很讲究,生活也相当有条理,不紊乱,就像康德一般。你看他此时在做什么就知现在大致是什么时间。大姑给爷爷说我们这一代已没有什么希望了,下一辈可能还有希望。爷爷说,小波以后肯定是能成为散文家的。爷爷说实现自己的理想就是人生最幸福之事。于老师来看望爷爷,说她想写一篇关于爷爷立志之事,投给《少年文学》杂志。爷爷说一个人能不能成功,有个主要原因就是看你立志坚不坚。王利器被划为右派,可仍不废学业,现已是很著名的学者。萧兵下放到农村劳动,时刻想到做学问,以致剁猪草时不慎将四个指拇剁去。爷爷说于老师的父亲没有取得什么成绩,主要原因还是立志不坚,经不起打击。姜亮夫、王利器、饶宗颐等虽学问大,字却写得潦草,很难辨识。姜信还不加点。爷爷说王利器曾给他们古文所写了一通信,大家看了半天也不知写的是什么,只好跑来请教他。"我成了翻译了。"饶也是如此。一天某人拿着饶给爷爷写的明信片,看了半天也不知写的是什么。爷爷说清代有两大学派,一是皖派,注重创新,有独到之见;另一派是吴派,他们以收集材料为主,没有什么创见。梁启超《中国近三百年学术史》《清代学术概论》《中国历史研究法》都很好,"你可以一看"。《訄书》极其重要,不过程度太深。梁论述三百年学术史,便是从太炎先生这部书里来的。我说自己中学时成绩不好(历史稍为好点),爷爷说他学生时代分数也不算高,主要是心思、兴趣不在功课上。现在一些著名学者在青年时,考试的分数也都不算高,是他们有志向,将精力与心思用在自己有兴趣的方面。而许多学生,老师说什么他就记什么学什么,甚至向老师要标准答案,不加任何思考就全盘接受了,所以考试成绩虽很高,甚至考到一百分,不过,一毕业就不行了。我过去就有不少这样的同学,最后连中学都教不下来。爷爷说有人说他是活字典,他说:"我绝不是什么活字典,我也不愿当什么活字典。我记那些可查到的东西干什么?"关于写学术论文,爷爷说要有独到之处,在自己有所发现之处,人家不容易明白之处,多论证、多举例,使读者明白。不重要的地方,可一笔捎过。爷爷说出版社要办实业,最好就办与文化有关的产业,如印刷厂就好。现在一般的出版社是没有印刷厂,总是去求人家的,很被动。爷爷说:"你读书很快,泛览是做到了,但精读更重要,要对那些经典论著反复地阅读,看人家为什么这么写,怎么提出问题的,又如何分析解决问题的。更要读原作、读经典,如你是做楚辞研究的,要看原作才行,不能在二手材料上引用'原作'的话。"问川师申请博士点事,爷爷说国家规定学校要有十个硕士点才可以申请博士点,爷爷对此规定很是不理解。他说自然科学那边有多少个硕士点与我们文史哲有何干(如数理化等),我们文史哲有多少个点又与他们有什么关系?《楚辞类稿》稿费三千八百元。李大明说聂石樵说汤先生的论文那才叫学术文章,我写的不过是通俗读物。22日爷爷强调读原作,现在出版的今注今译之类的书,从学术水平上来看不见得高明,所以要好好看看原作,又强调基础知识的重要性。说不注意这个问题,以后是要闹笑话的。下午看《楚辞类稿》,爷爷已给我划出其中九篇重要文章,说可好好读读。爷爷说写书评也要有自己的东西,全转述书中的内容还有什么意义。爷爷说基础知识如不够的话,写出的文章就没有分量。认为我的技能已够了,就是要加强基础文化的学习。要我每天务必抽时间看看王力主编的《古代汉语》,一个字一个字地看。说这套书科研水平不算高,但却是一部比较好的传统文化教材。读书破万卷,下笔才有神。关于学与思,爷爷说孔子还是将重点放在"学"上。写文章要写自己所知而别人不知的,别人写过的东西你还写什么?近看了某博士生写的论文,多重复前人的说法,没有自己的创见。看来名校的博士生也不过如此。关于表达能力和思想内容,爷爷认为这两者皆很重要,最好能兼顾。"人家说我的文章这两者协调得还好。"这二者如实在不能兼顾的话,思想内容要比表达能力更重要。鲁迅文章的思想内容就高于他的表达能力。伍非百的好友蒙文通在商务印馆出了《古史甄微》《经学抉原》两种小册子,就被北大请去当教授。而他的表达能力据说就不算强。人家开玩笑地说他是"蒙文通,汉文不通"。爷爷认为我表达能力是有了,认知水平还要有待进一步地提高。爷爷每天下午都要在校园散步(每次走五六公里),从来不要人陪,原因是不喜欢边走边讲话。在路上,我问他讲毛泽东诗词之事,他说五十年代至六十年代他都教这门课程,一些学校还请他去讲(如西南民族学院每次都派小车接送),他有两份讲稿,一是具体到每字每句的解释，一是从宏观上讲。前年某专中文系主任来拜见爷爷，此人曾是爷爷教毛泽东诗词时的助手，他见到爷爷一口一个恩师，原来他评副教授的论文主要就是依据爷爷当年的讲稿改写而成的，请高尔泰先生审定的。爷爷说文革时贴他的大字报，最多时一天就八十张。我要为爷爷写评传，所以要尽量全面地了解他。我说为了写好评传，先得打好专业基础知识（爷爷的全部研究领域都要钻研），再选些经典性的评传来学习，争取站在较高的平台上着笔。爷爷说王力的《古代汉语》如读完（川大张永言将此书的错误一一指出来，写成《读王力〈古代汉语〉札记》在《中国语文》发表），还可再另找一套看看，如有一套二十几所高校联合编的《古代汉语》，在体例上与王力他们的不同，也还可以看。爷爷说民国时凡是他开的课程，都是自编教材。那时也有统编教材，但有点水平的教师都不愿用，否则同事会看轻你的①。

2 月，张啸虎《屈原及楚辞研究六年一瞥》发表，载《江汉论坛》第二期。称先生"从 1976 年陕西临潼出土'利簋'上的铭文得到启示，从古文字学、古音学、天文学、古历法学诸方面，详加考析，对'摄提贞于孟陬兮，惟庚寅吾以降'作新的解释，重新推算认定应生于公元前 342 年，即楚宣王二十八年乙卯，夏历正月二十六庚寅"。

3 月，先生撰写的《整理古名家的哲学家伍非百》发表，收入政协四川省文史资料研究委员会、四川省文史馆编《四川近代文化人物》一书，由四川人民出版社出版。后易名为《伍非百先生传并附记》，收入《剑南忆旧》。

3 月，先生为李大明《九歌论笺》撰写序文，此书 1992 年 4 月由四川大学出版社出版。

①见撰者《日记》。

春月，先生作《八十自寿》：

错节盘根话大椿，身经斧凿未成痕。
喜随画笔看椰岛，笑带诗情过剑门。
枉说文章惊屈宋，更无金帛遗儿孙。
如今细品人间世，回首三朝八十春。

漆雕世彩“因步其韵奉和”：

一代宗师寿大椿，汤公四海载香痕。
蓉城振铎博通道，新论昭人众妙门。
楚地寻幽留丽藻，芝兰绕膝戏文孙。
弘恢屈学盟高会，耄耋之龄得意春。

4月9日，先生与家人游历蜀中崇州市的陆游祠、剑门等名胜之地，先生写诗纪念。

4月11日，王利器致函先生：

炳正教授文几：

大札暨大著拜悉，洛诵之余，获益匪浅！目前出版界颇不景气，一般高水平的学术著作，销路窄，他们印一本就赔一本，在经济承包制度之下，他们对这样的著作，目前都不愿意接手。

您老既在成都，又与香港中文大学有联系，可或就近与巴蜀书社，或与中文大学出版社函商如何？我的第二部文集，即将由香港中文大学出版社印行，今年可能问世也。匆匆不一，顺颂

道绥！

王利器谨启

四月十一日

内子廖德容附笔问好。

4月26日，先生致函罗国威：

国威同志：

现有一事相托，我有“宁夏大学”的朋友之儿媳（尚未结婚）王晓汾，现已报考了川大（外语系）的“定向代培全国大专院校在职职工”的研究生。已得通知，分数如下：基础英语62分，英汉互译64分，英美文学57.5分，法语60分，政治46分。看来分数平常，所以她们心里很不安。宁夏系少数民族地区，师资文化亟待提高，是否有优惠政策？是否可以根据具体情况，予以录取？此事，请你代为设法，帮忙办理。我等候你的消息，望能来个简单的信，说明情况。至盼！

匆匆即祝

撰祺！

汤炳正

四月廿六日①

4月30日，先生致函毕庶春：

庶春同志：

来函及大稿赏析，俱收到。赏析写得很好；《远游》不易分析，你能举重若轻，堪称佳构。

你的行政任务极忙，而治学不辍，我很为你的健康担心。望能劳逸结合。

①收入罗国威编《思藻斋师友论学书札》。此信与其他十五通的影件，罗先生在2009年曾快递与我。因此信事涉请托，他建议不要收入《汤炳正书信集》，以免世人“误会先生也‘走后门’”。此书目录：汤炳正、钱仲联、王利器、王仲镛……。撰者发现它既不是按写信时间，也不是按拼音；既不是按年齿，也不是按师承关系排的，便问了责编南江涛兄，他答复：“汤先生信放在第一，其余大致按年齿。这个排序是罗老师特意要求的。”

我的《语言之起源》,系整理旧稿而成,年前已由台湾出版。装潢极佳,但因所赠样书少,已为友好取尽,不能持赠,甚歉！原已问世之《屈赋新探》与《楚辞类稿》二书,年前台湾也用繁体字翻印出版。借此促进海峡两岸文化交流。

近在中央电视台上看到报导丹东情况,见沿街银杏葱郁,堪称一绝。这时我边看边想到你的工作干劲,祝你与银杏并茂！

专此即祝

文祺！

汤炳正

四月卅日

5月,论文《古语"偏举"释例》发表,载《古汉语研究》第二期。

6月18日,贵州古典文学学会在贵州师范大学成立。名誉会长蹇先艾在会上专门介绍了先生在楚辞学界的成就与地位。他说:"汤炳正先生1949年以前曾在师大、贵大教过好几年的书,所以他也是我们贵州学术界的光荣。汤先生近赠我屈学著作二种,大学问家啊。"并手举《屈赋新探》《楚辞类稿》两书向会场示意。

6月,诗《乙丑端阳游纪南城怀古》①,收入江南编注《屈原赞古今诗词选》,中国文联出版社出版。附诗及江南注与简析:

底事灵修失远图,连横合纵两踌躇。

---

①此诗除前面提到的《江陵吟》,还收入李兴、蒋金流主编《屈原颂》,湖南文艺出版社,1991年5月版;江树生编《名人诗词选》,香港天马出版有限公司2004年。后不再列出这两本书。

江流滚滚余残垒，芳草萋萋识故都。
复楚只须三户在，抗秦未信两门芜。
河山无限兴亡恨，岁岁端阳话左徒。

注释：

(1)底事灵修失远图：底事，何事，何以。辛弃疾词有句“试问清溪底事，未能平”。灵修：指楚怀王，《离骚》有句“指九天以为正(证)兮，夫唯灵修之故也”，王逸《离骚序》“灵修美人，以媲(比配)于君”。此句是责问怀王，为何事抛弃了原先重用屈原“联齐抗秦”振兴楚国的宏图。(2)残垒：指纪南城(郢都)遗墟。(3)两门芜：纪南城原有两个东门，白起破郢后便荒芜了。《哀郢》有句“曾不知夏(厦)之为丘兮，孰两东门之可芜”。

简析：

“乙丑端阳”，即一九八五年端阳。当时隆重盛大的“中国屈原学会成立大会”暨屈原学会讨论会在荆州举行。端阳日上午，两百多位中外与会者驱车前往纪南城遗址访问凭吊，汤先生有感而赋此七律。

这首诗有比较强烈的史论色彩。正确的思想与厚重的感情贯穿于字里行间。开头诗人以惋惜和激愤的口吻提出“底事灵修失远图，连横合纵两踌躇”，这一高屋建瓴的提问令人豁然开朗，获得这一认识：屈原的荣枯、楚国的兴衰，全系于此！二、三两联，对仗工整，承述由于“灵修”之过，楚国终被秦灭，如今剩下楚都“残垒”，淹没在野草之中了。诗人再次强调，设使当日按屈原“抗秦”的路线办事，楚国当振兴有望，何至于“两门芜”？历史走了曲折的路，“灵修”之辈终于断送楚国，“河山多少兴亡恨”，然而屈原的爱国忠贞与雄才大略，却是千古不朽永放光辉的，请看“岁岁端阳话左徒”！①

6月，李大明《汤炳正〈楚辞类稿〉出版》发表，载《四川师范大学学报》第三期。附录如下：

著名楚辞专家、中国屈原学会会长、四川师范大学中国古代文学研究所教授汤炳正所著《楚辞类稿》，已由巴蜀书社出版。数十年来，汤先生于屈赋爱不释手，凡披阅古注善本，泛览前代典籍，有得于心，或笔诸书眉，或抄存札记。尝撰《屈赋新探》三十万言，1984年由齐鲁书社出版，被学术界誉为建国以来楚辞研究的重要成果。汤先生又董理新得旧稿，撰成此书，凡二十五万言，一七五条。书中对屈原生平事迹的有关资料、楚辞学史的有关问题、屈原及宋玉以下骚赋作品的主旨文辞等，阐幽发微，多有创获，充分体现出老一辈学者坚持不懈的探索精神和一丝不苟的科学态度。在研究方法上，本书不但注意把考证资料与探索规律相结合，而且注意了文学与史学、哲学、民族学、宗教学、神话学、民俗学、考古学等多种学科知识的互相渗透融合，从而使本书既有精审严密的传统，又有新颖独到的特点，给我们研究楚辞乃至从事学术研究以极有益的启迪。

7月4日，许礼平致函先生：

炳正教授：

小弟拟于九月间创办《名家翰墨》月刊，恳请教授大力协助，若有关于中国书画之稿件，请惠赐刊载，以光篇幅。呈上稿例，聊供参考。奉上宣纸一张，乞请教授赐题墨宝：

①《屈原赞古今诗词选》，第274—275页。此书收西汉至当代诗人赞颂、吟唱屈原的诗词共215首。

“名家翰墨”。直行书写，先此致谢。琐事相渎，乞谅。耑此，敬祝

研祺！

许礼平拜上

七月四日①

7月10日，先生致函周建忠：

建忠同志：

来函及《论纲》目录、《云梦学刊》，已先后收到，勿念！

为了扶掖后进与发展屈学，为大著写序问题，我责无旁贷。待大著杀青之日，亦即拙序交卷之时，不会耽误。

大著以表彰“新秀”为目的，这一点，首先应当肯定下来；而围绕这一问题，对大著的体例，不得不作周密的考虑。例如：

(1)大著既以评述屈学“新秀”为目的，而书名《当代楚辞研究论纲》，似有不妥。因为老一辈的屈学家，也是在“当代”进行研究活动。因此，大著的名称，是否切合“新秀”这一特点，重新考虑一下。

(2)《论纲》的上编是“总论”，也很不好处理。因为既系“总论”，则其中无论哪一章的内容，都不免涉及老年作者。如《云梦学刊》所发表的第一章，其中也点到老人的名字。我觉得这样写就很好。总之，既要体现出表彰“新秀”的意图，也要突出“总论”的全面性。

(3)《论纲》的中编是“专论”，据我过去所读过的几章，都写得不错。当然，进一步加工打磨，还要多方面征求意见。不过这一编的根本要求，是被评者的成绩卓著，舆论所

①据影件录入。先生题写的刊名登在《名家翰墨》创刊号上。

归。这关系到大著的权威性问题,不得不注意!

(4)《论纲》的下编是“余论”,专收著者自己的论文,这跟全书的体例完全符合的。其中就我所读到的《元代散曲“嘲讽屈原”通论》,就写得不错。不过“余论”一名,是否恰切,可考虑。

匆匆即颂

撰祺!

汤炳正

七月十日

7月,先生游览峨眉山,至洪椿坪。

8月3日,先生致函刘石林:

石林同志:

江陵盛会,幸得见面。以会务繁忙,未能畅谈,甚以为憾!

过去,我对“汨罗屈原纪念馆”,甚为向往,而无参观机会。这次会后回川,得读你的论文《屈原投汨罗考及其他》,写得很好,尤其读文后附屈(子)祠简介,更为兴奋!这个纪念馆如能逐渐扩大规摸,对屈学的传播,甚为重要,希你能努力为之!

兹奉寄拙字一幅,诗乃旧作,聊作补壁之用,借抒景仰屈子之情。收到后,希赐回音!匆匆即祝

近好!

汤炳正

八月三日①

①影件由刘石林先生提供。所谓“旧作”,即这首五言律诗:“莫笑放翁颠,歌呼覆酒船。双螯初斫雪,珍鲞已披绵。寒雨连旬日,新橙又一年。更须重九到,作意菊花前。”

8 月,先生为黄中模《现代楚辞批评史》撰写序文,该书 1990 年由湖北教育出版社出版。

8 月,散文《无名书屋话沧桑:一个知识分子的生活侧面》发表,载《散文》第八期。关于回忆录的写作,先生曾对一位研究散文的学生说:“将人生经历、世事感受写出来,写时乃如泉涌,自由畅快,就有一种愉悦感。”①

8 月,《文学遗产》第 4 期在《学者雪鸿录》栏目首先介绍了先生(还有胡国瑞、郁贤皓、吴新雷、王季思、周勋初、吴林伯等九人):

> 近年出版了《屈赋新探》《楚辞类稿》之后,去年又完成了《渊研楼论文集》的整理编选工作。现正以较多的时间撰写上海古籍出版社约写的《楚辞今注》(系该社《中国古典文学丛书》之一)。此书体例,以径抒己见为主,力求简括扼要,现已写好《离骚》部分。此外,还从事于研究论文的撰写,近来写有《试论先秦文化思想的“内向”特征》等。

9 月 5 日,张国瀛《评〈楚辞类稿〉》发表,载香港《大公报》。文章称“《楚辞类稿》同《屈赋新探》一样,是建国以来楚辞研究的一大收获。著者扎扎实实地解决了一些历史悬案,有不少方面把屈原、楚辞的研究向前推了一步,给人们以新的启发。相信,该书定会引起海内外学术界的重视”。“这是楚辞研究的又一重要收获。”

9 月,撰者《汤炳正先生学术成就综述》发表,载《贵州教育学院学报》第三期。

---

①范昌灼《缘何要写先生们:川师大建校 68 周年感言》,四川师范大学校友网 2014 年 12 月 22 日发布。范称先生此语“真是说到写散文的要义了”。

9月,毕庶春《读〈楚辞类稿〉》发表,载《丹东师专学报》第三期。

10月,吉云《楚辞研究一席谈:访汤炳正先生》发表,载《文史哲》第五期。现附录如下:

楚辞研究一席谈
——访汤炳正先生

四川师范大学汤炳正教授是我国著名的楚辞研究专家。1989年3月,笔者对汤先生进行了访问。他对楚辞研究的许多问题发表了意见。

吉云:汤先生,您是学术界公认的"当代楚辞学大师",请谈谈您在楚辞研究方面的主要贡献。

汤先生:在楚辞研究方面,我做了一些工作,但这些都是微不足道的。谈到贡献,我不敢当。有人说,我是"楚辞学大师",我更不敢当。我只是在还原历史的本来面貌上下了一点功夫,希望人们对屈原的认识更清楚、更真实些。对此,只能说没有功劳,有苦劳。楚辞是先秦时期留下来的经典作品,可供参考的资料并不是很多,但研究著作却有数百部。在这种情况下,要有新的突破很不容易的。我给自己的任务,就是在前人没有解决的重大问题上,提出一些新的看法。如《屈原列传》的种种矛盾、《楚辞》成书的年代等问题。我在这方面确实下过一点功夫。

正因为先秦的史料典籍留下的不多,所以我特别注意地下出土文物的利用。我曾根据1977年阜阳出土汉简中发现的《离骚》残句和《涉江》残句,澄清了《离骚》作于淮南王刘安之论的谬误。又如,屈原曾做过楚国左徒,但人们对当时楚国"左徒"官职的情况并不清楚;我根据1978年湖北曾侯乙墓的出土简文考出"左徒"即是"左登徒"的简称。

这些结论大家都比较赞同。但过去的人没有出土文物作参考,不可能得出这样的结论。这并不是由于我比前人高明。

吉云:听说您的《屈赋新探》由齐鲁书社出版后,受到国内外学术界的高度重视。您在楚辞研究领域的影响,是否从《屈赋新探》的出版开始的?

汤先生:可以说是,但也不完全是。《屈赋新探》里的某些文章,如1962年在中华书局《文史》杂志上发表的《〈屈原列传〉新探》,当时,就有不少人来信,有老专家,也有中青年学者,皆赞同我的结论,认为是"拨云雾而见青天"。日本学术界也引用了我的结论。"文革"前发表的另一些文章也都产生过同样的影响。因此,《屈赋新探》一出版,就引起了大家的注意。但我自己的看法,一部学术著作出版,别人说它一无是处,固然有些片面;而被说成"完美无缺",也未免言过其实。对此,作者要有实事求是的冷静态度,《屈赋新探》问世后,尽管出现了不少肯定拙著的文章,而我是有自知之明的。如在《屈赋新探》的自存本上,我就写满了增补的批语,作为将来补充修改的参考资料。

吉云:听说《屈赋新探》的影响不小,国内有些名著已接受先生的观点。如先生认为"古代神话的演化,多以语言因素为其媒介",有的学者在论著中即对此论点加以发扬光大;又如先生论屈原具有"强烈的民族感情",不能以一般的爱国主义视之,对此,我国著名的美学家就曾给予了高度评价,日本的《东方》杂志对《屈赋新探》的出版,也作了详细报道;中央广播电台曾用英、日文向国际上作了广播。看来,影响确实不小。

汤先生:这一切,我感到很惭愧,不敢当。我在一首《咏怀》诗中有云:"此生自笑无长物,愧向天涯浪得名。"这正是我惭愧心情的写照。

吉云:您是“中国屈原学会”的会长,请问你们学会自成立以来开展了哪些活动?在推动屈原研究方面取得哪些显著效果?

汤先生:总的来讲,现在要办一件事,要创一番事业,是很难的,主要是经济限制。我们成立全国性组织“中国屈原学会”,中央是支持的。屈原活动的主要区域湖南、湖北,及全国专家学者也一致促进其事,但每次开年会筹款很不容易,出大会的《论文集》更是困难。学术著作的出版,已成文化界的共同难题。现在创办文化事业,往往乞求企业帮忙,但这谈何容易!我们已出了一期《楚辞研究》,学会和出版社都赔了不少钱。尽管如此,这个学会的成立,对促进楚辞的研究,也起了很大的作用,尤其对青年研究者是一个倡导与鼓舞。近几年来,楚辞学大发展,也许是学会的影响吧。

吉云:你们学会的学风如何?是否受到您的影响?

汤先生:我虽然是学会的会长,但绝没有把观点强加于人的“定于一尊“的思想,而是提倡各抒己见,大胆创造。这几年来,送给我审阅的文章很多,有的是为了提职称,有的是请我介绍发表。有些文章与我的观点不同,这又何妨。只有发动大家,百花齐放,学术才能发展;尤其是对青年同志,更应多鼓励。不过,我强调一点,在号召大家求“新”的同时,更强调求“真”,不要为了求“新”而失掉历史的真实。

吉云:您为什么要选择屈原为研究对象呢?

汤先生:我选择屈原为研究对象是在抗战时期,一种民族压迫感使我爱上了屈原,因为屈原所处的历史环境也如此。我们心境相通,这也可以说是借古人的酒杯,浇自己的块垒。后来才逐渐把我引上研究屈原的道路。在这之前,我是跟太炎先生学语言文字学的。

吉云:这是否意味着改行了呢?

汤先生：完全不是。因为太炎先生学问博大精深，每个学生都只能学到他一个方面，而不是全部。我受他的影响，主要是语言文字方面；而这对我以后研究屈原及楚辞，很有帮助。搞语言艺术的，不懂语言，怎么研究？正因为我搞了语言文字研究，才为我研究楚辞创造了优越条件。把学科分得太细，并不利于科学发展。

吉云：您一生研究屈原，屈原思想对您影响一定很大吧？

汤先生：记得对我影响更深的，还是我的老师太炎先生。他的爱国主义思想和民族感情相当深刻，尤其是在抗战前夕，他主张抗日的思想，给我以巨大影响。十九路军在上海首先抗日时，太炎先生就曾发电报支持。当然，爱国诗人屈原对我的思想也是有很大影响的。他的志向、人品、才学我是钦佩的。

吉云：先生刚才谈的求"新"与求"真"问题，已涉及治学方法，请再谈谈您的治学方法和经验好吗？

汤先生：说到治学方法、经验，涉及方面太多，我只准备谈一点体会。古人云："学而不思则罔，思而不学则殆。"我的理解，"学"是指接受知识，"思"是考虑问题，这二者是不能偏废的。从读书角度来讲，"学"应放在首位，应多接受知识，开拓视野。但从治学角度来讲，"思"应放在首位。两者都重要，但不同角度有不同要求。治学时，只是被动地接受知识是不行的，必须善于运用思考。

吉云：关于思想方法，往往是因人而异的，不知先生的经验如何？

汤先生：我没有什么经验，即使有一点，也不见得是"放之四海而皆准"的。所以，我向来不大谈经验之类的话。不过，我的切身体会，总觉得从事思考，首先在能提出问题。

干我们这一行的,我经常讲:在阅读作品时,脑海里要多有些句号、逗号,应当一字不苟;欣赏作品时,脑海里要多有些感叹号,在感情上要能产生共鸣;研究作品时,脑海里要多有些问号,那就是要从大量的文学现象中提出问题,遇到问题,就要追根到底,多问几个为什么,否则就会被动接受,不能主动思考。问题提的深度与高度如何,决定了你研究成果的大小。问题提得愈有高度、深度,那你的科研成果就愈大。不能提出问题,就谈不到科研工作。

吉云:我的体会是解决问题要比提出问题难得多,是吗?

汤先生:不见得。我认为提出问题更难。没有高度思考能力的人就不可能提出有意义的问题。提出问题,要有极大的创造力、想象力,并不比解决问题更容易。当然,在解决问题时,对搜集资料、提炼资料、分析资料的艰巨性,决不能低估。但如问题提得很有意义,即使解决得不够好,它却能成为学术史上较长时期的科研命题,从而起到推动学术发展的巨大作用。正如数学领域中的"歌德巴赫猜想"一样,长期推动着研究的发展。在这一点上,社会科学也与自然科学一样。

吉云:问题提出以后,解决得好与不好,以什么为标准?

汤先生:这一点很难说。总之,既要有说服力,又要接近历史真实,符合事物规律。二者缺一不可。打个比方说,所谓解决问题,如果只是"隔靴搔痒",当然不行;即使是"搔到痒处",也还不够。真正的科学结论,往往是看准穴道,一针见血,经络通畅,手到病除。但要达到这个境界,又谈何容易。您这个问题提得好,但太难回答了。搞得不好,就会使我对您讲业务课了,还是不讲为妙。

吉云:据说有不少中青年在您的指导下成长起来,且取得成果,请您谈谈这方面的情况。

汤先生:我很喜欢有进取心的青年。有很多青年寄来论文要我提意见,或写信求教,我桌上的信成堆,应接不暇。给老朋友回信是理所当然的;而对很多素不相识的中青年同志的信,我的助手为减轻我的压力,想代我回信,而我始终不肯让助手代劳,坚持亲自回信。有话则长,无话则短,但一定要亲笔。我认为这是关系到青年前途的大事,对好学上进的青年,应予以支持和鼓舞。不回信,或让助手代笔,都会使这些青年失望或感到冷漠,乃至影响其学习兴趣或学业前途。因此,虽然回信要花费我很多时间,但仍坚持不懈。这等于和年轻的朋友谈天。交流思想,促膝谈心,也是一种乐趣,我从不把它看作是负担。

吉云:您不主张学术"定于一尊"的学术民主精神,是很值得提倡的,它有利于青年的成长。

汤先生:很奇怪,我对于某些问题,有学术民主思想;而对另一些问题,则又往往表现出我的学术个性是相当倔强的。例如,屈原否定论,在中国早有此说,清代四川学者廖季平,还有后来的胡适之都持此观点。认为中国没有屈原,屈原作品为后人所写。解放初也有人写文章提这问题。在中国学术界,这论点早已遭到广大学者的否定,认为不符合历史事实。日本学者接受屈原否定论较早。尤其是近年来,日本的屈原否定论形成一股风。而且,日本有的学者还把我的学术论文中的某结论用以证明他们的否定论,风马牛不相及。对此,我认为有必要澄清和予以讨论。当时学术活动才解冻不久,万事起头难,我奔走呼吁,费了很大力才在川师主办召开了全国性的"屈原问题讨论会"。与会者发言极为热烈,并收论文近百篇;我的那篇《〈离骚〉决不是刘安的作品》,也是为此会擂鼓助威的。此会,全国各报刊予以报道,并发表论文响应,在国际上很有影响。此举是否有些过火,我不敢讲,但我倔强的学术个性,于此可见一斑。

吉云:您目前和下一步还有何打算?身体还好吧?

汤先生:身体比过去好很多。各方面约稿的很多,但我是年近八旬的人了,虽然身体很健康,但精力较之过去毕竟要受限制,昼夜奋战是不行了。不少名人学者的很多工作都由助手代做,但对我来讲,第一,我不习惯;第二,也不赞成。对于年轻同志,我生怕耽误了他们独立研究的时间;对我来讲,自己的思想很难由别人来表述。在这种情况下,我的科研工作是"小农生产","手工业作坊",能搞多少算多少,少而精,注重质量。《屈赋新探》出版后,去年出版了《楚辞类稿》。对语言文字方面的研究,又编了一部《语言文字论文集》。现在正应约着手写《楚辞今注》。生命不息,钻研不止。我认为,一个人如果停止钻研与追求,生命就会变得暗淡无光,生活就会变得空虚无趣。总之,力求垂暮之年,在学术领域中多做点力所能及的工作,让生命发出更多的热和光。

10月,论文《试论先秦文化思想的"内向"特征》,载《江汉论坛》第五期。

10月,为廖化津《离骚大观》作序。

10月,先生赴江油参加"全国第二届赋学研讨会"。

11月,散文《无名书屋话沧桑:一个知识分子的生活侧面》发表,载中国散文学会主办《散文世界》第十一期,在该期《编者小语》中有云:

> 有味的是,老学者汤炳正先生所撰的《无名书屋话沧桑》一文,其甘苦难分的沧桑感,正是岁月沉积的结果,通过作者的睿智与豁达的滤炼,更别具光采。

此前撰者去蹇先艾家,蹇取出《散文世界》第十期说:"下期的预告栏目里有令祖父的一篇文章。”先生闻知即快件要求撰者：“《散文世界》又要登我那篇散文，这是你一稿两投的结果。此事如果引起纠葛，对我的声誉是不好的。所以你最好及早写封信给《散文世界》，说明情况，将文稿要回，以免发生麻烦。”①

11 月，论文《治学曝言》发表，载《文史知识》第十一期。该刊编委冯宝志誉为“治学之至理”。

11 月，撰者《〈楚辞类稿〉出版》发表，载《文学遗产》第六期。

12 月 5 日，王利器致函先生：

炳正教授好：

奉读大札，俞允为《中日文化研究》撰稿，无任欣幸！月之中旬，日方即将来京商谈一事，待决定后，当即以稿子规格要求如繁体字抑简体字，横摆抑直摆等等奉告也。

匆匆不一，顺颂

研祺！

王利器谨启

十二月五日

12 月 5 日，王利器致函先生：

炳正教授好：

十一月廿七日大札奉悉。承俞允为《中日文化研究》撰写《论古声纽的归并问题》，毋任欣幸！现已决定将大著列入创刊号。具体要求是：一、希望在明年二月前交稿；二、字迹要清楚；三、横排、简体字。这些要求是为了印刷质量有保证。在四川约有（屈）守元、白敦仁（已交稿）、项楚和您四位。器亦拟写《释牢盆》（见史汉）一文，愚以为牢当读为哀牢之牢，发前人所未发也。匆匆附及。顺颂

①见《汤炳正书信集·致汤序波（十五）》。

时绥

王利器谨启
十二月五日①

12月18日,钱鼎澄致函先生:

汤炳正学长:

冒昧了,近得与先师太炎纪念馆执事张振常先生取得联系,承告学长任教四川大学,姚奠中学长任教山西大学,毋任钦佩。而舍表弟朱文振教授亦是贵校外文系主任,退休不久,未知学长相识否?

兹有询者,学长是否苏州锦帆路讲习会成员②?若果是,则属同窗两载学谊矣。好不庆幸!回忆1937年汤国梨师母主办毕业事,印发荣誉结业证书,只可惜未编印学友通讯录及合影,因此一直彼此失去联系。弟曾写一文《苏州章氏国学讲习会纪略》在《团结报》上发表。那时主讲人中以沈延国先生年纪最轻,今悉亦已作古矣。看来学友中在世必不多矣,嗟夫!弟亦八十四虚度,一生厕身于中学教育界,以任教于嘉兴秀州中学时间特长,但愧无建树,乏善可陈。此函之发,意在谋取旧谊或有可谈者。

①由宋希於兄提示:这长短两通信写于同一日。从孔网图片上还可看出,短信的寄出邮戳为12月5日,长信的寄出邮戳为12月6日。据此及两信内容可推断,大概王利器先生当天先写好短信,刚刚寄出之后,便接到相关的投稿要求,他就赶忙写了长信,将竖排、繁体等投稿要求写清寄出,故寄出邮戳相差了一日。撰者证之影件《关于中日合作出版〈中日文化研究〉会谈纪要》(1989年12月31日于北京),正合。此刊后易名为《中国与日本文化研究》,第一集由中国大百科全书出版社1991年6月出版。先生与屈、白三人的论文并没收入。

②1936年6月1日印制的《章氏国学讲习会同人通讯录》,共收学员82人,没有钱鼎澄,看来还有遗漏。

先师纪念馆的筹建与开放，对一代宗师来说，完全应该与必要的，曾与章导师兄通过几次信，而弟患宿疾不良于行，故迄未前往瞻仰，残年体益衰，恐今世无望矣。学长公务必甚忙，若无必要则请免复，如有所见教，不胜企感。

敬候

钧安！

弟钱鼎澄

十二月十八日

嘉兴籍学友金德建兄几年前通过信，住上海襄阳南444/66号，患白内障①。

12月21日，撰者专诚去成都为先生庆生。

我进卧室与爷爷聊天。刚刚讲了几句，就有人敲门，来人系四川大学中文系研究生刘汉忠。刘认为现在要研治《楚辞》不读爷爷的论文，就不能算是研治《楚辞》。认为爷爷的论文，每个论点都是有根有据的，令人信服。刘读书甚博（已通读过《十三经注疏》），且识见过人。刘原为广西某县办工厂工人，发愤读书，终于考上了名校的研究生。看得出来爷爷很欣赏他。后李大明来谈学校关于为爷爷祝寿之事。秦彦士在一旁说学校为此事不下开了十次会，可见重视程度之高。22日，看爷爷写的《〈渊研楼酬唱集〉序》，真精彩。爷爷说他写的序不少，但真正好的却不算多。因为这些序言一半不是出自情愿，因此就很难写好。中文系范昌灼来看爷爷，说爷爷《无名书屋话沧桑：一个知识分子的生活侧面》写得极好。此人是研究散文的，带了一册他新近出的《散文创作论》（四川大学出版社出版）给爷爷。李大

①影件由吴斌役先生提供。

明来说："杭州大学古籍研究所姜亮夫教授要求他带的博士生将汤先生的《屈赋新探》《楚辞类稿》作为必读书，要求每篇都必须精研细读，并写出读书报告。"①爷爷认为毕庶春的《读〈楚辞类稿〉》"写得还可以"。晚与爷爷看电视剧《京华烟云》，因改编自林语堂的同名小说。爷爷告诉我林四十岁以前是做语言学研究的，后来转向文学创作。两个方面都取得了不俗的成就。"林语堂是个大天才！"爷爷说林语堂写的语言学书至今仍很有学术价值。现他学术上的地位完全为其散文成就所掩（因这两天老与爷爷谈散文）。我说那你语言文字学的成就也为《楚辞》学所掩吗？他说是。"其实我在语言文字学上所下的功夫要比《楚辞》学大，当然我的《楚辞》研究也得益于语言文字学。"爷爷对我说他想放弃《楚辞今注》的写作，我劝他千万不要放弃。我说这部书稿与《楚辞讲录》②书稿均是你的学术著作中普及性的读物，对你学术的传播会有促进作用。而你的《屈赋新探》也好，《楚辞类稿》也好，都太专太深了，属于高档次的学术著述，能看懂的人实在不多。所以这两部书稿与你写散文可以双管齐下，并行不悖。钱锺书名气大，与他拥有普及性通俗读物《宋诗选注》与长篇小说《围城》很有关系。23日，学校中国古代文学研究所所长屈守元来与爷爷谈庆生的一些细节，甚为热情，说报纸、电台、电视台还要派记者前来采访报道云云。24日四川电视台记者来采访爷爷，挤满了一屋子的人。因《无名书屋话沧桑》反响很好，也引起了爷爷散文创作的兴趣。昨天范老师说他认为"文革"中爷爷在学校住的那间房子虽小，但意义更大。今天上午爷爷给我说，范

---

①傅杰先生致信撰者："亮夫师以及在贻师都推崇汤先生。"
②即后来的《楚辞讲座》。

说的那间住房作为书房写起来会更有意义,应该说它是我最小的书房了,当时为什么没有写现在实在是想不起来了。将来收入书时可以将此小书房加进去。因昨天有人寄来爷爷在剑门关照的相片,爷爷说他平生最大的心愿是去剑门看看,一直到今年才如愿。饭前,我告诉爷爷现在学术界称钱锺书为当今的"文化昆仑"。爷爷说:"外界称我为权威、大家、大师,我心里是很不安的。"某学者让爷爷在给他信中对他的书进行好(高)的评价,爷爷写好信后交给我看。他说这种事很多,没有办法。24日,爷爷说评传除一般传记的特点,还要突出一个"评"字,你在读传和评传时,要借鉴人家的写作方法,看看人家是如何处理这方面事情的。罗国威来谈四川大学一些教授想来为爷爷祝寿,因为当时爷爷给他写了一通信要他婉转推辞(爷爷说范围不宜过大)。刘汉忠送一幅西洋画,上面题字"汤炳老八十荣庆,根深叶茂果硕,嘏若江海,想见之倾仰之,寿比冈陵"。25日,贵州教育学院中文系周复刚来看爷爷,汇报中国屈原学会在贵阳召开的筹备情况。说蒋南华以屈原是苗人,要同为苗人的贵州省省长王朝文拨了一万五千元支持会议。25日,爷爷认为《楚辞研究集成》的《楚辞研究论文选》选编得不够理想。他那篇《关于〈九章〉后四篇真伪的几个问题》他本人都不满意,不是代表作,他们恰恰就选了这篇。选家眼力很重要,至少不要把作者自己都不太满意的作品选上,也不要遗珠漏玉。26日爷爷说,《世说新语》作为散文来说真是写绝了,是最好散文。27日,爷爷认为我这篇《综述》写得有点深度,他说他的《自纪》提出些问题但是没有总结,而我的文章却有总结有分析。爷爷说学者往往对自己治学方法想得不多,而旁人(研究者)读他的著作读多了,就能形成认识。爷爷告诉我他不愿意在学报与校报上发表文章,也不愿意人家在校刊上介绍他。因为这样介绍实际上等于没有介绍,意义不大。爷爷说我的脸型身材都有几分像他的祖父,这可能就是遗传关系,隔代遗传。今天来给爷爷祝寿人简直没有断,晚饭达到高潮(二十多人)。29日上午学校开祝寿会。昨晚两个姑姑给爷爷彩排好久,早上周芳芸、熊良智等来接爷爷,我陪同进了祝寿会场,人极多,气氛热闹。爷爷成为众星捧月的人物,学校从未这么热闹过,据说是空前。30日,家宴设在市内双桥子一家酒店,九桌,我挨爷爷坐着,他说我对他的著作算是入门了,从这几次我来蓉与他会面,他已看出来这一点。晚上四川电视台播放学校为爷爷庆生的新闻。31日,爷爷给姑姑说小波在学习方面进步很大,我的书是很难看懂的,而他不但看懂了,还能分析评论,这就很不简单了。31日返贵阳①。

12月30日,学校在学术厅召开纪念"汤炳正教授八十寿辰暨执教五十三周年"大会。在会上,先生谈了三个方面的"感想":"第一立志,第二勤奋,第三,要能够取得很好的治学方法。"与会的吴明贤说:"我个人以为汤老师在学术界,甚至在其他方面所做出的成绩,是远远超过我们研究所、超过我们学校,是在国内外享有盛誉的,只是汤老师对名誉之类的东西是看得很轻的。"此外,谢谦曾说,"我听汤先生课的唯一收获,就是知道了什么叫真学问、大学问";"四川师范大学是一所名不见经传的地方院校,但因汤先生在八十年代初以楚辞研究异军突起,该校中文系竟一时间成了该领域的学术重镇。怀念汤先生,更感谢博主对先师的播扬"。"序波老弟:令大父汤先生是我至今都很景仰的老师,我当年读启功先生的博士,推荐书就是老人家写的。我

①见撰者《日记》。

的博士论文,老人家也是论文评阅专家之一。我亲聆汤先生教诲,也认真读过他的论文与书,道德文章,后学望尘莫及。我不知道你从事什么工作,是否知道当年海内外学界对老人家的敬重?我到北京师范大学攻博,副导师聂石樵教授对我说:‘汤先生才是真正的博导!’当年博士点很少,川师这样的学校很难争取,直至去年才如愿以偿。你就可以想象这个评价的分量。我读老人家的文与书,包括为我写的推荐书,不说学术,就说文章的典雅,也令我赞叹不置。记得师兄大明当年去杭州,拜见姜亮夫先生,老人家亲书介绍信,那书法那文笔,大明兄和我把玩不已!”①中国屈原学会秘书长张啸虎代表学会发来贺电云:

> 先生桃李满天下,著述丰硕,驰誉海内外,领导屈学会,望重学林,为我辈楷模。

当晚四川电视台播发了纪念会的新闻。

是年,四川大学中文系硕士研究生力之(刘汉忠)踵门请益,先生赞其“学术悟性极高,将来必有大成”,遂欣然收为弟子。朱季海生前曾多次说过:“自己跟章先生学习,主要的方式就是聊天。”世人包括太炎先生皆称李源澄为廖平的“高弟”,按廖之哲嗣幼平说,李去“井研住了一两月就走了”,“父亲不是系统地讲经,而是解答疑难”②。余英时曾说,自己“在(新亚书院)课堂上学到知识有限,主要得力于私下和钱先生交往”③。力之居蓉三年间,用他的话说,“往渊研楼不知跑了多少遍”④,而其跟先生学习的情形,盖类朱之于章氏、李之于廖氏与余之于钱氏。《文

①谢谦2007年11月致撰者信语。

②廖幼平《廖季平年谱》,成都:巴蜀书社,1985年6月版,第82页。

③《余英时谈治学经历》(余英时口述,何俊记录),载《东方早报·上海书评》2014年6月29日。

④力之《〈汤炳正书信集〉序》。

史哲》编辑部原主任刘光裕曾说:“年轻时听萧涤非先生说过,他在清华研究院读书,多靠耳濡目染,靠与先生闲谈;在闲谈中得到的东西,往往是先生讲课中没有的。我记住萧师这些话,常常找点理由到老师家里说话,暗地里想学点东西。”①

1990 年庚午　先生八十一岁

在四川师范大学。

1 月 2 日,蹇先艾对撰者说:“没有想到令祖父的散文写得那么好,文字洗练优美。”②

1 月 5 日,《教育导报》发表署名黄新的《四川师大庆贺汤炳正教授八十寿辰暨执教五十三周年》消息。

1 月 16 日,李大明《汤炳正先生的治学之道:为庆贺汤先生八十寿辰、执教五十三周年而作》发表,载《四川师大报》。

先生为研究生何炜开列的书单:

> (一)前两年必读语言文字书(1)《说文》(清段玉裁注)(2)《尔雅》(清郝懿行《义疏》)(二)三年选读楚辞注本③(1)汉王逸《楚辞章句》(2)宋洪兴祖《楚辞补注》(3)宋朱熹《楚辞集注》(4)明汪瑗《楚辞集解》(5)清蒋骥《山带阁注

---

①刘光裕《诗称国手徒为尔,命压人头不奈何:悼念吾师关德栋教授》,收入中国俗文学学会和山东大学文学与传播学院合编《关德栋教授纪念文集》(《中国俗文学学会通讯》第 34 期特刊),2006 年 3 月。

②见撰者《日记》。

③姜亮夫、郭在贻为原杭州大学研究生开列的楚辞学“十六家”(见“超星学术视频”:林家骊“楚辞研究”。按:郭说“十六家”,又见《郭在贻文集》第三卷《楚辞要籍述评》),名单与汤炳正的“十四家”之说略异。即除未举汪瑗、王闿运、郭沫若三家以外,增王夫之、胡文英、刘永济、于省吾、谭戒甫五家。合观这两份名单(共计“十六家”),大体囊括了有汉至二十世纪末的关于楚辞研究的代表性学者与重要著作。

楚辞》(6)清戴震《屈原赋注》(7)清王闿运《楚辞释》(8)清马其昶《屈赋微》(9)郭沫若《屈原研究》(10)闻一多《楚辞校补》(及《神话与诗》等)(11)游国恩《楚辞论文集》(12)姜亮夫《楚辞校注》及《楚辞学论文集》(13)朱季海《楚辞解故》(14)汤炳正《屈赋新探》(三)三年选读先秦两汉要籍(1)《四书章句集注》(宋朱熹撰)(2)《诗经》(汉毛传、郑笺)(3)《左传》(晋杜预注,参今人杨伯峻《左传注》)(4)《战国策》(参今人缪文远《校注》)(5)《山海经》(清郝懿行《笺疏》)(6)《史记》(三家注)(7)《荀子》(清王先谦《集解》)(8)《管子》(清戴望《校正》)(9)《韩非子》(参今人陈奇猷《集释》)(10)《墨子》(清孙诒让《间诂》)(11)《吕氏春秋》(参今人许维遹《集释》)(12)《老子》(参今人马叙伦《校诂》)(13)《庄子》(清郭庆藩《集释》)(14)《淮南子》(参今人刘文典《集解》)(15)《论衡》(上海人民出版社标注本)(16)《汉魏六朝百三家集》(读汉魏部分)(17)《文选》(李善注本)。

附何炜关于"书单"的回信。

序波先生:

很高兴收到你的信。

提到的段注《说文解字》和郝注《尔雅》,当时我文字学基础很弱,汤先生是专为我文字学的学习研究而开的两本精读、必读书,我也不敢懒怠,很老实地按先生的要求,一个字一个字读的。而且,先生还要求发现问题,按发现的问题,一篇一篇写读书札记,他看得非常仔细,他认为有道理的地方划满了红线,几乎每篇都有批注,原来我很讨厌纯语言文字的东西,从汤先生指导我看这两本书开始,我感受到了中国古老文字神秘玄妙的莫大乐趣。自此对语言的流转无羁、特殊的声音和结构的微妙的传递和变化历史，对汤先生《语言之起源》的理解，都大有感受，十分喜爱。获得一种对语言的态度。

这些我都一直珍藏着。

洪兴祖的《楚辞补注》，是作为《楚辞》学习除王逸注之外的另一个核心注本来要求的，也是要求一个字一个字读的。另一个从句读开始的核心注本，就是朱熹的《楚辞集注》。密密麻麻的影印本，我先用绿色笔点断句读，定期送到汤先生那里，他逐句看，用红笔把错误的地方改正过来。最开始我不能理解这种看起来很笨的方式，但后来觉得真的是获益非浅，不但大大加强了对古代语言的语感，而且对逐代重要的研究观点，有了一个比较全面的了解。

《山海经义疏》（郝懿行注）和《淮南子》（刘文典集解），都是作为了解先秦历史文化背景要求的重要典籍。要求写札记，记得我偏爱神话，读《山海经》的札记写得充满了感情，实在的东西不多，比较虚，但多少有点自己的感悟，汤先生从不打击任何奇思异想，只是要求拿出证据，并教我认识哪些证据能说明问题，哪些是不可用的材料。特别主张用考古学证据。

我是学养最浅的一个，并放弃了学术研究，辜负了先生的辛苦培养，一直内心有愧，无颜面对。只是我一直认为，对汤先生，一定要去谈论他，在各种场合，更要在出版界、学界去谈论他。不能因为敬仰而避口不谈，不能因为是自己的导师出于谦逊而羞于谈论，汤先生既是他为数不多的学生个人心中的私有情感、私有记忆，也特别希望他成为一个时代、一种品德的美好记忆而高扬于世，流芳于世。

近两天看到凤凰出版社出版余历雄所写《师门问学录》，一个来自马来西亚的外国学生，来中国南京大学学习古典文学,他不是学生弟子中最好的,但他把自己六个学期中每次询问自己导师周勋初的回答,记录下来,经导师审阅补充完善后,最后成书出版,颇可以见其中周氏学问之路径,给人以教益。而无数学问精深的中国弟子,没有去做这个工作,去传递他们导师的学术思想和为人为文的美德。学界评论说,那是因为那个海外弟子,他怀着的,是一颗朝圣的心,所以,他写成了。

我也是怀着这样的心情去谈论他的。

何炜

二〇〇六年七月二十八日①

2月16日,先生致函叶懋良:

懋良同志:你好!

日前收到你的来信,及你所编的《教育导报》,得知你的近况很好,甚为欣慰!

《导报》发有我过生日的消息,足见贵报对老年知识分子的关怀,不胜感激!

我本不长于写小品文字,加之近年各方杂事干扰,压力很大,更无暇执笔。去年我的孙儿把我的旧稿《无名书屋话沧桑》偷寄给北京《散文世界》,去年该刊十一期发表以后,我才知道。不过我总觉得,这类文章跟学术论文,似乎隔着一堵墙,不易兼顾,未知你以为然否?当然,将来如有小文,自当奉寄。我年已八十,精力有限,"吃不得急酒",对此,你当会谅解!

因生日前后,杂事很多,来信未能早复,甚为歉仄!匆匆即颂

①《楚辞讲座》,第42—43页。

撰祺！

汤炳正

二月十六日①

2月29日，先生致函叶懋良：

懋良同志：

前函谅已收到，我的情况，当已有所了解，兹不赘述。

现将最近修改成篇的《〈渊研楼酬唱集〉自序》寄你，未知副刊能用与否？如不合用，请代保存，来川师时再带给我。

现况如何，时在念中！匆匆即颂

撰祺！

汤炳正

二月廿九日

2月，书信《致〈云梦学刊〉》发表，载《云梦学刊》第一期。

3月9日，散文《〈渊研楼酬唱集〉自序》发表，载《教育导报》。此文后来获该年度四川省报纸副刊“好作品”奖，并收入四川省报纸副刊研究会编《四川’90报纸副刊佳作选》（四川文艺出版社1991年10月版）。

4月6日，先生致函周建忠：

建忠同志：你好！

得来信，知去年十二月中旬，你曾寄来大著的《前言》；但一直等到现在，我始终没有收到。这可能是邮递之误，也可能是家人搞遗失了。因为那时正是我八十生辰，

①先生给叶懋良先生的信共计五通，叶先生2010年11月5日给撰者信云：“我搜寻出汤老写给我的五封信，时间均在1990年（有信封上的邮戳为证）。现将五封信的原件挂号寄你。作为汤老后人，你们保存令祖父的手稿更有价值，也算是‘完璧归赵’，得其所哉。”

学校搞纪念,电视台拍电视,亲朋登门庆贺……把我家的生活全搅乱了。因此,《前言》如失于家人之手,可能就在这时。不过,其他同志既然阅读过,我就不必看了(我建议《前言》与《总论》部分,能寄给赵逵夫同志看看,可能对你更有帮助)。

约我写序,误了日期,现已草草写成,先寄给你看看,如有不合之处,可来函商洽。

总之,你的大著,无论是全书,还是《前言》,都应着重分析每人的得失,不必论资排辈,过多地品第或安排彼此的高低;因为得失明则高低自见。未知尊意以为然否?

你的工作繁,任务重,在科研方面,应当适当节劳,注意健康,出于爱护,特此奉告!

匆匆即颂

撰祺!

汤炳正

四月六日

4月,为周建忠《当代楚辞研究论纲》作序,此书1992年8月由湖北教育出版社出版。现录入如下:

《当代楚辞研究论纲》序

周建忠同志的《当代楚辞研究论纲》,不久就要问世了!对此,我的第一个念头,就是这部饱含艰辛的学术成果,能以它独有的风采出现于学术之林,我感到万分高兴!

著者,是一位相当有气魄、有毅力的开拓者,但又是一位非常深邃缜密而又慎审谦虚的探索者。他在撰写这部论著的过程中,经常跟我通信,他的每一点甘或苦,愉悦或烦恼,都在我的意识中留下了深刻的印象。

我尝说:"文艺界,既有作家,又有批评家;学术界,也应当既有专家,又有评论家。这样才有利于学术的发展。”但在这一点上,学术界跟文艺界比较,就未免相形见绌。这也许是由于此项工作的艰巨性,使人们望而却步。如果说,专家要有揭示事物规律的本领,那评论家就要有衡量学术得失的才能,这担子并不轻松。周建忠同志的论著,对当代屈学领域的评论工作,确实付出了惊人的辛勤劳动。应当说,这是一部非常富有现实意义的力作。

据悉,当代很有几位同志在撰写《楚辞学史》。但似乎大都打算写到清末为止;最多也不过写到“五四”。对此,一概说是“厚古薄今”,未必恰当。因为这其中还有其他原因。例如,对古人的成就,虽有重新探讨之必要,然而“盖棺论定”,毕竟易于掌握。而对当代学术界,尤其正在成长起来的新秀,要“铢两悉称”地予以全面评价,则未免棘手。因为,凡属迅速发展、急遽变化的事物,欲给以定型化的结论,确实是很困难的。但周建忠同志,并没有“知难而退”,而是冒着一定的风险肩负起这一重任,并做出了颇为可观的成绩,精神殊为可嘉。

当前屈学的蓬勃发展,是有目共睹的。这主要表现在后起之秀多,论文数量多,新异观点多,分歧意见多。这一切,正是屈学兴旺发达的标志。但不可讳言,它也给屈学评论家带来了眼花缭乱之感。周建忠同志正是在这一汪洋的学术领域中,不惜重资,广搜材料,志之所在,锲而不舍。首先是,开拓视野,把握总体动态;其次是,独具慧眼,发现代表人物;再其次是,从学术个性、著述风格、研究方法等等,发掘不同对象所独有的本质特征。这种“进入个性”的学术评论,正是著者经过精密审思所形成的个人研究特色。因此,这部著作,可以说是“把握总体”与“突出个性”互相结合而且饶有趣味的学术尝试。

据我所知，周建忠同志是勤奋锐进之士。他既是优秀教师，又兼行政工作。而繁重的负担，不仅没有使他放松研究工作，而是更加不知疲劳地进行着有意义的探索。他的研究成果，早被学术界所重视。当然，这部对屈学界纵论得失、品评高低的论著，我们不能说，他的每一个论点、每句话、每个字，都能恰如其分地切合被评对象的实际，但那种自觉的科学意识和高度的学术责任感，无疑会使屈学界的同志们乐于跟著者一道，再接再厉，向更高的学术境界迈进！

1990年4月6日写于锦官城东渊研楼

4月22日，撰成《海滨拾趣》。

5月27日，先生赴贵阳参加中国屈原学会第四届年会。

爷爷来贵阳。他说台湾的贯雅文化事业有限公司来信要将他的《屈赋新探》《楚辞类稿》翻印出版，他已经和该公司签订了出版合同，为期两年。两种首印各一千册，给稿费五百美金。如果卖完即再各印一千册，仍给稿费五百美金。只要卖完即印。两年后就不再给稿费了。又将《语言文字学论文集》交给他们出版。台湾出书很快，说年底可以见书。爷爷说他现在对写散文兴趣很高，已写了几篇。说《散文》杂志执行主编贾宝泉来信要他的散文。爷爷告诉我他现在已不敢向外投稿了，他给《文史知识》那篇文章，引来该刊好几通信，说“你就把《楚辞》研究的边边角角给我们就行了”。28日中国屈原学会开会，爷爷致开幕词，王朝文、丁延模、蹇先艾等出席，丁代表省委讲话。张啸虎是湖北省社会科学院文学研究所所长、学会的秘书长，秘书处就设在他们所里。爷爷还告诉我他本来是不打算来开会的，张反复强调“你不来屈学会就办不下去了，你在学会具有强大凝聚力,会长非你莫属”。贵州大学校长张耿光命司机来接爷爷和我到其家。张是张汝舟的弟子,汝舟先生在贵州的弟子很多,且多有成就。政界如省委副书记丁廷模、副省长龚贤永等也是他的弟子。29日是小组讨论,本来爷爷主张我去听听小组讨论,他说只有小组讨论还有点听头,什么声音都有,汇总时好多声音都被过滤掉了。但这几天议程排得满满的,最终没有去听成。爷爷告诉我,他在北京读书时并不喜欢新闻专业,但有几个老师的课,他还是很爱听,如张友渔的新闻课。其时张正给北京颇有名的《世界日报》写社论,并常常在课堂上大骂国民党腐败。萨空了的“中国艺术史”也讲得很好。又说他那时有几个钱都花在买书与坐人力车上了。最后又谈到写散文,他说他写散文权当作我今后为他写传的素材,所以尽量将每个时期都写全。我问他的语言文字学体系建立起来没有,他说建立了。又告诉我他这方面一些未发表的稿子已经遗失了,很可惜。又告诉我黄季刚的弟子大多不敢突破师说,尊师当然很好,但也不能过头了,“你总要继续前进吧”。张汝舟却能突破师说,如他考定中古音声母三十三个,提出“邪母归定”说,这都是了不起的贡献。因此他在黄门是比较突出的一位。有人说章黄学派保守,其实学术研究保守、谨慎一点并不是坏事。晚,爷爷参加理事会,这是本届理事会的最后一次会议,他得参加,并宣布不再连任会长。30日,七点多出发去黄果树,三部大客车,三部轿车,我陪爷爷乘小车(昨《贵州日报》报道这次大会有代表近两百人。此外报道中有一句“海内著名学者汤炳正、魏际昌等参加了大会”),同车还有河北大学的魏际昌教授,到龙宫已十二点。乘船进去看,我是第一次来龙宫,感到有山有水,很奇,颇美,但与打鸡洞相比差之还是甚远。后又去黄果树,看大瀑布时下雨,我们照了几张相片，爷爷就让大明等去看水帘洞，要我陪他慢慢地往下走，雨正大，爷爷坚持要下去，站在最下面，那雨那瀑布喷出的雨珠极大，我力劝他上去，他不听。由此看出他的执着，这种执着用在学术上就是不怕任何困难。虽然我伞一直给他打着，但他衣服还是淋湿了许多，坡极陡，他出了许多汗，他曰"真是内外夹攻"。31日，今天是讨论会，爷爷说他不想参与，我们先去蹇先艾办公室。天下之事，无奇不巧。我刚提到谢振东，说他的办公室就在这一层，一转身就见到谢迎面走出来，谢大惊大喜，甚是热情。蹇正在与一人谈话，原来西南民族学院将他的小说集清样打出来，其中错脱太多，蹇请他们尊重作者，认真核校几遍。蹇与爷爷主要叙旧和讲文艺界的事情。爷爷专门感谢蹇这些年对我的照拂。蹇说我这些年"进步很大"。十一时告辞，蹇送我们到大门口。下午到友谊商场，在傩戏面具柜台前遇刘毓庆与牛贵琥他们几人，问爷爷面具的事，爷爷说是拒鬼、赶鬼，并引《论语》中孔子语作证。午饭后贵阳师专中文系主任王蔚桦来拜访爷爷。他说他读过《楚辞类稿》，深觉极有理。张闻玉也说考据才见出学问。二李来问关于选理事之事，因为明天爷爷要赴贵大宴，关于选理事及其他工作就不参加了，爷爷准备提议增选（由他提名）蒋南华、常振国、崔富章、萧兵四人为常务理事。爷爷与我闲聊，他说太炎先生对周氏兄弟、钱玄同、刘半农不满意，是因为他们弄新文学革命去了。老先生并不反对文人，只是看不惯新文学。他最为器重的弟子还是黄季刚。爷爷说在经学微观方面太炎先生最好（黄曾以为太炎先生的经学不如刘师培），刘在宏观上的确有新见，但总的来说不及太炎先生。黄季刚经学成就大，除他学生外，究竟大在什么地方，外人谁也弄不清，因为他并未留下一部专著，在小学方面他还是留下来一些东西，形成了一个独特的学术流派。爷爷认为梁启超与王国维相比,王的学术成就要大得多,梁在政治上有影响。6月1日上午,中国屈原学会选举,因爷爷已应贵大之邀请,所以不能出席这个会。早饭前爷爷专程去与张啸虎商量理事、常务理事人选。回来他告诉二李,张虽对崔富章有些不满,但也没有说不同意。他们走后,爷爷与我聊天,他说黄季刚的弟子中有很多人看不起王力,其实王力还是有他的成绩,如在古音韵研究方面的成绩我们是不能忽视的。贵大三个校长宴请爷爷,很是隆重。赶回会场,毛庆等人已站在大门等候爷爷了,他们说选完后感到学会里湖南方面的力量太弱了,征求爷爷的意见,是否增加两人。爷爷同意。爷爷仍当选为学会会长,爷爷首先讲话,他款款而谈,大意是他因年龄大了,精力差,这些年没把学会的工作做好,对不起各位会员的信任。这次又将他推出,他愿做一头牛,并引鲁迅那句"俯首甘为孺子牛"。爷爷话音一落,有人高喊:"祝汤老师健康长寿!"爷爷在楚辞学界威望极高,许多人都以能和他说上几句话为荣。爷爷说这个人认为自己只和他说了两句话,那个人认为自己只讲了几句话,其实加起来他就说了上百句话,"我怎么受得了"①。2日7时,我陪同爷爷到张啸虎房间看他,又去看了张叶芦、孟醒仁、周本淳。爷爷说他们虽属晚辈,但也都上了年纪,因此出于礼节要去看看他们。"人际交往要讲究礼数,亦即合礼。"爷爷专门对周说他

①1982年在秭归举行第一次全国屈原学术讨论会,"由于会中慕名登门拜访汤老师的人甚多,湖南的颜新宇有一天竟搬来一把椅子坐在汤老师房间前为汤老师挡驾"。李大明先生答撰者问:"我们到秭归已很晚,饭后临时安排汤先生在一间平房休息。颜老师确实是搬了一把椅子坐在房门口挡驾,一边与我低声叙谈。三十七年前的往事,经你问询,仍历历在目,恍如昨日。"

如见到萧兵请代他问好,他明确表示反对某些人称萧为“江湖派”,认为萧的学术成就应该得到肯定与重视。前天有人到爷爷房间来说,萧兵、龚维英、黄中模三人为“江湖派”,说他们到处活动,给学会带来了极其不好的影响。陪同爷爷去我父母家,爷爷说“小波这些年进步很快”①。

5月,先生在贵阳期间,撰者全程陪同。先生告诉撰者:“我的语言文字学论文,现已交台湾贯雅文化事业有限公司影印出版。并接受该公司的建议,命名为《语言之起源》。”书稿先前拟用的书名,据撰者所知:计有“渊研楼语言文字论集”“文字音义学”“语义学研究”“语源及其他”“语源与文始之研究”等。

5月,应杭州章太炎纪念馆馆长张振常之约,为该馆撰写楹联一副。联云:“遗志托南屏,谋国岂逊张阁学;高名仰北海,传经难忘郑公乡。”现悬挂于该馆内展厅的正门廊柱上。余远环称“对联用郑玄和张苍水,比拟章太炎在国学和革命上的成就,可谓精准独到”。

5月,诗《江陵怀古并序》发表,载广州文联《诗词》第九期。

7月9日,敏泽致函先生:

炳正先生文席:

久疏问候,至以为歉,忽接手谕,不胜欣喜。《文学评论》新改组,非常需要各方支持。您的信很好,很快即发出,并望今后继续赐稿。此次文评改组,各方劝我出主,本意坚拒,最后答应,实出不得已,当力尽绵薄,努力提高它的学术质量。

①见撰者《日记》。

使我久久有慊者，为先生之大著，虽经多方联系，终未获准，实深遗憾。他日有机会，定当继续努力，希勿念！

拙著承学者们谬奖，既感且愧，本拟寄请先生正谬，因邮寄麻烦，不曾寄出。谨致歉意。

恭颂

近祺！

敏泽谨叩

七月九日

7月21日，潘重规致函先生：

炳正尊兄教授左右：

赐书奉悉。尊著交贯雅出版，此间出版社甚多，弟不甚熟悉，已托友人查询，容有确讯，再当奉复。匆颂

暑祺！

七月廿一日潘重规手上

附先生《庚午秋喜得潘君重规自台来书》：

云海茫茫寄此生，瑶笺一纸报康宁。
谁知昔日姑苏梦，化作今朝海峡情。

7月，论文《〈离骚〉决不是刘安的作品：再评何天行〈楚辞作于汉代考〉》，收入山东教育出版社出版的《中日学者屈原问题论争集》。编者黄中模在《前言》中说："为了系统地批评何天行的谬说，汤炳正先生的《〈离骚〉决不是刘安的作品：评何天行的〈楚辞作于汉代考〉》，以丰富的论据，雄辩的文风，从理论、事实及音韵等方面论述《离骚》确为屈原所作，深入地、系统地清算了何天行的错误。其中最值得一提的是汤先生引用最新在阜阳地区出土的汉初古墓中的《离骚》残片为论据，彻底否定了何天行等人的'刘安作《离骚》'论。"姜亮夫与先生为该书的顾问。

7月，黄中模《现代楚辞批评史》由湖北教育出版社出版，序言为先生所作。书中为姜亮夫、汤炳正开辟了专门章节，记述二人在批评“屈原否定论”中的功绩。称先生是“中国当代卓越的《楚辞》学家”，而先生的论著“是我国不可多得的《楚辞》学的力作”（见第356页）。该书《内容提要》称本书“弘扬了郭沫若、姜亮夫、汤炳正等专家关于屈原与《楚辞》的正确文艺观，以引导读者正确审视中国传统文化的精神”。

8月，书信《致〈社科纵横〉》发表，载《社科纵横》第四期。

9月3日，撰成《万里桥畔养疴记》。

9月，散文《海岳烟尘记》发表，载《散文》第九期。该期《编后记》称此文“体现出一种我国人民历来就有的，争取生活、征服一切、换来幸福的坚忍不拔的毅力”；而主编贾宝泉则称“先生大作中透出一股浩然正气”。

10月12日，先生致函二哥汤棣正：

景华二哥如晤：

几年没有通信，甚是想念！好在世宁他几次入川，得知你及全家安宁，你也身体强健，颇为欣慰！不料最近得到不幸消息，知二嫂因病逝世。悲伤之余，更为二哥的生活起居担心，为二哥心情的痛苦而感到不安！

不过，我常常想，像我们八十开外的人，时时都要有充分思想准备；至于所谓“白头偕老”，我们对此已应当知足了，分外的要求，是不实际的。死者已不能复生，生者仍要很好地活下去。望你对此坦怀节哀，保重身体。好在世聚、世宁他们都很好，你应当以此自慰，至盼！

三哥景之在贵阳，近年因开会，见过几次，也有病，今年略好些，请放心。我的情况，俊玉见面当细谈，不多赘。

专此即祝

阖府平安！

弟炳正手书
十月十二日晚

10 月 21 日，张振常致函先生：

汤先生：

寄来的楹联及大函均已收悉，因最近一个多月一直在参加国家文物局主办的博物馆（馆）长研讨班，故至今才给先生复函，甚表歉意。

先生所撰楹联对仗工稳，寓意深刻，颇见功力，无愧太炎先生嫡传弟子，我馆有幸获得也为一大快事。俟今后经费落实及适当时机做上柱子以后，我们准备用照片拍下寄给您，如若能恭候先生光临则更欣喜。

我馆自八八年一月十二日对外开放以来，已接待国内外敬仰太炎先生的来宾六万余人次，在宣传太炎先生光辉业绩上起到了一定的作用，不少专家学者和有识之士认为这是国内第一流的名人博物馆。对弘扬祖国传统文化，促进海峡两岸的文化交流，对加强国人的爱国主义精神和民族魂裨多益处。

先生在章学的研究上颇有影响，学术等身，德高望重，请给予本馆多多指教，因本馆尚年轻，正在成长之中，需要社会各界的通力协作与支持，尤其像先生这样的前辈，我们更期望能得到您的教诲。余不赘言。

顺颂

秋祺！

张振常
十月二十一日

10 月，书信《关于屈原研究的一封信》发表，载《文学评论》

第五期。

10月,撰成《关于“书”的故事》。

11月5日,先生致函崔富章:

富章同志:

久疏音问,时萦于怀。承赐《古文献研究》,诵习之余,获益匪浅。姜老诸作,固极精湛;而大著《四库提要补正》,尤见功力。阁下既掌文澜宝库,得天独厚;更博学多文,好深湛之思,成绩卓著,固非偶然。余氏之《辨证》,不能专美于前矣。炳尝思之,在中国文化史上,应建立“四库学”一科,未知阁下以为然否?

姜老健康情况如何?时在念中;但又不欲以书札琐事劳其神,故未便修书询候。望能代我向姜老问好,并祝健康长寿!炳近尚顽健,亦希转告姜老,以慰悬注。至盼!

书不尽意,顺颂

撰祺!

汤炳正

十一月五日①

11月29日,启功致函先生:

汤炳正教授:

敬启者,今有我校中文系古典文献研究班中由启功指导之博士学位研究生谢谦同志。今届毕业之期,提出论文,申请答辩。我系敬求台端分神审察其论文稿件,并望指示是否合于博士学位水准,以便遵照判分。倘蒙详示应加修改之处,不但该生得获裨益,功等指导不足之处亦可借承教

①本书所收先生给崔富章的信,皆由崔先生委托其博士生管仁杰提供的影件录入。

益。答辩拟于九一年一月举行,因此,审察意见恳于九一年一月十日以前掷下,无任感荷企盼之至!

专此,谨致

敬礼!

北京师范大学中文系启功

一九九〇年十一月廿九日①

附呈

12 月 4 日,撰成《失落的童心》。

12 月 24 日,先生致函黄灵庚:

灵庚同志:

来函已悉。大著部分条目,早已收到,因杂事干扰,至今始得拜读一过。大著的成就,已在《序》中言之;现仅就其中不足之处,略陈鄙见。自知所言未必中肯,只供参考。

(一)大著书名《校诂》,但"校"的部分是否弱了一点。如唐写本《文选集注》残卷很重要,似乎未见引用。又如1667 页引王逸注"言士民所以变直为曲者"句,谓:"今本皆讹作'变曲为直者',特正之。"事实上,今传夫容馆本《楚辞章句》,王注不误,不得谓"皆讹"。

(二)大著对自己不同意的前人旧说,似乎罗列太多;而且连篇累牍引用原文,亦似无此必要。是否可加以删削与精简。至于驳斥旧说时,一应措词慎重,二应击中要害。例

①谢谦先生就此信给撰者的答复:"当时博士生很少,还没有现在的论文盲审和导师回避制度,评审专家乃至答辩委员会均由导师自定。启先生挥毫亲拟信函,以示尊重,然后交由答辩秘书复印,填写评审专家和博士生姓名。记得外审专家除老人家外,还有中国社科院张政烺和曹道衡、北大陈贻焮、北师大赵光贤、西南师大徐永年等。"

如1428页,引郭沫若说"字读纳告反",此乃上承"夔"字作音,非为"告"字作音。而你说:"告非音纳告反,郭说失之。"此驳未审。又1405页,姜亮夫以"雎鸠"说"雄鸠",是否正确,自可考虑。但你说:"雄、雎古不通用,雄鸠非雎鸠也。"按姜说乃以义取求女,非以音证通假,驳语不对题。又1408页,前人释"鸣逝"为"且鸣且飞",当然未必为确解。但你说:"果如其解,则'其'为'鸣逝'之代词,非胜语。"其实前人乃以"其"为"雄鸠"之代词,不必强其为"鸣逝"之代词,再加反驳。

(三)联绵词变化孳演之说,数十年来已成语言学的通论,自然应当充分用以解释屈赋。但大著对此,有时似乎发挥过多,扯得太远,反而对屈赋的义蕴造成纷歧。是否可加以删节,以趋精练。例如1352页,对"纬繣"一词的解释,"乖戾"与"靖好"杂陈;1407页,"蒙鸠"一词的解释,又"麻雀"与"斑鸠"并举。此类,皆当细心斟酌,作出限断,以免泛滥无归。

(四)其他有些错误,亦当力求避免。例如1426页,谓:"受、受本一字,引申为受之、付之相反二义。"实则"受"字音"摽"或"蔈",跟"受"字音义远隔,自成体系。乃两字,绝非"一字"。又如1405页,大著谓:"雄鸠训鹱鸠者,雄盖鹱字之形讹也。故朱注引一本雄音呼故反,谓即鹱字。"但据宋端平本《楚辞集注》朱氏引"呼故反"之后,并谓"则鹱字欤"。"鹱"从"户"得声,故为"呼故反"。大著谓即"鹱"字,则与"呼故反"不合,亦与朱氏原义不符。

据上述情况,建议大著在出版前,通体自检一道,除纠误外,字数可压缩一半,以求精确简练,字字珠玑。所言是否有当，希赐裁夺！

匆匆顺颂

撰祺！

汤炳正

十二月廿四日①

12月22日，写成黄灵庚的《离骚校诂》序②。

12月26日，先生致函易重廉：

重廉同志：

得十二月一日大函，知你撰成《中国楚辞学史》，不胜欣慰！

《目录》一份已收到，很好！只是刘向、杨雄二人，改列于西汉之末，方妥。不应列入东汉，希注意！

此间已寒气袭人，湖南如何？邵阳我曾路过，乃出人才之地，勉之！

匆匆即颂

撰祺！

汤炳正

十二月二十六日③

12月，《语言之起源》由台湾贯雅文化事业有限公司影印出版。全书除《自序》《后记》外，收有《语言起源之商榷》《古语"偏举"释例》《原"名"》《论古声纽的归并问题》《〈说文〉歧读考源》《古等呼说》《释"四"》《试论"寅"字之本义与十二支的来源》《〈广韵订补〉叙例》《〈法言〉汪注补正》《驳林语堂〈古音中已遗

①此信原收入《汤炳正书信集》，现据黄灵庚先生提供的影件录入。本书所收先生致黄先生的另外四通信，也系据其提供的影件录入。

②载《浙江师范大学学报》1996年第4期，是书同年由中州古籍出版社出版。

③影件由易重廉先生提供。

失的声母〉》《汉代语言学家杨雄年谱》《〈成均图〉与太炎先生对音学理论的建树》十三篇论文，皆有精深论述与独到见解，为启发国际语言学界对汉语的妙谛及我国传统语言学理论精髓的新认识产生积极的推动作用。因为先生的语言起源说，虽创始于四十年代中期，但至今仍具有崭新的时代色彩。有论者认为是书不但有助于两岸三地的学术交流，也将对海内外语言学研究产生深刻影响。对是书及其内容作过评述的论文有张国瀛《一部具有突破性的学术专著：评汤炳正教授的〈语言之起源〉》①，朱炳祥《论汉语的发生学道路》②，汤世洪、张世云《汤炳正学术传略》③，刘信芳《古文字歧读释例》④，力之《语言发生的"手势说"：兼论汤炳正先生的贡献》⑤，力之《论汤炳正先生〈原"名"〉一文之学术价值》⑥，力之《论汤炳正先生在文字与语言关系领域中所作之贡献》⑦，力之《略论汤炳正先生对语言起源研究之贡献》⑧。郑州大学文学院博士生导师、院教授委员会主任刘志伟有云："稍觉安慰的是，想到一些对当代学术文化有过重要影响的人物：李泽厚先生在其美学大成后尚且回归关注巫史传统的源头、周汝昌先生晚年尚且力倡《红楼梦》是古往今来绝无仅有的文化小说、汤炳正先生晚年尚且情系'语言起源学'诸宏大课题"⑨。附

---

①载香港《大公报》1993年4月6日。

②载《武汉水利电力大学学报：社会科学版》2000年第4期。

③载《贵州文史丛刊》2007年第2期。另，凡与《屈赋新探》评论相同的篇目，此处不再列出。

④载《安徽大学学报》2008第5期。

⑤载《中国文化》2014年春季号。

⑥载《贵州文史丛刊》2014年第2期。

⑦载《广西师范大学学报》2014年第5期。

⑧载《贵州师范大学学报》2014年第6期。

⑨见《〈汉魏六朝文史论衡〉后记》，上海：上海古籍出版社，2012年12月版。

录李诚《后记》如下：

后　记

吾国独有之声韵、文字、训诂之学由传统经学之附庸而蔚为独立之学科，实始自余杭章太炎先生。汤先生早年，曾就读于“章氏国学讲习会研究班”，从太炎先生游。及太炎先生病逝，又任该学会“声韵学”“文字学”教席。故先生尽得章氏小学之神髓而益转精密。是书即先生五十余年攻治语言文字之学的结晶。

先生尝云：“任何一个勇于探索真理的科学家，在大量的事实面前，总要追寻其所以然；在纷繁的事物当中，总要探索其必然的规律。”不仅求其“当然”，而更要求其“所以然”，此正先生追根诘底、勇于探索之治学精神的特征。是以当举世皆回避“语源”问题，对语言起源研究陷入绝境之际，先生独知难而进，锲而不舍，从吾国特有之语言文字出发以揭示人类语言起源之谜，提出了突破性之见解。其《语言起源之商榷》一篇专论及此固不待言，它如《古语“偏举”释例》以人类语言生产之初，必手口并用，以释古语“偏举”之来源；《原“名”》以“名”“问”等字之音义，阐明昏夜乃促成人类口头语言产生之客观条件；《〈说文〉歧读考源》以对《说文解字》歧读字之分析，论文字与语言“皆为直接表达社会现实与意识形态者”，文字并非“在语言基础上产生的”，二者之结合，乃经历漫长之历史阶段；……凡是诸论，皆道前人之所未道，发时贤所未遑论，莫不以对人类语言起源之考察为出发点而立说。其间虽各自为篇，实则浑然一体，独成其语言文字学理论体系。其论宏深而不流于艰涩，精审而出之以平易。此正先生顽强探索之治学精神与思维慎密之学术修养完善结合之体现。

《语言起源之商榷》一篇，乃先生语源学说之纲领性论著。正当世界语言学界迷惘于国际间诸多民族语言之纷繁复杂，而不得不以"偶然性""习惯性"敷衍塞责之时，先生独能发凡起例，提出"同一语音，往往可表不同之意义，此因同一音素而兼具多种特征"；"不同之语音，往往可表相同之意义，此因不同音素而具有共同特征"；"同一事物，往往得不同之名称，此因一物而有不同之特征"；"不同之事物，往往得相同之名称，此因异物而有相同之特征"等等。考世界各民族语言虽百态千姿，各呈异彩，然其称名指实，要亦不出上述诸规律。是则先生所提出语言起源之"容态语""声感语"等说，实亦具有普遍之世界意义；从而为人类寻找自身语言起源这一重大而又长期未获进展之世界性课题之解决，指明了一条摆脱困境之崭新途径。先生于此虽自谦为"向前推进了一小步"，然其重大之理论意义，当能激发起世人之共识也！又先生之论虽独辟蹊径，然实则植根于吾国多民族、多方言之语言环境及传统语言文字之学的深厚土壤。因而，其理论亦必能激发世之语言学家对吾国吾族语言之妙谛有进一步之认识也！

先生董理是书既成，畀余学习并嘱余为《后记》。余奉读再三，感佩莫名，乃记之如右。读者幸勿罪余未能道出先生之学术成就于一二也。

受业李诚

谨志于先生著述在台发行之时

有关先生的研究文章，最早一篇是发表于1962年《甘肃师大学报》第4期上的郑文教授《读〈屈原列传新探〉：兼论〈离骚〉的创作时间》，迄今已越六十载，而其中尤以力之先生发表的四篇各万余字的论文成就最高。他的这组极具深度的论文是以先生语言文字学研究为中心，全面梳理、考察古今中外这一领域的研究现状，发掘出先生卓尔不群的学术价值，而这方面过去未能得到应有的认识。举例如下：

力之先生在《语言发生的“手势说”：兼论汤炳正先生的贡献》中说：“至于就‘手势说’本身言，我们认为，以景麟先生之说支撑最坚、最为‘精审’，而其贡献是杰异的。本研究领域的认真严肃之研究，无论如何也不应忽略景麟先生之相关研究成果——因为你实在难以绕过它。总而言之，迄今为止，否定语言起源之‘手势说’的种种理由均似难以成立；细加比观景麟先生《原“名”》《语言起源之商榷》等文所说，更是如此。”

力之先生在《论汤炳正先生〈原“名”〉一文之学术价值：从语言起源和文字与语言关系两层面上考察》中说：“与相关论著细加比观，便知景麟先生无论是在语言起源研究领域还是在文字与语言关系研究领域，均作出了重要的学术贡献。而《原“名”》一文之结论，在某种意义上几可以说，乃景麟先生这两方面研究之出发点。从研究方法之层面看，将各自“独立”而又有极为密切联系之文字和语言的关系与语言起源作通盘考虑，其结果自然是1+1>2。景麟先生之学术研究，每多具方法之意义，以《原“名”》合之《〈说文〉歧读考源》与《语言起源之商榷》观，得其概矣。”

力之先生在《论汤炳正先生在文字与语言关系领域中所作之贡献》的结语中说：“景麟先生《〈说文〉歧读考源》之说，乃‘语言文字学理论上的重大突破’。自上世纪七十年代末之有关汉字性质的讨论以还，本研究领域相关的研究成果甚夥，且多所突破。然尽管如此，站在今天的立场上看，就文字与语言关系这一研究领域言，景麟先生此文无论从哪一层面论，其都是二十世纪初迄今最为优秀的成果之一（不仅如此，先生这一成果与其《语言起源之商榷》《原“名”》等，同样是《说文解字》研究领域中之重要收获）。而就对问题的关键处切入之深而见‘大’者言，目力所及，以此为最。概言之，景麟先生对现代的文字与语言关系这一研究领域所作出之重要贡献有二：就传统语言文字学言，是对‘因声求义’说完善之补充；就现代语言文字学言，是正以‘语言学眼光’观文字起源之失。而这两方面，乃文字与语言关系中之尤巨者。不仅如此，景麟先生的研究，甚具方法论之意义——合观《〈说文〉歧读考源》与《原“名”》《语言起源之商榷》，思过半矣。”

力之先生在《略论汤炳正先生对语言起源研究之贡献》中说：“纵观我国二十世纪上半叶有关语言起源之研究，景麟先生的成果无疑是最具创见、最值得我们珍视的。首先，景麟先生在《语言起源之商榷》一文中根据大量事实，于前贤时彦原有的种种有关语言起源之说外，提出了其‘容态语’与‘声感语’等崭新而极具深度之论；其次，景麟先生在《原“名”》一文中，出色地解决了声音与手势‘交替之际，如何过渡’这一语言起源之大难题（诚然，此中尚有诸多具体的问题待我们进一步的研讨，然而，景麟先生的工作是具有关键性意义的）；等等。由此，景麟先生将语言起源中影响最大之‘手势说’扎扎实实地往前推进了一大步，而相比之下，不少相关之说缘此而显得黯然失色。另一方面，景麟先生这一研究犹一座多层之宝矿，‘挖’而益出。因之，当我们站在已过去了六十余年之今天的立场上看，景麟先生有关语言起源之论说，仍为本研究领域中最厚实、最重要的收获之一，这时间遮蔽不了其智慧之光辉。令人遗憾的是，景麟先生这一异常珍贵之研究成果，由于种种原因，尚远未得到我国现代语言学史家应有之重视，遑论西方学者。问题是，就解‘语言之起源’这一世界性的难题言，景麟先生之研究无疑的有着其难以替代的独特之重要贡献。不仅如此，我们将这一研究成果置于越长、越宽的时空中与相关之优秀研究成果比观，就越是感到景麟先生所说之杰异。套用沈约《宋书·谢灵运传论》之语,是为:于此域中,景麟特秀。"

1991年辛未　先生八十二岁

在四川师范大学。

1月,台湾贯雅文化公司推出《屈赋新探》和《楚辞类稿》二书的繁体字版。先生《楚辞类稿》扉页有《新版序言》云:

> 记得,一位日本学术界的朋友曾对我说:"像屈原这样伟大的诗人,他是属于中国的,也是属于世界的。"这话很对。最近几十年来,海内外研究屈原之风大盛,正有力地证明了这一点。但是,作为这门学术的研究成果,不仅海内外的交流不够,即就国内而言,海峡两岸的屈学界,也是闭关自守,不通声气。这种文化现象,决不能说是正常的。据悉,近些年来,台湾屈学的发展是惊人的。例如苏雪林教授,早已有《屈赋新探》①《楚辞新诂》等巨著问世。但过去我对此毫无所闻,现在虽有所闻,而未见其书,真是万分遗憾!为了加强海峡两岸的学术交流,促进屈学的繁荣昌盛,我多么渴望能有机会畅读台湾同仁的大著,以增进学识,开拓眼界。这次,承贯雅公司将拙著以繁体版的形式在台重印,此实文化交流之盛举;而我也正可借此广泛接受海内外同行的切磋琢磨之益。海天辽阔,烟波浩渺,翘首凝眸,不胜企盼之至!

关于先生的楚辞研究,赵逵夫说:"解放以后成就比较大的是姜亮夫、汤炳正。姜亮夫的主要成果是'四人帮'倒了以后出

---

①先生这里表述得不够准确。苏雪林先后出版过《屈原与九歌》《天问正简》《楚骚新诂》《屈赋论丛》四种屈学专著,它们统称《屈赋新探》。

版的。他以前出版过《屈原赋校注》,注得很好;汤炳正先生出过两本书,一本是《屈赋新探》,一本是《楚辞类稿》。汤先生很会写论文,治学严谨,不说空话,他的论文总有比较坚实的论据,他是章太炎先生晚年的弟子,学问相当好,很会研究问题,在很多方面的研究也是很深入的,尤其像对楚辞和屈赋修辞手法的研究,在他以前尽管有几个人写过,但都没有像他那样发现《离骚》的用韵情况,他是第一个发现《离骚》的韵部转换是在相近的韵之间回环这一特点的。"①"(汤先生)国学根柢深厚,又能吸收国外的新的研究方法,也十分重视学术的规范。他没有一篇论文是随感式的论述,都是扎扎实实,进行严密论证。我在屈原研究上受到汤先生的多方启发,也受到鼓励。"②"汤先生的学问极深,汤先生研究《楚辞》,从文字音韵训诂入手,以出土文献相印证,他的《屈赋新探》和《楚辞类稿》,今天读起来都是常读常新。他们那一辈老先生学问都是又深又广的。"③

贯雅版《楚辞类稿》前刊有李诚《汤炳正先生小传》一篇,现录入如下:

汤炳正先生小传

先生字景麟,1910年生,山东荣成人。幼承家教,广罗典籍,博览经史。甫及冠,慕乡先贤孔广森、郝懿行之业绩,乃负笈游学北京,交谒学术界诸先达。大学毕业,旋即南下苏州,就读于"章氏国学讲习会"研究班,受业章太炎先生之门,专心研习文字、声韵、训诂之学。质疑问难,造诣渐深。

①邵宁宁、马世年《〈楚辞〉研究与现代学术:赵逵夫先生访谈录》,载《甘肃社会科学》2006年第5期。

②赵逵夫《古典文献论丛·前言》,北京:中华书局,2003年7月版,第29页。

③王启涛《敬畏学术,敬畏师长》,载《西南民族大学报》(总第551期)2010年12月9日。

所撰论文，深得章先生嘉许。及太炎先生病逝，章师母与诸同门遵遗嘱接办“章氏国学讲习会”。当时受聘任教者，如潘重规、龙榆生、马宗霍、黄耀先、姚奠中诸先生，皆章门一时之彦，而先生亦受聘“声韵学”“文字学”教席。抗战事起，先生转徙漂泊于陕黔巴蜀之间，曾任贵州大学、贵阳师范学院教授及川北文学院教授兼中文系主任等职。迨时局平静，先生方执教于四川师范大学，先后卜居于锦城之万里桥畔、狮子山麓，得专心致志于学术研究。先生之治学，始则淹贯经史，博览百家；后又专攻小学；继则对古代文学进行深刻之研究。此殆昔人所谓“博”“约”相济之道欤？

先生著述丰富，贡献颇多，而以语言文字及《楚辞》研究，尤为世人所称道。如对人类语言之起源、语音与语义之关系，以及“文字非派生于语言”、古语“偏举”来源于手口并用诸说，皆发前人所未发，在语言文字学领域独树一帜。至于《楚辞》研究，更被学术界称为“大家”。如理史迁《屈原列传》之惑、破屈子生辰之谜、辟“《离骚》乃刘安所作”之妄、论《楚辞》一书非成于一人之手、倡“神话演化常以语言因素为其媒介”之论，在国内外学术界皆有深远影响。凡上述诸说，洋洋近百万言，皆前人思所未及、言而未逮之论，可谓新矣。

然先生治学严谨，学风朴素。居尝强调“宏观”应与“微观”相结合，求“新”之目的在于求“真”，多学科当互相渗透，出土文物之利用，离开传世典籍则“孤掌难鸣”等观点。而先生之大量著述，实皆对上述主张之实践及其丰硕成果。

先生数十年沉潜学术，与世无争。由于士林之敬重与爱戴，近年乃被推任为“中国屈原学会”会长、“中国训诂学研究会”学术委员、《楚辞研究》主编之职，学术成就，饮誉海内外。古人尝云:“桃李无言,下自成蹊”,其先生之谓乎!

受业李诚

谨志于先生著述在台发行繁体字版之时

2月24日,先生致函黄中模:

中模同志:你好!

二月八日手书收悉。你的身体素质弱,再加勤奋过度,故易生病,以后望注意调养。你这几年做出不少成绩,为屈学界增光。看来,你治学多突击;以后采取细水长流的办法,健康自会恢复。

《楚辞研究与争鸣》《中日学者屈原问题论争集》二书皆收到,勿念!但《现代楚辞批评史》《与日本学者讨论屈原问题》,至今仍未收到寄书,未知何故?阁下的成就所在,颇愿先睹为快。

《少司命》赏析文,如身体无问题,望能撰写,以光篇幅。现尚未发稿。我年来身体粗健,传闻生病,乃不确之言。特此告慰。

匆匆即补祝

春节康乐!

汤炳正

二月廿四日

刘瑞明同志的文章,是郑文先生动员他写的;刘直接寄我处,要我转你;文章写的不错,请查收,并复信。

2月,大明《台湾出版汤炳正教授著〈语言之起源〉》发表,载《四川师范大学学报》第一期。附录如下:

四川师范大学中国古代文学研究所教授汤炳正先生《语言之起源》一书,最近由台湾贯雅文化事业有限公司出版。汤先生早年受业于国学大师章太炎先生之门，攻治文字声韵之学。从三十年代以来，在《制言》《论学》《教育学术》《中国语文研究》等刊物上发表语言学论著多篇（部）。其语言学研究以对人类语言起源的考察为出发点，创立新说，形成了自己的语言文字学理论体系。本书是其旧稿、新作中十三篇论著的结集。其中《语言起源之商榷》《古语"偏举"释例》《原"名"》等对先民以"容态语"和"声感语"表意诸问题进行了深入探讨，提出了不同于语言学界传统说法的崭新结论；《〈说文〉歧读考源》对先民"歧读"现象进行了开拓性研究，深入考察了古代语言与文字的关系，纠正了"文字是在语言的基础上派生出来的"传统说法；《〈广韵订补〉叙例》《〈法言〉汪注补正》对《广韵》勘正、《法言》训注亦多有新见；《汉代语言文字学家杨雄年谱》《〈成均图〉与太炎先生对音学理论的建树》对汉语言学史和声韵理论的研究均有精深论述和独到见解。本书由贯雅文化事业有限公司为纪念汤先生八十寿辰而隆重推出，这不但有助于海峡两岸的文化学术交流，也将对海（内）外语言学研究产生深刻影响。

3月9日，刘梦溪致函先生：

炳正先生大鉴：

尊稿《忆太炎先生》并附示敬悉。谢谢对《中国文化》的关怀。文章题旨极符合本刊的追求，初步考虑安排在第五期（一九九一年秋季号）上刊出。刊物初办，没想到海内外同道如许支持，可见世道文心。晚设想《中国文化》应该是一块净土，愿为此而努力不懈。谢谢先生赐稿给我们。不备，耑此，即请

近安

晚刘梦溪拜

三月九日①

4 月 9 日，先生致函叶懋良：

懋良同志：

前蒙屈驾造访，我适进城看病，未能晤谈，抱歉之至！

收到奖状及奖金②，颇感惭愧！因我平时从未在散文上下功夫，竟蒙你的推许，又觉于心不安！除致谢外，又复何言？

前几天与同志们到龙泉驿看桃花，归有所感，东扯西拉，写了一篇短文，寄你看看。如适用，可在“绿原”上刊用；不过，不妥之处，尽管修改。

附寄奖金收条一纸，希查收。匆匆即颂

撰祺！

汤炳正

四月九日

4 月 18 日，先生致函叶懋良：

懋良同志：

四月十日奉寄拙稿一篇，及奖金收据一纸，当已收到。

今天收到你九日的信，路上走了九天，本市邮递之慢，出人意料。

《龙泉驿看花所想到的》第四页引用周氏《爱莲说》一

①刘梦溪先生 2016 年 11 月 29 日给撰者的邮件说：“检视此函，我想就依序波兄的意思，收入亦无不可。此信倒是能见出我创办是刊的初心。”

②“奖状及奖金”一事，系指《〈渊研楼酬唱集〉自序》，此文获 1990 年度四川省报纸副刊“好作品”奖，并选入《四川’90 报纸副刊佳作选》，成都：四川文艺出版社，1991 年 10 月版。

段,当时只凭记忆,信手拈来,未查原文,致使中间有两处有误。原文当作:

予独爱莲之出淤泥而不染,濯清涟而不妖,中通外直,不蔓不枝,香远益清,亭亭净植。可远观而不可亵玩焉。

因此,拙文中"亭亭净植"句,当移在"香远益清"句之后;而拙文原来写成的"亭亭净植"之处,当改填为"中通外直",始合。过去写文,多相信自己的记忆,这也是个教训。

我写了不少回忆录式的散文,将来有机会,准备选一篇短的寄去。等看花篇发了再说吧!

匆颂

撰祺!

汤炳正

四月十八日

4月,旧体诗集《渊研楼酬唱集》自费印行五百册,分赠亲友门生。诗集共收入先生诗词作品86首。

4月,散文《屈里寻踪》发表,载《散文》第四期。

5月3日,散文《龙泉驿看花所想到的》(作于三月廿八日)发表,载《教育导报》。

5月15日,为范昌灼散文集《自在》作序,后来刊发于《教育导报》1995年8月8日。此书1995年8月由成都出版社出版。附录如下:

序

我跟昌灼同志是师生关系。自我从川师中文系调到中国古代文学研究所之后,彼此很少见面。偶然在路上相逢,他还是那么文雅,那样彬彬有礼,敬师之意不少衰。青年人的成长是很快的。古人说"士别三日,便当刮目相待",就是这个意思。可是,多年来由于跟昌灼同志少于接触,对他的志趣和成就，我并不十分清楚。

记得是一九八九年的冬天，我的散文在北京《散文世界》和天津《散文》上发表之后，昌灼同志像听到空谷足音似的，急忙来到我的书房，畅谈许久，兴奋之情，溢于言表；临走，还送了我一本他刚出版的《散文创作论》。这时，我才知道，他浸淫于文学的创作与研究，已近二十年的漫长时间；而且有不少亲切的体验与卓越的见地。这本《散文创作论》，就是证明。

最近，他又将自己长期创作的散文，结成了集子，嘱我作序。这几年，请我为学术著作写序者，接踵而至，而阅读书稿时，我总感到是一种压力；我曾怀疑，这是年龄不饶人、精力不济的征兆。但这次读到昌灼同志的散文稿子，却一反常态，心情是那样的轻松和愉悦。它使我触觉到了作者的生活、情趣、气质，乃至从字里行间流露出的艺术修养和审美境界，等等。这都比《散文创作论》所给予我的印象，要丰富得多，也深得多。几十年来由于见面稀少而造成的隔膜和距离，至此一下子缩短了许多，甚至完全消失。

这几年，我也写了些回忆录式的散文，但如果以“茶”作比，它有些像红茶或苦丁茶，总觉得浓郁之中带些苦涩；而读了昌灼同志的散文，则有一股花茶的清香和绿茶的回甜。这也许是不同的年龄，不同的经历，不同的性格和气质，在笔墨之间的流露。但不管怎样，他的散文成就，确实使我惊喜！

从前我游桂林时，对漓江两岸数不尽的奇峰异洞，曾苦于笔拙，难以描绘；这次读到作者写西昌的“土林”，那因物赋形的笔墨，将来有机会，无疑会使桂林的山水生色。蒲江的“朝阳湖”，虽号称“西蜀甲秀”，而在我接触的人中，却把它说得“不值一看”；这次读了作者的游记，那带有哲理的审美意识，不禁使我的游兴油然而生，觉得不游此湖，实为生平憾事。而且，不知怎的，作者笔下那多年未见面的姐姐的形象，竟使我想起朱自清笔下的父亲的“背影”；那质朴而富有感情的笔触，颇耐人寻味。昌灼同志曾对我说：他的散文无论是写山水，写人写事，主要是求一个“真”字。但我觉得，作者对姐姐形象的勾划，已从“真”迈向了“深”。可见，作者的散文创作，正在沿着这个轨道、向着这个境界在前进。我愿与昌灼同志共勉之。

一九九一年五月十五日

5月16日，先生致函吴小铁：

小铁同志：

来函悉。工作繁忙，所嘱未能全部照办，甚歉！

手稿一纸，乃拙著《楚辞类稿》的初稿原件，虽甚草草，可资纪念！

匆匆即颂

大安！

汤炳正

五月十六日

5月23日，撰成《狮子山的最初一瞥》。

6月1日，先生致函罗丽珍：

丽珍女士赐鉴：

贵公司筑总编辑四月廿二日大札敬悉；拙著二种，共十册，皆收到，谢谢！

来函所示六款，已一一拜读。贵公司对中华文化建设之热忱以及对敝人之信任，令人感荷。兹据来函作复如下：

（一）遵贵公司所示，已拟就《点校细则》一种，并点、校样篇各一种,兹呈上供审阅。

(二)题解及其内容悉依贵公司所命。唯《四库总目提要》出于众手,质量参差,其内容又多为丛书题解所涉及,是否可不必附录?

(三)《楚辞文献丛书》为海峡两岸文化界携手合作之盛举,亦为此间学人翘首企盼之书。影响既巨,则敝人亦不能不审慎从事。故拟约请大陆学术界已有一定声望与资格且又于屈学有所建树之专家学者担任整理校点工作。此《丛书》既为大陆学人共襄其事,故亦谨将大陆已经实行之有关《规定》呈上,以备参考。

以上若无不妥之处,则待贵公司一面作查阅版本或复制资料之准备,一面将稿酬标准制定通知,再签订合同,并开始实质性工作。届时,则书稿交印之期亦当不远矣。

即颂

夏祺!

汤炳正

六月一日

罗国威君之《全上文》补编,据我所知,已大体完成;只有北朝及隋朝部分,尚待整理。如期交稿,当无问题。垂询,附及。

附《楚辞文献丛书》目录①如下:

一编

王逸《楚辞章句》,道骞《楚辞音》(残卷),吕延济等《文选注》(骚类),无名氏《文选集注》(骚类,残卷),洪兴祖《楚辞补注》,杨万里《天问天对解》,朱熹《楚辞集注》。

---

①据《〈楚辞文献丛书〉编辑计划》打印件录入。

吴仁杰《离骚草木疏》，钱杲之《离骚集传》，谢翱《楚辞芳草谱》。

二编

汪瑗《楚辞集解》，陈第《屈宋古音义》，贺贻孙《骚筏》，陆时雍《楚辞疏》，黄文焕《楚辞听直》，李陈玉《楚辞笺注》，钱澄之《屈诂》，周拱辰《离骚草木史》。

三编

王夫之《楚辞通释》，王萌《楚辞评注》，林云铭《楚辞灯》，王邦采《离骚汇订》，蒋骥《山带阁注楚辞》，屈复《楚辞新注》，奚禄诒《楚辞详解》，刘梦鹏《屈子章句》。

四编

戴震《屈原赋注》，陈本礼《屈辞精义》，胡文英《屈骚指掌》，江有诰《楚辞韵读》，朱骏声《离骚赋补注》，丁晏《天问笺》，王闿运《楚辞释》，马其昶《屈赋微》。

6 月 14 日，苏雪林有云："下午得珞珈王曲、郭秋显信一份，郭即大陆汤炳也，左徒即左登一文，余不以为可，草一信与之辩。"①按宋希於对撰者说："苏雪林日记编者的认字水平不佳，这句显然有误文。郭秋显是台湾学者，'珞珈王曲'不知何物，幸而与下文无关。'左徒即左登一文'则显然是指您祖父的文章《"左徒"与"登徒"》。这么看来，这段话的意思大概是：下午得郭秋显信一份，郭引大陆汤炳正《"左徒"与"登徒"》一文，余不以为可，草一信与之辩。"

6 月，赴湖南省岳阳市参加 14 日至 18 日举行的"首届国际屈原学术讨论会"。省委书记熊清泉、老将军肖克来会场看望与

①《苏雪林作品集 · 日记卷》，台南：成功大学出版社 1999 年 4 月版，第 390 页。撰者按：《"左徒"与"登徒"》收在《屈赋新探》中，郭秋显应是看的本年台湾所出的繁体字版。惜编者将先生之名及其他几字识错。

会专家学者。先生分别与苏联汉学专家尼古拉·费德林①和日本楚辞名家竹治贞夫②就屈原问题作了讨论。会议开幕式毕，竹治教授立即来访先生。“汤老师高兴地说：‘我久仰先生的大名，也拜读了先生一些文章，十分佩服先生对《楚辞》精深的研究。’竹治教授回答说：‘我也早已熟知先生大名，并拜读过先生的著述，先生是继游国恩先生之后的一位中国的《楚辞》大家。能与先生这样的大家深入交谈学术，这还是生平第一次，我十分高兴。’”③

附先生的开幕词④：

---

①费德林（1912—2000），苏联科学院通讯院士，著名汉学家，1942 年以论文《屈原的生平与创作》获得文学博士学位，他是最早把屈原的诗歌翻译成俄文的苏联学者，曾任苏联驻华大使馆参赞、苏联外交部副部长、驻联合国首席代表，著有《屈原的生平》《我所接触的中苏领导人》等。

②竹治贞夫（1919—1997），日本著名楚辞学家，1963 年以论文《楚辞研究：以诗的形态考察为中心》获得广岛大学文学博士学位，1966 年任德岛大学教授，代表作为近百万言的《楚辞研究》。台湾中华书局 1972 年 4 月出版了他的《楚辞索引》中译本。大陆关于其研究有卢文晖《竹治贞夫先生与楚辞学管窥》（收入杨慎之主编《屈原与中国和世界文化》，湖南出版社，1992 年 12 月版）；徐志啸《竹治贞夫对楚辞学的贡献》（载《中华文史论丛》总第 80 辑，上海：上海古籍出版社，2005 年 8 月版）。惜徐文将竹治的卒年定为 1995 年，误，应是 1997 年。据竹治贞夫长子竹治文雄 1999 年 3 月 20 日给撰者的信云：“我父亲也是前年的秋天病重住院，于 1997 年 12 月 10 日病逝于德岛大学附属医院。”

③见李诚《洞庭湖畔招屈魂：随汤炳正老师参加“中国湖南国际屈原学术讨论会”侧记》复印稿。竹治首次见先生，称“是继游国恩先生之后的一位中国的《楚辞》大家”（先生当年 7 月 22 日在给撰者的信中也是这么转述的，见《汤炳正书信集》，第 289 页）。半年后（1992 年 1 月 25 日的信，见《与汤炳正教授往复书简并唱和》，第 19 页）竹治的认识又有了发展：“先生的论考，篇篇使人解颐，我想这是楚辞研究上闻一多先生以后的最高成果。”

④据手稿录入。

各位先生,各位同志,各位领导:

中国湖南的"国际屈原学术讨论会"召开了。我谨代表"中国屈原学会"向这次大会表示热烈的祝贺。

对屈原这一伟大诗人及其作品,中国学术界一直作为华夏文化传统的精华而进行不断的探讨。对国际来讲,对屈原的作品,早已有所研究,尤其五十年代以来,更取得可喜的成就。从这次与会的来宾中可以看出,既有国内的著名专家,又有国外的著名专家,学术名流,济济一堂。可以说这是中外屈学界一次大交流的盛会,大团结的盛会;也是中外屈学界一次促进学术增进友谊的大会。因此,让我再一次热烈祝贺大会的胜利召开!

三湘乃楚国故地。二千多年前,屈原就在这片土地上为国家的兴亡而奔走呼号,辗转漂泊,最终以自沉来表达了自己对故国、对民族的挚爱之情。

因此千百年来,中国人民对屈原深切地怀念着,在他沉湘之日的端午,总是以赛龙舟来纪念他,这已成为中华民族传统文化中不可缺少的一部分;而以学术探讨和文学创作的形式纪念屈原,则更是我国千百年来屈学界的文化传统。

湖南的领导同志和学界同仁选择在端午季节,邀约海内外学术界,在屈子曾彷徨行吟的洞庭湖畔召开这样一个大会,真可以说是天时地利人和,是一次弘扬中华民族传统文化的盛举。

因此,从提交给本次大会的论文提要中不难看出,所涉及的方面是有广度的,所探讨的命题是有深度的,所采取的方法是多样化的。我相信,这次大会在切磋交流之间,一定会把屈学的发展在世界范围内推向一个新的高峰。

最后让我,预祝大会圆满成功!

谢谢各位。

6月15日，在首届国际屈原学术讨论会上，先生“认为对于屈原及其作品，中国学者长期以来一直作为华夏文化的精华进行探讨，国外学术界对此研究亦向纵深发展，其势有如屈子诗云：‘路漫漫其修远兮，吾将上下而求索。’”他预言通过这次会议的交流和切磋，“一定会把‘屈学’的研究在世界范围内推向一个新的高峰”。费德林“告诉记者，他曾出版过几部有关屈原的著作，几十年来一直是屈子的崇拜者，以至于他作为苏联的首席代表在联合国发言时，脑海里还盘旋着屈原的诗句。他说，中国文化源远流长，研究世界文化首先就应当研究中国古代文化”。竹治贞夫“曾出版过近百万字的专著《楚辞研究》，他介绍了日本当代研究屈原及其作品的动态，引起了与会者的广泛兴趣”①。附先生《岳阳旅次访费德林院士》：

国际骚坛名早扬，灯前今夕话沧桑。
一寒至此何人晓，待作涅槃火凤凰②。

6月20日，撰者《追求：记中国屈原学会会长汤炳正》发表，载《贵州政协报》。

7月8日，竹治贞夫致函先生：

汤炳正先生台鉴：

久仰大名，初接謦欬。岳阳之好会，真是我生涯之大幸矣。冀望先生今后永垂高教。兹奉送当时照片数张，以及拙诗一首，以表感谢微忱，请先生见笑纳为荷。

---

①见李曙光《当年屈原吟咏处　今朝新写求索篇：海内外百名学者聚会岳阳研讨“屈学”》，载《湖南日报》1991年6月15日。

②先生小注云：“院士备言与郭沫若先生的友谊，并谓此次来华资斧窘困之状。深望其能改变处境也。”

遥寄汤炳正先生

今年何幸遇名师，恳语温颜若旧知。

巴蜀蓬洲程万里，难望再度拜芝眉。

耑此即颂

钧安！

竹治贞夫

七月八日①

7月22日，先生致函撰者：

序波：

四月二日、五月廿八日、六月廿三日的信，都收到了，因忙，未一一作复。今天稍微凉快点，才写这封回信。

你跟孟骞七月结婚，是大喜事。我已写了副对联，今天才裱好，准备寄给你们，以表爷奶对你们的庆贺！这副对联，是我临时编撰的。上联："晚成大器夸明允。"这里的"明允"是宋代大文学家苏洵的号（苏东坡的父亲）。苏洵年廿七岁，才开始发奋读书，终成名人。可以说他是古人所谓的"大器晚成"（记得是《老子》的话）。这一联是对你的希望。下联："古有令名传孟光。"这里的"孟光"，是汉代一位才德兼备的女子。她跟梁鸿结婚之后，夫妻互相敬爱，远近闻名；后世一直以"梁孟"为模范夫妻的代称。因为孟骞姓孟，我就用了这个典故。这是对小孟的夸奖。"令名"就是好的名声。——这一切，都表示我跟奶奶对你们深情的祝愿！

端阳节那天，我参加了岳阳的国际屈原学术会议。奶奶因事，没有去。会上各国屈学专家来得不少。其中，以苏

①本书所收竹治贞夫的信，凡未注明出处者，皆录自竹治贞夫1995年9月自印《与汤炳正教授书信往来并唱和》。

联的费德林、日本的竹治贞夫,在国际上的声望最高,都对《楚辞》有很深的研究。竹治贞夫第一次到我屋访问,就抱了一堆资料和他的论文,跟我交换意见,相谈甚欢。他说我:"您是游国恩先生(北大教授,已去世)之后,中国的楚辞大家。"二次见面之后,他又说:"如此深入地跟中国楚辞大家讨论学问,我还是生平第一次。"最后,临别聚餐时,我们坐在一个桌上。酒酣之际,他写了一张纸条,使翻译递给我。上面写的是屈原的《九歌》两句,即:"悲莫悲兮生别离,乐莫乐兮新相知。"这话,确实道出了我们之间此时此地的心情。今天,收到了竹治贞夫寄来七张我们在岳阳的合影。来信中附诗一首云:"今年何幸遇名师,恳语温颜若旧知。巴蜀蓬洲程万里,难望再度拜芝眉。"此诗写得很好。"芝眉"是尊称我的容颜。

我跟你奶的诗,现已印成小册子,寄去四册,请你分送一下,给你们做个纪念,其中,三十年代的作品,不易收集,只有当时《大公报》上刊的几首,总算找到了。其余散失已尽。你想写散文,这诗集也可作为素材。

你寄来的几篇发表的散文,都写得不错。可以看出,它们已逐渐摆脱了摹仿的痕迹,慢慢有了自己的风格。摹仿,是必由之路;但摆脱,也是艰巨的过程。可是,只要有了自己生活情趣和生活哲理,再加上独具特色的语言艺术,自会成家。贾宝泉同志赠了我一本自写的散文集,确实是写得好,读起感人至深!

你三爷,很久没有信息,他的头昏头痛病,好些没有?你若知情,来信告知;若情况不明,可抽暇探望一下,写信告我。

这里天气很热,不能看书,也不能写字。实在难过。今天对联裱好,我很欢喜,故冒暑写信,并包扎对联,立即寄

出。收到望回信。匆匆即颂
身体健康，前途无量！

爷汤炳正
七月廿二日①

8 月 1 日，金德建致函先生：

景麟学长赐阅：

前蒙介绍台北贯雅文化事业公司，曷胜欣谢。即联系，答应拟出《古文字学论文集》，以拙著《经今古文字考》为上编，《古籀文字考》为下篇，上下性质相关。惟手写之《古籀文字考》多简体字，一一挖改；又以手续上，沪台航信二星期始达，直至最近，始将完成签约。稿已交编辑部安排出版事宜。鄙意暑中可能印出，知注奉闻。

兄在成都久，徐中舒前辈熟识否？徐老八十年代初赴北京，晤及闻在宥师。闻师来信说起徐老治《左传》《国策》极精博，嘱弟说明闻师介绍，可问学请教。迄今闻师已逝，回忆不胜铭感。倘晤徐老，迄代致拳拳，佩服之意②。

8 月 4 日，撰者与孟骞旅行结婚，在成都先生家小住。

与孟骞到成都，爷爷很高兴，签名赠送我们贯雅繁体字版的《屈赋新探》《楚辞类稿》二书，书印的极为精美。又签名《渊研楼酬唱集》给蹇先艾、蒋南华、张闻玉、孟毅等数人。爷爷诗集《渊研楼酬唱集》共印了四百册，费泉 1500 元。5 日爷爷在学校宾馆宴请我们吃饭，为我们结婚祝辞，菜很合

①是年撰者与孟骞结婚。孟河北保定人氏，父孟毅，著名书法家，母许孟敏。

②据孔夫子旧书网图片录入。影件只有第一页，末页只看到最后一行“8 月 1 日”，故断为本年。此前先生还“介绍”了金先生的《宋钘、尹文三论》在《四川师院学报》1981 年第 2 期发表。

口。爷爷说成都出版社要出他的散文集,他将拟选的篇目拿来给我看,说大部分作品已写好。6日,爷爷说近有两部新出的楚辞书,整段整段地抄袭人家的书。有个青年学者与其中一作者熟悉,将自己未刊稿寄给他看,本想让他提提意见,结果他一字不落地抄进自己书中,"这个人向我说起都哭了"。爷爷说贵阳会议的论文集要出了,他正在考虑写序,谈谈这个问题、批评这种现象,要我帮他考虑如何提才稳妥一点。巴蜀书社要推荐《楚辞类稿》参加由邓力群任评选主任委员的首届"光明杯"全国优秀哲学社会科学学术著作评奖,爷爷没有兴趣,让他们放弃算了。说"此书不能代表我的学术成就"。如《屈赋新探》能得全国一等奖,《楚辞类稿》只能得个三等奖。前者学术价值要高得多,体系也完整。再说现在评奖须省里专门的学会推荐,"他们能看懂我的书吗"? 看都没有看懂,还如何评? 13日,爷爷说写学者的文章也不必总讲其学术成就,也可写写生活情趣及其他方面的内容。就学术而写学术,是很不好写的,文章还要讲究可读性。爷爷应台湾贯雅出版社之请主编《楚辞文献丛书》(从汉至清)有三十种,辑在一起也有五大册,说到时设法留一套给我。爷爷为我与骞讲《语言之起源》中的语源观点,如醍醐灌顶,茅塞顿开。骞在书房转了几圈没有找到一本词典字典,很是惊讶,我说爷爷就是研究语言文字的人,那里还需要看什么词典字典。14日下午李大明、李诚来商量为台湾贯雅出版公司点校《楚辞》典籍事,先商量人选,谁点哪部,后商量版本,复印底本等情况。合同是年底交稿,暑假出第一辑,二辑为明年底出,第三辑为暑假出。他们讨论了一下午,爷爷让我也在旁听听。晚爷爷让我明天为他顺便买一册林语堂《八十自叙》。15日,进城与孟骞游杜甫草堂,买王国维《人间词话》、林语堂《八十自叙》各两册,各送爷爷一册。见爷爷书架有一册林庚在1954年出的《中国文学简史》上卷(从史前写到唐代),问此书写得如何,爷爷说还不错,很有特色。惜一直没见下卷出版,“你可先拿此册去看看”。1947年林还出过一部简约的《中国文学史》(写到清末),朱自清在序中把它与胡适、郑振铎、刘大杰三人的文学史相提并论,评价很高①。

8月6日,先生致函竹治贞夫:

竹治贞夫先生台鉴:

七月八日大函敬悉。寄来照片数张,甚为感谢!在岳阳旅次讨论学术的合影,前已由李诚奉寄,想已照收不误。岳阳楼前石阶并坐合影未见,亦憾事也。

寄来诗篇,甚佳!深情厚谊,溢于言表。过去已知先生大名,由于远隔重洋,未曾交往,故今日颇有相见恨晚之感!现依原韵和诗一首:

自古三人有我师,扶桑宿学早闻知。
会当瀛海重相见,莫遣离愁上客眉。

诗写得不好,请指正!

先生的学术论文《关于〈楚辞释文〉的作者问题》,以为《楚辞释文》当出于陆善经之手,考证详尽,结论可信。先生发前人所未发,实《楚辞》学史之功臣。此文我已请人(赵晓兰)译成中文,准备在大学学报上发表,未知先生意见如何?

先生在论文提纲中认为:《楚辞释文》最大学术价值之一,在于它的篇目次第与今本不同。此言与鄙见不谋而合。对此,我在一九六三年所撰《〈楚辞〉成书之探索》(见《屈赋新探》)即依《释文》的目次为据,加以考证。请先生指正!

---

①见撰者《日记》。

拙作与先生的论文,实相辅相成,亦中日学术界佳话也。

耑此顺颂

撰祺!

汤炳正

八月六日

附记:此信前日派人交邮时,邮局认为信封不合格,拆开重新处理,以致遗失。现特补寄一封。请原谅!炳又及

8月9日,诗《诗四首》(即《江陵怀古》《拟柳枝词》等)发表,载《教育导报》。

8月16日,先生致函叶懋良:

懋良同志:

寄来《导报》已收到,刊诗四首,自惭不佳,谢谢!

嘱写纪念教师节的文字,现寄去。影印时可以缩版,故字写得较大。顺颂

撰祺!

汤炳正

八月十六日

8月20日,先生致函罗丽珍:

丽珍女士赐鉴:

七月廿九日赐函悉。

所示各项,悉依尊意。我已于今日召集身边有关人员拟就《丛书》第一编工作计划,工作已于今日正式展开。如无不便,敬请掷下所拟合约以便签署,使工作顺利进行。

前函惠赐台湾公藏目录一种亦悉。现第一编中有如下三书即请能在台复印:

一、《楚辞章句》,王逸撰,明隆庆五年豫章王氏夫容馆

刊本(中图866　台大36　东海11);

二、《楚辞补注》,洪兴祖补注,明覆宋刊本(中图866　师大15);

三、《楚辞芳草谱》,谢翱撰,清顺治刊本(中图1555　台大151);

因复印本乃作将来影印之底本用,故请择其版面清洁者为佳。并盼能早日寄下,俾点校得如期完成。

顺颂

秋祺!

汤炳正

八月廿日

8月,先生为《楚辞研究》第二辑撰写前言。此辑1992年9月由北京文津出版社出版,先生任主编。附录如下:

前言

"中国屈原学会"已成立七年了。我们开始曾认为,既是学会,理应有个定期刊物,作为会员们发表论文的园地。但这不过是"望梅""画饼",想想而已,谈何容易!后来,学会成立大会的论文,总算结成了个集子,即《楚辞研究》(1988年齐鲁书社出版)。记得,当时我曾写信给学会名誉会长姜亮夫教授,请他题个书签。他正病重住院,竟为此专程带病回寓,以惯用的笔砚,写下书签寄来。不难看出,老一代的屈学前辈对这个集子寄以多么殷切的企望!当时的打算,是每次年会的论文即编成一本《楚辞研究》,一直延续下来。但由于种种原因,主要是经济原因,连这样一个"不得已而求其次"的计划,也并没有能够实现。

说句老实话,我们不少同志都有一种感觉,即:当前群众性的学术活动虽比任何时期都繁荣,但离开金钱就寸步难行。而我们这批以钻故纸堆为职业的“秀才”们，则真是生财无路，告贷无门。就在这万般无奈之际，对出版论文集的问题，大家想了个笨办法，即希望年会在哪省召开，就由该省勤俭办会，节约开支，留下几个钱来出该期的《楚辞研究》。本期《楚辞研究》之得以跟会员们见面，就是贵州省的同行们依法炮制出来的成果。也正由于上述原因，论文集的编辑班子，并不是理事会的常设机构，而是根据理事会的意见由秘书处跟该省同志及有关各方共同商量、互相合作，搭个临时班子把工作担起。至于下次年会在哪里开？能不能出论文集，编辑班子如何搭配？皆在未知之例。这也许是名副其实的游击战术吧。

但是，不管怎样，这几十年来的屈学发展，是一浪高过一浪的。第一个浪头，是从 1953 年世界和平理事会纪念屈原开始的；第二个浪头，是从 1978 年十一届三中全会开始的；第三个浪头，是从 1985 年“中国屈原学会”成立开始的。其实，学会的成立，不过是一个标志，它标志着党的“双百”方针把屈学的发展推向了一个新的高潮。这些年来，屈学阵营，日益壮大；屈学论著，成果累累；且对某些学术问题，也确实有了新的突破，在屈学发展史上留下了一点记录。就以这本论文集而言，其中就有不少质量好的文章。

可是俗话说：“旁观者清，当局者迷。”我们自己估量自己，难免有些片面性；真正有“自知之明”，究竟不易。因此，广泛地听一听学术界的种种议论，是有好处的。例如，屈学研究所取得的成绩，是学术界公认的，这固然是客观事实；但屈学研究的不足之处，乃至不正之风，也还是要听听各方的反映。如有的同志在肯定屈学成果的同时又指出：“特别是近年来，学术界某些人好逞臆说，而不重实证:名曰宏观,实为空谈;名为创新,实为哗众取宠。”“主观臆测,标新立异。”有的同志甚至来信指斥:“一部分所谓研究,实质上是在亵渎社会科学,嘲弄屈原。”学术研究“应当对后人、对历史负责”。又如,今年一部屈学新著刚出版,立刻就有不少同志告状,说作者“剽窃”了他们的论点或论著。如此等等。应当说,上述这些意见,既非新旧学术思想的论争,也非不同学派之间的偏执,更不是出于个人的好恶之异,而是学术界普遍关心的原则问题,我们不能不重视。

我认为,世上的事往往会从正面走向反面,而正、反之间又是互为因果的。纵观这十多年来的屈学研究,似乎可用三个字来概括,即:热、新、活。这三者,从学术动态来讲,本是无可厚非的。但也正是在这三股浪潮的冲击下,屈学界的某些同志出现了学术思想的倾斜。

首先谈“热”。一般来说,“热”并没有贬意,如“文心雕龙热”“红学热”等等。由于人们热爱祖国优秀的文化遗产,而形成了一股“热潮”或“热浪”,这并不是坏事。“众人拾柴火焰高”,人多力量大,对这门学科的研究探讨,无疑是有好处的。而且,从屈学界来讲,这几年来也确实涌现出一大批有才华、有实学的后起之秀。关于《楚辞》研究成果,据有的同志初步统计,从1977年以来,出版专著已逾百部,在海内外各类报刊上发表论文已逾两千篇。这数字是惊人的,二者合计,它几乎相当于1977年以前的两千年楚辞研究成果的总和。当然,这其中为了“赶浪头”“凑热闹”而出现一些粗制滥造的“急就章”,是难免的;由于信息不灵、囿于见闻而导致课题撞车、浪费精力者,亦不在少数;甚至因为功力不足,急于求成,东抄西凑、言非己出者,也时有所见;……因此,在这股“楚辞热”的浪潮中,我们应当提倡一个“冷”字。我们对待祖国优秀文化遗产的感情,不妨热烈;而研讨祖国优秀文化遗产的头脑,则必须冷静。科学研究,没有冷静的头脑是不行的,没有“坐冷板凳”、而且一坐就是十年八载的毅力,也是不行的。我相信,在热潮中形成的这支庞大的屈学队伍,其中有的同志尽管还不够成熟,但他们一定会“闹中取静”,吃得苦,耐得冷,从而茁壮成长起来。正所谓“梅花香自苦寒来”也。

其次谈谈“新”。科学研究必须创新,如果陈陈相因,原地踏步,学术就永远不会有进步。这一点,我们一向就在强调。但我们同时更强调过:求“新”并不是目的,求“新”的目的,在于求“真”。所谓“真”,是指历史的本来面貌和事物的客观规律。在我们的屈学研究中,有不少根深叶茂、探骊得珠之作,确实令人耳目一新。然而,只以争新斗奇为目的的现象,也是存在的,正如学术界所批评的那样。而其根本原因并不在于求“新”,毛病出在“新”而不“真”。当然,即使目的在于求“真”,而结论仍非“真谛”,这也是学术史上常有的现象。可是,为求“新”而求“新”,以逞奇为能事,是不足取的。而且,王充《论衡》曾说:“文有伪真,无有故新。”这话很中肯。因此,对前代的学术遗产,不能抱虚无主义的态度。如果“真谛”所在,不能因其旧而废之;正如无稽之谈,不能因其“新”而从之。从人类文化整体来讲,没有继承,就谈不上创新;不能继往,也就不可能开来。永远从零开始,就永远没有进步。

最后谈谈“活”。所谓“活”,是可以包括很多方面的,这里只准备谈学术思想。“活”就是指屈学界这些年来的学术思想非常活跃。凡是某一学术领域的思想活跃,就意味着这门科学的前途充满希望。如果大家都是死水一潭、铁板一块,则创造性的突破是很困难的。这些年来,屈学论点的众说纷呈,研究方法的多元竞秀,文风笔调的不拘一格,等等,确有百花齐放之妙。但是,学术思想的活跃,必须跟严谨、扎实的学风和刻苦读书的功力相辅相成,二者缺一不可。要是光靠思想活跃,而放松了一步一个脚印地读书学习,就会在研究上出现逞想象、凭推理,轻事实、缺论据的偏颇。因而,不仅宏观研究未能步步生根,微观研究也难丝丝入扣。孔子在《论语》中说过:"学而不思则罔,思而不学则殆。"可见他老先生是"学""思"兼重的。但他又曾说:"吾尝终日不食,终夜不寝,以思,无益,不如学也。"则他又把脚踏实地的学习放在第一位,颇有点唯物精神。《荀子·劝学》也曾说:"吾尝终日而思矣,不如须臾之所学也;吾尝跂而望矣,不如登高之博见也。"看来,他们都懂得"思""学"并重、以"学"为本的道理。

写到这里,我不禁想起古人咏橄榄的诗句:"皮肉苦且涩,入口复弃遗。良久有回味,始觉甘如饴。"我们对来自各方的意见,无论怎样尖锐,而在冷静的"回味"之后,都会有所收获。这并不是由于"人言可畏",反而应该感谢"将伯之助"。现在,借《楚辞研究》二辑出版之际,写出如上的一些体会。愿以此与屈学界的同行们共勉之。

1991年8月21日

9月15日,竹治贞夫致函先生:

汤炳正先生台鉴:

八月九日大函敬悉。先生惠寄我以次韵玉作,我欢喜何若之!

先生又言及在岳阳门前并坐合影,我仔细地查找当时的照片,便有了那片儿在影集,即以前送给先生的影片里,对不起我遗漏了。兹把那一片附在信内。

恭听先生把我的论文《关于〈楚辞释文〉的作者问题》已使人翻译出来,准备在大学学报上发表,我以为极光荣。已过去的六月,我千里迢迢与会了在岳阳学术讨论会,可谓真有意义的。

我也拜读了先生的高论《〈楚辞〉成书之探索》,而觉得十分新颖。已故的青木正儿博士(京都大学教授,一九六四年没)曾经说道:

さて是(积文之篇题)を王逸の旧本であると仮定して眺めてみると、一つの考が私の胸に浮ぶ。即ち其の第十三に劉向の《九歎》が置かれてあるのは、事によると其れより上は劉向が編集して、編尾に自作さ附錄したもの、而して其れより下は王逸が増集して、編尾にまた自作の《九思》を附錄したものではなからうが①。(青木正儿著《新譯楚辭》一九五七年刊,四頁)

这个观点与先生的见解一部符合。我想要近期写关于《楚辞》成书的一文,以介绍先生的高见于日本学界。

时方金风凉爽,愿望先生越发加餐。

耑此即颂

教安!

竹治贞夫

九月十五日

9月,"《补注》宝翰楼本的复印件,是四川师大汤炳正先生

---

①"假定以王逸《章句》的古本来看,我有一个想法,即把刘向《九叹》的顺序放在第十三篇的原因是,刘向在纂辑《楚辞》时,将自己的作品放在最后当作附录,于是王逸在增辑时,也将自己的作品《九思》放在卷末当作附录。是这样吗?"撰者按:本段译文出自小友周敏秋之手。

提供的"①。

9 月,金德建致函先生:

景麟学长兄:

九月九日大札,诵悉。

拙著去岁蒙介绍,得由台北出版,甚感荣幸。尊著已于年底印出,亦至欣慰。

拙著手续较慢,因简体字写,须改为繁,且中间又想添篇幅,以至延拖。近接贯雅公司函,知印刷已妥,不久即可付邮寄送云云。想十月份定可见书了。

书名《金德建古文字学论文集》,该社所定,计无不当,便应用了。上编《经今古文字考》,即用齐鲁本原书,只错字校正;下编《古籀文字考》,凡六章,首章论东西土古籀文字,五十年前刊于《文澜学报》三卷一期,文较长。

---

①见黄灵庚《蒐集楚辞遍天下,考镜源流又十年》,载《中华读书报》2018 年 12 月 19 日。撰者看到黄先生此文后即致信叩问此事,先生回复说:"我看了老先生赠送的《楚辞类稿》,然后在岳阳国际屈原学术会议上问起此事,居然将《离骚》《九歌》二卷的复印件邮寄过来了。原书共四册,老先生复印了第一册。时间大约是 1992 年 9 月开学以后。发现复印本上有批语,与《类稿》中是一致的,应该是他的家藏本。老先生提携后学,不遗余力。""宝翰楼本",即清吴郡陈枚宝翰楼复刊汲古阁《楚辞补注》本(易名为《楚辞笺注》)。黄先生此前亦说:"首先,我深切缅怀楚辞学前辈汤炳正先生。1988 年 5 月,我出席汨罗市的屈原学术会议。在参观玉笥山的屈原祠时,我与汤先生交谈中便将整理《楚辞章句》的情况向老人家汇报。他听后非常高兴,勉励有加。说这个事情'很有意义','早年也想做',希望我好好做下去。事后给我寄来一个版本的书单和他的大著《楚辞类稿》。汤先生的嘱咐一直是我从事此项工作的精神动力。后来,先生曾多次来信垂询,示以关怀。汤先生谢世整整十年,昔日勉励、提携后学的情景恍如眼前,他的手泽仍然如新,令人感慨不已。此书的出版,总算对老人家有个交待。"(见《楚辞章句疏证·后记》,中华书局 2007 年 9 月版)

惟书印五百本，赠书只五册，难于分配，奈何奈何。

贵州大学中文系主任蒋希文，以前在上海无锡国学专修学校毕业，我教过他。前年读了《经今古文字考》后，曾以古音角度探讨、发表论文，于古音学年会宣读。论文将汇印中华书局刊布。蒋君毕业后又从陆志韦及罗①

10月6日，先生致函竹治贞夫：

竹治贞夫先生台鉴：

九月十五日大函奉悉。补寄岳阳门前合影一帧，亦收到，谢谢先生的盛意。我们两人，志同道合，万里迢迢，相会于岳阳，乃千载一时之佳话。铭记在心，此生难忘！

我最近与台湾出版社合作，主编《楚辞文献丛书》，收自汉至清有代表性的楚辞著述约三十种，加以校点，影印出版。其中贵国收藏的旧钞本《文选集注》（骚类残卷），中国罗振玉有印本，乃影描原书，字迹失真。拟请先生将家藏的京都大学影印本复制一份赠我，作为该丛书的底本。只复制《离骚》《招魂》《招隐士》三种残卷即可。此事赖先生大力支持，不胜感激之至！耑此顺颂

撰祺！

汤炳正

十月六日

10月24日，竹治贞夫致函先生：

汤炳正先生台鉴：

十月六日贵函奉悉，谨祝贺先生尊体日益康健，活跃在

①据孔夫子旧书网图片录入。只有第一页的影件，按推断应是本月。“罗”，查《语言研究所大事记》应是“罗常培”，1952年，蒋到该所任实习员。

学界上。

听说先生最近主编《楚辞文献丛书》，而将要其中编入日本收藏的旧钞本《文选集注》骚部残卷。这真是裨益《楚辞》研究者的壮举，我不胜高兴。便照先生的指示，将家藏的京都大学影印本复制一份，别函寄上。

这本是我自己复印，文字的鲜明度比原影印本没有差异。但原本有墨迹浓淡，虫损痕迹，纸面污垢之处，所以复印本也不免有那些地方。请谅之！

渐渐临近寒冷的时令，望多多保重！

耑此即颂

道安！

竹治贞夫

十月二十四日

10月25日，先生致函黄灵庚：

灵庚同志：

九月四日大函敬悉。所寄"绞股蓝"，最近才收到。你对我的健康，如此关注，不胜感谢之至！我有时吃东北人参，即发生眼睛不适现象；这次试服"绞股蓝"，也有这样的反应。说它是"江南人参"，也许是因为性质相近的原因。此间据说也有时可买到。请不必再寄；如需要，再写信相告。

郭在贻君生前与我为"忘年交"；阁下与郭君有旧，训诂学自有根柢。经过改写的大作，已收到。惟因"论文集"容纳字数有限，而大作篇幅过长，用时我准备亲笔压缩一下，望你见谅！

匆匆即颂

撰祺！

汤炳正

十月廿五日

10 月 28 日，敏泽致函先生：

炳正先生文席：

(手)谕奉看，知先生著作即将在台出版，不胜欣(慰)，多年来我为先生此书出版先后与十家以上出(版社)联系，都因经济问题被婉拒，内心甚感歉疚，(现在)总算有了出路，令人高兴。但堂堂一个大国，学(术著)作出版如此之难，特别是您这样的德高望(重的)专家，又令人生无限的感慨。

(《文学评论》)刊物已寄出，想已收到。稿费尚需过一段时间。(尚)望先生为《文评》撰写专文，以光篇幅。恭颂撰祺！

敏泽上

十月二十八日

(先生)年事已高，望善自珍摄①。

10 月，撰成《"孤岛"三五事》。

11 月 9 日，先生致函竹治贞夫：

竹治贞夫先生大鉴：

奉读十月廿四日尊函，并收到《文选集注》残卷复印本，不胜感谢！

复印本，纸地洁白，字迹清晰，开本大方，爽朗悦目，堪称上乘。《楚辞文献丛书》得此作底本，乃大幸事；而阁下相助之情，也永难忘怀。喜吟小诗一首以资纪念：

①据网络图片录入。本信上端被遮住，圆括号内的文字系撰者据文意推定。

漫道岳阳“新相知”，酒痕洒落故人衣。

逸经宝卷来中土，胜似琼瑶报我时。

记得，在岳阳临别宴席上，先生写下“悲莫悲兮生别离，乐莫乐兮新相知”之句以相示，深情感人，至今难忘！吾二人虽系“新相知”，但却“一见如故”，大有“相见恨晚”之感！所谓“酒痕洒落故人衣”者，实指此耳。蒙以《文选集注》复印本相赠，实堪铭感。但《诗经》云：“投我以木桃，报之以琼瑶。”我无“木桃”之赠，而先生有“琼瑶”之报，殊惭愧也。

秋寒袭人，诸希珍摄。翘首云海，言不尽意。

耑此顺颂

撰祺！

汤炳正

十一月九日

11月26日，先生致函敏泽：

敏泽阁下赐鉴：

九月十二日大函奉悉。顷又接云南大学寄来请柬，邀我参加由《文学评论》与云南大学联合主办的“中国古典文学研究的回顾与展望”学术讨论会。本拟整装前往，接受教益，并一览滇池风光。无奈气候突然降温，深恐以衰朽之躯，难禁风霜之苦，只得弃此良机，以图后会。特此遥望南天，祝大会圆满成功！

我对这些年来的古典文学研究，所知无几。仅凭感性认识，则似乎学风之外，还有个文风问题。当然近年来不少研究论文，在这方面堪称典范，但文风的不良倾向是存在的。例如，作为古典文学研究，我总认为理论要高要深，而文字则要浅要近。对此，“深入浅出”四字，还是有意义的。而且不妨说，理论越是深，文字越要浅，以免对接受高深理论造成人为的障碍。至于像古人所讥讽的那样"以艰深文浅陋",那就更要不得。因为理论并不高明而故意以艰深的文字吓唬人,这似乎已超出我们所讨论的范围。这不是文风,而是作风。

文风的民族化,应当是个方向。某些文章,因受翻译作品的影响,而出现一些"剪不断,理还乱"的长长句型,以及非中非西、似通不通的生硬词汇,这些似乎都应有所改变。当然,我所谓评论文字的语言民族化,既非提倡《文心雕龙》式的骈偶连篇,也不赞成诗话词话式的零散错落。作为理论文章,我们应当要求在现实语言的基础上提炼成一种生动晓畅而又富有逻辑力量的文风。

当然,谈到古典文学评论,也并不排斥使用一些传统的又是有生命力的词汇,但这仍然有个理解、融会、消化问题。记得本年第四期《文学评论》有一篇论文,题目是《公允的肯綮的》。我们知道,"肯綮"出自《庄子》,古今训诂或有小异,但皆作名词,无异议。因此,这里与形容词"公允的"并列使用,似不妥,亦不词。作者在论文内还有下列一段话:"第一次为人们提供了一部系统的、材料丰富的、评理公允而分析肯綮的《周作人评传》。"同样是因为作者对"肯綮"一词的理解不够,故在使用上造成不应有的错误。

以上乃临时想起的一点意见,作为向大会的献词。信手拈来,未必恰当,谬误之处,望赐裁夺!

匆匆顺颂

撰祺!

汤炳正

十一月廿六日

12月12日,先生致函黄灵庚:

灵庚同志：

十一月三日的信，早已收到，因事迟复为歉！

大稿已收到，约三万字。因“论文集”篇幅有限，经编委（会）商定，必须大加删削，保留七八千字，才能收入集。这一大手术由我来作，把精彩部分，予以保留，其余只能割爱。例如“封狐”“计极”等，前人已涉及者，删去；“自适”条虽精彩，但内容涉及问题多，可写成单篇发表；后半篇《释例》，我建议加以扩大，别成专书，必系力作。以上意见，不知是否有当？希谅解！

我在删节过程中，煞费苦心。有时不忍割舍，又不得不割舍。因“论文集”的字数多少，又涉及出版费多少问题，莫可奈何！

顺颂

文祺！

汤炳正

十二月十二日

我服“绞股蓝”，效果好，但不好意思再向你要了。炳又及

是年，先生填写表格①，附相关栏目的内容如下：

“主要社会履历”栏：

生平少预世事，未参加社会活动，主要是读书、教书，以及从事中国文史研究工作。五十年代，曾被选为成都市人民代表；八十年代，曾被选为民盟成都市先进工作者。

①据孔夫子旧书网图片录入。填表的时间被遮掩，现据表中的内容判断当在1991、1992年内，现暂系在是年。另，最后两个栏目部文字分被遮住，现按栏中的意思补出部分文字。

“研究领域和方向”栏：

(一)1949年前，主要研究领域是语言文字，尤其是对语言起源问题，有独到之见，成一家之言。

(二)1949年后，主要研究领域是屈原与《楚辞》，利用新出土的楚文物，对《楚辞》提出了一系列的新结论。

“代表性的学术思想”栏：

(一)受清代朴学思想影响。但主张微观宏观交相为用，不可偏废。

(二)治学重在创新，但反对为求新而新。认为求“新”的目的是为了求“真”，“真”是指事物的本来面貌与事物的客观规律。

(三)对许多学术问题提出了创见，发前人所未发，例不胜举。如：(1)首先提出文字是在社会现实的基础上产生的，并非“在语言的基础上产生的”。反对所谓“语言第一性，文字第二性”的说法。(2)以屈赋为证，首先提出古代神话的演变，多以语言因素的转化为其媒介。(3)首先提出，屈赋的用韵，除“脚韵”之外，又有“首韵”“腰韵”等。后来此事为壮族民歌所证实。(4)以《楚辞释文》为证，首先提出《楚辞》的成书经过，是从先秦开始，直到东汉为止，经多人不断纂集而成。并非如前所说“成于汉刘向一人之手”。

“学术上的师承与社会影响以及评价”栏：

(一)学术思想上继承章太炎先生。故有人说是嫡系的章氏学派；但也有说是偏离了章氏学派。实则二者并不矛盾，因为既继承了章氏的优良传统；又在新的历史条件下探索着新的道路。

(二)学术界多称赞其多学科综合运用的治学方法;对其某些具体结论多所引用,并加以发挥扩大。

“主要学术活动经历”栏:

(一)1935年秋,第一篇论文《〈法言〉汪注补正》,为太炎先生所赏识,发表于太炎先生主编的《制言》杂志。次年又在《制言》上发表《古等呼说》,对古韵的等呼问题,提出了古有洪音无细音的创见,引起学术界重视。此后,不少论文都是研究文字、声韵、训诂之作。

(二)1962年,在《文史》创刊号上发表了《〈屈原列传〉理惑》,对《史记》里《屈原列传》的种种矛盾现象,曾长期引起学术界困惑的问题,作出了新的探索,被学术界誉为“如拨云雾而见青天”。此后研究领域,集中于屈赋,并发表了一系列重要论文。

1992年壬申　先生八十三岁

在四川师范大学。

1月,书信《致梅桐生》发表,载贵州人民出版社编的《书讯》第一期,现附录如下:

桐生同志:

寄来大作《楚辞全译》,拜读之余,甚为欣慰!

大作能选取诸家注文之长,作为译文之依据,这是可取的。行文简括扼要,平易通达,富可读性。此外,译文能扣紧作品的主题及作者的感情旋律,体现出通篇的义蕴与精神,这尤为难能可贵。古今释《楚辞》者,多只注屈赋,而《楚辞全译》则译其全部,这虽增加了译者的难度,却使读者得窥《楚辞》全部。这也是本书值得肯定的一大特色。

此书，为世之读《楚辞》者，在古语与今语之间搭起了一座方便之桥，是屈学的功臣。当然，在训诂学家还未能正确解决的一些词语，不能强求译者作出准确性的定论，只有待后学之继续努力！

顺颂

文祺！

汤炳正

十二月廿六日

1月25日，竹治贞夫致函先生：

汤炳正先生台鉴：

十二月十二日见送给的高著《楚辞类稿》已收到了，对您的盛意表示深谢！前已有了大著《屈赋新探》之赠，现又得到此书，真是不胜感激。先生的论考，篇篇使人解颐，我想是于楚辞研究上闻一多先生以后的最高成果，对学者的裨益绝大①。我的旧著《楚辞研究》是一九七八年出版的，先生的两大著不得作为参考，真是遗憾。其后我从事于《近世阿波汉学史的研究》（阿波是德岛县的旧名），不得专力于楚辞研究，未有新得的见解。因而由风门书房送给您以旧著《楚辞研究》，以为返答，请谅之！耑此即颂

近安！统希鉴照，不悉。

竹治贞夫

一月二十五日

2月16日，金德建致函先生：

①竹治先生在编《书简》时对“拙文也有点补订”（1995年10月31日信语）。如这句的个别文字，与先生写《学术与友谊》时所引竹治来信的文字就略异。

景麟老学长赐鉴：

久未聆雅教，企念良殷。

拙著前以学长名义，蒙台北贯雅文化事业公司题书名《金德建古文字学论文集》出版于九一年十月，延至年底始获见书。

惟样书仅五册，除送京、沪大图书馆外，我自己只保存一本。顷托深圳熟人向台北购买二本，其中之一寄台端，乞指正。估计三月份可到。但阅后请即以此书赠成都之图书馆保存。如此要求，甚感不情，希能见谅。

弟近来视力听觉，俱不如前，杜门时间为多。加以内人于五月间逝世，家务烦冗，不能如往日平静，精力亦日就于衰疲矣。

匆肃，敬颂

新岁迪吉！

弟金德建顿首

二月十六日①

2月20日，先生致函竹治贞夫：

竹治贞夫教授赐鉴：

奉读一月廿五日大函，不胜欣喜；所赠大著《楚辞研究》，亦于二月间收到，尤为感谢！不幸正在此时我突患高血压，进城就医垂两月之久。不仅未能拜读大著，并未能复函道谢，深以为歉！上周已病痊返校，急作此函，以释远怀！

近来略览大作，见其体例严密，资料丰富，论点新颖，堪称屈学巨著。东国学者，有如此博大精深之作，令人敬佩不

①读此信，撰者感慨万端，莫非金先生已预卜先生年后事，才有“请即以此书赠成都之图书馆”的“不情”安排？

已！关于阁下有关《楚辞释文》之作，已交此间《成都大学学报》发表，待出版后，当即奉赠。

“中国屈原学会”第五届年会，拟于今年十月六日在山西临汾召开，系国际性的。届时将游览黄河龙门、司马迁祠等名胜。望阁下能光临指导，并得促膝谈心。邀请函当已收到，希速赐复，以便安排。

回忆去年岳阳临别之际，阁下于别筵间曾手书杜诗“明年此会知谁健，醉把茱萸仔细看”之句以相赠；今年山西之会，恰值重九时节茱萸盛开之际，深望阁下能践前言！

匆匆顺颂

文祺！

汤炳正

二月廿日

2月，论文《交错纷挐　事出有因：试论〈屈原列传〉与〈七谏〉之异同》，收入中国社会科学院文研所编《俞平伯先生从事文学活动六十五周年纪念文集》，巴蜀书社出版。

2月，书信《致何新信》，收入何新《爱情与英雄：天地四季众神之颂》附录，四川人民出版社是年5月出版。现附录如下：

何新同志：

承赠《众神之颂》已收到，谢谢！

你的大著《诸神之起源》我早已拜读过，甚为钦佩！尽管学术界对它多有微言，但对此富有开创性的著述，是应当充分肯定的。一件新事物之出现，一味指手划脚，未必恰当。当然，在你来讲，作为一种鞭策前进的动力，也还是有意义的。

《众神之颂》，企图通过你的再创造，把远古的艺术珍品《九歌》跟现代的欣赏趣味勾通起来，这也是创举，望好自为之！

匆匆即颂

撰祺！

汤炳正

二月九日①

3月，参加《四川师范大学学报》组织的"我与学报"笔谈，并作重点发言，再次强调"新"与"真"的关系。

5月6日，先生致函二哥汤棣正：

景华胞兄如晤：

去年俊玉返蜀，带来礼物及大函，以及诗词数首，兄之生活情景，宛然在目。信中有"兄弟三人鼎足而立"之语，现有噩耗相告，贵阳三哥景之，今年三月间，已去世矣！！

去年三哥的大儿贵生来成都有事，他说：三哥的头痛病已愈。记得前年我到贵阳开会见到他，正头痛难忍。头痛已愈，自当令人放心。不料，今年四月间，序波（世洪的儿子）来信，始知三哥三月去世的消息。然而，三嫂本人及六个儿女，至今还未有一字讣告。我想兄处可能尚未知此事，故特专函相告。并望节哀！

我们兄弟五人，现在只剩下你我二人。但人逾八十，体力渐衰，饮食起居，应格外注意，以尽其"天年"。这"天年"，用现在科学家的估计，约一百五十岁左右。愿与吾兄共勉之！

我现在身体尚健，寝食如常。写书看书，自知节劳。早晨起床，自做"保健按摩"；下午四时，出去散步；中午的午眠，始终保持。吾兄有何保健秘诀，暇时望能见示。

去年台湾出版社为我出版一部《语言之起源》，纪念我

①何新小注称，先生为"国内最著名《楚辞》专家"。

的八十寿辰。此书因邮递不便,我只得到十本,已被朋友取去。暂不能请兄指正,希谅!

匆匆即颂

夏安!

胞弟景麟手书

五月六日

6月6日,先生致函崔富章:

富章同志:你好!

久疏音问,时萦于怀。姜先生正值晚年颐养之期,不敢轻易打扰,请代我向他问好,并祝他健康长寿!

近与台湾出版界合作,由我主编《楚辞文献丛书》,共选汉至清末有代表性的楚辞专著三十多种,加以校点,影印出版。亦加强两岸文化交流之意。每种专著由校点者署名,全书由我总其成。

据悉,黄文焕的《楚辞听直》、汪瑗的《楚辞集解》二书,浙江图书馆藏有明刊本;刘梦鹏的《屈子章句》一书,姜先生藏有清刊本。未知阁下能否就近代为复印上述三书,作为《丛书》底本(印费多少?由我付款)。阁下如有余力,能选其中一至二种,进行校点,更为感激不尽!如蒙俯允,校点细则另寄。

阁下的大著《楚辞书目五种续补》现已出版没有?此书极有价值,深望早睹为快!

匆匆即颂

文祺!

林昌同志不另

汤炳正

六月六日

6月14日,竹治贞夫致函先生:

汤炳正先生台鉴:

拜悉四月二十日贵翰,我一来骇忧先生的患高血压,住院治疗两月之久,一来喜欢已经病愈返校,赐我以这大函。我希望先生以后留神健康,万寿无疆!

听说"中国屈原学会"第五届年会,将于十月在山西临汾市开会。那地区史迹丰富,我的神魂要飞游。但是我已经年高,加之现在写着《近世阿波汉学史研究》的继编太忙了,所以很遗憾出席不了,请谅之!

我的有关《楚辞释文》之作,先生已交《成都大学学报》发表,我引颈待印出。我也正在撰写《围绕〈楚辞释文〉的问题点》,其中介绍先生的《〈楚辞〉成书之探索》,待印出后当即奉赠。

昨年的今天,于岳阳市"屈原学会"开幕式上,初次见先生的面,回忆如梦,不堪感慨! 耑此即颂
崇安!

竹治贞夫
六月十四日

7月4日,先生致函成长建:

长建先生大鉴:

前得潘力生君函,嘱将所写诗联评语交阁下,再请阁下转成应求女士收。现将此件寄奉阁下,望能按照潘君所嘱办理,是盼!

学期行将结束,想阁下亦正忙碌,琐事相烦,实感内疚,希谅!

耑此顺颂

撰祺！

汤炳正
七月四日①

7月，先生为冀凡的《九章研究》作序。

8月，廖化津《〈屈原列传〉解惑：续说汤炳正先生〈屈原列传〉理惑》发表，载《河北师范大学学报》第四期。先生曾就廖文答复如下：

1962年，我的《〈屈原列传〉理惑》在《文史》创刊号发表之后，对学术界颇有影响。但历来学术上的重大结论，往往要经过较长时期的历史考验，才能渐臻完善。我当时，认为《屈传》从“离骚者，犹离忧也”至“虽与日月争光可也”一段，以及“虽放流”至“岂足福哉”一段，都是后人割裂刘安《离骚传》之文羼入《屈传》者。后来的学者，大都赞同我的论断。也有人在赞同的前提下，又认为，以文风而论，前段当从“屈平疾王听之不聪也，谗谄之蔽明也，邪曲之害公也，方正之不容也，故忧愁幽思而作《离骚》”开始，紧接下文“离骚者，犹离忧也……”都是《离骚传》的原文。尤其廖化津君在《〈屈原列传〉解惑》一文中，引高诱《淮南子叙》以为淮南“其文也富”，而班固《司马迁传》则以为太史公“辨而不华”；“屈平疾王听之不聪也”一节，跟其他羼入的《离骚传》两大段一样，皆文字华丽，且多排偶，颇与淮南“其文也富”的风格相同，而与史迁其文“不华”的风格迥异。故廖君以为前段当起自“屈平疾王听之不聪也”句，也当划《离骚传》之文。其说极是。

回忆我当时对上述两大段本为刘安《离骚传》文，是深信不疑的；但对前一段的前限，应当起于何句，则颇费踌躇。

①影件由小友周学涛提供。收信人系湖南财经学院教师。

因为,我虽早已发觉“屈平疾王听之不聪也”数句,与紧接下文之“离骚者,犹离忧也”一段,文势风格一致,但如果把“屈平疾王听之不聪也,……而作《离骚》”一节也划为被羼入的《离骚传》原文的前大段,则史迁整篇《屈传》竟对屈原曾赋《离骚》之事一字不提,殊不可解。今廖化津君对此,乃以《屈传》为略于传而补以赞(即“太史公曰:余读《离骚》”以下)之体例说之,则颇可信。余谓《史记》他传,亦有此例。如《管晏列传》,传文甚简括,对管晏著述,一字未提。但在“太史公曰”下却云:

> 太史公曰:吾读管氏《牧民》《山高》《乘马》《轻重》《九府》及《晏子春秋》,详哉其言之也。既见其著书,欲观其行事,故次其传;至其书,世多有之,是以不论,论其轶事。
>
> 管仲世所谓贤臣,然孔子小之。岂以周道衰微,桓公既贤,而不勉之至王,乃称霸哉?语曰:“将顺其美,匡救其恶,故上下能相亲也。”岂管仲之谓乎?
>
> 方晏子伏庄公尸哭之成礼然后去,岂所谓见义不为无勇者邪?至其谏说,犯君之颜,此所谓进思尽忠,退思补过者哉。假令晏子而在,余虽为之执鞭,所忻慕焉。

太史公这段赞语,细绎其义,实与《屈原贾生列传》之赞语同调,即对古人既评论其得失,又流露出景慕之情。至其结构,亦首先以读其所著书引起,以补传文所未及者;其次再评其行谊。不过应注意者,《管晏列传》赞中所谓“至其书,世多有之,是以不论,论其轶事”一语,则为《屈传》赞语所无。但史迁此语,同样可用以说明《屈传》的体例。如屈子的《离骚》,汉初早已大行于世,人所共知,也可谓“至其书,世多有之,是以不论”;同样,在传赞中,也略为点出,以补其缺。故《屈传》的"太史公曰:余读《离骚》《天问》《招魂》《哀郢》,悲其志。……"跟《管晏列传》的"太史公曰:吾读管氏《牧民》《山高》《乘马》《轻重》《九府》及《晏子春秋》,详哉其言之也。……"是同一体例,同一语调。因此,《屈传》本文未提《离骚》,亦不足怪。而把"屈平疾王听之不聪也,……而作《离骚》"一节也划归刘安之《离骚传》,正是天衣无缝,顺理成章。廖君犹未及此,故为之补说如上。

但是,廖君又谓:刘安《离骚传》以为《离骚》乃屈子顷襄王时被放之作。故史迁采其后半篇"虽放流"一段插入襄王时,截取其前半篇插入怀王"怒而疏屈平"之下,"借以说明怀王疏绌屈原的深远影响"。此说似欠严谨。案刘安《离骚传》的中心观点,乃断定《离骚》为屈子在怀王时被绌之后所作;故其前半篇(即"屈平疾王听之不聪"一大段),略如班固的《〈离骚〉赞序》、王逸《〈离骚〉序》,即系《离骚》于怀王疏屈之时。故割《离骚传》以羼入《屈传》者,即以之紧续于怀王"怒而疏屈平"之下,这是很自然的。至于《离骚传》的后半篇,《离骚传》的全篇,皆就怀王而立言(即"虽放流"一大段),一则曰"系心怀王,不忘欲反",再则曰"卒以此见怀王之终不悟",三则曰"怀王以不知忠臣之分"。其为承《离骚》作于怀王之时而立言,不容置疑。割羼者补入于襄王之世,甚误。廖君虽欲强改"怀王不悟"句为"襄王不悟",但上文的"系心怀王"句、下文的"怀王不知"句,又当如何解释?而况此段所谓"内惑于郑袖""外欺于张仪""客死于秦,为天下笑"等等,皆怀王事,非襄王事,岂改"怀"为"襄"所能解决?即如顾炎武欲移此段于"顷襄怒而迁之"之下,亦无法解决此一矛盾。故以刘安《离骚传》证明《离骚》作于顷襄王时,是欠妥的。当然,《离骚》究竟作于何时,学术界正可多方探索,不必遽下结论。但刘安《离骚传》的论点,却是明确的,即《离骚》作于怀王时,非作于襄王时。

9月3日,姚奠中致函先生:

景麟兄:

示悉。屈会弟将如命参加。冯俊杰君邀在会上讲话,推辞不得,姑以东道主之意说几句以塞责。兄嫂同来晋,十分欢喜,弟意来晋不易,当多盘旋数日,拟于会后,由弟专车接来太原。可游名胜,可以长谈。树兰前年骨折后,虽已愈,出外还不放心,她只好在太原俟驾了。秋气渐深,诸希珍卫!

弟奠中拜

九月三日

9月8日,周芳芸《培养新人情深意切》发表,载《成都晚报》第八版,叙述先生教书育人的感人事迹。

10月6日,姜亮夫致函先生:

汤先生:

欣闻中国屈原学会在临汾举行学术讨论会,我以年老不能前往,特致函祝贺,祝会议圆满成功!记得八六年在富阳开会时,我亦住院不能赴会,曾写信祝贺,并提议增选一名浙江同志任副会长,我推荐了崔富章。后来知道汤先生未能与会,事遂寝。富章已从浙江图书馆调杭大古籍所,协助我主持工作。此次临汾会上,烦请汤先生再次代我提出,并请各位理事予以考虑。

前不久,湖北教育出版社黄榕、徐耀明同志来杭,就编辑《楚辞资料库》征询我的意见。我仔细倾听了他们的报告,曾表示同意。但兹事体大,不知汤先生意见如何,请汤先生权衡酌定,并于便中赐复为盼。

寒露将至,天气渐凉,北方尤为明显,请及时加衣,保重身体。祝与会诸君身体健康,学术与友谊并进!

姜亮夫

一九九二年十月六日①

10 月 14 日,先生致函姜亮夫:

姜老赐鉴:

奉读十月六日手示,知福体康泰,不胜欣幸!所示二事,谨复如下:

(一)崔富章同志系先生高足,治学谨严,成绩卓著,理应作屈学界后起的带头人。先生建议提升为中国屈原学会副会长,弟极为赞同。只是这次到会的理事太少,不合法定人数,不便进行选举。会下接受个别理事的建议,拟于会议结束后,由秘书处主持用通信选举的方式进行选举。预料结果,必操胜算。

(二)关于由先生领衔主编《楚辞资料长编》,其体例略知梗概。在当前楚辞文献资料极端缺乏的情况下,此实盛举。会下与崔富章同志商讨,对此项工作,弟当大力支持与配合,如有具体工作,愿效微劳。

以上所言,未知当否,请予以裁夺!秋凉袭人,诸希珍

①据孔夫子旧书网图片录入。姜先生的这一通信,网上曾两次拍卖,都没有把信完整地贴出来,“湖北教育出□□□□□□明同志”,阙文蒙周建忠教授相告(撰者正在校清样时,吴小铁先生从某拍卖行发来此信影件,这几个字正好没有被遮蔽,与周所言完全吻合)。《楚辞资料库》2003 年 1 月出版时,易名为《楚辞学文库》(分为《楚辞集校集释》《楚辞评论集览》《楚辞著作提要》《楚辞学通典》四卷五册)。据崔富章《前言》说,这年的 9 月,黄榕、徐耀明、周建忠三同志相约来杭拜访姜先生。

摄是盼!

耑此敬祝

健康长寿!

弟汤炳正

十月十四日①

10月,赴山西临汾参加国际屈原学术讨论会暨中国屈原学会第五届年会。来自全国25个省市自治区的会员及部分外国学者共106人出席了会议。这次会议于1992年10月9日至13日在山西省临汾市举行,由山西师范大学主办,大会收到论文111篇,围绕“屈原与中华文化”这一中心议题,展开了广泛深入的讨论。先生提交大会的论文是《〈国殇〉与中国傩文化的演变》。姚奠中在开幕式发言中,称先生是以“全面的、深入的、严密的,朴素细致的探索论证使一些奇谈怪论不攻自破”的“主要代表”人物②。会议结束后,先生专诚游览了“司马迁祠”。

10月,先生《闻屈学奇论有感》:

曾闻历史由人造,千载谁人有别才。
不料玉环东渡后,灵均又到瀛洲来。

10月,论文《骚苑落英》发表,载《四川师范大学学报》增刊总第六期。

10月,《四川师范大学学报》增刊总第六期发表雷敏《四川师大古代文学研究所学术专著提要》。关于《屈赋新探》:

本书是汤教授对屈原及屈原作品长期系统研究形成的一部学术著作。本书按类编纂:一、屈原生平事迹。二、《楚辞》成书与传本。三、屈原的思想与流派。四、屈赋里的神

①影件由崔富章先生委托其博士生管仁杰提供。

②姚奠中《迈向屈原研究的更高层次》,载《山西师大学报》1993年第1期。

话传说。五、屈赋的语言艺术。共二十篇学术研究论文。此书特点勇于独创而不离乎典据，立意新颖而不流于诡异。誉为建国以来楚辞研究的重要成果。

关于《楚辞类稿》：

此书可视为其专著《屈赋新探》姊妹篇。全书以读书札记形式结集，所论凡一百七十五则，约二十五万言。书中对屈原生平事迹的有关资料、楚辞学史的有关问题、屈原及宋玉以下骚赋作品的主旨文辞等，阐幽发微，多有创获。在研究方法上，不但注意把考证资料与探索规律相结合，而且注意了文学、史学、哲学、民族学、宗教学、神话学、考古学等多种学科知识的互相渗透融合，从而使本书既有精审严密的传统，又有新颖独到的特点，给研究楚辞乃至从事学术研究以极有益的启迪。

关于《语言之起源》：

本书是汤教授数十年研治语言文字学的结晶。全书十三篇论文皆举出大量有力的证据阐明所提出语言起源的一系列新颖而富挑战性的观点，从而构成独具特色的语言文学理论体系。《语言起源之商榷》，创见性地提出“容态语”与“声感语”理论，在研究汉语特征上堪称独树一帜。此书为启发世界语言学界对汉语的妙谛及我国传统语言文字学理论精髓的新认识将起积极的推动作用。

10 月，杜心华主编《四川师范大学校史》有先生小传。称先生“数十年从事语言文字及《楚辞》的教学与研究，著述丰富，在国内外学术界皆有影响”。另一册校史则称，“他在语言学、文学、历史学、文献学、神话学方面卓有建树，尤以语言学理论和楚辞学研究蜚声海外”①。

---

①李成良主编《四川师范大学校史》中“汤炳正”条语。

11月，庆祝建校四十周年（1952—1992），先生为“四川师大图书馆落成志庆，书《荀子·劝学》语：‘锲而舍之，朽木不折；锲而不舍，金石可镂。’以补壁　辛未仲秋之月汤炳正”书法作品。载学校《图书馆简讯》第十一期。

12月8日，冯俊杰致函先生：

汤先生：

上次去信想已收到，关于出版论文集事，现有新进展。山西人民出版社答应先排版，后商量经费事，估计将来不必付书号钱，只负责印刷费用。这就节省了一些。齐鲁（书社）王鲁一先生在北京联络的结果：至少要两万元。几家都是一价。学生无办法搞到那么多，只得作罢。现遇到如此慷慨者，自然要抓住机会。只是他们提出：一个月内必须交稿。因太原各厂家最近任务较轻；关于编委，可待印封面时再定，来得及。也许将来在副主编的位置，要加一出版社的人。这一点我已预先答（应）人家了，不好让人家白干。先生以为如何？毛庆处学生也写信告知，争（征）求他的意见。

又，先生放在外专楼的论文，待我去找时，已被服务员当废纸处理了。真没办法！上次写信忘告诉您。即颂

大安！

俊杰拜上

十二月八日①

①据孔夫子旧书网图片录入。另，夏传才1993年1月29日致先生信语：“遵嘱为屈原会论文事与香港天马图书公司（出版社）联系，该公司董事长曾研究楚辞，出版过两部楚辞著作，所以可以予以支持，不收任何费用，提供国际书号委托在大陆承印，由我们自己找地方印。他们只要求论文质量达到较高水平，印制质量也好一点，以免影响他们的信誉，并且把审稿的事委托了我。”（以下部分被信封遮住。孔夫子旧书网图片）两事后来均没有能成功。

12 月 9 日，撰成《重过双石铺》。

12 月 31 日，《〈当代楚辞研究论纲〉：一部有特色的学术评论著作》发表，载《文摘报》①。

12 月，论文《〈语言之起源〉补记》发表，载《四川师范大学学报》第六期。

12 月，为李大明《汉楚辞学史》作序，此书一九九四年由电子科技大学出版社出版。

是年，着手整理《渊研楼文录》与《剑南忆旧》书稿。

是年，先生任民盟成都市委文教组委员。

1993 年癸酉　先生八十四岁

在四川师范大学。

1 月 1 日，诗《〈教育导报〉创刊五周年志庆》发表，载《教育导报》。

1 月 17 日，竹治贞夫致函先生：

汤炳正先生：

拜收您的春节贺信②，我很感谢，于兹敬献先生万寿！

去秋临汾之会，日本大宫真人氏归国后有信，我知道了一端，喜悦盛况。

我最近成稿了《围绕〈楚辞释文〉的问题点》，内中介绍先生大论《〈楚辞〉成书之探索》的概要，等到三月下旬印行，应该送给一本。耑此即颂

①先生在寄给撰者的复印件上写着“光明日报社主办的《文摘报》，在国内有权威性”。

②附贺年片的内容：“竹治贞夫教授：临汾之会，未得阁下光临，深以为憾！遥望瀛海，敬祝春节康安！万事如意！汤炳正贺。”

道安！

竹治贞夫

一月十七日

2月20日，先生又将《自纪》（初稿）修改为《自述治学之经过》①。

2月，诗《看电视〈蒲松龄〉感赋》发表，载《诗词》第四期。

2月，论文《〈国殇〉与中国傩文化的演变》发表，载《云梦学刊》第一期。有论者称："汤炳正先生《〈国殇〉与中国傩文化的演变》以《论语》《礼记》《周礼》《吕览》《淮南子》等典籍所载之有关民俗的资料，论证了'傩'与'禓'异名而同实，皆指古人驱除疫鬼之礼俗；《九歌》中之'国殇'实即'国禓'，亦即'国傩'；'国殇'既非天子之傩，亦非庶民之傩，乃诸侯国之傩，《九歌》中楚之《国殇》亦当为楚国国家祭典中用于傩祭之歌，即祈求'鬼雄'为人驱疫之歌。文章还论述了作为消灾、驱疫的傩或禓（殇）在先秦时代南北方各自的特征与共同点以及汉以后的变化。该文显示出老一代学者精深的学术功力，其观点对进一步研究、认识屈原《九歌》性质与内容具有重要启发意义。"②"汤炳正考证有傩文化形态，认为《国殇》当为楚国国家祭典中用于傩祭之歌。古今或谓《九歌》为楚祭歌之说不为无据，然释'国殇'为'死于国事者'则未为确解。"③而先生在谈到此文时说："当前研究傩文化之风渐盛，因此，就有人认为屈原的《九歌》，全是傩祭的歌辞。而我只认为《国殇》是行傩之歌，《九歌》其余各章皆与傩无关的。因为《国殇》是傩歌，于古有证。其余各章，情意悱恻，皆

①载《中国文化》2016年秋季号。

②张宏洪《国际屈原学术讨论会暨中国屈原学会五届年会学术讨论述评》，载《喀什师院学报》1993年第1期。

③见冯俊杰《中国屈原学会第五届年会述要》，载《文学遗产》1993年第2期。

与强鬼驱疫之傩祭无关。故不能谓《九歌》皆傩祭之歌。因为，我所得到的证据，只能得出上述的结论，再跨前一步，就会走向谬误。失掉了依据，亦即失掉了科学性。”①

2月，先生为萧兵《楚辞的文化破译》所写的“审查意见”以《独树一帜，自成体系》为题发表，载《淮阴师范学院学报》第一期。萧称此文“可谓鞭辟入里的知言，又是高屋建瓴的导引”②。

3月3日，先生致函竹治贞夫：

竹治贞夫先生大鉴：

一月十七日手示敬悉。知大作《围绕〈楚辞释文〉的问题点》即将印行；其中介绍拙作之论点，甚为感谢！

大作《关于〈楚辞释文〉的作者问题》译文已在《成都大学学报》一九九三年第一期发表。由于《学报》篇幅的限制，大作内容被主编者略加删简，于论点无损，对此，当蒙谅解。随函附寄一份，请查收。

大官真人先生光临山西会议，因先生来去匆匆，未能畅谈，殊为歉！关于中日文化交流，吾辈略开其端，将来如何扩大，先生有考虑否？望能告知。

耑此敬颂

文祺！

汤炳正

三月三日

3月，竹治贞夫《围绕〈楚辞释文〉的问题点》发表，载日本德岛大学主办《文学论丛》（第10号），称先生《楚辞》成书研究，“可以

①先生《渊研楼屈学存稿》，第61页。

②萧兵《楚辞与人类文化》，收入《楚辞研究成功之路：海内外楚辞专家自述》。

称得上是出色的研究”;并指出先生根据《楚辞释文》的《楚辞》古本篇次,“出色地阐明了十七卷本形成的过程,建立了前所未有的学说”。

4月6日,张国瀛《一部具有突破性的学术专著:评汤炳正教授的〈语言之起源〉》发表,载香港《大公报》。

4月9日,先生致函黄灵庚:

灵庚同志:

手示悉。前寄“绞股蓝”早收到,因衰老多病,又兼忙乱疏懒,未即作复,至歉!特此补致谢意!

《离骚校诂》不久将问世,甚为欣慰!当前重资出书,已成惯例,莫可奈何!书签已写,未知合格否?有何意见,希示知。

贵阳会议的论文集,已由北京文津出版社出书,你的文章已收入,为集子增光。阁下欲得此书,可直接写信给“贵阳市,贵州教育学院,蒋南华同志”索取。他们已寄数本给我,印刷质量不算高,但花钱却不少。

匆匆即颂

文祺!

汤炳正

四月九日

4月11日,竹治贞夫致函先生:

汤炳正先生台鉴:

三月三日贵翰及《成都大学学报》一九九三年第一期所载拙论《关于〈楚辞释文〉的作者问题》(赵晓兰先生译),早就收到了。我的高兴何若之,就不胜感谢!德岛文理大学《文学论丛》第十号所载拙论《围绕〈楚辞释文〉的问题点》,印行耽误,今天方才出版,我立即别函寄上该志一本以及抽印三份了。

我原来想要翻译先生的大作,无奈该志刊规不载翻译,只得于“二、《楚辞》的书形成之问题”里,介绍概略而已,尚希见谅!

我以为由于前年于岳阳的我们一度好会,致使这样学术交流,真是学界的佳话。我希望嗣后日中两国的学者,交流越发增多。

耑此敬颂

钧安!

竹治贞夫

四月十一日

5月15日,先生致函崔富章:

富章同志:你好!

敬呈姜老一函,当早代转。所嘱暂未办到,甚歉!

明年“中国屈原学会”六届年会,应当改选换届。我拟不参加会议,并下定决心,决不继任。但以原会长的身份,准备提几条书面建议,供理事会讨论表决。其中包括姜老和我本人共同推荐阁下任会长一事。估计问题不大。

我拟主编的《楚辞研究全书》,现经国家教委批准,纳入国家“八五”社科研究规划。兹事体大,望阁下大力支持与襄助,至盼!

匆匆顺颂

文祺!并祝

姜老健康长寿!

嘉骊同志并此不另!

汤炳正

五月十五日

5月24日,崔富章致函先生[①]:

汤先生:

您好!

大札敬悉。去年自临汾返杭后,我立即去浙江医院将先生手书呈送姜老,姜老命我读给他听,十分欣慰,对汤先生的关怀表示感谢!只因当时诸事纷杂,未及时向先生禀告,乞谅!

关于学会人事安排,本应是会员大会投票方能决定的,越出此规则办事很难,实在也无此必要。姜老没有再提起这事,事情已经过去了,只是凭空给汤先生增加诸多麻烦,我心里很不安,十分抱歉!

关于六届年会,我在临汾见到李诚同志时,曾明确表示:汤先生必须连任会长,这是楚辞研究稳定发展的需要,是广大会员的共同愿望,不宜更换人选,以动摇本会根基;副会长人选,可考虑年轻点的,以便承担具体实务,以免汤先生过于操劳,集中精力考虑学会之大事。在临汾,我曾当面向先生表示,由于种种原因,屉学会的活动我参加不多,杭州方面对学会的支持不够,这是很不应该的,姜老批评过我,今后一定多参加学会活动,协助汤老做好工作。

姜老仍住医院,神智尚健旺,只是双腿无力,行动困难。他要我转达对先生的谢意!

此致

敬礼!

崔富章上

五月二十四日

①此函可与上年的姜亮夫信函对读。

5月30日，大明《汤炳正教授语言学专著引起较大反响：香港〈大公报〉载文评〈语言之起源〉》发表，载《四川师大报》。

5月，先生主持的《楚辞研究全书》课题，被列入国家教委"八五"社科研究项目。

6月7日，先生致函竹治贞夫：

竹治贞夫先生台鉴：

四月十一日大函敬悉。所寄《文学论丛》及抽印本三份，亦收到无误，特致谢意！惟因邮递延迟，刊物近始收到，故未能及早作复。甚歉！

大作《围绕〈楚辞释文〉的问题点》，读后不胜钦佩！其第一部分，虽系重述先生旧作《楚辞释文》作于陆善经之说，但较之旧作更为缜密精确，说服力更强。其第二、三部分，乃系统地介绍拙文《〈楚辞〉成书之探索》的观点，并加以肯定与品评，多中的之言。例如，认为屈原的《离骚》第一、宋玉的《九辩》第二的篇次，之所以得长期流传并为人们所接受，乃中国文化传统中"经传构想"所造成。此说颇足补敝说之不足而相辅相成，不胜感谢！

其次，对刘勰《辨骚》中"招魂招隐"一句，先生提出刘氏此处乃以"文艺标准"评论楚辞的艺术风格，故不以时代为序。因而不从敦煌古本作"招魂大招"，而仍以后世通行本作"招魂招隐"为是，并提出萧统《文选》与刘勰《辨骚》的观点一致为据。此说持之有故，可成一家之言，使拙文少一旁证。

再其次，拙文以为第四组的三篇，增辑非出一人之手；第五组，即最后的一次增辑者为王逸，他只在原有的前四组十六篇之外，增加了自己的《九思》一篇而已。而先生则认为四组五组，不当分开。此乃王逸一人增辑了四组三篇，又加己作《九思》。以为"这样的想法才是合理的"。事实上炳在撰此文时,也曾有此想法。但因读王逸的《离骚》后序,知道王逸所继承下来的《楚辞》传本,乃“十六卷”的本子,即包括第四组三篇在内。而且误以为此乃“刘向典校经书,分为十六卷”,故他又“稽之旧章,合之经传,作十六卷章句”。据此可知,第四组的三篇,并非王逸本人所增辑,而是旧本所已有。故炳之所以不以第四组为王逸所增补,因有王逸自己的序文作证。当然,拙论是否准确,仍希学术界予以论证。

通过以上所叙,使炳深深感到:只有以先生对《楚辞》的精深造诣,才能提出如上的中肯意见,以补拙见之不足;也只有与《楚辞》大家如先生者互相切磋交流,才有如此无限乐趣。此段学术佳话,将会永远留在中日文化交流的史册上,而为人们所称羡!先生以为然否?

顺颂

文祺!

汤炳正拜上

六月七日

6 月 13 日,先生致函郭维森:

维森阁下赐鉴:

去年临汾屈学年会,不见光临,殊为遗憾!近况如何?时萦于怀!

四届年会的论文集《楚辞研究》,已由北京文津出版社印行。大作收入集中,未知已邀台览否?

最近由我主持之科研项目《楚辞研究全书》,已由国家教委批准,列入国家“八五”社科研究规划。此书拟收汉至清末有关《楚辞》研究专著一百余种,加以整理、校点,并冠以“前言”,用以满足屈学界的急需,并抢救濒于散佚的《楚辞》古注。惟兹事体大,非一人之力所能任。深望阁下大力支持,共襄此举。过去南京龙蟠里的"国学图书馆",历史悠久,藏书甚富,今殆早已归并于"南京图书馆"。又"南京大学"从过去的"东南大学"开始,即以富于庋藏名闻遐迩。敝意拟请阁下派一得力助手,将上述两馆藏书卡片中有关《楚辞》专著之目录(尤其是善本书目)过录下来,便中寄下,以备参考。琐事相扰,殊感不安,容后面谢!

溽暑困人,诸希珍摄。余不一一,顺颂

文祺!

汤炳正

六月十三日

6月21日,竹治贞夫致函先生:

汤炳正先生台鉴:

六月七日贵翰拜悉,谢谢!

先生齿德比我长的整十年,然而越发矍铄,精励教学,我们后生的喜悦何若之!

先生对于拙稿详细审查,给与褒词,我不胜感激。至于四组、五组之分合,我以为刘向本《楚辞》应该十三卷,而王逸云"刘向典校经书,分为十六卷",这是可疑的,故以合四组、五组为合理的。

先生今般的教示说道,"王逸以前有十六卷《楚辞》,他误认为此乃刘向所典校的",然则先生分离四组、五组之论文,合致于王逸之所言,是十分合理的,我可以谅解了。

回顾前年六月岳阳之会,不胜怀念。又想起一九七九年九月下旬,我从西安坐火车到成都去,略看的锦官城的风土。兹赋拙诗一首,谨仰斧正。

想起曾游成都，因怀汤炳正先生

西越剑门光景新，富丰天府锦江滨。

遥怀彼地老愈健，齿德十年长我人。

时令渐次向暑，请先生保重。耑此即颂

道安！

竹治贞夫

六月二十一日

7 月 22 日，先生致函竹治贞夫：

竹治贞夫教授台鉴：

六月二十一日华翰拜悉。关于拙著对《楚辞》成书经过中四、五两组分开的问题，经阁下客观考核，以为“是十分合理的”。这是阁下对我的支持与鼓励，不胜感谢！

阁下的“经传构想”观点，解释第一组形成的原因，对拙论的补苴，极为有力。从梁启超以来，降及当代，竟有据此以证《九辩》乃屈原所作，其说可以休矣。通过这次讨论，对友朋切磋之益，领会颇深！

寄来诗篇，堪称佳作，吟咏之余，颇增怀旧之情！因赋《癸酉端阳怀旧和竹治贞夫教授原韵》云：

回首当年岁月新，龙船旗鼓洞庭滨。

岳阳楼上相逢处，往事如烟忆故人。

拙句俚语，请赐斧正是盼！

顷闻贵国大地震，甚为悬念！远隔重洋，祝愿先生无恙！

耑此顺颂

文祺！

汤炳正

七月廿二日

7 月，《四川师范大学学报》第四期刊发署名光蓉、大明的

《我校〈楚辞研究全书〉等三项课题列入国家教委“八五”社科研究项目》消息。其中《楚辞研究全书》由先生主编。

8月12日，先生致函黄灵庚：

灵庚同志：

得手书，知大著明年四月出版，不胜欣慰！

自《包山楚简》出版后，我曾根据它撰写了一篇有关《离骚》的论文，不久可发表，当呈以求正。

数年前，我受长沙子弹库楚帛书的启示，曾着手别撰《楚辞韵谱》，至今尚未脱稿。这次包简出土，又进一步推动了此项工作。大作如发表，当以先睹为快！

拙著《屈赋新探》中，只有“豬”是古代的“通语”之说，并无“豬字是汉世语”的观点。是否阁下记忆有误？

顺颂

文祺！

汤炳正

八月十二日

8月30日，先生致函杨乃乔：

乃乔同志：

八月二日来函已悉。前次你托何炜同学带来“果茶”，甚佳，谢谢！

你所拟博士论文的两个选题，都有些范围太大，不易控制；而且一个是属于文化学的，一个是属于学术史的，似乎都跟你的专业“文艺学”有一定距离。是否可以征求导师的意见，仍从“文艺学”的角度选题为好？至于你认为谈及经学，我有“发言权”，其实并非如此。你既就读于北师大，则一切当由自己的导师审查，不必征求我的意见。

《千家诗新编》的序文已写好，不知是否合用。因我近来精力不济,未能对选目仔细推敲。只觉得有的选目,是否对少年读者有些深。旧《千家诗》过于偏重通俗性,是不对的;我们重视艺术性,很有必要,但也不能忽视少年读者的接受能力。此言未必恰当,仅供参考。

至于"专家推荐"云云,这对你来讲,似无必要;但如果出版社定要如此办理,也只有听从他们。

即祝

撰祺!

汤炳正

八月卅日

8 月 30 日,先生致函苏雪林:

雪林教授赐鉴:

去年十月,"中国屈原学会"第五届年会,曾专函邀请阁下光临指导。未料阁下以年迈未能参加,殊为遗憾!

前接台南市成功大学中国文学系来函,并代表阁下赠以屈学大著四种,甚为感谢!但迄今已有三个月,仍未收得该书,可能已为邮递遗失。阁下对屈学贡献甚大,久欲拜读尊著,接受教益,今又失之交臂,殊怅怅也!

拙著《屈赋新探》等,前几年台湾"贯雅文化事业有限公司"曾予再版。为免邮递周折,拟请该公司就近奉赠请教,未知能否办妥?以后来函,请寄:四川省成都市四川师范大学,即可收到。

耑此顺颂

文祺!

汤炳正

八月卅日

8 月,为杨乃乔等编的《千家诗新编》写序。此书 1995 年 4

月由中央编译出版社出版。

8月,“中国诗经学会”成立,先生被聘为顾问。

9月,论文《班固屈学佚著钩沉》发表,载《四川师范大学学报》增刊总第七期。

9月,“本所自成立至今,逐步形成了五个主要的学术研究方向:1. 以汤炳正教授为首的《楚辞》及先秦两汉文学研究方向;……”①

10月,散文《忆太炎先生》发表,载《中国文化》第八期。后被1994年杭州《三馆论坛》第二期头条转载。又收入陈平原、杜玲玲编《追忆章太炎》,中国广播电视出版社1997年1月版,北京三联书店2009年4月出修订本。

11月,为秦彦士的《墨子新论》作序,此书1994年6月由电子科技大学出版社出版。

是年,先生继续整理《渊研楼文录》与《剑南忆旧》,并应上海古籍出版社约请撰写《楚辞今注》。

是年,先生《霍松林君席间以诗集见赠》:

踏遍河关总有情,随缘成咏气纵横。
太华自古松声好,送到巴山路万程。

1994年甲戌　先生八十五岁

在四川师范大学。

1月2日,先生致函陈怡良:

怡良教授赐鉴:

尊函及大著,已先后收到。炳以谫陋,过蒙推崇,感

①《四川师范大学中国古代文学研究所简介》,载《四川师范大学学报》增刊第7辑。

且愧！

阁下以雪林教授之高足，又能扬鞭奋进，振兴屈学，不胜钦佩！大著斟古酌今，断以己见，而对屈子之人品、文品，尤多发明与激扬。字里行间，充满对祖国优秀文化遗产之热爱，实为难能可贵。拙著疵累甚多，请不吝赐。愿两岸学术交流，前途广阔！

近已收到阁下的研究生李温良寄来的感谢信。他虽虚怀若谷，我却对他帮助不大。甚为歉仄！他在阁下指导下，必能学有所成，请他好自为之。

雪林教授，去年赠我大著四本。惟系误寄武汉，久未转到炳处。炳当时曾专函致谢，委贵校中文系转交，未知收到没有？见面时，望能再一次代达谢忱！昨天该大著已由武汉转来，望雪林教授勿以为念！

翘首云海，言不尽意。

耑此顺颂

新年康乐！

汤炳正

一月二日

1 月 4 日，竹治贞夫致函先生：

汤炳正先生台鉴：

先生送给我的贺年片①，恰好于一月一日我接到了，不胜感谢！于是我知道先生越发康健，我的喜悦有若之者乎？

我昨年退休大学，现在持有德岛大学名誉教授的称号，专从事近世阿波汉学史的撰述。日本国有叙勋制度，而昨年十一月，以教育与研究的功劳，我被授予勋三等旭日中绶

①贺年片："敬祝竹治贞夫教授，新年康乐。汤炳正 1993 年 12 月 22 日。"

章,以及晋谒天皇,我感到非常光荣。因而赋小诗二篇以为纪念:

蒙叙勋赋喜

一

攻学育英五十年,苦辛论著迭身边。
君恩褒赏勋三等,私诵孝经酬墓前。

二

立身行道孝终艰,今日荣光感泪潸。
地下双亲将识不,锦秋风阙拜天颜。

请看附在信内的我佩带勋章之照片。

我平素以普及中国古典知识于日本为任务,而揭载小文"獭祭鱼"于新年的德岛新闻纸上,也附复写一份在信内,看给为荷。

兹敬贺新年,并且报些我的近况。时令接近严寒的季节,请先生保重加餐。耑此即颂

道安!

竹治贞夫

一月四日

1月12—14日,杭州纪念章太炎诞辰124周年及"章太炎研究会"成立,先生被聘为顾问。

1月16日,先生致函力之:

汉忠同志:你好!

敏泽君既对你的大作予以肯定,应及时遵嘱压缩字数,投《文学评论》发表。机会不可错过。

你的课程如不甚忙,望抓紧时间,常写论文。你具有独立见解,又富于才华,如再加勤奋,前途未可限量,请努力,勿少怠!

言不尽意,顺祝

春节康乐!

汤炳正

一月十六日

1月24日,周建忠《司马迁祠留影》发表,载《江海晚报》第三版。称先生“与楚辞学大师游国恩、姜亮夫等齐名”。

2月5日,撰者全家赴成都看望先生。

到爷爷家,晨儿刚进门时还有些认生,少顷注意力即被家中一只大白猫所吸引去,又是抱又是抚摩,好不喜欢。爷爷午觉醒来,见晨儿喜欢得不行,就要抱晨儿,而晨儿却躲闪开,跑得远远地站定。她见我们说话,一会看看这个,一会又瞧瞧那个。慢慢地就与太爷爷熟了。让她喊太爷爷,发不出“太”音,改让她喊“祖祖”,就能喊出。太爷爷则称晨儿为“末末”,说四川人把第四代叫“末末”。一次爷爷去卧室午休,晨儿跑过去轻轻把门掩上,并朝我们做了个“嘘”的手势。这次见爷爷,我感到他听力明显地不如上次了,骞则说老了一些。关于传记,他谈得最多,讲要探索他的治学方法、态度、精神。他说一位后学要他为其书稿写序,他看了后发现一些不当甚至是错误。在序上一字不提(讲了就影响人家出书,现学术著作本来就很难出版),但在寄序的同时写了一通长信要其将错误一一改正。为了我写传,爷爷将回忆录的打印稿给了我一份。他现正在赶写《楚辞今注》,出版社要年前交稿,现显然已过了。此书交稿后,马上再整理《论学集》(分回忆录、屈学答问、序跋、书信四个部分),他说巴蜀书社已答应出版,他只向对方提出在他八十五岁生日之前出版。爷爷对他的学术观点还是很自信的。讲拔“白旗”时,现住在他对门的那位老先生,当时任系语言学教研组主任，一天叫助教来请他去语言学组开会，爷爷进去即见气氛不对头，坐了一屋子的人。这时有人就拿出他的那篇《语言起源之新商榷》来念，边念边批判他。爷爷说他们连文章都没有看懂就批判，好笑得很。爷爷说“文革”给他写的大字报，有些一个字就一尺见方，如果他不够坚强的话，早就被打垮了。我常想，为爷爷写传应将他放在学术史的长河去考察，还要放到横向去看看。写传是一项艰巨而繁重的工程，不仅要广收资料，而且还要有自己的创见。晚上看电视，见金开诚作为九三学社副主席参加某项活动。爷爷说，金在学术上本来还会有贡献，现在做起党派工作，以后就难说了。一脸惋惜的表情。晨儿这两日与她太爷爷已处熟了，太爷爷为她剥瓜子，她剥糖果给太爷爷吃。她在长沙发上疯跑，我们管她。爷爷说“你让她玩，你看她玩得多开心”。①

3月10日，先生致函张中一：

中一同志：

收到来函及大著《屈原新传》数本，深喜阁下治学之勤奋与收获之丰硕。惟对大著的推销，则因拙于经营，恐难完成任务，只能徐徐图之。请见谅！

顷读一九九三年第二期《云梦学刊》，知岳阳成立“屈原研究所”，特此致贺！该期所载大作对先秦日本与中国的文化交流，提供了丰富的资料，但谈到日本学者大宫先生所提出的屈原到过日本的说法，因资料不足，未肯遽下结论。有一分资料讲一分话，这种矜慎的治学态度，是可取的（只是把联绵词“倭迟”跟民族名称“倭夷”相提并论，不合语言规

①见撰者《日记》。

律，未安）。戴锡琦同志那篇大作，对屈赋与巫文化的关系，立论有分寸，跟当前中外屈学界讨论这个问题而把屈原与巫师混为一谈者不同，不禁为之欣然！

匆匆即颂

撰祺！

汤炳正

三月十日

3月23日，先生致函崔富章：

富章同志：

前得来函，未即作复，甚歉！李诚同志自杭州归，知姜老健康，阁下佳胜，颇为欣慰！

《文库》进行情况如何，时在念中。邀炳任“顾问”，深恐限于学识与精力，只能挂名而已，愧甚！

此间《全书》，出版社已落实。惟经费拮据，国家资助，只是象征性的。现已拟聘阁下为编委。将来复印底本，参加整理，多赖大力相助，至盼！

屈学会六届年会，希望阁下一定参加。今年换届，诸多问题，都要在大会上解决。炳虽决心不连任，但对学会前途，仍很关心！

一月十二日“章太炎研究会”在杭召开成立大会，本拟前往参加，并借此晋谒姜老，拜访阁下，适因天寒感冒，未能前去，实为憾事！该大会选姜老与炳，担任顾问，惭悚而已。

匆匆顺颂

文祺！

汤炳正

三月二十三日

4月9日,崔富章致函先生:

汤先生:

您好!三月二十三日赐书诵悉。一月十二日章太炎研究会在杭召开成立大会,我本拟应邀与会的,亦因天寒感冒,未能参加,只在当天的电视节目中看到一则报导,知道研究会成立了,很是高兴。先生与姜老①皆太炎先生及门弟子中的佼佼者,学术声望很高,能担任顾问,这对提高学会声望、推动学会工作,都有不可估量的作用!

《楚辞学文库》的前期准备工作正在顺利进行,预计上半年可完成编写纲要、细则、样稿等三个文件,争取排印一本,编写者人手一册,以便统一步调。待印本一出,即呈送先生批阅,并赐《总序》一篇,冠诸全书之首。先生应邀担任顾问,富章暨编委会同仁不胜荣幸之至也。

屈学会六届年会,我一定争取参加。但不知何故,我尚未收到邀请书,大概毛庆兄百忙中遗漏了。今年换届,要在会上解决的问题自然很多。但我以为,关键是会长人选,此乃核心之核心。据我观察,凡能长期稳定发展的学会,都有一位德高望重的会长。屈原学会能不断取得显著成绩,跟有先生这样一位会长大有关系。我的看法,先生必须连任,实至名归,为了屈学会的继续发展,万万推辞不得!

---

①崔富章先生遥忆当年,有人问姜亮夫先生,哪位老师对他影响最大,姜老沉思片刻,说是他的老师之一:太炎先生。见张瑾华、马正心《章太炎渐热,在于他是个通才又有着难得的当代性》,载《钱江晚报》2017年9月17日。据《章太炎全集》新版责任编辑张钰翰告诉撰者,“此语系崔先生会前发我转给许嘉璐先生的”。“会前”,指2017年9月10日在北京师范大学召开的“《章太炎全集》出版研讨会”。姜亮夫本人亦说,在自己四位老师(廖季平、章太炎、梁启超、王国维)中“章君为卓矣”。见《姜亮夫全集·回忆录》,昆明:云南人民出版社,2002年10月版,第293页。

《楚辞研究全书》规模宏大,是楚辞学史上的特大工程,必成传世之作。先生邀我参加工作,我很乐意,愿在先生领导下,为《全书》成功贡献绵薄之力!

姜老仍住在医院,饮食正常,神智清醒,状态稳定,有段时间连盐水也不用挂了,老先生的毅力和生命力堪称超人!我已不做行政工作,十年"为官"严重损伤了我的身体和学业,悔之晚矣!寄希望于将来吧。

耑此敬颂

健康!

崔富章

四月九日①

4月,论文《从包山楚简看〈离骚〉的艺术构思与意象表现》发表,载《文学遗产》第二期。刘跃进在《新时期中国古典文学研究的回顾与展望》中说:

> 第三,利用出土文献资料研究《楚辞》,取得重要的进展。汤炳正先生学术专著《屈赋新探》《楚辞类稿》特别注意吸收新近发掘的出土文献,因而他的楚辞学研究具有较高的学术品位。他近期的论文《从包山楚简看〈离骚〉的艺术构思与意象表现》(《文学遗产》1994年2期)根据1987年出土的大量楚简对于楚国每事必卜②的风尚以及卜筮的程序、用具及方法作了详尽的考察,不仅订正了历代《楚辞》研究在卜筮方面存在的问题,还以严密的论证,对于学术界有人断言屈原为"巫官"的说法作了辨驳,持之有故,言之成理,充分体现了老一代学者严谨求实的学风。此外,刘信芳

①由原件录入。

②原作"比卜",显系手民之误,据文意改。

《包山楚简神名与〈九歌〉神祇》(《文学遗产》1993年5期)也在利用出土文献方面对《楚辞》研究做了较为成功的尝试。阅读这些文章,耳边总是响起六十多年前陈寅恪先生说过的话,“取地下之实物与纸上之遗文互相释证”乃是古史研究的重要途径。长期以来,我们的文史专业分得越来越细,将活生生的历史强制性地划分成条条块块。条块分割的结果,隔行如隔山。文学研究界对于考古学界的成果,相对来讲,就显得比较隔膜,人为地限制了自己的学术视野。新时期以来,随着综合研究日益得到重视,这种状况开始得到初步的改变①。

竹治贞夫说:

汤炳正先生写了《从包山楚简看〈离骚〉的艺术构思与意象表现》,发表于《文学遗产》(1994年第2期)上,对于《离骚》的占筮章节加以实事求是的新解。我深受感动,先写《包山楚简与汤炳正氏的〈离骚〉新解》而发表于学术情报杂志《东方》168号(1995年3月刊),然后再写成《根据包山楚简对〈离骚〉占筮章之确解》,登载于《德岛大学国语文学》第9号(1996年3月刊),以补订我的旧著《忧国诗人屈原》里的“离骚”解释之错误②。

4月,先生《“我与学报”笔谈》发表,载《四川师范大学学报》第二期。谈道:

记得好像是1981年,我指导周芳芸同志写了一篇重新评价胡适的文章。在当时,文章的观点还不易为一般人所

①载《许昌学院学报》2000年第6期。

②竹治贞夫《我的楚辞研究和见解》,收入黄中模、王雍刚主编《楚辞研究成功之路:海内外楚辞专家自述》。

接受,而学报却毅然予以发表。结果颇为学术界所肯定。又1984年我们四川师大举行了全国性的屈原问题学术讨论会,学报主动配合会议选刊了部分论文。数年后,新疆师大的周东晖同志还对我说:自从贵校学报发表拙作之后,不仅促使我的屈原研究有了进步,而且大大坚定了我的专业方向。我觉得,作为一个刊物,能否在它的培育下成长起一批新秀,这应当是衡量刊物办得好坏的一个重要标志。学报对此应当总结一点经验。学报要能办出水平,办出自己的个性,首先要力祛一般化的倾向,要求在理论上有新的突破,在史实上有新的发现。但我还要再一次地强调:求"新"本身并不是目的,求"新"的目的在于求"真"。所谓"真",即符合历史的本来面貌,接近事物的客观规律,如此而已。但这就要求编者既善于识别,又勇于揭载。这是个学识问题,也是个担当问题。对此,愿作者与编者共勉之。

5月6日,先生致函竹治贞夫:

竹治贞夫教授台鉴:

奉读一月四日大函,得悉阁下荣获国家三等勋章,并蒙天皇召见,不胜欣羡!阁下专攻汉学,尤长《楚辞》,终生勤奋,著作等身,功业自有千秋,得此殊荣,固当之无愧也。寄来受勋诗篇,忠孝之忱,溢于言表,儒家风范,令人敬仰!

炳亦于前年荣获国家"有突出贡献"奖状,并发给特殊津贴终身。此事亦殊荣幸,特此相告。

近赋七律诗一首,恭贺阁下受勋之喜。写成横幅,呈寄台览,并作纪念。炳幼习书法,愧无所成,涂鸦满纸,幸赐教焉。

耑此顺颂

撰祺！

汤炳正

五月六日

附先生诗如下：

震世文明传盛唐，一衣带水话沧桑。
愧无鹏翼垂瀛海，喜逐龙舟会岳阳。
自古经生多博士，如今骚客受勋章。
扬眉一笑遥相贺，万里同飘翰墨香。

5月9日，先生致函刘毓庆：

毓庆同志：

《泽畔悲吟》及附函，早已奉悉。对你在文化事业上的开拓精神，感到欣喜！有感于你的不耻下问，略抒所见于次。

把屈学问题作为历史上的文化现象进行研究，这是屈学界的新动向。此实有利于对两千年来某些屈学现象，挖得深，钻得透，触到问题的实质。正如大著所展示的，你确已取得了不小的成绩。

至于把《周易》理论应用于文学研究领域，这设想，很新颖；但如何实践，却非易事。例如大著将太极生成理论用于研究文化现象由混沌到具象的发展层次；又用太极图说明事物内部矛盾的调谐与对抗；又以太极图说明屈原内心的"君""国"地位，在文学史上的认识，由于时代不同而有所变化，等等。对此确亦言之成理。但重要的是，应当首先确定太极图产生于什么时代？它能否真正代表《周易》的哲理体系？而且在大著中似乎《周易》也只是对屈学研究起了一些图解与表格的作用，而未能把《周易》的深邃义蕴跟屈学研究融成一体。

过去我读过大作《屈原人格结构》(刊于《楚辞研究》),我已意识到你以《周易》研屈的意图。但该文对屈原的“体格”“理想”“气质”“性格”“才能”“态度”“感情”“意志”等等剖析得相当深刻,不少创见。然而,乾、坤、艮、兑、坎、离、巽、震等卦名,在论文中却只是章节的番号,与屈原的人格并没有内在的联系。对此,仍需作进一步的探索。

你的两本文学史,我早已拜读过。给我的总印象是:仿佛哲人的睿智,诗人的文采,史家的学识,都不同程度地有所展示。望好自为之,前途无量。

以上所言未必是,仅抒所见,以备参考。

姚老处,久疏音问,近况如何,时萦梦寐,见时乞代致候。

匆匆即颂

文祺!

汤炳正

五月九日

5月19日,竹治贞夫致函先生:

汤炳正先生台鉴:

五月六日大函收到于十一日,航空信的迅速真可惊叹矣!

得悉先生也去年荣获国家有突出贡献奖状,并受政府特殊奖金终身,此相当于日本国的文化勋章并终身年金,正是学者最高荣幸也。我对于先生敬仰之念越发深甚矣!

先生惠赠我以七律凤韵,诗笔高尚,墨香馥郁焉。我喜之余,私吟小诗以拜谢,冀一粲:

重厚古高灵墨香,永为家宝仰无疆。

陶陶孟夏近端午，楼上温颜怀岳阳。

耑此即颂

道安！

竹治贞夫

五月十九日

6月，周建忠《当代楚辞学者简论（上）》在《云梦学刊》第二期发表。周文依次是"一、姜亮夫，二、汤炳正，三、林庚，四、陆侃如，五、詹安泰，六、刘永济，七、陈子展，八、马茂元，九、孙作云，十、蒋天枢"十位。现将先生条录入如下：

二、汤炳正

汤炳正，1910年生，现任四川师范大学中国古代文学研究所教授、中国屈原学会会长、《楚辞研究》主编。长期致力于语言文字之学，有论文集《语言之起源》行世（台湾贯雅文化事业有限公司1990年手写本影印初版）。因抗战事起，转徙流浪，身受民族危亡之苦，遂与屈子感情产生共鸣，以《楚辞》教诸生于上庠，由此研习屈赋。有著作《屈赋新探》《楚辞类稿》行世，被学术界公认为楚辞研究大家。《屈赋新探》（齐鲁书社1984年出版），收入论文二十篇，被学界评为突破旧说，富有独见，1984年获山东省优秀图书一等奖。其中《〈屈原列传〉理惑》提出今本"屈传"中由"离骚者，犹离忧也"至"虽与日月争光可也"以及由"虽放流"至"岂足福哉"两段文字，分别是刘安《离骚传》前后两部分，是后人割裂而窜入《屈原列传》的。《〈楚辞〉成书之探索》认为《离骚》《九辩》两篇作为屈宋合集，由宋玉纂辑；汉武之世淮南小山或刘安本人辑《九歌》《天问》《九章》《远游》《卜居》《渔父》，并将《招隐士》缀在书末；至西汉刘向又增辑《招魂》《九怀》《七谏》，并加上自己的《九叹》。此说一再为崔富章《四库提要补正》《楚辞书目五种续编》二著肯定、称引。该书利用地下出土的资料,来解决屈原生平及其作品研究中的有关问题,也显得非常突出。如论定屈原生于前342年夏历正月二十六日庚寅,"左徒"即"左登徒"之省,属于大夫的级别,《〈九章〉时地管见》探讨屈原被放后行踪的考释等,均是借助出土文物资料得出的新见。其《屈赋修辞举隅》《屈赋语言的旋律美》二文均具有开拓意义,条分缕析,发凡设例,提出"联迭""重现""倒置"三种辞格。《楚辞类稿》(巴蜀书社1988年版)则侧重于微观的清理和探索,收录长短论文175篇,以类相从,分为八组,或理惑纠谬,或校正存真,或开掘创新,尤其是文字方面,补阙释疑,胜义如云,深得学界好评。汤氏治学,由专攻小学,到分治文史,最后又集中致力《楚辞》研究,故其楚辞研究成果既有宏观审视,又有微观考核,综合小学、史学、文学、考古各学科资料实物,取得重大突破。汤氏屈学二著已由台湾贯雅文化事业有限公司1991年出繁体字本,并因此应邀担任台湾方面出版的《楚辞文献丛书》主编,收入汉代迄清末有代表性之《楚辞》专著数百万字;他主持的《楚辞研究全书》亦被列入国家教委"八五"项目,二项皆为总结性的浩大工程。

7月19日,竹治贞夫致函先生:

汤炳正先生台鉴:

先生送给的《文学遗产》一九九四年第二期,收到于七月十一日,不胜感谢!卷头揭载大论《从包山楚简看〈离骚〉的艺术构思与意象表现》,即是根据包山楚简里所记占事君吉凶的卜筮之程序,对于《离骚》篇后半求君行里的占筮章节施加新解,这就是前人未到,而且实事求是的确解,王逸注以来二千年的疑问云散雾消了!

我很感铭,立刻就看《文物》一九八八年第五期所载《荆门市包山楚墓发掘简报》以下诸论,而后知道包山二号墓的大要。今后更看《包山楚墓》《包山楚简》二书,而后想要把先生的大论之梗概,介绍于适当的学术性杂志上,请谅之。

今年夏天格外蒸热,请先生千万保重。

耑此即颂

道安!

竹治贞夫

七月十九日

奉颂汤炳正教授关于包山楚简和《离骚》里求君占筮新论考:

楚简掘开昭墓中,详寻细检屈骚通。

钦君奖状不虚受,实事求真业益隆。

后学竹治贞夫乙亥七月

8月1日,晚上给先生打电话:

爷爷精神还好,声音与当面说话一样,听起来清楚亦亲切。他先问我父母情况,身体如何?近来在忙什么?小骞教书还那么忙吗?要注意休息。小晨晨很可爱,很想念她。我汇报了传记写作的进展。他说"你写传记也不要太累了,要劳逸结合"。星期天要带小晨晨去公园玩耍,放松放松。我问他身体情况,他说还好。老年人有点小毛病也正常,不必担心。又说他发表在《文学遗产》上那篇论文的主要观点,已被竹治贞夫教授译成日语了,拟在该国的学术刊物上揭载。最近,他要集中精力将书稿《渊研楼论学集》整理出来;我寄去的传记稿子要等空了他才能看,让我不要着急①。

9月4日,先生致函崔富章

富章同志:

几次来函,皆未作复。因老迈之年,精力日衰,诸多友好,渐疏奉候,当能见谅也!

李诚等从江陵返蓉,会议情况,已详知之。我已决心让贤,不再恋栈,而改选延期,实出意外!阁下已放下行政,专事著述,是大好事。况《楚辞文库》正需全力以赴,何暇其他?

李诚、李大明能为《文库》多做点事,义不容辞。委我为"顾问",恐徒具虚名耳。总序的撰写,假以时日,自当勉为其难。

今年成都暑热逼人,为数年所罕见。近日始有凉意,故亟执笔作复,以免悬念。姜老面前,请代问候,祝健康长寿!余不一一。

耑此并颂

文祺!

汤炳正

九月四日

9月6日,先生致函褚斌杰:

斌杰阁下赐鉴:

这次江陵之会,炳因故未能参加,失却畅谈机会,殊感遗憾!

李诚等返蓉,大会情况,略有所知。炳本决心让贤,不

①见撰者《日记》。

再尸位素食。故在写给大会的信函中，力主改选，决不连任；并嘱充分发扬民主，把改选搞好。此信，未知毛庆同志公开宣读没有？不料本届改选工作，竟然延期；虽因理事到会者不足法定人数，但却为之不快者久之！炳秉性内向，对学会诸多繁琐工作，早有厌倦之意，今后实在不想过问。

闻此次大会期间，不少事务，有劳阁下费神，甚为歉然！

今夏成都酷暑，诸事停办。近日少有凉意，故特执笔奉候，恕不一一。

耑此顺颂

文祺！

汤炳正

九月六日

9月，完成《楚辞今注》，交上海古籍出版社。在序言中，表述此书旨在“近真”。

11月5日，先生致函萧德君：

德君同志：

想你近来已回单位，念念！这次你为我出国开会问题，积极筹划经费，甚为感激！但此间学校领导的态度，是不同意我去。因我年高体弱，长途跋涉，怕出问题，不宜冒此风险。因此，欲办理一切有关手续是有困难的。此事看来已难实现。日前，周锡英曾来电话询问，并愿出巨款相助，热情可感！但她的电话号码，我不知道。望你能将上述情况转告她，以免挂念。

为伯骏先生写的画册题记，已完成，附寄，望转呈。此题记的写法，并不是纯客观的评画，而是以彼此的友谊为主线，以评画为副线，庶几更符合我们之间的特别关系。请伯骏先生斧正。

明年我八十五岁诞辰，伯骏先生允赐画幅祝寿，甚为感谢！我与老伴见到《光明日报》上的那幅《双天鹅》，深赏其用笔之高妙；尤其以水之墨绿托出鹅之洁白，更为传神。赐画如能以此为题材，则幸甚矣。非分之请，望勿见怪！

匆匆即颂

文祺！

汤炳正

十一月五日

11月11日，夏传才致函先生："《楚辞研究全书》仍以影印为佳，尊言极是。河北社杨先生最后也同意了这个意见。但他们条件太苛，可缓议。炎黄（社）林先生前因经济问题审查，现问题已澄清，恢复工作，他与我联系，言以前所议各事项，仍可继续进行，待他腾出手来，再与我们商讨。"

12月，竹治贞夫自印《丽泽杂咏集第二：授勋纪念》。上年11月竹治获日本国三等勋章，蒙受天皇召见。此册扉页刊先生贺诗与照片两帧。集内还收有先生三首诗作。现附《〈丽泽杂咏集第二〉序》如下：

序

自从我得知中国古典诗歌之后，我觉得与我所喜欢的日本短歌和俳句相比，汉诗更吸引人。然而，即使看了有关的入门书之后，也不太能理解汉诗的格律，所以若要自己创作汉诗也是不可能的。我进入广岛高等师范学校之后，仅仅是在诗文写作课程上，才开始从白木星岭（丰）教授处得到一些诗歌创作的指导，有几次我的作品在课堂上得到表彰。后来进入广岛文理科大学学习，我开始尝试创作，并请斯波志养（六郎）博士进行修改，受益颇多。

可是，毕业之后有了机会，不过尝试着写过一二首而已。昭和五十四年（1979）花甲之年的时候，由于收集了近二百首作品，我将其中的一百七十七首编成《丽泽杂抄》，作为六十岁的纪念。从那之后，又过了六年(1985)，在昭和六十年(1985)三月，我在德岛大学到了规定的退休年龄，又以九十八首编成《续丽泽杂抄》，作为自己退休的纪念。

退休之后，日月如梭，有如白驹过隙，忽然间就过了五年，迎来了平成元年(1989)的七十岁寿辰。期间，我有意识地努力写诗，并多次到国内外旅行，因感怀旅途见闻的作品，每年有四十首左右。我在作为七十岁纪念而编刊的《丽泽杂咏集》中，除了删除和前集重复收录的十一首外，还有一百一十七首之多。

其后，每年尚且还能继续作诗二三十首。平成五年(1993)十一月，我接受了一生中无尚荣誉的叙勋恩典。为了纪念荣获勋章，我又将六年(1994)年底之前所作的一百四十二首诗收在一起，编成了《丽泽杂咏集第二》。

我在创作诗的时候，常常遵守中国古典诗词的格律，如果使用训读的话，现代日本人还是一看就能理解的。昭和五十四年(1979)到平成三年(1991)的十三年间，我到中国旅行了十次，韩国旅行了一次。我把以记载旅行为中心的几首汉诗，以《中国、韩国诗情之旅》为题，先后六次向《德岛新闻》投稿，都被刊载了。这样，我为自己的诗能与当代人相通而感到高兴。

平成三年(1991)六月的第十次中国之行，我在湖南省岳阳市因出席了在此召开的国际屈原学术讨论会，初次与许多楚辞学者进行了交流。其中，使人深感幸运且终身难忘的是，会上承蒙中国屈原学会会长、四川师范大学汤炳正教授的相知，我们相互介绍了各自在中日学术杂志上已发表的学说与论文，彼此产生了共鸣，并且进行了诗歌唱和。我回国后以一首七绝唱吟酬谢汉诗词大家汤炳正先生：

遥寄汤炳正先生

今年何幸遇名师，恳语温颜若旧知。

巴蜀蓬洲程万里，难望再度拜芝眉。

汤先生回赠诗说："寄来诗篇，甚佳。深情厚谊，溢于言表。过去已知先生大名，由于远隔万里，未曾交往，故今日颇有'相见恨晚'之感！现依原韵和诗一首：

自古三人有我师，蓬洲宿学早闻知。

会当瀛海重相见，莫遣离愁上客眉。"

以此为契机，我们此后常常唱和。我在平成五年(1993)所作：

想起曾游成都因怀汤炳正先生

西越剑门光景新，富丰天府锦江滨。

遥怀彼地老愈健，齿德十年长我人。

汤先生回复："寄来诗篇，堪称佳作。吟咏之余，颇增怀旧之情，因赋《癸酉端阳怀旧和竹治贞夫教授原韵》云：

回首当年岁月新，龙船旗鼓洞庭滨。

岳阳楼上相逢处，往事如烟怀旧人。"

汤炳正教授生于1910年，是清代考据学之继承者、硕儒章炳麟(太炎)的嫡传耆宿，是中国学术界的泰斗。因此，我想像这样作诗相和，使我的汉诗，有汉诗的祖国——中国的大家汤炳正先生指教，为我的作品画龙点睛，我感到非常荣幸。

平成七年乙亥二月十七日

丽泽学人七十五岁叟竹治贞夫①

是年，继续组织整理《楚辞研究全书》，为《全书》撰写序言。

①周敏秋小兄译。

是年,受广播电影电视部的委托审读20集电视剧本《屈原》,并写下五千字的审稿意见①。

是年,先生继续整理《渊研楼文录》及《剑南忆旧》。

是年,先生为万光治编纂的《历代赋论丛编》作《推荐书》②。

1995年乙亥　先生八十六岁

在四川师范大学。

1月1日,竹治贞夫致函先生:

汤炳正先生台鉴:新年快乐!

先生送给的贺年片,前天我收到了,便知道先生愈益康健,我不胜喜悦,一心祝愿先生以后再加上南山之寿!

昨年七月先生送给的《文学遗产》杂志上揭载之大论,真是对于《离骚》后半占筮章节的不动定论,我其后购读《包山楚墓》并《包山楚简》两书,已经写一篇介绍文《包山楚简与汤炳正氏的〈离骚〉新解》向中国关系学术情报杂志《东方》投该稿。编辑者最近通知我道:该文应当于《东方》杂志1995年3月号上揭载,等到那时,我要送给先生。

却说我有一件请教的事情:先生的《文学遗产》1994年第2期的那大论开头(本文3—4行)云“葬于公元前三一六年,即楚怀王十三年。当时屈原十五岁”。可是先生的大著《屈赋新探》第四十页云,“屈原应当是生于公元前三四二年”,然则公元前三一六年,当时屈原应当是二十七岁(按浦江清氏说则二十四岁,不过少差),此云十五岁和前说有了大差。我未知先生对于屈原生年月日的新说,有何等根据?请把其论文的复印送给我为荷。

---

①收入《楚辞讲座》,广西师范大学出版社版。

②影件由曾江兄提供。

季节向着严寒，请先生千万保重！

耑此即颂

诲安！

竹治贞夫

一月一日

1月7日，为李诚的《楚辞文心管窥》作序，此书同年由台湾文津出版社出版。

1月14日，先生致函竹治贞夫：

竹治贞夫先生赐鉴：

元月一日大函敬悉。得知先生新年康乐，精神爽健，不胜欣慰！

先生对拙文过事褒奖，甚感惭愧！将有大文发表于《东方》杂志，向贵国学术界作全面介绍，殊为荣幸！

关于拙文所谓公元前三一六年“屈原十五岁”问题，乃印刷工人排版之误；应当按先生所说，改为“屈原二十七岁”。因我对屈原生年，仍持原来结论，并无新说。此乃不应有之错误，承先生指出，甚为感激，特此致谢！拙文其他未妥之处，望多赐教。

蜀中近来腊梅飘香，春节将到，几明窗静，执笔作复，与先生讨论学术，亦人生乐趣也。

耑此顺颂

文祺！

汤炳正

一月十四日

此信未发，惊悉贵国发生大地震，对先生安全与否，万分担心！如先生无恙，望来信告知，以免悬念！炳又及 一月十九日

1月31日,竹治贞夫致函先生:

汤炳正先生台鉴:

元月十四日和十九日大函拜悉。

先生闻知日本阪神大震灾的报道,深悬念我的安全与否,我不胜感谢。请先生放心!我的德岛市没有什么被害。今般的地震就是都市直下型,震度七的激震。其中心地方兵库县神户市坏灭了。家屋倒坏而火灾发生,死者五千余人,伤者殆二万七千人,避难生活者约三十万人,惨状不可以说道。我的德岛市隔得一衣带水的内海,可是一惊震动而已,没有什么损伤,真是幸运也。

对于屈原的年龄问题,先生指教说乃是印刷工人排版之误,我就领会了。

今天是春节,蜀地春来得快,请先生多加保重!我等《东方》三月号刊行,应当再送给信吧!耑此即颂
禔福!

竹治贞夫
一月三十一日

3月3日,先生致函陈怡良:

怡良阁下赐鉴:

一月五日手示敬悉。时日迁延,今始作复,殊为歉疚!

得示后,对所需之四种屈学专著,经多方购求,结果只得《屈原新考》《屈原年谱》二种(其余《楚艺术研究》一种,未见书;《九歌十辨》一种,原有作者赠书,但被人借阅,不知去向);外附"中国屈原学会"会刊《楚辞研究》一种,共三书,包扎奉寄,至请查收。学术交流,责无旁贷,些些小事,万勿客气!

前三书中,张、任二君系大陆屈学后生,望多赐教。《楚

辞研究》中的作者多有代表性。而拙《序》所指出者，又系大陆屈学界所出现之不良倾向，未知阁下以为然否？

耑此顺颂

文祺！

汤炳正

三月三日

3月8日，竹治贞夫致函先生：

汤炳正先生台鉴：

《东方》杂志三月号，方才发行了。把先生的大论介绍之我的小文，按照本志的体例而投稿，因而我不能详细地说明。但相信日本的学者充分理解得大论的要旨，请先生谅之！

我别函寄上该《东方》杂志两份和《丽泽杂咏集第二》一本。后者是我的近五年间作诗。鄙诗微不足看的，可是从1991年①6月以来承蒙先生的和答，我不胜感谢，乃供一粲而已。又请谅之。

时令严冬已去，春暖渐来，请先生多加保重！

耑此即颂

教诲！

竹治贞夫

三月八日

3月8日，贾宝泉致函先生：

汤炳正先生：

好。《艺术与友谊》发第四期上，刚刚读过清样。此文

①原作“1992年”，误，据二人实际见面时间改。

有格调，诗也好。

文中诗"我是兰花君竹枝，隔山相望总相思。世人只作红尘梦，那晓清风明月时"，大有深意。如方便，请另纸抄寄我，以深藏也，以自勉也，以为红尘中之一"吸尘器"也。

春安！

《散文》月刊贾宝泉

3月8日①

3月，撰者《金秋蓉城访汤老》发表，载《东方文化》第二期。

4月19日，先生致函竹治贞夫：

竹治贞夫教授大鉴：

三月八日大函，早已奉读。惟《东方》与《丽泽杂咏集》，昨日始收到，当为邮递所误，迟复为歉！

拙作所述包山楚简与《离骚》的艺术结构问题，蒙在日本《东方》杂志上全面介绍，不胜感谢！于《丽泽杂咏集》中得讽诵阁下佳什，甚为赞赏；唱和之作，尤见二人友谊深情，诚国际学术界佳话。惟对鄙人称许之语，则不敢当耳。

春事已到，贵国樱花盛会，想热闹非凡。遥隔重洋，不胜向往之至！

耑此顺颂

文祺！

汤炳正

四月十九日

4月21日，撰成《"劳改犯"的自白》。

4月，散文《艺术与友谊：刘伯骏先生绘画记》发表，载《散文》第四期。

---

①由原件录入。

5 月 14 日，贾宝泉致函先生：

先生大鉴：

墨宝收到。先生的字，外秀而内劲，散发竹韵兰芳，甚喜爱之。晚辈尝游匡庐，作小诗一首，今录下，以求先生指教："天上明月地上苔，青苔照月月照苔。青苔和光地上月，月中有阴天上苔。"

敬祝先生寿康。

贾宝泉上

五月十四日

5 月 16 日，先生致函陈怡良：

怡良教授赐鉴：

三月廿四日、四月廿一日两函，已前后奉悉。前函告知苏雪林教授百年华诞，当即拍一专电奉贺，贺电全文为：

兹值苏雪林教授百年华诞，谨致贺词如下：

大笔淋漓，为祖国骚坛生色；

沧波缥缈，祝南天婺女长明。

中国屈原学会　汤炳正敬贺

此电系拍给贵校的中文系，未知收到没有？甚为念念！

至于所寄赠的书，多系后学之作，望多提意见，以加强两岸学术交流。阁下专研屈学，成果丰硕，吾道不孤，万里神交，言不尽意。

顺颂

文祺！

汤炳正

五月十六日

6 月 17 日，先生在致撰者夫妇的信中说：

在叙述我的语言文字研究时，也不必面面俱到，主要抓住我在重大理论问题上的新观点，例如：(1)语言起源问题；(2)文字不是语言的符号问题；(3)古声纽归并问题；(4)十二支的来源问题。这些都可多加发挥。附带告诉你，前月你寄来那本《东方文化》上，有一篇《汉字与中华文化》，对我的“文字不是语言符号”的观点，无形中得到了支持。可见过去学术界的浅薄盲从，实在可笑。不过我对索绪尔“两个体系”的论点，仍不能盲从。对我的“楚辞学”，涉及重大历史问题与重大理论问题的，例如：(1)对《屈原列传》的考证；(2)对左徒、登徒的辨析；(3)《九章》的写作时地；(4)《楚辞》成书之探索；(5)屈贾合传的原因；(6)神话的演化多以语言因素为媒介；(7)屈赋语言旋律的诸多观点，等等。这些都是历史性的论断，可多分析①。

6月，撰成《自述治学之甘苦》。

7月，先生《〈屈原与他的时代〉序》发表，载《西北师大学报》第四期。是书人民文学出版社1996年8月出版。现录入如下：

序

我跟逵夫同志相知，是十多年前的事。那时他发表了关于《离骚》“伯庸”即《楚世家》句亶王熊伯庸的论文，我读后深为感佩！凡善读书者，往往眼光敏锐，力透纸背，逵夫同志庶几近之。我尝想，屈学界读《史记·楚世家》而不参阅三家注者，是决不会有的。但千百年来对“伯庸”的探索者如此之多，竟没有注意到《索隐》所谓熊渠的长子康，“世本康作庸”这一赫然在目的注释。而逵夫同志却独具只眼，能以此为突破口，展开全面的探索，获得历史性的结论。前

①《汤炳正书信集·致汤序波、孟骞(二十)》。

人尝说“人人眼中所有、人人意中所无”者,殆此类欤?

此后,凡逵夫同志发表的论文,我很留心,其结论大都能出人意表,新颖独到。但断断续续,所读有限,对逵夫的学识、学风,还不能说已窥其全豹。上月,我突然收到他《屈原与他的时代》一书的全稿,凡数十万言,并附函约我写序。近年来,我为别人写序,越来越有些畏缩,深恐言有不当,则作者见怪,或读者上当。但不知为什么,这次对逵夫同志寄来的书稿,我竟在三十多度的气温下,竭数日之力,全部浏览了一遍。当然,全书有不少颠扑不破的结论,对此我不准备多说,而我所要说的是这部书稿的出版,必将给当前的学术界带来许多新的启示。

譬如,推翻前人的旧论,创立自己的新说,这是学术界惯用的公式。“不破不立”,这当然是对的;但对我国千百年来的学术遗产,是不是也存在“有继有立”的问题?亦即善于在继承优秀学术遗产的基础上创立新说。这次我读逵夫的书稿,见他在不少的篇章里,首先是接受前人的学术遗产,然后层层论证,步步推演,结果竟得出一个全新的概念。这其间,继承与创新,相辅相成,确实难得。此其一。又如,凡对专业性极强的课题,最容易形成“孤军深入”的探讨,以求达到克敌制胜的目的;但却往往忽视“四面围剿”这一必要的进攻手段。从逵夫的书稿里可以看到,他往往是由点到线,由线到面,乃至四面八方,全方位地展开论证,使历史上的时代风貌,在读者脑海里形成了极其鲜明的“立体感”。此其二。对古史的研讨,微观的考证,是必要的;但只是满足于文字的异同、语音的通转等等,无疑是有局限性的。至于逵夫的书稿,则更多地是在“属辞比事”上狠下工夫,从而提出了单靠训诂校勘所无法得到的新结论。这对微观研讨所起的互补作用,是很显然的。此其三。书稿的其他独到之处，就不再觋缕，读者当会各有所见的。总之，逵夫同志不仅在学术结论上形成了自己的体系，而且在学风上也形成了自己的特色。这应当是读者的共识。

一九九四年五月十七日写于渊研楼

8月，先生《〈自在〉序》发表，载《教育导报》。此书系范昌灼散文集。

8月，赴北戴河参加第二届国际《诗经》研讨会。作《北戴河诗经会议即兴三绝》《和夏老〈山海关感〉原韵》等诗。附其中《北戴河诗经会议即兴三绝》如下：

其一

自古葩经无楚什，久闻燕赵有诗村。
河间宾客今谁在？喜逐时贤会蓟门。

其二

雅集高楼酒兴浓，波涛遥望水云东。
古今代有才人在，谁掣鲸鱼碧海中。

其三

北戴河边沙似雪，榆关城畔浪连天。
当年魏武挥鞭处，犹有诗人话建安①。

8月，为毕庶春的《辞赋新探》作序，是书东北大学出版社12月出版。

8月，散文《学术与友谊：记我与竹治贞夫教授》发表，载《文史哲》第四期。文章主要是关于《楚辞》成书情况的研究，与日本楚辞名家竹治贞夫教授互相商讨的纪实。因为竹治教授对作者

①收入中国诗经学会编《第二届诗经国际学术研讨会论文集》，北京：语文出版社，1996年8月版。

的科学结论曾予以充分肯定。该文并对竹治教授提出疑难之点,做了中肯阐释,使竹治教授为之首肯。

9月12日,先生致函竹治贞夫:

竹治贞夫教授赐鉴:

久疏音问,时驰远怀!新秋送爽,恭祝起居清吉。

自订交以来,书信往还,有裨学业之进展,诗歌唱和,得畅难尽之情怀。对此一段学术佳话,如无文以纪之,实属憾事。故不揣谫陋,曾草小文《学术与友谊》一篇,以抒所感、记所见。现已发表于中国著名刊物《文史哲》之《学术人物》栏内。现特奉寄一本,望哂纳,并指正。

书不尽意,诸希珍重是盼!

顺颂

文祺!

汤炳正

九月十二日

9月14日,先生《〈屈原与他的时代〉序》发表,载《西北师大报》。

9月,诗《甘溪秋雨》(外三首)发表,收入政协华蓥市委员会文史委员会编《华蓥诗词选》(《华蓥文史》第六辑)。

9月,主编《楚辞研究全书》第一辑,交炎黄书社出版。书前有所撰《序》一篇。

9月,竹治贞夫自印《与汤炳正教授往复书简并唱和》。扉页刊先生照片一帧,另与竹治合影一帧,并刊先生贺诗手迹。收入先生书简十通、诗四首(皆附中文),竹治书简十三通、诗六首。附录竹治《跋》译文如下:

跋

中国古典文学界的泰斗汤炳正先生,精研《楚辞》,自一九八五年"中国屈原学会"成立以来,一直担任会长职务。

一九九一年六月，我参加在湖南省岳阳市举办的首届“国际屈原学术讨论会”。尔来，承蒙与先生知遇，彼此书简往复，讨论学术，唱和诗歌，实乃我迟暮之年的不虞之幸。

先生生于一九一〇年，受业于清代考据学之继承者、硕儒章炳麟门下，今年已八十逾五矣，犹担任四川师范大学教授，指导后进，精神矍铄。其文高雅简净，堪称尺牍之范式。希冀学术之国际交流，亦乃先生之夙愿。余不敢将其视为秘珍，勉力誊抄，以作后学参考之用。不妥之处，尚祈先生见谅。

一九九五年九月二八日　竹治贞夫谨识①

10 月 31 日，为崔富章主编《楚辞学文库》作总序。

10 月 31 日，竹治贞夫致函先生：

汤炳正先生台鉴：

九月十二日大函和《文史哲》一九九五年第四期，于十月十一日收到了。拜读该志里所揭载的先生大文，我不胜感谢与欢喜，再读三读，感激不已！

日本有庆贺喜寿的习惯，喜寿是七十七岁的别号，盖喜字的草体有㐂，是相似七十七，所以有此称。我生于一九一九年七月九日，今年讲虚岁达于七十七岁，于是知友及门生于十月二十八日为我开会喜寿的贺宴。

我想先生和我的这五年间的往复书信，是中日学术国际交流的好个例子，所以编印之而示后生，也是很有意义的。《与汤炳正教授往复书简并唱和》的册子，为此而制作的。何图制作这册子的中途，得到先生的大文！先生的文章玲珑高雅，恰似看宋朝白磁，虽然是实录，但是非先生的如此妙文，则安得使人深受感动！

①周敏秋小兄译。

我想先生特写这个大文,大概也除对我厚谊外,为了表示后生以学术国际交流有意义的一个榜样,这想法先生和我不期而合致了!贺宴席上,我把先生大文的复印本以及我所编印的册子分发。并且先于贺宴讲演了"据于包山楚简的《离骚》占筮章之确解",这讲话将揭载于明年度德岛大学《国语国文学》杂志上。

我于这晚宴会十分得到出席者的敬意与赞誉,主要是由于有先生的大文,真不堪感谢!我另函寄上我的所编印册子二份,遗憾得很,我不留七月八日第一信的稿,只好重新草短文而补之,且其他拙文也有点补订的地方,请先生见恕!

时令渐向着冷凉之候,请先生千万保重!

耑此顺颂

道安!

竹治贞夫

十月三十一日

10月,散文《我写〈彩云曲〉的前后》发表,载《东方文化》第五期。

11月4日,撰者赴成都聆听先生对评传的看法。

爷爷问家中情况,这次能住几天,我说十五天,他说不能再多住几天吗?向他汇报传记写作的进展。他说:你写得很好,大出我意外。开始我还想只要不出错就可以了,简直没有想到你能写的这么好。你来得正好,我买的四个大书柜下周就要送来了,我没有精力清理书籍,"我要整理一遍藏书,非大病一场不可",我也不打算找其他人来帮忙了。李大明、李诚、熊良智他们虽有这个能力,但没有时间;你叔叔有时间,但没有这个能力。想来想去也只有你最合适了。5日我谈到最近贵大被评为全国"百所名校",不知川师榜上有名没有。谈到学校,爷爷就来气,说这次申请出版社的事也落空了。许多师范类大学皆有出版社,还办了几份公开发行的刊物。如湖南师范大学,学报之外,还有办得很有影响的《古汉语研究》杂志。“你来再帮我核校下书稿。”书信部分,遗憾的是给姜亮夫先生的信现一通都找不到了。我看了几通来信,说周某某拉帮结伙,爷爷不该如此地袒护他。校爷爷的回忆录,定稿时爷爷又作了一些修改,误植之处不少。爷爷主编的《楚辞研究全书》已由湖北炎黄书社接手,分几辑出版。因系夏传才介绍的,所以给他挂个副主编之名,副主编还有爷爷的三个学生。对他带的研究生,他说不希望都挤在一起做楚辞研究。刘信芳现主要做出土文献研究,已有不俗的成就,就很好。何炜写小说“我倒有几分高兴,门下出个小说家也蛮不错”①。徐志啸在《古典文学研究与比较文学研究》(为再版《辞海》所写的“楚辞”条目)介绍楚辞名家时说:“陈子展、林庚、汤炳正、马茂元等几位对楚辞的贡献……”爷爷说我的新知识是掌握够了,比他年轻时要强多了,知道的东西多。他当时是补新文化的课,我现应补旧文化的课。他讲经史子集,给我开了一个书目,说作为一个读书人必须要掌握源头。过去有句话叫“书不读秦汉以下”。经部,十三经必须读。能通读最好,不能通读每种也要大致了解一下。史部,二十四史是正史,野史就多了,不要你全读,但正史中的前四史必须读。前四史在二十

①撰者将此页翻拍发给何炜,她看后回复:“老师对我写小说鼓励很多,不但仔细读了还提了几个问题,而且很明白其中一些为故事需要的虚构,我当时都很惊讶,因为担心老师认为写小说不务正业,而且不按历史写,我为老师的开放和对小说与历史的理解感动万分。确实内心觉得很幸运,老师很睿智。”

四史中极为重要。子部,《老子》《庄子》《韩非子》《荀子》《墨子》等要读。集部,《楚辞》,当然《诗经》也可作为集部来读。汉赋可跳过去。魏晋南北朝的诗文要读,如曹操、曹子建的。唐代李白、韩愈的要读。大家都说李白诗好,“你琢磨下它到底好在什么地方”。苏东坡诗文要读,唐宋重要作家也要读。这以后的作品,只要文学史提过的名著都要通读一遍。每天坚持两小时,将来必有所成。我对爷爷说:你的几部书,以后恐怕最吸引研究者注意的就是这部《渊研楼文录》①,这本书是你谈学术、谈人生最为集中的一部,是人家研究你,乃至了解现当代学术史,都很重要的一部书。这部书对我写你的传记也最重要,引文也最多,因此希望它能早点出版。7日爷爷开始看我写的传记。中午送来信与报刊,爷爷说每天不看报纸就等于与外界隔离了,很不方便。《光明日报》他从五十年代创刊时就订了。爷爷说:你现在的文化知识,做个硕士已足够了,而且就是硕士,很多也没你懂得多呢。我在你这个年纪,还没有你知道的事情多。你考研究生,专业考试当没有问题,政治更不会有什么问题了。这是你的长项。就是英语,英语是国家统考,卡得很严,一分也不能少。爷爷告诉我沈从文的散文、小说要细看细品,他讲个什么事从来都不直说;鲁迅就是开门见山,直入主题,干净利索。他们各有所长。我说我现正在读《鲁迅全集》,爷爷说肯定会有收获的。鲁迅的语言个性色彩很浓,言简意赅。9日陪爷爷逛书店,爷爷说上海社科院历史所的汤志钧当年为了写太炎先生《年谱长编》,长年坐在上海图书馆翻找旧报刊,找到许多珍贵的史料,他因此书还有《戊戌变法史》而奠定了学术地位。当然他的这部书也有些

①2004年出版时被改为《渊研楼屈学存稿》。

问题，如在引文断句等方面。十日继续陪爷爷逛书肆，新华书店他不进，只去古籍书店看，我见《文史专家谈治学》，告诉爷爷这本书上的文章我曾在《文史知识》上大多已读过，爷爷说现将文章收拢在一起，方便阅读，“你不妨买下再集中看一遍也很好”。问他“守口如瓶，身心安宁”事。我说《文汇报》五十年代曾以这八个字做过通栏标题。爷爷说当时情况是奶奶喉炎厉害，他要去北京参观，放心不下，遂写下此八字贴在墙上，临走前一天，本系某教授来看他，见此字幅，不语。后拿此语作为党不民主之事宣传出去。不久省领导来川师动员鸣放，数学系的某教授说学校领导不民主，如汤炳正教授就说过“守口如瓶，身心安宁”的话，爷爷马上站起来说明事实的真相。爷爷给小四(我表妹，其时为巨人公司香港分公司经理)说：“你如果遇到文化类的单位，出版社、报刊编辑部之类的单位可给你小波哥介绍一下，他这几年进步很快，比一个硕士强多了，你别看他天天抱着书本看，像个书呆子，实在不是，他知道的东西多着呢，脑子灵活得很，交游也颇广。”李诚来，谈关于读学校助教硕士培训班事。爷爷说：小波这两年正在给我写传，写得很好，资料收得很齐。小波喜欢文史，想向这方面有所发展，我想让他来读我们这里的助教培训班。李答应即去问问。又说正要向爷爷汇报，他说正在向省教委职称办申请招收“在职研究生”，如成功的话，小波可来考，有文艺学与文献学两个专业，但要参加全国统考。如考进来你就跟爷爷学习。他们又谈到炎黄书社，爷爷说这么久不见他们的回音，会不会出什么问题，李说他看不会，夏传才介绍的，该社是会遵守诺言的。出版社拟分三次出版，据说第一辑是今年底，爷爷很担心又落空。因为这套书本来是由台湾贯雅文化公司出的，结果贯雅无力出版，才转向国内寻找出版社。我正在校稿,爷爷进来,他说:那天给你开的书目,可能份量重了点,也可以稍为减少一些。又说读书之道,首在挑选。我说契诃夫就讲过,“宁肯让我的盘子空着,也不盛不相干的东西”。爷爷对我读在职研究生的事很关心,说如能读就太好了。他说听李诚的口气,是很有希望的。刚才央视还介绍了自学考试的事,近些年国家对自考很重视,研究生本来就是个体作坊,独立研究,“我看此事能成”。12日早上整理书柜,叔叔进来说:书籍由你来整理,爷爷才放心。他现只相信你一人了,人家都理不好,只有你才能做好。我按类码书,靠近写字台是爷爷常用的书。一本一本书地寻找,劳动强度大。爷爷说“我等你来才敢换书柜”。见学院“古典文学教研组”选编的《中国历代文学作品选》,爷爷说这套书(学校印制,共六册)编得较早,注释认真而通达,是很不错的一个选本,“你拿回去看吧”。因爷爷没有参与选注,又缺了第一册,我就没有要。熊良智来说传记应由他们学生来写,爷爷说学生写或亲人写都行,小波有时间就让小波写。“我同意由小波写,是从想提高他的文史知识能力这个角度来考虑。”现在看来他完全胜任了这项工作,总的来说写得还不错。爷爷说等忙完书稿,“我给你写一幅最好的书法作品”。14日全力整理藏书,几乎在书房泡了八个多小时。李诚来讲助教硕士班,并把结业证取给我看,是硕士结业证,加盖国家教委公章,李偏向我考在职研究生,他认为要硬些,给硕士毕业证与学位证,出去也具有竞争力。爷爷说毕业证本身就是讲不通,读书哪里有毕业的时候?爷爷写竹治那篇文章发表在《文史哲》上,编辑来信说是一篇优美的散文作品。爷爷说:你写的传记文笔朴实,逻辑性很强,完全适合一个学者的身份,当然再生动一点会更好些。如果说是给一个作家或诗人写传,语言就要稍微讲究些才好,富有文采。总之要与传主的身份相符合才是。15日，关于传记，爷爷说：你写的传记属于那种质朴型的，分析相当严密到位，一环扣一环，逻辑性相当强。从传记的文笔来看，你不是那种才华横溢的人，不是走的华丽那一路，不靠想象来写作，也许你的性情更适合做学问。我过去认为你为我写的传记，只要不出错就行，现在看来我对你写的传记很满意。你是真正读懂了我的语言文字学的人，现在能读懂的人并不多。因为我把整个清代包括太炎先生的语源观点全部推翻了。能读懂除了需要悟性外，还需要投入大量的时间与精力。你不仅读懂了，而且对我的语言文字学有评述，还有补充，甚至有发挥，这就极为不容易了。你第八章即语言起源部分写得相当得好，比语言与文字那一章要好。16日，姑姑说昨天爷爷告诉她，小波相当聪明，悟性很高，传记分析得细致入微，很不容易。我说是爷爷论文写得好，我只是归纳照抄而已，只是把握尽量不出差错，谈不上写得好。她又说爷爷的文章那么难读，而你都读懂了，已经很不简单了。爷爷说我看你是很聪明的，你的文章摆在那儿，谁也否认不了。爷爷说他的论学集的书信部分只收了三十多通，但过去给姜亮夫写了不少的信，现在连一通也找不到了，这实在是个遗憾。奇迹出现了，我在爷爷书房里几大堆旧信中不仅发现爷爷给姜先生的信，还有给章夫人的信，还有其他一些珍贵书信的底稿，爷爷很高兴，说论学集前面有一序，现还未写，“我早已考虑好要写写你。我的回忆录式散文，要不是你当初力劝我写，我是不会写的。这次你又帮我找到这么多珍贵的资料，更应写了”。爷爷还与我谈了读书问题，说：我给你开的那些书必须要读，作为一个读书人不读《论语》，不读《诗经》都是说不过去的。至于《楚辞》也可以下功夫读。他说中国历史上的代表性的书，要选一些来认真地读。爷爷书房没有一部现在出的字典词典，他告诉我不靠查字典写作应是一个小学家最起码的基本功。叔叔说，爷爷讲你已把他的书都读懂，常在我面前夸奖你如何如何地聪明、了得，我现已不读他的书了，太费脑筋。你最好每天早上吃一个鸡蛋，像爷爷一样，脑力劳动要补补，还要多吃点肉才好，爷爷就喜欢吃肉，过去还要吃夜宵。爷爷叫我去卧室谈话，他说，他这一生所遇到的坎坎坷坷实在太多了，什么抗战、"镇压反革命"运动、思想改造、"反右"运动、"四清"运动、"文革"，多了去了，他相信我未来的发展之路会比他顺利。又说刚解放时，中文系安排他教现代文学课当然是排挤他，当然其他人也教不了，才把他推出去。他认为他教现代文学方向是错误的，但教学还是成功的，学生对他的课还是很满意的。听课的人很多，要抢座位①。他说当时只能讲革命作家，民主作家也可以讲点，但不是重点，资产阶级作家讲一句就要骂上两句，封建作家更是要骂了。那时框框限制得太多了。晚将书稿全部校毕，待明天交与爷爷②。

11月，为刘信芳的《楚辞简帛研究》作序。

12月2日，先生致函竹治贞夫：

竹治贞夫教授大鉴：

十月卅一日大函及我们往复书简与唱和诗歌的集子，均收到。

得悉今年是阁下七十七岁喜寿，并于十月二十八日开

---

①"听汤老师讲课，无异于当年听川剧名角陈书舫与袁玉堃演《秋江》《梁山伯与祝英台》一样悦心悦意、怡志怡神。"见何世进《他引导我走上了文学征途》，载《四川师大报》2018年4月15日。

②见撰者《日记》。

筵祝贺，宾客盈门，盛况空前，令人欣羡！惟我与阁下虽系知音，而海角天涯，未能躬与盛会，实属憾事！只有翘首云海，挥笔赋诗以表微忱耳。诗云：

闻说乐山仁者寿，谁知隔海友情殷。
蓬莱自古长生地，瀛海原多百岁人。
坐席说经应赐粥，临渊吟屈赖传薪。
羡君七七逢初度，旨酒嘉宾笑语亲。

诗并不佳，但友情之深与祝寿之忱，于此可见一二矣。望赐斧正是荷！

所编印往复书简与诗歌唱和册子，足见阁下对我们这段友谊是十分珍惜的。以此纪念阁下华诞之喜，固有深刻意义；以此记录国际学术交流之盛，更非一般文字所能代替。捧读之余，往事如在目前，不禁为之欣然忘食！

前蒙寄赠之《丽泽杂咏集第二》，友人见而爱之，请阁下能再寄一本，以偿其愿，阁下其见允乎？诸多烦扰，当能见谅！

严寒逼人，贵国当甚于此间，诸希珍摄是盼！

耑此顺颂

撰祺！

汤炳正

十二月二日

12 月 15 日，姜亮夫《楚辞通故》（齐鲁书社版）获国家教育委员会举办的“全国高等学校人文社会科学研究优秀成果”一等奖①。

是年，先生的《渊研楼文录》与《剑南忆旧》整理完毕，交古文所录入。

①见《姜亮夫全集》扉页奖状图片，昆明：云南人民出版社，2003 年 1 月版。

1996年丙子　先生八十七岁

在四川师范大学。

1月16日,先生致函何炜:

何炜同志:

收到你赠的挂历,明清画幅,赏心悦目,特此致谢!

年来精力不给,而杂事日繁。你的大著送来以后,我仅翻阅了《陈圆圆》。过去我对你的才华,仅从逻辑思维的角度感受到了;不料你的形象思维力,竟又如此之强!《陈圆圆》是一部成功的作品,来信多过谦之词,大可不必。中国的历史小说,路子极其广阔,当前已成热门,望好自为之!

匆匆预祝

春节康乐!

汤炳正

一月十六日

2月,先生校毕《渊研楼文录》与《剑南忆旧》两书的打印稿。前者先交巴蜀书社无果。2004年10月此书以《渊研楼屈学存稿》为名,由华龄出版社、中国社会科学出版社出版;2013年5月再版;后者2000年9月收入敏泽主编的"学海钩沉丛书",由山西人民出版社出版。关于先生的回忆性散文,"虽不免也涉及到他的学术,但其所忆者多是生活经历和人情交往,与学术性的关涉不多,至少是能够读懂的。一路读下来,最深的体会是文笔优美。我原以为学者写惯了高头讲章,文章会流于枯涩,而汤先生的散文文笔清丽,其文字的节奏很有韵律感"。"其文辞之优美,非学养宏富者不能为。"①"《剑南忆旧》是著名语言文字学家和

①易卫东《有不读斋札记四则》,载《芳草地》2015年第4期。

楚辞、屈原研究专家汤炳正先生集六十余年治学经历和人生感受的一本散文集。它的出版，为山西人民出版社重点推出的丛书'学海钩沉'的花枝上又增添了一朵奇葩！全书共收二十一篇文章，有对童年生活的回忆，对故乡的眷恋，对学术生涯的追忆，对恩师、益友的敬慕和缅怀，也有对自己一生在学术道路上探索的经验总结，从中可见老学者对国家、对民族怀有真挚的爱以及他严谨治学、辛勤育人的无私精神。可以这么说，这本书把老人'那布满荆棘的人生道路、饱经风霜的清癯面孔'，'勾划出了一个大致的轮廓'。文以载道，从作者来讲，无论他有意无意，总是在文章中表现了自己的观点。读完《剑南忆旧》一书，掩卷深思，凸现于脑海中的首先是先生的学识，其次是先生的人格。""作为一名编辑，能遇到这样的书稿是一件幸事。因为编书不再是一种艰辛，反而成了一种享受。"①"这篇《海滨拾趣》取自汤炳正先生的散文集《剑南忆旧》，因为版面有限，只选取其中三个片段。汤先生多年授业四川，与故乡遥隔五十年。八十岁后，透过半个世纪的尘烟回望，汤先生笔下的故乡石岛仍是童年旧模样。大家散文，历岁月沉淀，别具光彩和况味。撷取此文以飨读者，同时也聊表威海后学对同乡大家的尊重与景仰。"②

2月，论文《跋太炎先生〈遗嘱〉：为纪念太炎先生逝世六十周年而作》发表，载《中国文化研究》春之卷。现录入如下：

跋太炎先生《遗嘱》

——为纪念太炎先生逝世六十周年而作

一九三六年太炎先生逝世时，我正在苏州就学于"章氏国学讲习会"。其时，只闻先生留有《遗嘱》，而未见公布。缪篆先生《吊余杭先生文》中，也曾谓先生"曾草遗嘱，其言

①秦继华《汤炳正与〈剑南忆旧〉》，载《山西日报》2000年9月22日。

②见《威海晚报》2011年4月17日"人文B09"版。

曰:设有异族入主中夏,世世子孙勿食其官禄。遗嘱只此二语,而语不及私”(见一九三六年九月《制言》二十四期)。所知者仅此而已。至于《遗嘱》当时为何未正式公布,则未得其详。

时隔六十年的今天,我始于一九九四年八月上海远东出版社出版的王元化先生主编的《学术集林》第一卷中,得见《遗嘱》的全文发表;于手迹而外,并附有释文及先生嫡孙章念驰师侄的详细注释。这份有关研究太炎先生一生行谊的重要文献,沉埋了如此之久,终得公之于世,实学术界之一盛事。念驰师侄之谨于守藏与勇于奉献,以及王元化先生之显微阐幽,崇扬先贤,其功俱不可没。

从缪篆先生之言推之,当时《遗嘱》的内容,个别人亦略有所知。特语焉不详,且有失本意。如谓“遗嘱只此二语,而语不及私”,即与《遗嘱》全文不符。今观《遗嘱》手迹,其中涉及财产部分,从“余所有现款,……导奇两男共之”一大段,曾被用笔勾销,细审笔墨,粗重浓郁,与手迹全文迥不相侔,似非出于先生手笔。西俗遗嘱,重在财产处理;中土遗嘱,重在垂教子孙。而先生兼取东西之长,亦意中事。然览者或囿于东俗,而以“语不及私”为高,故勾勒之笔,当系他人所为;而且《遗嘱》之久秘未宣,亦或与此有关。妄作臆测,以俟知者。

然而,先生《遗嘱》,仍以垂教为主。如全文首先叮咛者为:立身为贵,学问次之;富贵不骄矜,贫困不屈节;出洋游学勿傲诞,入官从政务清慎;等等。皆语重心长,以端正品行为诫。此乃祖国数千年传统文明之精华,一旦被先生摄入笔端,寄语儿孙,竟似家常话,如日常事,娓娓而谈,深感人心!此与先生晚年常常以《儒行》教门弟子,其忧虑世风之日下,人情之浇薄者,出于同一心境。

《遗嘱》的重点，自然是先生的民族气节、爱国精神。如谓“若异族入主，务须洁身”，着墨不多，语重千钧。盖自九一八日寇入侵，国势危急，先生目睹时艰，已全身心地投入御寇救亡的行列之中。通电呼吁，集会商讨，南北奔走于主事者之间，以谋起兵抗敌。他以为“战败而失之，与拱手而授之，有人格与无人格既异，则国家之根本兴亡亦异也”（《致马宗霍书》）。其救亡图存之志，固甚坚定。然当寇患日亟之际，不禁也发出“吴其为沼乎”的悲观叹息。故《遗嘱》才有“若异族入主，务须洁身”之语。缪篆先生所述“设有异族入主中夏，世世子孙勿食其官禄”，即系此语演绎。但“洁身”所概者深且广，而“勿食其官禄”则所及者浅且近耳。《遗嘱》下文又嘱，死后设祭时，必置勋章于祭器之上，并谓“纵使国失主权，不可遗弃”。示己虽在九泉之下，犹以革命元勋之重，坚守民族大节。此言此志，读之令人泪下。但原《遗嘱》释文，竟脱落“纵使国失主权”一语，致失此句之爱国至情与民族大义。今后重版，必须补上，万勿疏忽。当然，从《遗嘱》的上述语气看，先生这时对抗日前途，似已失去信心，故对亡国之后子孙如何自处，三致意焉。而先生没有意识到，在中国共产党领导下的抗战，跟历史上任何外敌入侵的结局并不一样，实足以一洗百年国耻而重振国威也。

最后，《遗嘱》释文，偶有误释之字。如释文谓先生嘱对自己所著书，“宜茠藏之勿失”，此“茠”字当系“葆”字之误释。细审手迹，字本作“葆”，其下半，实“保”字之古体，从呆不从木，并非“休”字。“葆”字古籍多借作保藏之“保”。如《庄子·田子方》：“虚缘而葆真”，《释文》云：“葆本作保”。例不胜举。至于“茠”字，则古籍罕见。《广韵·豪》收“茠”字，读“呼毛切”，列为“薅”之异体字。《说文》：“薅，拔田草也。”与保藏之义无关。先生以“葆藏”连文，则当释为“葆藏”无疑。先生《遗嘱》乃研究中国近代史的重要文献,传世之本,宜慎重处理,不失毫厘。

一九九五年十月十八日

3月10日,先生致函竹治贞夫:

竹治贞夫教授大鉴:

去年十二月十五日大函,敬悉。寄来《丽泽杂咏集》又蒙和祝寿诗,非常感谢!因几月甚忙,迟复为歉!

贺诗极佳。拙作原韵“薪”字句,本不称意,因贵国《楚辞》学,实赖阁下传授而得广泛流传,故借用庄子“火尽薪传”之意以寄怀。其实,中国古人的和诗,亦未必皆步原韵。因强步原韵,易束缚作者思路,不得自由驰骋,亦一弊也。阁下此句贺诗,改“薪”为“新”,未尝不可。此用“九江被公”故事,亦非常贴切,实系佳句。炳窃思之,如果能将“被公”改为“朱买臣”,则可与“薪”字相联系。据《汉书·朱买臣传》云:买臣“好读书,不治产业,常艾(刈)薪樵,以给食”。后来汉帝召见,因善“说春秋,言《楚辞》”,为帝重用,曾官会稽太守,位列九卿。买臣少勤苦自励,至采薪樵以自给,但后来却以《楚辞》闻名于世。此亦堪与阁下相比美。未知阁下意见如何?微末之见,未必恰当,只供参考而已。

阁下在《东方》上所介绍拙作关于包山楚简与《离骚》的关系,此间有人欲将大作译成中文,在中国杂志上发表,未知先生是否许可?此事涉及“知识产权”,不敢冒昧,故特专函征求意见,敬候复音。至盼!

专此顺颂

撰祺!

汤炳正

三月十日

3月，撰成《记姜亮夫教授》。

4月，为杨乃乔的《儒道诗学与阐释学》作序。

5月6日，先生致函陈怡良：

怡良教授大鉴：

久疏音问，时劳梦寐，祝愿起居佳胜，事业腾达！

前知阁下欲购张元勋的《九歌十辨》而不可得，未知现已购得否？如尚未购得，则拙藏顷已寻到，示知，当即奉寄也。

"中国屈原学会"，明年端阳节当召开七届年会，欲借此举行一次国际性的"屈原学术讨论会"。素悉贵"成功大学"乃台湾屈学研究中心，苏雪林教授与阁下，乃台湾屈学界权威，如能与此间屈学会联合主办此次学术讨论会，则既可壮大屈学声势，又可团结一大批国际屈学同仁，共同切磋，实千载一时之盛举也。未知阁下意见如何？望能与苏雪林教授商洽，玉成其事，不胜企盼之至！

此事具体的合作形式，还有待阁下多提建议。近几年，大陆与台湾联合举办学术会议者甚多，可供借鉴。如有合作可能，一切当进一步商量。

遥望云海，静俟佳音。匆匆即颂

文祺！

汤炳正

五月六日

5月8日，学校"田家炳教育行政学院"奠基。时任副校长唐志成回忆道：这天"田家炳和四川师范大学三十多位教授进行了座谈，其中包括川师文学院汤炳正、屈守元、杜道生等教授，座谈会上，田家炳与在场的教授们聊及苏轼、李白、《楚辞》等等，饶有兴趣"①。

5 月 12 日,竹治贞夫致函先生:

汤炳正先生台鉴:

正是晚春首夏之交,新绿蔽山,满街踯躅花竞妍,我的德岛于一年里最爽快的,想见先生的成都也然,而先生眠食愈是安泰!

却说我的研究《楚辞》,初先开始于考察《离骚》的构思和分析其段落,而拙著《楚辞研究》里的《〈离骚〉:梦幻式叙事诗》之章,是其结论。幸而那篇被译中文,揭载于湖北人民出版社《楚辞资料海外编》里,我甚以为光荣。

然而近时先生的大论《从包山楚简看〈离骚〉的艺术构思与意象表现》发表,那是实事求是,真不可动的确论,则应当《离骚》里占筮章节的旧解,都是依据先生高说改订。于是我举出拙著《屈原》里的《离骚》篇里该章节之旧解,一一加施删订,以草小论《包山楚简〈离骚〉占筮章的确解》,而揭载于德岛大学《国语国文学》第九号。

刊已成,便将该志一本及抽印三份,另函寄上,以报先生教恩。但至于词句训诂,都袭拙著旧解,请先生谅之。成稿后偶感:

一

旧诂烟消确解新,汤师考据老愈振。
包山楚简空前宝,照出骚经占筮真。

二

邵姓三间屈氏亲,汤师慧眼卜占伸。
海东末学桑榆日,些草小论追后尘。

---

①《我校原副校长唐志成追忆田家炳先生:卖别墅助学　住五星宾馆很不安》,载《四川师大报》2018 年 7 月 12 日。

耑此顺颂

道安！

竹治贞夫

五月十二日

这翰写完了，正当那时收到邮件。乃是先生四月三十日大函，我则知道先生康健平安，不胜高兴！

先生说：在明年端阳节，想要举办“国际屈原学术讨论会”，壮举可庆！但我既是退休隐遁的人，名誉教授不过是名目而没有什么地位，而且德岛大学的中国文学科，规模很小，我的后任者是《文心雕龙》的专家，不讲楚辞。所以不得答应先生的要求。

我想日本的楚辞(学)家现在不多，所知道的有力者，如下：

一、早稻田大学教授稻畑耕一郎氏①；

二、大阪大学教授福岛吉彦氏；

三、国学院大学教授吹野安氏。

请先生与这些人通信联系。

祝愿中国屈原学会愈益发展活跃！

竹治贞夫补写②

5月22日，陈怡良致函先生：

---

①此处撰者略去了地址、电话。下同。

②据原件录入。《汤炳正书信集》收先生致竹治信共计十五通，独缺本信所提到的“四月三十日大函”。撰者曾给竹治贞夫长子竹治文雄去过几通信，请他帮寻找先生的信函，他说：“关于你先祖父汤炳正先生和我父亲的往复书简，依你的要求，我找了好半天；但是只找到1995年12月的信，其他的都找不到了。只好把它复印寄给你。”(2008年12月5日)“关于汤炳正先生和我父亲的往复书简，这十五封之外，大概没有吧。我这里找不到了。”(2010年6月27日)

炳正教授道席:

敬接手书,内容尽悉。有劳关注,曷胜感激!函中提及《九歌十辨》(张元勋著)一书,至今仍未购到,如能代购,尤宜;而先生仅存藏一册,实不敢让先生割爱寄赠矣。

另,有关中国屈原学会欲与成功大学合办一次屈原学术国际研讨会,自是极善。本校本系实亦非台湾屈学研究中心,台湾研究屈学者,实亦寥寥可数。本系与研究所幸赖个人开授楚辞学,以传承薪火。台湾某些大学中文系,甚至以未有人专研楚辞,致不开此学问者,极为可惜。晚曾将先生来函大意,禀告吾师苏老师,吾师亦谓大佳。唯以大会在大陆召开,吾师年已百龄,行动不便,近已搁笔,故无法提供论文。晚建议个人可代联系台湾各大学研究屈学者,到时可联合赴会参加,并发表论文,唯人数多少,则难以预卜。又经费问题,以大会乃在大陆召开,此间欲申请经费补助,恐怕困难重重,故名为合办,恐经费欲半由台湾屈学界或本校补助,可能性不大。未知先生对此有何卓见?若名称定为两岸屈学界合办屈原学术国际研讨会,亦可。近几年来,大陆与台湾确实曾在台湾合办过学术会议,唯大会在台湾举行,负责召开者为台湾某大学某系或某学术单位,而经费则悉由主办单位负责筹集,故皆可申请经费补助,而大会乃能顺利进行。本系曾召开过三届魏晋南北朝文学与思想研讨会,每届亦曾邀请数位大陆学者与会,皆顺利完成,并自筹部分经费,委由此间出版社出版论文集,成果斐然。今在大陆召开国际屈原学术会议,意义自是重大。唯据个人所知,若大陆负责经费,另食宿及注册费亦由大陆负责,本地学者参加则自行负担来回机票,则参加人员可能较多,若本地前往大陆开会之学者,自行负担来回机票、注册费、食宿费,总计算之下个人负担较为沉重。如此则前往参加或发表论文者,可能屈指可数。总

之,经费是一大问题,如有经费,则一切当不成问题。以上所述,皆为个人所知,禀告如上,不尽所怀,并乞赐指示。恭请

道安!

晚陈怡良拜上

五月二十二日①

6月26日,先生致函竹治贞夫:

竹治贞夫教授台鉴:

奉悉五月十二日手示及佳作,诵读再三,如接音容,不胜欣喜!

《国语国文学》及抽印本,近亦收到。拙作以包山楚简解析《离骚》,只是一种尝试,谬蒙推许,愧不敢当!尤其阁下竟据以追改旧作,虚怀若谷,更令人敬佩!

近日反复吟诵阁下的诗篇,颇多感触。如第一首既拈一"新"字为韵,末句又拈一"真"字为韵,即与我有默契焉!因我生平在科学研究上,一贯强调"创新",但晚年见学术界多以标新立异为能事,故我又特别提倡"求真"。尝谓:"科研必须创新;但创新的本身不是目的;创新的目的在于求真。"所谓"真",即指事物的本来面貌与历史的客观规律。故我对阁下的第一首诗,和原韵如下:

学贵日新又日新,盘铭垂训意振振。

与君论学相通处,既爱日新又爱真。

其次,我与阁下,皆系"桑榆"之年,退休隐居,但在学术上却又互相砥砺,勤奋进取,可称志同道合。故对阁下的第二首诗,和原韵如下:

相逢虽晚日相亲,跨海论交意气伸。

①本通与下通皆由原件录入,信仅点断,标点为撰者添加。

伏枥同怀千里志，析疑理惑远嚣尘。

二诗皆系抒怀之作，请赐斧正！

关于联合主办屈学会议，不过偶然想起，顺便相询。承介贵国各位屈学专家，亦不欲再作联系矣。有渎清神，无任歉仄！

耑此顺颂

撰绥！

汤炳正

六月廿六日

7月13日，先生致函力之：

汉忠同志：

前后寄赠《学报》两期，皆已收到，关照之情，不胜感谢！

得见大作《读〈全汉赋〉》《〈容斋随笔〉刊误》二文，甚为欣慰！非功底深厚、思维缜密者，难于达此境地。尤其对《全汉赋》之评骘，更为深刻中肯。此文置之第一流刊物中，绝无愧色。以后有新作，可根据论文性质，向国内刊物投稿，青年人当有此"闯"劲，望好自为之！

匆匆即颂

文祺！

汤炳正

七月十三日

8月，论文《在汉字讨论中所想到的：致〈东方文化〉的一封公开信》发表，载《东方文化》第四期。

9月3日，撰成《〈先秦诗鉴赏辞典〉序》①。

10月7日，陈怡良致函先生：

①上海辞书出版社1998年12月初版，2016年10月再版。

炳正教授道席：

前晚曾函请先生勿寄赠予晚《九歌十辨》一书，盖实不敢夺先生之藏书矣。如先生有机会在大陆代晚购到此书最好，孰料二日前（十月五日）忽接到先生寄下之《九歌十辨》一书。惊异之余，实不知如何感激先生之厚爱与盛情矣。晚谨在此致以十二万分之敬谢之忱。

今年晚续在本系研究所开授"楚辞学专题研究"，提供有兴趣研究之硕士班学生选修，来年再开放予博士班学生选修。今年晚指导之硕士班毕业生黄碧琏同学，即撰述《屈原与楚文化研究》，约二十多万字，论文中参考先生之大作处不少，可能会商请某一出版社出版。如进修顺利，出版后当寄赠先生一册，并请先生不吝指正。

黄同学口试论文时，乃请本地淡江大学文学院院长傅锡壬先生与高雄师大教授史墨卿先生为口试委员，晚与他们会晤时，曾提起大陆有关在明年五月召开一屈原学术研讨会之事，他们似有兴趣参与。惟经费问题是一难题，盖在大陆召开，欲申请本地某些机构给予经费补助，则较困难，亦未见有前例。如以个人身份参与，本地之学者参与，则一般皆由个人负担来回旅费。申请某些补助，则须为国际性研讨会，且发表论文者先需经审查后核准，否则悉由个人负担旅费，则属平常，谨在此回复，并致感激之枕。即祝

文绥！

晚陈怡良敬上

十月七日

11月1日，竹治贞夫致函先生：

汤炳正先生台鉴：

拜悉六月廿六日大函，先生赐我以对于鄙诗的次韵玉作，我的欣悦何若之，时时诵读以励我志，顷日才草完了《近

世阿波汉学史之研究续编》的稿，将付出版社印行。最近我又应人需写了两篇短文，皆有关于先生的赐教，故兹附寄以供一粲，请先生谅之。

日前，我一看李诚先生的大著《楚辞文心管窥》，那第一章论着楚辞和北方文化的深甚关系，先得我意也，先生门下多士济济，真可庆矣。时令金风飒飒，菊花馥郁，希冀先生愈益加餐，千万保重。

耑此顺颂

道安！

竹治贞夫

十一月一日①

11月6日，先生致函范昌灼：

昌灼同志：

我近收到素不相识的青年廖建平来信一封，要求我把你赠的《散文创作论》转卖给他。因我要留此书为纪念，舍不得，很为难。现把此信转给你，你如手头有书，是否可赠他一本？青年求学心切，似应满足他的要求！

此事如何处理，全由你裁夺，办与不办，不必勉强。

你的电话号码，我没有找到，只得以信相告，希谅！

即颂

文祺！

汤炳正

十一月六日②

①据原件录入。

②据影件录入。廖先向范昌灼"索购"此书，不成，又转求先生。事见范《心的驱动》。

11月7日上午,沈建中为出版大型人物摄影集《世纪肖像》① 采访作为"古典文学家"的先生。沈建中在1998年9月8日给撰者信件说:

> 8月21日大札拜收,惊悉汤公仙逝,悲痛无尽!我是经王利器先生(今年夏天也去世)介绍为汤公摄影,那日拜谒仍历历在目,敬仰不已。
>
> ……其间由寓所墙上悬挂章太炎书赠的对联,谈及早年受业太炎先生时的师弟苏州朱季海先生,他回忆说太炎过世后,自己仍留在章氏国学讲习会讲学,也与朱季海为同事。因我说起常去苏州见季海先生,他嘱我代为问候。临别时惠赐著作《屈赋新探》。

11月24日,先生致函陈怡良:

> 怡良教授道席:
>
> 十月七日大函敬悉。寄奉张氏《九歌》之作,重在交流,并表友谊之忱,些些小事,望勿介怀!黄碧琏同志大作如出版,希能见赠,以资借鉴。
>
> "中国屈原学会"七届年会,时地尚未落实。届时深望台方同仁光临指导。惟旅费问题,确是难题。大陆学者亦正存在同样困难也。
>
> 现有一事,未悉阁下能否予以协助?即:大陆出版社正组织屈学界集体编纂一部大型的《楚辞学文库》,共有五个分卷。其中《楚辞评论集览》,是一个分卷,内容乃选载或摘

---

①沈建中《世纪肖像》1999年9月由天津教育出版社出版(先生的肖像,又收入沈建中《文化中国:二十世纪中国文化影像集》,广西民族出版社2004年5月版)。"书中展现了115位与世纪同行的社科人文领域大师的风采。"

录有代表性的楚辞研究论文。它由我所副所长李诚同志担任主编。但搜罗大陆屈学论文,困难不大;而涉及香港、澳门、台湾三地的论文,则颇感棘手。他欲在台湾觅请同仁助一臂之力。前年阁下的毕业研究生李温良,未知现在何处工作,望阁下能征求他的意见,看他能否相助?当然,阁下现正培养中的研究生,如有愿意协助者亦可。这部分的内容,只限定十五万至二十万字即可。酬劳由出版社付给。至于具体编写体例等琐事,必要时,阁下可与李诚同志直接联系。

李诚原系我的学生,他著有《楚辞文心管窥》,一九九五年九月由台湾文津出版社印行。他亦大陆屈学界骨干也。

恭俟佳音,顺颂

文绥!

汤炳正

十一月廿四日

12月9日,先生致函竹治贞夫:

竹治贞夫先生大鉴:

十一月一日来函拜悉。附大作《次韵之诗》《汉诗与我》二文,足见阁下对汉诗沉潜之久,爱好之笃,实为难得。尤其屡屡涉及我与阁下结交唱和诸事,谦虚之情,令人感佩!古人云:"人生得一知己足矣。"殆我与阁下之谓欤?

光阴流逝,新年瞬即来临。遥望天涯,赋新年贺诗一首。屈指邮程,见诗之日,当即元旦之辰,文字传情,聊当面拜!诗云:

自叹人生水上萍,匆匆聚散隔蓬瀛。

春阳复始风光好，遥寄神州一片情。

词意粗浅，望赐斧正！

耑此敬贺

新年康乐，

阖府吉祥！

汤炳正

十二月九日

12月19日，先生致函力之：

汉忠同志：

你十月十六日寄出的《〈招魂〉考辨》，迟至近日始收到。邮递为何如此迟滞，令人费解！

读大作之后，深佩资料丰富，思维缜密，考辨有力。这是屈学中的老、大、难问题，竟能写出如此有质量的论文，确实不易！

此外，人们常说"不破不立"，或说"有破有立"。通读大作，似乎"破"的成分多，而"立"的成分少了些。对这个问题，无宁说"立"更为重要。

主屈说的原始证据，只是《史记·屈传》；主宋说的原始证据，也只是王逸《章句》。此外双方皆无更多的东西。当然，平心而论，《史记》并未明言《招魂》为屈作，而《章句》却确指《招魂》为宋作。在这一点上，宋作之说，确实占了上风。如果在此基础上，能再拿出几条，哪怕是一条"原始证据"，则"立"的成分就会大为增强。

我对敏泽先生的道德文章，向极崇拜。数年前曾来成都相聚。此后虽偶有书信往还，难慰思念之情也。

因急于作复，以免渴望，匆促之际，语焉不详。希谅！

耑此并祝

新年康乐,

全家幸福!

汤炳正

十二月十九日

12月20日,先生给撰者信有云:

你想把“学风”与“教育思想”合在一章来写,未知写得怎样?如二者不调合,我主张在此章里以《楚辞类稿》为例证,专谈“学风”。似乎比“零金碎玉”的写法,更有系统性。如:(一)你已提出的“关于《楚辞》的辞”,从“学风”上讲,可以说是“追本溯源,穷其所以”。如果再参考我《屈学答问》中的解“辞”,更足说明问题。(二)你已提出的“屈赋与诗经”,从“学风”上讲,可以说是“分派析流,破除积习”。(三)你已提出的“九歌的奇偶句”问题,从“学风”上讲,可以说是“有理有据,不避权威”。(四)你已提出的“离骚序误字”“九辩与素餐”二条,从“学风”上讲,可以说是“校勘训诂,明察秋毫”。(五)你已提出的“楚辞音义”问题,从“学风”上讲,可以说是“析疑辨难,揭示史实”。(六)其余如你所举的“奇服”条,“国殇”条,“国无人”条,都可以用;只是提出的角度,不是谈“碎金”,而是证“学风”。——以上只是供参考。

12月,先生与李大明、李诚、熊良智的《楚辞今注》由上海古籍出版社出版。翌年4月再次印刷。两次精装平装共计印15000册。2012年9月再版精、平装两种,2017年5月第3次印刷。2017年6月出版“典藏版”,11月出版“简体版”。《序》云:“书名‘今注’,略有三义:其一,使两千年前之屈宋鸿裁,及两汉遗篇,皆能以较清晰的面貌,为今人所理解与领会;其二,在注释中能体现出今天学术界对《楚辞》研究所已达到的水平;其三,我个人对屈学的己见，能在注释中起主导作用。但这三者要统一得很好，以免百衲成衣、斑斓驳杂之弊，则并非易事。我曾为此作了较多的思考。最后认定，本书的特色，应当是简明扼要，直书所见，与其他论著有所不同。即书中的一般训释，易于理解，力求精确，不事辩证；特殊词句，偶列论据，意在取信，不事铺张。凡旧说自通者，宁用旧说，只求畅达，不取新奇；凡旧说不通者，始采新说，而取舍断以己意，义蕴多所融会。故全书虽不名一家，而处处是对学术遗产的继承；但全书又系新著，亦处处渗透着一己之见。此外并力求以个人生平所形成的屈学体系，经纬全书。”先生写序之前，先列了个提纲，定稿时有些内容没写入。现选几条放在这里：“迟迟未动笔的原因：（一）王先谦式的集解，剪经裁锦，百衲成衣，言非己出，我不想做；（二）但句句独出新解，语语创见，我以浅识，又做不到；（三）只得采取第三条路，融汇前人，独成体系。言由己出，不名一家。前修时贤，兼容并蓄。”“欲为王先谦式的高僧百衲，则颇惭无金针之术；欲为高邮王氏的字字珠玑，又自愧老蚌无灵。”“全而非选者，汉人作品，虽多诽议，但在汉代集结成书，有其文献价值：（一）史源沿流，可得楚辞文品流变；（二）钦仰哀悼可见屈原人品之影响。我们不为朱子之续；亦不作今人之删。”“融合前言而成今注，亦犹人不能离五谷百味而生，但人又不等于五谷百味。”“结论论点求准确，论证过程求简括。”“凡文异义同者，不列异文。文异义歧者，择善而从。”“对前人遗说，不抱虚无主义态度。‘学有伪真，无有新故。’”出版社推介词：“《楚辞》是我国诗歌的起源之一，是我国古典文学首屈一指的经典著作，是任何古典文学研究者、爱好者都不能不读的作品。两千年来，关于《楚辞》的注释可谓汗牛充栋，琳琅满目；但对当代人来说，一则难以将数以百计的注本一一读来，二则古人以文言所作注解，往往也已须‘再注释’了。我社《楚辞今注》以宋代洪兴祖《楚辞补注》为底本重新作注，既取旧说之长，又采新说之精，颇能反映目前学术界楚辞研究的水平。其特点在于注释简明扼要，疏解融会贯通，符合当代读者阅读、研究的需要。”

1997 年丁丑　先生八十八岁

上半年在四川师范大学。

先生着手整理自己六十多年的旧体诗作；修订《古韵学管见》（又名《中国古韵论证》）的稿本，写了一段《题记》。

1 月 1 日，竹治贞夫致函先生：

汤炳正先生大鉴：

十二月九日大函，拜悉。先生愈益康健，笔迹雅畅，我之欣快莫大焉！先生见寄年贺玉作，我讽诵三叹，则不顾不才，敬步原韵，以供一粲如下：

往岁相逢似水萍，尔来鱼素屡过瀛。

老师许我以知己，初旭跳昇后学情。

措辞雅拙，伏乞大斧！

时令将近严寒，但愿先生千万保重！

耑此谨贺

新年快乐，

万事如意！

竹治贞夫

一月一日①

1 月 24 日，先生致函张中一：

中一同志：

去年十一月七日大函奉悉，因事迟复为歉！前些年寄

①据原件录入。

来的大著《屈原新考》等，虽未能代为销售，却代为奉送友好。凡日本、台湾的屈学爱好者，皆人寄一册，欲借此扩大你的影响，想阁下不会以此见怪吧？

据来信，你深为尊著"不被学术界重视，心中苦闷得很"。我对此，有两点看法：

（一）凡科学上新结论的出现，往往会遭到守旧者的抵制。古今中外，没有二致。对待这种客观现实，应静待历史的考验。如果新结论确实是科学真理，最终总会被历史所认可。古今中外，也无二致。否则就会被历史所淘汰，对此要有耐心，不必苦闷。

（二）一种学说的建立，不在于结论是否新奇，而在于论据是否扎实。如果读者"不愿接受"你的新结论，即应当审视自己取得新结论的事实根据是什么？（只凭主观的推理与设想，那是不行的。）故一个严谨的学者，决不是只在结论的新奇上费心思，而主要是在论据的坚实上做功夫。

我阅读你的新著提纲，对"屈赋是屈原南征反秦复郢斗争史诗"这一新结论，是否可称"重大的突破"，我还不敢表态。在我的意识中，屈原死后，楚人"复江旁十五邑"的史实是有的。但怎样能得出屈原"反秦复郢"的结论，就要看你的论据，尤其是原始性的论据。有了可靠的论据，结论自然成立；如只凭"一厢情愿"的设想，就不能成立。

我们做学问的人，要想提出几个新奇惊人异想天开的论点，并不难；而难处在于能拥有可靠的论据。而且论点与论据之间的必然关系，更是学术研究的命脉，放松这一环，一切都会落空。

你评定姜亮夫先生与我的研屈著述，颇有中肯之语，足资参考，甚为感谢！

一门学科由发生到成熟，往往要经过多少个世纪，想由几个人来完成,那是不可能的,深望后学之不断努力!

当前学术著作出版难,乃人所共知。为大著的问世,自当尽力而为,惟恐凶多吉少耳。

匆匆即颂

文祺!

汤炳正

一月廿四日

1月25日,诗《欢庆香港回归祖国》,载《光明日报》"东风"副刊(又载7月1日《教育导报》"绿原"副刊)。

1月28日,褚斌杰致函先生:

汤炳老:

久疏问候,想福体康泰。现有一事与您商议。日前我去香港讲学,归程路经深圳大学,与其校长谈及屈会事。他们说屈原年会如尚未确定地方,可在深圳召开,深大愿资助,并提供条件。下届会筹备情况,我不太了解,知尚未有着落,这倒是个机会。深圳属经济特区,但需要文化,我们去弘扬传统文化,也别有意义。他们的条件,是人数不能过多,希控制在百人上下。我想,这也还可以再商议。此事请您考虑,定夺。

时届隆冬,乞珍摄。有机会来京,欢迎莅寒舍垂教快叙。耑此布达,即颂

安吉

后学褚斌杰拜上

一月二十七日①

2月18日,先生致函李学勤:

①据原件录入。

学勤阁下赐鉴：

读《光明日报》，知“夏商周断代工程”，现已全面展开。对这一学术盛举，成功在望，不胜欣喜！

关于武王伐纣的年月问题，一九八四年出版的拙著《屈赋新探》(齐鲁书社)第24—31页，曾据利簋的铭文，作了考释，提出新说。未知是否对上述断代工程有参考意义？特此奉闻，希予裁夺！

耑此顺颂

文祺！

汤炳正

二月十八日

2月21日，先生致函褚斌杰：

斌杰阁下赐鉴：

顷得手书，知深圳大学愿承办下届屈学会，甚善！

控制人数，很有必要。但因下届换届改选，人数太少，恐有影响。一百出头，还是可以的。

屈学会本身无基金，向由承办单位独家赞助。此事须先向深大方面说清楚。

是否不必开成国际性的，因换届改选，系内部事务，有外宾参加，反而不便。请阁下与对方商量决定。

时间定在端午节，已来不及。可打破常规，改在秋季八月之际，似较宜。其时高校尚未开学，给参加者以诸多方便。

深圳作为特区，有一定吸引力；由深圳主办，是大好事。此事，一切由阁下与深大进一步商洽落实，伫俟佳音。匆匆即颂

文祺！

汤炳正

二月廿一日

3月13日,李学勤致函先生:

炳正先生:

尊函因邮编不明,日前方得拜读,迟复乞谅。

夏商周断代工程承先生关注,深为感谢。大著已转告有关课题负责学者细读,今后仍望常赐教,使此一项目达到预期成果。不胜翘企。

耑此谨候

近安!

李学勤敬上

三月十三日

敝址见信封上。

3月,先生在3月18日的《光明日报》的空白处写道:"语言文字,是一个独立民族的主要标志;历史遗产,又是一个国家发展兴盛的精神动力。而我的使命是:为祖国积累、整理和传播优秀文化遗产。语言文字失调,则民族无以自立,文化遗产失传,则国民何以励志。章先生说:灭人国者,必先灭其历史;侵人国者,必先同其文字。"

4月23日,褚斌杰致函先生:

汤炳老:

多日未问候,想福体康健,诸事顺遂。

关于在深圳大学开届会事,深大校长和师院傅腾霄院长已函复,同意今年十二月份由他们资助召开。此事虽由我负责联系,但决策及一切策划事宜,还要由您来定夺。我想下一步工作,最好由您与深大方面直接联系,您德高望重,会更受到他们的重视与合作。方案订好后,您看是否由您委派身边的同志或秘书组的同志去深大具体磋商?

日前夏传才先生来京,说您将莅临今年八月份桂林诗经会,届时正可与您欢会。

近日北京春寒,冷暖不定,四川如何?尚祈珍摄。

耑此布达,即颂

大安

褚斌杰敬上

四月二十三日①

4月,先生因身体不舒服,前往四川医学院检查,结果是肝癌。经家人与医生协商,只告诉先生是“中度肝硬化”。

5月19日,撰者惊闻先生生病。

叔叔打电话,我不在办公室,同事告诉我,我马上打到家里,他说爷爷生病了。爷爷接过电话说“叔叔给你打电话,说没有找到你”。我告诉他我在装修房子,他详细地询问了房子的结构、大小、朝向,我一一告诉他。又谓:“你爸妈身体怎么样?”我说还好。又问:你爸今年好多岁?我说六十八了。“你说我怎么不老吗?下一代都快七十了。”又谈到传记的写作,认为我下的功夫太大了,他于心不安。“你房子装修完,要好好休息两个月,再写,不要累着了。”爷爷说:我进入今年就感到吃东西索然无味,人也消瘦了许多,四月底做了一个全面检查,光CT就照好几次,结果说是中度肝硬化,医生说第一要好好休息,第二是要加强营养,但我最近吃东西很不好。至于吃药还在其次。爷爷说他有信心,相信调养几个月就会好的。大姑接过电话说:小波你晚上十点打电话到我家来我再详细地告诉你。晚打电话给姑姑,她说爷爷得的是肝癌,我听了大惊失色,如晴天霹雳般,半晌说不出一句话来,几乎不相信自己的耳朵,而姑姑

①据原件录入。

的声音又在耳畔响起:你为他写的传记还差多少?我说还有最后两章。她说:“你一定要争取赶在两个月内写好,交给他看看,两个月后他可能会住院。这是他晚年最大的心愿,而且他本人对你写的传记也很满意。”姑姑又说爷爷本人并不知道,还比较乐观,相信过两个月就会好的。放下电话我半晌都回不过神来,一夜未眠。不是睡不着,而是不想睡觉,心里不停地为爷爷祈祷。6 月 1 日回家向爸妈汇报爷爷病了,爸妈决定过一阵去成都看望爷爷。传记写作时间很紧,必须在两个月内完成。3 日给爷爷打电话,爷爷说 5 月 1 日开始吃药,到 6 月 1 日已吃了一个疗程,自我感觉还有些效果,但还不够明显,至于二姑快递的药还未收到,现在他还在等那个药。我寄去的稿子他已收到了,他同意我信中的章节分法,将关于太炎先生的内容分散到各章去了。他现还没有精力看稿。他本人对自己身体恢复充满信心,谓他有信心,说半年恢复身体,一年全部恢复,自己这么大岁数了,不指望能在短期内转好。他告诉我现在吃东西略有好转。味道好些,量略多点,身感、口感好些,只是夜间口干难忍。开始能吃米饭,也能吃点烤鸡了。虽然量不算多,也是个好的开端。我马上又打电话到大姑家,关于二姑寄的药,二姑听说深圳有个名中医,专治肝癌,在当地很有名气,便将爷爷的病情告诉医生,他谓希望不太大,但二姑还是买了,换了商标再寄给爷爷。真是煞费苦心。大姑谓肝上已有一个小拳头那么大的包了,八月份肯定要住院。22 日爷爷谓吃了二姑寄的药品,感到好些,他还是那么乐观而充满自信。对我作的《年表》很是满意。谓许多事他都忘了,而我却写出来了。李大明看了我写的《年表》,谓小波真是不简单,写得这么好,较欣赏我的笔意。我的稿子爷爷还没有看,一直在休养,说等精力好些再看,不会有什么改动的地方。又说:你爸妈要赶来看我,我的意见,7月天气太热了,而且他身体也未完全恢复过来,还是等到9月份吧?那时天气也凉快些,到时我陪他们好好玩玩。7月16日给爷爷打电话,他说感觉还是比较“稳”,吃东西似乎比先前好些,但人还是很疲倦、累。寄给敏泽先生的《剑南忆旧》书稿,谓下半年可下厂,排在《学海忆旧丛书》第二辑里,也是六种。关于他7日1日信中提及传记的章节安排问题,他说那只是他的建议,“至于怎么安排好还是由你定夺,因为书是你写的,怎么安排好,就怎么安排”,不要拘泥于他的意见,又再三要我注意休息。骞在一旁说爷爷也太谦虚了,虚怀若谷。给大姑电话,她说爷爷现在本应是最严重的时期,而他似乎有些好转的迹象,至少是个“稳”,简直是个“奇迹”。现在正吃深圳的药,已是第二个疗程。又问了我传记的写作,我谓九月份可以完成。24日爷爷发烧,不是体外烧,而是体内,已有五天了,我大惊,谓上次打电话,精力还好,才几天时间竟变化得如此快。发烧不是好事,左教授(爷爷的好友)也是肝癌,发烧一个月就故去了。我又打电话给爷爷,前些天发烧至三十八度多,现已降至三十七度多。爷爷接过电话,声音大不如昨,很虚弱,但他给我解释这次发烧与肝硬化是两回事云云。又给大姑打电话,她谓发烧很不好,因二姑说就怕发烧。她也拿不准我到底是住院前还是住院后来成都。爷爷还给大姑说,“小波写的传记我大部分已看了,很满意”,剩下一小点点尾巴不看也没关系。谓爷爷对我评价很高。29日下午爷爷准备去住院,我惊之,说住四川人民医院。爷爷说与肝硬化无关,只是发烧不退,故决定住几天院再说。晚给叔打电话,谓已不发烧了,并说病房有电话,让我自己去问问。打不进去。30日6时不到就起床,打,即通,爷爷说我现好多了,不发烧了,休息也好。他说吊盐水(打点滴)与营养品进行得很顺利,十二时吊完。中午打电话告诉丽丽爷爷的情况。她说她与冬冬各拿五百元请我带给爷爷,要我到成都后每天给她们打个电话通报情况,她们好随时向爸妈汇报。中午办公室电话铃响起,妈打来的,问爷爷情况,谓这两天你爸坐卧不安,通宵睡不着,担心爷爷病情有什么变化。我告诉妈现在情况大体还算稳定,问题不大。8月1日7时给爷爷打电话,谓清晨起来感觉很好,通体清爽,这是他这段时间所没有的现象,而他自己量体温是36.6℃。我讲我明天去成都看他,他谓欢迎。又要我客观冷静地考虑下,如果不好请假、工作放不开的话,就千万不要来①。

6月25日,敏泽致函先生:

炳正先生文席:

信及大著均收到。大著是昨日收到的,收到大著的同时还收到山西古籍出版社寄来之《太炎先生年谱》,昨晚粗看看《年谱》。姚奠中先生也系我的朋友,今晨粗看了看你的回忆录。总的印象是不错的。这套丛书暂定名为“学海忆旧”,第一辑六种(梁漱溟、张岱年等的)八月可出,然后再发第二批稿子(估计在年底),大作即在第二批中,有机会我将仔细看看,但不会做大的更动,请放心。一般地不做改动。

兹有一事相求:即有机会时请为我写张字寄来,作为纪念,预致谢意。

先生年事已高,望善自珍摄,颐养天年。

匆颂

①见撰者《日记》。

暑祺!

敏泽六月二十五日匆匆

李诚担任《文学思想史》编写之事,因他远在四川,交换意见颇为不便,因此颇费踌躇,待再考后再定。又及①。

6月25日,宋光成《时代的浪花　心灵的律动:试论汤炳正先生的散文创作》发表,载《西南民族学院学报》(1997增刊)。

7月1日,先生致函撰者夫妇:

小波、小骞:

我的病情,现可用一"稳"字括之。即并没有坏的发展;而且某些方面还有好的苗头。现正吃深圳的药,待吃一个疗程再看。总之,对这个慢性病,我既有耐心,也有信心,希望你们也不要过度担心!

你说下月欲来成都看我,世洪也有此打算。我很高兴。但从下月起,成都是酷热天,人来了受罪。我建议,你们都待秋凉再来。大概阳历十月份的样子。如何?那时可为传记"统稿",一举两得。

世洪寄来三个药单,我保存着,待必要时再用。现遵医嘱,不要吃药太"乱",以免对肝脏增加负担。

《今注》续买的书,至今未寄到,未知何故?书到手后,我不会忘记寄你朋友三本,请放心!

小波:你是我家的嫡孙,而且是很出色的嫡孙②。你不仅能看懂我的学术著作,而且能较全面地总结我的学术成就。这真使我喜出望外。

---

①据网络图片录入。信中的《太炎先生年谱》,当为姚奠中、董国炎著的《章太炎学术年谱》。"请为我写张字寄来",据先生说,"可能是看了我题写的《剑南忆旧》书签,敏泽先生来信要字"。

②先生之孙只撰者一人。

就来信所附传记补充材料,我有下述意见:

(一)来信所言“传记的最后一章”(晚年的心得),未知内容如何?如内容丰富多彩,自然可自成章;否则,没有必要。其内容皆可附入前面有关章节之内,就行了。

(二)寄来《三题》与《九歌》条,似皆可附入以前有关章节之内。

(三)关于语言文字一条,其中“阴入分合”问题,要简要一些;“阴声有无辅声韵尾”问题,又没有交待清楚。这些当加工才行。

(四)我有个不成熟的意见,即以前“语言文字”那个专章,在结尾,是否可增加一节,主要谈我对章师的“绝学”,(1)有科学的评价与深入的阐释;(2)有开拓性的发展。(1)评价与阐释,例如关于阴入分合问题(给刘信芳的信),关于阴声是否附有辅声韵尾问题(《成均图》的理论建树,《语言之起源》384页5行至386页13行)等。(2)开拓性的发展,例如“语源”问题(《语言之起源》28页13行至29页7行“推进了一小步”),关于古声纽的归并问题(《语言之起源》106页4行至114页2行,实即纠正章先生结论),关于“歧读”问题(《语言之起源》118页14行,先生认为是“逾律”,我认为是“规律”)。所有以上这些,只是总结性地提一下就行了,不必发挥。

这封信,我每天上午写一点,共写了四天。可见我精力之差。

特此顺祝

全家平安!

汤炳正手书

七月一日①

①据现有的资料表明,这是先生写的最后一通信。二十天后,先生就住进川医,再也没有回到他的渊研楼了。

7月19日，先生开始发烧，十天后到四川省人民医院内四(高干)病房住院治疗。住院后，身体得到一定恢复，能行走。先生误以为要不了多久便能出院、回家。

7月21日，竹治贞夫致函先生：

> 汤炳正先生台鉴：
>
> 今年已过半，溽暑将来，兹敬候问起居。三月下旬，日本书肆发售先生及李大明、李诚、熊良智三氏著《楚辞今注》。我很喜欢，立即购读，则知先生亲自注《离骚》《九歌》二篇，其余虽然三氏执笔，而又先生精心修改，便先生的学说遍布到全卷。近时《楚辞》注释大概都止于屈、宋的作品，然而本书是《楚辞》十七卷全部的注解，真是二十世纪掉尾的骚学大著矣。日本习俗把八十八岁称米寿(盖米字含着八十八)，祝颂其高龄。算起来，先生今年正是米寿，而且勤学若此，真可钦仰！
>
> 我今年七月已出版《近世阿波汉学史的研究续编》(六百页)。近世的日本即是德川幕府时代，政治专依据中国周代的封建制度，学艺尊重中国古典和汉诗文。是以阿波藩(即德岛县)也产生了不少的可传学者文人，以及著述诗文。我于前著正编及新著续编，详细地论述显彰这些事情。但是尚有不备的地方，我想要将来更写《别卷》以补足之。
>
> 寄怀汤炳正先生
>
> 岳阳相见乐新知，七载雁书通海陲。
> 赋注始刊骚诂改，史编续梓栗文披。(栗国乃阿波旧名)
> 扶桑一角同流在，禹域诸州薰化垂。
> 巴蜀山川原秀丽，米龄勤学信吾师。

雅拙粗吟，只供销夏一粲耳。

耑此恭颂

诲安！

竹治贞夫

七月二十一日①

8月3日，撰者赴成都看望已住院的先生。

十时到成都火车站，乘25路公交汽车在省人民医院站下。进医院后问一位穿白大褂者，她正是管爷爷病房的护士。爷爷住在高干病房（内四）二楼二十四床。我进房间时，爷爷在输液，闭目养神。我第一眼看到爷爷伸在被子外面的腿，已瘦骨嶙峋了。我猛想起大姑谓爷爷现已瘦得很厉害，身上的皮已起褶褶了。果真如此，心大痛。叔叔见我便俯在爷爷的耳畔说，小波来了。爷爷倏地睁开眼睛，我还没有反应过来，他就伸出手来抓住我的手就握，我赶紧把另一只手搭上去。他说："小波你来了。我没有想到自己这次竟病得这么重。"说着说着就哭起来了。叔叔告诉我，爷爷住院后，每次与我通完电话他都要哭。然后爷爷让我坐在床边，从自己何时患病说起，到7月19日开始发烧，十天后（29日）的下午住院。开始是坚持不肯住院，但到29日有一件事给他打击太大，他才决定立即去住院。那天中午（开始发烧就一直卧床）爷爷想起床解大手，家人扶他下床，他竟站立不稳，一下子瘫在床边，当时他感觉两脚完全无知觉。打击之大，他顿时放声痛哭。决定立刻去住院。爷爷给我叙述甚细，竟逾半个小时。爷爷说我瘦了，家人说没有瘦还胖了。过了几日爷爷对我说你是胖了，他似乎很欣慰。我在爷爷身边待了七天，每天都有人来探望他。他一没有

①据原件录入。

握手,二没有连续说话达五分钟以上的。看得出来,我的到来使爷爷特别地高兴。今天是他住院的第五天,每天输液近九小时。爷爷称吊盐水(住院)为坐牢。爷爷说平时姑姑叔叔他们在照顾他。我来即表示二十四小时坚守在病房。病房挺大的,有一间洗漱间,有储藏室、阳台。晚上我睡钢丝床。爷爷让我与大姑互相介绍情况,大姑从大姐一直讲到小四。晚给爷爷打水洗脸,他讲到生死问题,表现出很豁达的神态。说再伟大的政治家、学者最后也都要走到这一步,概莫能外。就是活到一百岁还得死,他八十八岁也算是高寿了,当然能再多活个三五年更好。他说人们都说陶渊明的田园诗写得好,但在我看来境界还不算最高。我最喜欢、境界最高的还是《形影神赠答诗》这句"纵浪大化中,不喜亦不惧"以及《归去来辞》这句"聊乘化以归尽,乐夫天命复奚疑"。两天后爷爷还主动将这两句诗写出来交我保存。这也反映了他的心态之一斑,把生死问题看得较淡。爷爷说这几年我进步很大。传记写得很成功,就是硕士也未必能写成这个水平。对我写的传记赞赏有加。爷爷还问到我读研究生的情况,问还有没有其他专业。我说"这个古代汉语专业与你的语言文字学最近"。爷爷说有几本最基本的书一定要细细地读。如《说文》,得一个字一个字地读,每个字都要搞清楚。《说文》选段玉裁的注本就好。还有《尔雅》《广韵》也要下功夫看看。段玉裁说过"音韵明而六书明,六书明而古经传无不可通"。又说"你学小学没有问题"。每门学问里都有几本经典性著作需要精读。陆游有"善学者通一经而足",文天祥有"辛苦遭逢起一经",读书人得有一两本"看家书"①才行,学习中要虚心地向老先生

①撰者没有问过先生的"看家书",估计应是《说文》《尔雅》《广韵》三书。

学习、请教。讲话中数次强调不要有门户之见，不管是哪门哪派，只要人家有长处就要虚心地向人家学习。他的《我与楚辞》结尾，专门调强了这一点。我说严学窘著的《〈广韵〉导读》附了爷爷的《〈广韵〉订补释例》一文，还将爷爷论文列为研究生的"必读篇目"。爷爷说：人家就没有学派观念嘛，我是章门弟子，而严是罗常培的门人，不同的学派，人家还选了我的文章。爷爷说当时他在章门有些影响，严在北大读研究生，肯定是在《制言》上读到他的这篇文章，留下印象。又说到饶宗颐，1981年他去武汉开训诂学会，饶当时已是很有名的学者，他别人不问，径直问哪位是汤炳正先生，合影时饶又专诚要与爷爷合影。以前他们没有交往，想来饶也是通过《制言》认识爷爷的。在沈建中给爷爷照的相片中，爷爷最满意的是在太炎先生对联前那张。何炜来，爷爷给我们作介绍。大姑说我在给爷爷写传记。爷爷说我每章都看了，写得还不错。又说：你们以后要互相送自己写的书。关于传记，爷爷赞成我全面介绍他的学术成果。我说那不足之处呢？他说可能因为我是你祖父，没有"说长论短"。我说还是自己学力不够。他谓李大明对你写的《年表》很称赞，谓没想到你能写得这么好。又说看了爷爷的回忆录及我写的《年表》，感到爷爷这一生的经历也太曲折了，相对来说他们这代学者则太幸福了。爷爷说我发现了几通信年代搞错后，大明受我启发，又发现几通信的日期搞错了。爷爷说做学问本身是需要吃苦，要做出大的努力，甚至是付出，但通过你的研究使某个重大问题得以澄清，某个历史性的难题得以攻破，这就是甜，也就是你说的"得意"吧，没有这些"甜头"就很难坚持下来。如果找人给传记写序就请敏泽先生写吧！爷爷似乎对敏泽的美学颇为看好。据说敏泽对爷爷的学术理解也颇深，令爷爷满意！敏泽主编《中国文学思想史》，本想请爷爷当先秦两汉分册的主编，爷爷以身体不适而婉拒。敏泽感慨系之，说本拟请全国第一流的大学者担任各分册的主编，现在看来此计划要落空了。唐宋分册的程千帆也回信谓自己正生病住院，无法参与。关于太炎先生，爷爷说其学术博大精深，每个弟子只能继承一端而已，继承比较全面的还是黄季刚先生，他是太炎先生最为得意的弟子①，与先生并称章黄学派。太炎先生是清末学术的顶峰，代表最高水平，一个里程碑式的人物。有一次，我问爷爷的学术是语言文字学成就大，还是楚辞学成就大。显然他现在是偏向楚辞学（与前几年似有异），他说李大明前天对他说："汤先生的楚辞研究代表当今的最高水平，是当代楚辞学的顶峰，千秋万代以后，只要人们研究楚辞，你的这一段都是无法跳过去的，是个里程碑巍然屹立在那里。也就是说凡是研究楚辞者，必须要涉及你的楚辞学。"看得出来爷爷对李大明的评语是满意的。说到语言文字学，爷爷认为自己在太炎先生的基础上又迈出了一小步，换言之就是说他运用新知识，西方的语音学，故比前人要高明一些。因为语言学界有这么个情况：精通语言文字学的人，轻视新知识；而精于西方语言学的人，传统语言文字学方面又欠功力。"我在这两方面正好兼备，故我能迈出这一小步。当然我也不是说在传统语言学方面自己都懂了，有些地方我也不懂。"我告诉爷爷等完成传记后，再全力以赴为他编一部《汤炳正集》，字数三十万，仿段玉裁编《戴震集》的体例为

①"章氏去日本，从学者甚众，然皆务专门，鲜通学。惟黄侃一人，最为章氏门人所敬，则以其犹守通学旧轨。"钱穆《〈现代中国学术论衡〉序》，北京：三联书店，2001年6月版，第2页。

他编一本集子。爷爷说我为他写传，这个工程太浩大，他不愿我再为他花费力气。写一本传记就行了。又说：你如有时间又有兴趣的话，可以用我的观点写一部《中国文字学史》，先收集这方面的书看看学术界有没有涉及这个问题，如果已涉及就不必写了。这是我一贯做科研的指导思想。他说：我住院前曾给奶奶说："我走（去世）后，你仍住在这里，房子是你的。我没有什么存款，家里这些东西，年轻人怕也看不上。我一生的心血、财富皆在书里。关于书，我看就留给小波（说到书时爷爷失声痛哭，那种不忍割舍之情，太浓烈了），他是最合适的继承者。书传到他手上我才放心。"我听到这里很感动，说以后不会辜负爷爷的厚望。爷爷说："你现在就没辜负！你现在所取得的成就，就令我大出意外，完全没有想到。我相信你以后会取得更大的成就，你的前程是无可限量的。你现所差的只是传统文化的积累。四书五经是基础，一定要下功夫看看。你心很细，传记有些材料也用得很恰当，这很难得。"我问奶奶是什么意见，爷爷说她完全赞同，也说给你最好①。这时李诚进来，见爷爷痛哭状，拉我到走廊，问是什么情况。我说爷爷谈到他关于书的安排（准备给我）就哭了。爷爷说有一次他在北京图书馆善本室看史料，发现了《大唐类要》引《杨子家录》，不仅记载杨雄生于何年何月何日，连"鸡鸣时"也写上了。他很高兴，在回去的路上遇到同乡张某某，爷爷告诉他。张听后断然否定说这条材料肯定是假的，当时的人不

①先生走后，书并没有给我，而是转到别人手上了。网上曾流出大量先生的东西，一时议论纷纷，我写过一篇《答"汤炳正先生家散出"：汤序波作于2006年1月22日凌晨2时许》作答，因碍于其中某些人的情面，文章最终没有公布。

会记得这么详尽。爷爷说七十年代云梦睡虎地出土秦简“大事记”，其中记载了墓主“喜”的生年、月、日、时，与《杨子家录》体例完全相同。爷爷因此告诉我做学问不能太死板了。我说金某某说他《周易》弄懂了百分之七八十，姜亮夫说他《楚辞》弄懂了百分之六七十，那《楚辞》你懂了好多？爷爷说这个问题不好用百分比来衡量，他说：还是我在《楚辞今注》序言中那句“近真”，我只能说基本上接近本来面貌。《周易》作为哲学著作要难懂些，因此金说他懂了百分之七八十，我看还是高了点，至于《楚辞》，是文学作品要容易懂些。我谓王国维也只说他“于《书》所不能解者殆十之五”。爷爷说他研究《楚辞》也不是完全用语言文字之学，还用了其他方面的知识。如《草“宪”发微》就将屈原的改革内容揭示得差不多了①，这是一篇重要的文章，运用“以诗补史”“以诗证史”“诗史互证”的方法。我又说我爸妈正在合作撰写电视文学剧本，我妈的文字功夫还好。爷爷说：你母亲在川师住时曾向我借过《桃花扇》呢，我就知道她文字功夫肯定不错。我说我爸妈要来看他，爷爷总说过一阵子吧，等他好了，天气也凉快些再来。关于《东周列国》“春秋篇”电视剧，爷爷不甚满意，他认为不过是堆积故事而已，因此只看了几集就不看了。爷爷说河南的任继昉正在写《中国语言发生史》，写信向他要《语言之起源》，爷爷手上已无此书，只好找了一本抄稿寄给他。“他的书名对我是一

①即励耕战、举贤能、反壅蔽、禁朋党、明赏罚五个方面的“变法”内容。有人称关于屈原的“美政理想”，“以汤炳正先生所析最实最确”。见毛庆《诗祖涅槃：屈原和他的诗》，北京：三联书店，1996年4月版，第48页。也有人质疑甚至反对，称先生的“研究方法”（即以屈赋探索“宪令”内容）是“完全走入歧路”。见姜书阁《文史说林百一集》上册，杭州：浙江大学出版社，2010年4月版，第92页。

个启示,故我的《语言之起源》前面可以冠名‘中国’二字。世界上有几千种语言,我探索的是中国语言的起源问题。”爷爷很重视师承,即有好老师就会受到好的影响,譬如金开诚当过游国恩的助手,肯定受到游的影响,所以他做学问还是有道理的。国家教委要出《著名教授传略》,川师有两名,即他与屈守元,划在四川分卷里。小传由李大明、李诚、熊良智三人讨论,然后由熊执笔,写了八千字,爷爷看了不甚满意,但已无精力执笔修改了,只提出些意见让他们去修改。6日晚,骞打电话来,爷爷接过去,对我褒奖逾恒,又说对小晨晨有亲热感:“上次你们带她来成都,她很巴我,很亲热。”关于诗词与散文,爷爷认为从艺术水平来看,他散文的成就要高些,散文他是有意而为之的,而诗词皆率意而为,功夫下得不够深。又说他早期的诗词如《故宫行》《彩云曲》都有意模仿元白诗篇的痕迹,后来就不宗一家,自创一格。我谓“你的诗在后期受杜甫的影响很大,有‘沉郁顿挫’的风格”,他说可能生活经历之相同,造成了两人诗风相近。我说据统计《渊研楼酬唱集》最多是绝句,次是七律,五律只有一首。“我发现你擅写七律。”爷爷谓他确喜欢作七律,称我的统计方法是科学的。又说他咏花卉诗中以梅花所占的比例最多。爷爷说许多诗人爱咏梅花,在寒冬腊月百花凋零,因梅花独盛开,其顽强的生命力,与许多有坚强意识的人产生了共鸣,以寄意。故许多人爱咏它,价值取向相同。某天保洁员问爷爷:“老人家,他是你家孙还是外孙?”爷爷说是家孙,一副自豪的样子。我在爷爷身边这几天,爷爷数次问还有几天。九号告别,只能请爷爷多加保重了。十号到家,晚给爷爷报平安。爷爷说他现在有点咳嗽①。

①见撰者《日记》。

8月16日,撰者与先生的通话记录。

打电话,大姑说爷爷现情况极其不好,连坐都坐不稳了。“你来的那几天是最好的时期”,还能坐起吃饭,谈笑自若。17日早上又打电话,爷爷接的电话,把最近的情况向我说了一通。听得出来他是报喜不报忧。去父母家汇报爷爷的情况。返家骞说中午大姑打电话来,谓前天(15日)医生已下病危通知书了。18日中午妈打电话来说,今天她和爸去成都。晚八时打电话,问大姑爷爷现怎样,她说不怎样,呼吸困难,医生正在全力抢救。晚10时又打电话,二姑说医生正用各种方法抢救。我担心爸妈明天见不到爷爷,也担心抽不出人手去接他们,怎么办?晚11时又打电话去问,二姑说现爷爷基本已“平复”了。19日早上骞说她做了一夜的梦,全是关于爷爷的,都是不好的消息,让我马上打电话去病房问问情况。二姑说爷爷生命体征现已恢复正常了,大姑去接你爸妈了。11时打电话说爷爷现在精力特别地差,我们说话他听起来都很吃力。12时又打到病房,二姑说:昨夜你爷爷特别危险,几番抢救,持续了大半夜,我们紧张的心情已达到了极点。爷爷现衰竭得不成样子,他早晨一直到现在都在闭目养神,没有睁开眼。我又打电话到十二桥,大姑已接到爸妈,妈说你爸在车上迷迷糊糊地睡了一会,路上还算顺利。又说昨夜爷爷又下了一道病危,抢救到晚11时才过来,太危险了。医院有名的医生都赶来了,挤了满满一屋子的人。晚打电话,二姑说爷爷现在衰老得非常厉害,精力极差,她谓你要不要与爷爷讲几句话,我说算了。21日给爸妈打电话,妈说爷爷下午发烧四个小时,晚上稍微好些云云。23日打电话,说爷爷今天未发烧,情况还比较好。25日妈打电话来,谓爷爷的精力(精神)有所恢复,脸呈红色。上午医生来查房时说汤老脸色泛起红色,精神转好,看来过一阵日子就会出院。爷爷听后很高兴。26日晚九时打电话,爸说爷爷刚睡着了。28日,爷爷说现他还好,就是支气管不太好。又说有人告诉他《楚辞今注》现已成为畅销书,成都书店都脱销了。我说贵阳此书也销得很好,我已买了几册送师友。30日上午丽丽打电话来,说刚给爷爷病房打电话,说爷爷现还好,能坐起来吃饭了。爸妈也好,特意地打电话来告诉我一声,以免我悬念。9月1日晚给爷爷打电话,说感觉还可以。气管稍为不好,有点发烧。爷爷还问我《人民日报》关于武王克商的文章发表在哪天的报纸上(报道北京师范大学出版社出版这方面的书)。爷爷对学术可谓终极关怀。前两天我随口告诉他此事,竟派人去寻找。4日到《贵州文史天地》编辑部,编辑蓝东兴(西南师范大学历史学硕士)对我说,现代研究楚辞的人很多,但真正有成就的,大家公认的,也只有北京大学的游国恩与四川师范大学的令祖父汤炳正两人而已。我说有成就者还多呢,如闻一多、刘永济、姜亮夫、朱季海,等等。中午回家给爷爷打电话,说感觉还可以,已不发烧了,胃口也好些。自称这是个好现象。7日上午给爷爷打电话,爸接的,他说爷爷现在真是一天比一天好,你大姑正在为他煮荷包蛋,饭量也增加了一些。爷爷接过电话说:“我现在好了,就是如何加强营养问题。你爸妈与大姑正在研究这个问题。我又不发烧了,想吃东西了。”爷爷对生抱有很大的期望。我希望真的能出现奇迹。这几天我一直在想,一定要加快传记的写作速度,力争在十二月前全部完成。元旦是爷爷八十八岁生日,可与骞带晨儿去成都探望爷爷。近传记写作进展较慢,诗与散文部分几乎写了两个月,还只成初稿。10日打电话,妈说这几天情况还好。17日打电话,妈说爷爷现还好。19日,大姑谓:我们看可能要出现奇迹。但早上医生查房后,我跟着医生出去,医生说我早就给你们家属说过,不可能产生什么奇迹,请你们不要抱什么幻想,要做好思想准备。现只是时间长短的问题,包块已长到肚脐眼了。21日上午打电话,大姑说还好。爷爷声音沙哑、混浊地介绍他的情况。又说"你那么忙,不要为我操心。我现在任何病症都没有了,比你在时还好,请你放心,不要担心。千万不要影响工作、影响学习"。我想告诉他诗文及书法一章已写好了,但连说了两遍,爷爷硬是听不清楚。他说"我现耳朵聋得厉害(这是他第一次承认自己听力下降),我们就谈到这里吧"。24日,爷爷说他病情已好转:一是能吃东西,如肥肉也能吃了;二是没有发烧,精力也好了,还能自己起卧;三是也不咳嗽了。他充满信心地说:"我这病现在不是能不能好的问题,而是一定能好。"我当然希望奇迹能出现。他身体没有痛感,这本身就是奇迹。爷爷说医生对他的病情恢复亦很满意。七个多月的病,要慢慢地养,"我对养病是充满信心的"。10月1日打电话给妈,谓4日回来,但又十分不忍心这时离开爷爷。3日打电话,妈说火车票订的是6号的,爷爷情况现较稳定。7日爸妈回来,谈了成都一些事。妈说有天晚上都过了十点,爷爷忽然说饿了,想吃东西,她走过几条街只买到面包。回来大门已关了,是请门卫开的门。爷爷说"把我给饿坏了,你怎么才回来啊"。说着拿起面包就狼吞虎咽地吃起来。晚打电话告诉爷爷,我爸妈已平安抵达贵阳。11月8日给爷爷打电话,大姑说现爷爷既没有输液又未吸氧,情况较好。我很高兴,心想爷爷真乃神人、福人也。29日,大姑说爷爷瘦了,已有腹水的现象,过几天又要吊盐水了。又说夏传才前两天专门到医院来看望爷爷。又与爷爷交谈几句,他让我不要担心,自己在恢复的过程中。我感到爷爷说话很吃力,精力已大不如前了。12月21日打电话,大姑说爷爷最近精力又好了,但吃东西很少,现正在休息。说爷爷前些时解大手很困难,前日医生给开了些药,已好些。说我爸妈汇了666元给爷爷,请她转给爷爷。28日打电话,爷爷说他现在是肝硬化、腹水、胀肚子、解手困难。爷爷气喘吁吁地讲:"我都快九十岁了,生命走到哪儿停止都没有什么关系,你要有这个心理准备。传记你写完没有?前天何炜来了,我给她谈到你的传记①,她说是不是请某某某某帮看看,我没有答应。因为你写的这本

①先生走后,撰者即给何炜去了一信,请她回忆下先生对《汤炳正评传》的意见,以便指导书稿的修订工作。1998年6月4日何炜回信有云:"数次听先生谈起您,喜爱之情溢于言表,以前,汤先生曾提起您在写传记的事,只是未及多谈。年前一次我到医院探望先生,虽然他说话已感到很累,但那天他围绕着您的传记谈了很多。他介绍了您如何从少不更事到突然醒悟,发愤勤苦,好学不倦,流露出惊喜之情,他说您花了很多功夫,收集到相当多的翔实的材料,以写作这部传记,很有自己的特色。传记是以先生的学术生涯为重心来写的,他说对于一个学者的传记来说,这个重心是把握得很好的、很妥帖,当然也不能缺少对他的生活经历、思想个性的描绘。先生两次谈及,对于写他的这部传记,他希望在身边的亲朋好友及家族范围,有一些影响和意义就行了。先生太过自谦,先生的学问文章、品行风范,影响及意义何止于此。先生还谦逊地谈及您传记中还可锤炼的地方,一是对于先生学术方面的概括和认识,还可以更专业、更系统地提炼;二是语言方面可以作一些修葺。对您传记的特色、整体水平和大量翔实的材料,汤先生十分肯定。我原私下里很希望先生这本传记,他能亲自看到出版该多好,没想到先生竟仓促谢世。我们大家对先生的感情都是一致的,很希望看到这本传记的问世,有需要我们出力的地方,请一定告知。上次听说,已和台湾一出版社联系,进展怎样?我们很希望这本传记早早问世,先生英名广被于世,绵绵流传。"何炜后来又在短信中强调:"我一直就认为宣扬汤先生之学,确实绝非自家事,而是对学界及社会人士都关系重大的事情,自家理应好好宣扬、主张并自豪。"

书稿自有你的特色，他们未必能比你写得好。”又说我对他的学术论著都予以全面的评述，这是极其不容易的事，投入这么大精力，别人很难做到。讲到这里，他突然提高嗓音说：“你已尽了全力，而且写得很好①，我甚感欣慰。”②

9月16日，范昌灼《在汤老病榻前》发表，载《教育导报》。

11月，学校中文系、中国古代文学研究所与古代汉语研究所（即“一系两所”）共同组建文学院，万光治出任院长。

12月10日，先生住院期间，竹治贞夫也因癌症住院。是日病逝于德岛大学附属医院。竹治贞夫长子竹治文雄在1999年3月20日致函撰者有云：

我父亲生前时常谈到他与汤炳正先生的深厚友谊，也给我看了汤炳正先生的书简和诗。我祈祷他们在天堂欢乐地交谈。我钦佩您努力地为您先祖写了传记。我相信它是很有意义的、很宝贵的书。我非常感谢您保存我父亲写的两部书。我也永远保管好汤炳正先生写给我父亲的书简

---

①传记出版后，蒋南华先生在《文章道德彪炳千秋：喜读〈汤炳正评传〉》中说：“这部《汤炳正评传》，是我所见到的第一部真正的学者评传，真正的上乘之作。”“此书最成功之处是将‘传’与‘评’紧密结合，‘传’为‘评’之枝干；‘评’为‘传’之华实，两者相辅相存，相得益彰，‘传’很传情，神采飞扬；‘评’中有肯綮，客观公正。”韩石山先生在《把学问做得“飞扬”起来》中说：“《汤炳正传》是近年来看过的不可多得的好书。一是汤炳正先生的学问，确实有值得探究的地方，二是这部书很扎实，不是以文词撩拨人，而是以学识吸引人。写书就要写这样的书，看书就要看这样的书。”敏泽先生在2003年3月23日致刘汉忠（力之）信中称：“汤炳正之孙写了一本关于其祖父的评传，写得不错，不知看到了否？”力之先生在传来影件时说：“重要的是，敏泽先生在与他人的信中说的。即评价乃发自内心而非客套之敷衍。”

②见撰者《日记》。

和诗。

2010年6月27日又致函撰者：

> 您惠赠的书和信收到了，非常感谢！庆祝您多年努力整理您先祖父汤炳正先生的两部书成功地出版。当我在这些书中看到汤炳正先生和我父亲之间热情友谊的记述时，我激动起来了。我父亲在九泉之下，也一定会感到欣慰。

12月30日，杨荷光《章门高足》发表，载《成都晚报》。

是年，萧德君与"东汉醪糟公司"总经理刘其元去医院看望先生。刘带上一罐他们产的醪糟赠先生。"老师说，醪糟在我国有悠久的历史，早在两千多年前的战国时代就有醪糟了。《庄子》里就有记载。道别后刘惊讶地说，汤教授真有学问，我们以为取名'东汉醪糟'就已很古老了，今天才知道先秦时我们国家就有醪糟。"①

1998年戊寅　先生八十九岁

在四川省人民医院。

1月1日，是先生八十八岁的生日。

元旦，撰者在办公室台历上写："我祖父以顽强的生命力，走过了1997，我想他或许能再创奇迹，跨越1998。今天恰是他的生日，谨书此感语庆贺。"

> 7时30分给爷爷打电话，他正在吃早餐，很高兴，说感到精神相当地好，没有什么不舒服的症状。说我是第一个打电话给他祝寿的人。下午5时又打电话，爷爷说今天天

①萧德君《与汤炳正教授的点滴往事忆》（未刊稿）。

气很好,“看来我要转好运了”。这是转运的信息,肚子也不胀了,精神很好。又说我爸妈汇寄的666元已收到,谢谢他们,“心意我领了”。4日给爷爷打电话,爷爷说他精神面貌大为改观,前些日子不想吃东西,面对好吃的东西,经常落泪,而现在吃东西则狼吞虎咽,想吃,稀饭可以吃一碗,精力也好多了。又说:“我现在有信心了,你是不是听出我声音比前时要大些?”他有意将嗓音提高,又问我父母身体及骞的工作情况,小晨晨现在如何。大姑接过电话亦说,爷爷可能要出现奇迹,前一阵他看见饭就想哭,因为根本不想吃东西。过生日那天就想吃东西,好像是个转机。“你爸妈、二姑来时我带着相机,他不让拍照,生日那天却让照相,精神好多了。”骞说春节放假,我们可去成都照顾爷爷。爷爷不同意,说还是不要来,在家照顾好小晨晨。24日给爷爷打电话,他说感觉挺好,“天气暖和后我身体也就好了”,今精力特别地好,坐起来好几次。25日抄完传记的最后一个字,即告诉爷爷,他很高兴。2月1日给爷爷打电话,爷爷说那天冬冬打了个电话来,谓代表爸妈给爷爷拜年。爷爷今天喘得特别厉害,声若游丝。问我父母好,要我注意休息,也要多陪陪小晨晨玩,健康最重要。7日爷爷说:“我有话给你说,你随便哪天打来,今天精力差,过两天再说吧。”14日我问这几天怎么样,爷爷说还好。我问那天要告诉我什么事,他说:我不准备多讲话,你提出传记先拿到台湾出,我原先不怎么赞成。一是我与苏雪林(很有名)关系有一点,但也没有深交,她的学生陈怡良很尊重我,他写过两部楚辞论著,但深度还不够。陈的研究生李温良的毕业论文(《洪兴祖〈楚辞补注〉研究》)请我指导的,我给他一点帮助,他的论文写得相当成功。我与他们仅有这一点关系,人家会不会帮忙就很难说了。当然,我的三部书在台湾翻印出版后听说在学术界还有点反响。现又出现一个新情况，促使我改变了先前的看法。我们楚辞学界有个活跃人物叫黄中模，他选编了一本《楚辞与我》①的书稿，书还没有出版，但新闻界对此事已有报道，现在台湾高雄师大办的《中国国学》，据说此年刊档次较高，他们与黄联系，拟大陆（从黄编的书稿）与台湾各刊发五篇谈楚辞的文章，并附作者小传。他说大陆选五篇当有他那篇。文章发表出来，你再与他们联系看看。爷爷最后又说：你的传记是有特色的，至于生活情趣方面写得不够（不是那么重要）。爷爷又相当伤感地说："我该教你的都给你讲了，以后的路你自己要考虑周详些，我管不到你了。"又讲与人写信要注意的问题，如称呼与落款等。告诉我礼仪很重要，大意不得，否则会被别人看轻的②。荀子说过："人无礼则不生，事无礼则不成，国家无礼则不宁。"前后讲了十六分钟之久。19日打电话，爷爷告诉我他现在的情况较好，说医生都肯定了这一点（保姆说昨天不好）。决定3月去成都。27日给爷爷病房打电话，叔叔接的，我问爷爷近况，他说不好，我心里"格登"一下，吃饭都不行了。3月9日，给爷爷病房打电话，大姑告诉我，现爷爷情况很不好，心脏不好，脚肿，肚子已肿得很大。但她们商量的结果是不到最后的关头，不通知我。又说关于爷爷的情况，现在连医生都说不准了，川师有些得肝癌的人，在他之后的都走了。我因为表示要去成都，她说再等等看，不要你刚待两周，走了，又出事就很不好了。到时再请假就麻烦

①出版时易名为《楚辞研究成功之路：海内外楚辞专家自述》。

②关于这方面的教育，撰者的父母亦十分重视，故撰者自走上社会即遵守"件件有着落，事事有回音"的理念。这些年自己所以还能做一点事，多半也得益于此理念。

了。大姑说她会尽力照顾好爷爷的,让我们放心好了。18日打电话问爷爷情况,说比前几日要好些。28日打电话到病房,大姑说爷爷从过完春节起,医生就说怕不行了,就这几天,但又过了两个多月。现在总的情况看是身体很弱,而且近段时间皮肤生疮,很恼火,昨夜爷爷几乎是一夜未眠。爷爷的这个病,医生都说没有回天之力,药物也不行了。爷爷早已有思想准备,她说爷爷最恼火时再通知我去,让我莫悲伤①。

不虞,进入三月份以后,先生的病情急转直下,不幸于4月4日(三月初八)零时十七分辞世。学校即成立了以校长杨泉明为主任委员的"治丧委员会"。六日下午二时,学校在成都市殡仪馆举行了遗体告别仪式。附部分挽联、挽诗、唁电:

三诲之不隅反无倦色师恩重如泰山;九回首难抑悲仰慈颜恸深似云梦。

弟子周芳芸敬挽

恩师遽去哀悼者哭退;慈颜永留招魂兮归来。

弟子大明哀挽

有容乃大真源实论新探学养拟章黄;无欲则刚益友严师慈父德行参天地。

学生李诚敬挽

事业唯著述积厚流广成学姑苏诗笔文章传艺林堪评论;精神见平生学高身正流寓南北道心风骨留后人好思索。

学生熊良智敬挽

海内传文章卓尔不群大家规模载事载言称屈学一代泰

①见撰者《日记》。

斗；人心说道德和而不流长者风范成人成己写杏坛六十春秋。

熊良智等敬挽

诵弦更苦何处再问津；闻道犹思来生还过庭。

弟子何炜敬挽

章黄国学开新宇蜚声海外；屈宋风流赋彩云重范后昆。

詹杭伦电传挽联自香港

惊闻汤炳正先生今晨仙逝，不胜哀痛，作二绝以悼之。

一

杨柳依依恰一春，仙踪竟上九蓬瀛。
如今惟有相思路，仰止泉台梦里身。

二

老树著花喜再春，文章北斗满环瀛。
无言桃李多蹊路，入室登堂有后身。

吴明贤

惊悉汤炳正教授过世，不胜惋惜。汤老德高望重，学术成就卓著，本港学界同仁十分景仰。请转告汤老家人节哀保重。四月五日香港浸会大学中文系邝健行①

黄灵庚作《悼汤炳正师》：

岁岁端阳话楚辞，巴山蜀水正多思。
方期再叩仙游梦，讵料惊传鹤驾时。
前辈寄书情甚款，后生问学恨何迟。

①以上挽联、挽诗、唁电系撰者于1998年4月5日中午以前抄录的，这之后撰者被安排做其他事情去了。事后委托他人去过录，但一直没有下文。所以这里仅标以“部分”。熊良智写的挽辞与他后来收入《〈渊研楼屈学存稿〉后记》中的挽辞略异。

华章字字玑珠在,风范长存一代师。

4月4日,撰者赶到成都时,先生已经走了。

4日12时到成都,打车赶往医院,冲上楼,心里特别地紧张,有点“近乡情更怯”的感觉。在过道远远地见病房门大开着,走近没有听到一点声音,心里升起一种异样的感觉,进房间,屋内空空如也。爷爷不在床上,我大惊失色,房间明显地经人整理过。我眼前突然一片空白,努力地控制着情绪,轻轻说了一声“爷爷,我来晚了”,就转身奔到护士站。护士说老人是零点十七分去世的。跑到医院门口打的去川师。快到楼前,还未下车就见摆满了花圈,我下车忽听楼上有个声音飘来:“小波回来了。”我上楼,他们一众人等迎出来哭道:爷爷去世了。我进屋又见花圈,不由泪水就流出来了,灵堂设在书房,我走进去就放声大哭。大姑二姑要我添香、烧纸、磕头。待我坐下,二姑告诉我从昨晚九点过,爷爷便开始吐血,抢救无效,是今天零点十七分走的,又说他们紧等我也不见我赶来,她已给我家打电话了,孟骞接的,说爷爷已故去了,小波现还未赶到,骞说火车可能晚点了。二姑说前天叔叔告诉爷爷有一通信,他要念,爷爷说给小波,叔叔说是给你的信啊。爷爷发火,吼他。二姑说这是爷爷的遗言,她谓怕人多手杂,就把这通信收捡起来的,我看是赵逵夫先生写的。叔叔也说最后两天爷爷为了等我,主动要喝人参茶。又说别人再对他好,也不如他的亲孙子,你是嫡系孙子嘛。接汤丽电话,说孟骞打电话告诉爷爷已去世了,她下午也要赶往成都(我感冒还没有好,她不放心),我让丽丽劝阻她不要来。丽说她已去火车站,怎么也劝不住,骞非要去。通宵坐在灵堂。上午去火车站接孟骞。她说你也不要太悲伤了。下午与姑姑等去成都殡仪馆，面对爷爷的遗体，不由泪流满面。去年一别，不料竟成天人永隔。悲哉！6 日爷爷遗体火化（在成都北郊磨盘山）。何炜说关于传记，爷爷生前给她谈过，认为已可以出版。她说需要她做什么事情尽管说，不要客气。潘说爷爷认为许多声望不及他的教授，事迹都进了家乡的县市志，而荣成却从未与爷爷联系过。9 日我乘飞机将爷爷的骨灰送回故乡，与先他而去世的妻子慕惠贞的骨灰合葬于张家村西北山。表哥张德馨说，石岛当地有"三大才子"说，一是令祖父，一是姜忠奎，一是许维遹。他说过去汤家人都很能读书，还没有听说谁读书不好的。他读小学中学时，学校讲村史时对汤家讲得很多。汤家怎么发家的，与我妈讲的是一个版本①。

附 2010 年，撰者父亲为先生写的碑文如下：

炳正公碑文

先父讳炳正，字景麟，已酉年生，山东荣成石岛张家村人。弱冠从章太炎先生游，许为"承继绝学惟一有望之人"，后就苏州章氏国学讲习会主讲。抗战以还，任国立贵州大学教授、重庆《大公报》记者、川北文学院中文系主任。己丑鼎移，执教四川师范大学，兼任中国屈原学会会长。治学越六十载，以声韵学与楚辞学腾誉士林，被推重为一代宗师。代表作有《屈赋新探》《楚辞类稿》《语言之起源》以及《剑南忆旧》等。

先父戊寅年卒，魂归故里，与先母慕惠贞合葬。今迁墓于陵园。铭曰：

①见撰者《日记》。

德参天地,学继章氏;恩泽子孙,源远流长。

子:汤世洪(执笔)
女:汤俊玉
女:汤丽玉
女:汤庆玉
庚寅年五月敬立

4月25日,叶懋良《悼汤炳正师》发表,载《四川师大报》。

5月20日,陈怡良致函撰者:

序波先生惠鉴:

接到先生来函,非常意外。个人在五月三日与同仁二人,因受北大为百周年校庆所举办之汉学国际研讨会邀请,向学校请假一星期,至北京香山饭店开会。在会场上,与北大学者如系主任费振刚先生、褚斌杰先生等见面认识,方知汤老师已于四月初去世,令人悲痛。先生之祖父汤老师,生前曾与个人数次通信,由于个人系研究楚辞之前辈苏雪林先生之弟子;而汤老师又是楚辞学界德高望重之硕学先进,因之彼此同好,个人对汤老师敬仰不已。汤老师在台湾贯雅文化公司出版之《楚辞类稿》《屈赋新探》二书,个人均购置拜读,对汤老师之高见与成就,钦佩万分。如今汤老师不幸去世,楚辞学界顿失研究重镇,实令人抱憾。汤老师生前予个人指导甚多,汤老师之为人与为学,均足为个人所学习,今在此向先生致悼慰之忱,万请先生节哀顺变。

有关先生为汤老师写有《评传》,并期能在台湾出版一事,此亦为先生祖父生前之夙愿。个人认识几家出版社之社长,可以与他们接洽看看。台湾工商业繁荣,出版事业尚见蓬勃,惟仍以市场为导向,学术著作或学术界人物传记,一般均须作市场评估,方会出版。因之个人是否能说服出版社应允出版,尚无把握。不过个人当尽力为之,如有消息,当去函联系。先生之大作《追怀蹇老》一文与评传之《后记》与评传之《引言》,均已拜读。自然平实,不矜夸,不多作藻饰,内容充实,真人实事,感人肺腑。自是在水平之上。好了,在此谨再向汤老师之仙逝,个人向先生致以十二万分悼念之忱。

耑此即颂

文绥!

陈怡良谨上

五月二十日①

5 月,先生《追记“花溪小憩”》发表,载《贵州文史天地》第三期。“贵阳近郊的花溪,历来是人们咏唱的风景区。汤炳正追怀花溪的一山一水、一草一木,水光山色中缠绕着淡淡的人生惆怅,读来别有滋味。”②“(文章)从不同的角度展现了贵阳之美。”③

5 月,“国际楚辞研讨会暨中国屈原学会第七届年会”在深圳召开。新任会长褚斌杰说,“楚辞的研究真正有所突破,还是近二

①原信仅点断,标点为撰者添加。2017 年撰者向陈先生汇报了本书的写作情况,他在 7 月 27 日回邮件说:“先生祖父汤老师,有三本著作在台发行,个人前有幸购买到,早已拜读,发现汤老师创见甚多,见地独到,持之有据,我个人后来亦多所引用,甚为感佩。及后又与其多次通讯,有所请教,更感汤老师之学养深厚,足为后学学习楷模,因之个人在上课时,课堂中即常推介汤老师之见解,及其学术成就。最后切盼先生之大著,早日完成。又有一事,是据友朋告知,先生曾著述《汤炳正评传》一书,不知是否真实?如确有其事,不知能否寄赠一册?”

②钱理群、戴明贤、封孝伦主编《贵州读本》(修订本),贵阳:贵州教育出版社,2013 年 12 月版,第 93 页。

③贵阳市文化广播电影电视局编《寻城迹:名人与贵阳》序二,重庆:重庆出版社,2013 年 7 月版。

十年的事"①。"学术薪传,代代相传的事迹是极为感人的,我当感汤先生的知遇之情而报效于你这样的传人。……今后,关于楚辞研究方面的事,不须客气,我一定全力以赴,尽力而为。同时奉上我的有关材料,让你了解我,让我们成为真正的朋友。"②"汤先生文章、道德均堪称楷模,是国内楚学界的风范,今年 5 月楚学会议上,全体与会代表为汤先生默哀,敬表哀悼!"③"汤老德高望重,是老一代有大成就的著名学者,遽尔逝世,令人怀念不已。"④"来函及所惠赠贵先祖汤炳正先生遗作《剑南忆旧》收到,十分感谢! 汤先生是我夙所崇敬的学者,拜读了这本书,更增加了我对先生才情的敬佩,对先生的谢世怀念不已。"⑤"汤老谢世已四载,开屈学会时大家仍都很怀念。在老一代学者中,汤老的道德文章均堪称典范。"⑥"尊祖景麟公乃我平生最崇敬的前辈学者之一。公见在时,我与敏泽先生说过我对公的向往。一日,敏泽先生给我信说,其《中国美学思想史》再版时引公大著的一些内容作支撑。"⑦

9 月 8 日,姚奠中致函撰者:

序波世契:

令祖和我,学海同游,情同手足,但对他的家庭,却所知甚少。今得来书,始知其有子有孙,且有此文孙,已为他写出数十万字的评传,实属喜慰之至! 令祖生前,既已大部看

①龙宗和《回眸与展望:'98 深圳国际楚辞研讨会暨中国屈原学会第七届年会简述》,载《理论月刊》1998 年第 9 期。

②周建忠 1998 年 7 月 18 日给撰者信语。

③徐志啸 1998 年 10 月 28 日给撰者信语。

④褚斌杰 2000 年 10 月 31 日给撰者信语。

⑤褚斌杰 2002 年 1 月 15 日给撰者信语。

⑥褚斌杰 2002 年 9 月 30 日给撰者信语。

⑦力之 2002 年 11 月 28 日给撰者信语。

过，当无差讹。自当争取早日出版。要我题签，已题就，寄上。匆复，祝

好！

蓂中草

九月八日

来书自称“晚”，实应称“再晚”。附告

11 月，先生《我与〈楚辞〉结缘》发表，载台湾《中国国学》第二十六期。此文先生曾以《我与〈楚辞〉》为名，收入《剑南忆旧》，现录入如下：

我与《楚辞》

我与《楚辞》结缘，是比较晚的。记得少年读书时，家塾藏书，经史子集都有一些，然无《楚辞》；老师讲课，也不及《楚辞》。其时，一位远房叔叔从曾任京官的亲戚家带回一部《楚辞》，置诸案头，对我说：“这书读起来很有趣味。”但并没有引起我的注意。现在回忆起来，其书系古刊大本，纸色暗黄，有似现在传世的夫容馆《章句》本。可见，当时用以教育青少年者，经史而外，只有唐诗宋词，很少涉及《楚辞》。我师事太炎先生时，先生亦未尝以《楚辞》相授。

我跟《楚辞》产生了不解之缘，是抗日战争时期；尤其是家乡沦陷，逃亡西南的年代。这也许是我的悲愤之情与屈子的思想产生了共鸣。但其时我正专攻语言文字之学，对屈赋还无暇顾及。虽有时也展卷吟咏一番，但这跟学术探讨之间，还隔着一道万里长城。

我现在体会到，对任何文化遗产的研究，是历史的，也是时代的。时代的政治、时代思潮、时代的情趣，等等，无一不渗入学术研究领域。抗日战争时期，郭沫若、闻一多等曾掀起研屈高潮。他们都能以新的观点、方法分析屈赋，塑造

屈子的伟大形象。他们的成果，曾在当时反投降、反黑暗的政治斗争中起过意想不到的影响。当时我任教于贵阳师范学院，抗日战争刚刚结束，反内战的思潮正在高涨。一次，学校要我为中文系的学生开一门《楚辞》课。出乎我之意料，开课不久，其他各系的学生也都纷纷参加旁听，挤满了教室。教室坐不下，就在窗外自带凳子，露天听课。但我自己心里明白，这并不是由于我讲课有什么魅力，而是弥漫于青年当中的时代思潮跟伟大诗人屈原的情怀有某种默契而使然。而正是这种客观形势，促使我由教语言文字到教屈赋，由对屈赋的讽诵吟咏到对屈赋的钻研探索，这无疑是我在学术征途上的一个新起点。为了讲课的需要，我曾写过简要的《屈赋注》，为了理清屈赋的思路，又写过《屈赋新章句》，这些虽弃置不顾，但由于我在这以前是专攻语言文字的，故研屈的方向，仍是从语言文字入手。看来这一点还是对的。

我在研屈过程中的第一篇论文，是探讨《招魂》“些”字的来源。在当时，用民族学、民俗学研究《楚辞》的文章，我还没有见过，自认为这是开辟了屈学新路。那是1948年，我正任教于贵州大学中文系。贵州是少数民族聚居地区，耳濡目染，使我注意到屈赋与少数民族文化的关系。故我当时曾收集记录苗族词汇几大本。我对门宿舍的杨汉先君是苗族人，曾为调查苗族民俗走遍了西南各省。杨与我素有相当的友情。一天闲谈中，提到他在云南白苗中参加过几次招魂仪式。而其招魂词的句尾，必收以“写写”二音。此事给我以启发，经过反复探索，得出《招魂》的“些”字本为“此此”重文的结论。这篇论文，当时曾在梁漱溟先生主办的重庆“勉仁文学院”学报创刊号上发表过，可作为我研屈生活的一个纪念。后来有人说：从这篇研屈论文看，已显示出我的学术倾向,那就是重视新资料(包括出土文物)的运用,和长于语言文字为突破口。但我个人的体会是:新资料固然重要,但不与传统的旧资料相参稽,就会孤掌难鸣;以语言文字为突破口固然重要,而破门以后还有个升堂入室的问题,否则就会得其缜密,失其恢宏。文化遗产是无边的海洋,决不可划地以自限。

但是,我的研屈生活,曾经过两次长时期的停歇。

首先是思想改造、批判二胡、肃清反革命,等等,整整10年的时间,我的研屈工作,简直是空白。直到1962年"高校六十条"颁布,文化思想界才出现思想松动的局面。而我的研屈论文《〈屈原列传〉新探》也于这年完成,并发表在《文史》创刊号上。接着1963年,我又撰写了《〈楚辞〉成书之经过》,发表在《江汉学报》上。这两篇东西,颇受海内外学术界的赞许。而且通过这两篇论文的撰写,也证明了在传统的文化海洋中,如果对旧资料能予以崭新的理解与独到的阐释,同样会得出创造性的结论。

不幸的是"文化大革命"的到来,我的研屈工作又是10年的空白。这时不仅研屈无缘,而且性命难保;尤其是严重的心脏病又恰恰在"文化大革命"的后期狠狠地折磨着我。我请假在家养病。面对那部劫余残本《楚辞》,我只能抚之以慰情,未敢展卷而畅读。这不仅因政治气氛压人,心有余悸;而且我那时的病情,也确实严重,一读书,病就犯。有人说:对一门学科的研究,严密的科学思维是重要的,而浓烈的兴趣和深厚感情,更是不可缺少的因素。这话是有道理的。可以这样说,"文化大革命"的10年,我与屈赋的关系,在科研上是空白,而在感情上并不是空白。它不仅填补了我在文化沙漠中的虚无空寂之感,而且在屈子抗拒邪恶的精神支持下,常常使我渡过了难于抵御的人生苦难。因此,从1976年开始,我终于带着这种感情,重理旧业,拖着久病的身躯,向研屈的道路,试步前进。

记得,1976年是全国地震警报最为频繁的一年。即在那年夏天,我带着几本《楚辞》奔向湖南武冈避震。一路上在屈子流放之地,读屈子抒愤之篇,收获之大,异乎寻常。第二年春末,由湖南回到了成都,病尚未愈,即全身心地致力于研屈。从探讨《九章》后四篇的真伪问题开始,一发而不可遏止。并于1984年,开始集结出版了《屈赋新探》《楚辞类稿》等书。这些书多蒙海内外学术界肯定,并对其学术风格有所论列,但时代的局限、学识的不足给著述带来的缺陷,我是有自知之明的。如果说成就,只能说我个人在屈学领域初步建立了自己的学术体系而已。至于学术风格,似乎还是看得出来的,那就是乐于"碰硬"。我这里所谓的"硬",有几层意思:第一,是指具体的史实性问题,而非抽象的观念性问题。第二,是指屈学史上大是大非大难的问题,而非一般性问题。第三,是指学术传统上似乎已成定论的问题。我尝自笑,听说中国的武术有轻功、硬功之别。如果说,轻功是靠辗转腾挪取胜,硬功则是靠体格的实力争强。而我自己似乎是选择了后者。自然,由于自身的先天气质虚弱,这个选择,未必得当;而且在史实面前,我也始终未忘却以理论为归宿,细心的续考,自能察觉。

"文化大革命"结束后,在振兴屈学的过程中,我总感到力不从心,只是有三件事给我留下了一点印象:

首先是,1982年端阳节在湖北秭归举行的全国性的屈学讨论会上,我作了一次有意义的大会发言,对1953年名为纪念屈原而实贬低屈原的极左论调,首先发难,提出了反驳(发言稿《草"宪"发微》,后收入《屈赋新探》)。我觉得,这在学术界刚刚开始解冻的当时,对促进屈学研究,是很有必要的。当然,我的态度仍是以事实服人;并非只是“以理服人”而已。

其次是,1984年端阳节在成都召开了一次屈原问题讨论会,目的是评论“屈原否定论”的是非得失,即对当时国内外所吹起的那股意图把屈原从中国历史上抹掉的不正之风,进行实事求是的探讨与评议。我在大会的前夕,曾在《求索》杂志上发表了《〈离骚〉决不是刘安的作品》一文(后收入《楚辞类稿》),有针对性地驳斥了何天行的谬论。当年何天行是胡适的门人,而胡适那时曾认为,在对古代文化遗产的探讨中,“宁疑古而失之,不可信古而失之”;但我今天则认为,在证据不足的情况下,“与其过而弃之,不如过而存之”。我也知道胡氏的话是有为而发,并非无的放矢;但在古文物大量出土的今天,已不断地证明了对待古代文史遗产的态度还是谨慎一点的好。

再其次是,我在1992年出版的“中国屈原学会”的会刊《楚辞研究》第2辑的《前言》中,曾提出了这样一个论点:“科学研究必须创新。”“但求新并不是目的,求新的目的在于求真。”“所谓真,是指历史的本来面貌和事物的客观规律。”①这话的起因,是由近些年来屈学研究中出现的“主观臆测,标新立异”之风而引发的。我觉得,这对纠正学风来说,是及时的,有益的。

《我与楚辞》是友人征稿的题目,在这个题目下做文章,至此应当收场了。但由于我的一些特殊情况,如果就此搁笔,则显然是一份不及格的答卷。这就不得不使我画蛇添足,增加几句多余的话。

①其实这个“论点”,先生早在《治学曝言》(载《文史知识》1989年第11期)中就提出来了。

我主持"中国屈原学会"已十多年,循规蹈矩,不事开拓,未能为屈学留下什么轰轰烈烈的业绩,很感惭愧!今年我已八十有八矣,才力既绌,精力尤差,尸位素餐,于心难忍,引退之志,坚如铁石。自从第三届年会以来,我一直寄希望于换届改选,举贤自代,而由于种种客观原因,始终未能如愿以偿。但长期以来,我所想象的最理想的领导班子的模样,却梦寐未曾忘怀。那就是:选贤举能,扩大阵营。理事会的规模应比原来扩大一倍,凡对《楚辞》研究卓有成就的代表人才,皆当入选(包括现尚未办入会手续者);在此基础上产生的正副会长,起码在五人以上。凡屈学界有学识、有德望、有才干的头面人物,不管是前辈或新秀,不问是什么学术派别,不论是什么学术个性,皆可入选。此外,年老体衰的屈学耆宿,一概聘为顾问,不限人数。一句话,打破门户之见,面向五湖四海。在群策群力之下,屈学的发展就会大有希望。至于会风,我认为只要不违背科学原则和学术道德,要让会员们不拘一格,各展所长,百派争流,自由驰骋,决不搞清一色的样板。以上所论,皆系刍荛之言,仅供下届年会之采撷焉。

一九九七年一月六日于渊研楼

附《研骚过程》:

1. 一九六二年以前,学新理论、教古典、教现代、教毛诗词,不是耽误,而是丰富了理论与文学。一九六二年(我)出去辅导函授,在招待所见到《光明日报》(刊发马茂元)谈汉代马迁、刘安为一派,引起(我写《〈屈原列传〉新探》的)动机。又写了《〈楚辞〉成书之探索》。

2. 当时不知学术方向,不知四旧有无用处。只是偷看偷写。“文化大革命”中，在劳动田里读到毛主席赠田中角荣《楚辞集注》，兴奋之情难制。带病在南大街——猛胆下笔，居然成文如故。

3. 带病避地震，带了《楚辞》到湖南，至溆浦。

4. 在武冈，图书馆借书方便；写提纲——在油灯下，在厨柴房、猪圈旁，在火柜火桶上，在漏雪的房间里、在头后疮的痛苦中。

5. 住进塔子山，十一届三中全会以后，才放大胆子写起①。

①括号里的文字系撰者所补。据推断《研骚过程》应起草于二十世纪八十年代初期。

后　编

1999 年己卯

8 月,先生主编的《楚辞欣赏》由巴蜀书社出版。

2000 年庚辰

6 月,汤序波《汤炳正评传》由香港现代知识出版社出版。

9 月,先生《剑南忆旧:汤炳正自述》由山西人民出版社出版①。

2004 年甲申

10 月,先生《渊研楼屈学存稿》由中国社会科学出版社、华龄出版社出版;2013 年 5 月再版。

2006 年丙戌

9 月,先生《楚辞讲座》由广西师范大学出版社出版;北京出版社"大家小书"丛书 2017 年 8 月再版。

①是书 2001 年 1 月又印了一次。版权页仍印着"第 1 版""第 1 次印刷"的字样。

2008 年戊子

1 月,先生《汤炳正论楚辞》由上海科学技术文献出版社出版;2018 年 6 月北京三联书店再版。

2010 年庚寅

4 月,先生《汤炳正书信集》由大象出版社出版。

8 月,先生《屈赋新探》由华龄出版社出新版。

12 月,汤序波《汤炳正传》由华龄出版社出版。

2012 年壬辰

9 月,先生《楚辞今注》(合著)由上海古籍出版社再版;2017 年 6 月出典藏版,9 月出简体版。

2015 年乙未

7 月,先生《语言之起源》(增补本)由三晋出版社出版。

8 月,先生《渊研楼杂忆》由上海辞书出版社出版。

附录一　自述治学之经过①

汤炳正

提要:汤炳正是章氏学派的代表性人物之一。其八十三岁时所撰的此文,回顾自己少年时代如何在乡邻前辈的启迪下,萌从事学术研究之志;说明其"求学北京"时"最喜欢跟前辈的名流学者相往还",然负笈苏州师事太炎先生后,才真正找到前行的方向,在治学与行谊两方面均受其深刻的影响。如"没有坚实证据,决不立说;没有独特见解,决不行文",成为他终身谨守不渝的戒律。并"经常对学生强调说:'一个学者,要能在本学科中解决几个历史性的难题,才算是对学术的贡献;否则陈说连篇,即使留下几十本皇皇巨著,也是没有意义的'"。其一生学术经历坎坷不平;而治学之多变,乃缘随着时代的发展,"我又在探索着自己前进的道路"。其治学特色可概括为:"于小中见大,于果中求因,于现象中探规律。"另外,其任"中国屈原学会"会长期间,在学术问题上,从不把个人的主张强加于人,而是努力

①整理者按:先生在给敝人的信中曾说:"《自纪》作为资料框架,可以作参考;作为作品,则不可以。我将来准备在此基础上,修补、润色,使其完善。"(1989年4月26日)"我的那篇《自纪》,本来很不满意。今年我把它改写了一道,题目是《自述治学之经过》。凡原文与'治学'无涉者,皆删去,又增加了一些治学活动。这样问题比较集中,将来准备作一篇散文对待,与一般的'自传'不同。"(1993年5月8日)

营造宽松的学术氛围，提倡百花齐放。

关键词：汤炳正；自述；治学经过；学术个性；学派色彩；章太炎

记得太炎先生晚年，曾写下一篇《自述治学之经过》，对后学启迪良多，谫陋如我，何敢言此。但又记得，我在报考太炎先生主讲的“章氏国学讲习会”时，先生出的试题，也是《自述治学之经过》。严格地讲，我当时还不知“治学”为何事，颇感为难。后来还是硬着头皮写了一篇。现在回忆起来，才懂得此题“识大识小”，各言其事，并不受水平限制。今天我又以八十高龄来写这一题目，内容自与那时的答卷不同。但纵览生平，经历坎坷颇多，治学道路，也毫不例外。因此，本文所记内容，虽无经验可言，或有教训可取。哪怕是弯路、歧路、邪路，也只有如实记下，以供读者评骘。至于个人回顾过去，而于弯路、歧路、邪路的夹缝中，略有所得，也直抒胸臆，不以鄙陋为嫌，希读者谅之。

（一）少年时代

我小学毕业之后，由于父亲是读老书的秀才，思想比较保守，在村中成立家塾，并聘前清拔贡张玉堂老先生为我们的塾师。老先生学问渊博，在远近极有声望。我们开始读的是“四书”《诗经》《书经》《易经》及《古文观止》《唐诗别裁集》之类；后来又读“三礼”“三传”等。老先生对我们只有三条要求，即背诵、讲解、作诗文。当时我对老师讲书的内容，并不很懂，而对背诵则是很认真的。因老先生规定，每一本书必须从头到尾一次背完，才算完成任务；而且背诵时老师还要从中间任提一句，叫你接背下去。为了达到老师的严格要求，我总是灯下读书至深夜，由于怕打瞌睡，经常高高地坐在被盖卷上诵读，稍有睡意，即会倒滚下来。因为身体很弱,父亲命我每晚练“八段锦”,但我则边练功,边背书。有一段时间,我每次练功,都要把一部《易经》背完,才算结束。前人所谓“读死书”,大概即指此而言。

我少年时的求知欲很强,虽家塾尽读旧书,但我见到物理、地质、地理以及父亲藏书中的《天演论》《饮冰室文集》等新书,也很感兴趣,并向我二哥学习英语等等。尤其我对老师所安排的“四书五经”《古文观止》《唐诗别裁集》等感到很不满足,常常不经老师允许,不经父亲同意,就直接写信到上海邮购书籍。记得先后购置有《百子全书》《皇清经解》《二十四史》《汉魏六朝百三名家集》《金石粹编》《三希堂法帖》等等。因此,当时僻处穷壤的我,竟成了上海的扫叶山房、商务印书馆、中华书局、有正书局的老主顾。因为张玉堂老先生思想较开通,总是用“开卷有益”这句老话来教导我们,故回忆起来,我少年时代的将近十年间,确曾杂乱地读了不少书。但实际上,当时并没有什么心得,只不过是为满足自己的求知欲和炽烈的好奇心而已。

(二)北京求学时代

从一九二九年父亲去世之后,我的交往渐多,见闻渐广,对于学术界的情况,亦渐有所知,如聊城的藏书家杨以增、曲阜的经学家孔广森、栖霞的小学家郝懿行、潍县的金石家陈介祺等乡先贤,尤所钦慕。时邻村姜忠奎君,游学北京,为元史名家胶县柯劭忞的学生,参加过《清史稿》的编写工作,后任山东大学教授;又邻村许维遹君,时正就读于北京大学,在刘文典的指导下,专治《吕氏春秋》。他们的学术事业,都给我以极大的诱惑。如果说,这以前我读书的目的,不过是求多好奇,那么,这以后竟不自量力,在乡邻前辈的启迪下,开始有了从事学术研究之志。

在“九一八”事变那年的暑假,我只身走北京,补习了一段时间的中学课程以后，考入了民国学院的新闻专修科。这时，学生界的抗日高潮蓬勃发展，新思想也以排山倒海之势流行于学生之间。我当时，以装满了旧书的脑子，骤然接触了新思潮，究竟是走新路，还是走老路？在思想上确实发生了激烈斗争。因此，我在北京读书阶段，思想非常苦闷。我一方面手不释卷地钻研古书，一方面又阅读一些有关马列主义的新书，并曾为此吃过一次“闷头官司”——被关押了两天才得释放。我当时的癖性，最喜欢跟前辈的名流学者相往还。在我常常接触的人物中，旧学者有吴承仕、余嘉锡、马叙伦、孙人和等先生；甚至还跟张政烺君造访过清代宿儒王树枬老先生。新学者，除喜欢听取张友渔、萨空了等先生的课程外，还曾突破重重困难到中国大学听鲁迅先生的讲演。但总的倾向，我这时旧的学术思想是极浓的。我不仅瞻仰过不少旧学名流的风采，也领略了一些新派知名学者的治学之道，而当时钻研《杨子法言》的动机，正是欲将个人对治学的体会，付诸实践，以增进学识、证验是非，并提高独立的科研能力。从方法上讲，仍是走的版本校勘、文字训诂的老路。

（三）游学苏州时代

“毕业即失业”，这是当时读书人的生活规律。一九三五年我大学毕业之后，虽年已二十五岁，只得赋闲家居。一天读《大公报》，见到章太炎先生在苏州创办“章氏国学讲习会”的招生“启事”，我立即赴苏州报考该会的“研究班”。考题是“自述治学之经过”，我在文中曾简略地谈到在北京时校注《杨子法言》的情况，并对汪荣宝的《法言义疏》提出一些意见。不料这份试卷，竟受太炎先生赞赏，其中补正汪说的部分，被刊载于当时先生主编的《制言》杂志上。但这时我已经体会到章先生的学术思想，已不同于乾嘉学派着重于单词孤义的疏释，而是更潜心于典章制度与历史规律的探索。我的那篇《古等呼说》,就是对此所作的初步尝试,先生亦颇首肯。自是,我与先生的关系,日益亲密,而我对先生的态度日益恭谨,质疑问难接触频繁,先生诲我谆谆之至情,至今犹历历在目。先生经常教导我说:“没有坚实证据,决不立说;没有独特见解,决不行文。”从这时起,先生的教导,成了我终身谨守不渝的戒律。

先生的弟子,先后任教于南北高等学校者,多为一时著名学者;而先生自己则从未就任大学教席,只是以个人讲学的形式,招收门徒。从早年在日本到归国后居上海,就办了多次讲学会。而晚年移居苏州时,苏州的“章氏国学讲习会”就宣告成立。这时日寇内侵,人心不振,故先生讲学的宗旨,力主:以祖国的灿烂文化,激发人民的爱国热忱。谈到先生的爱国思想,不仅源远流长,而且是随着时代的发展而有所前进。它开始是起源于《春秋》的“尊夏攘夷”,后来发展为辛亥革命时期的民主爱国主义;“九一八”以后,他的爱国主义已经汇入了全民抗战的洪流里去了。这时先生的许多爱国行动与言论,对我的影响教育,是极其深刻的。我一生在行谊上或学术上的一点爱国主义倾向,所得于先生的言传身教者至巨。

先生讲学,纵横驰骋,妙解层出,评骘前人,尤中肯綮。讲《说文》,对一点一划的新解释,往往涉及到中国文字发展的体系;讲《尚书》,对一字一句的新突破,往往改变着人们对古史演进的认识。世人喜称先生为乾嘉学派,其实,无论是学术思想,还是治学方法,先生都带有鲜明的时代特色,开时代的先风。在先生的及门弟子中,对先生的学术,或“得其一体”,或“具体而微”,要全面继承是不可能的。我在当时,是集中精力学习先生的文字、声韵、训诂之学,已感步趋维艰,力有不逮。这一时期,我已由北京时代新旧兼习,转而专攻中国古文化,尤其是小学。而在治学方法上,则深受章先生的影响。

一九三六年六月十四日，先生因病逝世。遵遗嘱，“章氏国学讲习会”由及门弟子长期办下去。其时被聘任教者，皆师门一时之彦。而我本人则以浅陋之资，滥竽“声韵学”“文字学”讲席。我在课余之暇，仍潜心撰述。因《广韵》传本多误，撰写《广韵订补》四卷；又仿先生《新方言》完成《齐东野语》十卷；并取法陈兰甫《切韵考外篇》，撰《经典释文音切考》六卷；为便于课堂讲授，撰《说文疏义》五卷；因董作宾纪杨雄年代多误，撰《杨子云年谱》三卷。单篇论文则有《释四》《〈法言〉版本源流考》等。这是我苏州时期在学术上的一些收获；也体现了当时我在治学方面，已逐渐放开眼界，并由文字声韵之学而注意到对学术源流的探讨，《杨子云年谱》是其标志。

（四）抗战时期

一九三七年暑假，我返山东故乡探亲，而“七七”事变爆发。在这段颠沛流离的困境中，我曾以极大的毅力，为了弄清外族入侵的历史教训，阅读了魏晋南北朝诸史料，起草了《五胡十六国纪年史》初稿十卷，及《史通校释》初稿一部；并对章先生的古韵学说，下了一番苦功，写成了《中国古韵论证》三卷。章先生平生仰慕顾炎武之为人为学，对其经世致用之学，尤恪守不移。这与乾嘉学派为学术而学术的风气，迥然不同。我在抗日战乱中，对先生的经世思想与民族意识理解渐深，我的《五胡十六国纪年史》即由此而作。其次，我在苏州时对章先生的古韵学说仅知其梗概，而这时由于从事科学的语音原理的钻研，故对章先生古韵学的精髓之处，有更进一步的领悟，故撰《中国古韵学论证》。

到大后方，我曾任教中国著名墨学专家伍非百先生主办之“西山书院”。其时主讲席者，前有著名学者蒙文通、徐澄宇等，后有史学名流李源澄等。李乃章门好友，其先为廖氏季平学派，后就学于太炎先生之门。这时他已由经学入史学,勤于著述,尤多创见。而我亦因生活渐渐安定,一面讲学,一面重新攻读《说文》,并写有《〈说文〉歧读考源》,以纠正语言学界认为"文字一开始就是记录语言的"这一偏颇。至于我的主攻方向,则是突破"语源"问题,为此收辑了大量资料,并撰《语言分系表说》,作为著述的提纲。我深知这是世界性的难题,而竟乐此不倦。这种在学术上追根究柢的态度,和倔强的学术个性,至今不衰。

(五)内战时期

一九四五年抗战胜利,我亦不欲久羁西山,乃应国立贵阳师范学院之聘,于一九四六年春,又作贵阳之行。由于八年抗战期间,贵阳乃大后方文化中心之一,这时学术空气、生活环境,仍比较理想。著名文学史家谢六逸去世之后,著名诸子学家王驾吾,继任贵阳师范学院中文系主任,同门姚奠中也任教于贵师,相逢甚欢,颇有切磋之乐。次年,我又受国立贵州大学中文系之聘,仍兼课于贵师。贵州大学,地处花溪,乃贵阳名胜之区,遨游其间,确有心旷神怡之感。加之学术界朋友亦多,其中黄门高足张汝舟君,亦任教其间,他对文、史、哲,皆有极深造诣,后来对中国古历法,有独树一帜之见。我们经常以学术相砥砺,友情往来,甚相得。我这时奔走于两校之间,任课甚忙,计开有"文字学""声韵学"《楚辞》《史通》等,除写下各课讲义外,又撰有《说文声训要义》九卷,不同意刘熙《释名》以同音附会字义之说;《古韵学精义》三卷,着重从音理上解释阴、阳、入三声通转之因。此外,又写有学术论文《驳林语堂"古音已遗失的声母"》,反对林氏禅纽二等转喻纽三等之说;《语言起源之新商榷》,发凡起例,建立了语言起源的新体系;《古声纽合并问题的再探讨》对前人所谓"古有重唇无轻唇"等学说提出质疑;又撰《〈楚辞〉"些"字与苗民祝语之研究》,欲从民俗学角度解屈赋用"些"的千古之谜,此因身居贵阳,在对兄弟民族语言调查中,受到了启发。

但在这里必须特别提到的是:早在八年抗战的民族危机中,我对《楚辞》就已发生了浓烈的兴趣,在研读上下了不少功夫。这时除了为诸生讲《楚辞》课以外,并写有《楚辞新章句》初稿,对有关作品章节的分合问题,提出了自己的看法;还写有《〈楚辞〉"些"字与苗民祝语之研究》等论文。所以我这时的学术兴趣,已孕育着新的转折,即由语言文字之学,向由研究古典文学名著《楚辞》而成之学("楚辞学")发展;而我原来所致力的声韵、文字、训诂等等,又恰恰为《楚辞》研究开辟了道路,起着相辅相成的作用,使我在古典文学研究中能提出一些新的论点。

抗战胜利后不久,内战开始。此时,由于通货膨胀,民生困苦。尤其教育界反饥饿运动,澎湃发展。当时所谓"国立"大学,每月工资几十倍地增加,而生活水平却几百倍地降落,至于"私立"学校,则当时多以米代薪,反能勉强糊口。即在一九四九年夏,原"西山书院"院长伍非百君,正在筹建"川北文学院"。来函相招,聘我为该院中文系主任,这就是我由贵阳重返四川的经过。

(六)新中国成立以来

一九四九年冬,四川解放,我的新生活也开始了。作为在故纸堆里埋了大半生的我,面对陌生的现实,不得不有意识地加强学习,参加各种政治运动,并研讨新的文艺理论,乃至以种种复杂原因,使我于讲授语言学之外并讲授现代文学等。但这一切,确实使我开拓了胸襟,扩大了视野,对我此后语言文字的研究、古典文学的探讨,都增加了新的活力,开辟了新的境界。当时有的友人误传我已"改行"。其实这对我的治学来讲,只能说是开拓和加深，而决非“改行”。

至一九六二年前后，“高校六十条”颁布后，学术界空气略为活跃，我才开始写酝酿已久的有关《楚辞》的论文。除了写定草于一九五三年世界和平理事会纪念屈原活动期间的《草“宪”发微》外，又在《文史》创刊号上发表了《〈屈原列传〉新探》，并在《江汉学报》上发表了《〈楚辞〉编纂者及其成书年代的探索》等。这些论文发表之后，曾在学术界引起很大反响。姜亮夫君，虽是同门，却从未谋面，而他读到《〈屈原列传〉新探》后，书札往还，竟成莫逆之交，传为学术界佳话。从此，我的治学历程，又进入了《楚辞》研究时期。但不幸的“十年浩劫”突然降临，不仅斩断了我滚滚而来的学术思路，并陷我于备受折磨的生活困境。两次抄家，三度“劳改”，身家性命难保，遑问学术。

十一届三中全会，扭转乾坤，万象复苏，科学的春天来到人间，而我以古稀多病之年，竟一气呵成地撰就了《屈赋新探》一书，并接着撰写了《楚辞类稿》一部。现在又把我五十多年来万劫之余的零星残稿，选其有关语言文字者加以结集而成《语言之起源》一书，由台湾贯雅文化公司刊印。《屈赋新探》《语言之起源》中的某些篇章，力图于小中见大，于果中求因，于现象中探规律。此种学术境界，我虽未必能达到，却愿为此而努力，并解决几个学术上的难题。还有历次讲课记录、读书札记、序跋通信，以及回忆录式的散文，拟略事整理，以备保存①。此外，还有一烂布口袋尘封蠹蚀的残稿剩片，只是一堆顽石，难称未琢之璞，是否值得整理，尚待考虑。

上述已出版的拙著，谬蒙学术界的肯定与鼓励。一九八一年在武汉召开的“中国训诂学研究会”的成立大会上，被推为该

①整理者按：敝人曾整理出版过《楚辞讲座》（广西师范大学出版社 2006 年版）、《汤炳正书信集》（大象出版社 2010 年版）等书。

会学术委员；一九八五年在江陵召开的“中国屈原学会”成立大会上，又当选该学会的会长。有的评价文章称我是当代楚辞学的“大师”或“大家”，自愧谫陋，何克当此。今后，只有以迟暮之年，勤勤恳恳地研究学术和培养后学，以期不负学术界对我的厚望和鼓励。

（七）综述

我今年已八十三岁高龄，回顾一生的学术经历，是坎坷不平的。尤其在“八年抗战”“十年浩劫”当中，损失更为惨重。前者，把我精力充沛、奋发有为的黄金时代，白白送掉；后者，又把温故知新、著书立说的大好时光，付诸流水。其中各种藏书，前后丧失殆尽；手稿笔记，只余几片残纸，搜集整理，百不存一。这确实是不能用任何代价来补偿的。所幸者，残年尚健，犹可略献余热，以补前阙。

我一生治学是多变的。这不仅表现在由博返约，由约而博，最后归结为约中见博；也表现在由旧而新，由新复旧，最后归结为旧中见新。而且在专业上又表现为由经史百家，到声韵文字；由声韵文字，到现代文艺；最后又回过头来致力于《楚辞》。有人会认为，这未免浪费精力。其实，我对每一个新领域的开拓，都加强了对旧知识的深化；每一个旧课题的重提，又都在新观念中获得了鲜活的血液。我总觉得，自己的思考力始终比较活跃，没有僵化感。这也许正是我治学多变的结果。

我幼年读书，不求甚解。然自从就学章门，受教于太炎先生，又读先生所著书，无形中养成我“追根究柢”的治学态度。在学习中，并不只是接受前人的知识，而更重要的是思考问题的究竟；决不满足于知其当然，而更要追求其所以然。尤其对那些前人难于解决的问题，我并不“知难而退”，而是“深入虎穴”探虎子,直到得出自己的结论为止。这也许是我在学术上个性太强的"恶习",但对这"恶习",我却至今没有悔改之意。

我认为,做学问是一种创造性的劳动,没有创见,决不动笔。我经常对学生强调说:"一个学者,要能在本学科中解决几个历史性的难题,才算是对学术的贡献;否则陈说连篇,即使留下几十本皇皇巨著,也是没有意义的。"而且对自己的创见,应当写成札记的,决不拉成论文;应当写成论文的,决不铺张成专著。这也许是我继承章氏学派最突出的优良传统。因为章先生曾说:

> 若学术无心得,惟侈博闻,文艺无特长,惟随他律,技巧无新法,惟率成规,虽尽天下之能事得尽有之,犹是他人所有,非吾所独有也。

这正是我一生治学的座右铭,并愿持此以赠后学。

现在有人称我是嫡系的章氏学派,也有人说我是偏离了章氏学派。其实,这两者并不矛盾。前者,正说明我确实继承了章先生治学的优良传统;后者,则说明随着时代的发展,我又在探索着自己前进的道路。在传统的基础上发展与前进,这本是学术史的规律,而章先生门下的弟子,则表现得更为突出。如"五四"时期,钱玄同、朱希祖等就是如此;三十年代前期,鲁迅、吴承仕等更是如此。但他们的尊师之忱,却至老不衰。或辛勤奔走,为老师编印《章氏丛书续编》;或书信往还,虚心请教学术问题;或带病撰文,痛斥攻击章先生的群小为"蚍蜉撼大树,可笑不自量"。道理很简单,后学的点滴成就,正是在前辈学者的基础上取得的;人类的文化发展,也正是这样一步一步向前推进的。

我的学术个性是很强的,我的学派色彩也是很浓的;但我任"中国屈原学会"会长期间,在学术问题上,从不把个人的主张强加于人,而提倡宽松活泼,各显神通;在个人的学术结论上,坚持反对"定于一尊"而提倡百花齐放。对学会成员中不同的学术倾向,一贯采取兼容并蓄的态度。有人反映说:在“中国屈原学会”内部,似有“拉帮结派”的嫌疑。但我认为,学会成员之间,由于学风相似或性格相近,从而出现了“同声相应,同气相求”的现象,只要品德正派,各是其是,这又何妨?它总比把学会办成清一色整体,似乎要好得多。“百家争鸣”是繁荣学术的必由之路,这在一个学术团体内部,也应当是适用的。故我在第二辑《楚辞研究》的前言中,曾历举屈学界的种种不良学风,而未及“拉帮结派”问题。也正由于这个原因,我对任何同志的屈学论著,只要“持之有故,言之成理”,请我作序或题签,来者不拒。当然,由于精力不给或忙于俗务而未能遵嘱者,不在此例。

以上所言,或即我在治学问题上所走的弯路、歧路、邪路,但我仍然把它记下来,是经验,还是教训?一任读者品评。

1987年农历中秋节前一日完稿

1993年2月20日修改

整理者按:先生1987年10月6日(农历中秋节前一日)草成此文,名为《作者自叙传》,1988年1月抄正时又改名为《自纪》(初稿),拟作为其《语言之起源》的附录(文后有云“汉王充《论衡》之末有《自纪》一篇,信笔畅言,不计毁誉,既详于事迹,亦长于言志,窃尝壮之。故拙文裒集已毕,亦附《自纪》以抒积愫。并非敢比前哲,实因情难自已耳”),不知何故,后来并没有收入。1993年2月20日定为今名。本文由汤序波整理,力之先生审订。

(原载《中国文化》2016年秋季号)

附录二　汤炳正致李行之书札二通考释

汤序波

第一通

《汤炳正书信集》出版后，不断有亲友师长惠赐先祖父的信札，令我惊喜连连。本意只要能得到影件已足，不意《教育导报》原副总编辑叶懋良、贵州省社会科学院原院长蒋南华等先生慨然以原件相赠，实在感激不已。现存先祖父信札的上限始于二十世纪六十年代，但我知道他早在三十年代就写过一些重要的信札。如太炎先生在苏州创办"章氏国学讲习会"时，《简章》有云"凡有志听讲者须经教育机构或名人之介绍"，他遂写信请未曾谋面的章门弟子金震（字东雷）①介绍。再者，我所见到他的信札皆系钢笔书写，所以一直希望能一睹其毛笔信札。不想梦

①金震（曾任天津《大公报》主笔，编发过先祖父的《故宫行》《彩云曲》等诗作，其时已回苏州横塘定居）著有《英国文学史纲》（由蔡元培、蒋梦麟题签）。金先生 1936 年 2 月前写有《赠汤君景麟》一首："彬彬文质如子少，倾盖交期恨不早。昔年作客寄怀勤，踽凉独走长安道。赓和酬我咏梅诗，为言懒向人间笑。斯语乍闻感且歌，澒洞风云归来好。讵知会合有前缘，馆娃宫畔生秋草。南游赋作吴趋行，降心莂汉国之宝。师门桃李早成阴，经史渊源入堂奥。北杰南贤世所尊，子今突起持前纛。（转下页）

想成真,2013 年秋南京吴小铁先生在我博客上留言:“我与令祖通过一二次信,另有其他学者转送给我的五六种,等我稍空找出来扫描传给您。”几天后果然传下五六通先祖父信札,其中一通是用毛笔书写。笔迹正如著名学者刘梦溪先生所云,“清新雅饬,睹之可喜”。真是如获至宝,欢喜无量。先录信如下:

行之同门兄鉴:

奉读四月十八日手示,得悉年来治学情况,欣羡之至!《斯文异诂举隅》,前人及之者少,纂为一编,亦创举也。杜林之说,除许书外,扬氏《方言》中,引据当亦不少。因子云之学,受杜氏之影响极大(详拙著《子云年谱》中),惜其不曾标举姓氏,无从考索耳。弟年来迫于兵火,困于沉疴,旧业荒芜,近拟稍事董理,而无从着手,尚希时锡教言,以匡不逮。豫战起后,云飞即无消息,甚为悬悬!孙君鹰若寄来近作两册,嘱转致一册,查收是盼!

敬请撰祺!

弟炳正拜上

五月廿九日

弟之不得赴兰,实因机会使然,绝与待遇无关,前函已略叙及,来日方长,后会当有期也。炳又及。

吴先生附言:“‘行之’是谁的字号抑或名字?尚祈赐示。从内容上看似为 1949 年以前所写。”我看罢影件回复:“行之,乃章门弟子李恭的表字。此信应写于 1944 年 7 月 19 日。其时李先生正任兰州师范校长,而先祖父则抵达南充不久。”他称我所言

(接上页)愧我枯桐不称名,闻之欢颜笑相告。道丧要子张吾军,菊残莫辞雪霜傲。”后来金印其《东庐诗钞》(2009 年 9 月又收入王伟勇主编的《民国诗集丛刊》第一编第 115 册,台中文听阁图书公司出版)时,收入了此诗,还请先祖作序,作序者还有陈石遗、张一麟等。

“解决了这封信的写作时间和收信人两个关键问题”。我把此信系于1944年,依据是“豫战”即发生在这年的4月至6月,地点是河南中部地区。“五月廿九日”,我理解署的是农历。

关于李先生,现在知道的人恐怕已不多了。赵逵夫先生主编的《世纪足音:西北师范大学教师诗词选》有其小传:“李恭(1901—1970),字行之,甘肃甘谷人。九岁随舅至武山,就读蓼阳小学。后入江苏省无锡师范学习,毕业返里,为甘谷中学教师。民国十八年入北平中国大学文科国学系,初从学范文澜、吴承仕,旋游学章太炎之门。民国二十四年赴苏州,入章氏国学讲习会。业成归来,敷教兰州师范、甘肃学院。民国二十九年创建武都师范并任校长,民国三十一年调任兰州师范校长,兼任西北师范学院教授,新中国成立后为甘肃省人民政府文化教育委员会委员、兰州市教育局副局长。著述出版的有《陇右方言发微》,稿本有《斯文异诂》《文史别记》《太平天国在甘肃》《甘肃省县沿革》《目录学之应用》等。”

我这里再提供点细节材料。1934年冬,太炎先生在苏州讲学,因“与国学会旨趣不合”,发起章氏国学讲习会,一时各路俊彦慕名而动,“问天下英雄能不入彀者有几辈?”①李恭闻讯便于次年春末致书太炎先生,意欲投身章门。兹附太炎先生回信如下。

李君足下:

壬申春于北京讲演时,尚未识足下之名,而足下固已知我矣。陇南道左,久未通书,今日乍得手示,如再遇故人也。此次国学讲习会应于阴历八九月间开办,以讲堂刻尚未成,故须待至深秋也。足下欲于暑假来苏,暑假中却非讲习时

①张元济挽太炎先生联语,转引自章念驰《我祖父章太炎》第53页。

期；如欲乘此空隙，执经问难，亦无不可。《简章》一通随函附上，即希察入。此问兴居多祉。

章炳麟顿首

五月十七日

张曦《跋》：

右函二纸，余杭章枚叔覆甘谷李行之书也。章君道高学富，穷经考韵，度越前贤；尤擅于名理，根据天竺，润色欧哲，而要其归于漆园。卓然为一代国学后劲，世称大师，敻乎尚已！其弟子遍海内，晚岁设帐吴门，陶铸尤夥。独甘肃僻远，虽闻风钦慕者多，或仅得聆其演说，至能趋侍讲座，执经问难，只行之一人而已！昔季长之于高密，程子之于龟山，比其返里，有"道东""道南"之叹。今行之亲炙既久，虚往实归，更将输所得沾溉陇士。吾知其去苏之日，章君亦必曰："吾道西矣！"则此书其左证也。行之装潢见示，因书其尾归之，俾永宝焉。

张曦敬跋

我知道，李恭与先祖父均为太炎先生私下青眼有加的弟子（二人俱以"小学"见长，皆右"朴学"）。据姚奠中回忆："在先生弥留之际，学生们集中守在院子里，先生的好友李根源等和学生汤炳正、李恭等守护在先生病榻旁。"先祖父亦云："十四日清晨，先生去世时，除先生家人之外，我与同门李恭（行之）也在旁。先生目已瞑，而唇微开，像有什么话还未说完。先生生平，为革命奔走呼吁，为讲学舌敝唇焦，已完成了一个大贤大哲对人类社会的历史使命，还有什么话要说呢？这时，家人忙乱悲痛，我代为整理床头杂乱衣物，李恭则跪在床前，口念'阿弥陀佛'，并以手托先生下颌，使唇吻渐合。"由此可知，恩师病殁后，李恭与先祖父皆"为殓衾、招魂、楔齿等安葬仪式的主要人员"。事毕，李先生返陇。每年给师母汤国梨寄奉生活费以作补助,直至1959年停止。信中所言"来日方长,后会当有期"一句,也未能成为现实。两人终其一生再也未曾晤面。后来先祖父在给赵逵夫先生的信中有云:"蒙告李行之老学兄之事,甚为惋惜。回想当日同在苏州章氏门下学习时,宛如梦境,为之感慨者久之!"

先祖父信中所说的《子云年谱》,全称是《杨子云年谱》,1937年连载于无锡《论学》第四、五与六、七期合刊号上,1990年收入其《语言之起源》(台湾贯雅文化事业有限公司出版)。2007年7月四川大学出版社出版的《儒藏·史部·儒林年谱》全文选入,并云:"前有《序论》,详考扬雄世系、生卒年及来京年、经学之派别、小学之传受、学术思想诸重要问题,探析深入,征引诸说,取舍公允。正文资料翔实,随文考辨,态度客观。手此一编,子云生平行迹大体备矣。"关于此文的学术价值,汤门高足力之先生有云:"先生使用了不少前人没有用过的新材料,解决了许多前人未曾解决的问题。如子云'自蜀来至游京师'的时间,关系到其一生学术思想之转变,而由于先生证明了《汉书·杨雄传·赞》中的'王音'乃'王商'之误,这就不仅解决了此具体而重要的问题,同时还解决了诸多前人纠缠不清的相关问题。此'小'之为大者也。另外,本谱《序论》(分'世系''生卒年及来京年''学术流派''小学之传受'四部分)论述扼要明晰,殊具识见。如其'西汉通儒,以博览为主,其经学大氐不分今古,与博士之专习一经,不求条贯者有间'说等,正如著名语言学家向熹先生所说的,'汤炳正教授说得好'(氏著《〈诗经〉语文论集》第321页,四川民族出版社2002年)。总而言之,是文代表着其时有关杨雄生平研究的最高水平,至今仍有重要的参考价值。"先祖父是以研究杨雄开始其学术生涯的。当年他投考章门,试题是"自述治学之经过",他凭借一份研究杨雄《法言》的答卷被录为研究班学员。太炎先生还将其中补正汪荣宝部分摘出以《〈法言〉汪注补正》为题编入《制言》第四期。这是苏州“章氏国学讲习会”学员发表的第一篇文章。当时他过眼的《法言》版本多达“五十种”，又撰成一篇八千余字的《〈法言〉版本源流考》，在 1937 年 1 月 18 日的上海《大美晚报》“历史周刊”上发表。

“弟年来迫于兵火，困于沉疴。”1937 年 7 月，先祖父从苏州返荣成探亲，不虞被困故乡达六年之久。其间患了严重的伤寒病，他说：“这场伤寒病差点要了我的命！”在荣成时，他撰写了《五胡十六国纪年史》《古音学管见》等书，并云：“章先生平生仰慕顾炎武之为人为学。而对顾氏的经世致用之学，尤恪守不移。这与乾嘉学派为学术而学术的风气，迥然不同。我在抗日战争中，对先生的经世思想与民族意识，理解渐深。我的《五胡十六国纪年史》即由此而作。”①他又在《古音学管见》扉页写道：“我离开沦陷区后，我的妻子慕惠贞，为保存此书，又怕被敌人搜查发现，惹出祸事，乃剪去此处书名和人名，并把书藏在烟囱旁边的墙缝里。五十年代初才把此书带来四川。”

“旧业荒芜，近拟稍事董理。”先祖父入川后，着手撰写《语源研究》书稿，其中一节《文字之初不本音说》（后改为《〈说文〉歧读考源：兼论初期文字与语言之关系》）寄奉学友指正。张政烺回函云：“云南麼些人之象形文字，纯以表意为主，无固定读法，或与卓见相近。”姚奠中《课余随笔》则云：“友人汤炳正景麟，由南充寄所著《语源研究》第六篇来，中多前人未发之论。如：以文字不本于语音论，直尽反清乾、嘉以来诸儒之说，其见至为卓特。”

①彼时，先祖父把宣传抗战救国看作是自己义不容辞的责任。有一次，前线葬埋抗日阵亡将士于文登县的柘阳山，他送的挽联是：“今朝雄志吞桑岛，终古英魂壮柘阳。”以“桑”对“柘”，见者无不称其工整而悲壮。

信中谈到的同门郑云飞，其时任许昌市税务局局长。现在除姚奠中的《山西的几个章门弟子》里有其小传外，再也查不到任何一点材料。姚先生云："郑云飞（1904—1972），万泉人。他出身燕京大学，留学日本，学经济。因与南汉宸进行革命活动，在一次反对日本侵华的示威游行中被日本政府逮捕，驱逐回国。后任冯钦哉军部秘书，由于议论朝政，冯不能掩护，去从杨虎城，任教师训练所教员，仍以'左倾'被监视。1935 年，云飞闻章先生讲学，便由景梅九介绍，到苏州谒先生，参加国学讲习会听讲，专心致志，甚为精进，北方同学视为老大哥。……抗日战起，同学星散，云飞到四川三台东北大学任教一年后，应河南税务局长续实甫之邀，任许昌市税务局长。……抗战胜利后，续实甫升任全国税务总局长，云飞被任为山东省税务局长，……新中国成立，……任贵阳师范学院教授、中文系主任、天津师范学院教授。'文革'前期，南汉宸被迫害致死，他被牵连，难忍折磨，病卒于 1972 年。"

孙鹰若（1895—1947）在民国学术界可谓是享有盛名。在北京大学时，师事黄季刚，与曾缄一同被称为"黄门侍郎"；南归后，受聘太炎先生的秘书①和家庭教师，"苏州章氏国学讲习会"成立，与汤国梨女史负责会务，其时太炎先生所印的讲稿多系他校对。他还精于岐黄之术，1938 年为太炎先生整理出版了《猝病新论》，人民卫生出版社 1957 年重版时更名为《章太炎医论》（2006 年该社又收入"现代著名老中医名著重刊丛书"出版）。据朱元曙先生的《章门"五王"轶事》云：黄季刚在南京中央大学任教时，每年大年初一都先乘火车赴苏州给老师磕头拜年，然后再回南京接受自己的弟子拜年。孙既是黄的弟子，又是太

①姚奠中尝云："先师晚年为文，志表较多。有自作也有代作。自作者，多为品行功德可传者；其不愿自作者，则概由孙世扬（鹰若）代笔。"

炎先生的家庭教师。拜年时，主客坐定，仆人端上茶来。第一杯敬客人，自然端给了黄；黄当然不敢当，又转敬给太炎先生；这东家是要敬西席的，于是这杯茶又转敬给孙；孙的业师黄还在座，孙也只好再把茶端给黄，黄再敬老师，这样敬一圈，礼仪才算结束。这样一位学界名流，现在关于他的文字却极为鲜见。现附其高足郑文《怀孙鹰若师》①：“别离孤岛险遭凶②，万里闲关莅辟雍。从侍黄门学业久，主持章院道情浓③。声音训诂高超手，道德文章浩荡胸。渝水巴山一入梦，依稀出现旧时容。”先祖父写这通信时，孙先生正任重庆中央大学教授。我估计他甫至南充即与孙等同门取得联系，并告李恭近况，这样才有”嘱转致一册”之事。

李恭和国内著名学者如顾颉刚、梁漱溟等人时有书信诗文往还，研讨问题。附顾颉刚《赠甘谷李行之》诗：

雪里有梨花，梨花白似雪。
果成香雪海，入眼光皎洁。
薄酒难御寒，围炉不知热。
阳和变初寒，造化何狡黠。
我有素心人，寒暄俱不说。
丹道穷三田，文辞研七发。
伏案不窥园，看花亦不屑。
可惜出玉关，骊歌行且别。
赠别无多言，珍重松柏节。

---

①《世纪足音：西北师范大学教师诗词选》，甘肃文艺出版社2012年版，第92页。

②作者自注：“师1940年自沪取道宁波赴渝，海上值倭军检查，将临时，被工人突推入旧麻袋堆中，因而获免。”又，本句的“孤岛”原误作“孤鸟”。

③作者自注：“师任太炎文学院教务长，主持院务。”

第二通

在考订上一通信时，我得知约在三十年前，漆子扬先生曾接受西北师范大学古籍研究所的指派，抄录整理过李恭 1942 年至 1945 年期间的日记《旅兰随笔》，我想先祖父的信既然是 1944 年所写，正好处在这个时间段里，日记里肯定会有所记载。譬如信中所言“孙君鹰若寄来近作两册”，到底是什么书？再譬如“弟之不得赴兰，实因机会使然，绝与待遇无关，前函已略叙及”的详细内容及时间。李身为一校之长，邀同仁去教书当不成问题。彼时西北与西南皆未被日军侵占，先祖父考虑后选择入川，或许在他潜意识里西南要“保险”与“富庶”一些。我想李先生的这部书稿如果已出版的话，那么信中所涉及的事情就一清二楚了。当即请文学评论家、第五届鲁迅文学奖评委杨光祖兄帮忙联系漆先生，得知他将这部书稿整理好交与领导，后来书稿竟不翼而飞了。意外之喜是杨兄传下他保存的一通先祖父给李恭（写在“国立贵州大学用笺”上）的毛笔信影件，并说：“漆教授估计写于 1947 年或 1948 年的。”我看了回复：“他的判断很准确，此信应该是写于 1947 年。”先录信如下：

行之吾兄道席：

奉读手示，知大著已在北平发表，则弟处所存副本，虽不必刊布，亦当珍袭之，以备参考也。弟年来以忙于课程，所辑“语原”材料甚多，竟无暇整理，殊为憾事！顷此间编印学报，索稿于弟，乃就不平于时人者，略加评骘，作《驳林》一文，以抒所见，奉寄一册，幸垂教焉！匆匆敬请教安！

弟汤炳正再拜

十月一日

> 郑云飞处一年来无信息，未悉何故！姚奠中兄顷应云南大学之聘，李源澄、傅平骧二兄亦去云大，其书院以经济拮据而停办也！炳又及。

此信由“姚奠中兄顷应云南大学之聘，李源澄、傅平骧二兄亦去云大”句，我定为1947年11月13日所写。按姚先生自定《年谱》云：1947年8月他由贵阳去昆明；翌年8月又返回贵阳。又据王川先生的《李源澄先生年谱长编》“1947年”条云：“11月，先生与傅平骧先生到达云南昆明，在云南大学执教，先生兼任史学教授，并任私立五华文理学院教授。”但是如果没有前面这两条硬性的有关时间的材料，那么由信中“顷此间编印学报，索稿于弟，乃就不平于时人者，略加评骘，作《驳林》一文，以抒所见，奉寄一册”这句话，则此信就当断为1946年无疑。因为发表先祖父《驳林》（全称《驳林语堂〈古音中已遗失的声母〉：原作见林氏〈语言学论丛〉》）的《贵大学报》（文史号）第一期，是这年的9月创刊出版的。所以对“顷”字，我理解是习见的模糊用词。附带说一句，先祖父被贵大聘为教授也是因为这篇书评，据说现在书评已不算学术成果了。李恭“大著”所指暂无从考证。“所辑‘语原’材料甚多，竟无暇整理”。在贵阳三年，语源研究是先祖父的学术重点，共撰写《语言起源之新商榷》《古语“偏举”释例》《原“名”》三篇论文，构成完整而崭新的语源学理论体系，以后只是略有小补。按他的回忆，“（在贵阳时期）继承了章师的绝学，建立了自己的体系”。

这通信里谈到的姚奠中（1913—2013）先生，2013年12月27日5时50分在太原的家中安然辞世，享年101岁。我请天文历术大家张闻玉教授代拟了一副挽联：“章门高弟百年辞世文传千古，唐晋鸿儒万里归帆德重九州。”2012年7月14日，老先生百岁华诞庆祝活动在太原举行，我们一家专诚赶去为他祝寿，在姚府他握着我的手说:“我和你祖父关系最好。”①孰料这竟成为永诀。关于老先生,周汝昌的评价最惬我心:“(姚先生)于学具识,于道能悟,于艺亦精益通。”

李源澄(1909—1958),字俊卿(一作俊清),四川犍为人。先后师从蒙文通、廖平、欧阳渐、章太炎等学术史上的泰山北斗。1936年6月,太炎先生去世,李先生发表《章太炎先生学术述要》,称:“以澄尝读其书而问业其人,谨愿以管窥蠡测之见,供之读者,或于认识先生,不无涓埃之助欤。”7月,李先生应唐文治之邀,到无锡国学专修学校讲授诸子之学,以薪资所入创办了《论学》杂志,前信所言《(杨)子云年谱》,就是连载于这本杂志上的。后来他还办有《重光》《灵岩学报》等杂志。抗日军兴,李先生先后在浙江大学、四川大学等校执教。1945年春,他在灌县创办灵岩书院,请蒙文通、唐君毅、牟宗三、潘重规、饶孟侃、钱穆、朱自清、谢文炳、罗念生、周辅成等名流到书院讲学。李先生有天纵之才,是二十世纪一位极其重要的经学家,1949年前出版了《诸子概论》《学术论著初稿》《经学通论》《秦汉史》等,近年台北中研院中国文哲研究所出版了《李源澄著作集》(共四册)。蒙文通在《廖季平先生传》中云:“能明廖师之义而宏其传者,俊卿其人也”,“能论廖氏之学者,倘在俊卿也”②。不过,李先生的晚景最是令人伤感。1949年后任西南师范学院副教务长兼历史系教授。1957年春的一天,费孝通到重庆找到李先生,与他在某

①1946年2月,先祖父就聘国立贵阳师范学院副教授,就是老先生向时任系主任王驾吾(焕镳)推荐的。后来他还在《怀念同门挚友汤景麟先生》中写道:“于是寄出了请景麟为国文系副教授的聘书,薪、级和我相同。而我们自吴门阔别九年之后,终于于1946年春,在贵阳重聚了,快何如之!”

②转引自彭华《章太炎与巴蜀学人的交往及其影响》,载《淮阴师范学院学报》2013年第4期。

咖啡馆里长谈了一下午。费为李的学识深深折服，不由击节赞叹“李先生有王佐之才”。这里再说两件事，先祖父曾对我说，他当年由西安入南充，是李先生向西山书院山长伍非百推荐的，李先生特意寄五十元给他作为川资。而他发表的第一篇楚辞论文《〈楚辞〉“些”字与苗民祝语之研究》（载梁漱溟主编的《勉仁文学院院刊》创刊号），也是经李先生介绍的。当讲到1957年李先生被打成“右派”，因迫害致疯而于翌年溘然长逝，得年仅五十岁时，他不胜唏嘘。

傅平骧（1909—2004），四川绵竹人。1935年9月入苏州章氏国学讲习会学习，被誉为“根柢深厚者”①。1945年春，李源澄创办灵岩书院，邀请他主讲《诗经》与《说文》，1947年被云南大学聘为教授，1948年被国立贵阳师范学院聘为教授，1949年后任南充师范学院（今西华师范大学）教授。发表论文《〈闻见杂录〉非苏舜钦撰》《苏舜钦交游诗文系年》等，与人合著《四川历代文化名人辞典》。

先祖父这两通书札具有一定的史料价值，对研究此时同门之间的交游、引荐、切磋颇具参考意义。而他所谈到的几位先生，在学术界也算是知名人士（无一不是国立大学的名教授）；然现在皆渐行渐远，淡出公众的视野，有些甚至连资料都不存，这的确不免令人遗憾。

（原载《中国文化》2014年春季号）

---

①厉鼎煃《章太炎先生访问记》云：“（章氏国学讲习会）学员至少须选习补充科目六种，其根柢深厚者，傅平骧、汤炳正、金德建、陈兆年等十余人，则准予免习云。”原载《国风》（南京）第8卷第4期，1936年4月，转引自陈平原、杜玲玲编《追忆章太炎》，中国广播电视出版社1997年版，第496页。

附录三　汤炳正：朴学的经世致用[①]

汤序波

学人小传

汤炳正（1910—1998），字景麟，斋号渊研楼，山东荣成石岛张家村人，文字学家、语言学家、楚辞学家。二十世纪三十年代受业于章太炎之门，成为大师晚年最为器重的入室弟子之一，被推许为“承继绝学惟一有望之人”，并以戴震高足孔广森比之。大师既殁，汤炳正被推举为弟子中唯一代表在追悼会上发言。又应张季鸾之请，撰《章太炎先生之日常生活》一文刊于《大公报》上，并受聘担任苏州章氏国学讲习会声韵学、文字学主讲。

1945 年 9 月起，历任南充西山书院、贵州大学、贵阳师范学院教授；1949 年 9 月以后，历任私立川北文学院、公立川北大学、四川师范大学教授；并兼任中国屈原学会首任会长、《楚辞研究》集刊主编、中国诗经学会和章太炎研究学会顾问。治学七十余年，他在语言学、文学、历史学、文献学、神话学、民族学等领域卓有建树，尤以语言学理论和楚辞学研究蜚声海内外。在学术思想与治学方法上，他深受乃师影响，又能随时代的发展而不断前进。治学严谨，能于小中

①文章见报时，编辑据报纸适于大众阅读的特点，将段落作了拆分，现恢复原样。另，拙文皆作“杨雄”，编辑改成“扬雄”，也恢复原样。

见大，于现象中求规律，对一些千秋难解之谜提出自己的创见，受到中外学术界的重视。擅诗文，早岁以《故宫行》《彩云曲》等闻名于世，晚年又以“睿智与豁达”的散文作品，卓然独立。著有《屈赋新探》《楚辞类稿》《语言之起源》《渊研楼屈学存稿》《剑南忆旧》及《楚辞讲座》《汤炳正书信集》等。

许嘉璐在新版《〈章太炎全集〉序》开篇说：“世论太炎先生，曰‘有学问的革命家’，或曰‘有革命业绩的学问家’。”章念驰编的《章太炎生平与学术》封底简介：“今年(2016年)为‘有学问的革命家’‘有革命业绩的学问家’‘国学大师’章太炎逝世八十周年。”其中，“有学问的革命家”是鲁迅的名言，尽人皆知；而“有革命业绩的学问家”语出何处？或许很多人都不知道，这正是我的祖父汤炳正先生在《忆太炎先生》中提出来的。汤炳正生前不喜参加社会活动，专意于学术研究，知名度逊于他的几位师兄，实则在学术研究上有不少开拓性贡献，也是“章太炎晚年在传人黄侃先逝后最属意的弟子”(戴明贤语)。

一

汤炳正，字景麟，1910年1月13日丑时生于山东荣成石岛张家村，这一天属干支纪年的己酉。春秋时期，荣成又名不夜城，当地夜犹未央，红日已在迷人的霞光掩映之下，从海天之际升起。这种奇观，一句唐诗“海日生残夜”形容得最到位。汤炳正出生时正值曙光初现，雄鸡啼鸣，家里认为吉祥。及至满周岁那天，据我曾祖母回忆，当时他置其他物品于不顾，只抓了纸笔玩耍半天。父母自然高兴，希望这个儿子将来真能与纸笔打交道，成为宣付史馆的读书人，光耀门楣。

汤炳正六岁进石岛明德小学读书。这所小学是他父亲汤丕治(字显卿)任石岛商会会长时,于1910年创办的。明德小学是当地第一所有别于私塾的新型学校,老师多是经过培训的前清秀才。但只读了两年,父亲就又让他到村塾就读,以旧学的标准来教育。按他自己的讲法,是"一口气读了十年的'四书五经'"。塾师张玉堂系前清拔贡,秀出班行,在当地很有名望。当时,汤炳正学习异常用功,常读书至深夜。他怕自己打瞌睡影响背书,总是高高地坐在被盖卷上诵读,稍有睡意便会滚倒下来。此后八十余年的读书生涯,先生从未有过卧床看书的习惯,自谓就是小时养成的。他每晚总要读书至深夜,怕父母发现,就用高粱秆编织的席子把窗户遮盖起来,使外面看不到一丝灯光。汤炳正在五兄弟中身体比较羸弱,我曾祖父每晚都要他练习一套八段锦,而他则利用这段时间,边练功边在心里背书。有一段时间,每晚练功他都要把一部《易经》背完,才肯罢休。也正在这时,他开始浏览家中的藏书,并向京沪一带的书局邮购图书。几年间购置了《十三经注疏》《皇清经解》《二十四史》《百子全书》《汉魏六朝百三名家集》《古文辞类纂》《华山碑》等。其中,《华山碑》后有太炎先生的《跋》,这是他生平第一次接触这位朴学大师的文字。

荣成历史悠久,人杰地灵。这对汤炳正有志于学产生了不小影响。据他讲,自己在20岁以前,仅仅是为读书而读书,对读书能进入什么境界,达到什么目的,似乎从未认真思考过;而此后,才逐渐从塾师与父兄口中对学术之事略有了解。对聊城的藏书家杨以增、曲阜的经学家孔广森、栖霞的训诂学家郝懿行、潍县的金石家陈介祺、安丘的文字学家王筠等诸乡前贤,尤钦慕景仰。这些人的名山事业曾给他以极大的诱惑。但真正使汤炳正倾心于学术的最直接、最关键的引路人,当属邻村姜家疃的姜忠奎(字叔明)。姜忠奎虽比他仅大一纪,但因就学甚早,彼时已是名牌大学教授。因此，汤炳正一直视其为前辈。1949 年后，他在自传里屡屡言及此人，如说“（我）决定典卖田产，北上求学。这个决定，受邻村姜忠奎的影响是很大的”等等。而姜忠奎的外祖父孙葆田（不夜村人）是清季大学者，曾两度出任《山东通志》总纂，对汤炳正亦有一定的影响。1930 年寒假，姜忠奎回乡探亲，来张家村拜谒蒙师张老先生，汤炳正得以见到这位心仪已久的“乡前辈”，并从他那里了解到学术方面的诸多信息。此外，邻村大鱼岛的许维遹（号骏斋）对他也有影响。许维遹 1932 年毕业于北京大学中文系，后任教于清华大学，1935 年出版成名作《吕氏春秋集释》。

二

1931 年 8 月，汤炳正到北平，与同乡张政烺等在弘达中学补习。张政烺后来考取北大史学系，汤炳正因无中学文凭，只上了私立民国学院新闻专修科。毕业论文《小型报的缺点及其改善办法》，1935 年 8 月被导师王文彬推荐到当时唯一的新闻理论期刊《报学季刊》第四期上发表。这是他生平首次发表学术论文。后来，王文彬出任重庆《大公报》经理，还聘汤炳正为该报记者。同乡马学良，此时就读于北大中文系。他们三人过从较密，曾结伴去听胡适的演讲。张、马毕业后，均进了当时的学术重镇——“中央研究院”历史语言研究所。史语所进人极严，所长傅斯年是非北大特优生不收的。姜忠奎、许维遹、汤炳正、张政烺、马学良五人皆是二十世纪学术史上的一流学者，年龄相差也不远，都在京城求学，学术旨趣相近，汤炳正又与他们四位均有交集，所以我一直想写一部《荣成文史五杰》。

当时，汤炳正对旧学兴趣大，认为今后“比较易于成为专家”。他研究杨雄，北京图书馆丰富的典籍使他大开眼界，博览泛涉,如鱼得水。那时候,他上新闻课的时间少,跑北京图书馆研读典籍的时间多,“风雨不阻,寒暑不辍,必到北京图书馆看书”。晚年时,他曾模仿林语堂的语句说道:“北京图书馆就等于我的大学;我的大学,就等于北京图书馆。”①这并非随便说说,实感慨系之。汤炳正“成了北京图书馆阅览室的长期座上客”,在他心里,北京图书馆比任何一所大学都更为重要。

杨雄《法言》的历史地位是大大弘扬了儒学传统,但文字古简奇奥,历代笺释校理者不多。1911 年,汪荣宝著有《法言疏证》,20 年后又出版了修订版,改名《法言义疏》。汤炳正在故乡读书时,正巧跟杨雄的论著发生过某种“因缘”:他名“炳正”,字“景麟”,即取自杨雄《剧秦美新》中的“炳炳麟麟,岂不懿哉”之意。但汤炳正对杨雄与《法言》进行真正意义上的学术研究,则是从在京读书时开始的。汤炳正一直是把杨雄视为传统语言学最早的专家而进行研究,后来,他还为杨雄作了一部《年谱》,写了一篇《〈法言〉版本源流考》。在京期间,汤炳正完成了十万言的《〈法言〉补注》书稿。关于汪著,他认为其失大要有六:一、字句颠倒而汪氏未能校正者;二、文字谬误而汪氏未能更正者;三、汪氏有为古本所误者;四、汪氏有误改原文者;五、汪氏有为古书征引之文所误者;六、前人已有成说而汪氏未经采用者。即使现在读此稿提要,我仍觉得《〈法言〉补注》极富理论色彩,而无一句虚言,说服力很强。汤炳正的学术生涯,此稿应是奠基之作。

①此处撰者作了过度阐述。林语堂相近的原话是:“其实人到哪一所大学读书都没有关系,最重要的是要有一个好图书馆。”见林语堂《信仰之旅:从异教徒到基督徒》(1959 年在美国 World Publishing Company 出版)。大陆最早引进此书见《林语堂名著全集》第十卷(东北师范大学出版社,1994 年 11 月版),2000 年 6 月四川人民出版社推出了单行本《信仰之旅》。而先生的《我写〈彩云曲〉的前后》写于 1991 年 11 月 29 日,发表于《东方文化》1995 年第 5 期,因此不存在“模仿林语堂的语句”说。

因此,研究汤炳正的治学思想与研究方法,此书是不可忽略的重要文献。我们从中也不难窥测他对学术问题不避权威的坚定态度,而这种思想又贯穿在他一生的学术研究之中。

汤炳正还是一位写旧体诗的高手,他自幼喜欢诗词,尊唐诗为不祧之大宗。在故乡时,他虽写了不少诗作,但总是随写随弃,现在我只找到他挽妻子慕惠贞之祖父的四联文字。今举其二于此:“一、大老近居东海,跂望非遥,恨旅馆羁留,旧雨未来疏问候;文孙共学北平,约归先至,知孝思感动,秋风特送及弥留。二、阅尽沧桑世界,叹涛声悲壮,山色苍凉,六十年来成大梦;留将诗礼家风,看桂子扬芬,兰孙毓秀,九重泉下慰幽魂。”

汤炳正自述:“记得我的诗兴最浓,是二十多岁,那时正游学北京,面对黄瓦红墙、到处都是历史遗迹的前朝故都,从旧社会脱胎而来的我,经常写诗,借以抒发思古之幽情,或个人的襟怀。”他在《大公报》“小公园”副刊发表了《浪淘沙·纪念“九一八”》《故宫行》《鹊桥仙·登长城感作》《彩云曲》《和金东雷君咏梅原韵》等作品。其中,《和金东雷君咏梅原韵》诗题中的金东雷(震),时任《大公报》“小公园”副刊主编,是章门中期的弟子。汤和金诗的颔联“一生懒向人间笑,十月先从岭上开”,正是他一生性格的形象写照。此联“曾被诗界誉为名句”。金东雷于1936年出版《东庐诗钞》时(2009年收入王伟勇主编的《民国诗集丛刊》第一编),还请汤炳正与同光体主帅陈石遗、民国政要张一麟等一同写序。《诗钞》中有《赠汤君景麟》一首,称“子今突起持前纛”。

汤炳正的经历中也有“艳丽”的一段,那就是同《晨报》记者访问赛金花,他没有赶时髦写访问记之类的文章,而是作长篇歌行《彩云曲》。此诗被誉“有元白遗风”。

三

大学毕业后,汤炳正回到故乡。一天,他在《大公报》上读到苏州“章氏国学讲习会”的招生“启事”,即于1935年8月赶赴苏州报考。因就学者甚众(“最多时近500人”),文化程度悬殊,太炎先生决定分层次教学,特手订布告:“凡学员中有著作者,经审定著作后,可录取为研究(人员);无著作者,须参加专门考试,根据成绩录取为研究(人员)。”汤炳正参加研究班的考试,试题是“自述治学之经过”,他以自己在京补正汪荣宝《法言义疏》之文应答,得太炎先生嘉许,并亲自动手将答卷以《〈法言〉汪注补正》为题,编入《制言》半月刊第四期。这是讲习会学员中发表的第一篇论文。讲习会设研究班与预备班,前者的课程由太炎先生任主讲,沈瓞民、朱希祖、金毓黻等任辅讲;后者则由章门弟子讲授,汤炳正后来即任该班声韵学、文字学的教席。

在正式开课之前,太炎先生召见了研究班学员,待大家进入会客厅,老先生朗声问道:“汤炳正来了没有?”汤炳正应答后,老先生把他叫到自己跟前的小圆桌边就座,即谈起自己在“冬”“侵”分部上的前后不同点,并征求汤炳正对此的看法。因为彼此的方言不同,太炎先生怕汤炳正听不懂余杭方言,便招呼佣人老李取笔墨纸张来,边写(把一些不易听清楚的字、词写到纸上)边讲。老先生那天除列举《诗经》《易经》为例证外,还认为从冬得声之“疼”,今读如dén,犹与侵部近。汤炳正晚年深情地说:“我当时才二十五岁,浅识寡闻,对音学所知尤少,而先生不以我为谫陋,循循善诱,平易近人,声音笑貌,至今宛然在目!”那天,太炎先生兴致浓厚,竟这样过了一个小时,而没有再与其他学员交谈,就宣布结束。这一举动不由引起人们的猜测,及至后来汤炳正的研究成果一篇又一篇见诸报刊,始知他的确在小学方面

“了得”。据姚奠中说：“景麟是同侪中的佼佼者。尤其在声韵方面更为突出。在学会的学术专刊《制言》上发表文章的人很少，有的也只一二篇，而景麟先后就发表过六篇，足证他的研究成果之多。”

1936年6月14日清晨8时许，太炎先生以鼻咽癌、胆囊炎、疟疾、气喘病四症并发而遽归道山，享年69岁。恩师病殁后，汤炳正与李恭等人被选为殓衾、招魂、楔齿等安葬仪式的主要人员。据姚奠中回忆：“在先生弥留之际，学生们集中守在院子里，先生的好友李根源等和学生汤炳正、李恭等守护在先生病榻旁。”汤炳正亦云：“余之得侍先师也，将及一年，朝夕过从，情逾家人，不意先师此次之一颔一笑，竟为毕生最后一次之诀别也（十三、十四两日，虽获侍侧，而先师不省人事矣）。先师之所以期望余者，远且大，谈次每以相勖，方幸扶掖有人，或可报师意于万一，乃今遽舍我而去，泰颓梁萎，使余何依乎，言念及此，不禁涕泗滂沱也。”“十四日清晨，先生去世时，除先生家人之外，我与同门李恭（行之）也在旁。先生目已瞑，而唇微开，像有什么话还没说完。先生生平，为革命奔走呼吁，为讲学舌敝唇焦，已完成了一个大贤大哲对人类社会的历史使命，还有什么话要说呢？这时，家人忙乱悲痛，我代为整理床头杂乱衣物，李恭则跪在床前，口念‘阿弥陀佛’，并以手托先生下颌，使唇吻渐合。”

6月16日，汤炳正代表苏州章氏国学讲习会学员在追悼会上介绍乃师生平与学术。为什么要选他上台发言？汤炳正后来在自传中说：“开会前（诸祖耿）找到我说，请你以学生身份去讲几句话，因为‘章先生活着时很赏识你，所以才来找你去谈’。”翌日，上海《大公报》头版刊发《汤炳正述章氏讲学精神》专稿。抗战爆发，同门星散。汤炳正一直以继承绝学为己任，首先提出文字是在社会现实的基础上产生的，并非“在语言的基础上产生的”；反对所谓“语言第一性，文字第二性”的说法。此论在国内外语言学界产生过重要影响,故章夫人晚年有“卅年桑海几侵寻,朴学薪传喜有人”诗句赠予这位门生。关于汤炳正小学方面的贡献,力之有云:“景麟先生对现代的文字与语言关系这一研究领域所作出之重要贡献有二:就传统语言文字学言,是对‘因声求义’说完善之补充;就现代语言文字学言,是正以‘语言学眼光’观文字起源之失。而这两方面,乃文字与语言关系中之尤巨者。不仅如此,景麟先生的研究,甚具方法论之意义——合观《〈说文〉歧读考源》与《原“名”》《语言起源之商榷》,思过半矣。”

四

汤炳正曾说,自己不仅“在小学方面受太炎先生的教益,更重要的是他的爱国主义思想和民族感情给我以巨大的影响”。1937 年 7 月,他从苏州返荣成探亲,不虞被困故乡达六年之久。一次,前线葬埋抗日阵亡将士于文登县的柘阳山,他送挽联:“今朝雄志吞桑岛,终古英魂壮柘阳。”把宣传抗战救国看作是自己义不容辞的责任。在故乡时,汤炳正撰成《五胡十六国纪年史》《史通校笺》《古音学管见》三部书稿,并云:“章先生平生仰慕顾炎武之为人为学,而对顾氏的经世致用之学,尤恪守不移。这与乾嘉学派为学术而学术的风气,迥然不同。我在抗日战争中,对先生的经世思想与民族意识,理解渐深。我的《五胡十六国纪年史》即由此而作。”又在《古音学管见》扉页写道:“我离开沦陷区后,我的妻子慕惠贞,为保存此书,又怕被敌人搜查发现,惹出祸事,乃剪去此处书名和人名,并把书藏在烟囱旁边的墙缝里。二十世纪五十年代初才把此书带到四川。”

汤炳正的屈原及楚辞研究,始于抗战后期。此时由于中华民族的危机,促使他在思想情感上与爱国诗人屈原产生了强烈共鸣。这里面当然也有乃师太炎先生的“爱国至情与民族大义”的潜在作用。但汤炳正并没有想到，他当时开始的这项研究工作，日后竟会使自己成为这门学科的领衔人物。1985 年 6 月，“中国屈原学会”在楚故都江陵成立，汤炳正当选为第一届会长（姜亮夫被推为名誉会长）。关于他在这方面的研究成就，李诚概括为：“如理史迁《屈原列传》之惑、破屈子生辰之谜、辟‘《离骚》乃刘安所作’之妄、论《楚辞》一书非成于一人之手、倡‘神话演化常以语言因素为其媒介’之论，在国内外学术界皆有深远影响。”

说到汤炳正的民族大义，这里只说一事。二十世纪八十年代初，日本个别学者提出“屈原否定论”。先生知道后，一方面鼓励黄中模等人将日本学者原著译出，并撰文讨论，一方面着手筹办“屈原问题学术讨论会”，以推动屈原研究的健康发展。汤炳正奔走呼吁，克服重重困难，于 1984 年 5 月在四川师范学院召开屈原问题讨论会。他在给黄中模的信中说：“敝院所主办之‘屈原问题学术讨论会’，开始因规模小，故邀人少（因招待所等条件限制）。不料‘请柬’发出后，引起全国学术界的连锁反应，要求参加者，络绎不绝，现已六次补邀，发出‘请柬’前后共八十多份。”又向与会者拟出：“（一）对日人的意见，应当纳入中日文化交流的范畴之内，而决不是声讨或挞伐。（二）措词命意，都应当以学术探讨的姿态出现，摆事实，讲道理，而决不是什么批判。”“对当时国内外所吹起的那股意图把屈原从中国历史上抹掉的不正之风，进行实事求是的探讨与评议。”通过辩论，维护了屈原的存在与其著作权及他作为“世界文化名人”的地位。由于汤炳正及有关学者的共同努力，这次讨论会收到了预期效果。有学者说：“这次大会的论文质量、讨论情况、社会影响都远远超过其他全国性屈原讨论会。”《光明日报》等三十家报刊“发表了近五十篇文章，讨论与报道了屈原问题论争，遂成为近几年来中国学术界注目的重要问题之一”。汤炳正也因此赢得日本汉学界同人的尊重。在这件事上,他体现出章门那种“事不避难,勇于担当;义之所在,奋勇向前”的气概。这也正是他一生的学术追求。

(原载《光明日报》2017 年 9 月 25 日 16 版“光明学人”)

附录四 储道立先生[①]致撰者信

汤老师：

我耳聋眼花，听读二篇大作[②]，虽不甚仔细，仍感叹不已。近年来，每自学界闻君不遗余力为令祖作传，推介其学术成就，初并不以为意，及稍稍留心，方知：一、了解令祖成就的过程，实则已完成了研治国学的过程，一个圈外人终于成了圈内专家，可敬可贺。二、向世人介绍汤炳正先生学术成就，看似炫耀自家事，实则是关系到重新认识章黄学派的大事。

小学，又称朴学，虽意在为读经服务，但客观上是本民族的语言学，自许慎至乾嘉人，虽看似未能建立纯理论的抽象体系，但它一直是伴随着有汉语文献以来成功解释汉语言文字现象和规律的不二工具，是一个古老的民族在认识研究自身的语言文字规律上总结出的语言科学。庚子赔款后，一批学人学成西方语言学理论，他们以西洋的理论和方法来看中国的旧语料，确实推进了语言学的发展，也取得了不少成就，但轻视传统之学则不可取。而且，一味强调所谓的语言研究方法，实则也有掩饰功力不足之嫌。在功夫和方法孰轻孰重上，依稀记得学界是有争论的。文革后恢复招研究生，好像教育部曾组织老先生讨论学什

---

①储道立先生现为解放军国际关系学院国际关系研究所教授。

②即撰者为《张闻玉文集·小学卷》写的“序”以及《贵阳日报》记者郑文丰采访撰者的文稿。

么,王力言学规律,和者多,独陆宗达言学知识,一时以陆为落伍。山东大学殷孟伦来南大,与徐复师、洪诚师、钱小云先生相聚,云,胡适到外国学古汉语,不是笑话么?我体会很深的是,章黄学派的学者,基本上都口口声声地跟弟子讲,要多读书。而搞语言学的人,则每每说,训诂学无理论。可是,真正解决古文献中疑难问题的却又基本上是搞小学的人。当年一些“北派”学者到了章黄学派的圈子里,马上言辞很谦恭。我甚至在徐复先生处见到一封来信,云,王力在古韵分部上开了三十年的历史倒车,希望徐先生能登坛一呼。其后不久,王力在香港杂志云,其在语言功力上之于黄侃,“不能望其项背”①。学界有不少人私下认为,王力早年为提高地位,不惜打倒黄侃,晚年总结自己一生成就,终于承认学力不逮了。

说这些,并不想厚此薄彼。留洋者学得了科学方法,崇尚掌握规律,并无不妥;本土旧学,重功底,既难能且可贵。

中国人治学,尤其在文史领域,几十年来,口号屡变,政治上的不说,单就学什么而言,时而有知识和理论之争,时而有知识和能力之争,时而有知识和创新之争。余不敏,属抱残守缺人,不读书,无知识,理论也好,方法也罢,从何而起?不知语料,不读文献,于何处发现规律?不知旧说,何来创新?好在近年来政治上的“文化自信”呼声日烈,为章黄学派正名之努力遂应运而起,社会上也开始重视读古书了。

拉杂如上,祈正。

储道立

2017 年 4 月 18 日

---

①王力《黄侃古音学述评》,收入《大公报在港复刊卅周年纪念文集》(上卷),香港:香港大公报,1978 年 9 月版。

主要参考文献

一

1. 汤炳正《屈赋新探》,济南:齐鲁书社,1984 年 2 月版。
2. 汤炳正《楚辞类稿》,成都:巴蜀书社,1988 年 1 月版。
3. 汤炳正《语言之起源》,台北:贯雅文化事业有限公司,1990 年 12 月版。
4. 汤炳正《剑南忆旧:汤炳正自述》,太原:山西人民出版社,2000 年 9 月版。
5. 汤炳正《渊研楼屈学存稿》,北京:中国社会科学出版社、华龄出版社,2004 年 10 月版。
6. 汤炳正《楚辞讲座》,桂林:广西师范大学出版社,2006 年 9 月版。
7. 汤炳正《汤炳正书信集》,郑州:大象出版社,2010 年 4 月版。
8. 汤炳正《语言之起源(增补本)》,太原:三晋出版社,2015 年 7 月版。
9. 先生在贵州大学等单位的档案材料,以及二十世纪五十至七十年代所写的“交代材料”“思想汇报”“教师登记表”等,共计三十余份。
10.《近代巴蜀诗拾遗:汤炳正》(十一首),载《岷峨诗稿》2015 年第 1 期。

11. 汤序波《汤炳正评传》,香港:现代知识出版社,2000 年 6 月版。
12. 汤序波《汤炳正传》,北京:华龄出版社,2010 年 12 月版。
13. 张玉堂《槎左山房文集》复印本,烟台:中华印书馆 1936 年印。
14. 张玉堂曾孙张吉华提供的关于汤家的影件。
15. 汤序波《日记中的先祖父汤炳正》(未刊稿)。

二

1. 张光裕主编《贵州师范大学校史(1941—1991)》,贵州师范大学,1991 年 7 月印。
2. 杜心华主编《四川师范大学校史》,成都:成都出版社,1992 年 10 月版。
3. 王利器、常思春主编《稽古拓新集——屈守元教授八秩华诞纪念》,成都:成都出版社,1992 年 12 月版。
4.〔日〕竹治贞夫编《与汤炳正教授往复书简并唱和》,德岛:1995 年 9 月印。
5. 姚奠中、董国炎《章太炎学术年谱》,太原:山西古籍出版社,1996 年 8 月版。
6. 陈平原、杜玲玲编《追忆章太炎》,北京:中国广播电视出版社,1997 年 1 月版。
7. 傅杰编《自述与印象:章太炎》,上海:上海三联书店,1997 年 11 月版。
8. 荣成市地方志编纂委员会编《荣成市志》,济南:齐鲁书社,1999 年 11 月版。
9. 汤国梨《影观集》(南京师范大学《文教资料》特辑),南京:2001 年 5 月版。

10.《郭在贻文集》1—4 卷,北京:中华书局,2002 年 5 月版。
11. 李成良主编《四川师范大学校史》,成都:四川人民出版社,2002 年 10 月版。
12.《姚奠中讲习文集》第 1—5 册,北京:研究出版社,2006 年 8 月版。
13. 卞孝萱《现代国学大师学记》,北京:中华书局,2006 年 10 月版。
14. 贵州大学校史编委会编《贵州大学校史丛书:贵州大学分册》,贵阳:贵州大学出版社,2007 年 9 月版。
15. 王东满《姚奠中》,北京:人民文学出版社,2011 年 3 月版。
16. 章念驰《我的祖父章太炎》,上海:上海人民出版社,2011 年 4 月版。
17. 贵州师范大学编纂委员会编《贵州师范大学校史七十年志(1941—2011)》,贵阳:贵州教育出版社,2011 年 10 月版。
18. 王川《李源澄先生年谱长编(1909—1958)》,北京:中华书局,2012 年 11 月版。
19. 汤志钧《章太炎年谱长编(增订本)》,北京:中华书局,2013 年 3 月版。
20. 朱元曙、朱乐川《朱希祖先生年谱长编》,北京:中华书局,2013 年 11 月版。
21. 章念驰《我所知道的祖父章太炎》,台北:联经出版事业股份有限公司,2016 年 4 月版。
22. 王万民、段永清主编《师大故事》,成都:四川师范大学电子出版社,2016 年 4 月版。
23. 祁晓玲主编《四川师范大学校史续编(2003—2015)》,成都:四川师范大学电子出版社,2016 年 5 月版。
24. 章念驰编《章太炎生平与学术》,上海:上海人民出版社,2016 年 6 月版。

三

1.《制言》杂志第1—62期。

2. 高尔泰《屈子何由泽畔来:读〈骚〉随笔》,载《文艺研究》1986年第1期。

3. 刘瑞明《一部有独到见解的屈赋专著:〈屈赋新探〉》,载《中国社会科学》1986年第2期。

4. 赵逵夫《突破 · 开拓 · 治学方法:读汤炳正先生的〈屈赋新探〉》,载《文学遗产》1987年第2期。

5. 毕庶春《读〈楚辞类稿〉》,载《丹东师专学报》1989年第3期。

6. 吉云①《楚辞研究一席谈:访汤炳正先生》,载《文史哲》1989年第5期。

7. 黄灵庚《〈楚辞〉文献学百年巡视》,载《文献》1998年1期。

8. 姚奠中《怀念同门挚友汤景麟先生》,载《文史月刊》2002年第3期。

9. 汤漳平《汤炳正先生与新时期楚辞研究》,载《漳州师范学院学报》2007年第1期。

10. 汤世洪、张世云《汤炳正学术传略》,载《贵州文史丛刊》2007年第2期。

11. 汤丽、汤冬冬《汤炳正先生与屈原研究》,载《巴文化》2008年第1期。

12. 孟骞《承绝学　开新域:记楚辞学大家汤炳正》,载《贵州日报》2008年7月9日。

13.《国学大师汤炳正先生的学术人生——汤炳正先生孙儿汤序波接受本报记者采访》,载《四川师大报》2009年4月22日。

①即周芳芸。

14. 周建忠《温慈惠爱　翰墨留香——读〈汤炳正书信集〉》，载《中国社会科学报》2011 年 1 月 25 日。
15. 杨荷光《回忆恩师汤炳正先生》（未刊稿）（2011 年 3 月时年八十有一）。
16. 力之[1]《语言发生的“手势说”——兼论汤炳正先生的贡献》，载《中国文化》2014 年春季号。
17. 力之《论汤炳正先生〈原“名”〉一文之学术价值》，载《贵州文史丛刊》2014 年第 2 期。
18. 力之《论汤炳正先生在文字与语言关系领域中所作之贡献》，载《广西师范大学学报》2014 年第 5 期。
19. 力之《略论汤炳正先生对语言起源研究之贡献》，载《贵州师范大学学报》2014 年第 6 期。
20. 萧德君《与汤炳正教授的点滴往事忆》（未刊稿）（2015 年 7 月 12 日写）。
21. 李浴洋《汤炳正：“承继绝学惟一有望之人”》，载《南方教育时报》2016 年 9 月 16 日。
22. 何世进《一代国学名师的心路历程——评汤序波的〈汤炳正传〉》，载《教育文化论坛》2018 年第 1 期。
23. 何世进《他引导我走上了文学征途——纪念汤炳正教授逝世二十周年》，载《四川师大报》2018 年 4 月 15 日。

①即刘汉忠。

后 记

本书肇始于2000年版《汤炳正评传》所附《汤炳正学术简谱》,后修订收入2010年版《汤炳正传》中。2013年我买到张强教授主编的《现当代学人年谱与著述编年》(上海三联书店2007年4月版),知道他主持下的《淮阴师范学院学报》有"现当代学人研究"专栏,随即联系,将增补至一万七千余字的《汤炳正学术简谱》更名为《汤炳正先生年谱初编》寄出。他看了以后说:"拜读大作以后的感觉是,太简。尊祖父乃一代宗师,影响数代学人,希望你再充实一下。字数不限,能写多少,学报就发出多少,你可放手写,如果一期发不完,可发两期。"这样,我便壮着胆子将谱文充实到六万来字,而他果然一字不落地发表在2014年第4期的学报上(占学报的四分之一强,稿酬也很可观)。这之前,俞国林先生惠赐一册《黄永年先生编年事辑》,我随口说自己正在撰写先祖年谱,不意国林先生当即向我约稿,表示书稿完成后即收入中华书局的"著名学者编年事辑"丛书中,并说:"近现代学人生逢多变之际,亦吾国学术频遭抑扬之时,故纪录一学者之平生,实亦一代学术之沉浮也。""贤者识其大者",此之谓也。这之后,李天飞兄屡次询问书稿的进展,关注之情溢于言表。2015年书稿将成之际,家父因病住院,俄尔不幸辞世。序波顿感地坼天崩,诸事搁置。2017年新春,刘述之兄寄来"图书出版合同";交稿日期既定,只好勉力将书稿纂补出来,版面字数已过四十万。

“年谱编撰是最花时间、最吃功夫，同时也是最具有学术价值的一种治学方法。”（陈思和语）古代学者很看重年谱这种体裁，如宋代《杜甫年谱》有十二种；明代《孔子年谱》有三十一种；清代年谱之作就更加繁荣了（由“附庸蔚为大国”），仅来新夏先生“所亲加检读过的清人年谱就有八百余种，六百余人”。按朱东润先生的说法，明清传记之主流是“年谱”。畴昔读书界有一种流行说法是“读传记不如读年谱”，胡适也说过“我是最爱看年谱的”。本书撰写包括资料搜寻，这方面我下了极大功夫，自认比之前撰《汤炳正传》要精进不少。单说搜寻资料，已尽了全力，“有枣没枣，打三杆子”，“不管有鱼没鱼，先撒一网”。年谱难作，难在资料的搜寻不易。我花在搜寻资料上的时间实数倍于写作时间，个中甘苦自知。正如章实斋所言，“中有苦心而不能显”，“中有调剂而人不知”。书稿甫就，述之兄就立刻安排进入了编辑流程。当然，书稿能达到眼前模样，庶几“能知谱主身世和学问的大概”（梁启超语），多蒙吾师力之先生拨冗审正，并提出富有建设性的意见。吾师明贤先生慨然题签，使小书增色不少。表姐朱玲提供了一批重要而珍贵的史料（影件）。还有孟骞与文瑞帮着校读了书稿。序波在此一并致谢。

这部书稿的整体框架，是家父汤世洪、家母张世云共同参与设计的。当时我们相商谱文的情景，犹历历在目，而父亲去世已两年有半，痛何如哉！我这一生受他们的影响最大，自己勉强还能做点事情，实得益于二老当初春风化雨的陶冶。近读《鲜为人知的历史年代学家刘坦》，知此君专意学术研究，一生未娶，而其饮食起居，一应琐事，皆由弟弟、妹妹打理。我对此有切身体会：一个人事业要想有所成，不光自己能办，除时代大环境外，背后往往有一拨人的倾力支持乃至牺牲。所以，要感谢所有曾给予我援手的人。

时维丁酉腊月二十（家母寿辰前夜）写讫于贵州金融城